Checklisten Handbuch
IT-Grundschutz

Checklisten Handbuch IT-Grundschutz

Prüfaspekte des IT-Grundschutz-Kompendiums

Stand 4. Edition

6. aktualisierte Auflage

Bibliografische Information der Deutschen Nationalbibliothek
Die Deutsche Nationalbibliothek verzeichnet diese Publikation in der Deutschen Nationalbibliografie; detaillierte bibliografische Daten sind im Internet über http://dnb.d-nb.de abrufbar.

Reguvis Fachmedien GmbH
Amsterdamer Str. 192
50735 Köln

www.reguvis.de

Beratung und Bestellung:
Tel.: +49 (0) 221 97668-315
Fax: +49 (0) 221 97668-271
E-Mail: wirtschaft@reguvis.de

ISBN: 978-3-8462-1259-2

Bestellnummer Sonderausgabe: 501006026

© 2021 Reguvis Fachmedien GmbH

Alle Rechte vorbehalten. Das Werk einschließlich seiner Teile ist urheberrechtlich geschützt. Jede Verwertung außerhalb der Grenzen des Urheberrechtsgesetzes bedarf der vorherigen Zustimmung des Verlags. Dies gilt auch für die fotomechanische Vervielfältigung (Fotokopie/Mikrokopie) und die Einspeicherung und Verarbeitung in elektronischen Systemen. Hinsichtlich der in diesem Werk ggf. enthaltenen Texte von Normen weisen wir darauf hin, dass rechtsverbindlich allein die amtlich verkündeten Texte sind.

Herstellung: Günter Fabritius
Satz: Cicero Computer GmbH, Bonn
Druck und buchbinderische Verarbeitung: Appel & Klinger Druck und Medien GmbH, Schneckenlohe
Printed in Germany

Inhaltsverzeichnis

	Seite
Einführung	1
Teil I. Checklisten für Prozess-Bausteine	3
ISMS: Sicherheitsmanagement	3
ISMS.1 Sicherheitsmanagement	3
ORP: Organisation und Personal	9
ORP.1 Organisation	9
ORP.2 Personal	11
ORP.3 Sensibilisierung und Schulung zur Informationssicherheit	15
ORP.4 Identitäts- und Berechtigungsmanagement	17
ORP.5 Compliance Management (Anforderungsmanagement)	24
CON: Konzepte und Vorgehensweisen	27
CON.1 Kryptokonzept	27
CON.2 Datenschutz	32
CON.3 Datensicherungskonzept	32
CON.4 ENTFALLEN, siehe APP.6	36
CON.5 ENTFALLEN, siehe APP.7	36
CON.6 Löschen und Vernichten	36
CON.7 Informationssicherheit auf Auslandsreisen	39
CON.8 Software-Entwicklung	45
CON.9 Informationsaustausch	51
CON.10 Entwicklung von Webanwendungen	54
OPS: Betrieb	60
OPS.1 Eigener Betrieb	60
OPS.1.1 Kern-IT-Betrieb	60
OPS.1.1.2 Ordnungsgemäße IT-Administration	60
OPS.1.1.3 Patch- und Änderungsmanagement	65
OPS.1.1.4 Schutz vor Schadprogrammen	69
OPS.1.1.5 Protokollierung	73
OPS.1.1.6 Software-Tests und -Freigaben	76
OPS.1.2 Weiterführende Aufgaben	80
OPS.1.2.2 Archivierung	80
OPS.1.2.3 ENTFALLEN, siehe CON.9	85
OPS.1.2.4 Telearbeit	85
OPS.1.2.5 Fernwartung	88
OPS.2 Betrieb von Dritten	93
OPS.2.1 Outsourcing für Kunden	93
OPS.2.2 Cloud-Nutzung	98
OPS.3 Betrieb für Dritte	103
OPS.3.1 Outsourcing für Dienstleister	103
DER: Detektion und Reaktion	109
DER.1 Detektion von sicherheitsrelevanten Ereignissen	109
DER.2 Security Incident Management	114
DER.2.1 Behandlung von Sicherheitsvorfällen	114
DER.2.2 Vorsorge für die IT-Forensik	122
DER.2.3 Bereinigung weitreichender Sicherheitsvorfälle	126
DER.3 Sicherheitsprüfungen	130
DER.3.1 Audits und Revisionen	130
DER.3.2 Revisionen auf Basis des Leitfadens IS-Revision	137
DER.4 Notfallmanagement	143
Teil II. Checklisten für System-Bausteine	149
APP: Anwendungen	149
APP.1 Client-Anwendungen	149
APP.1.1 Office-Produkte	149
APP.1.2 Webbrowser	152
APP.1.4 Mobile Anwendungen (Apps)	155
APP.2 Verzeichnisdienst	158

Inhaltsverzeichnis

	Seite
APP.2.1 Allgemeiner Verzeichnisdienst	158
APP.2.2 Active Directory	162
APP.2.3 OpenLDAP	166
APP.3 Netzbasierte Dienste	169
APP.3.1 Webanwendungen	169
APP.3.2 Webserver	172
APP.3.3 Fileserver	177
APP.3.4 Samba	181
APP.3.6 DNS-Server	185
APP.4 Business-Anwendungen	190
APP.4.2 SAP-ERP-System	190
APP.4.3 Relationale Datenbanken	200
APP.4.6 SAP ABAP-Programmierung	205
APP.5 E-Mail/Groupware/Kommunikation	210
APP.5.1 ENTFALLEN, siehe APP.5.3	210
APP.5.2 Microsoft Exchange und Outlook	210
APP.5.3 Allgemeiner E-Mail-Client und -Server	214
APP.6 Allgemeine Software	218
APP.7 Entwicklung von Individualsoftware	224
SYS: IT-Systeme	**227**
SYS.1 Server	227
SYS.1.1 Allgemeiner Server	227
SYS.1.2 Windows Server	234
SYS.1.2.2 Windows Server 2012	234
SYS.1.3 Server unter Linux und Unix	237
SYS.1.5 Virtualisierung	240
SYS.1.7 IBM Z-System	246
SYS.1.8 Speicherlösungen	257
SYS.2 Desktop-Systeme	263
SYS.2.1 Allgemeiner Client	263
SYS.2.2 Windows Clients	274
SYS.2.2.2 Clients unter Windows 8.1	274
SYS.2.2.3 Clients unter Windows 10	280
SYS.2.3 Clients unter Linux und Unix	286
SYS.2.4 Clients unter macOS	290
SYS.3 Mobile Devices	293
SYS.3.1 Laptops	293
SYS.3.2 Tablet und Smartphone	297
SYS.3.2.1 Allgemeine Smartphones und Tablets	297
SYS.3.2.2 Mobile Device Management (MDM)	304
SYS.3.2.3 iOS (for Enterprise)	309
SYS.3.2.4 Android	312
SYS.3.3 Mobiltelefon	313
SYS.3.4 ENTFALLEN, siehe SYS.4.5	317
SYS.4 Sonstige Systeme	317
SYS.4.1 Drucker, Kopierer und Multifunktionsgeräte	317
SYS.4.3 Eingebettete Systeme	322
SYS.4.4 Allgemeines IoT-Gerät	326
SYS.4.5 Wechseldatenträger	332
IND: Industrielle IT	**337**
IND.1 Prozessleit- und Automatisierungstechnik	337
IND.2 ICS-Komponenten	344
IND.2.1 Allgemeine ICS-Komponente	344
IND.2.2 Speicherprogrammierbare Steuerung (SPS)	347
IND.2.3 Sensoren und Aktoren	347
IND.2.4 Maschine	348
IND.2.7 Safety Instrumented Systems	348
NET: Netze und Kommunikation	**352**
NET.1 Netze	352
NET.1.1 Netzarchitektur und -design	352
NET.1.2 Netzmanagement	364
NET.2 Funknetze	372

Seite

    NET.2.1 WLAN-Betrieb 372
    NET.2.2 WLAN-Nutzung 377
  NET.3 Netzkomponenten 379
    NET.3.1 Router und Switches 379
    NET.3.2 Firewall 386
    NET.3.3 VPN 394
  NET.4 Telekommunikation 397
    NET.4.1 TK-Anlagen 397
    NET.4.2 VoIP 401
    NET.4.3 Faxgeräte und Faxserver 405

INF: Infrastruktur 410
  INF.1 Allgemeines Gebäude 410
  INF.2 Rechenzentrum sowie Serverraum 418
  INF.3 ENTFALLEN, siehe INF.12 427
  INF.4 ENTFALLEN, siehe INF.12 427
  INF.5 Raum sowie Schrank für technische Infrastruktur 427
  INF.6 Datenträgerarchiv 433
  INF.7 Büroarbeitsplatz 435
  INF.8 Häuslicher Arbeitsplatz 437
  INF.9 Mobiler Arbeitsplatz 439
  INF.10 Besprechungs-, Veranstaltungs- und Schulungsräume 443
  INF.11 Allgemeines Fahrzeug 446
  INF.12 Verkabelung 451

Teil III. Elementare Gefährdungen 457
  G 0.1 Feuer 457
  G 0.2 Ungünstige klimatische Bedingungen 457
  G 0.3 Wasser 458
  G 0.4 Verschmutzung, Staub, Korrosion 459
  G 0.5 Naturkatastrophen 460
  G 0.6 Katastrophen im Umfeld 460
  G 0.7 Großereignisse im Umfeld 461
  G 0.8 Ausfall oder Störung der Stromversorgung 461
  G 0.9 Ausfall oder Störung von Kommunikationsnetzen 462
  G 0.10 Ausfall oder Störung von Versorgungsnetzen 463
  G 0.11 Ausfall oder Störung von Dienstleistern 464
  G 0.12 Elektromagnetische Störstrahlung 465
  G 0.13 Abfangen kompromittierender Strahlung 465
  G 0.14 Ausspähen von Informationen (Spionage) 466
  G 0.15 Abhören 468
  G 0.16 Diebstahl von Geräten, Datenträgern oder Dokumenten 469
  G 0.17 Verlust von Geräten, Datenträgern oder Dokumenten 470
  G 0.18 Fehlplanung oder fehlende Anpassung 471
  G 0.19 Offenlegung schützenswerter Informationen 474
  G 0.20 Informationen oder Produkte aus unzuverlässiger Quelle 476
  G 0.21 Manipulation von Hard- oder Software 478
  G 0.22 Manipulation von Informationen 479
  G 0.23 Unbefugtes Eindringen in IT-Systeme 481
  G 0.24 Zerstörung von Geräten oder Datenträgern 483
  G 0.25 Ausfall von Geräten oder Systemen 484
  G 0.26 Fehlfunktion von Geräten oder Systemen 485
  G 0.27 Ressourcenmangel 487
  G 0.28 Software-Schwachstellen oder -Fehler 488
  G 0.29 Verstoß gegen Gesetze oder Regelungen 490
  G 0.30 Unberechtigte Nutzung oder Administration von Geräten und Systemen 492
  G 0.31 Fehlerhafte Nutzung oder Administration von Geräten und Systemen 493
  G 0.32 Missbrauch von Berechtigungen 495
  G 0.33 Personalausfall 496
  G 0.34 Anschlag 497
  G 0.35 Nötigung, Erpressung oder Korruption 498
  G 0.36 Identitätsdiebstahl 498
  G 0.37 Abstreiten von Handlungen 499
  G 0.38 Missbrauch personenbezogener Daten 500

Seite

G 0.39 Schadprogramme 501
G 0.40 Verhinderung von Diensten (Denial of Service) 502
G 0.41 Sabotage 503
G 0.42 Social Engineering 504
G 0.43 Einspielen von Nachrichten 505
G 0.44 Unbefugtes Eindringen in Räumlichkeiten 506
G 0.45 Datenverlust 507
G 0.46 Integritätsverlust schützenswerter Informationen 509
G 0.47 Schädliche Seiteneffekte IT-gestützter Angriffe 511

Einführung

Mit der 2017 erfolgreich umgesetzten Erneuerung des IT-Grundschutzes sind weitreichende konzeptionelle Neuerungen eingeführt worden. So setzt der Grundschutz nun konsequent auf die Vorgabe von Anforderungen für die einzelnen Themengebiete und lässt dem Anwender die Wahl geeigneter Maßnahmen zu deren Umsetzung frei.

Mit dem turnusmäßigen Erscheinen der vierten Edition 2021 Anfang Februar wurden erneut zahlreiche Änderungen am IT-Grundschutz Kompendium vorgenommen. Hierbei wurden die Anstrengungen des Vorjahres zur Konsolidierung und Vereinheitlichung der Systematik und Struktur fortgesetzt. Konsequent wurden hierbei auch die Rollen überarbeitet und vereinheitlicht, so dass sich an vielen Stellen neue Rollenbezeichnungen finden. Herauszuheben ist hierbei die Rolle „Fachverantwortlicher", die als generische Bezeichnung viele der bisherigen speziellen Rollenbezeichnungen (z.B. „Fax-Verantwortlicher") ersetzt.

Konsistent dazu wurde die in der letzten Edition begonnene sprachliche Überarbeitung fortgesetzt: Passive Forderungen wie „Die Sicherheitsfunktionen MÜSSEN geeignet dokumentiert werden" sind nun häufig aktiv formuliert und um die zuständige Rolle ergänzt: „Der IT-Betrieb MUSS die Sicherheitsfunktionen geeignet dokumentieren" (hier: CON.5.A1). Damit ist die Zuständigkeit nun leichter erkennbar.

Im Zuge dieser Überarbeitung wurden an ca. 75 % der Bausteine Änderungen vorgenommen. Wie bereits in der vorherigen Edition kommt nur je ein Prozess- (CON.10 Entwicklung von Webanwendungen) und ein Systembaustein (INF.11 Allgemeines Fahrzeug) gänzlich neu hinzu. Zudem gab es mehrere thematische Zusammenlegungen und von der Systematik getriebene Verschiebungen.

Im Vergleich zur Edition 2020 ist die Gesamtzahl der Anforderungen überwiegend durch Streichungen von Redundanzen trotz der Aufnahme zweier neuer Bausteine um 136 gesunken. Die Streichungen betreffen dabei in Summe je 11% der Basis- und Standardanforderungen und 5,5% der Anforderungen für erhöhten Schutzbedarf. Als Resultat bekommen die Anforderungen für erhöhten Schutzbedarf zulasten der Standardanforderungen insgesamt einen geringfügig höheren Anteil (+0,6%).

Die Anpassungen in den Bausteinen umfassen notwendigerweise auch neu hinzukommende oder neu sortierte Anforderungen. Diese werden entsprechend ihrer jeweiligen Kategorie und thematisch passend in den Baustein einsortiert, jedoch – um eine konsistente und eindeutige Referenz zu ermöglichen – jeweils mit der nächsten freien Ordnungsnummer versehen. Wie bereits in der vorherigen Edition werden zur Verbesserung der Übersicht die gestrichenen Anforderungen als „entfallen" geführt, so wie dies auch zum Beispiel bei Gesetzesänderungen üblich ist. Bei Änderungen in der Klassifizierung (wenn zum Beispiel eine bisherige „Standard"-Anforderung nun für die Basisabsicherung relevant wird) werden die ursprünglichen Ordnungsnummern beibehalten. Somit ist die fortlaufende Nummerierung der Anforderungen aus der Ursprungsfassung an manchen Stellen unterbrochen (A.21 folgt auf A.08). Neue Anforderungen erhalten dagegen unabhängig von ihrer Kategorisierung immer die jeweils nächste freie Ordnungsnummer.

Über dieses Handbuch

Als Konsequenz aus der Neuordnung des IT-Grundschutzes sind auch die zuvor zu jeder Maßnahme des Grundschutzkatalogs veröffentlichten Prüffragen des BSI entfallen, die viele Anwender als Prüfsteine für eine angemessene Umsetzung oder zur Vorbereitung und Vollständigkeitsprüfung im Rahmen einer Zertifizierung eingesetzt haben. Allerdings muss man auch in Zukunft nicht auf eine entsprechend praktische Hilfestellung verzichten:

Die 1.522 Anforderungen der 98 Bausteine der Edition 2021 sind inhaltlich bereits so aufgebaut, dass sie eine einfache Prüfung der Umsetzung ermöglichen. So sind die Anforderungen nicht monolithisch, sondern teilen sich im Durchschnitt auf 3 bis 4 Prüfaspekte auf, welche die Hauptanforderung konkretisieren. Diese Prüfaspekte sind durchgängig

Einführung

durch die Verwendung von Schlüsselwörtern in MUSS- und SOLL-Bedingungen eingeteilt – während MUSS-Anforderungen verpflichtend umzusetzen sind, kann auf SOLL-Anforderungen bei Vorliegen stichhaltiger Gründe, wie einer geeigneten Ersatzmaßnahme oder einer entsprechenden Risikoeinschätzung, im Einzelfall auch verzichtet werden.

Das vorliegende Checklistenhandbuch soll dem Anwender die Arbeit mit dem IT-Grundschutz-Kompendium erleichtern und ihm ermöglichen, sich einen schnellen Überblick über die Zuordnung und Wirksamkeit der Maßnahmen und den Umsetzungsgrad der Anforderungen zu schaffen.

Neben der Vorbereitung auf eine Zertifizierung oder zu einer internen Prüfung kann es auch gezielt zur Umsetzung einzelner Bausteine herangezogen werden. Verbesserungspotenziale und Umsetzungslücken lassen sich leicht feststellen und – aufgrund der Aufteilung in Prüfaspekte – in kleinen und überschaubaren Aufträgen den Umsetzungsverantwortlichen zuteilen.

Das Handbuch kann somit sowohl in der Planungsphase einer IT-Grundschutz-Implementierung, als auch zur gezielten Vorbereitung auf ein Audit eingesetzt werden; durch die Verwendung der Originalanforderungen bilden die Checklisten einen verlässlichen und vollständigen Rahmen.

Die Checklisten basieren auf dem vollständigen Umfang der 4.Edition (2021).

Aufbau des Handbuchs

Der Aufbau des Handbuches folgt der Einteilung der Bausteine in Prozess- und Systembausteine.

Die thematischen Bausteingruppen sind dann entsprechend der Ordnungsnummern aus der Gliederung des BSI unterteilt. In der Nummernfolge fehlende Bausteine (wie beispielsweise SYS.4.2 oder APP.3.5) sind im Umfang der 4.Edition (2021) noch nicht enthalten und werden in einer der kommenden Editionen ergänzt.

Innerhalb der einzelnen Bausteine sind die Anforderungen jeweils nach folgendem Muster aufgebaut

			Kategorie
A.1	**Eine Beispielanforderung**		**C I A**
	Zuständig: entsprechend den Vorschlägen des BSI		
M	Diese Bedingung DARF NICHT fehlen.		☐ ja ☐ tw ☐ n
S	Wenn möglich, SOLLTE diese Teilforderung umgesetzt werden.		☐ ja ☐ tw ☐ n

Durch das Feld „Kategorie" erfolgt die Zuordnung der Anforderung zu den drei Kategorien Basisanforderungen („Basis"), Standardanforderungen („Standard") und Anforderungen für erhöhten Schutzbedarf („Hoch"). Darunter sind – zumeist nur bei Kategorie „Hoch" – die Grundwerte angegeben, welche durch die Umsetzung der Anforderungen vorrangig geschützt werden.

Die einzelnen Prüfaspekte sind entsprechend der vom BSI verwendeten Signalwörter mit MUSS oder SOLL ausgezeichnet.

Mittels der Checkboxen (erfüllt (ja) - teilweise (tw) - nicht erfüllt (n)) kann der Umsetzungsstatus jedes Prüfaspekts einfach erfasst werden.

Elementare Gefährdungen

In diesem Teil des Checklistenhandbuches sind die Beschreibungen der 47 elementaren Gefährdungen wiedergegeben. Jeder Gefährdung wird dabei zugeordnet, welche Anforderungen aus den einzelnen Bausteinen für diese relevant sind. In den bisherigen Publikationen ist jeweils nur der andere Weg zu finden, d.h. von der Anforderung ausgehend kann mittels der Kreuzreferenztabellen abgelesen werden, für welche elementaren Gefährdungen die Anforderung relevant ist. Hat man jedoch die Fragestellung, welche Anforderungen aus welchen Bausteinen einer spezifischen Gefährdung entgegenwirken, so war dies bisher nur durch mühevolle Durchsicht sämtlicher Kreuzreferenztabellen möglich.

Beispiel für die Anwendung

Der Brandschutz einer Institution steht auf dem Prüfstand. In diesem Fall ist es hilfreich, bausteinübergreifend alle Anforderungen zu kennen, welche der Gefährdung *G.01 Feuer* entgegenwirken. Ein Blick in die Tabelle des vorliegenden Handbuches listet die 47 Anforderungen überwiegend aus dem Bereich INF Infrastruktur auf. Jetzt können diese und ihre zugehörige Umsetzung im Rahmen des Vorhabens gezielt überprüft werden.

Hinweis zum Autor

Stefan Karg studierte Informationstechnik an der TU-München und ist heute als Sachverständiger für Systeme und Anwendungen der Informationstechnik tätig. Seit 2003 beschäftigt er sich schwerpunktmäßig mit Fragen des technischen Datenschutzes und der Informationssicherheit. Als freiberuflicher Berater und Auditor im Auftrag mittlerer und großer Unternehmen kennt er die Anwendung der relevanten Standards und auch die praktischen Herausforderungen im Informationssicherheitsmanagement aus erster Hand.

Sie erreichen ihn unter infosec@itk-experts.de

Teil I. Checklisten für Prozess-Bausteine

ISMS: Sicherheitsmanagement

ISMS.1 Sicherheitsmanagement

A1 **Übernahme der Gesamtverantwortung für Informationssicherheit durch die Leitung** *Basis*

Zuständig: Institutionsleitung

M	Die Institutionsleitung MUSS die Gesamtverantwortung für Informationssicherheit in der Institution übernehmen.	ja tw n
M	Dies MUSS für alle Beteiligten deutlich erkennbar sein.	ja tw n
M	Die Institutionsleitung MUSS den Sicherheitsprozess initiieren, steuern und kontrollieren.	ja tw n
M	Die Institutionsleitung MUSS Informationssicherheit vorleben.	ja tw n
M	Die Institutionsleitung MUSS die Zuständigkeiten für Informationssicherheit festlegen.	ja tw n
M	Die zuständigen Mitarbeiter MÜSSEN mit den erforderlichen Kompetenzen und Ressourcen ausgestattet werden.	ja tw n
M	Die Institutionsleitung MUSS sich regelmäßig über den Status der Informationssicherheit informieren lassen.	ja tw n
M	Insbesondere MUSS sich die Institutionsleitung über mögliche Risiken und Konsequenzen aufgrund fehlender Sicherheitsmaßnahmen informieren lassen.	ja tw n

Notizen:

A2 **Festlegung der Sicherheitsziele und -strategie** *Basis*

Zuständig: Institutionsleitung

M	Die Institutionsleitung MUSS den Sicherheitsprozess initiieren und etablieren.	ja tw n
M	Dafür MUSS die Institutionsleitung angemessene Sicherheitsziele sowie eine Strategie für Informationssicherheit festlegen und dokumentieren.	ja tw n
M	Es MÜSSEN konzeptionelle Vorgaben erarbeitet und organisatorische Rahmenbedingungen geschaffen werden, um den ordnungsgemäßen und sicheren Umgang mit Informationen innerhalb aller Geschäftsprozesse des Unternehmens oder Fachaufgaben der Behörde zu ermöglichen.	ja tw n
M	Die Institutionsleitung MUSS die Sicherheitsstrategie und die Sicherheitsziele tragen und verantworten.	ja tw n
M	Die Institutionsleitung MUSS die Sicherheitsziele und die Sicherheitsstrategie regelmäßig dahingehend überprüfen, ob sie noch aktuell und angemessen sind und wirksam umgesetzt werden können.	ja tw n

Notizen:

ISMS: Sicherheitsmanagement

A3 Erstellung einer Leitlinie zur Informationssicherheit *Basis*

Zuständig: Institutionsleitung

M	Die Institutionsleitung MUSS eine übergeordnete Leitlinie zur Informationssicherheit verabschieden.	ja	tw	n
M	Diese MUSS den Stellenwert der Informationssicherheit, die Sicherheitsziele, die wichtigsten Aspekte der Sicherheitsstrategie sowie die Organisationsstruktur für Informationssicherheit beschreiben.	ja	tw	n
M	Für die Sicherheitsleitlinie MUSS ein klarer Geltungsbereich festgelegt sein.	ja	tw	n
M	In der Leitlinie zur Informationssicherheit MÜSSEN die Sicherheitsziele und der Bezug der Sicherheitsziele zu den Geschäftszielen und Aufgaben der Institution erläutert werden.	ja	tw	n
M	Die Institutionsleitung MUSS die Leitlinie zur Informationssicherheit allen Mitarbeitern und sonstigen Mitgliedern der Institution bekannt geben.	ja	tw	n
S	Die Leitlinie zur Informationssicherheit SOLLTE regelmäßig aktualisiert werden.	ja	tw	n

Notizen:

A4 Benennung eines Informationssicherheitsbeauftragten *Basis*

Zuständig: Institutionsleitung

M	Die Institutionsleitung MUSS einen Informationssicherheitsbeauftragten (ISB) benennen.	ja	tw	n
M	Der ISB MUSS die Informationssicherheit in der Institution fördern und den Sicherheitsprozess mitsteuern und koordinieren.	ja	tw	n
M	Die Institutionsleitung MUSS den ISB mit angemessenen Ressourcen ausstatten.	ja	tw	n
M	Die Institutionsleitung MUSS dem ISB die Möglichkeit einräumen, bei Bedarf direkt an sie selbst zu berichten.	ja	tw	n
M	Der ISB MUSS bei allen größeren Projekten sowie bei der Einführung neuer Anwendungen und IT-Systeme frühzeitig beteiligt werden.	ja	tw	n

Notizen:

A5 Vertragsgestaltung bei Bestellung eines externen Informationssicherheitsbeauftragten *Basis*

Zuständig: Institutionsleitung

M	Die Institutionsleitung MUSS einen externen Informationssicherheitsbeauftragten (ISB) bestellen, wenn die Rolle des ISB nicht durch einen internen Mitarbeiter besetzt werden kann.	ja	tw	n
M	Der Vertrag mit einem externen ISB MUSS alle Aufgaben des ISB sowie seine damit verbundenen Rechte und Pflichten umfassen.	ja	tw	n
M	Der Vertrag MUSS eine geeignete Vertraulichkeitsvereinbarung umfassen.	ja	tw	n
M	Der Vertrag MUSS eine kontrollierte Beendigung des Vertragsverhältnisses, einschließlich der Übergabe der Aufgaben an den Auftraggeber, gewährleisten.	ja	tw	n

Notizen:

ISMS.1 Sicherheitsmanagement

A6 Aufbau einer geeigneten Organisationsstruktur für Informationssicherheit *Basis*

Zuständig: Institutionsleitung

M	Eine geeignete übergreifende Organisationsstruktur für Informationssicherheit MUSS vorhanden sein.	ja tw n
M	Dafür MÜSSEN Rollen definiert sein, die konkrete Aufgaben übernehmen, um die Sicherheitsziele zu erreichen.	ja tw n
M	Außerdem MÜSSEN qualifizierte Personen benannt werden, denen ausreichend Ressourcen zur Verfügung stehen, um diese Rollen zu übernehmen.	ja tw n
M	Die Aufgaben, Rollen, Verantwortungen und Kompetenzen im Sicherheitsmanagement MÜSSEN nachvollziehbar definiert und zugewiesen sein.	ja tw n
M	Für alle wichtigen Funktionen der Organisation für Informationssicherheit MUSS es wirksame Vertretungsregelungen geben.	ja tw n
M	Kommunikationswege MÜSSEN geplant, beschrieben, eingerichtet und bekannt gemacht werden.	ja tw n
M	Es MUSS für alle Aufgaben und Rollen festgelegt sein, wer wen informiert und wer bei welchen Aktionen in welchem Umfang informiert werden muss.	ja tw n
M	Es MUSS regelmäßig geprüft werden, ob die Organisationsstruktur für Informationssicherheit noch angemessen ist oder ob sie an neue Rahmenbedingungen angepasst werden muss.	ja tw n

Notizen:

A7 Festlegung von Sicherheitsmaßnahmen *Basis*

Zuständig: Informationssicherheitsbeauftragter (ISB)

M	Im Rahmen des Sicherheitsprozesses MÜSSEN für die gesamte Informationsverarbeitung ausführliche und angemessene Sicherheitsmaßnahmen festgelegt werden.	ja tw n
S	Alle Sicherheitsmaßnahmen SOLLTEN systematisch in Sicherheitskonzepten dokumentiert werden.	ja tw n
S	Die Sicherheitsmaßnahmen SOLLTEN regelmäßig aktualisiert werden.	ja tw n

Notizen:

A8 Integration der Mitarbeiter in den Sicherheitsprozess *Basis*

Zuständig: Vorgesetzte

M	Alle Mitarbeiter MÜSSEN in den Sicherheitsprozess integriert sein.	ja tw n
M	Hierfür MÜSSEN sie über Hintergründe und die für sie relevanten Gefährdungen informiert sein.	ja tw n
M	Sie MÜSSEN Sicherheitsmaßnahmen kennen und umsetzen, die ihren Arbeitsplatz betreffen.	ja tw n
M	Alle Mitarbeiter MÜSSEN in die Lage versetzt werden, Sicherheit aktiv mitzugestalten.	ja tw n
S	Daher SOLLTEN die Mitarbeiter frühzeitig beteiligt werden, wenn Sicherheitsmaßnahmen zu planen oder organisatorische Regelungen zu gestalten sind.	ja tw n
M	Bei der Einführung von Sicherheitsrichtlinien und Sicherheitswerkzeugen MÜSSEN die Mitarbeiter ausreichend informiert sein, wie diese anzuwenden sind.	ja tw n
M	Die Mitarbeiter MÜSSEN darüber aufgeklärt werden, welche Konsequenzen eine Verletzung der Sicherheitsvorgaben haben kann.	ja tw n

Notizen:

ISMS: Sicherheitsmanagement

A9 Integration der Informationssicherheit in organisationsweite Abläufe und Prozesse *Basis*

Zuständig: Institutionsleitung

M	Informationssicherheit MUSS in alle Geschäftsprozesse sowie Fachaufgaben integriert werden.	ja tw n
M	Es MUSS dabei gewährleistet sein, dass nicht nur bei neuen Prozessen und Projekten, sondern auch bei laufenden Aktivitäten alle erforderlichen Sicherheitsaspekte berücksichtigt werden.	ja tw n
M	Der Informationssicherheitsbeauftragte MUSS an sicherheitsrelevanten Entscheidungen ausreichend beteiligt werden.	ja tw n
S	Informationssicherheit SOLLTE außerdem mit anderen Bereichen in der Institution, die sich mit Sicherheit und Risikomanagement beschäftigen, abgestimmt werden.	ja tw n

Notizen:

A10 Erstellung eines Sicherheitskonzepts *Standard*

Zuständig: Informationssicherheitsbeauftragter (ISB)

S	Für den festgelegten Geltungsbereich (Informationsverbund) SOLLTE ein angemessenes Sicherheitskonzept als das zentrale Dokument im Sicherheitsprozess erstellt werden.	ja tw n
S	Es SOLLTE entschieden werden, ob das Sicherheitskonzept aus einem oder aus mehreren Teilkonzepten bestehen soll, die sukzessive erstellt werden, um zunächst in ausgewählten Bereichen das erforderliche Sicherheitsniveau herzustellen.	ja tw n
M	Im Sicherheitskonzept MÜSSEN aus den Sicherheitszielen der Institution, dem identifizierten Schutzbedarf und der Risikobewertung konkrete Sicherheitsmaßnahmen passend zum betrachteten Informationsverbund abgeleitet werden.	ja tw n
M	Sicherheitsprozess und Sicherheitskonzept MÜSSEN die individuell geltenden Vorschriften und Regelungen berücksichtigen.	ja tw n
M	Die im Sicherheitskonzept vorgesehenen Maßnahmen MÜSSEN zeitnah in die Praxis umgesetzt werden.	ja tw n
M	Dies MUSS geplant und die Umsetzung MUSS kontrolliert werden.	ja tw n

Notizen:

A11 Aufrechterhaltung der Informationssicherheit *Standard*

Zuständig: Informationssicherheitsbeauftragter (ISB)

S	Der Sicherheitsprozess, die Sicherheitskonzepte, die Leitlinie zur Informationssicherheit und die Organisationsstruktur für Informationssicherheit SOLLTEN regelmäßig auf Wirksamkeit und Angemessenheit überprüft und aktualisiert werden.	ja tw n
S	Dazu SOLLTEN regelmäßig Vollständigkeits- bzw. Aktualisierungsprüfungen des Sicherheitskonzeptes durchgeführt werden.	ja tw n
S	Ebenso SOLLTEN regelmäßig Sicherheitsrevisionen durchgeführt werden.	ja tw n
S	Dazu SOLLTE geregelt sein, welche Bereiche und Sicherheitsmaßnahmen wann und von wem zu überprüfen sind.	ja tw n
S	Überprüfungen des Sicherheitsniveaus SOLLTEN regelmäßig (mindestens jährlich) sowie anlassbezogen durchgeführt werden.	ja tw n
S	Die Prüfungen SOLLTEN von qualifizierten und unabhängigen Personen durchgeführt werden.	ja tw n
S	Die Ergebnisse der Überprüfungen SOLLTEN nachvollziehbar dokumentiert sein.	ja tw n
S	Darauf aufbauend SOLLTEN Mängel beseitigt und Korrekturmaßnahmen ergriffen werden.	ja tw n

Notizen:

ISMS.1 Sicherheitsmanagement

A12 Management-Berichte zur Informationssicherheit *Standard*

Zuständig: Institutionsleitung

S	Die Institutionsleitung SOLLTE sich regelmäßig über den Stand der Informationssicherheit informieren, insbesondere über die aktuelle Gefährdungslage sowie die Wirksamkeit und Effizienz des Sicherheitsprozesses.	ja	tw	n
S	Dazu SOLLTEN Management-Berichte geschrieben werden, welche die wesentlichen relevanten Informationen über den Sicherheitsprozess enthalten, insbesondere über Probleme, Erfolge und Verbesserungsmöglichkeiten.	ja	tw	n
S	Die Management-Berichte SOLLTEN klar priorisierte Maßnahmenvorschläge enthalten.	ja	tw	n
S	Die Maßnahmenvorschläge SOLLTEN mit realistischen Abschätzungen zum erwarteten Umsetzungsaufwand versehen sein.	ja	tw	n
S	Die Management-Berichte SOLLTEN revisionssicher archiviert werden.	ja	tw	n
S	Die Management-Entscheidungen über erforderliche Aktionen, den Umgang mit Restrisiken und mit Veränderungen von sicherheitsrelevanten Prozessen SOLLTEN dokumentiert sein.	ja	tw	n
S	Die Management-Entscheidungen SOLLTEN revisionssicher archiviert werden.	ja	tw	n

Notizen:

A13 Dokumentation des Sicherheitsprozesses *Standard*

Zuständig: Informationssicherheitsbeauftragter (ISB)

S	Der Ablauf des Sicherheitsprozesses SOLLTE dokumentiert werden.	ja	tw	n
S	Wichtige Entscheidungen und die Arbeitsergebnisse der einzelnen Phasen wie Sicherheitskonzept, Richtlinien oder Untersuchungsergebnisse von Sicherheitsvorfällen SOLLTEN ausreichend dokumentiert werden.	ja	tw	n
S	Es SOLLTE eine geregelte Vorgehensweise für die Erstellung und Archivierung von Dokumentationen im Rahmen des Sicherheitsprozesses geben.	ja	tw	n
S	Regelungen SOLLTEN existieren, um die Aktualität und Vertraulichkeit der Dokumentationen zu wahren.	ja	tw	n
S	Von den vorhandenen Dokumenten SOLLTE die jeweils aktuelle Version kurzfristig zugänglich sein.	ja	tw	n
S	Außerdem SOLLTEN alle Vorgängerversionen zentral archiviert werden.	ja	tw	n

Notizen:

A14 ENTFALLEN *Standard*

A15 Wirtschaftlicher Einsatz von Ressourcen für Informationssicherheit *Standard*

Zuständig: Informationssicherheitsbeauftragter (ISB)

S	Die Sicherheitsstrategie SOLLTE wirtschaftliche Aspekte berücksichtigen.	ja	tw	n
S	Werden Sicherheitsmaßnahmen festgelegt, SOLLTEN die dafür erforderlichen Ressourcen beziffert werden.	ja	tw	n
S	Die für Informationssicherheit eingeplanten Ressourcen SOLLTEN termingerecht bereitgestellt werden.	ja	tw	n
S	Bei Arbeitsspitzen oder besonderen Aufgaben SOLLTEN zusätzliche interne Mitarbeiter eingesetzt oder externe Experten hinzugezogen werden.	ja	tw	n

Notizen:

ISMS: Sicherheitsmanagement

A16 Erstellung von zielgruppengerechten Sicherheitsrichtlinien *Hoch*
Verantwortliche Rolle: Informationssicherheitsbeauftragter (ISB) **C I A**

S Neben den allgemeinen SOLLTE es auch zielgruppenorientierte Sicherheitsrichtlinien geben, ja tw n
die jeweils bedarfsgerecht die relevanten Sicherheitsthemen abbilden.

Notizen:

A17 Abschließen von Versicherungen *Hoch*
Verantwortliche Rolle: Informationssicherheitsbeauftragter (ISB) **A**

S Es SOLLTE geprüft werden, ob für Restrisiken Versicherungen abgeschlossen werden kön- ja tw n
nen.

S Es SOLLTE regelmäßig überprüft werden, ob die bestehenden Versicherungen der aktuellen ja tw n
Lage entsprechen.

Notizen:

ORP: Organisation und Personal

ORP.1 Organisation

A1 Festlegung von Verantwortlichkeiten und Regelungen *Basis*
Zuständig: Institutionsleitung

- M Innerhalb einer Institution MÜSSEN alle relevanten Aufgaben und Funktionen klar definiert und voneinander abgegrenzt sein. — ja tw n
- M Es MÜSSEN verbindliche Regelungen für die Informationssicherheit für die verschiedenen betrieblichen Aspekte übergreifend festgelegt werden. — ja tw n
- M Die Organisationsstrukturen sowie verbindliche Regelungen MÜSSEN anlassbezogen überarbeitet werden. — ja tw n
- M Die Änderungen MÜSSEN allen Mitarbeitern bekannt gegeben werden. — ja tw n

Notizen:

A2 Zuweisung der Zuständigkeiten *Basis*
Zuständig: Institutionsleitung

- M Für alle Geschäftsprozesse, Anwendungen, IT-Systeme, Räume und Gebäude sowie Kommunikationsverbindungen MUSS festgelegt werden, wer für diese und deren Sicherheit zuständig ist. — ja tw n
- M Alle Mitarbeiter MÜSSEN darüber informiert sein, insbesondere wofür sie zuständig sind und welche damit verbundenen Aufgaben sie wahrnehmen. — ja tw n

Notizen:

A3 Beaufsichtigung oder Begleitung von Fremdpersonen *Basis*
Zuständig: Mitarbeiter

- M Institutionsfremde Personen MÜSSEN von Mitarbeitern zu den Räumen begleitet werden. — ja tw n
- M Die Mitarbeiter der Institution MÜSSEN institutionsfremde Personen in sensiblen Bereichen beaufsichtigen. — ja tw n
- S Die Mitarbeiter SOLLTEN dazu angehalten werden, institutionsfremde Personen in den Räumen der Institution nicht unbeaufsichtigt zu lassen. — ja tw n

Notizen:

A4 Funktionstrennung zwischen unvereinbaren Aufgaben *Basis*
Zuständig: Zentrale Verwaltung

- M Die Aufgaben und die hierfür erforderlichen Rollen und Funktionen MÜSSEN so strukturiert sein, dass unvereinbare Aufgaben wie operative und kontrollierende Funktionen auf verschiedene Personen verteilt werden. — ja tw n
- M Für unvereinbare Funktionen MUSS eine Funktionstrennung festgelegt und dokumentiert sein. — ja tw n
- M Auch Vertreter MÜSSEN der Funktionstrennung unterliegen. — ja tw n

Notizen:

ORP: Organisation und Personal

A5   ENTFALLEN *Basis*

A15   Ansprechpartner zu Informationssicherheitsfragen *Basis*

Zuständig: Zentrale Verwaltung

M	In jeder Institution MUSS es Ansprechpartner für Sicherheitsfragen geben, die sowohl scheinbar einfache wie auch komplexe oder technische Fragen beantworten können.	ja tw n
M	Die Ansprechpartner MÜSSEN allen Mitarbeitern der Institution bekannt sein.	ja tw n
M	Diesbezügliche Informationen MÜSSEN in der Institution für alle verfügbar und leicht zugänglich sein.	ja tw n

Notizen:

A6   ENTFALLEN *Standard*

A7   ENTFALLEN *Standard*

A8   Betriebsmittel- und Geräteverwaltung *Standard*

Zuständig: IT-Betrieb

S	Alle Geräte und Betriebsmittel, die Einfluss auf die Informationssicherheit haben und die zur Aufgabenerfüllung und zur Einhaltung der Sicherheitsanforderungen erforderlich sind, SOLLTEN in ausreichender Menge vorhanden sein.	ja tw n
S	Es SOLLTE geeignete Prüf- und Genehmigungsverfahren vor Einsatz der Geräte und Betriebsmittel geben.	ja tw n
S	Geräte und Betriebsmittel SOLLTEN in geeigneten Bestandsverzeichnissen aufgelistet werden.	ja tw n
S	Um den Missbrauch von Daten zu verhindern, SOLLTE die zuverlässige Löschung oder Vernichtung von Geräten und Betriebsmitteln geregelt sein (siehe hierzu *CON.6 Löschen und Vernichten*).	ja tw n

Notizen:

A9   ENTFALLEN *Standard*

A10   ENTFALLEN *Standard*

A11   ENTFALLEN *Standard*

A12   ENTFALLEN *Standard*

A13   Sicherheit bei Umzügen *Standard*

Zuständig: IT-Betrieb, Haustechnik

S	Vor einem Umzug SOLLTEN frühzeitig Sicherheitsrichtlinien erarbeitet bzw. aktualisiert werden.	ja tw n
S	Alle Mitarbeiter SOLLTEN über die vor, während und nach dem Umzug relevanten Sicherheitsmaßnahmen informiert werden.	ja tw n
S	Nach dem Umzug SOLLTE überprüft werden, ob das transportierte Umzugsgut vollständig und unbeschädigt bzw. unverändert angekommen ist.	ja tw n

Notizen:

A16   Richtlinie zur sicheren IT-Nutzung   *Standard*

Zuständig: Benutzer

S   Es SOLLTE eine Richtlinie erstellt werden, in der für alle Mitarbeiter transparent beschrieben wird, welche Rahmenbedingungen bei der IT-Nutzung eingehalten werden müssen und welche Sicherheitsmaßnahmen zu ergreifen sind.   ja   tw   n

S   Die Richtlinie SOLLTE folgende Punkte abdecken: ja   tw   n
- Sicherheitsziele der Institution,
- wichtige Begriffe,
- Aufgaben und Rollen mit Bezug zur Informationssicherheit,
- Ansprechpartner zu Fragen der Informationssicherheit sowie
- von den Mitarbeitern umzusetzende und einzuhaltende Sicherheitsmaßnahmen.

S   Die Richtlinie SOLLTE allen Benutzern zur Kenntnis gegeben werden.   ja   tw   n

S   Jeder neue Benutzer SOLLTE die Kenntnisnahme und Beachtung der Richtlinie schriftlich bestätigen, bevor er die Informationstechnik nutzen darf.   ja   tw   n

S   Benutzer SOLLTEN die Richtlinie regelmäßig oder nach größeren Änderungen erneut bestätigen.   ja   tw   n

Notizen:

A14   ENTFALLEN   *Hoch*

ORP.2 Personal

A1   Geregelte Einarbeitung neuer Mitarbeiter   *Basis*

Zuständig: Vorgesetzte

M   Die Personalabteilung sowie die Vorgesetzten MÜSSEN dafür sorgen, dass Mitarbeiter zu Beginn ihrer Beschäftigung in ihre neuen Aufgaben eingearbeitet werden.   ja   tw   n

M   Die Mitarbeiter MÜSSEN über bestehende Regelungen, Handlungsanweisungen und Verfahrensweisen informiert werden.   ja   tw   n

S   Eine Checkliste und ein direkter Ansprechpartner („Pate") kann hierbei hilfreich sein und SOLLTE etabliert werden.   ja   tw   n

Notizen:

ORP: Organisation und Personal

A2 Geregelte Verfahrensweise beim Weggang von Mitarbeitern *Basis*

Zuständig: Vorgesetzte, IT-Betrieb

		ja	tw	n
M	Verlässt ein Mitarbeiter die Institution, MUSS der Nachfolger rechtzeitig eingewiesen werden.	☒	☐	☐
S	Dies SOLLTE idealerweise durch den ausscheidenden Mitarbeiter erfolgen.	☒	☐	☐
M	Ist eine direkte Übergabe nicht möglich, MUSS vom ausscheidenden Mitarbeiter eine ausführliche Dokumentation angefertigt werden.	☒	☐	☐
M	Außerdem MÜSSEN von ausscheidenden Mitarbeitern alle im Rahmen ihrer Tätigkeit erhaltenen Unterlagen, Schlüssel und Geräte sowie Ausweise und Zutrittsberechtigungen eingezogen werden.	☒	☐	☐
M	Vor der Verabschiedung MUSS noch einmal auf Verschwiegenheitsverpflichtungen hingewiesen werden.	☒	☐	☐
S	Es SOLLTE besonders darauf geachtet werden, dass keine Interessenkonflikte auftreten.	☒	☐	☐
S	Um nach einem Stellenwechsel Interessenkonflikte zu vermeiden, SOLLTEN Konkurrenzverbote und Karenzzeiten vereinbart werden.	☒	☐	☐
M	Weiterhin MÜSSEN Notfall- und andere Ablaufpläne aktualisiert werden.	☒	☐	☐
M	Alle betroffenen Stellen innerhalb der Institution, wie z.B. das Sicherheitspersonal oder die IT-Abteilung, MÜSSEN über das Ausscheiden des Mitarbeiters informiert werden.	☒	☐	☐
S	Damit alle verbundenen Aufgaben, die beim Ausscheiden des Mitarbeiters anfallen, erledigt werden, SOLLTE hier ebenfalls eine Checkliste angelegt werden.	☒	☐	☐
S	Zudem SOLLTE es einen festen Ansprechpartner der Personalabteilung geben, der den Weggang von Mitarbeitern begleitet.	☒	☐	☐

Notizen:

A3 Festlegung von Vertretungsregelungen *Basis*

Zuständig: Vorgesetzte

		ja	tw	n
M	Die Vorgesetzten MÜSSEN dafür sorgen, dass im laufenden Betrieb Vertretungsregelungen umgesetzt werden.	☐	☐	☐
M	Dafür MUSS sichergestellt werden, dass es für alle wesentlichen Geschäftsprozesse und Aufgaben praktikable Vertretungsregelungen gibt.	☐	☐	☐
M	Bei diesen Regelungen MUSS der Aufgabenumfang der Vertretung im Vorfeld klar definiert werden.	☐	☐	☐
M	Es MUSS sichergestellt werden, dass die Vertretung über das dafür nötige Wissen verfügt.	☐	☐	☐
M	Ist dies nicht der Fall, MUSS überprüft werden, wie der Vertreter zu schulen ist oder ob es ausreicht, den aktuellen Verfahrens- oder Projektstand ausreichend zu dokumentieren.	☐	☐	☐
M	Ist es im Ausnahmefall nicht möglich, für einzelne Mitarbeiter einen kompetenten Vertreter zu benennen oder zu schulen, MUSS frühzeitig entschieden werden, ob externes Personal dafür hinzugezogen werden kann.	☐	☐	☐

Notizen:

ORP.2 Personal

A4 Festlegung von Regelungen für den Einsatz von Fremdpersonal *Basis*

Zuständig: Personalabteilung

M	Wird externes Personal beschäftigt, MUSS dieses wie alle eigenen Mitarbeiter dazu verpflichtet werden, geltende Gesetze, Vorschriften und interne Regelungen einzuhalten.	ja	tw	n
M	Fremdpersonal, das kurzfristig oder einmalig eingesetzt wird, MUSS in sicherheitsrelevanten Bereichen beaufsichtigt werden.	ja	tw	n
M	Bei längerfristig beschäftigtem Fremdpersonal MUSS dieses wie die eigenen Mitarbeiter in seine Aufgaben eingewiesen werden.	ja	tw	n
M	Auch für diese Mitarbeiter MUSS eine Vertretungsregelung eingeführt werden.	ja	tw	n
M	Verlässt das Fremdpersonal die Institution, MÜSSEN Arbeitsergebnisse wie bei eigenem Personal geregelt übergeben und eventuell ausgehändigte Zugangsberechtigungen zurückgegeben werden.	ja	tw	n

Notizen:

A5 Vertraulichkeitsvereinbarungen für den Einsatz von Fremdpersonal *Basis*

Zuständig: Personalabteilung

M	Bevor externe Personen Zugang und Zugriff zu vertraulichen Informationen erhalten, MÜSSEN mit ihnen Vertraulichkeitsvereinbarungen in schriftlicher Form geschlossen werden.	ja	tw	n
M	In diesen Vertraulichkeitsvereinbarungen MÜSSEN alle wichtigen Aspekte zum Schutz von institutionsinternen Informationen berücksichtigt werden.	ja	tw	n

Notizen:

A14 Aufgaben und Zuständigkeiten von Mitarbeitern *Basis*

Zuständig: Vorgesetzte

M	Alle Mitarbeiter MÜSSEN dazu verpflichtet werden, geltende Gesetze, Vorschriften und interne Regelungen einzuhalten.	ja	tw	n
M	Den Mitarbeitern MUSS der rechtliche Rahmen ihre Tätigkeit bekannt sein.	ja	tw	n
M	Die Aufgaben und Zuständigkeiten von Mitarbeitern MÜSSEN in geeigneter Weise dokumentiert sein.	ja	tw	n
M	Außerdem MÜSSEN alle Mitarbeiter darauf hingewiesen werden, dass alle während der Arbeit erhaltenen Informationen ausschließlich zum internen Gebrauch bestimmt sind.	ja	tw	n
M	Den Mitarbeitern MUSS bewusstgemacht werden, die Informationssicherheit der Institution auch außerhalb der Arbeitszeit und außerhalb des Betriebsgeländes zu schützen.	ja	tw	n

Notizen:

ORP: Organisation und Personal

A15 Qualifikation des Personals *Basis*

Zuständig: Vorgesetzte

M	Mitarbeiter MÜSSEN regelmäßig geschult bzw. weitergebildet werden.	ja tw n
M	In allen Bereichen MUSS sichergestellt werden, dass kein Mitarbeiter mit veralteten Wissensstand arbeitet.	ja tw n
S	Weiterhin SOLLTE den Mitarbeitern während ihrer Beschäftigung die Möglichkeit gegeben werden, sich im Rahmen ihres Tätigkeitsfeldes weiterzubilden.	ja tw n
M	Werden Stellen besetzt, MÜSSEN die erforderlichen Qualifikationen und Fähigkeiten genau formuliert sein.	ja tw n
S	Anschließend SOLLTE geprüft werden, ob diese bei den Bewerbern für die Stelle tatsächlich vorhanden sind.	ja tw n
M	Es MUSS sichergestellt sein, dass Stellen nur von Mitarbeitern besetzt werden, für die sie qualifiziert sind.	ja tw n

Notizen:

A6 ENTFALLEN *Standard*

A7 Überprüfung der Vertrauenswürdigkeit von Mitarbeitern *Standard*

Zuständig: Personalabteilung

S	Neue Mitarbeiter SOLLTEN auf ihre Vertrauenswürdigkeit hin überprüft werden, bevor sie eingestellt werden.	ja tw n
S	Soweit möglich, SOLLTEN alle an der Personalauswahl Beteiligten kontrollieren, ob die Angaben der Bewerberinnen und Bewerber, die relevant für die Einschätzung ihrer Vertrauenswürdigkeit sind, glaubhaft sind.	ja tw n
S	Insbesondere SOLLTE sorgfältig geprüft werden, ob der vorgelegte Lebenslauf korrekt, plausibel und vollständig ist.	ja tw n
S	Dabei SOLLTEN auffällig erscheinende Angaben überprüft werden..	ja tw n

Notizen:

A8 ENTFALLEN *Standard*

A9 ENTFALLEN *Standard*

A10 ENTFALLEN *Standard*

A11 ENTFALLEN *Hoch*

A12 ENTFALLEN *Hoch*

A13	Sicherheitsüberprüfung		*Hoch*	
	Verantwortliche Rolle: Personalabteilung		**C**	
S	Im Hochsicherheitsbereich SOLLTE eine zusätzliche Sicherheitsüberprüfung zusätzlich zur grundlegenden Überprüfung der Vertrauenswürdigkeit von Mitarbeitern durchgeführt werden.	ja	tw	n
S	Arbeiten Mitarbeiter mit nach dem Geheimschutz klassifizierten Verschlusssachen, SOLLTEN sich die entsprechenden Mitarbeiter einer Sicherheitsüberprüfung nach dem Sicherheitsüberprüfungsgesetz (SÜG) unterziehen.	ja	tw	n
S	Diesbezüglich SOLLTE der ISB den Geheimschutzbeauftragten bzw. Sicherheitsbevollmächtigten der Institution einbeziehen.	ja	tw	n

Notizen:

ORP.3 Sensibilisierung und Schulung zur Informationssicherheit

A1	Sensibilisierung der Institutionsleitung für Informationssicherheit		*Basis*	
	Zuständig: Vorgesetzte, Institutionsleitung			
M	Die Institutionsleitung MUSS ausreichend für Sicherheitsfragen sensibilisiert werden.	ja	tw	n
M	Die Sicherheitskampagnen und Schulungsmaßnahmen MÜSSEN von der Institutionsleitung unterstützt werden.	ja	tw	n
M	Vor dem Beginn eines Sensibilisierungs- und Schulungsprogramms zur Informationssicherheit MUSS die Unterstützung der Institutionsleitung eingeholt werden.	ja	tw	n
M	Alle Vorgesetzten MÜSSEN die Informationssicherheit unterstützen, indem sie mit gutem Beispiel vorangehen.	ja	tw	n
M	Führungskräfte MÜSSEN die Sicherheitsvorgaben umsetzen.	ja	tw	n
M	Hierüber hinaus MÜSSEN sie ihre Mitarbeiter auf deren Einhaltung hinweisen.	ja	tw	n

Notizen:

A2	ENTFALLEN		*Basis*	

A3	Einweisung des Personals in den sicheren Umgang mit IT		*Basis*	
	Zuständig: Vorgesetzte, Personalabteilung, IT-Betrieb			
M	Alle Mitarbeiter und externen Benutzer MÜSSEN in den sicheren Umgang mit IT-, ICS- und IoT-Komponenten eingewiesen und sensibilisiert werden, soweit dies für ihre Arbeitszusammenhänge relevant ist.	ja	tw	n
M	Dafür MÜSSEN verbindliche, verständliche und aktuelle Richtlinien zur Nutzung der jeweiligen Komponenten zur Verfügung stehen.	ja	tw	n
M	Werden IT-, ICS- oder IoT-Systeme oder -Dienste in einer Weise benutzt, die den Interessen der Institution widersprechen, MUSS dies kommuniziert werden.	ja	tw	n

Notizen:

ORP: Organisation und Personal

A4 Konzeption und Planung eines Sensibilisierungs- und Schulungsprogramms zur Informationssicherheit *Standard*

Zuständig: Informationssicherheitsbeauftragter (ISB)

		ja	tw	n
S	Sensibilisierungs- und Schulungsprogramme zur Informationssicherheit SOLLTEN sich an den jeweiligen Zielgruppen orientieren.	ja	tw	n
S	Dazu SOLLTE eine Zielgruppenanalyse durchgeführt werden.	ja	tw	n
S	Hierbei SOLLTEN Schulungsmaßnahmen auf die speziellen Anforderungen und unterschiedlichen Hintergründe fokussiert werden können.	ja	tw	n
S	Es SOLLTE ein zielgruppenorientiertes Sensibilisierungs- und Schulungsprogramm zur Informationssicherheit erstellt werden.	ja	tw	n
S	Dieses Schulungsprogramm SOLLTE den Mitarbeitern alle Informationen und Fähigkeiten vermitteln, die erforderlich sind, um in der Institution geltende Sicherheitsregelungen und -maßnahmen umsetzen zu können.	ja	tw	n
S	Es SOLLTE regelmäßig überprüft und aktualisiert werden.	ja	tw	n

Notizen:

A5 ENTFALLEN *Standard*

A6 Durchführung von Sensibilisierungen und Schulungen zur Informationssicherheit *Standard*

Zuständig: Informationssicherheitsbeauftragter (ISB)

		ja	tw	n
S	Alle Mitarbeiter SOLLTEN entsprechend ihren Aufgaben und Verantwortlichkeiten zu Informationssicherheitsthemen geschult werden.	ja	tw	n

Notizen:

A7 Schulung zur Vorgehensweise nach IT-Grundschutz *Standard*

Zuständig: Informationssicherheitsbeauftragter (ISB)

		ja	tw	n
S	Informationssicherheitsbeauftragte SOLLTEN mit dem IT-Grundschutz vertraut sein.	ja	tw	n
S	Wurde ein Schulungsbedarf identifiziert, SOLLTE eine geeignete IT-Grundschutz-Schulung geplant werden.	ja	tw	n
S	Für die Planung einer Schulung SOLLTE der Online-Kurs des BSI zum IT-Grundschutz berücksichtigt werden.	ja	tw	n
S	Innerhalb der Schulung SOLLTE die Vorgehensweise anhand praxisnaher Beispiele geübt werden.	ja	tw	n
S	Es SOLLTE geprüft werden, ob die Informationssicherheitsbeauftragten sich zu einem BSI IT-Grundschutz-Praktiker qualifizieren lassen sollten.	ja	tw	n

Notizen:

A8 Messung und Auswertung des Lernerfolgs *Standard*

Zuständig: Personalabteilung

S   Die Lernerfolge im Bereich Informationssicherheit SOLLTEN zielgruppenbezogen gemessen und ausgewertet werden, um festzustellen, inwieweit die in den Sensibilisierungs- und Schulungsprogrammen zur Informationssicherheit beschriebenen Ziele erreicht sind.   ja tw n

S   Die Messungen SOLLTEN sowohl quantitative als auch qualitative Aspekte der Sensibilisierungs- und Schulungsprogramme zur Informationssicherheit berücksichtigen.   ja tw n

S   Die Ergebnisse SOLLTEN bei der Verbesserung des Sensibilisierungs- und Schulungsangebots zur Informationssicherheit in geeigneter Weise einfließen.   ja tw n

S   Der Informationssicherheitsbeauftragte SOLLTE sich regelmäßig mit der Personalabteilung und den anderen für die Sicherheit relevanten Ansprechpartnern (Datenschutz, Gesundheits- und Arbeitsschutz, Brandschutz etc.) über die Effizienz der Aus- und Weiterbildung austauschen.   ja tw n

Notizen:

A9 Spezielle Schulung von exponierten Personen und Institutionen *Hoch*

Verantwortliche Rolle: Informationssicherheitsbeauftragter (ISB)   C I A

S   Besonders exponierte Personen SOLLTEN vertiefende Schulungen in Hinblick auf mögliche Gefährdungen sowie geeignete Verhaltensweisen und Vorsichtsmaßnahmen erhalten.   ja tw n

Notizen:

ORP.4 Identitäts- und Berechtigungsmanagement

A1 Regelung für die Einrichtung und Löschung von Benutzern und Benutzergruppen *Basis*

Zuständig: IT-Betrieb

M   Es MUSS geregelt werden, wie Benutzerkennungen und Benutzergruppen einzurichten und zu löschen sind.   ja tw n

M   Jede Benutzerkennung MUSS eindeutig einem Benutzer zugeordnet werden können.   ja tw n

S   Benutzerkennungen, die längere Zeit inaktiv sind, SOLLTEN deaktiviert werden.   ja tw n

M   Alle Benutzer und Benutzergruppen DÜRFEN NUR über separate administrative Rollen eingerichtet und gelöscht werden.   ja tw n

M   Nicht benötigte Benutzerkennungen, wie z.B. standardmäßig eingerichtete Gastkonten oder Standard-Administratorkennungen, MÜSSEN geeignet deaktiviert oder gelöscht werden.   ja tw n

Notizen:

ORP: Organisation und Personal

A2 Einrichtung, Änderung und Entzug von Berechtigungen *Basis*

Zuständig: IT-Betrieb

M	Benutzerkennungen und Berechtigungen DÜRFEN NUR aufgrund des tatsächlichen Bedarfs und der Notwendigkeit zur Aufgabenerfüllung vergeben werden (Prinzip der geringsten Berechtigungen, englisch Least Privileges und Erforderlichkeitsprinzip, englisch Need-to-know).	ja	tw	n
M	Bei personellen Veränderungen MÜSSEN die nicht mehr benötigten Benutzerkennungen und Berechtigungen entfernt werden.	ja	tw	n
M	Beantragen Mitarbeiter Berechtigungen, die über den Standard hinausgehen, DÜRFEN diese NUR nach zusätzlicher Begründung und Prüfung vergeben werden.	ja	tw	n
S	Zugriffsberechtigungen auf Systemverzeichnisse und -dateien SOLLTEN restriktiv eingeschränkt werden.	ja	tw	n
M	Alle Berechtigungen MÜSSEN über separate administrative Rollen eingerichtet werden.	ja	tw	n

Notizen:

A3 Dokumentation der Benutzerkennungen und Rechteprofile *Basis*

Zuständig: IT-Betrieb

M	Es MUSS dokumentiert werden, welche Benutzerkennungen, angelegte Benutzergruppen und Rechteprofile zugelassen und angelegt wurden.	ja	tw	n
M	Die Dokumentation der zugelassenen Benutzer, angelegten Benutzergruppen und Rechteprofile MUSS regelmäßig daraufhin überprüft werden, ob sie den tatsächlichen Stand der Rechtevergabe widerspiegelt und ob die Rechtevergabe noch den Sicherheitsanforderungen und den aktuellen Aufgaben der Benutzer entspricht.	ja	tw	n
M	Die Dokumentation MUSS vor unberechtigtem Zugriff geschützt werden.	ja	tw	n
S	Sofern sie in elektronischer Form erfolgt, SOLLTE sie in das Datensicherungsverfahren einbezogen werden.	ja	tw	n

Notizen:

A4 Aufgabenverteilung und Funktionstrennung *Basis*

Zuständig: IT-Betrieb

M	Die von der Institution definierten unvereinbaren Aufgaben und Funktionen (siehe Baustein ORP.1 *Organisation*) MÜSSEN durch das Identitäts- und Berechtigungsmanagement getrennt werden.	ja	tw	n

Notizen:

ORP.4 Identitäts- und Berechtigungsmanagement

A5 Vergabe von Zutrittsberechtigungen *Basis*
Zuständig: IT-Betrieb

M	Es MUSS festgelegt werden, welche Zutrittsberechtigungen an welche Personen im Rahmen ihrer Funktion vergeben bzw. ihnen entzogen werden.	ja	tw	n
M	Die Ausgabe bzw. der Entzug von verwendeten Zutrittsmittel wie Chipkarten MUSS dokumentiert werden.	ja	tw	n
M	Wenn Zutrittsmittel kompromittiert wurden, MÜSSEN sie ausgewechselt werden.	ja	tw	n
S	Die Zutrittsberechtigten SOLLTEN für den korrekten Umgang mit den Zutrittsmitteln geschult werden.	ja	tw	n
S	Bei längeren Abwesenheiten SOLLTEN berechtigte Personen vorübergehend gesperrt werden.	ja	tw	n

Notizen:

A6 Vergabe von Zugangsberechtigungen *Basis*
Zuständig: IT-Betrieb

M	Es MUSS festgelegt werden, welche Zugangsberechtigungen an welche Personen im Rahmen ihrer Funktion vergeben bzw. ihnen entzogen werden.	ja	tw	n
M	Werden Zugangsmittel wie Chipkarten verwendet, so MUSS die Ausgabe bzw. der Entzug dokumentiert werden.	ja	tw	n
M	Wenn Zugangsmittel kompromittiert wurden, MÜSSEN sie ausgewechselt werden.	ja	tw	n
S	Die Zugangsberechtigten SOLLTEN für den korrekten Umgang mit den Zugangsmitteln geschult werden.	ja	tw	n
S	Bei längeren Abwesenheiten SOLLTEN berechtigte Personen vorübergehend gesperrt werden.	ja	tw	n

Notizen:

A7 Vergabe von Zugriffsrechten *Basis*
Zuständig: IT-Betrieb

M	Es MUSS festgelegt werden, welche Zugriffsrechte an welche Personen im Rahmen ihrer Funktion vergeben bzw. ihnen entzogen werden.	ja	tw	n
M	Werden im Rahmen der Zugriffskontrolle Chipkarten oder Token verwendet, so MUSS die Ausgabe bzw. der Entzug dokumentiert werden.	ja	tw	n
S	Die Anwender SOLLTEN für den korrekten Umgang mit Chipkarten oder Token geschult werden.	ja	tw	n
S	Bei längeren Abwesenheiten SOLLTEN berechtigte Personen vorübergehend gesperrt werden.	ja	tw	n

Notizen:

ORP: Organisation und Personal

A8 Regelung des Passwortgebrauchs *Basis*

Zuständig: Benutzer, IT-Betrieb

M	Die Institution MUSS den Passwortgebrauch verbindlich regeln (siehe auch ORP.4.A22 *Regelung zur Passwortqualität* und *ORP.4.A23 Regelung für Passwort-verarbeitende Anwendungen und IT-Systeme*).	ja tw n
M	Dabei MUSS geprüft werden, ob Passwörter als alleiniges Authentisierungsverfahren eingesetzt werden sollen, oder ob andere Authentisierungsmerkmale bzw. -verfahren zusätzlich zu oder anstelle von Passwörtern verwendet werden können.	ja tw n
M	Passwörter DÜRFEN NICHT mehrfach verwendet werden.	ja tw n
M	Für jedes IT-System bzw. jede Anwendung MUSS ein eigenständiges Passwort verwendet werden.	ja tw n
M	Passwörter, die leicht zu erraten sind oder in gängigen Passwortlisten geführt werden, DÜRFEN NICHT verwendet werden.	ja tw n
M	Passwörter MÜSSEN geheim gehalten werden.	ja tw n
M	Sie DÜRFEN NUR dem Benutzer persönlich bekannt sein.	ja tw n
M	Passwörter DÜRFEN NUR unbeobachtet eingegeben werden.	ja tw n
M	Passwörter DÜRFEN NICHT auf programmierbaren Funktionstasten von Tastaturen oder Mäusen gespeichert werden.	ja tw n
M	Ein Passwort DARF NUR für eine Hinterlegung für einen Notfall schriftlich fixiert werden.	ja tw n
M	Es MUSS dann sicher aufbewahrt werden.	ja tw n
S	Die Nutzung eines Passwort-Managers SOLLTE geprüft werden.	ja tw n
M	Bei Passwort-Managern mit Funktionen oder Plug-ins, mit denen Passwörter über Onlinedienste Dritter synchronisiert oder anderweitig an Dritte übertragen werden, MÜSSEN diese Funktionen und Plug-ins deaktiviert werden.	ja tw n
M	Ein Passwort MUSS gewechselt werden, wenn es unautorisierten Personen bekannt geworden ist oder der Verdacht dazu besteht.	ja tw n

Notizen:

A9 Identifikation und Authentisierung *Basis*

Zuständig: IT-Betrieb

M	Der Zugriff auf alle IT-Systeme und Dienste MUSS durch eine angemessene Identifikation und Authentisierung der zugreifenden Benutzer, Dienste oder IT-Systeme abgesichert sein.	ja tw n
M	Vorkonfigurierte Authentisierungsmittel MÜSSEN vor dem produktiven Einsatz geändert werden.	ja tw n

Notizen:

A22 Regelung zur Passwortqualität *Basis*

Zuständig: IT-Betrieb

M	In Abhängigkeit von Einsatzzweck und Schutzbedarf MÜSSEN sichere Passwörter geeigneter Qualität gewählt werden.	ja tw n
M	Das Passwort MUSS so komplex sein, dass es nicht leicht zu erraten ist.	ja tw n
M	Das Passwort DARF NICHT zu kompliziert sein, damit der Benutzer in der Lage ist, das Passwort mit vertretbarem Aufwand regelmäßig zu verwenden.	ja tw n

Notizen:

A23 Regelung für Passwort-verarbeitende Anwendungen und IT-Systeme *Basis*
Zuständig: IT-Betrieb

- S IT-Systeme oder Anwendungen SOLLTEN NUR mit einem validen Grund zum Wechsel des Passworts auffordern.   ja   tw   n
- S Reine zeitgesteuerte Wechsel SOLLTEN vermieden werden.   ja   tw   n
- M Es MÜSSEN Maßnahmen ergriffen werden, um die Kompromittierung von Passwörtern zu erkennen.   ja   tw   n
- S Ist dies nicht möglich, so SOLLTE geprüft werden, ob die Nachteile eines zeitgesteuerten Passwortwechsels in Kauf genommen werden können und Passwörter in gewissen Abständen gewechselt werden.   ja   tw   n
- M Standardpasswörter MÜSSEN durch ausreichend starke Passwörter ersetzt und vordefinierte Kennungen MÜSSEN geändert werden.   ja   tw   n
- S Es SOLLTE sichergestellt werden, dass die mögliche Passwortlänge auch im vollen Umfang von verarbeitenden IT-Systemen geprüft wird.   ja   tw   n
- M Nach einem Passwortwechsel DÜRFEN alte Passwörter NICHT mehr genutzt werden.   ja   tw   n
- M Passwörter MÜSSEN so sicher wie möglich gespeichert werden.   ja   tw   n
- S Bei Kennungen für technische Benutzer, Dienstkonten, Schnittstellen oder Vergleichbares SOLLTE ein Passwortwechsel sorgfältig geplant und gegebenenfalls mit den Anwendungsverantwortlichen abgestimmt werden.   ja   tw   n
- M Bei der Authentisierung in vernetzten Systemen DÜRFEN Passwörter NICHT unverschlüsselt über unsichere Netze übertragen werden.   ja   tw   n
- S Wenn Passwörter in einem Intranet übertragen werden, SOLLTEN sie verschlüsselt werden.   ja   tw   n
- S Bei erfolglosen Anmeldeversuchen SOLLTE das System keinen Hinweis darauf geben, ob Passwort oder Benutzerkennung falsch sind.   ja   tw   n

Notizen:

A10 Schutz von Benutzerkennungen mit weitreichenden Berechtigungen *Standard*
Zuständig: IT-Betrieb

- S Benutzerkennungen mit weitreichenden Berechtigungen SOLLTEN mit einer Mehr-Faktor-Authentisierung, z.B. mit kryptografischen Zertifikaten, Chipkarten oder Token, geschützt werden.   ja   tw   n

Notizen:

A11 Zurücksetzen von Passwörtern *Standard*
Zuständig: IT-Betrieb

- S Für das Zurücksetzen von Passwörtern SOLLTE ein angemessenes sicheres Verfahren definiert und umgesetzt werden.   ja   tw   n
- S Die Support-Mitarbeiter, die Passwörter zurücksetzen können, SOLLTEN entsprechend geschult werden.   ja   tw   n
- S Bei höherem Schutzbedarf des Passwortes SOLLTE eine Strategie definiert werden, falls ein Support-Mitarbeiter aufgrund fehlender sicherer Möglichkeiten der Übermittlung des Passwortes die Verantwortung nicht übernehmen kann.   ja   tw   n

Notizen:

ORP: Organisation und Personal

A12 Entwicklung eines Authentisierungskonzeptes für IT-Systeme und Anwendungen *Standard*

Zuständig: IT-Betrieb

S	Es SOLLTE ein Authentisierungskonzept erstellt werden.	ja	tw	n
S	Darin SOLLTE für jedes IT-System und jede Anwendung definiert werden, welche Funktions- und Sicherheitsanforderungen an die Authentisierung gestellt werden.	ja	tw	n
M	Authentisierungsinformationen MÜSSEN kryptografisch sicher gespeichert werden.	ja	tw	n
M	Authentisierungsinformationen DÜRFEN NICHT unverschlüsselt über unsichere Netze übertragen werden.	ja	tw	n

Notizen:

A13 Geeignete Auswahl von Authentisierungsmechanismen *Standard*

Zuständig: IT-Betrieb

S	Es SOLLTEN dem Schutzbedarf angemessene Identifikations- und Authentisierungsmechanismen verwendet werden.	ja	tw	n
S	Authentisierungsdaten SOLLTEN durch das IT-System bzw. die IT-Anwendungen bei der Verarbeitung jederzeit gegen Ausspähung, Veränderung und Zerstörung geschützt werden.	ja	tw	n
S	Das IT-System bzw. die IT-Anwendung SOLLTE nach jedem erfolglosen Authentisierungsversuch weitere Anmeldeversuche zunehmend verzögern (Time Delay).	ja	tw	n
S	Die Gesamtdauer eines Anmeldeversuchs SOLLTE begrenzt werden können.	ja	tw	n
S	Nach Überschreitung der vorgegebenen Anzahl erfolgloser Authentisierungsversuche SOLLTE das IT-System bzw. die IT-Anwendung die Benutzerkennung sperren.	ja	tw	n

Notizen:

A14 Kontrolle der Wirksamkeit der Benutzertrennung am IT-System bzw. an der Anwendung *Standard*

Zuständig: IT-Betrieb

S	In angemessenen Zeitabständen SOLLTE überprüft werden, ob die Benutzer von IT-Systemen bzw. Anwendungen sich regelmäßig nach Aufgabenerfüllung abmelden.	ja	tw	n
S	Ebenso SOLLTE kontrolliert werden, dass nicht mehrere Benutzer unter der gleichen Kennung arbeiten.	ja	tw	n

Notizen:

A15 Vorgehensweise und Konzeption der Prozesse beim Identitäts- und Berechtigungsmanagement *Standard*

Zuständig: IT-Betrieb

S	Für das Identitäts- und Berechtigungsmanagement SOLLTEN folgenden Prozesse definiert und umgesetzt werden: • Richtlinien verwalten, • Identitätsprofile verwalten, • Benutzerkennungen verwalten, • Berechtigungsprofile verwalten sowie • Rollen verwalten.	ja	tw	n

Notizen:

ORP.4 Identitäts- und Berechtigungsmanagement

A16 Richtlinien für die Zugriffs- und Zugangskontrolle *Standard*

Zuständig: IT-Betrieb

- S Es SOLLTE eine Richtlinie für die Zugriffs- und Zugangskontrolle von IT-Systemen, IT-Komponenten und Datennetzen erstellt werden. — ja tw n
- S Es SOLLTEN Standard-Rechteprofile benutzt werden, die den Funktionen und Aufgaben der Mitarbeiter entsprechen. — ja tw n
- S Für jedes IT-System und jede IT-Anwendung SOLLTE eine schriftliche Zugriffsregelung existieren. — ja tw n

Notizen:

A17 Geeignete Auswahl von Identitäts- und Berechtigungsmanagement-Systemen *Standard*

Zuständig: IT-Betrieb

- S Beim Einsatz eines Identitäts- und Berechtigungsmanagement-Systems SOLLTE dieses für die Institution und deren jeweilige Geschäftsprozesse, Organisationsstrukturen und Abläufe sowie deren Schutzbedarf geeignet sein. — ja tw n
- S Das Identitäts- und Berechtigungsmanagement-System SOLLTE die in der Institution vorhandenen Vorgaben zum Umgang mit Identitäten und Berechtigungen abbilden können. — ja tw n
- S Das ausgewählte Identitäts- und Berechtigungsmanagement-System SOLLTE den Grundsatz der Funktionstrennung unterstützen. — ja tw n
- S Das Identitäts- und Berechtigungsmanagement-System SOLLTE angemessen vor Angriffen geschützt werden. — ja tw n

Notizen:

A18 Einsatz eines zentralen Authentisierungsdienstes *Standard*

Zuständig: IT-Betrieb

- S Um ein zentrales Identitäts- und Berechtigungsmanagement aufzubauen, SOLLTE ein zentraler netzbasierter Authentisierungsdienst eingesetzt werden. — ja tw n
- S Der Einsatz eines zentralen netzbasierten Authentisierungsdienstes SOLLTE sorgfältig geplant werden. — ja tw n
- S Dazu SOLLTEN die Sicherheitsanforderungen dokumentiert werden, die für die Auswahl eines solchen Dienstes relevant sind. — ja tw n

Notizen:

A19 Einweisung aller Mitarbeiter in den Umgang mit Authentisierungsverfahren und -mechanismen *Standard*

Zuständig: Benutzer, IT-Betrieb

- S Alle Mitarbeiter SOLLTEN in den korrekten Umgang mit dem Authentisierungsverfahren eingewiesen werden. — ja tw n
- S Es SOLLTE verständliche Richtlinien für den Umgang mit Authentisierungsverfahren geben. — ja tw n
- S Die Mitarbeiter SOLLTEN über relevante Regelungen informiert werden. — ja tw n

Notizen:

ORP: Organisation und Personal

A20 **Notfallvorsorge für das Identitäts- und Berechtigungsmanagement-System** *Hoch*
Verantwortliche Rolle: IT-Betrieb C I A

S Es SOLLTE geprüft werden, inwieweit ein ausgefallenes Identitäts- und Berechtigungsmanagement-System sicherheitskritisch für die Geschäftsprozesse ist. ja tw n

S Es SOLLTEN Vorkehrungen getroffen werden, um bei einem ausgefallenen Identitäts- und Berechtigungsmanagement-System weiterhin arbeitsfähig zu sein. ja tw n

S Insbesondere SOLLTE das im Notfallkonzept vorgesehene Berechtigungskonzept weiterhin anwendbar sein, wenn das Identitäts- und Berechtigungsmanagement-System ausgefallen ist. ja tw n

Notizen:

A21 **Mehr-Faktor-Authentisierung** *Hoch*
Verantwortliche Rolle: IT-Betrieb C I

S Es SOLLTE eine sichere Mehr-Faktor-Authentisierung, z.B. mit kryptografischen Zertifikaten, Chipkarten oder Token, zur Authentisierung verwendet werden. ja tw n

Notizen:

A24 **Vier-Augen-Prinzip für administrative Tätigkeiten** *Hoch*
Verantwortliche Rolle: IT-Betrieb C I A

S Administrative Tätigkeiten SOLLTEN nur durch zwei Personen durchgeführt werden können. ja tw n

S Dazu SOLLTEN bei Mehr-Faktor-Authentisierung die Faktoren auf die zwei Personen verteilt werden. ja tw n

S Bei der Nutzung von Passwörtern SOLLTEN diese in zwei Teile zerlegt werden und jede der zwei Personen enthält einen Teil. ja tw n

Notizen:

ORP.5 Compliance Management (Anforderungsmanagement)

A1 **Identifikation der Rahmenbedingungen** *Basis*
Zuständig: Zentrale Verwaltung, Institutionsleitung

M Alle gesetzlichen, vertraglichen und sonstigen Vorgaben mit Auswirkungen auf das Informationssicherheitsmanagement MÜSSEN identifiziert und dokumentiert werden. ja tw n

S Die für die einzelnen Bereiche der Institution relevanten gesetzlichen, vertraglichen und sonstigen Vorgaben SOLLTEN in einer strukturierten Übersicht herausgearbeitet werden. ja tw n

M Die Dokumentation MUSS auf dem aktuellen Stand gehalten werden. ja tw n

Notizen:

A2 Beachtung der Rahmenbedingungen *Basis*

Zuständig: Vorgesetzte, Zentrale Verwaltung, Institutionsleitung

M Die als sicherheitsrelevant identifizierten Anforderungen MÜSSEN bei der Planung und Konzeption von Geschäftsprozessen, Anwendungen und IT-Systemen oder bei der Beschaffung neuer Komponenten einfließen. — ja tw n

M Führungskräfte, die eine rechtliche Verantwortung für die Institution tragen, MÜSSEN für die Einhaltung der gesetzlichen, vertraglichen und sonstigen Vorgaben sorgen. — ja tw n

M Die Verantwortlichkeiten und Zuständigkeiten für die Einhaltung dieser Vorgaben MÜSSEN festgelegt sein. — ja tw n

M Es MÜSSEN geeignete Maßnahmen identifiziert und umgesetzt werden, um Verstöße gegen relevante Anforderungen zu vermeiden. — ja tw n

M Wenn solche Verstöße erkannt werden, MÜSSEN sachgerechte Korrekturmaßnahmen ergriffen werden, um die Abweichungen zu beheben. — ja tw n

Notizen:

A3 ENTFALLEN *Basis*

A4 Konzeption und Organisation des Compliance Managements *Standard*

Zuständig: Institutionsleitung

S In der Institution SOLLTE ein Prozess aufgebaut werden, um alle relevanten gesetzlichen, vertraglichen und sonstigen Vorgaben mit Auswirkungen auf das Informationssicherheitsmanagement zu identifizieren. — ja tw n

S Es SOLLTEN geeignete Prozesse und Organisationsstrukturen aufgebaut werden, um basierend auf der Identifikation und Beachtung der rechtlichen Rahmenbedingungen, den Überblick über die verschiedenen rechtlichen Anforderungen an die einzelnen Bereiche der Institution zu gewährleisten. — ja tw n

S Dafür SOLLTEN Zuständige für das Compliance Management festgelegt werden. — ja tw n

S Compliance Manager und Informationssicherheitsbeauftragte (ISB) SOLLTEN sich regelmäßig austauschen. — ja tw n

S Sie SOLLTEN gemeinsam Sicherheitsanforderungen ins Compliance Management integrieren, sicherheitsrelevante Anforderungen in Sicherheitsmaßnahmen überführen und deren Umsetzung kontrollieren. — ja tw n

Notizen:

A5 Ausnahmegenehmigungen *Standard*

Zuständig: Vorgesetzte, Informationssicherheitsbeauftragter (ISB)

S Ist es in Einzelfällen erforderlich, von getroffenen Regelungen abzuweichen, SOLLTE die Ausnahme begründet und durch eine autorisierte Stelle nach einer Risikoabschätzung genehmigt werden. — ja tw n

S Es SOLLTE ein Genehmigungsverfahren für Ausnahmegenehmigungen geben. — ja tw n

S Es SOLLTE eine Übersicht über alle erteilten Ausnahmegenehmigungen erstellt und gepflegt werden. — ja tw n

S Ein entsprechendes Verfahren für die Dokumentation und ein Überprüfungsprozess SOLLTE etabliert werden. — ja tw n

S Alle Ausnahmegenehmigungen SOLLTEN befristet sein. — ja tw n

Notizen:

A6 ENTFALLEN *Standard*

ORP: Organisation und Personal

A7	**ENTFALLEN**	*Standard*
A8	**Regelmäßige Überprüfungen des Compliance Managements**	*Standard*

Zuständig: Anforderungsmanager (Compliance Manager)

S Es SOLLTE ein Verfahren etabliert sein, wie das Compliance Management und die sich daraus ergebenden Anforderungen und Maßnahmen regelmäßig auf ihre Effizienz und Effektivität überprüft werden (siehe auch DER.3.1 *Audits und Revisionen*).   ja   tw   n

S Es SOLLTE regelmäßig geprüft werden, ob die Organisationsstruktur und die Prozesse des Compliance Managements angemessen sind.   ja   tw   n

Notizen:

A9	**ENTFALLEN**	*Hoch*
A10	**ENTFALLEN**	*Hoch*
A11	**ENTFALLEN**	*Hoch*

CON: Konzepte und Vorgehensweisen

CON.1 Kryptokonzept

A1 Auswahl geeigneter kryptografischer Verfahren *Basis*

Zuständig: Fachverantwortliche

M	Es MÜSSEN geeignete kryptografische Verfahren ausgewählt werden.	ja	tw	n
M	Dabei MUSS sichergestellt sein, dass etablierte Algorithmen verwendet werden, die von der Fachwelt intensiv untersucht wurden und von denen keine Sicherheitslücken bekannt sind.	ja	tw	n
M	Ebenso MÜSSEN aktuell empfohlene Schlüssellängen verwendet werden.	ja	tw	n

Notizen:

A2 Datensicherung bei Einsatz kryptografischer Verfahren *Basis*

Zuständig: IT-Betrieb

M	In Datensicherungen MÜSSEN kryptografische Schlüssel vom IT-Betrieb derart gespeichert bzw. aufbewahrt werden, dass Unbefugte nicht darauf zugreifen können.	ja	tw	n
M	Langlebige kryptografische Schlüssel MÜSSEN außerhalb der eingesetzten IT-Systeme aufbewahrt werden.	ja	tw	n
S	Bei einer Langzeitspeicherung verschlüsselter Daten SOLLTE regelmäßig geprüft werden, ob die verwendeten kryptografischen Algorithmen und die Schlüssellängen noch dem Stand der Technik entsprechen.	ja	tw	n
M	Der IT-Betrieb MUSS sicherstellen, dass auf verschlüsselt gespeicherte Daten auch nach längeren Zeiträumen noch zugegriffen werden kann.	ja	tw	n
S	Verwendete Kryptoprodukte SOLLTEN archiviert werden.	ja	tw	n
S	Die Konfigurationsdaten von Kryptoprodukten SOLLTEN gesichert werden.	ja	tw	n

Notizen:

A3 Verschlüsselung der Kommunikationsverbindungen *Standard*

Zuständig: Informationssicherheitsbeauftragter (ISB)

S	Es SOLLTE geprüft werden, ob mit vertretbarem Aufwand eine Verschlüsselung der Kommunikationsverbindungen möglich und praktikabel ist.	ja	tw	n
S	Ist dies der Fall, SOLLTEN Kommunikationsverbindungen geeignet verschlüsselt werden.	ja	tw	n

Notizen:

CON: Konzepte und Vorgehensweisen

A4 Geeignetes Schlüsselmanagement *Standard*

Zuständig: Informationssicherheitsbeauftragter (ISB)

- S Kryptografische Schlüssel SOLLTEN immer mit geeigneten Schlüsselgeneratoren und in einer sicheren Umgebung erzeugt werden. ☐ ja ☐ tw ☐ n
- S Ein Schlüssel SOLLTE möglichst nur einem Einsatzzweck dienen. ☐ ja ☐ tw ☐ n
- S Insbesondere SOLLTEN für die Verschlüsselung und Signaturbildung unterschiedliche Schlüssel benutzt werden. ☐ ja ☐ tw ☐ n
- S Der Austausch von kyptografischen Schlüsseln SOLLTE mit einem als sicher geltenden Verfahren durchgeführt werden. ☐ ja ☐ tw ☐ n
- S Wenn Schlüssel verwendet werden, SOLLTE die authentische Herkunft und die Integrität der Schlüsseldaten überprüft werden. ☐ ja ☐ tw ☐ n
- S Alle kryptografischen Schlüssel SOLLTEN hinreichend häufig gewechselt werden. ☐ ja ☐ tw ☐ n
- S Es SOLLTE eine festgelegte Vorgehensweise für den Fall geben, dass ein Schlüssel offengelegt wurde. ☐ ja ☐ tw ☐ n
- S Alle erzeugten kryptografischen Schlüssel SOLLTEN sicher aufbewahrt und verwaltet werden. ☐ ja ☐ tw ☐ n

Notizen:

A5 Sicheres Löschen und Vernichten von kryptografischen Schlüsseln *Standard*

Zuständig: IT-Betrieb

- S Nicht mehr benötigte Schlüssel und Zertifikate SOLLTEN sicher gelöscht bzw. vernichtet werden. ☐ ja ☐ tw ☐ n

Notizen:

A6 Bedarfserhebung für kryptografische Verfahren und Produkte *Standard*

Zuständig: IT-Betrieb, Fachverantwortliche

- S Es SOLLTE festgelegt werden, für welche Geschäftsprozesse oder Fachverfahren kryptografische Verfahren eingesetzt werden sollen. ☐ ja ☐ tw ☐ n
- S Danach SOLLTEN die Anwendungen, IT-Systeme und Kommunikationsverbindungen identifiziert werden, die notwendig sind, um die Aufgaben zu erfüllen. ☐ ja ☐ tw ☐ n
- S Diese SOLLTEN durch den IT-Betrieb geeignet kryptografisch abgesichert werden. ☐ ja ☐ tw ☐ n

Notizen:

CON.1 Kryptokonzept

	A7	Erstellung einer Sicherheitsrichtlinie für den Einsatz kryptografischer Verfahren und Produkte	*Hoch*		
		Verantwortliche Rolle: Informationssicherheitsbeauftragter (ISB)	**C**	**I**	**A**
S		Ausgehend von der allgemeinen Sicherheitsrichtlinie der Institution SOLLTE eine spezifische Richtlinie für den Einsatz von Kryptoprodukten erstellt werden.	ja	tw	n
S		In der Sicherheitsrichtlinie SOLLTE geregelt werden, wer für den sicheren Betrieb der kryptografischen Produkte zuständig ist.	ja	tw	n
S		Für die benutzten Kryptoprodukte SOLLTE es Vertretungsregelungen geben.	ja	tw	n
S		Auch SOLLTEN notwendige Schulungs- und Sensibilisierungsmaßnahmen für Benutzer sowie Verhaltensregeln und Meldewege bei Problemen oder Sicherheitsvorfällen festgelegt werden.	ja	tw	n
S		Weiter SOLLTE die Richtlinie definieren, wie sichergestellt wird, dass Kryptomodule sicher konfiguriert, korrekt eingesetzt und regelmäßig gewartet werden.	ja	tw	n
S		Die Richtlinie SOLLTE allen relevanten Mitarbeitern bekannt und grundlegend für ihre Arbeit sein.	ja	tw	n
S		Wird die Richtlinie verändert oder wird von ihr abgewichen, SOLLTE dies mit dem ISB abgestimmt und dokumentiert werden.	ja	tw	n
S		Es SOLLTE regelmäßig überprüft werden, ob die Richtlinie noch korrekt umgesetzt wird.	ja	tw	n
S		Die Ergebnisse SOLLTEN sinnvoll dokumentiert werden.	ja	tw	n

Notizen:

	A8	Erhebung der Einflussfaktoren für kryptografische Verfahren und Produkte	*Hoch*		
		Verantwortliche Rolle: Informationssicherheitsbeauftragter (ISB)	**C**	**I**	**A**
S		Bevor entschieden werden kann, welche kryptografischen Verfahren und Produkte bei erhöhtem Schutzbedarf eingesetzt werden, SOLLTEN unter anderem folgende Einflussfaktoren ermittelt werden: • Sicherheitsaspekte (siehe CON.1.A6 Bedarfserhebung für kryptografische Verfahren und Produkte), • technische Aspekte, • personelle und organisatorische Aspekte, • wirtschaftliche Aspekte, • Lebensdauer von kryptografischen Verfahren und der eingesetzten Schlüssellängen, • Zulassung von kryptografischen Produkten sowie • gesetzliche Rahmenbedingungen.	ja	tw	n

Notizen:

	A9	Auswahl eines geeigneten kryptografischen Produkts	*Hoch*		
		Verantwortliche Rolle: IT-Betrieb, Fachverantwortliche	**C**	**I**	**A**
S		Bevor ein kryptografisches Produkt ausgewählt wird, SOLLTE die Institution festlegen, welche Anforderungen das Produkt erfüllen muss.	ja	tw	n
S		Dabei SOLLTEN Aspekte wie Funktionsumfang, Interoperabilität, Wirtschaftlichkeit sowie Fehlbedienungs- und Fehlfunktionssicherheit betrachtet werden.	ja	tw	n
S		Es SOLLTE geprüft werden, ob zertifizierte Produkte vorrangig eingesetzt werden sollen.	ja	tw	n
S		Auch die zukünftigen Einsatzorte SOLLTEN bei der Auswahl beachtet werden, da es z.B. Export- und Importbeschränkungen für kryptografische Produkte gibt.	ja	tw	n
S		Auf Produkte mit unkontrollierbarer Schlüsselablage SOLLTE generell verzichtet werden.	ja	tw	n

Notizen:

CON: Konzepte und Vorgehensweisen

A10 Entwicklung eines Kryptokonzepts *Hoch*
Verantwortliche Rolle: Informationssicherheitsbeauftragter (ISB) **C I A**

		C	I	A
S	Es SOLLTE ein Kryptokonzept entwickelt werden, das in das Sicherheitskonzept der Institution integriert wird.	ja	tw	n
S	Im Konzept SOLLTEN alle technischen und organisatorischen Vorgaben für die eingesetzten kryptografischen Produkte beschrieben werden.	ja	tw	n
S	Auch SOLLTEN alle relevanten Anwendungen, IT-Systeme und Kommunikationsverbindungen aufgeführt sein.	ja	tw	n
S	Das erstellte Kryptokonzept SOLLTE regelmäßig aktualisiert werden.	ja	tw	n

Notizen:

A11 Sichere Konfiguration der Kryptomodule *Hoch*
Verantwortliche Rolle: IT-Betrieb **C I A**

		C	I	A
S	Kryptomodule SOLLTEN sicher installiert und konfiguriert werden.	ja	tw	n
S	Alle voreingestellten Schlüssel SOLLTEN geändert werden.	ja	tw	n
S	Anschließend SOLLTE getestet werden, ob die Kryptomodule korrekt funktionieren und vom Benutzer auch bedient werden können.	ja	tw	n
S	Weiterhin SOLLTEN die Anforderungen an die Einsatzumgebung festgelegt werden.	ja	tw	n
S	Wenn ein IT-System geändert wird, SOLLTE getestet werden, ob die eingesetzten kryptografischen Verfahren noch greifen.	ja	tw	n
S	Die Konfiguration der Kryptomodule SOLLTE dokumentiert und regelmäßig überprüft werden.	ja	tw	n

Notizen:

A12 Sichere Rollenteilung beim Einsatz von Kryptomodulen *Hoch*
Verantwortliche Rolle: IT-Betrieb **C I A**

		C	I	A
S	Bei der Konfiguration eines Kryptomoduls SOLLTEN Benutzerrollen festgelegt werden.	ja	tw	n
S	Es SOLLTE mit Zugriffskontroll- und Authentisierungsmechanismen verifiziert werden, ob ein Mitarbeiter den gewünschten Dienst auch tatsächlich benutzen darf.	ja	tw	n
S	Das Kryptomodul SOLLTE so konfiguriert sein, dass bei jedem Rollenwechsel oder bei Inaktivität nach einer bestimmten Zeitdauer die Authentisierungsinformationen erneut eingegeben werden müssen.	ja	tw	n

Notizen:

A13 Anforderungen an die Betriebssystem-Sicherheit beim Einsatz von Kryptomodulen

Verantwortliche Rolle: Informationssicherheitsbeauftragter (ISB)

Hoch
C I A

S Das Zusammenwirken von Betriebssystem und Kryptomodulen SOLLTE gewährleisten, dass   ja tw n
- die installierten Kryptomodule nicht unbemerkt abgeschaltet oder umgangen werden können,
- die angewendeten oder gespeicherten Schlüssel nicht kompromittiert werden können,
- die zu schützenden Daten nur mit Wissen und unter Kontrolle des Benutzers auch unverschlüsselt auf Datenträgern abgespeichert werden bzw. das informationsverarbeitende System verlassen können sowie
- Manipulationsversuche am Kryptomodul erkannt werden.

Notizen:

A14 Schulung von Benutzern und Administratoren

Verantwortliche Rolle: Vorgesetzte, Fachverantwortliche, IT-Betrieb

Hoch
C I A

S Es SOLLTE Schulungen geben, in denen Benutzern und Administratoren der Umgang mit den für sie relevanten Kryptomodulen vermittelt wird.   ja tw n

S Den Benutzern SOLLTE genau erläutert werden, was die spezifischen Sicherheitseinstellungen von Kryptomodulen bedeuten und warum sie wichtig sind.   ja tw n

S Außerdem SOLLTEN sie auf die Gefahren hingewiesen werden, die drohen, wenn diese Sicherheitseinstellungen aus Bequemlichkeit umgangen oder deaktiviert werden.   ja tw n

S Die Schulungsinhalte SOLLTEN immer den jeweiligen Einsatzszenarien entsprechend angepasst werden.   ja tw n

S Die Administratoren SOLLTEN zudem gezielt dazu geschult werden, wie die Kryptomodule zu administrieren sind.   ja tw n

S Auch SOLLTEN sie einen Überblick über kryptografische Grundbegriffe erhalten.   ja tw n

Notizen:

A15 Reaktion auf praktische Schwächung eines Kryptoverfahrens

Verantwortliche Rolle: Informationssicherheitsbeauftragter (ISB)

Hoch
C I A

S Es SOLLTE ein Prozess etabliert werden, der im Falle eines geschwächten kryptografischen Verfahrens herangezogen werden kann.   ja tw n

S Dabei SOLLTE sichergestellt werden, dass das geschwächte kryptografische Verfahren abgesichert werden kann oder durch eine geeignete Alternative abgelöst wird.   ja tw n

Notizen:

A16 Physische Absicherung von Kryptomodulen

Verantwortliche Rolle: IT-Betrieb

Hoch
C I A

S Der IT-Betrieb SOLLTE sicherstellen, dass nicht unautorisiert physisch auf Modulinhalte des Kryptomoduls zugegriffen wird.   ja tw n

S Hard- und Softwareprodukte, die als Kryptomodule eingesetzt werden, SOLLTEN einen Selbsttest durchführen können.   ja tw n

Notizen:

CON: Konzepte und Vorgehensweisen

A17 Abstrahlsicherheit — *Hoch* **C**
Verantwortliche Rolle: IT-Betrieb

- S Es SOLLTE untersucht werden, ob zusätzliche Maßnahmen hinsichtlich der Abstrahlsicherheit notwendig sind. ja tw n
- S Dies SOLLTE insbesondere dann geschehen, wenn staatliche Verschlusssachen (VS) der Geheimhaltungsgrade VS-VERTRAULICH und höher verarbeitet werden. ja tw n

Notizen:

A18 Kryptografische Ersatzmodule — *Hoch* **A**
Verantwortliche Rolle: IT-Betrieb

- S Es SOLLTEN Ersatzkryptomodule vorrätig sein. ja tw n

Notizen:

CON.2 Datenschutz

A1 Umsetzung Standard-Datenschutzmodell — *Basis*
Zuständig: Datenschutzbeauftragter

- M Die gesetzlichen Bestimmungen zum Datenschutz (DSGVO, BDSG und LDSG) MÜSSEN eingehalten werden. ja tw n
- S Wird die SDM-Methodik nicht berücksichtigt, die Maßnahmen also nicht auf der Basis der Gewährleistungsziele systematisiert und mit dem Referenzmaßnahmen-Katalog des SDM abgeglichen, SOLLTE dies begründet und dokumentiert werden. ja tw n

Notizen:

CON.3 Datensicherungskonzept

A1 Erhebung der Einflussfaktoren für Datensicherungen — *Basis*
Zuständig: Fachverantwortliche, IT-Betrieb

- M Der IT-Betrieb MUSS für jedes IT-System und darauf ausgeführten Anwendungen die Rahmenbedingungen für die Datensicherung erheben. ja tw n
- M Dazu MUSS der IT-Betrieb die Fachverantwortlichen für die Anwendungen und die Zuständigen für die jeweiligen IT-Systeme befragen. ja tw n
- M Der IT-Betrieb MUSS mindestens die nachfolgenden Rahmenbedingungen berücksichtigen: ja tw n
  - Speichervolumen,
  - Änderungsvolumen,
  - Änderungszeitpunkte,
  - Verfügbarkeitsanforderungen,
  - Integritätsbedarf sowie
  - rechtliche Anforderungen.
- M Die Ergebnisse MÜSSEN nachvollziehbar und auf geeignete Weise festgehalten werden. ja tw n
- M Neue Anforderungen MÜSSEN zeitnah berücksichtigt werden. ja tw n

Notizen:

CON.3 Datensicherungskonzept

A2	**Festlegung der Verfahrensweise für die Datensicherung**				*Basis*
	Zuständig: Fachverantwortliche, IT-Betrieb				
M	Der IT-Betrieb MUSS für jedes IT-System ein Verfahren festlegen, das definiert, welche Daten des IT-Systems wie gesichert werden.	ja	tw	n	
S	In virtuellen Umgebungen SOLLTE geprüft werden, ob das System durch Snapshot-Mechanismen der Virtualisierungsumgebung gesichert werden kann.	ja	tw	n	
M	Für die Datensicherungsverfahren MÜSSEN Art, Häufigkeit und Zeitpunkte der Datensicherungen bestimmt werden.	ja	tw	n	
M	Dies MUSS wiederum auf Basis der erhobenen Einflussfaktoren und in Abstimmung mit den jeweiligen Fachverantwortlichen der Anwendungen geschehen.	ja	tw	n	
M	Auch MUSS definiert sein, welche Speichermedien benutzt werden und wie die Transport- und Aufbewahrungsmodalitäten ausgestaltet sein müssen.	ja	tw	n	

Notizen:

A3	**ENTFALLEN**				*Basis*
A4	**Erstellung eines Minimaldatensicherungskonzeptes**				*Basis*
	Zuständig: IT-Betrieb				
M	Der IT-Betrieb MUSS ein Minimaldatensicherungskonzept auf Basis der festgelegten Verfahrensweise für die Datensicherung erstellen.	ja	tw	n	
M	Dieses MUSS festlegen, welche Anforderungen für die Datensicherung mindestens vom IT-Betrieb einzuhalten sind.	ja	tw	n	
M	Das Minimaldatensicherungskonzept MUSS mindestens eine kurze Beschreibung dazu enthalten, • welche IT-Systeme und welche darauf befindlichen Daten durch welche Datensicherung gesichert werden, • wie die Datensicherungen erstellt und wiederhergestellt werden können, • welche Parameter zu wählen sind, sowie • welche Hard- und Software eingesetzt wird.	ja	tw	n	

Notizen:

A5	**Regelmäßige Datensicherung**				*Basis*
	Zuständig: IT-Betrieb				
M	Der IT-Betrieb MUSS regelmäßige Datensicherungen gemäß dem (Minimal-)Datensicherungskonzept erstellen.	ja	tw	n	
M	Die erstellten Datensicherungen MÜSSEN in geeigneter Weise vor dem Zugriff Dritter geschützt werden.	ja	tw	n	
M	Es MUSS regelmäßig getestet werden, ob die Datensicherungen wie gewünscht funktionieren, vor allem, ob gesicherte Daten problemlos und in angemessener Zeit zurückgespielt werden können.	ja	tw	n	

Notizen:

CON: Konzepte und Vorgehensweisen

A6 Entwicklung eines Datensicherungskonzepts *Standard*

Zuständig: Fachverantwortliche, IT-Betrieb

S Der IT-Betrieb SOLLTE ein Datensicherungskonzept auf Basis des Minimaldatensicherungskonzepts erstellen. ja tw n

S Dieses SOLLTE mindestens die nachfolgenden Punkte umfassen: ja tw n
- Definitionen zu wesentlichen Aspekten der Datensicherung (z.B. zu differenzierende Datenarten),
- Gefährdungslage,
- Einflussfaktoren je IT-Systeme,
- Datensicherungsplan je IT-Systeme sowie
- relevante Ergebnisse des Notfallmanagements/BCM, insbesondere die Recovery Point Objective (RPO) je IT-System.

S Der IT-Betrieb SOLLTE das Datensicherungskonzept mit den jeweiligen Fachverantwortlichen der betreffenden Anwendungen abstimmen. ja tw n

S Die Mitarbeiter SOLLTEN über den Teil des Datensicherungskonzepts unterrichtet werden, der sie betrifft. ja tw n

S Regelmäßig SOLLTE kontrolliert werden, ob das Datensicherungskonzept korrekt umgesetzt wird. ja tw n

Notizen:

A7 Beschaffung eines geeigneten Datensicherungssystems *Standard*

Zuständig: IT-Betrieb

S Bevor ein Datensicherungssystem beschafft wird, SOLLTE der IT-Betrieb eine Anforderungsliste erstellen, nach der die am Markt erhältlichen Produkte bewertet werden. ja tw n

S Die angeschafften Datensicherungssysteme SOLLTEN die Anforderungen des Datensicherungskonzepts und der gesamten Sicherheitskonzeption der Institution erfüllen. ja tw n

Notizen:

A8 ENTFALLEN *Standard*

A9 Voraussetzungen für die Online-Datensicherung *Standard*

Zuständig: IT-Betrieb

S Wenn für die Datensicherung ein Online-Speicher genutzt werden soll, SOLLTEN mindestens folgende Punkte geregelt werden: ja tw n
- Gestaltung des Vertrages,
- Ort der Datenspeicherung,
- Vereinbarungen zur Dienstgüte (SLA), insbesondere in Hinsicht auf die Verfügbarkeit,
- geeignete Authentisierungsmethoden,
- Verschlüsselung der Daten auf dem Online-Speicher sowie
- Verschlüsselung auf dem Transportweg.

Notizen:

A10 Verpflichtung der Mitarbeiter zur Datensicherung *Standard*

Zuständig: Informationssicherheitsbeauftragter (ISB)

S Alle Mitarbeiter SOLLTEN über die Regelungen zur Datensicherung informiert sein.　ja　tw　n

S Auch SOLLTEN sie darüber informiert werden, welche Aufgaben sie bei der Erstellung von Datensicherungen haben.　ja　tw　n

S Die Mitarbeiter SOLLTEN dazu verpflichtet werden, Datensicherungen durchzuführen.　ja　tw　n

Notizen:

A11 Sicherungskopie der eingesetzten Software *Standard*

Zuständig: IT-Betrieb

S Der IT-Betrieb SOLLTE Sicherungskopien von eingesetzten Softwareprogrammen anfertigen, sofern das rechtlich erlaubt und technisch möglich ist.　ja　tw　n

S Dabei SOLLTEN alle notwendigen Pakete und Informationen vorhanden sein, um die Software im Notfall wieder installieren zu können.　ja　tw　n

S Auch SOLLTEN die originalen Installationsquellen sowie die Lizenznummern an einem geeigneten Ort sicher aufbewahrt werden.　ja　tw　n

Notizen:

A12 Geeignete Aufbewahrung der Datenträger von Datensicherungen *Standard*

Zuständig: IT-Betrieb

S Der IT-Betrieb SOLLTE die Datenträger von Datensicherungen geeignet aufbewahren, sodass diese vor unbefugtem Zugriff geschützt werden.　ja　tw　n

S Sie SOLLTEN räumlich getrennt von den gesicherten IT-Systemen aufbewahrt werden.　ja　tw　n

S Der Aufbewahrungsort SOLLTE so klimatisiert sein, dass die Datenträger entsprechend der zeitlichen Vorgaben des Datensicherungskonzepts aufbewahrt werden können.　ja　tw　n

Notizen:

A13 Einsatz kryptografischer Verfahren bei der Datensicherung *Hoch* **C I A**

Verantwortliche Rolle: IT-Betrieb

S Um die Vertraulichkeit und Integrität der gesicherten Daten zu gewährleisten, SOLLTE der IT-Betrieb alle Datensicherungen verschlüsseln.　ja　tw　n

S Es SOLLTE sichergestellt werden, dass sich die verschlüsselten Daten auch nach längerer Zeit wieder einspielen lassen.　ja　tw　n

S Verwendete kryptografische Schlüssel SOLLTEN mit einer getrennten Datensicherung geschützt werden.　ja　tw　n

Notizen:

CON: Konzepte und Vorgehensweisen

CON.4 ENTFALLEN, siehe APP.6

CON.5 ENTFALLEN, siehe APP.7

CON.6 Löschen und Vernichten

A1 Regelung für die Löschung und Vernichtung von Informationen *Basis*

Zuständig: Zentrale Verwaltung, Fachverantwortliche, Datenschutzbeauftragter, IT-Betrieb

M	Die Institution MUSS das Löschen und Vernichten von Informationen regeln.	ja	tw	n
M	Dabei MÜSSEN die Fachverantwortlichen für jedes Fachverfahren bzw. Geschäftsprozess regeln, welche Informationen unter welchen Voraussetzungen gelöscht und entsorgt werden müssen.	ja	tw	n
M	Hierbei MÜSSEN die gesetzlichen Bestimmungen beachtet werden, • die einerseits minimale Aufbewahrungsfristen bestimmen sowie • anderseits maximale Aufbewahrungszeiten und ein Anrecht auf das sichere Löschen von personenbezogenen Daten garantieren.	ja	tw	n
M	Sind personenbezogene Daten betroffen, dann MÜSSEN die Regelungen zum Löschen und Vernichten mit Bezug zu personenbezogenen Daten mit dem Datenschutzbeauftragten abgestimmt werden.	ja	tw	n
M	Das Löschen und Vernichten von Informationen MUSS dabei für Fachverfahren, Geschäftsprozesse und IT-Systeme geregelt werden, bevor diese produktiv eingeführt worden sind.	ja	tw	n

Notizen:

A2 Ordnungsgemäßes Löschen und Vernichten von schützenswerten Betriebsmitteln und Informationen *Basis*

Zuständig: Informationssicherheitsbeauftragter (ISB)

M	Bevor schutzbedürftigen Informationen und Datenträger entsorgt werden, MÜSSEN sie sicher gelöscht oder vernichtet werden.	ja	tw	n
M	Zu diesem Zweck MUSS der Prozess klar geregelt werden.	ja	tw	n
M	Einzelne Mitarbeiter MÜSSEN darüber informiert werden, welche Aufgaben sie zum sicheren Löschen und Vernichten erfüllen müssen.	ja	tw	n
M	Der Prozess zum Löschen und Vernichten von Datenträgern MUSS auch Datensicherungen, wenn erforderlich, berücksichtigen.	ja	tw	n
M	Der Standort von Vernichtungseinrichtungen auf dem Gelände der Institution MUSS klar geregelt sein.	ja	tw	n
M	Dabei MUSS auch berücksichtigt werden, dass Informationen und Betriebsmittel eventuell erst gesammelt und erst später gelöscht oder vernichtet werden.	ja	tw	n
M	Eine solche zentrale Sammelstelle MUSS vor unbefugten Zugriffen abgesichert werden.	ja	tw	n

Notizen:

CON.6 Löschen und Vernichten

A11 Löschung und Vernichtung von Datenträgern durch externe Dienstleister *Basis*

Zuständig: Informationssicherheitsbeauftragter (ISB)

M	Wenn externe Dienstleister beauftragt werden, MUSS der Prozess zum Löschen und Vernichten ausreichend sicher und nachvollziehbar sein.		ja	tw	n
M	Die vom externen Dienstleister eingesetzten Verfahrensweisen zum sicheren Löschen und Vernichten MÜSSEN mindestens die institutionsinternen Anforderungen an die Verfahrensweisen zur Löschung und Vernichtung erfüllen.		ja	tw	n
S	Die mit der Löschung und Vernichtung beauftragten Unternehmen SOLLTEN regelmäßig daraufhin überprüft werden, ob der Lösch- bzw. Vernichtungsvorgang noch korrekt abläuft.		ja	tw	n

Notizen:

A12 Mindestanforderungen an Verfahren zur Löschung und Vernichtung *Basis*

Zuständig: Informationssicherheitsbeauftragter (ISB)

M	Die Institution MUSS mindestens die nachfolgenden Verfahren zum Löschen und Vernichten von schützenswerten Datenträgern einsetzen.		ja	tw	n
S	Diese Verfahren SOLLTEN in Abhängigkeit des Schutzbedarfs der verarbeiteten Daten überprüft und, falls erforderlich, angepasst werden:		ja	tw	n
	• Digitale wiederbeschreibbare Datenträger MÜSSEN vollständig mit einem Datenstrom aus Zufallswerten (z.B. PRNG Stream) überschrieben werden, wenn sie nicht verschlüsselt eingesetzt werden.				
M	• Wenn digitale Datenträger verschlüsselt eingesetzt werden, MÜSSEN sie durch ein sicheres Löschen des Schlüssels unter Beachtung des Kryptokonzepts gelöscht werden.		ja	tw	n
M	• Optische Datenträger MÜSSEN mindestens nach Sicherheitsstufe O-3 entsprechend der ISO/IEC 21964-2 vernichtet werden.		ja	tw	n
S	• Smartphones oder sonstige Smart Devices SOLLTEN entsprechend des Kryptokonzepts verschlüsselt werden.		ja	tw	n
M	• Smartphones oder sonstige Smart Devices MÜSSEN auf die Werkseinstellung (Factory Reset) zurückgesetzt werden.		ja	tw	n
S	• Anschließend SOLLTE der Einrichtungsvorgang zum Abschluss des Löschvorgangs durchgeführt werden.		ja	tw	n
M	• IoT Geräte MÜSSEN auf den Werkszustand zurückgesetzt werden.		ja	tw	n
M	• Anschließend MÜSSEN alle in den IoT-Geräten hinterlegten Zugangsdaten geändert werden.		ja	tw	n
M	• Papier MUSS mindestens nach Sicherheitsstufe P-3 entsprechend der ISO/IEC 21964-2 vernichtet werden.		ja	tw	n
M	• In sonstigen Geräten integrierte Datenträger MÜSSEN über die integrierten Funktionen sicher gelöscht werden.		ja	tw	n
M	• Ist das nicht möglich, MÜSSEN die Massenspeicher ausgebaut und entweder wie herkömmliche digitale Datenträger von einem separatem IT-System aus sicher gelöscht werden oder mindestens nach Sicherheitsstufe E-3 bzw..		ja	tw	n

Notizen:

A3 ENTFALLEN *Standard*

CON: Konzepte und Vorgehensweisen

A4 Auswahl geeigneter Verfahren zur Löschung oder Vernichtung von Datenträgern *Standard*

Zuständig: Informationssicherheitsbeauftragter (ISB)

S	Die Institution SOLLTE überprüfen, ob die Mindestanforderungen an die Verfahrensweisen zur Löschung und Vernichtung (siehe dazu CON.6.A12 *Mindestanforderungen an Verfahren zur Löschung und Vernichtung*) für die tatsächlich eingesetzten Datenträger und darauf befindlichen Informationen ausreichend sicher sind.	ja tw n
S	Auf diesem Ergebnis aufbauend SOLLTE die Institution geeignete Verfahren zur Löschung und Vernichtung je Datenträger bestimmen.	ja tw n
S	Für alle eingesetzten Datenträgerarten, die von der Institution selbst vernichtet bzw. gelöscht werden, SOLLTE es geeignete Geräte und Werkzeuge geben, mit denen die zuständigen Mitarbeiter die gespeicherten Informationen löschen oder vernichten können.	ja tw n
S	Die ausgewählten Verfahrensweisen SOLLTEN allen verantwortlichen Mitarbeitern bekannt sein.	ja tw n
S	Die Institution SOLLTE regelmäßig kontrollieren, ob die gewählten Verfahren noch dem Stand der Technik entsprechen und für die Institution noch ausreichend sicher sind.	ja tw n

Notizen:

A5 ENTFALLEN *Standard*

A6 ENTFALLEN *Standard*

A7 ENTFALLEN *Standard*

A8 Erstellung einer Richtlinie für die Löschung und Vernichtung von Informationen *Standard*

Zuständig: Mitarbeiter, IT-Betrieb, Datenschutzbeauftragter

S	Die Regelungen der Institution zum Löschen und Vernichten SOLLTEN in einer Richtlinie dokumentiert werden.	ja tw n
S	Die Richtlinie SOLLTE allen relevanten Mitarbeitern der Institution bekannt sein und die Grundlage für ihre Arbeit und ihr Handeln bilden.	ja tw n
S	Inhaltlich SOLLTE die Richtlinie alle eingesetzten Datenträger, Anwendungen, IT-Systeme und sonstigen Betriebsmittel und Informationen enthalten, die vom Löschen und Vernichten betroffen sind.	ja tw n
S	Es SOLLTE regelmäßig und stichprobenartig überprüft werden, ob die Mitarbeiter sich an die Richtlinie halten.	ja tw n
S	Die Richtlinie SOLLTE regelmäßig aktualisiert werden.	ja tw n

Notizen:

A9 ENTFALLEN *Standard*

A13	**Vernichtung defekter digitaler Datenträger**			*Standard*

Zuständig: Informationssicherheitsbeauftragter (ISB)

S	Können digitale Datenträger mit schützenswerten Informationen aufgrund eines Defekts nicht sicher entsprechend der Verfahren zur Löschung von Datenträgern gelöscht werden, dann SOLLTEN diese mindestens entsprechend der Sicherheitsstufe 3 nach ISO/IEC 21964-2 vernichtet werden.	ja	tw	n
S	Alternativ SOLLTE für den Fall, dass defekte Datenträger ausgetauscht oder repariert werden, vertraglich mit dem hierzu beauftragten Dienstleister vereinbart werden, dass diese Datenträger durch den Dienstleister sicher vernichtet oder gelöscht werden.	ja	tw	n
S	Die Verfahrensweisen des Dienstleisters SOLLTEN hierbei mindestens die institutionsinternen Anforderungen an die Verfahrensweisen zur Löschung und Vernichtung erfüllen.	ja	tw	n

Notizen:

A10	**ENTFALLEN**			*Hoch*

A14	**Vernichten von Datenträgern auf erhöhter Sicherheitsstufe**			*Hoch*

Verantwortliche Rolle: Informationssicherheitsbeauftragter (ISB)   C

S	Die Institution SOLLTE die erforderliche Sicherheitsstufe zur Vernichtung von Datenträgern entsprechend der ISO/IEC 21964-1 anhand des Schutzbedarf der zu vernichtenden Datenträger bestimmen.	ja	tw	n
S	Die Datenträger SOLLTEN entsprechend der zugewiesenen Sicherheitsstufe nach ISO/IEC 21964-2 vernichtet werden.	ja	tw	n

Notizen:

CON.7 Informationssicherheit auf Auslandsreisen

A1	**Sicherheitsrichtlinie zur Informationssicherheit auf Auslandsreisen**			*Basis*

Zuständig: Informationssicherheitsbeauftragter (ISB)

M	Alle für die Informationssicherheit relevanten Aspekte, die in Verbindung mit den Tätigkeiten im Ausland stehen, MÜSSEN betrachtet und geregelt werden.	ja	tw	n
M	Die Sicherheitsmaßnahmen, die in diesem Zusammenhang ergriffen werden, MÜSSEN in einer Sicherheitsrichtlinie zur Informationssicherheit auf Auslandsreisen dokumentiert werden.	ja	tw	n
M	Diese Sicherheitsrichtlinie oder ein entsprechendes Merkblatt mit zu beachtenden Sicherheitsmaßnahmen MÜSSEN transnational agierenden Mitarbeitern ausgehändigt werden.	ja	tw	n
M	Erweiternd MUSS ein Sicherheitskonzept zum Umgang mit tragbaren IT-Systemen auf Auslandsreisen erstellt werden, das alle Sicherheitsanforderungen und -maßnahmen angemessen detailliert beschreibt.	ja	tw	n
M	Die Umsetzung des Sicherheitskonzeptes MUSS regelmäßig überprüft werden.	ja	tw	n

Notizen:

CON: Konzepte und Vorgehensweisen

A2 Sensibilisierung der Mitarbeiter zur Informationssicherheit auf Auslandsreisen *Basis*

Zuständig: Informationssicherheitsbeauftragter (ISB)

M	Benutzer MÜSSEN im verantwortungsvollen Umgang mit Informationstechnik bzw. tragbaren IT-Systemen auf Auslandsreisen sensibilisiert und geschult werden.	ja	tw	n
M	Benutzer MÜSSEN die Gefahren kennen, die durch den unangemessenen Umgang mit Informationen, die unsachgemäße Vernichtung von Daten und Datenträgern oder durch Schadsoftware und den unsicheren Datenaustausch entstehen können.	ja	tw	n
M	Außerdem MÜSSEN die Grenzen der eingesetzten Sicherheitsmaßnahmen aufgezeigt werden.	ja	tw	n
M	Die Benutzer MÜSSEN dazu befähigt und darin bestärkt werden, einem Verlust oder Diebstahl vorzubeugen bzw. bei Ungereimtheiten fachliche Beratung einzuholen.	ja	tw	n
S	Außerdem SOLLTEN Mitarbeiter auf gesetzliche Anforderungen einzelner Reiseziele in Bezug auf die Reisesicherheit hingewiesen werden.	ja	tw	n
M	Hierzu MUSS sich der Informationssicherheitsbeauftragte über die gesetzlichen Anforderungen im Rahmen der Informationssicherheit (z.B. Datenschutz, IT-Sicherheitsgesetz) informieren und die Mitarbeiter sensibilisieren.	ja	tw	n

Notizen:

A3 Identifikation länderspezifischer Regelungen, Reise- und Umgebungsbedingungen *Basis*

Zuständig: Personalabteilung

M	Vor Reiseantritt MÜSSEN die jeweils geltenden Regelungen der einzelnen Länder durch das Informationssicherheitsmanagement bzw. die Personalabteilung geprüft und an die entsprechenden Mitarbeiter kommuniziert werden.	ja	tw	n
M	Die Institution MUSS geeignete Regelungen und Maßnahmen erstellen, umsetzen und kommunizieren, die den angemessenen Schutz interner Daten ermöglichen.	ja	tw	n
M	Dabei MÜSSEN die individuellen Reise- und Umgebungsbedingungen berücksichtigt werden.	ja	tw	n
M	Außerdem MUSS sich ein Mitarbeiter vor Reiseantritt mit den klimatischen Bedingungen des Reiseziels auseinandersetzen und abklären, welche Schutzmaßnahmen er für sich benötigt, z.B. Impfungen, und welche Schutzmaßnahmen für die mitgeführte Informationstechnik nötig sind.	ja	tw	n

Notizen:

A4 Verwendung von Sichtschutz-Folien *Basis*

Zuständig: Benutzer

M	Benutzer MÜSSEN insbesondere im Ausland darauf achten, dass bei der Arbeit mit mobilen IT-Geräten keine schützenswerten Informationen ausgespäht werden können.	ja	tw	n
M	Dazu MUSS ein angemessener Sichtschutz verwendet werden, der den gesamten Bildschirm des jeweiligen Gerätes umfasst und ein Ausspähen von Informationen erschwert.	ja	tw	n

Notizen:

A5 Verwendung der Bildschirm-/Code-Sperre *Basis*

Zuständig: Benutzer

M Eine Bildschirm- bzw. Code-Sperre, die verhindert, dass Dritte auf die Daten mobiler Endgeräte zugreifen können, MUSS verwendet werden.   ja   tw   n

M Der Benutzer MUSS dazu einen angemessenen Code bzw. ein sicheres Gerätepasswort verwenden.   ja   tw   n

M Die Bildschirmsperre MUSS sich nach einer kurzen Zeit der Inaktivität automatisch aktivieren.   ja   tw   n

Notizen:

A6 Zeitnahe Verlustmeldung *Basis*

Zuständig: Benutzer

M Mitarbeiter MÜSSEN ihrer Institution umgehend melden, wenn Informationen, IT-Systeme oder Datenträger verloren gegangen sind oder gestohlen wurden.   ja   tw   n

M Hierfür MUSS es klare Meldewege und Ansprechpartner innerhalb der Institution geben.   ja   tw   n

M Die Institution MUSS die möglichen Auswirkungen des Verlustes bewerten und geeignete Gegenmaßnahmen ergreifen.   ja   tw   n

Notizen:

A7 Sicherer Remote-Zugriff auf das Netz der Institution *Basis*

Zuständig: IT-Betrieb, Benutzer

M Um Beschäftigten auf Auslandsreisen einen sicheren Fernzugriff auf das Netz der Institution zu ermöglichen, MUSS zuvor vom IT-Betrieb ein sicherer Remote-Zugang eingerichtet worden sein, z.B. ein Virtual Private Network (VPN).   ja   tw   n

M Der VPN-Zugang MUSS kryptografisch abgesichert sein.   ja   tw   n

M Außerdem MÜSSEN Benutzer über angemessen sichere Zugangsdaten verfügen, um sich gegenüber dem Endgerät und dem Netz der Institution erfolgreich zu authentisieren.   ja   tw   n

M Mitarbeiter MÜSSEN den sicheren Remote-Zugriff für jegliche darüber mögliche Kommunikation nutzen.   ja   tw   n

M Es MUSS sichergestellt werden, dass nur autorisierte Personen auf IT-Systeme zugreifen dürfen, die über einen Fernzugriff verfügen.   ja   tw   n

M Mobile IT-Systeme MÜSSEN im Rahmen der Möglichkeiten vor dem direkten Anschluss an das Internet durch eine restriktiv konfigurierte Personal Firewall geschützt werden.   ja   tw   n

Notizen:

CON: Konzepte und Vorgehensweisen

A8   Sichere Nutzung von öffentlichen WLANs   *Basis*

Zuständig: Benutzer

M	Grundsätzlich MUSS geregelt werden, ob mobile IT-Systeme direkt auf das Internet zugreifen dürfen.	ja	tw	n
M	Für den Zugriff auf das Netz der Institution über öffentlich zugängliche WLANs MUSS der Benutzer ein VPN oder vergleichbare Sicherheitsmechanismen verwenden (siehe CON.7.A7 *Sicherer Remote-Zugriff* und NET.2.2 *WLAN-Nutzung*).	ja	tw	n
M	Bei der Nutzung von WLAN-Hotspots MÜSSEN ebenfalls Sicherheitsmaßnahmen getroffen werden, siehe auch INF.9 *Mobiler Arbeitsplatz*.	ja	tw	n

Notizen:

A9   Sicherer Umgang mit mobilen Datenträgern   *Basis*

Zuständig: Benutzer

M	Werden mobile Datenträger verwendet, MUSS der Benutzer vorab gewährleisten, dass diese nicht mit Schadsoftware infiziert sind.	ja	tw	n
M	Vor der Weitergabe mobiler Datenträger MUSS der Benutzer außerdem sicherstellen, dass keine schützenswerten Informationen darauf enthalten sind.	ja	tw	n
M	Wird er nicht mehr genutzt, MUSS der Datenträger sicher gelöscht werden, insbesondere wenn er an andere Personen weitergegeben wird.	ja	tw	n
M	Dazu MUSS der Datenträger mit einem in der Institution festgelegten, ausreichend sicheren Verfahren überschrieben werden.	ja	tw	n

Notizen:

A10   Verschlüsselung tragbarer IT-Systeme und Datenträger   *Basis*

Zuständig: Benutzer, IT-Betrieb

M	Damit schützenswerte Informationen nicht durch unberechtigte Dritte eingesehen werden können, MUSS der Mitarbeiter vor Reiseantritt sicherstellen, dass alle schützenswerten Informationen entsprechend den internen Richtlinien abgesichert sind.	ja	tw	n
S	Mobile Datenträger und Clients SOLLTEN dabei vor Reiseantritt durch den Benutzer oder den IT-Betrieb verschlüsselt werden.	ja	tw	n
M	Die kryptografischen Schlüssel MÜSSEN getrennt vom verschlüsselten Gerät aufbewahrt werden.	ja	tw	n
S	Bei der Verschlüsselung von Daten SOLLTEN die gesetzlichen Regelungen des Ziellandes beachtet werden.	ja	tw	n
S	Insbesondere landesspezifische Gesetze zur Herausgabe von Passwörtern und zur Entschlüsselung von Daten SOLLTEN berücksichtigt werden.	ja	tw	n

Notizen:

A12 Sicheres Vernichten von schutzbedürftigen Materialien und Dokumenten *Basis*
Zuständig: Benutzer

M	Die Institution MUSS den Beschäftigten Möglichkeiten aufzeigen, schutzbedürftige Dokumente angemessen und sicher zu vernichten.	ja	tw	n
M	Die Benutzer MÜSSEN diese Regelungen einhalten.	ja	tw	n
M	Sie DÜRFEN interne Unterlagen der Institution NICHT entsorgen, bevor diese sicher vernichtet worden sind.	ja	tw	n
M	Ist dies vor Ort nicht möglich oder handelt es sich um Dokumente bzw. Datenträger mit besonders schützenswerten Informationen, MÜSSEN diese bis zur Rückkehr behalten und anschließend angemessen vernichtet werden.	ja	tw	n

Notizen:

A11 Einsatz von Diebstahl-Sicherungen *Standard*
Zuständig: Benutzer

S	Zum Schutz der mobilen IT-Systeme außerhalb der Institution SOLLTE der Benutzer Diebstahl-Sicherungen einsetzen, vor allem dort, wo ein erhöhter Publikumsverkehr herrscht oder die Fluktuation von Benutzern sehr hoch ist.	ja	tw	n
S	Die Beschaffungs- und Einsatzkriterien für Diebstahl-Sicherungen SOLLTEN an die Prozesse der Institution angepasst und dokumentiert werden.	ja	tw	n

Notizen:

A13 Mitnahme notwendiger Daten und Datenträger *Standard*
Zuständig: Benutzer

S	Vor Reiseantritt SOLLTE der Benutzer prüfen, welche Daten während der Reise nicht unbedingt auf den IT-Systemen wie dem Notebook, Tablet oder Smartphone gebraucht werden.	ja	tw	n
S	Ist es nicht notwendig, diese Daten auf den Geräten zu lassen, SOLLTEN diese sicher gelöscht werden.	ja	tw	n
S	Ist es nötig, schützenswerte Daten mit auf Reisen zu nehmen, SOLLTE dies nur in verschlüsselter Form erfolgen.	ja	tw	n
S	Darüber hinaus SOLLTE schriftlich geregelt sein, welche mobilen Datenträger auf Auslandsreisen mitgenommen werden dürfen und welche Sicherheitsmaßnahmen dabei zu berücksichtigen sind (z.B. Schutz vor Schadsoftware, Verschlüsselung geschäftskritischer Daten, Aufbewahrung mobiler Datenträger).	ja	tw	n
S	Die Mitarbeiter SOLLTEN diese Regelungen vor Reiseantritt kennen und beachten.	ja	tw	n
S	Diese sicherheitstechnischen Anforderungen SOLLTEN sich nach dem Schutzbedarf der zu bearbeitenden Daten im Ausland und der Daten, auf die zugegriffen werden soll, richten.	ja	tw	n

Notizen:

CON: Konzepte und Vorgehensweisen

A14 Kryptografisch abgesicherte E-Mail-Kommunikation *Standard*

Zuständig: Benutzer, IT-Betrieb

S	Die E-Mail-basierte Kommunikation SOLLTE der Benutzer entsprechend den internen Vorgaben der Institution kryptografisch absichern.	ja tw n
S	Die E-Mails SOLLTEN ebenfalls geeignet verschlüsselt bzw. digital signiert werden.	ja tw n
S	Öffentliche IT-Systeme, etwa in Hotels oder Internetcafés, SOLLTEN NICHT für den Zugriff auf E-Mails genutzt werden.	ja tw n
S	Bei der Kommunikation über E-Mail-Dienste, z.B. Webmail, SOLLTE durch den IT-Betrieb vorab geklärt werden, welche Sicherheitsmechanismen beim Provider umgesetzt werden und ob damit die internen Sicherheitsanforderungen erfüllt werden.	ja tw n
S	Hierzu SOLLTE z.B. der sichere Betrieb der Server, der Aufbau einer verschlüsselten Verbindung und die Dauer der Datenspeicherung zählen.	ja tw n

Notizen:

A15 Abstrahlsicherheit tragbarer IT-Systeme *Hoch*
C

Verantwortliche Rolle: Informationssicherheitsbeauftragter (ISB)

S	Es SOLLTE vor Beginn der Reise festgelegt werden, welchen Schutzbedarf die einzelnen Informationen haben, die auf dem mobilen Datenträger bzw. Client des Mitarbeiters im Ausland verarbeitet werden.	ja tw n
S	Die Institution SOLLTE prüfen, ob die mitgeführten Informationen einen besonderen Schutzbedarf haben, und entsprechend abstrahlarme bzw. -sichere Datenträger und Clients einsetzen.	ja tw n

Notizen:

A16 Integritätsschutz durch Check-Summen oder digitale Signaturen *Hoch*
I

Verantwortliche Rolle: Benutzer

S	Der Benutzer SOLLTE Check-Summen im Rahmen der Datenübertragung und Datensicherung verwenden, um die Integrität der Daten überprüfen zu können.	ja tw n
S	Besser noch SOLLTEN digitale Signaturen verwendet werden, um die Integrität von schützenswerten Informationen zu bewahren.	ja tw n

Notizen:

A17 Verwendung vorkonfigurierter Reise-Hardware *Hoch*
C I A

Verantwortliche Rolle: IT-Betrieb

S	Damit schützenswerte Informationen der Institution auf Auslandsreisen nicht von Dritten abgegriffen werden können, SOLLTE der IT-Betrieb den Mitarbeitern vorkonfigurierte Reise-Hardware zur Verfügung stellen.	ja tw n
S	Diese Reise-Hardware SOLLTE auf Basis des Minimalprinzips nur die Funktionen und Informationen bereitstellen, die zur Durchführung der Geschäftstätigkeit unbedingt erforderlich sind.	ja tw n

Notizen:

A18 Eingeschränkte Berechtigungen auf Auslandsreisen *Hoch*
Verantwortliche Rolle: IT-Betrieb **C I**

S Vor Reiseantritt SOLLTE geprüft werden, welche Berechtigungen der Mitarbeiter wirklich braucht, um seinem Alltagsgeschäft im Ausland nachgehen zu können. — ja tw n

S Dabei SOLLTE geprüft werden, ob Zugriffsrechte für die Reisedauer des Benutzers durch den IT-Betrieb entzogen werden können, um einen unbefugten Zugriff auf Informationen der Institution zu verhindern. — ja tw n

Notizen:

CON.8 Software-Entwicklung

A2 Auswahl eines Vorgehensmodells *Basis*
Zuständig: Fachverantwortliche

M Ein geeignetes Vorgehensmodell zur Software-Entwicklung MUSS festgelegt werden. — ja tw n

M Anhand des gewählten Vorgehensmodells MUSS ein Ablaufplan für die Software-Entwicklung erstellt werden. — ja tw n

M Die Sicherheitsanforderungen des Auftraggebers an die Vorgehensweise MÜSSEN im Vorgehensmodell integriert werden. — ja tw n

M Das ausgewählte Vorgehensmodell, einschließlich der festgelegten Sicherheitsanforderungen, MUSS eingehalten werden. — ja tw n

S Das Personal SOLLTE in der Methodik des gewählten Vorgehensmodells geschult sein. — ja tw n

Notizen:

A3 Auswahl einer Entwicklungsumgebung *Basis*
Zuständig: Fachverantwortliche

M Eine Liste der erforderlichen und optionalen Auswahlkriterien für eine Entwicklungsumgebung MUSS vom Fachverantwortlichen für die Software-Entwicklung erstellt werden. — ja tw n

M Die Entwicklungsumgebung MUSS anhand der vorgegebenen Kriterien ausgewählt werden. — ja tw n

Notizen:

A4 ENTFALLEN *Basis*

CON: Konzepte und Vorgehensweisen

		A5 Sicheres Systemdesign		Basis	
		Zuständig: Fachverantwortliche			
M		Folgende Grundregeln des sicheren Systemdesigns MÜSSEN in der zu entwickelnden Software berücksichtigt werden:	ja	tw	n
	•	Grundsätzlich MÜSSEN alle Eingabedaten vor der Weiterverarbeitung geprüft und validiert werden.			
M	•	Bei Client-Server-Anwendungen MÜSSEN die Daten grundsätzlich auf dem Server validiert werden.	ja	tw	n
M	•	Die Standardeinstellungen der Software MÜSSEN derart voreingestellt sein, dass ein sicherer Betrieb der Software ermöglicht wird.	ja	tw	n
M	•	Bei Fehlern oder Ausfällen von Komponenten des Systems DÜRFEN NICHT schützenswerte Informationen preisgegeben werden.	ja	tw	n
M	•	Die Software MUSS mit möglichst geringen Privilegien ausgeführt werden können.	ja	tw	n
M	•	Schützenswerte Daten MÜSSEN entsprechend der Vorgaben des Kryptokonzepts verschlüsselt übertragen und gespeichert werden.	ja	tw	n
M	•	Zur Benutzer-Authentisierung und Authentifizierung MÜSSEN vertrauenswürdige Mechanismen verwendet werden, die den Sicherheitsanforderungen an die Anwendung entsprechen.	ja	tw	n
M	•	Falls zur Authentifizierung Passwörter gespeichert werden, MÜSSEN diese mit einem sicheren Hashverfahren gespeichert werden.	ja	tw	n
M	•	Sicherheitsrelevante Ereignisse MÜSSEN in der Art protokolliert werden, dass sie im Nachgang ausgewertet werden können.	ja	tw	n
S	•	Informationen, die für den Produktivbetrieb nicht relevant sind (z.B. Kommentare mit Zugangsdaten für die Entwicklungsumgebung), SOLLTEN in ausgeliefertem Programmcode und ausgelieferten Konfigurationsdateien entfernt werden.	ja	tw	n
M		Das Systemdesign MUSS dokumentiert werden.	ja	tw	n
M		Es MUSS überprüft werden, ob alle Sicherheitsanforderungen an das Systemdesign erfüllt wurden.	ja	tw	n

Notizen:

		A6 Verwendung von externen Bibliotheken aus vertrauenswürdigen Quellen		Basis	
		Zuständig: Fachverantwortliche			
M		Wird im Rahmen des Entwicklungs- und Implementierungsprozesses auf externe Bibliotheken zurückgegriffen, MÜSSEN diese aus vertrauenswürdigen Quellen bezogen werden.	ja	tw	n
M		Bevor externe Bibliotheken verwendet werden, MUSS deren Integrität sichergestellt werden.	ja	tw	n

Notizen:

A7 Durchführung von entwicklungsbegleitenden Software-Tests *Basis*

Zuständig: Tester, Entwickler

M	Schon bevor die Software im Freigabeprozess getestet und freigegeben wird, MÜSSEN entwicklungsbegleitende Software-Tests durchgeführt und der Quellcode auf Fehler gesichtet werden.	ja	tw	n
S	Hierbei SOLLTEN bereits die Fachverantwortlichen des Auftraggebers oder der beauftragenden Fachabteilung beteiligt werden.	ja	tw	n
M	Die entwicklungsbegleitenden Tests MÜSSEN die funktionalen und nichtfunktionalen Anforderungen der Software umfassen.	ja	tw	n
M	Die Software-Tests MÜSSEN dabei auch Negativtests abdecken.	ja	tw	n
M	Zusätzlich MÜSSEN auch alle kritischen Grenzwerte der Eingabe sowie der Datentypen überprüft werden.	ja	tw	n
S	Testdaten SOLLTEN dafür sorgfältig ausgewählt und geschützt werden.	ja	tw	n
S	Darüber hinaus SOLLTE eine automatische statische Code-Analyse durchgeführt werden.	ja	tw	n
M	Die Software MUSS in einer Test- und Entwicklungsumgebung getestet werden, die getrennt von der Produktionsumgebung ist.	ja	tw	n
M	Außerdem MUSS getestet werden, ob die Systemvoraussetzungen für die vorgesehene Software ausreichend dimensioniert sind.	ja	tw	n

Notizen:

A8 Bereitstellung von Patches, Updates und Änderungen *Basis*

Zuständig: Entwickler

M	Es MUSS sichergestellt sein, dass sicherheitskritische Patches und Updates für die entwickelte Software zeitnah durch die Entwickler bereitgestellt werden.	ja	tw	n
M	Werden für verwendete externe Bibliotheken sicherheitskritische Updates bereitgestellt, dann MÜSSEN die Entwickler ihre Software hierauf anpassen und ihrerseits entsprechende Patches und Updates zur Verfügung stellen.	ja	tw	n
M	Für die Installations-, Update- oder Patchdateien MÜSSEN vom Entwickler Checksummen oder digitale Signaturen bereitgestellt werden.	ja	tw	n

Notizen:

A9 ENTFALLEN *Basis*

A10 Versionsverwaltung des Quellcodes *Basis*

Zuständig: Entwickler

M	Der Quellcode des Entwicklungsprojekts MUSS über eine geeignete Versionsverwaltung verwaltet werden.	ja	tw	n
M	Die Institution MUSS den Zugriff auf die Versionsverwaltung regeln und festlegen, wann Änderungen am Quellcode durch die Entwickler als eigene Version in der Versionsverwaltung gespeichert werden sollen.	ja	tw	n
M	Es MUSS sichergestellt sein, dass durch die Versionsverwaltung alle Änderungen am Quellcode nachvollzogen und rückgängig gemacht werden können.	ja	tw	n
M	Die Versionsverwaltung MUSS in dem Datensicherungskonzept berücksichtigt werden.	ja	tw	n
M	Die Versionsverwaltung DARF NICHT ohne Datensicherung erfolgen.	ja	tw	n

Notizen:

CON: Konzepte und Vorgehensweisen

A20   Überprüfung von externen Komponenten   *Basis*

Zuständig: Fachverantwortliche

M	Unbekannte externe Komponenten (bzw. Programm-Bibliotheken), deren Sicherheit nicht durch etablierte und anerkannte Peer-Reviews oder vergleichbares sichergestellt werden kann, MÜSSEN auf Schwachstellen überprüft werden.	ja tw n
M	Alle externen Komponenten MÜSSEN auf potentielle Konflikte überprüft werden.	ja tw n
M	Die Integrität von externen Komponenten MUSS durch Prüfsummen oder kryptographische Zertifikate überprüft werden.	ja tw n
S	Darüber hinaus SOLLTEN keine veralteten Versionen von externen Komponenten in aktuellen Entwicklungsprojekten verwendet werden.	ja tw n

Notizen:

A1   Definition von Rollen und Zuständigkeiten   *Standard*

Zuständig: Zentrale Verwaltung

S	Für den Software-Entwicklungsprozess SOLLTE ein Gesamtzuständiger benannt werden.	ja tw n
S	Außerdem SOLLTEN die Rollen und Zuständigkeiten für alle Aktivitäten im Rahmen der Software-Entwicklung festgelegt werden.	ja tw n
S	Die Rollen SOLLTEN dabei fachlich die nachfolgenden Themen abdecken: • Requirements-Engineering (Anforderungsmanagement) und Änderungsmanagement, • Software-Entwurf und -Architektur, • Informationssicherheit in der Software-Entwicklung, • Software-Implementierung in dem für das Entwicklungsvorhaben relevanten Bereichen, sowie • Software-Tests.	ja tw n
S	Für jedes Entwicklungsvorhaben SOLLTE ein Zuständiger für die Informationssicherheit benannt werden.	ja tw n

Notizen:

A11   Erstellung einer Richtlinie für die Software-Entwicklung   *Standard*

Zuständig: Fachverantwortliche

S	Es SOLLTE eine Richtlinie für die Software-Entwicklung erstellt und aktuell gehalten werden.	ja tw n
S	Die Richtlinie SOLLTE neben Namenskonventionen auch Vorgaben zu Elementen beinhalten, die verwendet bzw. nicht verwendet werden dürfen.	ja tw n
S	Die relevanten Anforderungen aus diesem Baustein SOLLTEN in die Richtlinie aufgenommen werden.	ja tw n
S	Die Richtlinie SOLLTE für die Entwickler verbindlich sein.	ja tw n

Notizen:

A12 Ausführliche Dokumentation *Standard*

Zuständig: Fachverantwortliche

S Es SOLLTEN ausreichende Projekt-, Funktions- und Schnittstellendokumentationen erstellt und aktuell gehalten werden. ja tw n

S Die Betriebsdokumentation SOLLTE konkrete Sicherheitshinweise für die Installation und Konfiguration für Administratoren, sowie für die Benutzung des Produktes beinhalten. ja tw n

S Die Software-Entwicklung SOLLTE so dokumentiert sein, dass ein Fachexperte mithilfe der Dokumentation den Programm-Code nachvollziehen und weiterentwickeln kann. ja tw n

S Die Dokumentation SOLLTE dabei auch die Software-Architektur und Bedrohungsmodellierung umfassen. ja tw n

S Die Aspekte zur Dokumentation SOLLTEN im Vorgehensmodell zur Software-Entwicklung berücksichtigt werden. ja tw n

Notizen:

A13 ENTFALLEN *Standard*

A14 Schulung des Entwicklungsteams zur Informationssicherheit *Standard*

Zuständig: Fachverantwortliche

S Die Entwickler und die übrigen Mitglieder des Entwicklungsteams SOLLTEN zu generellen Informationssicherheitsaspekten und zu den jeweils speziell für sie relevanten Aspekten geschult sein: ja tw n
- Anforderungsanalyse,
- Projektmanagement allgemein sowie speziell bei der Software-Entwicklung,,
- Risikomanagement bzw. Bedrohungsmodellierung in der Software-Entwicklung,
- Qualitätsmanagement und Qualitätssicherung,
- Modelle und Methoden für die Software-Entwicklung,
- Software-Architektur,
- Software-Tests,
- Änderungsmanagement sowie
- Informationssicherheit, Sicherheitsvorgaben in der Institution und Sicherheitsaspekte in speziellen Bereichen.

Notizen:

A15 ENTFALLEN *Standard*

A16 Geeignete Steuerung der Software-Entwicklung *Standard*

Zuständig: Fachverantwortliche

S Bei einer Software-Entwicklung SOLLTE ein geeignetes Steuerungs- bzw. Projektmanagementmodell auf Basis des ausgewählten Vorgehensmodells verwendet werden. ja tw n

S Das Steuerungs- bzw. Projektmanagementmodell SOLLTE in die Richtlinie zur Software Entwicklung integriert werden. ja tw n

S Dabei SOLLTEN insbesondere die benötigten Qualifikationen beim Personal und die Abdeckung aller relevanten Phasen während des Lebenszyklus der Software berücksichtigt werden. ja tw n

S Für das Vorgehensmodell SOLLTE ein geeignetes Risikomanagement festgelegt werden. ja tw n

S Außerdem SOLLTEN geeignete Qualitätsziele für das Entwicklungsprojekt definiert werden. ja tw n

Notizen:

CON: Konzepte und Vorgehensweisen

A21 Bedrohungsmodellierung *Standard*

Zuständig: Fachverantwortliche

- S In der Entwurfsphase der Software-Entwicklung SOLLTE eine Bedrohungsmodellierung durchgeführt werden. ja tw n
- S Hierzu SOLLTEN auf Basis des Sicherheitsprofils, des Anforderungskatalogs und der geplanten Einsatzumgebung bzw. Einsatzszenarios potentielle Bedrohungen identifiziert werden. ja tw n
- S Die Bedrohungen SOLLTEN hinsichtlich ihrer Eintrittswahrscheinlichkeit und Auswirkung bewertet werden. ja tw n

Notizen:

A22 Sicherer Software-Entwurf *Standard*

Zuständig: Fachverantwortliche

- S Der Software-Entwurf SOLLTE den Anforderungskatalog, das Sicherheitsprofil und die Ergebnisse der Bedrohungsmodellierung berücksichtigen. ja tw n
- S Im Rahmen des sicheren Software-Entwurfs SOLLTE eine sichere Software-Architektur entwickelt werden, auf deren Grundlage der Quellcode der Anwendung zu entwickeln ist. ja tw n
- S Hierbei SOLLTEN möglichst zukünftige Standards und Angriffstechniken berücksichtigt werden, damit die zu entwickelnde Software auch zukünftig leicht gewartet werden kann. ja tw n

Notizen:

A17 Auswahl vertrauenswürdiger Entwicklungswerkzeuge *Hoch*
Verantwortliche Rolle: Fachverantwortliche C I

- S Zur Entwicklung der Software SOLLTEN nur Werkzeuge mit nachgewiesenen Sicherheitseigenschaften verwendet werden. ja tw n
- S An die Hersteller von Hardware oder Software SOLLTEN hinreichende Anforderungen zur Sicherheit ihrer Werkzeuge gestellt werden. ja tw n

Notizen:

A18 Regelmäßige Sicherheitsaudits für die Entwicklungsumgebung *Hoch*
Verantwortliche Rolle: Fachverantwortliche C I A

- S Es SOLLTEN regelmäßige Sicherheitsaudits der Software-Entwicklungsumgebung und der Software-Testumgebung durchgeführt werden. ja tw n

Notizen:

A19	Regelmäßige Integritätsprüfung der Entwicklungsumgebung				*Hoch*	
	Verantwortliche Rolle: IT-Betrieb					
S	Die Integrität der Entwicklungsumgebung SOLLTE regelmäßig mit kryptographischen Mechanismen entsprechend dem Stand der Technik geprüft werden.				ja	tw	n
S	Die Prüfsummendateien und das Prüfprogramm selbst SOLLTEN ausreichend vor Manipulationen geschützt sein.				ja	tw	n
S	Wichtige Hinweise auf einen Integritätsverlust SOLLTEN nicht in einer Fülle irrelevanter Warnmeldungen (false positives) untergehen.				ja	tw	n

Notizen:

CON.9 Informationsaustausch

A1	Festlegung zulässiger Empfänger				*Basis*	
	Zuständig: Zentrale Verwaltung, Benutzer					
M	Die zentrale Verwaltungsstelle MUSS sicherstellen, dass durch die Weitergabe von Informationen nicht gegen rechtliche Rahmenbedingungen verstoßen wird.				ja	tw	n
M	Die zentrale Verwaltungsstelle MUSS festlegen, welche Empfänger welche Informationen erhalten und weitergeben dürfen.				ja	tw	n
M	Es MUSS festgelegt werden, auf welchen Wegen die jeweiligen Informationen ausgetauscht werden dürfen.				ja	tw	n
M	Jeder Mitarbeiter MUSS vor dem Austausch von Informationen sicherstellen, dass der Empfänger die notwendigen Berechtigungen für den Erhalt und die Weiterverarbeitung der Informationen besitzt.				ja	tw	n

Notizen:

A2	Regelung des Informationsaustausches				*Basis*	
	Zuständig: Zentrale Verwaltung, Benutzer					
M	Bevor Informationen ausgetauscht werden, MUSS der Informationseigentümer festlegen, wie schutzbedürftig die Informationen sind.				ja	tw	n
M	Der Informationseigentümer MUSS festlegen, wie die Informationen bei der Übertragung zu schützen sind.				ja	tw	n
M	Falls schutzbedürftige Daten übermittelt werden, MUSS der Informationseigentümer den Empfänger darüber informieren, wie schutzbedürftig die Informationen sind.				ja	tw	n
M	Falls die Informationen schutzbedürftig sind, MUSS der Informationseigentümer den Empfänger außerdem darauf hinweisen, dass dieser die Daten ausschließlich zu dem Zweck nutzen darf, zu dem sie übermittelt wurden.				ja	tw	n

Notizen:

CON: Konzepte und Vorgehensweisen

A3 **Unterweisung des Personals zum Informationsaustausch** — *Basis*

Zuständig: Fachverantwortliche

M — Der Fachverantwortliche MUSS alle Mitarbeiter über die Rahmenbedingungen jedes Informationsaustauschs informieren. ☐ ja ☐ tw ☐ n

M — Der Fachverantwortliche MUSS sicherstellen, dass die Mitarbeiter wissen, welche Informationen sie wann, wo und wie weitergeben dürfen. ☐ ja ☐ tw ☐ n

Notizen:

A4 **Vereinbarungen zum Informationsaustausch mit Externen** — *Standard*

Zuständig: Zentrale Verwaltung

S — Bei einem regelmäßigen Informationsaustausch mit anderen Institutionen SOLLTE die Institution Rahmenbedingungen für den Informationsaustausch formal vereinbaren. ☐ ja ☐ tw ☐ n

S — Die Vereinbarung für den Informationsaustausch SOLLTE Angaben zum Schutz aller vertraulichen Informationen enthalten. ☐ ja ☐ tw ☐ n

Notizen:

A5 **Beseitigung von Restinformationen vor Weitergabe** — *Standard*

Zuständig: Benutzer

S — Zusätzlich zu den allgemeinen Schulungsmaßnahmen SOLLTE die Institution die Benutzer über die Gefahren von Rest- und Zusatzinformationen in Dokumenten und Dateien informieren. ☐ ja ☐ tw ☐ n

S — Den Benutzern SOLLTE vermittelt werden, wie sie Rest- und Zusatzinformationen in Dokumenten und Dateien vermeiden können. ☐ ja ☐ tw ☐ n

S — Die Institution SOLLTE jeden Benutzer anleiten, wie unerwünschte Restinformationen vom Austausch auszuschließen, sind. ☐ ja ☐ tw ☐ n

S — Die Benutzer SOLLTEN jede Datei und jedes Dokument vor der Weitergabe auf unerwünschte Restinformationen überprüfen. ☐ ja ☐ tw ☐ n

S — Die Benutzer SOLLTEN unerwünschte Restinformationen aus Dokumenten und Dateien entfernen. ☐ ja ☐ tw ☐ n

Notizen:

A6 **Kompatibilitätsprüfung des Sender- und Empfängersystems** — *Standard*

Zuständig: Informationssicherheitsbeauftragter (ISB)

S — Vor einem Informationsaustausch SOLLTE überprüft werden, ob die eingesetzten IT-Systeme und Produkte auf Sender- und Empfängerseite kompatibel sind. ☐ ja ☐ tw ☐ n

Notizen:

CON.9 Informationsaustausch

A7 Sicherungskopie der übermittelten Daten *Standard*
Zuständig: Benutzer

S   Die Benutzer SOLLTEN eine Sicherungskopie der übermittelten Informationen anfertigen,   ja   tw   n
    falls die Informationen nicht aus anderen Quellen wiederhergestellt werden können.

Notizen:

A8 Verschlüsselung und digitale Signatur *Standard*
Zuständig: Informationssicherheitsbeauftragter (ISB)

S   Die Institution SOLLTE prüfen, ob Informationen während des Austausches kryptografisch   ja   tw   n
    gesichert werden können.
S   Falls die Informationen kryptografisch gesichert werden, SOLLTEN dafür ausreichend sichere   ja   tw   n
    Verfahren eingesetzt werden.

Notizen:

A9 Vertraulichkeitsvereinbarungen *Hoch*
Verantwortliche Rolle: Zentrale Verwaltung, Benutzer C

S   Bevor vertrauliche Informationen an Externe weitergeben werden, SOLLTE der Benutzer die   ja   tw   n
    zentrale Verwaltung informieren.
S   Die zentrale Verwaltung SOLLTE eine Vertraulichkeitsvereinbarung mit den Empfängern   ja   tw   n
    abschließen.
S   Die Vertraulichkeitsvereinbarung SOLLTE regeln, wie die Informationen auf der Empfänger-   ja   tw   n
    seite aufbewahrt werden dürfen.
S   In der Vertraulichkeitsvereinbarung SOLLTE festgelegt werden, wer auf der Empfängerseite   ja   tw   n
    Zugriff auf welche übermittelten Informationen haben darf.

Notizen:

CON: Konzepte und Vorgehensweisen

CON.10 Entwicklung von Webanwendungen

A1   Authentisierung bei Webanwendungen   *Basis*

Zuständig: Entwickler

M	Die Entwickler MÜSSEN sicherstellen, dass sich Benutzer gegenüber der Webanwendung sicher und angemessen authentisieren, bevor diese auf geschützte Funktionen oder Inhalte zugreifen können.	ja	tw	n
M	Es MUSS eine angemessene Authentisierungsmethode ausgewählt werden.	ja	tw	n
M	Der Auswahlprozess MUSS dokumentiert werden.	ja	tw	n
M	Eine zentrale Authentisierungskomponente MUSS verwendet werden.	ja	tw	n
S	Die zentrale Authentisierungskomponente SOLLTE mit etablierten Standardkomponenten (z.B. aus Frameworks oder Programmbibliotheken) umgesetzt werden.	ja	tw	n
M	Falls eine Webanwendung Authentisierungsdaten auf einem Client speichert, MUSS der Benutzer explizit auf die Risiken der Funktion hingewiesen werden und zustimmen („Opt-In").	ja	tw	n
M	Die Webanwendung MUSS die Möglichkeit bieten, Grenzwerte für fehlgeschlagene Anmeldeversuche festzulegen.	ja	tw	n
M	Die Webanwendung MUSS Benutzer sofort informieren, wenn ihr Passwort zurückgesetzt wurde.	ja	tw	n

Notizen:

A2   Zugriffskontrolle bei Webanwendungen   *Basis*

Zuständig: Entwickler

M	Die Entwickler MÜSSEN mittels einer Autorisierungskomponente sicherstellen, dass Benutzer ausschließlich solche Aktionen durchführen können, zu denen sie berechtigt sind.	ja	tw	n
M	Jeder Zugriff auf geschützte Inhalte und Funktionen MUSS kontrolliert werden, bevor er ausgeführt wird.	ja	tw	n
M	Die Autorisierungskomponente MUSS sämtliche Ressourcen und Inhalte berücksichtigen, die von der Webanwendung verwaltet werden.	ja	tw	n
M	Ist die Zugriffskontrolle fehlerhaft, MÜSSEN Zugriffe abgelehnt werden.	ja	tw	n
M	Es MUSS eine Zugriffskontrolle bei URL-Aufrufen und Objekt-Referenzen geben.	ja	tw	n

Notizen:

A3 Sicheres Session-Management *Basis*
Zuständig: Entwickler

M	Die Entwickler MÜSSEN sicherstellen, dass Session-IDs geeignet geschützt werden.	ja	tw	n
M	Session-IDs MÜSSEN zufällig und mit ausreichender Entropie erzeugt werden.	ja	tw	n
M	Falls das Framework der Webanwendung sichere Session-IDs generieren kann, MUSS diese Funktion des Frameworks von den Entwicklern verwendet werden.	ja	tw	n
M	Sicherheitsrelevante Konfigurationsmöglichkeiten des Frameworks MÜSSEN berücksichtigt werden.	ja	tw	n
M	Wenn Session-IDs übertragen und von den Clients gespeichert werden, MÜSSEN sie ausreichend geschützt übertragen werden.	ja	tw	n
M	Eine Webanwendung MUSS den Benutzern die Möglichkeit geben, eine bestehende Sitzung explizit zu beenden.	ja	tw	n
M	Nachdem sich der Benutzer angemeldet hat, MUSS eine bereits bestehende Session-ID durch eine neue ersetzt werden.	ja	tw	n
M	Sitzungen MÜSSEN eine maximale Gültigkeitsdauer besitzen (Timeout).	ja	tw	n
M	Inaktive Sitzungen MÜSSEN automatisch nach einer bestimmten Zeit ungültig werden.	ja	tw	n
M	Nachdem die Sitzung ungültig ist, MÜSSEN alle Sitzungsdaten ungültig und gelöscht sein.	ja	tw	n

Notizen:

A4 Kontrolliertes Einbinden von Inhalten bei Webanwendungen *Basis*
Zuständig: Entwickler

M	Die Entwickler MÜSSEN sicherstellen, dass eine Webanwendung ausschließlich vorgesehene Daten und Inhalte einbindet und an den Benutzer ausliefert.	ja	tw	n
M	Die Ziele der Weiterleitungsfunktion einer Webanwendung MÜSSEN ausreichend eingeschränkt werden, sodass Benutzer ausschließlich auf vertrauenswürdige Webseiten weitergeleitet werden.	ja	tw	n
M	Verlässt ein Benutzer die Vertrauensdomäne, MUSS ihn die Webanwendung darüber informieren.	ja	tw	n

Notizen:

A5 Upload-Funktionen *Basis*
Zuständig: Entwickler

M	Die Entwickler MÜSSEN sicherstellen, dass ein Benutzer Dateien nur im vorgegebenen Pfad speichern kann.	ja	tw	n
M	Die Entwickler MÜSSEN sicherstellen, dass der Benutzer den Ablageort der Uploads nicht beeinflussen kann.	ja	tw	n
M	Die Entwickler MÜSSEN Funktionen in die Webanwendung integrieren, mit denen der spätere Betreiber der Webanwendung die Uploads konfigurieren kann.	ja	tw	n

Notizen:

CON: Konzepte und Vorgehensweisen

A6 Schutz vor unerlaubter automatisierter Nutzung von Webanwendungen *Basis*

Zuständig: Entwickler

- M Die Entwickler MÜSSEN Sicherheitsmechanismen implementieren, die die Webanwendung vor automatisierten Zugriffen schützen. — ja tw n
- M Die Entwickler MÜSSEN bei der Implementierung der Sicherheitsmechanismen berücksichtigen, wie sich diese auf die Nutzungsmöglichkeiten berechtigter Benutzer auswirken. — ja tw n

Notizen:

A7 Schutz vertraulicher Daten *Basis*

Zuständig: Entwickler

- M Die Entwickler MÜSSEN sicherstellen, dass vertrauliche Daten von den Clients zu den Servern nur mit der HTTP-Post-Methode übertragen werden. — ja tw n
- M Die Entwickler MÜSSEN durch Direktiven in der Webanwendung gewährleisten, dass clientseitig keine schützenswerten Daten zwischengespeichert werden. — ja tw n
- M Die Entwickler MÜSSEN sicherstellen, dass in Formularen keine vertraulichen Formulardaten im Klartext angezeigt werden. — ja tw n
- S Die Webanwendung SOLLTE verhindern, dass vertrauliche Daten vom Webbrowser unerwartet gespeichert werden. — ja tw n
- M Sämtliche Zugangsdaten der Webanwendung MÜSSEN serverseitig mithilfe von sicheren kryptografischen Algorithmen vor unbefugtem Zugriff geschützt werden (Salted Hash). — ja tw n
- M Die Dateien mit den Quelltexten der Webanwendung MÜSSEN vor unerlaubten Abrufen geschützt werden. — ja tw n

Notizen:

A8 Umfassende Eingabevalidierung und Ausgabekodierung *Basis*

Zuständig: Entwickler

- M Die Entwickler MÜSSEN sämtliche an eine Webanwendung übergebenen Daten als potenziell gefährlich behandeln und geeignet filtern. — ja tw n
- M Sämtliche Eingabedaten sowie Datenströme und Sekundärdaten, wie z.B. Session-IDs, MÜSSEN serverseitig validiert werden. — ja tw n
- S Fehleingaben SOLLTEN möglichst nicht automatisch behandelt werden (Sanitizing). — ja tw n
- M Lässt es sich jedoch nicht vermeiden, MUSS Sanitizing sicher umgesetzt werden. — ja tw n
- M Ausgabedaten MÜSSEN so kodiert werden, dass schadhafter Code auf dem Zielsystem nicht interpretiert oder ausgeführt wird. — ja tw n

Notizen:

A9 Schutz vor SQL-Injection *Basis*
Zuständig: Entwickler

M Falls Daten an ein Datenbankmanagementsystem (DBMS) weitergeleitet werden, MÜSSEN die Entwickler Stored Procedures bzw. Prepared SQL Statements einsetzen. ja tw n

M Falls Daten an ein DMBS weitergeleitet werden und weder Stored Procedures noch Prepared SQL Statements von der Einsatzumgebung unterstützt werden, MÜSSEN die SQL-Queries separat abgesichert werden. ja tw n

Notizen:

A10 Restriktive Herausgabe sicherheitsrelevanter Informationen *Basis*
Zuständig: Entwickler

M Die Entwickler MÜSSEN sicherstellen, dass Webseiten, Rückantworten und Fehlermeldungen von Webanwendungen keine Informationen enthalten, die einem Angreifer Hinweise darauf geben, wie er Sicherheitsmechanismen umgehen kann. ja tw n

Notizen:

A11 Softwarearchitektur einer Webanwendung *Standard*
Zuständig: Entwickler

S Die Entwickler SOLLTEN die Softwarearchitektur der Webanwendung mit allen Bestandteilen und Abhängigkeiten dokumentieren. ja tw n

S Die Dokumentation SOLLTE bereits während des Entwicklungsverlaufs aktualisiert und angepasst werden. ja tw n

S Die Dokumentation SOLLTE so gestaltet sein, dass sie schon in der Entwicklungsphase benutzt werden kann und Entscheidungen nachvollziehbar sind. ja tw n

S In der Dokumentation SOLLTEN alle für den Betrieb notwendigen Komponenten gekennzeichnet werden, die nicht Bestandteil der Webanwendung sind. ja tw n

S In der Dokumentation SOLLTE beschrieben sein, welche Komponenten welche Sicherheitsmechanismen umsetzen, wie die Webanwendung in eine bestehende Infrastruktur integriert wird und welche kryptografischen Funktionen und Verfahren eingesetzt werden. ja tw n

Notizen:

A12 Verifikation essenzieller Änderungen *Standard*
Zuständig: Entwickler

S Falls wichtige Einstellungen mit der Anwendung geändert werden sollen, dann SOLLTEN die Entwickler sicherstellen, dass die Änderungen durch die Eingabe eines Passworts erneut verifiziert werden. ja tw n

S Falls dies nicht möglich ist, dann SOLLTE die Webanwendung auf andere geeignete Weise sicherstellen, dass sich die Benutzer authentisieren. ja tw n

S Die Benutzer SOLLTEN über Änderungen mithilfe von Kommunikationswegen außerhalb der Webanwendung informiert werden. ja tw n

Notizen:

A13 Fehlerbehandlung *Standard*

Zuständig: Entwickler

S	Treten während der Laufzeit einer Webanwendung Fehler auf, SOLLTEN Entwickler diese so behandeln, dass die Webanwendung weiter in einem konsistenten Zustand bleibt.	ja	tw	n
S	Die Webanwendung SOLLTE Fehlermeldungen protokollieren.	ja	tw	n
S	Falls eine veranlasste Aktion einen Fehler verursacht, SOLLTE die Webanwendung diese Aktion abbrechen.	ja	tw	n
S	Die Webanwendung SOLLTE im Fehlerfall den Zugriff auf eine angeforderte Ressource oder Funktion verweigern.	ja	tw	n
S	Zuvor reservierte Ressourcen SOLLTEN im Rahmen der Fehlerbehandlung wieder freigegeben werden.	ja	tw	n
S	Der Fehler SOLLTE möglichst von der Webanwendung selbst behandelt werden.	ja	tw	n

Notizen:

A14 Sichere HTTP-Konfiguration bei Webanwendungen *Standard*

Zuständig: Entwickler

S	Zum Schutz vor Clickjacking, Cross-Site-Scripting und anderen Angriffen SOLLTEN die Entwickler geeignete HTTP-Response-Header setzen.	ja	tw	n
S	Es SOLLTEN mindestens die folgenden HTTP-Header verwendet werden: Content-Security-Policy, Strict-Transport-Security, Content-Type, X-Content-Type-Options sowie Cache-Control.	ja	tw	n
S	Die verwendeten HTTP-Header SOLLTEN auf die Webanwendung abgestimmt werden.	ja	tw	n
S	Die verwendeten HTTP-Header SOLLTEN so restriktiv wie möglich sein.	ja	tw	n
S	Cookies SOLLTEN grundsätzlich mit den Attributen *secure*, *SameSite* und *httponly* gesetzt werden.	ja	tw	n

Notizen:

A15 Verhinderung von Cross-Site-Request-Forgery *Standard*

Zuständig: Entwickler

S	Die Entwickler SOLLTEN die Webanwendung mit solchen Sicherheitsmechanismen ausstatten, die eine Unterscheidung zwischen beabsichtigten Seitenaufrufen des Benutzers von unbeabsichtigt weitergeleiteten Befehlen Dritter ermöglichen.	ja	tw	n
S	Dabei SOLLTE mindestens geprüft werden, ob neben der Session-ID ein geheimes Token für den Zugriff auf geschützte Ressourcen und Funktionen benötigt wird.	ja	tw	n

Notizen:

A16 Mehr-Faktor-Authentisierung *Standard*

Zuständig: Entwickler

S	Die Entwickler SOLLTEN eine Mehr-Faktor-Authentisierung implementieren.	ja	tw	n

Notizen:

A17 Verhinderung der Blockade von Ressourcen *Hoch*
Verantwortliche Rolle: Entwickler **C I A**

S   Zum Schutz vor Denial-of-Service (DoS)-Angriffen SOLLTEN ressourcenintensive Operationen vermieden werden.   ja tw n

S   Falls ressourcenintensive Operationen notwendig sind, dann SOLLTEN diese besonders abgesichert werden.   ja tw n

S   Bei Webanwendungen SOLLTE ein möglicher Überlauf von Protokollierungsdaten überwacht und verhindert werden.   ja tw n

Notizen:

A18 Kryptografische Absicherung vertraulicher Daten *Hoch*
Verantwortliche Rolle: Entwickler **C I A**

S   Entwickler SOLLTEN sicherstellen, dass vertrauliche Daten einer Webanwendung durch sichere, kryptografische Algorithmen abgesichert werden.   ja tw n

Notizen:

OPS: Betrieb

OPS.1 Eigener Betrieb

OPS.1.1 Kern-IT-Betrieb

OPS.1.1.2 Ordnungsgemäße IT-Administration

A1	ENTFALLEN	*Basis*

A2	Vertretungsregelungen und Notfallvorsorge	*Basis*

Zuständig: IT-Betrieb

- M Es MUSS sichergestellt sein, dass benannte Vertreter auf die zu betreuenden IT-Systeme zugreifen können. ja tw n
- S Für Notfälle SOLLTEN Notfalluser mit Administrationsrechten eingerichtet werden. ja tw n

Notizen:

A3	Geregelte Einstellung von IT-Administratoren	*Basis*

Zuständig: IT-Betrieb

- M Wenn Mitarbeiter administrative Aufgaben innerhalb einer IT-Umgebung übernehmen, MÜSSEN sie in ihre Tätigkeit eingewiesen werden, insbesondere in die vorhandene IT-Architektur und die von ihnen zu betreuenden IT-Systeme und Anwendungen. ja tw n
- M Die in der Institution gültigen und für ihre Tätigkeit relevanten Sicherheitsbestimmungen MÜSSEN den Administratoren bekannt sein. ja tw n

Notizen:

A4	Beendigung der Tätigkeit als IT-Administrator	*Basis*

Zuständig: Personalabteilung

- M Wenn Administratoren von ihren Aufgaben wieder entbunden werden, MÜSSEN alle ihnen zugewiesenen persönlichen Administrationskennungen gesperrt werden. ja tw n
- M Es MUSS geprüft werden, welche Passwörter die ausscheidenden Mitarbeiter darüber hinaus noch kennen. ja tw n
- M Solche Passwörter MÜSSEN geändert werden. ja tw n
- M Weiterhin MUSS geprüft werden, ob die ausscheidenden Mitarbeiter gegenüber Dritten als Ansprechpartner benannt wurden, z.B. in Verträgen oder als Admin-C-Eintrag bei Internet-Domains. ja tw n
- M In diesem Fall MÜSSEN neue Ansprechpartner festgelegt und die betroffenen Dritten informiert werden. ja tw n
- M Die Benutzer der betroffenen IT-Systeme und Anwendungen MÜSSEN darüber informiert werden, dass der bisherige Administrator ausgeschieden ist. ja tw n

Notizen:

A5 Nachweisbarkeit von administrativen Tätigkeiten *Basis*
Zuständig: IT-Betrieb

M	Die Institution MUSS jederzeit nachweisen können, welcher Administrator welche administrativen Tätigkeiten durchgeführt hat.	ja	tw	n
S	Dazu SOLLTE jeder Administrator über eine eigene Benutzerkennung verfügen.	ja	tw	n
S	Auch Vertreter von Administratoren SOLLTEN eigene Benutzerkennungen erhalten.	ja	tw	n
M	Jeder Anmeldevorgang (Login) über eine Administrationskennung MUSS protokolliert werden.	ja	tw	n

Notizen:

A6 Schutz administrativer Tätigkeiten *Basis*
Zuständig: IT-Betrieb

M	Administratoren MÜSSEN sich durch geeignete Verfahren authentisieren, bevor sie Aktionen mit administrativen Rechten durchführen.	ja	tw	n
M	Aktionen und Tätigkeiten, für die keine erhöhten Berechtigungen erforderlich sind, DÜRFEN NICHT mit administrativen Berechtigungen durchgeführt werden.	ja	tw	n
M	Die Institution MUSS sicherstellen, das nur Administratoren Zugriff auf administrative Schnittstellen und Funktionen haben.	ja	tw	n
M	Insbesondere MUSS die Institution sicherstellen, dass nur Administratoren sicherheitsrelevante Änderungen an IT-Systemen und Anwendungen vornehmen können.	ja	tw	n
M	Die Administration MUSS über sichere Protokolle erfolgen.	ja	tw	n
S	Es SOLLTE überlegt werden, ein eigenes Administrationsnetz einzurichten.	ja	tw	n

Notizen:

A7 Regelung der IT-Administrationstätigkeit *Standard*
Zuständig: IT-Betrieb

S	Die Befugnisse, Aufgaben und Pflichten der Administratoren SOLLTEN in einer Arbeitsanweisung oder Richtlinie verbindlich festgeschrieben werden.	ja	tw	n
S	Die Aufgaben zwischen den einzelnen Administratoren SOLLTEN so verteilt werden, dass einerseits Überschneidungen in den Zuständigkeiten vermieden werden und andererseits keine Administrationslücken entstehen.	ja	tw	n
S	Die Regelungen SOLLTEN regelmäßig aktualisiert werden.	ja	tw	n
S	Die Vorgaben SOLLTEN insbesondere eigenmächtige Änderungen der Administratoren im Informationsverbund ausschließen, soweit diese über die ihnen explizit übertragenen Aufgaben hinausgehen und nicht notwendig sind, um einen Sicherheitsvorfall oder Störfall abzuwenden.	ja	tw	n

Notizen:

OPS: Betrieb

A8   Administration von Fachanwendungen *Standard*
Zuständig: IT-Betrieb

S   Die in diesem Baustein aufgeführten Basisanforderungen SOLLTEN auch für Mitarbeiter mit administrativen Aufgaben für einzelne Fachanwendungen durchgängig umgesetzt werden.   ja tw n

S   Die Aufgabenteilung zwischen Anwendungs- und Systemadministration SOLLTE klar definiert und schriftlich festgehalten werden.   ja tw n

S   Zwischen den Verantwortlichen für die System- und Fachanwendungsadministration SOLLTEN Schnittstellen definiert sein.   ja tw n

S   Wenn administrativ in den Anwendungsbetrieb eingegriffen wird, SOLLTE das im Vorfeld mit dem Fachbereich abgestimmt sein.   ja tw n

S   Dabei SOLLTEN die Bedürfnisse des Fachbereichs berücksichtigt werden.   ja tw n

Notizen:

A9   Ausreichende Ressourcen für den IT-Betrieb   *Standard*
Zuständig: IT-Betrieb

S   Es SOLLTEN ausreichende Personal- und Sachressourcen bereitgestellt werden, um die anfallenden administrativen Aufgaben ordnungsgemäß zu bewältigen.   ja tw n

S   Dabei SOLLTE berücksichtigt werden, dass auch für unvorhersehbare Tätigkeiten entsprechende Kapazitäten vorhanden sein müssen.   ja tw n

S   Die Ressourcenplanung SOLLTE in regelmäßigen Zyklen geprüft und den aktuellen Erfordernissen angepasst werden.   ja tw n

Notizen:

A10   Fortbildung und Information   *Standard*
Zuständig: IT-Betrieb

S   Für die eingesetzten Administratoren SOLLTEN geeignete Fort- und Weiterbildungsmaßnahmen ergriffen werden.   ja tw n

S   Dabei SOLLTEN auch technische Entwicklungen berücksichtigt werden, die noch nicht aktuell sind, aber für die Institution in absehbarer Zeit wichtig werden könnten.   ja tw n

S   Die Fortbildungsmaßnahmen SOLLTEN durch einen Schulungsplan unterstützt werden.   ja tw n

S   Dieser Schulungsplan SOLLTE das gesamte Team berücksichtigen, sodass alle erforderlichen Qualifikationen im Team mehrfach vorhanden sind.   ja tw n

S   Administratoren SOLLTEN sich regelmäßig über die Sicherheit der von ihnen betreuten Anwendungen, IT-Systeme, Dienste und Protokolle informieren, insbesondere über aktuelle Gefährdungen und Sicherheitsmaßnahmen.   ja tw n

Notizen:

A11 Dokumentation von IT-Administrationstätigkeiten *Standard*

Zuständig: IT-Betrieb

S	Systemänderungen SOLLTEN in geeigneter Form nachvollziehbar dokumentiert werden.	ja	tw	n
S	Aus der Dokumentation SOLLTE hervorgehen,	ja	tw	n
	• welche Änderungen erfolgt sind,			
	• wann die Änderungen erfolgt sind,			
	• wer die Änderungen durchgeführt hat sowie			
	• auf welcher Grundlage bzw. aus welchem Anlass die Änderungen erfolgt sind.			
S	Sicherheitsrelevante Aspekte SOLLTEN nachvollziehbar erläutert und hervorgehoben werden.	ja	tw	n

Notizen:

A12 Regelungen für Wartungs- und Reparaturarbeiten *Standard*

Zuständig: IT-Betrieb

S	IT-Systeme SOLLTEN regelmäßig gewartet werden.	ja	tw	n
S	Es SOLLTE geregelt sein, welche Sicherheitsaspekte bei Wartungs- und Reparaturarbeiten zu beachten sind.	ja	tw	n
S	Hierüber hinaus SOLLTE festgelegt werden, wer für die Wartung oder Reparatur von Geräten zuständig ist.	ja	tw	n
S	Durchgeführte Wartungsarbeiten SOLLTEN dokumentiert werden.	ja	tw	n

Notizen:

A13 ENTFALLEN *Standard*

A20 Verwaltung und Inbetriebnahme von Geräten *Standard*

Zuständig: IT-Betrieb

S	Es SOLLTE eine Übersicht aller Geräte vorhanden sein, die in der Institution genutzt werden und Einfluss auf die Informationssicherheit haben können.	ja	tw	n
S	Dazu SOLLTEN neben IT-Systemen und ICS-Komponenten auch Geräte aus dem Bereich „Internet der Dinge" (englisch „Internet of Things", IoT) berücksichtigt werden.	ja	tw	n
S	Vor der ersten Inbetriebnahme der Geräte SOLLTEN geeignete Prüf- und Genehmigungsverfahren vorgeschaltet werden.	ja	tw	n
S	Die Übersicht SOLLTE stets aktuell gehalten werden und mit der Dokumentation von administrativen Tätigkeiten korrespondieren.	ja	tw	n

Notizen:

A14 Sicherheitsüberprüfung von Administratoren *Hoch*
Verantwortliche Rolle: Personalabteilung *C I A*

S	Bei erhöhtem Schutzbedarf SOLLTEN Administratoren einer zusätzlichen Sicherheitsüberprüfung unterzogen werden.	ja	tw	n

Notizen:

OPS: Betrieb

A15 Aufteilung von Administrationstätigkeiten *Hoch*
Verantwortliche Rolle: IT-Betrieb **C I**

- S Es SOLLTEN unterschiedliche Administrationsrollen für Teilaufgaben eingerichtet werden. ja tw n
- S Bei der Abgrenzung der Aufgaben SOLLTEN die Art der Daten und die vorhandene Systemarchitektur berücksichtigt werden. ja tw n

Notizen:

A16 Zugangsbeschränkungen für administrative Zugänge *Hoch*
Verantwortliche Rolle: IT-Betrieb **C I A**

- S Der Zugang zu administrativen Oberflächen oder Schnittstellen SOLLTE mit Filter- und Separierungsmaßnahmen technisch beschränkt werden. ja tw n
- S Oberflächen und Schnittstellen SOLLTEN für Personen außerhalb der zuständigen Administrationsteams nicht erreichbar sein. ja tw n
- S Auf IT-Systeme in anderen Schutzzonen SOLLTE ausschließlich über einen Sprungserver in der jeweiligen Sicherheitszone administrativ zugegriffen werden. ja tw n
- S Zugriffe von anderen Systemen oder aus anderen Sicherheitszonen heraus SOLLTEN abgewiesen werden. ja tw n

Notizen:

A17 IT-Administration im Vier-Augen-Prinzip *Hoch*
Verantwortliche Rolle: IT-Betrieb **C I**

- S Bei besonders sicherheitskritischen IT-Systemen SOLLTE der Zugang zu Kennungen mit administrativen Berechtigungen so realisiert werden, dass dafür zwei Mitarbeiter erforderlich sind. ja tw n
- S Dabei SOLLTE jeweils ein Administrator die anstehenden administrativen Tätigkeiten ausführen, während er von einem weiteren Administrator kontrolliert wird. ja tw n

Notizen:

A18 Durchgängige Protokollierung administrativer Tätigkeiten *Hoch*
Verantwortliche Rolle: IT-Betrieb **C I**

- S Administrative Tätigkeiten SOLLTEN protokolliert werden. ja tw n
- S Bei besonders sicherheitskritischen IT-Systemen SOLLTEN alle administrativen Zugriffe durchgängig und vollständig protokolliert werden. ja tw n
- S Die ausführenden Administratoren SOLLTEN dabei selbst keine Berechtigung haben, die aufgezeichneten Protokolldateien zu verändern oder zu löschen. ja tw n
- S Die Protokolldateien SOLLTEN für eine angemessene Zeitdauer aufbewahrt werden. ja tw n

Notizen:

A19 **Berücksichtigung von Hochverfügbarkeitsanforderungen** *Hoch*
Verantwortliche Rolle: IT-Betrieb **A**

S   Die Administratoren SOLLTEN analysieren, für welche der von ihnen betreuten IT-Systeme   ja   tw   n
und Netze Hochverfügbarkeitsanforderungen bestehen.

S   Für diese Bereiche SOLLTEN sie sicherstellen, dass die eingesetzten Komponenten und Archi-   ja   tw   n
tekturen sowie die zugehörigen Betriebsprozesse geeignet sind, um diese Anforderungen
zu erfüllen.

Notizen:

OPS.1.1.3 Patch- und Änderungsmanagement

A1   **Konzept für das Patch- und Änderungsmanagement**   *Basis*
Zuständig: Fachverantwortliche

M   Wenn IT-Komponenten, Software oder Konfigurationsdaten geändert werden, MUSS es   ja   tw   n
dafür Vorgaben geben, die auch Sicherheitsaspekte berücksichtigen.

M   Diese MÜSSEN in einem Konzept für das Patch- und Änderungsmanagement festgehalten   ja   tw   n
und befolgt werden.

M   Alle Patches und Änderungen MÜSSEN geeignet geplant, genehmigt und dokumentiert   ja   tw   n
werden.

S   Patches und Änderungen SOLLTEN vorab geeignet getestet werden (siehe hierzu auch   ja   tw   n
OPS.1.1.6 *Software-Tests und Freigaben*).

M   Wenn Patches installiert und Änderungen durchgeführt werden, MÜSSEN Rückfall-Lösun-   ja   tw   n
gen vorhanden sein.

M   Bei größeren Änderungen MUSS zudem der Informationssicherheitsbeauftragte beteiligt   ja   tw   n
sein.

M   Insgesamt MUSS sichergestellt werden, dass das angestrebte Sicherheitsniveau während   ja   tw   n
und nach den Änderungen erhalten bleibt.

S   Insbesondere SOLLTEN auch die gewünschten Sicherheitseinstellungen erhalten bleiben.   ja   tw   n

Notizen:

A2   **Festlegung der Zuständigkeiten**   *Basis*
Zuständig: IT-Betrieb

M   Für alle Organisationsbereiche MÜSSEN Zuständige für das Patch- und Änderungsmanage-   ja   tw   n
ment festgelegt werden.

M   Die definierten Zuständigkeiten MÜSSEN sich auch im Berechtigungskonzept widerspiegeln.   ja   tw   n

Notizen:

OPS: Betrieb

A3 Konfiguration von Autoupdate-Mechanismen *Basis*

Zuständig: IT-Betrieb

M	Innerhalb der Strategie zum Patch- und Änderungsmanagement MUSS definiert werden, wie mit integrierten Update-Mechanismen (Autoupdate) der eingesetzten Software umzugehen ist.	ja	tw	n
M	Insbesondere MUSS festgelegt werden, wie diese Mechanismen abgesichert und passend konfiguriert werden.	ja	tw	n
S	Außerdem SOLLTEN neue Komponenten daraufhin überprüft werden, welche Update-Mechanismen sie haben.	ja	tw	n

Notizen:

A15 Regelmäßige Aktualisierung von IT-Systemen und Software *Basis*

Zuständig: IT-Betrieb

S	IT-Systeme und Software SOLLTEN regelmäßig aktualisiert werden.	ja	tw	n
S	Grundsätzlich SOLLTEN Patches zeitnah nach Veröffentlichung eingespielt werden.	ja	tw	n
M	Basierend auf dem Konzept für das Patch- und Änderungsmanagement MÜSSEN Patches zeitnah nach Veröffentlichung bewertet und entsprechend priorisiert werden.	ja	tw	n
M	Es MUSS entschieden werden, ob der Patch eingespielt werden soll.	ja	tw	n
S	Wenn ein Patch eingespielt wird, SOLLTE kontrolliert werden, ob dieser auf allen relevanten Systemen zeitnah erfolgreich eingespielt wurde.	ja	tw	n
M	Wenn ein Patch nicht eingespielt wird, MÜSSEN die Entscheidung und die Gründe dafür dokumentiert werden.	ja	tw	n

Notizen:

A16 Regelmäßige Suche nach Informationen zu Patches und Schwachstellen *Basis*

Zuständig: IT-Betrieb

M	Der IT-Betrieb MUSS sich regelmäßig über bekannt gewordene Schwachstellen der Firmware, Betriebssysteme, eingesetzter Anwendungen und Dienste informieren.	ja	tw	n
M	Die identifizierten Schwachstellen MÜSSEN so schnell wie möglich behoben werden.	ja	tw	n
M	Solange keine entsprechenden Patches zur Verfügung stehen, MÜSSEN abhängig davon, wie schwerwiegend die Schwachstellen und Bedrohungen sind, andere geeignete Maßnahmen zum Schutz des IT-Systems getroffen werden.	ja	tw	n
S	Falls dies nicht möglich ist, SOLLTE sichergestellt sein, dass die entsprechende Hardware, relevanten Betriebssysteme, eingesetzten Anwendungen und Dienste nicht weiter verwendet werden.	ja	tw	n

Notizen:

A4 ENTFALLEN *Standard*

A5 Umgang mit Änderungsanforderungen *Standard*

Zuständig: Fachverantwortliche

S	Alle Änderungsanforderungen (Request for Changes, RfCs) SOLLTEN erfasst und dokumentiert werden.	ja	tw	n
S	Die Änderungsanforderungen SOLLTEN vom Fachverantwortlichen für das Patch- und Änderungsmanagement daraufhin kontrolliert werden, ob die Aspekte der Informationssicherheit ausreichend berücksichtigt wurden.	ja	tw	n

Notizen:

A6 Abstimmung von Änderungsanforderungen *Standard*

Zuständig: IT-Betrieb

S	Der zu einer Änderung zugehörige Abstimmungsprozess SOLLTE alle relevanten Zielgruppen und die Auswirkungen auf die Informationssicherheit berücksichtigen.	ja	tw	n
S	Die von der Änderung betroffenen Zielgruppen SOLLTEN sich nachweisbar dazu äußern können.	ja	tw	n
S	Auch SOLLTE es ein festgelegtes Verfahren geben, wodurch wichtige Änderungsanforderungen beschleunigt werden können.	ja	tw	n

Notizen:

A7 Integration des Änderungsmanagements in die Geschäftsprozesse *Standard*

Zuständig: IT-Betrieb

S	Der Änderungsmanagementprozess SOLLTE in die Geschäftsprozesse beziehungsweise Fachaufgaben integriert werden.	ja	tw	n
S	Bei geplanten Änderungen SOLLTE die aktuelle Situation der davon betroffenen Geschäftsprozesse berücksichtigt werden.	ja	tw	n
S	Alle relevanten Fachabteilungen SOLLTEN über anstehende Änderungen informiert werden.	ja	tw	n
S	Auch SOLLTE es eine Eskalationsebene geben, deren Mitglieder der Leitungsebene der Institution angehören.	ja	tw	n
S	Sie SOLLTEN in Zweifelsfällen über Priorität und Terminplanung einer Hard- oder Software-Änderung entscheiden.	ja	tw	n

Notizen:

A8 Sicherer Einsatz von Werkzeugen für das Patch- und Änderungsmanagement *Standard*

Zuständig: IT-Betrieb

S	Anforderungen und Rahmenbedingungen SOLLTEN definiert werden, nach denen Werkzeuge für das Patch- und Änderungsmanagement ausgewählt werden.	ja	tw	n
S	Außerdem SOLLTE eine spezifische Sicherheitsrichtlinie für die eingesetzten Werkzeuge erstellt werden.	ja	tw	n

Notizen:

OPS: Betrieb

A9 Test- und Abnahmeverfahren für neue Hardware *Standard*

Zuständig: IT-Betrieb

S	Wenn neue Hardware ausgewählt wird, SOLLTE geprüft werden, ob die eingesetzte Software und insbesondere die relevanten Betriebssysteme mit der Hardware und dessen Treibersoftware kompatibel sind.	ja	tw	n
S	Neue Hardware SOLLTE getestet werden, bevor sie eingesetzt wird.	ja	tw	n
S	Diese SOLLTE ausschließlich in einer isolierten Umgebung getestet werden.	ja	tw	n
S	Für IT-Systeme SOLLTE es ein Abnahmeverfahren und eine Freigabeerklärung geben.	ja	tw	n
S	Der Zuständige SOLLTE die Freigabeerklärung an geeigneter Stelle schriftlich hinterlegen.	ja	tw	n
S	Für den Fall, dass trotz der Abnahme- und Freigabeverfahren im laufenden Betrieb Fehler festgestellt werden, SOLLTE es ein Verfahren zur Fehlerbehebung geben.	ja	tw	n

Notizen:

A10 Sicherstellung der Integrität und Authentizität von Softwarepaketen *Standard*

Zuständig: IT-Betrieb

S	Während des gesamten Patch- oder Änderungsprozesses SOLLTE die Authentizität und Integrität von Softwarepaketen sichergestellt werden.	ja	tw	n
S	Dazu SOLLTE geprüft werden, ob für die eingesetzten Softwarepakete Prüfsummen oder digitale Signaturen verfügbar sind.	ja	tw	n
S	Falls ja, SOLLTEN diese vor der Installation des Pakets überprüft werden.	ja	tw	n
S	Ebenso SOLLTE darauf geachtet werden, dass die notwendigen Programme zur Überprüfung vorhanden sind.	ja	tw	n
S	Software und Updates SOLLTEN grundsätzlich nur aus vertrauenswürdigen Quellen bezogen werden.	ja	tw	n

Notizen:

A11 Kontinuierliche Dokumentation der Informationsverarbeitung *Standard*

Zuständig: IT-Betrieb

S	Änderungen SOLLTEN in allen Phasen, allen Anwendungen und allen Systemen dokumentiert werden.	ja	tw	n
S	Dazu SOLLTEN entsprechende Regelungen erarbeitet werden.	ja	tw	n

Notizen:

A12 Einsatz von Werkzeugen beim Änderungsmanagement *Hoch* **A**

Verantwortliche Rolle: IT-Betrieb

S	Bevor ein Werkzeug zum Änderungsmanagement benutzt wird, SOLLTE sorgfältig geprüft werden, ob damit die Änderungen angemessen im Informationsverbund verteilt werden können.	ja	tw	n
S	Zusätzlich SOLLTEN Unterbrechungspunkte definiert werden können, an denen die Verteilung einer fehlerhaften Änderung gestoppt wird.	ja	tw	n

Notizen:

A13 **Erfolgsmessung von Änderungsanforderungen**		*Hoch*
Verantwortliche Rolle: Fachverantwortliche		**I A**

S Um zu überprüfen, ob eine Änderung erfolgreich war, SOLLTE der Fachverantwortliche für ja tw n
das Patch- und Änderungsmanagement sogenannte Nachtests durchführen.
S Dazu SOLLTE er geeignete Referenzsysteme als Qualitätssicherungssysteme auswählen. ja tw n
S Die Ergebnisse der Nachtests SOLLTEN im Rahmen des Änderungsprozesses dokumentiert ja tw n
werden.

Notizen:

A14 **Synchronisierung innerhalb des Änderungsmanagements**		*Hoch*
Verantwortliche Rolle: IT-Betrieb		**C I A**

S Im Änderungsmanagementprozess SOLLTE durch geeignete Mechanismen sichergestellt ja tw n
werden, dass auch zeitweise oder längerfristig nicht erreichbare Geräte die Patches und
Änderungen erhalten.

Notizen:

OPS.1.1.4 Schutz vor Schadprogrammen

A1 **Erstellung eines Konzepts für den Schutz vor Schadprogrammen**		*Basis*
Zuständig: IT-Betrieb		

M Es MUSS ein Konzept erstellt werden, das beschreibt, welche IT-Systeme vor Schadprogram- ja tw n
men geschützt werden müssen.
M Hierbei MÜSSEN auch IoT-Geräte und Produktionssysteme berücksichtigt werden. ja tw n
M Außerdem MUSS festgehalten werden, wie der Schutz zu erfolgen hat. ja tw n
S Ist kein verlässlicher Schutz möglich, so SOLLTEN die identifizierten IT-Systeme NICHT betrie- ja tw n
ben werden.
S Das Konzept SOLLTE nachvollziehbar dokumentiert und aktuell gehalten werden. ja tw n

Notizen:

A2 **Nutzung systemspezifischer Schutzmechanismen**		*Basis*
Zuständig: IT-Betrieb		

M Es MUSS geprüft werden, welche Schutzmechanismen die verwendeten IT-Systeme sowie ja tw n
die darauf genutzten Betriebssysteme und Anwendungen bieten.
M Diese Mechanismen MÜSSEN genutzt werden, sofern es keinen mindestens gleichwertigen ja tw n
Ersatz gibt oder gute Gründe dagegen sprechen.
M Werden sie nicht genutzt, MUSS dies begründet und dokumentiert werden. ja tw n

Notizen:

OPS: Betrieb

A3 Auswahl eines Virenschutzprogrammes *Basis*

Zuständig: IT-Betrieb

M	Abhängig vom verwendeten Betriebssystem, anderen vorhandenen Schutzmechanismen sowie der Verfügbarkeit geeigneter Virenschutzprogramme MUSS für den konkreten Einsatzzweck ein entsprechendes Schutzprogramm ausgewählt und installiert werden.	ja tw n
M	Für Gateways und IT-Systeme, die dem Datenaustausch dienen, MUSS ein geeignetes Virenschutzprogramm ausgewählt und installiert werden.	ja tw n
M	Es DÜRFEN NUR Produkte für den Enterprise-Bereich mit auf die Institution zugeschnittenen Service- und Supportleistungen eingesetzt werden.	ja tw n
M	Produkte für reine Heimanwender oder Produkte ohne Herstellersupport DÜRFEN NICHT im professionellen Wirkbetrieb eingesetzt werden.	ja tw n
S	Cloud-Dienste zur Verbesserung der Detektionsleistung der Virenschutzprogramme SOLLTEN genutzt werden.	ja tw n
M	Falls Cloud-Funktionen solcher Produkte verwendet werden, MUSS sichergestellt werden, dass dies nicht im Widerspruch zum Daten- oder Geheimschutz steht.	ja tw n
M	Neben Echtzeit- und On-Demand-Scans MUSS eine eingesetzte Lösung die Möglichkeit bieten, auch komprimierte Daten nach Schadprogrammen zu durchsuchen.	ja tw n

Notizen:

A4 ENTFALLEN *Basis*

A5 Betrieb und Konfiguration von Virenschutzprogrammen *Basis*

Zuständig: IT-Betrieb

M	Das Virenschutzprogramm MUSS für seine Einsatzumgebung geeignet konfiguriert werden.	ja tw n
S	Die Erkennungsleistung SOLLTE dabei im Vordergrund stehen, sofern nicht Datenschutz- oder Leistungsgründe im jeweiligen Einzelfall dagegen sprechen.	ja tw n
S	Wenn sicherheitsrelevante Funktionen des Virenschutzprogramms nicht genutzt werden, SOLLTE dies begründet und dokumentiert werden.	ja tw n
S	Bei Schutzprogrammen, die speziell für die Desktop-Virtualisierung optimiert sind, SOLLTE nachvollziehbar dokumentiert sein, ob auf bestimmte Detektionsverfahren zugunsten der Leistung verzichtet wird.	ja tw n
M	Es MUSS sichergestellt werden, dass die Benutzer keine sicherheitsrelevanten Änderungen an den Einstellungen der Antivirenprogramme vornehmen können.	ja tw n

Notizen:

A6 Regelmäßige Aktualisierung der eingesetzten Virenschutzprogramme und Signaturen *Basis*

Zuständig: IT-Betrieb

M	Auf den damit ausgestatteten IT-Systemen MÜSSEN die Scan-Engine des Virenschutzprogramms sowie die Signaturen für die Schadprogramme regelmäßig und zeitnah aktualisiert werden.	ja tw n

Notizen:

A7	**Sensibilisierung und Verpflichtung der Benutzer**			*Basis*	
	Zuständig: Benutzer				
M	Benutzer MÜSSEN regelmäßig über die Bedrohung durch Schadprogramme aufgeklärt werden.	ja	tw	n	
M	Sie MÜSSEN die grundlegenden Verhaltensregeln einhalten, um die Gefahr eines Befalls durch Schadprogramme zu reduzieren.	ja	tw	n	
S	Dateien, E-Mails, Webseiten usw. aus nicht vertrauenswürdigen Quellen SOLLTEN NICHT geöffnet werden.	ja	tw	n	
M	Benutzern MÜSSEN entsprechende Ansprechpartner für den Fall eines Verdacht auf eine Infektion mit einem Schadprogramm bekannt sein.	ja	tw	n	
M	Benutzer MÜSSEN sich an die ihnen benannten Ansprechpartner wenden, wenn der Verdacht auf eine Infektion mit einem Schadprogramm besteht.	ja	tw	n	

Notizen:

A8	**ENTFALLEN**			*Standard*	
A9	**Meldung von Infektionen mit Schadprogrammen**			*Standard*	
	Zuständig: Benutzer				
S	Das eingesetzte Virenschutzprogramm SOLLTE eine Infektion mit einem Schadprogramm automatisch blockieren und melden.	ja	tw	n	
S	Die automatische Meldung SOLLTE an einer zentralen Stelle angenommen werden.	ja	tw	n	
S	Dabei SOLLTEN die zuständigen Mitarbeiter je nach Sachlage über das weitere Vorgehen entscheiden.	ja	tw	n	
S	Das Vorgehen bei Meldungen und Alarmen der Virenschutzprogramme SOLLTE geplant, dokumentiert und getestet werden.	ja	tw	n	
S	Es SOLLTE insbesondere geregelt sein, was im Falle einer bestätigten Infektion geschehen soll.	ja	tw	n	

Notizen:

A10	**Nutzung spezieller Analyseumgebungen**			*Hoch*	
	Verantwortliche Rolle: IT-Betrieb			**C I A**	
S	Automatisierte Analysen in einer speziellen Testumgebung (basierend auf Sandboxen bzw. separaten virtuellen oder physischen Systemen) SOLLTEN für eine Bewertung von verdächtigen Dateien ergänzend herangezogen werden.	ja	tw	n	

Notizen:

A11	**Einsatz mehrerer Scan-Engines**			*Hoch*	
	Verantwortliche Rolle: IT-Betrieb			**C I A**	
S	Zur Verbesserung der Erkennungsleistung SOLLTEN für besonders schutzwürdige IT-Systeme, wie Gateways und IT-Systeme zum Datenaustausch, Virenschutzprogramme mit mehreren alternativen Scan-Engines eingesetzt werden.	ja	tw	n	

Notizen:

OPS: Betrieb

A12 Einsatz von Datenträgerschleusen — *Hoch* — **C I A**
Verantwortliche Rolle: IT-Betrieb

S Bevor insbesondere Datenträger von Dritten mit den IT-Systemen der Institution verbunden werden, SOLLTEN diese durch eine Datenträgerschleuse geprüft werden. — ja tw n

Notizen:

A13 Umgang mit nicht vertrauenswürdigen Dateien — *Hoch* — **C I A**
Verantwortliche Rolle: IT-Betrieb

S Ist es notwendig, nicht vertrauenswürdige Dateien zu öffnen, SOLLTE dies nur auf einem isolierten IT-System geschehen. — ja tw n

S Die betroffenen Dateien SOLLTEN dort z.B. in ein ungefährliches Format umgewandelt oder ausgedruckt werden, wenn sich hierdurch das Risiko einer Infektion durch Schadsoftware verringert. — ja tw n

Notizen:

A14 Auswahl und Einsatz von Cyber-Sicherheitsprodukten gegen gezielte Angriffe — *Hoch* — **C I A**
Verantwortliche Rolle: IT-Betrieb

S Der Einsatz sowie der Mehrwert von Produkten und Services, die im Vergleich zu herkömmlichen Virenschutzprogrammen einen erweiterten Schutzumfang bieten, SOLLTE geprüft werden. — ja tw n

S Solche Sicherheitsprodukte gegen gezielte Angriffe SOLLTEN z.B. bei der Ausführung von Dateien in speziellen Analyseumgebungen, bei der Härtung von Clients oder bei der Kapselung von Prozessen eingesetzt werden. — ja tw n

S Vor einer Kaufentscheidung für ein Sicherheitsprodukt SOLLTEN Schutzwirkung und Kompatibilität zur eigenen IT-Umgebung getestet werden. — ja tw n

Notizen:

A15 ENTFALLEN — *Hoch*

OPS.1.1.5 Protokollierung

A1	**Erstellung einer Sicherheitsrichtlinie für die Protokollierung**				*Basis*
	Zuständig: Fachverantwortliche				
M	Ausgehend von der allgemeinen Sicherheitsrichtlinie der Institution MUSS eine spezifische Sicherheitsrichtlinie für die Protokollierung erstellt werden.	ja	tw	n	
M	In dieser Sicherheitsrichtlinie MÜSSEN nachvollziehbar Anforderungen und Vorgaben beschrieben sein, wie die Protokollierung zu planen, aufzubauen und sicher zu betreiben ist.	ja	tw	n	
M	In der spezifischen Sicherheitsrichtlinie MUSS geregelt werden, wie, wo und was zu protokollieren ist.	ja	tw	n	
S	Dabei SOLLTEN sich Art und Umfang der Protokollierung am Schutzbedarf der Informationen orientieren.	ja	tw	n	
M	Die spezifische Sicherheitsrichtlinie MUSS vom ISB gemeinsam mit den Fachverantwortlichen erstellt werden.	ja	tw	n	
M	Sie MUSS allen für die Protokollierung zuständigen Mitarbeitern bekannt und grundlegend für ihre Arbeit sein.	ja	tw	n	
M	Wird die spezifische Sicherheitsrichtlinie verändert oder wird von den Anforderungen abgewichen, MUSS dies mit dem ISB abgestimmt und dokumentiert werden.	ja	tw	n	
M	Es MUSS regelmäßig überprüft werden, ob die spezifische Sicherheitsrichtlinie noch korrekt umgesetzt ist.	ja	tw	n	
M	Die Ergebnisse der Überprüfung MÜSSEN dokumentiert werden.	ja	tw	n	

Notizen:

A2	**ENTFALLEN**				*Basis*
A3	**Konfiguration der Protokollierung auf System- und Netzebene**				*Basis*
	Zuständig: IT-Betrieb				
M	Alle sicherheitsrelevanten Ereignisse von IT-Systemen und Anwendungen MÜSSEN protokolliert werden.	ja	tw	n	
M	Sofern die in der Protokollierungsrichtlinie als relevant definierten IT-Systeme und Anwendungen über eine Protokollierungsfunktion verfügen, MUSS diese benutzt werden.	ja	tw	n	
M	Wenn die Protokollierung eingerichtet wird, MÜSSEN dabei die Herstellervorgaben für die jeweiligen IT-Systeme oder Anwendungen beachtet werden.	ja	tw	n	
M	In angemessenen Intervallen MUSS stichpunktartig überprüft werden, ob die Protokollierung noch korrekt funktioniert.	ja	tw	n	
M	Die Prüfintervalle MÜSSEN in der Protokollierungsrichtlinie definiert werden.	ja	tw	n	
M	Falls betriebs- und sicherheitsrelevante Ereignisse nicht auf einem IT-System protokolliert werden können, MÜSSEN zusätzliche IT-Systeme zur Protokollierung (z.B. von Ereignissen auf Netzebene) integriert werden.	ja	tw	n	

Notizen:

OPS: Betrieb

A4 Zeitsynchronisation der IT-Systeme *Basis*
Zuständig: IT-Betrieb

- M Die Systemzeit aller protokollierenden IT-Systeme und Anwendungen MUSS immer synchron sein. — ja / tw / n
- M Es MUSS sichergestellt sein, dass das Datums- und Zeitformat der Protokolldateien einheitlich ist. — ja / tw / n

Notizen:

A5 Einhaltung rechtlicher Rahmenbedingungen *Basis*
Zuständig: IT-Betrieb

- M Bei der Protokollierung MÜSSEN die Bestimmungen aus den aktuellen Gesetzen zum Bundes- sowie Landesdatenschutz eingehalten werden (siehe CON.2 *Datenschutz*). — ja / tw / n
- M Darüber hinaus MÜSSEN eventuelle Persönlichkeitsrechte bzw. Mitbestimmungsrechte der Mitarbeitervertretungen gewahrt werden. — ja / tw / n
- M Ebenso MUSS sichergestellt sein, dass alle weiteren relevanten gesetzlichen Bestimmungen beachtet werden. — ja / tw / n
- M Protokollierungsdaten MÜSSEN nach einem festgelegten Prozess gelöscht werden. — ja / tw / n
- M Es MUSS technisch unterbunden werden, dass Protokollierungsdaten unkontrolliert gelöscht oder verändert werden. — ja / tw / n

Notizen:

A6 Aufbau einer zentralen Protokollierungsinfrastruktur *Standard*
Zuständig: IT-Betrieb

- S Vor allem in größeren Informationsverbünden SOLLTEN alle gesammelten sicherheitsrelevanten Protokollierungsdaten an einer zentralen Stelle gespeichert werden. — ja / tw / n
- S Dafür SOLLTE eine zentrale Protokollierungsinfrastruktur im Sinne eines Logserver-Verbunds aufgebaut und in einem hierfür eingerichteten Netzsegment platziert werden (siehe NET.1.1 *Netzarchitektur und -design*). — ja / tw / n
- S Zusätzlich zu sicherheitsrelevanten Ereignissen (siehe OPS.1.1.5.A3 *Konfiguration der Protokollierung auf System- und Netzebene*) SOLLTE eine zentrale Protokollierungsinfrastruktur auch allgemeine Betriebsereignisse protokollieren, die auf einen Fehler hindeuten. — ja / tw / n
- S Die Protokollierungsinfrastruktur SOLLTE ausreichend dimensioniert sein. — ja / tw / n
- S Die Möglichkeit einer Skalierung im Sinne einer erweiterten Protokollierung SOLLTE berücksichtigt werden. — ja / tw / n
- S Dafür SOLLTEN genügend technische, finanzielle und personelle Ressourcen verfügbar sein. — ja / tw / n

Notizen:

A7 ENTFALLEN *Standard*

A8 Archivierung von Protokollierungsdaten *Standard*
Zuständig: IT-Betrieb

S	Protokollierungsdaten SOLLTEN archiviert werden.	ja	tw	n
S	Dabei SOLLTEN die gesetzlich vorgeschriebenen Regelungen berücksichtigt werden.	ja	tw	n

Notizen:

A9 Bereitstellung von Protokollierungsdaten für die Auswertung *Standard*
Zuständig: IT-Betrieb

S	Die gesammelten Protokollierungsdaten SOLLTEN gefiltert, normalisiert, aggregiert und korreliert werden.	ja	tw	n
S	Die so bearbeiteten Protokollierungsdaten SOLLTEN geeignet verfügbar gemacht werden, damit sie ausgewertet werden können.	ja	tw	n
S	Damit sich die Daten automatisiert auswerten lassen, SOLLTEN die Protokollanwendungen über entsprechende Schnittstellen für die Auswertungsprogramme verfügen.	ja	tw	n
S	Es SOLLTE sichergestellt sein, dass bei der Auswertung von Protokollierungsdaten die Sicherheitsanforderungen eingehalten werden, die in der Protokollierungsrichtlinie definiert sind.	ja	tw	n
S	Auch wenn die Daten bereitgestellt werden, SOLLTEN betriebliche und interne Vereinbarungen berücksichtigt werden.	ja	tw	n
S	Die Protokollierungsdaten SOLLTEN zusätzlich in unveränderter Originalform aufbewahrt werden.	ja	tw	n

Notizen:

A10 Zugriffsschutz für Protokollierungsdaten *Standard*
Zuständig: IT-Betrieb

S	Es SOLLTE sichergestellt sein, dass die ausführenden Administratoren selbst keine Berechtigung haben, die aufgezeichneten Protokollierungsdaten zu verändern oder zu löschen.	ja	tw	n

Notizen:

A11 Steigerung des Protokollierungsumfangs *Hoch* *C I A*
Verantwortliche Rolle: IT-Betrieb

S	Bei erhöhtem Schutzbedarf von Anwendungen oder IT-Systemen SOLLTEN grundsätzlich mehr Ereignisse protokolliert werden, sodass sicherheitsrelevante Vorfälle möglichst lückenlos nachvollziehbar sind.	ja	tw	n
S	Um die Protokollierungsdaten in Echtzeit auswerten zu können, SOLLTEN sie in verkürzten Zeitabständen von den protokollierenden IT-Systemen und Anwendungen zentral gespeichert werden.	ja	tw	n
S	Die Protokollierung SOLLTE eine Auswertung über den gesamten Informationsverbund ermöglichen.	ja	tw	n
S	Anwendungen und IT-Systeme, mit denen eine zentrale Protokollierung nicht möglich ist, SOLLTEN bei einem erhöhten Schutzbedarf NICHT eingesetzt werden.	ja	tw	n

Notizen:

OPS: Betrieb

A12 Verschlüsselung der Protokollierungsdaten   *Hoch*
Verantwortliche Rolle: IT-Betrieb   **C I**

- S   Um Protokollierungsdaten sicher übertragen zu können, SOLLTEN sie verschlüsselt werden.   ja   tw   n
- S   Alle gespeicherten Protokolle SOLLTEN digital signiert werden.   ja   tw   n
- S   Auch archivierte und außerhalb der Protokollierungsinfrastruktur gespeicherte Protokollierungsdaten SOLLTEN immer verschlüsselt gespeichert werden.   ja   tw   n

Notizen:

A13 Hochverfügbare Protokollierungsinfrastruktur   *Hoch*
Verantwortliche Rolle: IT-Betrieb   **A**

- S   Eine hochverfügbare Protokollierungsinfrastruktur SOLLTE aufgebaut werden.   ja   tw   n

Notizen:

OPS.1.1.6 Software-Tests und -Freigaben

A1 Planung der Software-Tests   *Basis*
Zuständig: IT-Betrieb

- M   Die Rahmenbedingungen für Software-Tests MÜSSEN vor den Tests innerhalb der Institution entsprechend der Schutzbedarfe, Organisationseinheiten, technischen Möglichkeiten und Test-Umgebungen festlegt sein.   ja   tw   n
- M   Die Software MUSS auf Basis der Anforderungen des Anforderungskatalogs zu der Software getestet werden.   ja   tw   n
- M   Liegt auch ein Pflichtenheft vor, dann MUSS dieses zusätzlich berücksichtigt werden.   ja   tw   n
- M   Die Testfälle MÜSSEN so ausgewählt werden, sodass diese möglichst repräsentativ alle Funktionen der Software überprüfen.   ja   tw   n
- S   Zusätzlich SOLLTEN auch Negativ-Tests berücksichtigt werden, die überprüfen, ob die Software keine ungewollten Funktionen enthält.   ja   tw   n
- M   Die Testumgebung MUSS so ausgewählt werden, sodass diese möglichst repräsentativ alle in der Institution eingesetzten Gerätemodelle und Betriebssystemumgebungen abdeckt.   ja   tw   n
- S   Es SOLLTE dabei getestet werden, ob die Software mit den eingesetzten Betriebssystemen in den vorliegenden Konfigurationen kompatibel und funktionsfähig ist.   ja   tw   n

Notizen:

A2 Durchführung von funktionalen Software-Tests   *Basis*
Zuständig: Tester

- M   Mit funktionalen Software-Tests MUSS die ordnungsgemäße und vollständige Funktion der Software überprüft werden.   ja   tw   n
- M   Die funktionalen Software-Tests MÜSSEN so durchgeführt werden, dass sie den Produktivbetrieb nicht beeinflussen.   ja   tw   n

Notizen:

OPS.1.1 Kern-IT-Betrieb

A3 Auswertung der Testergebnisse *Basis*
Zuständig: Tester

M	Die Ergebnisse der Software-Tests MÜSSEN ausgewertet werden.	ja	tw	n
S	Es SOLLTE ein Soll-Ist-Vergleich mit definierten Vorgaben durchgeführt werden.	ja	tw	n
M	Die Auswertung MUSS dokumentiert werden.	ja	tw	n

Notizen:

A4 Freigabe der Software *Basis*
Zuständig: Fachverantwortliche

M	Die fachlich zuständige Organisationseinheit MUSS die Software freigeben, sobald die Software-Tests erfolgreich durchgeführt wurden.	ja	tw	n
M	Die Freigabe MUSS in Form einer Freigabeerklärung dokumentiert werden.	ja	tw	n
M	Die freigebende Organisationseinheit MUSS überprüfen, ob die Software gemäß den Anforderungen getestet wurde.	ja	tw	n
M	Die Ergebnisse der Software-Tests MÜSSEN mit den vorher festgelegten Erwartungen übereinstimmen.	ja	tw	n
M	Auch MUSS überprüft werden, ob die rechtlichen und organisatorischen Vorgaben eingehalten wurden.	ja	tw	n

Notizen:

A5 Durchführung von Software-Tests für nicht funktionale Anforderungen *Basis*
Zuständig: Tester

M	Es MÜSSEN Software-Tests durchgeführt werden, die überprüfen, ob alle wesentlichen nichtfunktionalen Anforderungen erfüllt werden.	ja	tw	n
M	Insbesondere MÜSSEN sicherheitsspezifische Software-Tests durchgeführt werden, wenn die Anwendung sicherheitskritische Funktionen mitbringt.	ja	tw	n
M	Die durchgeführten Testfälle, sowie die Testergebnisse, MÜSSEN dokumentiert werden.	ja	tw	n

Notizen:

A11 Verwendung von anonymisierten oder pseudonymisierten Testdaten *Basis*
Zuständig: Datenschutzbeauftragter, Tester

M	Wenn Produktivdaten für Software-Test verwendet werden, die schützenswerte Informationen enthalten, dann MÜSSEN diese angemessen während der Software-Tests geschützt werden.	ja	tw	n
M	Enthalten diese Daten personenbezogene Informationen, dann MÜSSEN diese Daten anonymisiert werden.	ja	tw	n
M	Wenn ein Personenbezug von den Testdaten abgeleitet werden könnte, MUSS der Datenschutzbeauftragte und unter Umständen die Personalvertretung hinzugezogen werden.	ja	tw	n

Notizen:

OPS: Betrieb

A6 Geordnete Einweisung der Software-Tester *Standard*

Zuständig: Fachverantwortliche

S Die Software-Tester SOLLTEN über die durchzuführenden Testarten und die zu testenden Bereiche einer Software vom IT-Betrieb informiert werden. ja tw n

S Darüber hinaus SOLLTEN die Software-Tester über die Anwendungsfälle und mögliche weitere Anforderungen der Software informiert werden. ja tw n

Notizen:

A7 Personalauswahl der Software-Tester *Standard*

Zuständig: Personalabteilung, Fachverantwortliche

S Bei der Auswahl der Software-Tester SOLLTEN gesonderte Auswahlkriterien berücksichtigt werden. ja tw n

S Die Software-Tester SOLLTEN die erforderliche berufliche Qualifikation haben. ja tw n

S Wird Individualsoftware auf Quellcode-Ebene überprüft, dann SOLLTEN die Tester über ausreichendes Fachwissen über die zu testenden Programmiersprache und der Entwicklungsumgebung verfügen. ja tw n

S Der Quellcode SOLLTE NICHT ausschließlich von Testern überprüft werden, die an der Erstellung des Quellcodes beteiligt waren. ja tw n

Notizen:

A8 ENTFALLEN *Standard*

A9 ENTFALLEN *Standard*

A10 Erstellung eines Abnahmeplans *Standard*

Zuständig: IT-Betrieb

S In einem Abnahmeplan SOLLTEN die durchzuführenden Testarten, Testfälle und die erwarteten Ergebnisse dokumentiert sein. ja tw n

S Außerdem SOLLTE der Abnahmeplan die Freigabekriterien beinhalten. ja tw n

S Es SOLLTE eine Vorgehensweise für die Situation festgelegt werden, wenn eine Freigabe abgelehnt wird. ja tw n

Notizen:

A12 Durchführung von Regressionstests *Standard*

Zuständig: Tester

S Wenn Software verändert wurde, SOLLTEN Regressionstests durchgeführt werden. ja tw n

S Hierbei SOLLTE überprüft werden, ob bisherige bestehende Sicherheitsmechanismen und -einstellungen durch das Update ungewollt verändert wurden. ja tw n

S Regressionstests SOLLTEN vollständig durchgeführt werden und hierbei auch Erweiterungen sowie Hilfsmittel umfassen. ja tw n

S Werden Testfälle ausgelassen, SOLLTE dies begründet und dokumentiert werden. ja tw n

S Die durchgeführten Testfälle und die Testergebnisse SOLLTEN dokumentiert werden. ja tw n

Notizen:

A13 Trennung der Testumgebung von der Produktivumgebung *Standard*
Zuständig: IT-Betrieb

S	Software SOLLTE nur in einer hierfür vorgesehenen Testumgebung getestet werden.	ja	tw	n
S	Die Testumgebung SOLLTE von der Produktivumgebung getrennt betrieben werden.	ja	tw	n
S	Die in der Testumgebung verwendeten Architekturen und Mechanismen SOLLTEN dokumentiert werden.	ja	tw	n
S	Es SOLLTEN Verfahren dokumentiert werden, wie mit der Testumgebung nach Abschluss des Software-Tests zu verfahren ist.	ja	tw	n

Notizen:

A15 Überprüfung der Installation und zugehörigen Dokumentation *Standard*
Zuständig: Tester

S	Die Installation der Software SOLLTE entsprechend der Regelungen zur Installation und Konfiguration von Software (siehe Baustein APP.6 *Allgemeine Software*) überprüft werden.	ja	tw	n
S	Falls vorhanden, SOLLTE zusätzlich die Installations- und Konfigurationsdokumentation geprüft werden.	ja	tw	n

Notizen:

A14 Durchführung von Penetrationstests *Hoch*
Verantwortliche Rolle: Tester **C I A**

S	Für Anwendungen beziehungsweise IT-Systeme mit erhöhtem Schutzbedarf SOLLTEN Penetrationstests als Testmethode durchgeführt werden.	ja	tw	n
S	Ein Konzept für Penetrationstests SOLLTE erstellt werden.	ja	tw	n
S	Im Konzept für Penetrationstests SOLLTEN neben den zu verwendenden Testmethoden auch die Erfolgskriterien dokumentiert werden.	ja	tw	n
S	Der Penetrationstest SOLLTE nach den Rahmenbedingungen des Penetrationstest-Konzepts erfolgen.	ja	tw	n
S	Die durch den Penetrationstest aufgefundenen Sicherheitslücken SOLLTEN klassifiziert und dokumentiert sein.	ja	tw	n

Notizen:

A16 Sicherheitsüberprüfung der Tester *Hoch*
Verantwortliche Rolle: IT-Betrieb **C I A**

S	Sofern Tester auf besonders schützenswerte Informationen zugreifen müssen, SOLLTE die Institution Nachweise über ihre Integrität und Reputation einholen.	ja	tw	n
S	Handelt es sich dabei um klassifizierte Verschlusssachen, SOLLTEN sich die Software-Tester einer Sicherheitsüberprüfung nach dem Sicherheitsüberprüfungsgesetz (SÜG) unterziehen.	ja	tw	n
S	Hierzu SOLLTE der ISB den Geheimschutzbeauftragten bzw. Sicherheitsbevollmächtigten der Institution einbeziehen.	ja	tw	n

Notizen:

OPS: Betrieb

OPS.1.2 Weiterführende Aufgaben

OPS.1.2.2 Archivierung

A1 Ermittlung von Einflussfaktoren für die elektronische Archivierung *Basis*

Zuständig: Fachverantwortliche

- M Bevor entschieden wird, welche Verfahren und Produkte für die elektronische Archivierung eingesetzt werden, MÜSSEN die technischen, rechtlichen und organisatorischen Einflussfaktoren ermittelt und dokumentiert werden. ja tw n
- M Die Ergebnisse MÜSSEN in das Archivierungskonzept einfließen. ja tw n

Notizen:

A2 Entwicklung eines Archivierungskonzepts *Basis*

Zuständig: Fachverantwortliche

- M Es MUSS definiert werden, welche Ziele mit der Archivierung erreicht werden sollen. ja tw n
- M Hierbei MUSS insbesondere berücksichtigt werden, welche Regularien einzuhalten sind, welche Mitarbeiter verantwortlich sind und welcher Funktions- und Leistungsumfang angestrebt wird. ja tw n
- M Die Ergebnisse MÜSSEN in einem Archivierungskonzept erfasst werden. ja tw n
- M Die Institutionsleitung MUSS in diesen Prozess einbezogen werden. ja tw n
- M Das Archivierungskonzept MUSS regelmäßig an die aktuellen Gegebenheiten der Institution angepasst werden. ja tw n

Notizen:

A3 Geeignete Aufstellung von Archivsystemen und Lagerung von Archivmedien *Basis*

Zuständig: IT-Betrieb

- M Die IT-Komponenten eines Archivsystems MÜSSEN in gesicherten Räumen aufgestellt werden. ja tw n
- M Es MUSS sichergestellt sein, dass nur berechtigte Personen die Räume betreten dürfen. ja tw n
- M Archivspeichermedien MÜSSEN geeignet gelagert werden. ja tw n

Notizen:

A4 Konsistente Indizierung von Daten bei der Archivierung *Basis*

Zuständig: IT-Betrieb, Benutzer

- M Alle in einem Archiv abgelegten Daten, Dokumente und Datensätze MÜSSEN eindeutig indiziert werden. ja tw n
- M Dazu MUSS bereits während der Konzeption festgelegt werden, welche Struktur und welchen Umfang die Indexangaben für ein Archiv haben sollen. ja tw n

Notizen:

A5 Regelmäßige Aufbereitung von archivierten Datenbeständen *Basis*

Zuständig: IT-Betrieb

M Über den gesamten Archivierungszeitraum hinweg MUSS sichergestellt werden, dass   ja tw n
- das verwendete Datenformat von den benutzten Anwendungen verarbeitet werden kann,
- die gespeicherten Daten auch zukünftig lesbar und so reproduzierbar sind, dass Semantik und Beweiskraft beibehalten werden,
- das benutzte Dateisystem auf dem Speichermedium von allen beteiligten Komponenten verarbeitet werden kann,
- die Speichermedien jederzeit technisch einwandfrei gelesen werden können sowie
- die verwendeten kryptografischen Verfahren zur Verschlüsselung und zum Beweiswerterhalt mittels digitaler Signatur, Siegel, Zeitstempel oder technischen Beweisdaten (Evidence Records) dem Stand der Technik entsprechen.

Notizen:

A6 Schutz der Integrität der Indexdatenbank von Archivsystemen *Basis*

Zuständig: IT-Betrieb

M	Die Integrität der Indexdatenbank MUSS sichergestellt und überprüfbar sein.	ja	tw	n
M	Außerdem MUSS die Indexdatenbank regelmäßig gesichert werden.	ja	tw	n
M	Die Datensicherungen MÜSSEN wiederherstellbar sein.	ja	tw	n
S	Mittlere und große Archive SOLLTEN über redundante Indexdatenbanken verfügen.	ja	tw	n

Notizen:

A7 Regelmäßige Datensicherung der System- und Archivdaten *Basis*

Zuständig: IT-Betrieb

M Alle Archivdaten, die zugehörigen Indexdatenbanken sowie die Systemdaten MÜSSEN regelmäßig gesichert werden (siehe CON.3 *Datensicherungskonzept*).   ja tw n

Notizen:

A8 Protokollierung der Archivzugriffe *Basis*

Zuständig: IT-Betrieb

M	Alle Zugriffe auf elektronische Archive MÜSSEN protokolliert werden.	ja	tw	n
S	Dafür SOLLTEN Datum, Uhrzeit, Benutzer, Client und die ausgeführten Aktionen sowie Fehlermeldungen aufgezeichnet werden.	ja	tw	n
S	Im Archivierungskonzept SOLLTE festgelegt werden, wie lange die Protokolldaten aufbewahrt werden.	ja	tw	n
S	Die Protokolldaten der Archivzugriffe SOLLTEN regelmäßig ausgewertet werden.	ja	tw	n
S	Dabei SOLLTEN die institutionsinternen Vorgaben beachtet werden.	ja	tw	n
S	Auch SOLLTE definiert sein, welche Ereignisse welchen Mitarbeitern angezeigt werden, wie z.B. Systemfehler, Timeouts oder wenn Datensätze kopiert werden.	ja	tw	n
S	Kritische Ereignisse SOLLTEN sofort nach der Erkennung geprüft und, falls nötig, weiter eskaliert werden.	ja	tw	n

Notizen:

OPS: Betrieb

A9 Auswahl geeigneter Datenformate für die Archivierung von Dokumenten *Basis*

Zuständig: IT-Betrieb

M	Für die Archivierung MUSS ein geeignetes Datenformat ausgewählt werden.	ja	tw	n
M	Es MUSS gewährleisten, dass sich Archivdaten sowie ausgewählte Merkmale des ursprünglichen Dokumentmediums langfristig und originalgetreu reproduzieren lassen.	ja	tw	n
M	Die Dokumentstruktur des ausgewählten Datenformats MUSS eindeutig interpretierbar und elektronisch verarbeitbar sein.	ja	tw	n
S	Die Syntax und Semantik der verwendeten Datenformate SOLLTE dokumentiert und von einer Standardisierungsorganisation veröffentlicht sein.	ja	tw	n
S	Es SOLLTE für eine beweis- und revisionssichere Archivierung ein verlustfreies Bildkompressionsverfahren benutzt werden.	ja	tw	n

Notizen:

A10 Erstellung einer Richtlinie für die Nutzung von Archivsystemen *Standard*

Zuständig: IT-Betrieb

S	Es SOLLTE sichergestellt werden, dass Mitarbeiter das Archivsystem so benutzen, wie es im Archivierungskonzept vorgesehen ist.	ja	tw	n
S	Dazu SOLLTE eine Administrations- und eine Benutzerrichtlinie erstellt werden.	ja	tw	n
S	Die Administrationsrichtlinie SOLLTE folgende Punkte enthalten: • Festlegung der Verantwortung für Betrieb und Administration, • Vereinbarungen über Leistungsparameter beim Betrieb (u.a. Service Level Agreements), • Modalitäten der Vergabe von Zutritts- und Zugriffsrechten, • Modalitäten der Vergabe von Zugangsrechten zu den vom Archiv bereitgestellten Diensten, • Regelungen zum Umgang mit archivierten Daten und Archivmedien, • Überwachung des Archivsystems und der Umgebungsbedingungen, • Regelungen zur Datensicherung, • Regelungen zur Protokollierung sowie • Trennung von Produzenten und Konsumenten (OAIS-Modell).	ja	tw	n

Notizen:

A11 Einweisung in die Administration und Bedienung des Archivsystems *Standard*

Zuständig: IT-Betrieb, Benutzer

S	Die verantwortlichen Mitarbeiter des IT-Betriebs und die Benutzer SOLLTEN für ihren Aufgabenbereich geschult werden.	ja	tw	n
S	Die Schulung der Mitarbeiter des IT-Betriebs SOLLTE folgende Themen umfassen: • Systemarchitektur und Sicherheitsmechanismen des verwendeten Archivsystems und des darunterliegenden Betriebssystems, • Installation und Bedienung des Archivsystems und Umgang mit Archivmedien, • Dokumentation der Administrationstätigkeiten sowie • Eskalationsprozeduren.	ja	tw	n
S	Die Schulung der Benutzer SOLLTE folgende Themen umfassen: • Umgang mit dem Archivsystem, • Bedienung des Archivsystems sowie • rechtliche Rahmenbedingungen der Archivierung.	ja	tw	n
S	Die Durchführung der Schulungen sowie die Teilnahme SOLLTEN dokumentiert werden.	ja	tw	n

Notizen:

A12 Überwachung der Speicherressourcen von Archivmedien *Standard*
Zuständig: IT-Betrieb

S	Die auf den Archivmedien vorhandene freie Speicherkapazität SOLLTE kontinuierlich überwacht werden.	ja	tw	n
M	Sobald ein definierter Grenzwert unterschritten wird, MUSS ein zuständiger Mitarbeiter automatisch alarmiert werden.	ja	tw	n
S	Die Alarmierung SOLLTE rollenbezogen erfolgen.	ja	tw	n
M	Es MÜSSEN immer ausreichend leere Archivmedien verfügbar sein, um Speicherengpässen schnell vorbeugen zu können.	ja	tw	n

Notizen:

A13 Regelmäßige Revision der Archivierungsprozesse *Standard*
Zuständig: Fachverantwortliche

S	Es SOLLTE regelmäßig überprüft werden, ob die Archivierungsprozesse noch korrekt und ordnungsgemäß funktionieren.	ja	tw	n
S	Dazu SOLLTE eine Checkliste erstellt werden, die Fragen zu Verantwortlichkeiten, Organisationsprozessen, zum Einsatz der Archivierung, zur Redundanz der Archivdaten, zur Administration und zur technischen Beurteilung des Archivsystems enthält.	ja	tw	n
S	Die Auditergebnisse SOLLTEN nachvollziehbar dokumentiert und mit dem Soll-Zustand abgeglichen werden.	ja	tw	n
S	Abweichungen SOLLTE nachgegangen werden.	ja	tw	n

Notizen:

A14 Regelmäßige Beobachtung des Marktes für Archivsysteme *Standard*
Zuständig: IT-Betrieb

S	Der Markt für Archivsysteme SOLLTE regelmäßig und systematisch beobachtet werden.	ja	tw	n
S	Dabei SOLLTEN unter anderem folgende Kriterien beobachtet werden: • Veränderungen bei Standards, • Wechsel der Technik bei Herstellern von Hard- und Software, • veröffentlichte Sicherheitslücken oder Schwachstellen sowie • der Verlust der Sicherheitseignung bei kryptografischen Algorithmen.	ja	tw	n

Notizen:

A15 Regelmäßige Aufbereitung von kryptografisch gesicherten Daten bei der Archivierung *Standard*
Zuständig: IT-Betrieb

S	Es SOLLTE kontinuierlich beobachtet werden, wie sich das Gebiet der Kryptografie entwickelt, um beurteilen zu können, ob ein Algorithmus weiterhin zuverlässig und ausreichend sicher ist (siehe auch OPS.1.2.2.A20 *Geeigneter Einsatz kryptografischer Verfahren bei der Archivierung*).	ja	tw	n
S	Archivdaten, die mit kryptografischen Verfahren gesichert wurden, die sich in absehbarer Zeit nicht mehr zur Sicherung eignen werden, SOLLTEN rechtzeitig mit geeigneten Verfahren neu gesichert werden.	ja	tw	n

Notizen:

OPS: Betrieb

A16 Regelmäßige Erneuerung technischer Archivsystem-Komponenten *Standard*

Zuständig: IT-Betrieb

S	Archivsysteme SOLLTEN über lange Zeiträume auf dem aktuellen technischen Stand gehalten werden.	ja tw n
S	Neue Hard- und Software SOLLTE vor der Installation in einem laufenden Archivsystem ausführlich getestet werden.	ja tw n
S	Wenn neue Komponenten in Betrieb genommen oder neue Dateiformate eingeführt werden, SOLLTE ein Migrationskonzept erstellt werden.	ja tw n
S	Darin SOLLTEN alle Änderungen, Tests und erwarteten Testergebnisse beschrieben sein.	ja tw n
S	Die Konvertierung der einzelnen Daten SOLLTE dokumentiert werden (Transfervermerk).	ja tw n
S	Wenn Archivdaten in neue Formate konvertiert werden, SOLLTE geprüft werden, ob die Daten aufgrund rechtlicher Anforderungen zusätzlich in ihren ursprünglichen Formaten zu archivieren sind.	ja tw n

Notizen:

A17 Auswahl eines geeigneten Archivsystems *Standard*

Zuständig: IT-Betrieb

S	Ein neues Archivsystem SOLLTE immer auf Basis der im Archivierungskonzept beschriebenen Vorgaben ausgewählt werden.	ja tw n
S	Es SOLLTE die dort formulierten Anforderungen erfüllen.	ja tw n

Notizen:

A18 Verwendung geeigneter Archivmedien *Standard*

Zuständig: IT-Betrieb

S	Für die Archivierung SOLLTEN geeignete Medien ausgewählt und benutzt werden.	ja tw n
S	Dabei SOLLTEN folgende Aspekte berücksichtigt werden: • das zu archivierende Datenvolumen, • die mittleren Zugriffszeiten sowie • die mittleren gleichzeitigen Zugriffe auf das Archivsystem.	ja tw n
S	Ebenfalls SOLLTEN die Archivmedien die Anforderungen an eine Langzeitarchivierung hinsichtlich Revisionssicherheit und Lebensdauer erfüllen.	ja tw n

Notizen:

A19 Regelmäßige Funktions- und Recoverytests bei der Archivierung *Standard*
Zuständig: IT-Betrieb

- S Für die Archivierung SOLLTEN regelmäßige Funktions- und Recoverytests durchgeführt werden.   ja   tw   n
- S Die Archivierungsdatenträger SOLLTEN mindestens einmal jährlich daraufhin überprüft werden, ob sie noch lesbar und integer sind.   ja   tw   n
- S Für die Fehlerbehebung SOLLTEN geeignete Prozesse definiert werden.   ja   tw   n
- S Weiterhin SOLLTEN die Hardwarekomponenten des Archivsystems regelmäßig auf ihre einwandfreie Funktion hin geprüft werden.   ja   tw   n
- S Es SOLLTE regelmäßig geprüft werden, ob alle Archivierungsprozesse fehlerfrei funktionieren.   ja   tw   n

Notizen:

A20 Geeigneter Einsatz kryptografischer Verfahren bei der Archivierung *Hoch*
Verantwortliche Rolle: IT-Betrieb   **C I**

- S Um lange Aufbewahrungsfristen abdecken zu können, SOLLTEN Archivdaten nur mit kryptografischen Verfahren auf Basis aktueller Standards und Normen gesichert werden.   ja   tw   n

Notizen:

A21 Übertragung von Papierdaten in elektronische Archive *Hoch*
Verantwortliche Rolle: Fachverantwortliche   **C I**

- S Werden z.B. Dokumente auf Papier digitalisiert und in ein elektronisches Archiv überführt, SOLLTE sichergestellt werden, dass die digitale Kopie mit dem Originaldokument bildlich und inhaltlich übereinstimmt.   ja   tw   n

Notizen:

OPS.1.2.3 ENTFALLEN, siehe CON.9

OPS.1.2.4 Telearbeit

A1 Regelungen für Telearbeit *Basis*
Zuständig: Vorgesetzte, Personalabteilung

- M Alle relevanten Aspekte der Telearbeit MÜSSEN geregelt werden.   ja   tw   n
- M Zu Informationszwecken MÜSSEN den Telearbeitern die geltenden Regelungen oder ein dafür vorgesehenes Merkblatt ausgehändigt werden, das die zu beachtenden Sicherheitsmaßnahmen erläutert.   ja   tw   n
- M Alle strittigen Punkte MÜSSEN entweder durch Betriebsvereinbarungen oder durch zusätzlich zum Arbeitsvertrag getroffene individuelle Vereinbarungen zwischen dem Mitarbeiter und Arbeitgeber geregelt werden.   ja   tw   n
- M Die Regelungen MÜSSEN regelmäßig aktualisiert werden.   ja   tw   n

Notizen:

OPS: Betrieb

A2 Sicherheitstechnische Anforderungen an den Telearbeitsrechner *Basis*

Zuständig: Informationssicherheitsbeauftragter (ISB)

M	Es MÜSSEN sicherheitstechnische Anforderungen festgelegt werden, die ein IT-System für die Telearbeit erfüllen muss.	ja	tw	n
M	Es MUSS sichergestellt werden, dass nur autorisierte Personen Zugang zu den Telearbeitsrechnern haben.	ja	tw	n
M	Darüber hinaus MUSS der Telearbeitsrechner so abgesichert werden, dass er nur für autorisierte Zwecke benutzt werden kann.	ja	tw	n

Notizen:

A3 ENTFALLEN *Basis*

A4 ENTFALLEN *Basis*

A5 Sensibilisierung und Schulung der Mitarbeiter *Basis*

Zuständig: Informationssicherheitsbeauftragter (ISB)

M	Anhand eines Leitfadens MÜSSEN die Mitarbeiter für die Gefahren sensibilisiert werden, die mit der Telearbeit verbunden sind.	ja	tw	n
M	Außerdem MÜSSEN sie in die entsprechenden Sicherheitsmaßnahmen der Institution eingewiesen und im Umgang mit diesen geschult werden.	ja	tw	n
S	Die Schulungs- und Sensibilisierungsmaßnahmen für Mitarbeiter SOLLTEN regelmäßig wiederholt werden.	ja	tw	n

Notizen:

A6 Erstellen eines Sicherheitskonzeptes für Telearbeit *Standard*

Zuständig: Informationssicherheitsbeauftragter (ISB)

S	Es SOLLTE ein Sicherheitskonzept für die Telearbeit erstellt werden, das Sicherheitsziele, Schutzbedarf, Sicherheitsanforderungen sowie Risiken beschreibt.	ja	tw	n
S	Das Konzept SOLLTE regelmäßig aktualisiert und überarbeitet werden.	ja	tw	n
S	Das Sicherheitskonzept zur Telearbeit SOLLTE auf das übergreifende Sicherheitskonzept der Institution abgestimmt werden.	ja	tw	n

Notizen:

A7 Regelung der Nutzung von Kommunikationsmöglichkeiten bei Telearbeit *Standard*

Zuständig: IT-Betrieb, Mitarbeiter

S	Es SOLLTE klar geregelt werden, welche Kommunikationsmöglichkeiten bei der Telearbeit unter welchen Rahmenbedingungen genutzt werden dürfen.	ja	tw	n
S	Die dienstliche und private Nutzung von Internetdiensten bei der Telearbeit SOLLTE geregelt werden.	ja	tw	n
S	Dabei SOLLTE auch geklärt werden, ob eine private Nutzung generell erlaubt oder unterbunden wird.	ja	tw	n

Notizen:

A8 Informationsfluss zwischen Mitarbeiter und Institution *Standard*

Zuständig: Vorgesetzte, Mitarbeiter

S	Ein regelmäßiger innerbetrieblicher Informationsaustausch zwischen den Mitarbeitern und der Institution SOLLTE gewährleistet sein.	ja	tw	n
S	Alle Mitarbeiter SOLLTEN zeitnah über geänderte Sicherheitsanforderungen und andere sicherheitsrelevante Aspekte informiert werden.	ja	tw	n
S	Allen Kollegen des jeweiligen Mitarbeiters SOLLTE bekannt sein, wann und wo dieser erreicht werden kann.	ja	tw	n
S	Technische und organisatorische Telearbeitsregelungen zur Aufgabenbewältigung, zu Sicherheitsvorfällen und sonstigen Problemen SOLLTEN geregelt und an den Mitarbeiter kommuniziert werden.	ja	tw	n

Notizen:

A9 Betreuungs- und Wartungskonzept für Telearbeitsplätze *Standard*

Zuständig: IT-Betrieb, Mitarbeiter

S	Für Telearbeitsplätze SOLLTE ein spezielles Betreuungs- und Wartungskonzept erstellt werden.	ja	tw	n
S	Darin SOLLTEN folgende Aspekte geregelt werden: Ansprechpartner für den Benutzerservice, Wartungstermine, Fernwartung, Transport der IT-Geräte und Einführung von Standard-Telearbeitsrechnern.	ja	tw	n
S	Damit die Mitarbeiter einsatzfähig bleiben, SOLLTEN für sie Ansprechpartner für Hard- und Softwareprobleme benannt werden.	ja	tw	n

Notizen:

A10 Durchführung einer Anforderungsanalyse für den Telearbeitsplatz *Standard*

Zuständig: IT-Betrieb

S	Bevor ein Telearbeitsplatz eingerichtet wird, SOLLTE eine Anforderungsanalyse durchgeführt werden.	ja	tw	n
S	Daraus SOLLTE z.B. hervorgehen, welche Hard- und Software-Komponenten für den Telearbeitsplatz benötigt werden.	ja	tw	n
S	Die Anforderungen an den jeweiligen Telearbeitsplatz SOLLTEN mit den IT-Verantwortlichen abgestimmt werden.	ja	tw	n
S	Es SOLLTE immer festgestellt und dokumentiert werden, welchen Schutzbedarf die am Telearbeitsplatz verarbeiteten Informationen haben.	ja	tw	n

Notizen:

OPS.1.2.5 Fernwartung

A1 Planung des Einsatzes der Fernwartung *Basis*
Zuständig: IT-Betrieb

M	Der Einsatz der Fernwartung MUSS an die Institution angepasst werden.	ja tw n
M	Die Fernwartung MUSS hinsichtlich technischer und organisatorischer Aspekte bedarfsgerecht geplant werden.	ja tw n
M	Dabei MUSS mindestens berücksichtigt werden, welche IT-Systeme ferngewartet werden sollen und wer dafür zuständig ist.	ja tw n

Notizen:

A2 Sicherer Verbindungsaufbau bei der Fernwartung von Clients *Basis*
Zuständig: Benutzer

M	Wird per Fernwartung auf Clients zugegriffen, MUSS der Benutzer des IT-Systems diesem Zugriff explizit zustimmen.	ja tw n

Notizen:

A3 Absicherung der Schnittstellen zur Fernwartung *Basis*
Zuständig: IT-Betrieb

M	Die möglichen Zugänge und Kommunikationsverbindungen für die Fernwartung MÜSSEN auf das notwendige Maß beschränkt werden.	ja tw n
M	Alle Fernwartungsverbindungen MÜSSEN nach dem Fernzugriff getrennt werden.	ja tw n
M	Es MUSS sichergestellt werden, dass Fernwartungssoftware nur auf IT-Systemen installiert ist, auf denen sie benötigt wird.	ja tw n
M	Fernwartungsverbindungen über nicht vertrauenswürdige Netze MÜSSEN verschlüsselt werden.	ja tw n
S	Alle anderen Fernwartungsverbindungen SOLLTEN verschlüsselt werden.	ja tw n

Notizen:

A4 ENTFALLEN *Basis*

A5 Einsatz von Online-Diensten *Standard*
Zuständig: Benutzer

S	Die Institution SOLLTE festlegen, unter welchen Umständen Online-Dienste zur Fernwartung genutzt werden dürfen, bei denen die Verbindung über einen externen Dienstleister hergestellt wird.	ja tw n
S	Der Einsatz solcher Dienste SOLLTE generell auf möglichst wenige Fälle beschränkt werden.	ja tw n
S	Die IT-Systeme SOLLTEN keine automatisierten Verbindungen zum Online-Dienst aufbauen.	ja tw n
S	Es SOLLTE sichergestellt werden, dass der eingesetzte Online-Dienst die übertragenen Informationen Ende-zu-Ende-verschlüsselt.	ja tw n

Notizen:

A6 Erstellung einer Richtlinie für die Fernwartung *Standard*
Zuständig: IT-Betrieb

- S Die Institution SOLLTE eine Richtlinie zur Fernwartung erstellen, in der alle relevanten Regelungen zur Fernwartung dokumentiert werden. — ja / tw / n
- S Die Richtlinie SOLLTE allen Verantwortlichen bekannt sein, die an der Konzeption, dem Aufbau und dem Betrieb der Fernwartung beteiligt sind. — ja / tw / n

Notizen:

A7 Dokumentation bei der Fernwartung *Standard*
Zuständig: IT-Betrieb

- S Die Fernwartung SOLLTE geeignet dokumentiert werden. — ja / tw / n
- S Aus der Dokumentation SOLLTE hervorgehen, welche Fernwartungszugänge existieren und ob diese aktiviert sind. — ja / tw / n
- S Die Dokumente SOLLTEN an geeigneten Orten und vor unberechtigtem Zugriff geschützt abgelegt werden. — ja / tw / n
- S Die Dokumente SOLLTEN im Rahmen des Notfallmanagements zur Verfügung stehen. — ja / tw / n

Notizen:

A8 Sichere Protokolle bei der Fernwartung *Standard*
Zuständig: IT-Betrieb

- S Nur als sicher eingestufte Kommunikationsprotokolle SOLLTEN eingesetzt werden. — ja / tw / n
- S Dafür SOLLTEN sichere kryptografische Verfahren eingesetzt werden. — ja / tw / n
- S Die Stärke der verwendeten kryptografischen Verfahren und Schlüssel SOLLTE regelmäßig überprüft und bei Bedarf angepasst werden. — ja / tw / n
- S Wird auf die Fernwartungszugänge von IT-Systemen im internen Netz über ein öffentliches Datennetz zugegriffen, SOLLTE ein abgesichertes Virtuelles Privates Netz (VPN) genutzt werden. — ja / tw / n

Notizen:

A9 Auswahl und Beschaffung geeigneter Fernwartungswerkzeuge *Standard*
Zuständig: IT-Betrieb

- S Die Auswahl geeigneter Fernwartungswerkzeuge SOLLTE sich aus den betrieblichen, sicherheitstechnischen und datenschutzrechtlichen Anforderungen der Institution ergeben. — ja / tw / n
- S Alle Beschaffungsentscheidungen SOLLTEN mit dem System- und Anwendungsverantwortlichen sowie dem Informationssicherheitsbeauftragten abgestimmt werden. — ja / tw / n

Notizen:

OPS: Betrieb

A10	**Verwaltung der Fernwartungswerkzeuge**		*Standard*
	Zuständig: Benutzer		
S	Organisatorische Verwaltungsprozesse zum Umgang mit den ausgewählten Werkzeugen SOLLTEN etabliert werden.		ja tw n
S	Es SOLLTE eine Bedienungsanleitung für den Umgang mit den Fernwartungswerkzeugen vorliegen.		ja tw n
S	Ergänzend zu den allgemeinen Schulungsmaßnahmen SOLLTEN Musterabläufe für die passive und die aktive Fernwartung erstellt und kommuniziert werden.		ja tw n
S	Zusätzlich zu den allgemeinen Schulungsmaßnahmen SOLLTE der IT-Betrieb besonders im Umgang mit den Fernwartungswerkzeugen sensibilisiert und geschult werden.		ja tw n
S	Es SOLLTE ein Ansprechpartner für alle fachlichen Fragen zu den Fernwartungswerkzeugen benannt werden.		ja tw n

Notizen:

A11	**ENTFALLEN**	*Standard*
A12	**ENTFALLEN**	*Standard*
A13	**ENTFALLEN**	*Standard*
A15	**ENTFALLEN**	*Standard*
A16	**ENTFALLEN**	*Standard*

A17	**Authentisierungsmechanismen bei der Fernwartung**		*Standard*
	Zuständig: IT-Betrieb		
S	Für die Fernwartung SOLLTEN Mehr-Faktor-Verfahren zur Authentisierung eingesetzt werden.		ja tw n
S	Die Auswahl der Authentisierungsmethode und die Gründe, die zu der Auswahl geführt haben, SOLLTEN dokumentiert werden.		ja tw n
S	Fernwartungszugänge SOLLTEN im Identitäts- und Berechtigungsmanagement der Institution berücksichtigt werden.		ja tw n

Notizen:

A18	**ENTFALLEN**	*Standard*

A19 Fernwartung durch Dritte *Standard*
Zuständig: IT-Betrieb

S	Wird die Fernwartung von Externen durchgeführt, SOLLTEN alle Aktivitäten von internen Mitarbeitern beobachtet werden.	ja	tw	n
S	Alle Fernwartungsvorgänge durch Dritte SOLLTEN aufgezeichnet werden.	ja	tw	n
M	Mit externem Wartungspersonal MÜSSEN vertragliche Regelungen über die Sicherheit der betroffenen IT-Systeme und Informationen geschlossen werden.	ja	tw	n
M	Sollte der Dienstleister mehrere Kunden fernwarten, MUSS gewährleistet sein, dass die Netze seiner Kunden nicht miteinander verbunden werden.	ja	tw	n
S	Die Pflichten und Kompetenzen des externen Wartungspersonals SOLLTEN vertraglich festgehalten werden.	ja	tw	n
S	Die Fernwartungsschnittstellen SOLLTEN so konfiguriert sein, dass es dem Dienstleister nur möglich ist, auf die IT-Systeme und Netzsegmente zuzugreifen, die für seine Arbeit benötigt werden.	ja	tw	n

Notizen:

A20 Betrieb der Fernwartung *Standard*
Zuständig: IT-Betrieb

S	Ein Meldeprozess für Support- und Fernwartungsanliegen SOLLTE etabliert werden.	ja	tw	n
S	Es SOLLTEN Mechanismen zur Erkennung und Abwehr von hochvolumigen Angriffen, TCP-State-Exhaustion-Angriffen und Angriffen auf Applikationsebene implementiert sein.	ja	tw	n
S	Alle Fernwartungsvorgänge SOLLTEN protokolliert werden.	ja	tw	n

Notizen:

A21 Erstellung eines Notfallplans für den Ausfall der Fernwartung *Standard*
Zuständig: IT-Betrieb

S	Es SOLLTE ein Konzept entwickelt werden, wie die Folgen eines Ausfalls von Fernwartungskomponenten minimiert werden können.	ja	tw	n
S	Dieses SOLLTE festhalten, wie im Falle eines Ausfalls zu reagieren ist.	ja	tw	n
S	Durch den Notfallplan SOLLTE sichergestellt sein, dass Störungen, Schäden und Folgeschäden minimiert werden.	ja	tw	n
S	Außerdem SOLLTE festgelegt werden, wie eine zeitnahe Wiederherstellung des Normalbetriebs erfolgen kann.	ja	tw	n

Notizen:

A24 Absicherung integrierter Fernwartungssysteme — *Standard*

Zuständig: IT-Betrieb

- S Bei der Beschaffung von neuen IT-Systemen SOLLTE geprüft werden, ob diese IT-Systeme oder einzelne Komponenten der IT-Systeme über Funktionen zur Fernwartung verfügen. — ja / tw / n
- S Werden diese Funktionen nicht verwendet, SOLLTEN sie deaktiviert werden. — ja / tw / n
- S Die Funktionen SOLLTEN ebenfalls deaktiviert werden, wenn sie durch bekannte Sicherheitslücken gefährdet sind. — ja / tw / n
- S Werden Fernwartungsfunktionen verwendet, die in die Firmware einzelner Komponenten integriert sind, SOLLTEN deren Funktionen und der Zugriff darauf so weit wie möglich eingeschränkt werden. — ja / tw / n
- S Die IT-Systeme SOLLTEN nur aus einem getrennten Management-Netz erreichbar sein. — ja / tw / n

Notizen:

A25 Entkopplung der Netzmanagement-Kommunikation bei der Fernwartung — *Standard*

Zuständig: IT-Betrieb

- S Direkte Fernwartungs-Zugriffe eines Administrators von einem Fernwartungs-Client außerhalb der Managementnetze Netze auf ein IT-System SOLLTEN vermieden werden. — ja / tw / n
- S Ist ein solcher Zugriff notwendig, SOLLTE die Kommunikation entkoppelt werden. — ja / tw / n
- S Dazu SOLLTEN Sprungserver verwendet werden. — ja / tw / n

Notizen:

A14 Dedizierte Clients bei der Fernwartung — *Hoch* C I A

Verantwortliche Rolle: IT-Betrieb

- S Zur Fernwartung SOLLTEN IT-Systeme eingesetzt werden, die ausschließlich zur Administration von anderen IT-Systemen dienen. — ja / tw / n
- S Alle weiteren Funktionen auf diesen IT-Systemen SOLLTEN deaktiviert werden. — ja / tw / n

Notizen:

A22 Redundante Kommunikationsverbindungen — *Hoch* A

Verantwortliche Rolle: IT-Betrieb

- S Für Fernwartungszugänge SOLLTEN redundante Kommunikationsverbindungen eingerichtet werden. — ja / tw / n
- S Die Institution SOLLTE Anbindungen zum Out-Of-Band-Management vorhalten. — ja / tw / n

Notizen:

A23 ENTFALLEN — *Hoch*

OPS.2 Betrieb von Dritten

OPS.2.1 Outsourcing für Kunden

A1 Festlegung der Sicherheitsanforderungen für Outsourcing-Vorhaben *Basis*
Zuständig: IT-Betrieb

M Alle Sicherheitsanforderungen für ein Outsourcing-Vorhaben MÜSSEN auf Basis einer Strategie zum Outsourcing festgelegt sein Beide Outsourcing-Parteien MÜSSEN sich vertraglich dazu verpflichten, den IT-Grundschutz oder ein vergleichbares Schutzniveau einzuhalten.   ja   tw   n

M Alle Schnittstellen zwischen dem Outsourcing-Dienstleister und -Kunden MÜSSEN identifiziert und entsprechende Sicherheitsanforderungen definiert werden.   ja   tw   n

M In den Sicherheitsanforderungen MUSS festgelegt sein, welche Berechtigungen wie Zutritts-, Zugangs- und Zugriffsrechte jeweils gegenseitig eingerichtet werden.   ja   tw   n

Notizen:

A2 Rechtzeitige Beteiligung der Personalvertretung *Standard*
Zuständig: Zentrale Verwaltung

S Die Personalvertretung SOLLTE rechtzeitig über ein Outsourcing-Vorhaben informiert werden.   ja   tw   n

S Die Personalvertretung SOLLTE schon in der Angebotsphase beteiligt werden.   ja   tw   n

S Je nach Outsourcing-Vorhaben SOLLTEN die gesetzlichen Mitwirkungsrechte beachtet werden.   ja   tw   n

Notizen:

A3 Auswahl eines geeigneten Outsourcing-Dienstleisters *Standard*
Zuständig: IT-Betrieb

S Für die Auswahl des Outsourcing-Dienstleisters SOLLTE ein Anforderungsprofil mit den Sicherheitsanforderungen an das Outsourcing-Vorhaben erstellt werden.   ja   tw   n

S Außerdem SOLLTEN Bewertungskriterien für den Outsourcing-Dienstleister und dessen Personal vorliegen.   ja   tw   n

S Diese SOLLTEN auf dem Anforderungsprofil basieren.   ja   tw   n

Notizen:

OPS: Betrieb

A4 Vertragsgestaltung mit dem Outsourcing-Dienstleister *Standard*

Zuständig: IT-Betrieb

		ja	tw	n
S	Alle Aspekte des Outsourcing-Vorhabens SOLLTEN mit dem Outsourcing-Dienstleister schriftlich geregelt sein.			
S	Außerdem SOLLTEN mit dem Outsourcing-Dienstleister alle Rollen und Mitwirkungspflichten zur Erstellung, Prüfung und Änderung des Sicherheitskonzepts geregelt sein, z.B. wenn Personal wechselt.			
S	Die Rechte und Pflichten der Vertragsparteien SOLLTEN schriftlich geregelt sein.			
S	Um die Anforderungen regelmäßig überprüfen zu können, SOLLTE der Outsourcing-Dienstleister dem Outsourcing-Kunden Audits ermöglichen.			

Notizen:

A5 Festlegung einer Strategie zum Outsourcing *Standard*

Zuständig: IT-Betrieb

		ja	tw	n
S	Es SOLLTE eine Strategie zum Outsourcing festgelegt werden.			
S	Diese SOLLTE neben den wirtschaftlichen, technischen, organisatorischen und rechtlichen Rahmenbedingungen auch die relevanten Aspekte für Informationssicherheit berücksichtigen.			
S	Es SOLLTE geklärt werden, welche Geschäftsprozesse, Aufgaben oder Anwendungen generell für ein Outsourcing in Frage kommen.			
S	Der Outsourcing-Kunde SOLLTE ausreichende Fähigkeiten, Kompetenzen und Ressourcen bei sich behalten, um die Anforderungen an die Informationssicherheit bei jedem Outsourcing-Vorhaben selbst bestimmen und kontrollieren zu können.			
S	In der Strategie zum Outsourcing SOLLTEN die Ziele, Chancen und Risiken des Outsourcing-Vorhabens beschrieben werden.			

Notizen:

A6 Erstellung eines Sicherheitskonzepts für das Outsourcing-Vorhaben *Standard*

Zuständig: Fachverantwortliche

		ja	tw	n
S	Der Outsourcing-Kunde SOLLTE für jedes Outsourcing-Vorhaben ein Sicherheitskonzept basierend auf den zugehörigen Sicherheitsanforderungen erstellen.			
S	Ebenso SOLLTE jeder Outsourcing-Dienstleister ein individuelles Sicherheitskonzept für das jeweilige Outsourcing-Vorhaben vorlegen.			
S	Beide Sicherheitskonzepte SOLLTEN miteinander abgestimmt werden.			
S	Das Sicherheitskonzept des Outsourcing-Dienstleisters und dessen Umsetzung SOLLTEN zu einem gesamten Sicherheitskonzept zusammengeführt werden.			
S	Der Outsourcing-Kunde oder unabhängige Dritte SOLLTEN regelmäßig überprüfen, ob das Sicherheitskonzept wirkt.			

Notizen:

A7 Festlegung der möglichen Kommunikationspartner — *Standard*
Zuständig: Zentrale Verwaltung

S	Es SOLLTE festgelegt werden, welche internen und externen Kommunikationspartner welche Informationen über das jeweilige Outsourcing-Projekt übermitteln und erhalten dürfen.	ja	tw	n
S	Es SOLLTE einen Prozess geben, mit dem die Funktion der Kommunikationspartner auf beiden Seiten geprüft wird.	ja	tw	n
M	Die zulässigen Kommunikationspartner mit den jeweiligen Berechtigungen MÜSSEN immer aktuell dokumentiert sein.	ja	tw	n

Notizen:

A8 Regelungen für den Einsatz des Personals des Outsourcing-Dienstleiters — *Standard*
Zuständig: Personalabteilung

S	Die Mitarbeiter des Outsourcing-Dienstleisters SOLLTEN schriftlich dazu verpflichtet werden, einschlägige Gesetze, Vorschriften sowie die Regelungen des Outsourcing-Kunden einzuhalten.	ja	tw	n
S	Die Mitarbeiter des Outsourcing-Dienstleisters SOLLTEN geregelt in ihre Aufgaben eingewiesen und über bestehende Regelungen zur Informationssicherheit unterrichtet werden.	ja	tw	n
S	Für die Mitarbeiter des Outsourcing-Dienstleisters SOLLTEN Vertretungsregelungen existieren.	ja	tw	n
S	Es SOLLTE ein geregeltes Verfahren festgelegt werden, das klärt, wie das Auftragsverhältnis mit den Mitarbeitern des Outsourcing-Dienstleisters beendet wird.	ja	tw	n
S	Fremdpersonal des Outsourcing-Dienstleisters, das kurzfristig oder nur einmal eingesetzt wird, SOLLTE wie Besucher behandelt werden.	ja	tw	n

Notizen:

A9 Vereinbarung über die Anbindung an Netze der Outsourcing-Partner — *Standard*
Zuständig: IT-Betrieb

S	Bevor das Datennetz des Outsourcing-Kunden an das Datennetz des Outsourcing-Dienstleisters angebunden wird, SOLLTEN alle sicherheitsrelevanten Aspekte in einer Vereinbarung schriftlich geregelt werden.	ja	tw	n
S	In der Vereinbarung SOLLTE genau definiert sein, auf welche Bereiche und Dienste der Outsourcing-Dienstleister im Netz des Outsourcing-Kunden zugreifen darf.	ja	tw	n
S	Die betroffenen Bereiche SOLLTEN geeignet voneinander getrennt werden.	ja	tw	n
S	Es SOLLTE geprüft und dokumentiert werden, dass die Vereinbarungen für die Netzanbindung eingehalten werden.	ja	tw	n
S	Auf beiden Seiten SOLLTEN Ansprechpartner für organisatorische und technische Fragen zur Netzanbindung benannt werden.	ja	tw	n
S	Das geforderte Sicherheitsniveau SOLLTE nachweislich beim Outsourcing-Dienstleister eingefordert und geprüft werden, bevor die Netzanbindung zum Outsourcing-Dienstleister aktiviert wird.	ja	tw	n
S	Gibt es Sicherheitsprobleme auf einer der beiden Seiten, SOLLTE festgelegt sein, wer darüber zu informieren ist und welche Eskalationsschritte einzuleiten sind.	ja	tw	n

Notizen:

OPS: Betrieb

A10 Vereinbarung über Datenaustausch zwischen den Outsourcing-Partnern *Standard*

Zuständig: IT-Betrieb

S	Für den regelmäßigen Datenaustausch mit festen Kommunikationspartnern SOLLTEN die erforderlichen Sicherheitsmaßnahmen vereinbart werden.	ja tw n
S	Außerdem SOLLTEN Datenformate und Vorgehensweisen zum sicheren Datenaustausch festgelegt werden.	ja tw n
S	Sowohl für organisatorische als auch technische Probleme SOLLTE es Ansprechpartner geben.	ja tw n
S	Auch für sicherheitsrelevante Ereignisse beim Datenaustausch mit Dritten SOLLTEN Ansprechpartner benannt werden.	ja tw n
S	Beim Datenaustausch mit Dritten SOLLTEN Verfügbarkeiten und Reaktionszeiten vereinbart werden.	ja tw n
S	Es SOLLTE festgelegt werden, welche ausgetauschten Daten zu welchen Zwecken genutzt werden dürfen.	ja tw n

Notizen:

A11 Planung und Aufrechterhaltung der Informationssicherheit im laufenden Outsourcing-Betrieb *Standard*

Zuständig: IT-Betrieb

S	Es SOLLTE ein Betriebskonzept für das Outsourcing-Vorhaben erstellt werden, das auch die Sicherheitsaspekte berücksichtigt.	ja tw n
S	Die Sicherheitskonzepte der Outsourcing-Partner SOLLTEN regelmäßig daraufhin überprüft werden, ob sie aktuell und zueinander konsistent sind.	ja tw n
S	Der Status der vereinbarten Sicherheitsmaßnahmen SOLLTE regelmäßig kontrolliert werden.	ja tw n
S	Zwischen den Outsourcing-Partnern SOLLTE regelmäßig kommuniziert werden.	ja tw n
S	Vorschläge zu Änderungen und Verbesserungen SOLLTEN regelmäßig besprochen und abgestimmt werden.	ja tw n
S	Die Outsourcing-Partner SOLLTEN regelmäßig gemeinsame Übungen und Tests durchführen, um das Sicherheitsniveau aufrechtzuerhalten.	ja tw n
S	Informationen über Sicherheitsrisiken und wie damit umgegangen wird, SOLLTEN regelmäßig zwischen den Outsourcing-Partnern ausgetauscht werden.	ja tw n
S	Es SOLLTE ein Prozess festgelegt werden, der den Informationsfluss bei Sicherheitsvorfällen sicherstellt, welche die jeweiligen Vertragspartner betreffen.	ja tw n

Notizen:

A12 Änderungsmanagement *Standard*

Zuständig: Fachverantwortliche

S	Der Outsourcing-Kunde SOLLTE über größere Änderungen rechtzeitig vorab informiert werden.	ja tw n
S	Eine Dokumentation aller wesentlichen Änderungen bezüglich Planung, Test, Genehmigung und Dokumentation SOLLTE vom Outsourcing-Kunden regelmäßig eingefordert werden.	ja tw n
S	Bevor Änderungen durchgeführt werden, SOLLTEN gemeinsam mit dem Outsourcing-Dienstleister Rückfall-Lösungen erarbeitet werden.	ja tw n

Notizen:

A13 Sichere Migration bei Outsourcing-Vorhaben *Standard*
Zuständig: IT-Betrieb

S	Für die Migrationsphase SOLLTE ein Sicherheitsmanagement-Team aus qualifizierten Mitarbeitern des Outsourcing-Kunden und des Outsourcing-Dienstleisters eingerichtet werden.	ja	tw	n
S	Es SOLLTE für die Migrationsphase ein vorläufiges Sicherheitskonzept erstellt werden, in dem auch die Test- und Einführungsphase betrachtet wird.	ja	tw	n
S	Außerdem SOLLTE sichergestellt sein, dass produktive Daten in der Migrationsphase nicht ungeschützt als Testdaten verwendet werden.	ja	tw	n
S	Alle Änderungen SOLLTEN dokumentiert werden.	ja	tw	n
S	Nach Abschluss der Migration SOLLTE das Sicherheitskonzept aktualisiert werden.	ja	tw	n
S	Es SOLLTE sichergestellt sein, dass alle Ausnahmeregelungen am Ende der Migrationsphase aufgehoben werden.	ja	tw	n
S	Bei Änderungen in der Migrationsphase SOLLTE geprüft werden, inwieweit die vertraglichen Grundlagen angepasst werden müssen.	ja	tw	n

Notizen:

A14 Notfallvorsorge beim Outsourcing *Standard*
Zuständig: Notfallbeauftragter

S	Es SOLLTE ein Notfallvorsorgekonzept zum Outsourcing existieren, das die Komponenten beim Outsourcing-Kunden, beim Outsourcing-Dienstleister sowie die zugehörigen Schnittstellen und Kommunikationswege umfasst.	ja	tw	n
S	Im Notfallvorsorgekonzept zum Outsourcing SOLLTEN die Zuständigkeiten, Ansprechpartner und Abläufe zwischen dem Outsourcing-Kunden und dem Outsourcing-Dienstleister geregelt sein.	ja	tw	n
S	Der Outsourcing-Kunde SOLLTE kontrollieren, ob der Outsourcing-Dienstleister die Notfallmaßnahmen umsetzt.	ja	tw	n
S	Es SOLLTEN dazu gemeinsame Notfallübungen von Outsourcing-Kunden und Outsourcing-Dienstleister durchgeführt werden.	ja	tw	n

Notizen:

A15 Geordnete Beendigung eines Outsourcing-Verhältnisses *Standard*
Zuständig: Beschaffungsstelle

S	Der Vertrag mit dem Outsourcing-Dienstleister SOLLTE alle Aspekte zur Beendigung des Dienstleistungsverhältnisses regeln, sowohl für eine geplante als auch für eine ungeplante Beendigung des Vertrags.	ja	tw	n
S	Die Geschäftstätigkeit des Outsourcing-Kunden SOLLTE NICHT beeinträchtigt werden, wenn das Dienstleistungsverhältnis mit dem Outsourcing-Dienstleister beendet wird.	ja	tw	n
S	Der Outsourcing-Kunde SOLLTE alle Informationen und Daten nach der Beendigung zurückerhalten.	ja	tw	n
S	Der Outsourcing-Dienstleister SOLLTE alle Datenbestände nach erfolgter Rückgabe sicher löschen.	ja	tw	n

Notizen:

OPS: Betrieb

A16	Sicherheitsüberprüfung von Mitarbeitern				Hoch
	Verantwortliche Rolle: IT-Betrieb				**C I A**
S	Mit externen Outsourcing-Dienstleistern SOLLTE vertraglich vereinbart werden, dass die Vertrauenswürdigkeit des eingesetzten Personals geeignet überprüft wird.	ja	tw	n	
S	Dazu SOLLTEN gemeinsam Kriterien festgelegt werden.	ja	tw	n	

Notizen:

OPS.2.2 Cloud-Nutzung

A1	Erstellung einer Strategie für die Cloud-Nutzung				*Basis*
	Zuständig: Fachverantwortliche, Institutionsleitung, Datenschutzbeauftragter				
M	Eine Strategie für die Cloud-Nutzung MUSS erstellt werden.	ja	tw	n	
M	Darin MÜSSEN Ziele, Chancen und Risiken definiert werden, die die Institution mit der Cloud-Nutzung verbindet.	ja	tw	n	
M	Zudem MÜSSEN die rechtlichen und organisatorischen Rahmenbedingungen sowie die technischen Anforderungen untersucht werden, die sich aus der Nutzung von Cloud-Diensten ergeben.	ja	tw	n	
M	Die Ergebnisse dieser Untersuchung MÜSSEN in einer Machbarkeitsstudie dokumentiert werden.	ja	tw	n	
M	Es MUSS festgelegt werden, welche Dienste in welchem Bereitstellungsmodell zukünftig von einem Cloud-Diensteanbieter bezogen werden sollen.	ja	tw	n	
M	Zudem MUSS sichergestellt werden, dass bereits in der Planungsphase zur Cloud-Nutzung alle grundlegenden technischen und organisatorischen Sicherheitsaspekte ausreichend berücksichtigt werden.	ja	tw	n	
S	Für den geplanten Cloud-Dienst SOLLTE eine grobe individuelle Sicherheitsanalyse durchgeführt werden.	ja	tw	n	
S	Diese SOLLTE wiederholt werden, wenn sich technische und organisatorische Rahmenbedingungen wesentlich verändern.	ja	tw	n	
S	Für größere Cloud-Projekte SOLLTE zudem eine Roadmap erarbeitet werden, die festlegt, wann und wie ein Cloud-Dienst eingeführt wird.	ja	tw	n	

Notizen:

A2	Erstellung einer Sicherheitsrichtlinie für die Cloud-Nutzung				*Basis*
	Zuständig: Fachverantwortliche				
M	Auf Basis der Strategie für die Cloud-Nutzung MUSS eine Sicherheitsrichtlinie für die Cloud-Nutzung erstellt werden.	ja	tw	n	
M	Sie MUSS konkrete Sicherheitsvorgaben beinhalten, mit denen sich Cloud-Dienste innerhalb der Institution umsetzen lassen.	ja	tw	n	
M	Außerdem MÜSSEN darin spezielle Sicherheitsanforderungen an den Cloud-Diensteanbieter sowie das festgelegte Schutzniveau für Cloud-Dienste hinsichtlich Vertraulichkeit, Integrität und Verfügbarkeit dokumentiert werden.	ja	tw	n	
M	Wenn Cloud-Dienste internationaler Anbieter genutzt werden, MÜSSEN die speziellen länderspezifischen Anforderungen und gesetzlichen Bestimmungen berücksichtigt werden.	ja	tw	n	

Notizen:

A3 Service-Definition für Cloud-Dienste durch den Cloud-Kunden *Basis*
Zuständig: Fachverantwortliche

M	Für jeden Cloud-Dienst MUSS eine Service-Definition durch den Cloud-Kunden erarbeitet werden.	ja	tw	n
S	Zudem SOLLTEN alle geplanten und genutzten Cloud-Dienste dokumentiert werden.	ja	tw	n

Notizen:

A4 Festlegung von Verantwortungsbereichen und Schnittstellen *Basis*
Zuständig: Fachverantwortliche

M	Basierend auf der Service-Definition für Cloud-Dienste MUSS der Cloud-Kunde alle relevanten Schnittstellen und Verantwortlichkeiten für die Cloud-Nutzung identifizieren und dokumentieren.	ja	tw	n
M	Es MUSS klar erkennbar sein, wie die Verantwortungsbereiche zwischen Cloud-Diensteanbieter und -Kunde voneinander abgegrenzt sind.	ja	tw	n

Notizen:

A5 Planung der sicheren Migration zu einem Cloud-Dienst *Standard*
Zuständig: Fachverantwortliche

S	Bevor zu einem Cloud-Dienst migriert wird, SOLLTE durch den Cloud-Kunden ein Migrationskonzept erstellt werden.	ja	tw	n
S	Dafür SOLLTEN zunächst organisatorische Regelungen sowie die Aufgabenverteilung festgelegt werden.	ja	tw	n
S	Zudem SOLLTEN bestehende Betriebsprozesse hinsichtlich der Cloud-Nutzung identifiziert und angepasst werden.	ja	tw	n
S	Es SOLLTE sichergestellt werden, dass die eigene IT ausreichend im Migrationsprozess berücksichtigt wird.	ja	tw	n
S	Auch SOLLTEN die Verantwortlichen ermitteln, ob die Mitarbeiter der Institution zusätzlich geschult werden sollten.	ja	tw	n

Notizen:

A6 Planung der sicheren Einbindung von Cloud-Diensten *Standard*
Zuständig: IT-Betrieb

S	Bevor ein Cloud-Dienst genutzt wird, SOLLTE sorgfältig geplant werden, wie er in die IT der Institution eingebunden werden soll.	ja	tw	n
S	Hierfür SOLLTE mindestens geprüft werden, ob Anpassungen der Schnittstellen, der Netzanbindung, des Administrationsmodells sowie des Datenmanagementmodells notwendig sind.	ja	tw	n
S	Die Ergebnisse SOLLTEN dokumentiert und regelmäßig aktualisiert werden.	ja	tw	n

Notizen:

OPS: Betrieb

A7 Erstellung eines Sicherheitskonzeptes für die Cloud-Nutzung *Standard*

Zuständig: IT-Betrieb

S   Auf Grundlage der identifizierten Sicherheitsanforderungen (siehe OPS.2.2.A2 *Erstellung einer Sicherheitsrichtlinie für die Cloud-Nutzung*) SOLLTE durch den Cloud-Kunden ein Sicherheitskonzept für die Nutzung von Cloud-Diensten erstellt werden.   ja tw n

Notizen:

A8 Sorgfältige Auswahl eines Cloud-Diensteanbieters *Standard*

Zuständig: Institutionsleitung

S   Basierend auf der Service-Definition für den Cloud-Dienst SOLLTE durch den Cloud-Kunden ein detailliertes Anforderungsprofil für einen Cloud-Diensteanbieter erstellt werden.   ja tw n

S   Eine Leistungsbeschreibung und ein Lastenheft SOLLTEN erstellt werden.   ja tw n

S   Für die Bewertung eines Cloud-Diensteanbieters SOLLTEN auch ergänzende Informationsquellen herangezogen werden.   ja tw n

S   Ebenso SOLLTEN verfügbare Service-Beschreibungen des Cloud-Diensteanbieters sorgfältig geprüft und hinterfragt werden.   ja tw n

Notizen:

A9 Vertragsgestaltung mit dem Cloud-Diensteanbieter *Standard*

Zuständig: Institutionsleitung

S   Die vertraglichen Regelungen zwischen dem Cloud-Kunden und dem Cloud-Diensteanbieter SOLLTEN in Art, Umfang und Detaillierungsgrad dem Schutzbedarf der Informationen angepasst sein, die im Zusammenhang mit der Cloud-Nutzung stehen.   ja tw n

S   Es SOLLTE geregelt werden, an welchem Standort der Cloud-Diensteanbieter seine Leistung erbringt.   ja tw n

S   Zusätzlich SOLLTEN Eskalationsstufen und Kommunikationswege zwischen der Institution und dem Cloud-Diensteanbieter definiert werden.   ja tw n

S   Auch SOLLTE vereinbart werden, wie die Daten der Institution sicher zu löschen sind.   ja tw n

S   Ebenso SOLLTEN Kündigungsregelungen schriftlich fixiert werden.   ja tw n

S   Der Cloud-Diensteanbieter SOLLTE alle Subunternehmer offenlegen, die er für den Cloud-Dienst benötigt.   ja tw n

Notizen:

A10 Sichere Migration zu einem Cloud-Dienst *Standard*

Zuständig: Fachverantwortliche

S Die Migration zu einem Cloud-Dienst SOLLTE auf Basis des erstellten Migrationskonzeptes erfolgen. ja tw n

S Während der Migration SOLLTE überprüft werden, ob das Sicherheitskonzept für die Cloud-Nutzung an potenzielle neue Anforderungen angepasst werden muss. ja tw n

S Auch SOLLTEN alle Notfallvorsorgemaßnahmen vollständig und aktuell sein. ja tw n

S Die Migration zu einem Cloud-Dienst SOLLTE zunächst in einem Testlauf überprüft werden. ja tw n

S Ist der Cloud-Dienst in den produktiven Betrieb übergegangen, SOLLTE abgeglichen werden, ob der Cloud-Diensteanbieter die definierten Anforderungen des Cloud-Kunden erfüllt. ja tw n

Notizen:

A11 Erstellung eines Notfallkonzeptes für einen Cloud-Dienst *Standard*

Zuständig: IT-Betrieb

S Für die genutzten Cloud-Dienste SOLLTE durch den Cloud-Kunden ein Notfallkonzept erstellt werden. ja tw n

S Es SOLLTE alle notwendigen Angaben zu Zuständigkeiten und Ansprechpartnern enthalten. ja tw n

S Zudem SOLLTEN detaillierte Regelungen hinsichtlich der Datensicherung getroffen werden. ja tw n

S Auch Vorgaben zu redundant auszulegenden Management-Tools und Schnittstellensystemen SOLLTEN festgehalten sein. ja tw n

Notizen:

A12 Aufrechterhaltung der Informationssicherheit im laufenden Cloud-Nutzungs-Betrieb *Standard*

Zuständig: IT-Betrieb

S Alle für die eingesetzten Cloud-Dienste erstellten Dokumentationen und Richtlinien SOLLTEN durch den Cloud-Kunden regelmäßig aktualisiert werden. ja tw n

S Der Cloud-Kunde SOLLTE außerdem periodisch kontrollieren, ob der Cloud-Diensteanbieter die vertraglich zugesicherten Leistungen erbringt. ja tw n

S Auch SOLLTEN sich der Cloud-Diensteanbieter und der Cloud-Kunde nach Möglichkeit regelmäßig abstimmen. ja tw n

S Ebenso SOLLTE geplant und geübt werden, wie auf Systemausfälle zu reagieren ist. ja tw n

Notizen:

OPS: Betrieb

A13 Nachweis einer ausreichenden Informationssicherheit bei der Cloud-Nutzung *Standard*

Zuständig: IT-Betrieb

- S   Der Cloud-Kunde SOLLTE sich vom Cloud-Diensteanbieter regelmäßig nachweisen lassen, dass die vereinbarten Sicherheitsanforderungen erfüllt sind. ☐ ja ☐ tw ☐ n
- S   Der Nachweis SOLLTE auf einem international anerkannten Regelwerk basieren (z.B. IT-Grundschutz, ISO/IEC 27001, Anforderungskatalog Cloud Computing (C5), Cloud Controls Matrix der Cloud Security Alliance). ☐ ja ☐ tw ☐ n
- S   Der Cloud-Kunde SOLLTE prüfen, ob der Geltungsbereich und Schutzbedarf die genutzten Cloud-Dienste erfasst. ☐ ja ☐ tw ☐ n
- S   Nutzt ein Cloud-Diensteanbieter Subunternehmer, um die Cloud-Dienste zu erbringen, SOLLTE er dem Cloud-Kunden regelmäßig nachweisen, dass diese die notwendigen Audits durchführen. ☐ ja ☐ tw ☐ n

Notizen:

A14 Geordnete Beendigung eines Cloud-Nutzungs-Verhältnisses *Standard*

Zuständig: Fachverantwortliche, Institutionsleitung

- S   Wenn das Dienstleistungsverhältnis mit einem Cloud-Diensteanbieter beendet wird, SOLLTE sichergestellt sein, dass dadurch die Geschäftstätigkeit oder die Fachaufgaben des Cloud-Kunden nicht beeinträchtigt wird. ☐ ja ☐ tw ☐ n
- S   Der Vertrag mit dem Cloud-Diensteanbieter SOLLTE regeln, wie das Dienstleistungsverhältnis geordnet aufgelöst werden kann. ☐ ja ☐ tw ☐ n

Notizen:

A15 Sicherstellung der Portabilität von Cloud-Diensten *Hoch* *A*

Verantwortliche Rolle: Fachverantwortliche

- S   Der Cloud-Kunde SOLLTE alle Anforderungen definieren, die es ermöglichen, einen Cloud-Diensteanbieter zu wechseln oder den Cloud-Dienst bzw. die Daten in die eigene IT-Infrastruktur zurückzuholen. ☐ ja ☐ tw ☐ n
- S   Zudem SOLLTE der Cloud-Kunde regelmäßig Portabilitätstests durchführen. ☐ ja ☐ tw ☐ n
- S   Im Vertrag mit dem Cloud-Diensteanbieter SOLLTEN Vorgaben festgehalten werden, mit denen sich die notwendige Portabilität gewährleisten lässt. ☐ ja ☐ tw ☐ n

Notizen:

A16 Durchführung eigener Datensicherungen *Hoch* *A*

Verantwortliche Rolle: Fachverantwortliche

- S   Der Cloud-Kunde SOLLTE prüfen, ob, zusätzlich zu den vertraglich festgelegten Datensicherungen des Cloud-Diensteanbieters, eigene Datensicherungen erstellt werden sollen. ☐ ja ☐ tw ☐ n
- S   Zudem SOLLTE er detaillierte Anforderungen an einen Backup-Service erstellen. ☐ ja ☐ tw ☐ n

Notizen:

A17 Einsatz von Verschlüsselung bei Cloud-Nutzung

Hoch
A

Verantwortliche Rolle: IT-Betrieb

S — Wenn Daten durch einen Cloud-Diensteanbieter verschlüsselt werden, SOLLTE vertraglich geregelt werden, welche Verschlüsselungsmechanismen und welche Schlüssellängen eingesetzt werden dürfen. — ja tw n

S — Wenn eigene Verschlüsselungsmechanismen genutzt werden, SOLLTE ein geeignetes Schlüsselmanagement sichergestellt sein. — ja tw n

S — Bei der Verschlüsselung SOLLTEN die eventuellen Besonderheiten des gewählten Cloud-Service-Modells berücksichtigt werden. — ja tw n

Notizen:

A18 Einsatz von Verbunddiensten

Hoch
C I A

Verantwortliche Rolle: Fachverantwortliche

S — Es SOLLTE geprüft werden, ob bei einem Cloud-Nutzungs-Vorhaben Verbunddienste (Federation Services) eingesetzt werden. — ja tw n

S — Es SOLLTE sichergestellt sein, dass in einem SAML (Security Assertion Markup Language)-Ticket nur die erforderlichen Informationen an den Cloud-Diensteanbieter übertragen werden. — ja tw n

S — Die Berechtigungen SOLLTEN regelmäßig überprüft werden, sodass nur berechtigten Benutzern ein SAML-Ticket ausgestellt wird. — ja tw n

Notizen:

A19 Sicherheitsüberprüfung von Mitarbeitern

Hoch
C I A

Verantwortliche Rolle: Personalabteilung

S — Mit externen Cloud-Diensteanbietern SOLLTE vertraglich vereinbart werden, dass in geeigneter Weise überprüft wird, ob das eingesetzte Personal qualifiziert und vertrauenswürdig ist. — ja tw n

S — Dazu SOLLTEN gemeinsam Kriterien festgelegt werden. — ja tw n

Notizen:

OPS.3 Betrieb für Dritte

OPS.3.1 Outsourcing für Dienstleister

A1 Erstellung eines Grobkonzeptes für die Outsourcing-Dienstleistung

Basis

Zuständig: IT-Betrieb

M — Für die angebotene Outsourcing-Dienstleistung MUSS ein Grobkonzept erstellt werden. — ja tw n

M — Dieses Grobkonzept MUSS die Rahmenbedingungen des Outsourcings berücksichtigen, wie z.B. Sonderwünsche. — ja tw n

M — Es MUSS grundsätzliche Fragen zum Sicherheitsniveau und zu den Sicherheitsanforderungen des Outsourcing-Kunden beantworten. — ja tw n

Notizen:

OPS: Betrieb

A2 Vertragsgestaltung mit den Outsourcing-Kunden *Standard*

Zuständig: IT-Betrieb

- S Alle Aspekte des Outsourcing-Vorhabens SOLLTEN mit dem Outsourcing-Kunden schriftlich geregelt sein. ☐ ja ☐ tw ☐ n
- S Es SOLLTEN alle Verantwortlichkeiten und Mitwirkungspflichten zur Erstellung, Prüfung und Änderung (z.B. von Personen) im Rahmen des Vertragswerkes oder auch direkt im Sicherheitskonzept zwischen dem Outsourcing-Dienstleister und dem Outsourcing-Kunden geregelt sein. ☐ ja ☐ tw ☐ n

Notizen:

A3 Erstellung eines Sicherheitskonzepts für das Outsourcing-Vorhaben *Standard*

Zuständig: IT-Betrieb

- S Der Outsourcing-Dienstleister SOLLTE für seine Dienstleistungen ein Sicherheitskonzept besitzen. ☐ ja ☐ tw ☐ n
- S Für individuelle Outsourcing-Vorhaben SOLLTE er außerdem spezifische Sicherheitskonzepte erstellen, die auf den Sicherheitsanforderungen des Outsourcing-Kunden basieren. ☐ ja ☐ tw ☐ n
- S Zwischen Outsourcing-Dienstleister und Outsourcing-Kunden SOLLTEN gemeinsame Sicherheitsziele erarbeitet werden. ☐ ja ☐ tw ☐ n
- S Es SOLLTE außerdem eine gemeinsame Klassifikation für alle schutzbedürftigen Informationen erstellt werden. ☐ ja ☐ tw ☐ n
- S Es SOLLTE regelmäßig überprüft werden, ob das Sicherheitskonzept auch umgesetzt wird. ☐ ja ☐ tw ☐ n

Notizen:

A4 Festlegung der möglichen Kommunikationspartner *Standard*

Zuständig: Zentrale Verwaltung, Datenschutzbeauftragter

- S Es SOLLTE zwischen Outsourcing-Dienstleister und -Kunde festgelegt werden, welche internen und externen Kommunikationspartner welche Informationen über das jeweilige Outsourcing-Projekt übermitteln und erhalten dürfen. ☐ ja ☐ tw ☐ n
- S Es SOLLTE regelmäßig geprüft werden, ob die Kommunikationspartner noch aktuell in ihrer Funktion beschäftigt sind. ☐ ja ☐ tw ☐ n
- S Die Berechtigungen SOLLTEN bei Änderungen angepasst werden. ☐ ja ☐ tw ☐ n
- S Zwischen den Outsourcing-Partnern SOLLTE geregelt sein, nach welchen Kriterien welcher Kommunikationspartner welche Informationen erhalten darf. ☐ ja ☐ tw ☐ n

Notizen:

A5 Regelungen für den Einsatz des Personals des Outsourcing-Dienstleisters *Standard*

Zuständig: Personalabteilung

- S Mitarbeiter des Outsourcing-Dienstleisters SOLLTEN geregelt in ihre Aufgaben eingewiesen und über bestehende Regelungen zur Informationssicherheit des Outsourcing-Kunden unterrichtet werden. — ja / tw / n
- S Soweit es gefordert ist, SOLLTEN die Mitarbeiter des Outsourcing-Dienstleisters nach Vorgaben des Kunden überprüft werden, z.B. durch ein Führungszeugnis. — ja / tw / n
- S Die Mitarbeiter des Outsourcing-Dienstleisters SOLLTEN schriftlich dazu verpflichtet werden, einschlägige Gesetze, Vorschriften, Vertraulichkeitsvereinbarungen und interne Regelungen einzuhalten. — ja / tw / n
- S Es SOLLTE Vertretungsregelungen in allen Bereichen geben. — ja / tw / n

Notizen:

A6 Regelungen für den Einsatz von Fremdpersonal *Standard*

Zuständig: Personalabteilung

- S Setzt der Outsourcing-Dienstleister externes Personal ein, SOLLTE der Outsourcing-Kunde darüber informiert werden. — ja / tw / n
- S Auch externe Mitarbeiter mit Aufgaben im Bereich Outsourcing SOLLTEN schriftlich dazu verpflichtet werden, einschlägige Gesetze, Vorschriften und interne Regelungen einzuhalten. — ja / tw / n
- S Sie SOLLTEN in ihre Aufgaben und vor allem in die Sicherheitsvorgaben eingewiesen werden. — ja / tw / n
- S Kurzfristig oder einmalig eingesetztes Fremdpersonal SOLLTE wie Besucher behandelt werden. — ja / tw / n
- S Die Sicherheitsvorgaben des Kunden SOLLTEN jedoch auch bei Fremdpersonal berücksichtigt werden. — ja / tw / n

Notizen:

A7 Erstellung eines Mandantentrennungskonzeptes durch den Outsourcing-Dienstleister *Standard*

Zuständig: IT-Betrieb

- S Durch ein geeignetes Mandantentrennungskonzept SOLLTE sichergestellt werden, dass Anwendungs- und Datenkontexte verschiedener Outsourcing-Kunden sauber getrennt sind. — ja / tw / n
- S Das Mandantentrennungskonzept SOLLTE durch den Outsourcing-Dienstleister erstellt und dem Outsourcing-Kunden zur Verfügung gestellt werden. — ja / tw / n
- S Das Mandantentrennungskonzept SOLLTE für den Schutzbedarf des Outsourcing-Kunden angemessene Sicherheit bieten. — ja / tw / n
- S Die benötigten Mechanismen zur Mandantentrennung beim Outsourcing-Dienstleister SOLLTEN ausreichend umgesetzt sein. — ja / tw / n

Notizen:

OPS: Betrieb

A8 Vereinbarung über die Anbindung an Netze der Outsourcing-Partner *Standard*

Zuständig: IT-Betrieb

S Vor der Anbindung des eigenen Netzes an das Netz eines Outsourcing-Kunden SOLLTEN alle sicherheitsrelevanten Aspekte in einer Vereinbarung schriftlich festgelegt werden. — ja · tw · n

S Es SOLLTE definiert werden, wer aus dem einen Datennetz auf welche Bereiche und Dienste des jeweils anderen Datennetzes zugreifen darf. — ja · tw · n

S Es SOLLTEN auf jeder Seite Ansprechpartner sowohl für organisatorische als auch für technische Fragen zur Netzanbindung benannt werden. — ja · tw · n

S Auf beiden Seiten SOLLTEN alle identifizierten Sicherheitslücken beseitigt und das geforderte Sicherheitsniveau nachweislich erreicht sein, bevor die Netzanbindung aktiviert wird. — ja · tw · n

S Für den Fall von Sicherheitsproblemen auf einer der beiden Seiten SOLLTE festgelegt sein, wer darüber zu informieren ist und welche Eskalationsschritte einzuleiten sind. — ja · tw · n

Notizen:

A9 Vereinbarung über Datenaustausch zwischen den Outsourcing-Partnern *Standard*

Zuständig: IT-Betrieb

S Für den regelmäßigen Datenaustausch mit festen Kommunikationspartnern der Outsourcing-Partner SOLLTEN die erforderlichen Sicherheitsmaßnahmen vereinbart werden. — ja · tw · n

S Es SOLLTEN Datenformate und eine sichere Form des Datenaustauschs festgelegt werden. — ja · tw · n

S Ansprechpartner sowohl für organisatorische als auch technische Probleme SOLLTEN benannt werden. — ja · tw · n

S Auch für sicherheitsrelevante Ereignisse beim Datenaustausch mit Dritten SOLLTE es geeignete Ansprechpartner geben. — ja · tw · n

S Verfügbarkeiten und Reaktionszeiten beim Datenaustausch mit Dritten SOLLTEN vereinbart werden. — ja · tw · n

S Es SOLLTE zudem festgelegt werden, welche ausgetauschten Daten zu welchen Zwecken genutzt werden dürfen. — ja · tw · n

Notizen:

A10 Planung und Aufrechterhaltung der Informationssicherheit im laufenden Outsourcing-Betrieb *Standard*

Zuständig: IT-Betrieb

S Die Sicherheitskonzepte der Outsourcing-Partner SOLLTEN regelmäßig daraufhin überprüft werden, ob sie noch aktuell und zueinander konsistent sind. — ja · tw · n

S Der Status der vereinbarten Sicherheitsmaßnahmen SOLLTE regelmäßig kontrolliert werden. — ja · tw · n

S Die Outsourcing-Partner SOLLTEN angemessen kooperieren. — ja · tw · n

S Hierüber hinaus SOLLTEN sie sich regelmäßig zu Änderungen und Verbesserungen abstimmen. — ja · tw · n

S Die Outsourcing-Partner SOLLTEN regelmäßig gemeinsame Übungen und Tests durchführen. — ja · tw · n

S Informationen über Sicherheitsrisiken und wie damit umgegangen wird SOLLTEN regelmäßig zwischen den Outsourcing-Partnern ausgetauscht werden. — ja · tw · n

S Es SOLLTE ein Prozess festgelegt werden, der den Informationsfluss bei Sicherheitsvorfällen sicherstellt, welche die jeweiligen Vertragspartner betreffen. — ja · tw · n

Notizen:

A11 Zutritts-, Zugangs- und Zugriffskontrolle *Standard*

Zuständig: Zentrale Verwaltung

S	Zutritts-, Zugangs- und Zugriffsberechtigungen SOLLTEN geregelt sein, sowohl für das Personal des Outsourcing-Dienstleisters als auch für die Mitarbeiter der Outsourcing-Kunden.	ja	tw	n
S	Es SOLLTE ebenfalls geregelt sein, welche Berechtigungen Auditoren und andere Prüfer erhalten.	ja	tw	n
S	Es SOLLTEN immer nur so viele Rechte vergeben werden, wie für die Wahrnehmung einer Aufgabe nötig ist.	ja	tw	n
S	Es SOLLTE ein geregeltes Verfahren für die Vergabe, die Verwaltung und den Entzug von Berechtigungen geben.	ja	tw	n

Notizen:

A12 Änderungsmanagement *Standard*

Zuständig: Institution

S	Es SOLLTE Richtlinien für Änderungen an IT-Komponenten, Software oder Konfigurationsdaten geben.	ja	tw	n
S	Bei Änderungen SOLLTEN auch Sicherheitsaspekte berücksichtigt werden.	ja	tw	n
S	Alle Änderungen SOLLTEN geplant, getestet, genehmigt und dokumentiert werden.	ja	tw	n
S	Auf welche Weise und in welchem Umfang die Änderungen dokumentiert werden, SOLLTE mit dem Outsourcing-Kunden abgestimmt werden.	ja	tw	n
S	Die Dokumentation SOLLTE dem Outsourcing-Kunden zur Verfügung gestellt werden.	ja	tw	n
S	Es SOLLTEN Rückfall-Lösungen erarbeitet werden, bevor Änderungen durchgeführt werden.	ja	tw	n
S	Bei größeren, sicherheitsrelevanten Änderungen SOLLTE das Informationssicherheitsmanagement der auslagernden Institution schon im Vorfeld beteiligt werden.	ja	tw	n

Notizen:

A13 Sichere Migration bei Outsourcing-Vorhaben *Standard*

Zuständig: IT-Betrieb

S	Für die Migrationsphase SOLLTE ein Sicherheitsmanagement-Team aus qualifizierten Mitarbeitern des Outsourcing-Kunden und des Outsourcing-Dienstleisters eingerichtet werden.	ja	tw	n
S	Für die Migrationsphase SOLLTE eine Sicherheitskonzeption erstellt werden.	ja	tw	n
S	Nach Abschluss der Migration SOLLTE das Sicherheitskonzept aktualisiert werden.	ja	tw	n
S	Es SOLLTE sichergestellt sein, dass alle Ausnahmeregelungen am Ende der Migrationsphase aufgehoben werden.	ja	tw	n
S	Bei Änderungen in der Migrationsphase SOLLTE geprüft werden, ob vertragliche Grundlagen und bestehende Dokumente angepasst werden müssen.	ja	tw	n

Notizen:

OPS: Betrieb

A14 Notfallvorsorge beim Outsourcing *Standard*

Zuständig: Notfallbeauftragter

S Es SOLLTE ein Notfallkonzept zum Outsourcing geben, das die Komponenten beim Outsourcing-Kunden, beim Outsourcing-Dienstleister sowie die zugehörigen Schnittstellen umfasst. ja tw n

S Im Notfallvorsorgekonzept zum Outsourcing SOLLTEN die Zuständigkeiten, Ansprechpartner und Abläufe zwischen Outsourcing-Kunden und Outsourcing-Dienstleister geregelt sein. ja tw n

S Es SOLLTEN regelmäßig gemeinsame Notfallübungen durchgeführt werden. ja tw n

Notizen:

A15 Geordnete Beendigung eines Outsourcing-Verhältnisses *Standard*

Zuständig: Institutionsleitung

S Wird das Vertragsverhältnis mit dem Outsourcing-Kunden beendet, SOLLTE weder dessen noch die eigene Geschäftstätigkeit beeinträchtigt werden. ja tw n

S Der Outsourcing-Vertrag mit dem Outsourcing-Kunden SOLLTE alle Aspekte zur Beendigung des Dienstleistungsverhältnisses regeln, sowohl für ein geplantes als auch für eine ungeplantes Ende des Vertragsverhältnisses. ja tw n

S Der Outsourcing-Dienstleister SOLLTE alle Informationen und Daten des Outsourcing-Kunden an diesen übergeben. ja tw n

S Beim Outsourcing-Dienstleister SOLLTEN danach alle Datenbestände des Kunden sicher gelöscht werden. ja tw n

S Alle Berechtigungen, die im Rahmen des Outsourcing-Projekts eingerichtet wurden, SOLLTEN überprüft und, wenn erforderlich, gelöscht werden. ja tw n

Notizen:

A16 Sicherheitsüberprüfung von Mitarbeitern *Hoch*
C I

Verantwortliche Rolle: Personalabteilung

S Die Vertrauenswürdigkeit von neuen Mitarbeitern und externem Personal beim Outsourcing-Dienstleister SOLLTE durch geeignete Nachweise überprüft werden. ja tw n

S Hierzu SOLLTEN gemeinsam mit dem Outsourcing-Kunden vertraglich Kriterien vereinbart werden. ja tw n

Notizen:

DER: Detektion und Reaktion

DER.1 Detektion von sicherheitsrelevanten Ereignissen

A1   Erstellung einer Sicherheitsrichtlinie für die Detektion von sicherheitsrelevanten Ereignissen *Basis*

Zuständig: IT-Betrieb

M	Ausgehend von der allgemeinen Sicherheitsrichtlinie der Institution MUSS eine spezifische Sicherheitsrichtlinie für die Detektion von sicherheitsrelevanten Ereignissen erstellt werden.	ja tw n
M	In der spezifischen Sicherheitsrichtlinie MÜSSEN nachvollziehbar Anforderungen und Vorgaben beschrieben werden, wie die Detektion von sicherheitsrelevanten Ereignissen geplant, aufgebaut und sicher betrieben werden kann.	ja tw n
M	Die spezifische Sicherheitsrichtlinie MUSS allen im Bereich Detektion zuständigen Mitarbeitern bekannt und grundlegend für ihre Arbeit sein.	ja tw n
M	Falls die spezifische Sicherheitsrichtlinie verändert wird oder von den Anforderungen abgewichen wird, dann MUSS dies mit dem verantwortlichen ISB abgestimmt und dokumentiert werden.	ja tw n
M	Es MUSS regelmäßig überprüft werden, ob die spezifische Sicherheitsrichtlinie noch korrekt umgesetzt ist.	ja tw n
M	Die Ergebnisse der Überprüfung MÜSSEN sinnvoll dokumentiert werden.	ja tw n

Notizen:

A2   Einhaltung rechtlicher Bedingungen bei der Auswertung von Protokollierungsdaten *Basis*

Zuständig: IT-Betrieb

M	Wenn Protokollierungsdaten ausgewertet werden, dann MÜSSEN dabei die Bestimmungen aus den aktuellen Gesetzen zum Bundes- und Landesdatenschutz eingehalten werden.	ja tw n
M	Wenn Detektionssysteme eingesetzt werden, dann MÜSSEN die Persönlichkeitsrechte bzw. Mitbestimmungsrechte der Mitarbeitervertretungen gewahrt werden.	ja tw n
M	Ebenso MUSS sichergestellt sein, dass alle weiteren relevanten gesetzlichen Bestimmungen beachtet werden, z.B. das Telemediengesetz (TMG), das Betriebsverfassungsgesetz und das Telekommunikationsgesetz.	ja tw n

Notizen:

DER: Detektion und Reaktion

A3 Festlegung von Meldewegen für sicherheitsrelevante Ereignisse *Basis*

Zuständig: IT-Betrieb

M	Für sicherheitsrelevante Ereignisse MÜSSEN geeignete Melde- und Alarmierungswege festgelegt und dokumentiert werden.	ja tw n
M	Es MUSS bestimmt werden, welche Stellen wann zu informieren sind.	ja tw n
M	Es MUSS aufgeführt sein, wie die jeweiligen Personen erreicht werden können.	ja tw n
M	Je nach Dringlichkeit MUSS ein sicherheitsrelevantes Ereignis über verschiedene Kommunikationswege gemeldet werden.	ja tw n
M	Alle Personen, die für die Meldung bzw. Alarmierung relevant sind, MÜSSEN über ihre Aufgaben informiert sein.	ja tw n
M	Alle Schritte des Melde- und Alarmierungsprozesses MÜSSEN ausführlich beschrieben sein.	ja tw n
S	Die eingerichteten Melde- und Alarmierungswege SOLLTEN regelmäßig geprüft, erprobt und aktualisiert werden, falls erforderlich.	ja tw n

Notizen:

A4 Sensibilisierung der Mitarbeiter *Basis*

Zuständig: Vorgesetzte, Benutzer, Mitarbeiter

M	Jeder Benutzer MUSS dahingehend sensibilisiert werden, dass er Ereignismeldungen seines Clients nicht einfach ignoriert oder schließt.	ja tw n
M	Jeder Benutzer MUSS die Meldungen entsprechend der Alarmierungswege an das verantwortliche Incident Management weitergeben (siehe DER.2.1 *Behandlung von Sicherheitsvorfällen*).	ja tw n
M	Jeder Mitarbeiter MUSS einen von ihm erkannten Sicherheitsvorfall unverzüglich dem Incident Management melden.	ja tw n

Notizen:

A5 Einsatz von mitgelieferten Systemfunktionen zur Detektion *Basis*

Zuständig: Fachverantwortliche

M	Falls eingesetzte IT-Systeme oder Anwendungen über Funktionen verfügen, mit denen sich sicherheitsrelevante Ereignisse detektieren lassen, dann MÜSSEN diese aktiviert und benutzt werden.	ja tw n
M	Falls ein sicherheitsrelevanter Vorfall vorliegt, dann MÜSSEN die Meldungen der betroffenen IT-Systeme ausgewertet werden.	ja tw n
M	Zusätzlich MÜSSEN die protokollierten Ereignisse anderer IT-Systeme überprüft werden.	ja tw n
S	Auch SOLLTEN die gesammelten Meldungen in verbindlich festgelegten Zeiträumen stichpunktartig kontrolliert werden.	ja tw n
M	Es MUSS geprüft werden, ob zusätzliche Schadcodescanner auf zentralen IT-Systemen installiert werden sollen.	ja tw n
M	Falls zusätzliche Schadcodescanner eingesetzt werden, dann MÜSSEN diese es über einen zentralen Zugriff ermöglichen, ihre Meldungen und Protokolle auszuwerten.	ja tw n
M	Es MUSS sichergestellt sein, dass die Schadcodescanner sicherheitsrelevante Ereignisse automatisch an die Zuständigen melden.	ja tw n
M	Die Zuständigen MÜSSEN die Meldungen auswerten und untersuchen.	ja tw n

Notizen:

A6 Kontinuierliche Überwachung und Auswertung von Protokollierungsdaten *Standard*

Zuständig: IT-Betrieb

S	Alle Protokollierungsdaten SOLLTEN möglichst permanent aktiv überwacht und ausgewertet werden.	ja	tw	n
S	Es SOLLTEN Mitarbeiter benannt werden, die dafür zuständig sind.	ja	tw	n
S	Falls die zuständigen Mitarbeiter aktiv nach sicherheitsrelevanten Ereignissen suchen müssen, z.B. wenn sie IT-Systeme kontrollieren oder testen, dann SOLLTEN solche Aufgaben in entsprechenden Verfahrensanleitungen dokumentiert sein.	ja	tw	n
S	Für die Detektion von sicherheitsrelevanten Ereignissen SOLLTEN genügend personelle Ressourcen bereitgestellt werden.	ja	tw	n

Notizen:

A7 Schulung von Zuständigen *Standard*

Zuständig: Vorgesetzte

S	Alle Zuständigen, die Ereignismeldungen kontrollieren, SOLLTEN weiterführende Schulungen und Qualifikationen erhalten.	ja	tw	n
S	Wenn neue IT-Komponenten beschafft werden, SOLLTE ein Budget für Schulungen eingeplant werden.	ja	tw	n
S	Bevor die zuständigen Mitarbeiter Schulungen für neue IT-Komponenten bekommen, SOLLTE ein Schulungskonzept erstellt werden.	ja	tw	n

Notizen:

A8 ENTFALLEN *Standard*

A9 Einsatz zusätzlicher Detektionssysteme *Standard*

Zuständig: Fachverantwortliche

S	Anhand des Netzplans SOLLTE festgelegt werden, welche Netzsegmente durch zusätzliche Detektionssysteme geschützt werden müssen.	ja	tw	n
S	Der Informationsverbund SOLLTE um zusätzliche Detektionssysteme und Sensoren ergänzt werden.	ja	tw	n
S	Schadcodedetektionssysteme SOLLTEN eingesetzt und zentral verwaltet werden.	ja	tw	n
S	Auch die im Netzplan definierten Übergange zwischen internen und externen Netzen SOLLTEN um netzbasierte Intrusion Detection Systeme (NIDS) ergänzt werden.	ja	tw	n

Notizen:

DER: Detektion und Reaktion

A10 Einsatz von TLS-/SSH-Proxies *Standard*

Zuständig: Fachverantwortliche

S An den Übergängen zu externen Netzen SOLLTEN TLS-/SSH-Proxies eingesetzt werden, welche die verschlüsselte Verbindung unterbrechen und es so ermöglichen, die übertragenen Daten auf Malware zu prüfen. ja tw n

S Alle TLS-/SSH-Proxies SOLLTEN vor unbefugten Zugriffen geschützt werden. ja tw n

S Auf den TLS-/SSH-Proxies SOLLTEN sicherheitsrelevante Ereignisse automatisch detektiert werden. ja tw n

S Es SOLLTE eine organisatorische Regelung erstellt werden, unter welchen datenschutzrechtlichen Voraussetzungen die Logdaten manuell ausgewertet werden dürfen. ja tw n

Notizen:

A11 Nutzung einer zentralen Protokollierungsinfrastruktur für die Auswertung sicherheitsrelevanter Ereignisse *Standard*

Zuständig: Fachverantwortliche

S Die auf einer zentralen Protokollinfrastruktur gespeicherten Ereignismeldungen der IT-Systeme und Anwendungen (siehe OPS.1.1.5 *Protokollierung*) SOLLTEN mithilfe eines Tools abgerufen werden können. ja tw n

S Mit dem auswählten Tool SOLLTEN die Meldungen ausgewertet werden können. ja tw n

S Die gesammelten Ereignismeldungen SOLLTEN regelmäßig auf Auffälligkeiten kontrolliert werden. ja tw n

S Die Signaturen der Detektionssysteme SOLLTEN immer aktuell und auf dem gleichen Stand sein, damit sicherheitsrelevante Ereignisse auch nachträglich erkannt werden können. ja tw n

Notizen:

A12 Auswertung von Informationen aus externen Quellen *Standard*

Zuständig: Fachverantwortliche

S Um neue Erkenntnisse über sicherheitsrelevante Ereignisse für den eigenen Informationsverbund zu gewinnen, SOLLTEN externe Quellen herangezogen werden. ja tw n

S Meldungen über unterschiedliche Kanäle SOLLTEN von den Mitarbeitern auch als relevant erkannt und an die richtige Stelle weitergeleitet werden. ja tw n

S Informationen aus zuverlässigen Quellen SOLLTEN grundsätzlich ausgewertet werden. ja tw n

S Alle gelieferten Informationen SOLLTEN danach bewertet werden, ob sie relevant für den eigenen Informationsverbund sind. ja tw n

S Ist dies der Fall, SOLLTEN die Informationen entsprechend der Sicherheitsvorfallbehandlung eskaliert werden. ja tw n

Notizen:

DER.1 Detektion von sicherheitsrelevanten Ereignissen

A13 Regelmäßige Audits der Detektionssysteme *Standard*
Zuständig: IT-Betrieb

- S Die vorhandenen Detektionssysteme und getroffenen Maßnahmen SOLLTEN in regelmäßigen Audits daraufhin überprüft werden, ob sie noch aktuell und wirksam sind. — ja tw n
- S Es SOLLTEN die Messgrößen ausgewertet werden, die beispielsweise anfallen, wenn sicherheitsrelevante Ereignisse aufgenommen, gemeldet und eskaliert werden. — ja tw n
- S Die Ergebnisse der Audits SOLLTEN nachvollziehbar dokumentiert und mit dem Soll-Zustand abgeglichen werden. — ja tw n
- S Abweichungen SOLLTE nachgegangen werden. — ja tw n

Notizen:

A14 Auswertung der Protokollierungsdaten durch spezialisiertes Personal *Hoch*
Verantwortliche Rolle: IT-Betrieb — C I

- S Es SOLLTEN Mitarbeiter speziell damit beauftragt werden, alle Protokollierungsdaten zu überwachen. — ja tw n
- S Die Überwachung der Protokollierungsdaten SOLLTE die überwiegende Aufgabe der beauftragten Mitarbeiter sein. — ja tw n
- S Die beauftragten Mitarbeiter SOLLTEN spezialisierte weiterführende Schulungen und Qualifikationen erhalten. — ja tw n
- S Ein Personenkreis SOLLTE benannt werden, der ausschließlich für das Thema Auswertung von Protokollierungsdaten verantwortlich ist. — ja tw n

Notizen:

A15 Zentrale Detektion und Echtzeitüberprüfung von Ereignismeldungen *Hoch*
Verantwortliche Rolle: IT-Betrieb — C I A

- S Zentrale Komponenten SOLLTEN eingesetzt werden, um sicherheitsrelevante Ereignisse zu erkennen und auszuwerten. — ja tw n
- S Zentrale, automatisierte Analysen mit Softwaremitteln SOLLTEN eingesetzt werden. — ja tw n
- S Mit diesen zentrale, automatisierten Analysen mit Softwaremitteln SOLLTEN alle in der Systemumgebung anfallenden Ereignisse aufgezeichnet und in Bezug zueinander gesetzt werden. — ja tw n
- S Die sicherheitsrelevante Vorgänge SOLLTEN sichtbar gemacht werden. — ja tw n
- S Alle eingelieferten Daten SOLLTEN lückenlos in der Protokollverwaltung einsehbar und auswertbar sein. — ja tw n
- S Die Daten SOLLTEN möglichst permanent ausgewertet werden. — ja tw n
- S Werden definierte Schwellwerte überschritten, SOLLTE automatisch alarmiert werden. — ja tw n
- S Das Personal SOLLTE sicherstellen, dass bei einem Alarm unverzüglich eine qualifizierte und dem Bedarf entsprechende Reaktion eingeleitet wird. — ja tw n
- S In diesem Zusammenhang SOLLTE auch der betroffene Mitarbeiter sofort informiert werden. — ja tw n
- S Die Systemverantwortlichen SOLLTEN regelmäßig die Analyseparameter auditieren und anpassen, falls dies erforderlich ist. — ja tw n
- S Zusätzlich SOLLTEN bereits überprüfte Daten regelmäßig hinsichtlich sicherheitsrelevanter Ereignisse automatisch untersucht werden. — ja tw n

Notizen:

DER: Detektion und Reaktion

A16 Einsatz von Detektionssystemen nach Schutzbedarfsanforderungen — *Hoch* — **C I A**

Verantwortliche Rolle: IT-Betrieb

- S Anwendungen mit erhöhtem Schutzbedarf SOLLTEN durch zusätzliche Detektionsmaßnahmen geschützt werden. — ja / tw / n
- S Dafür SOLLTEN z.B. solche Detektionssysteme eingesetzt werden, mit denen sich der erhöhte Schutzbedarf technisch auch sicherstellen lässt. — ja / tw / n

Notizen:

A17 Automatische Reaktion auf sicherheitsrelevante Ereignisse — *Hoch* — **C I**

Verantwortliche Rolle: IT-Betrieb

- S Bei einem sicherheitsrelevanten Ereignis SOLLTEN die eingesetzten Detektionssysteme das Ereignis automatisch melden und mit geeigneten Schutzmaßnahmen reagieren. — ja / tw / n
- S Hierbei SOLLTEN Verfahren eingesetzt werden, die automatisch mögliche Angriffe, Missbrauchsversuche oder Sicherheitsverletzungen erkennen. — ja / tw / n
- S Es SOLLTE möglich sein, automatisch in den Datenstrom einzugreifen, um einen möglichen Sicherheitsvorfall zu unterbinden. — ja / tw / n

Notizen:

A18 Durchführung regelmäßiger Integritätskontrollen — *Hoch* — **C I**

Verantwortliche Rolle: IT-Betrieb

- S Alle Detektionssysteme SOLLTEN regelmäßig daraufhin überprüft werden, ob sie noch integer sind. — ja / tw / n
- S Auch SOLLTEN die Benutzerrechte kontrolliert werden. — ja / tw / n
- S Zusätzlich SOLLTEN die Sensoren eine Integritätskontrolle von Dateien durchführen. — ja / tw / n
- S Bei sich ändernden Werten SOLLTE eine automatische Alarmierung ausgelöst werden. — ja / tw / n

Notizen:

DER.2 Security Incident Management

DER.2.1 Behandlung von Sicherheitsvorfällen

A1 Definition eines Sicherheitsvorfalls — *Basis*

Zuständig: Informationssicherheitsbeauftragter (ISB)

- M In einer Institution MUSS klar definiert sein, was ein Sicherheitsvorfall ist. — ja / tw / n
- M Ein Sicherheitsvorfall MUSS so weit wie möglich von Störungen im Tagesbetrieb abgegrenzt sein. — ja / tw / n
- M Alle an der Behandlung von Sicherheitsvorfällen beteiligten Mitarbeiter MÜSSEN die Definition eines Sicherheitsvorfalls kennen. — ja / tw / n
- S Die Definition und die Eintrittsschwellen eines solchen Vorfalls SOLLTEN sich nach dem Schutzbedarf der betroffenen Geschäftsprozesse, IT-Systeme bzw. Anwendungen richten. — ja / tw / n

Notizen:

A2 Erstellung einer Richtlinie zur Behandlung von Sicherheitsvorfällen *Basis*

Zuständig: Informationssicherheitsbeauftragter (ISB)

M	Eine Richtlinie zur Behandlung von Sicherheitsvorfällen MUSS erstellt werden.		ja	tw	n
M	Darin MÜSSEN Zweck und Ziel der Richtlinie definiert sowie alle Aspekte der Behandlung von Sicherheitsvorfällen geregelt werden.		ja	tw	n
M	So MÜSSEN Verhaltensregeln für die verschiedenen Arten von Sicherheitsvorfällen beschrieben sein.		ja	tw	n
M	Zusätzlich MUSS es für alle Mitarbeiter zielgruppenorientierte und praktisch anwendbare Handlungsanweisungen geben.		ja	tw	n
S	Weiterhin SOLLTEN die Schnittstellen zu anderen Managementbereichen berücksichtigt werden, z.B. zum Notfallmanagement.		ja	tw	n
M	Die Richtlinie MUSS allen Mitarbeitern bekannt sein.		ja	tw	n
M	Sie MUSS mit dem IT-Betrieb abgestimmt und durch die Institutionsleitung verabschiedet sein.		ja	tw	n
M	Die Richtlinie MUSS regelmäßig geprüft und aktualisiert werden.		ja	tw	n

Notizen:

A3 Festlegung von Verantwortlichkeiten und Ansprechpartnern bei Sicherheitsvorfällen *Basis*

Zuständig: Informationssicherheitsbeauftragter (ISB)

M	Es MUSS geregelt werden, wer bei Sicherheitsvorfällen wofür verantwortlich ist.		ja	tw	n
M	Für alle Mitarbeiter MÜSSEN die Aufgaben und Kompetenzen bei Sicherheitsvorfällen festgelegt werden.		ja	tw	n
M	Insbesondere Mitarbeiter, die Sicherheitsvorfälle bearbeiten sollen, MÜSSEN über ihre Aufgaben und Kompetenzen unterrichtet werden.		ja	tw	n
M	Dabei MUSS auch geregelt sein, wer die mögliche Entscheidung für eine forensische Untersuchung trifft, nach welchen Kriterien diese vorgenommen wird und wann sie erfolgen soll.		ja	tw	n
M	Die Ansprechpartner für alle Arten von Sicherheitsvorfällen MÜSSEN den Mitarbeitern bekannt sein.		ja	tw	n
M	Kontaktinformationen MÜSSEN immer aktuell und leicht zugänglich sein.		ja	tw	n

Notizen:

A4 Benachrichtigung betroffener Stellen bei Sicherheitsvorfällen *Basis*

Zuständig: Institutionsleitung, IT-Betrieb, Datenschutzbeauftragter, Notfallbeauftragter

M	Von einem Sicherheitsvorfall MÜSSEN alle betroffenen internen und externen Stellen zeitnah informiert werden.		ja	tw	n
M	Dabei MUSS geprüft werden, ob der Datenschutzbeauftragte, der Betriebs- und Personalrat sowie Mitarbeiter aus der Rechtsabteilung einbezogen werden müssen.		ja	tw	n
M	Ebenso MÜSSEN die Meldepflichten für Behörden und regulierte Branchen berücksichtigt werden.		ja	tw	n
M	Außerdem MUSS gewährleistet sein, dass betroffene Stellen über die erforderlichen Maßnahmen informiert werden.		ja	tw	n

Notizen:

DER: Detektion und Reaktion

A5 **Behebung von Sicherheitsvorfällen** *Basis*

Zuständig: IT-Betrieb

M	Damit ein Sicherheitsvorfall erfolgreich behoben werden kann, MUSS der Zuständige zunächst das Problem eingrenzen und die Ursache finden.	ja tw n
M	Danach MUSS er die erforderlichen Maßnahmen auswählen, um das Problem zu beheben.	ja tw n
M	Der Leiter des IT-Betriebs MUSS seine Freigabe erteilen, bevor die Maßnahmen umgesetzt werden.	ja tw n
M	Anschließend MUSS die Ursache beseitigt und ein sicherer Zustand hergestellt werden.	ja tw n
M	Eine aktuelle Liste von internen und externen Sicherheitsexperten MUSS vorhanden sein, die bei Sicherheitsvorfällen für Fragen aus den erforderlichen Themenbereichen hinzugezogen werden können.	ja tw n
M	Es MÜSSEN sichere Kommunikationsverfahren mit diesen internen und externen Stellen etabliert werden.	ja tw n

Notizen:

A6 **Wiederherstellung der Betriebsumgebung nach Sicherheitsvorfällen** *Basis*

Zuständig: IT-Betrieb

M	Nach einem Sicherheitsvorfall MÜSSEN die betroffenen Komponenten vom Netz genommen werden.	ja tw n
M	Zudem MÜSSEN alle erforderlichen Daten gesichert werden, die Aufschluss über die Art und Ursache des Problems geben könnten.	ja tw n
M	Auf allen betroffenen Komponenten MÜSSEN das Betriebssystem und alle Applikationen auf Veränderungen untersucht werden.	ja tw n
M	Die Originaldaten MÜSSEN von schreibgeschützten Datenträgern wieder eingespielt werden.	ja tw n
M	Dabei MÜSSEN alle sicherheitsrelevanten Konfigurationen und Patches mit aufgespielt werden.	ja tw n
M	Wenn Daten aus Datensicherungen wieder eingespielt werden, MUSS sichergestellt sein, dass diese vom Sicherheitsvorfall nicht betroffen waren.	ja tw n
M	Nach einem Angriff MÜSSEN alle Zugangsdaten auf den betroffenen Komponenten geändert werden, bevor sie wieder in Betrieb genommen werden.	ja tw n
S	Die betroffenen Komponenten SOLLTEN einem Penetrationstest unterzogen werden, bevor sie wieder eingesetzt werden.	ja tw n
M	Bei der Wiederherstellung der sicheren Betriebsumgebung MÜSSEN die Benutzer in die Anwendungsfunktionstests einbezogen werden.	ja tw n
M	Nachdem alles wiederhergestellt wurde, MÜSSEN die Komponenten inklusive der Netzübergänge gezielt überwacht werden.	ja tw n

Notizen:

DER.2.1 Behandlung von Sicherheitsvorfällen

A7 Etablierung einer Vorgehensweise zur Behandlung von Sicherheitsvorfällen *Standard*
Zuständig: Institutionsleitung

- S Es SOLLTE eine geeignete Vorgehensweise zur Behandlung von Sicherheitsvorfällen definiert werden. — ja tw n
- S Die Abläufe, Prozesse und Vorgaben für die verschiedenen Sicherheitsvorfälle SOLLTEN dabei eindeutig geregelt und geeignet dokumentiert werden. — ja tw n
- S Die Institutionsleitung SOLLTE die festgelegte Vorgehensweise in Kraft setzen und allen Beteiligten zugänglich machen. — ja tw n
- S Es SOLLTE regelmäßig überprüft werden, ob die Vorgehensweise noch aktuell und wirksam ist. — ja tw n
- S Bei Bedarf SOLLTE die Vorgehensweise angepasst werden. — ja tw n

Notizen:

A8 Aufbau von Organisationsstrukturen zur Behandlung von Sicherheitsvorfällen *Standard*
Zuständig: Informationssicherheitsbeauftragter (ISB)

- S Für den Umgang mit Sicherheitsvorfällen SOLLTEN geeignete Organisationsstrukturen festgelegt werden. — ja tw n
- S Es SOLLTE ein Sicherheitsvorfall-Team aufgebaut werden, dessen Mitglieder je nach Art des Vorfalls einberufen werden können. — ja tw n
- S Auch wenn das Sicherheitsvorfall-Team nur für einen konkreten Fall zusammentritt, SOLLTEN bereits im Vorfeld geeignete Mitglieder benannt und in ihre Aufgaben eingewiesen sein. — ja tw n
- S Es SOLLTE regelmäßig geprüft werden, ob die Zusammensetzung des Sicherheitsvorfall-Teams noch angemessen ist. — ja tw n
- S Gegebenenfalls SOLLTE das Sicherheitsvorfall-Team neu zusammengestellt werden. — ja tw n

Notizen:

A9 Festlegung von Meldewegen für Sicherheitsvorfälle *Standard*
Zuständig: Informationssicherheitsbeauftragter (ISB)

- S Für die verschiedenen Arten von Sicherheitsvorfällen SOLLTEN die jeweils passenden Meldewege aufgebaut sein. — ja tw n
- S Es SOLLTE dabei sichergestellt sein, dass Mitarbeiter Sicherheitsvorfälle über verlässliche und vertrauenswürdige Kanäle schnell und einfach melden können. — ja tw n
- S Wird eine zentrale Anlaufstelle für die Meldung von Störungen oder Sicherheitsvorfällen eingerichtet, SOLLTE dies an alle Mitarbeiter kommuniziert werden. — ja tw n
- S Eine Kommunikations- und Kontaktstrategie SOLLTE vorliegen. — ja tw n
- S Darin SOLLTE geregelt sein, wer grundsätzlich informiert werden muss und wer informiert werden darf, durch wen dies in welcher Reihenfolge erfolgt und in welcher Tiefe informiert wird. — ja tw n
- S Es SOLLTE definiert sein, wer Informationen über Sicherheitsvorfälle an Dritte weitergibt. — ja tw n
- S Ebenso SOLLTE sichergestellt sein, dass keine unautorisierten Personen Informationen über den Sicherheitsvorfall weitergeben. — ja tw n

Notizen:

DER: Detektion und Reaktion

A10 Eindämmen der Auswirkung von Sicherheitsvorfällen *Standard*

Zuständig: Notfallbeauftragter, IT-Betrieb

S	Parallel zur Ursachenanalyse eines Sicherheitsvorfalls SOLLTE entschieden werden, ob es wichtiger ist, den entstandenen Schaden einzudämmen oder den Vorfall aufzuklären.	ja tw n
S	Um die Auswirkung eines Sicherheitsvorfalls abschätzen zu können, SOLLTEN ausreichend Informationen vorliegen.	ja tw n
S	Für ausgewählte Sicherheitsvorfallsszenarien SOLLTEN bereits im Vorfeld Worst-Case-Betrachtungen durchgeführt werden.	ja tw n

Notizen:

A11 Einstufung von Sicherheitsvorfällen *Standard*

Zuständig: IT-Betrieb

S	Ein einheitliches Verfahren SOLLTE festgelegt werden, um Sicherheitsvorfälle und Störungen einzustufen.	ja tw n
S	Das Einstufungsverfahren für Sicherheitsvorfälle SOLLTE zwischen Sicherheitsmanagement und der Störungs- und Fehlerbehebung (Incident Management) abgestimmt sein.	ja tw n

Notizen:

A12 Festlegung der Schnittstellen der Sicherheitsvorfallbehandlung zur Störungs- und Fehlerbehebung *Standard*

Zuständig: Notfallbeauftragter

S	Die Schnittstellen zwischen Störungs- und Fehlerbehebung, Notfallmanagement und Sicherheitsmanagement SOLLTEN analysiert werden.	ja tw n
S	Dabei SOLLTEN auch eventuell gemeinsam benutzbare Ressourcen identifiziert werden.	ja tw n
S	Die bei der Störungs- und Fehlerbehebung beteiligten Mitarbeiter SOLLTEN für die Behandlung von Sicherheitsvorfällen sowie für das Notfallmanagement sensibilisiert werden.	ja tw n
S	Das Sicherheitsmanagement SOLLTE lesenden Zugriff auf eingesetzte Incident-Management-Werkzeuge haben.	ja tw n

Notizen:

A13 Einbindung in das Sicherheits- und Notfallmanagement *Standard*

Zuständig: Notfallbeauftragter

S	Die Behandlung von Sicherheitsvorfällen SOLLTE mit dem Notfallmanagement abgestimmt sein.	ja tw n
S	Falls es in der Institution eine spezielle Rolle für Störungs- und Fehlerbehebung gibt, SOLLTE auch diese mit einbezogen werden.	ja tw n

Notizen:

A14 Eskalationsstrategie für Sicherheitsvorfälle *Standard*
Zuständig: IT-Betrieb

S	Über die Kommunikations- und Kontaktstrategie hinaus SOLLTE eine Eskalationsstrategie formuliert werden.	ja	tw	n
S	Diese SOLLTE zwischen den Verantwortlichen für Störungs- und Fehlerbehebung und dem Informationssicherheitsmanagement abgestimmt werden.	ja	tw	n
S	Die Eskalationsstrategie SOLLTE eindeutige Handlungsanweisungen enthalten, wer auf welchem Weg bei welcher Art von erkennbaren oder vermuteten Sicherheitsstörungen wann einzubeziehen ist.	ja	tw	n
S	Es SOLLTE geregelt sein, zu welchen Maßnahmen eine Eskalation führt und wie reagiert werden soll.	ja	tw	n
S	Für die festgelegte Eskalationsstrategie SOLLTEN geeignete Werkzeuge wie z.B. Ticket-Systeme ausgewählt werden.	ja	tw	n
S	Diese SOLLTEN sich auch dafür eignen, vertrauliche Informationen zu verarbeiten.	ja	tw	n
S	Es SOLLTE sichergestellt sein, dass die Werkzeuge auch während eines Sicherheitsvorfalls bzw. Notfalls verfügbar sind.	ja	tw	n
S	Die Eskalationsstrategie SOLLTE regelmäßig überprüft und gegebenenfalls aktualisiert werden.	ja	tw	n
S	Die Checklisten (Matching Szenarios) für Störungs- und Fehlerbehebung SOLLTEN regelmäßig um sicherheitsrelevante Themen ergänzt bzw. aktualisiert werden.	ja	tw	n
S	Die festgelegten Eskalationswege SOLLTEN in Übungen erprobt werden.	ja	tw	n

Notizen:

A15 Schulung der Mitarbeiter des Service Desk *Standard*
Zuständig: IT-Betrieb

S	Den Mitarbeitern des Service Desk SOLLTEN geeignete Hilfsmittel zur Verfügung stehen, damit sie Sicherheitsvorfälle erkennen können.	ja	tw	n
S	Sie SOLLTEN ausreichend geschult sein, um die Hilfsmittel selbst anwenden zu können.	ja	tw	n
S	Die Mitarbeiter des Service Desk SOLLTEN den Schutzbedarf der betroffenen IT-Systeme kennen.	ja	tw	n

Notizen:

A16 Dokumentation der Behebung von Sicherheitsvorfällen *Standard*
Zuständig: Informationssicherheitsbeauftragter (ISB)

S	Die Behebung von Sicherheitsvorfällen SOLLTE nach einem standardisierten Verfahren dokumentiert werden.	ja	tw	n
S	Es SOLLTEN alle durchgeführten Aktionen inklusive der Zeitpunkte sowie die Protokolldaten der betroffenen Komponenten dokumentiert werden.	ja	tw	n
S	Dabei SOLLTE die Vertraulichkeit bei der Dokumentation und Archivierung der Berichte gewährleistet sein.	ja	tw	n
S	Die benötigten Informationen SOLLTEN in die jeweiligen Dokumentationssysteme eingepflegt werden, bevor die Störung als beendet und als abgeschlossen markiert wird.	ja	tw	n
S	Im Vorfeld SOLLTEN mit dem ISB die dafür erforderlichen Anforderungen an die Qualitätssicherung definiert werden.	ja	tw	n

Notizen:

DER: Detektion und Reaktion

A17 Nachbereitung von Sicherheitsvorfällen *Standard*

Zuständig: Informationssicherheitsbeauftragter (ISB)

S	Sicherheitsvorfälle SOLLTEN standardisiert nachbereitet werden.	ja tw n
S	Dabei SOLLTE untersucht werden, wie schnell die Sicherheitsvorfälle erkannt und behoben wurden.	ja tw n
S	Weiterhin SOLLTE untersucht werden, ob die Meldewege funktionierten, ausreichend Informationen für die Bewertung verfügbar und ob die Detektionsmaßnahmen wirksam waren.	ja tw n
S	Ebenso SOLLTE geprüft werden, ob die ergriffenen Maßnahmen und Aktivitäten wirksam und effizient waren.	ja tw n
S	Die Erfahrungen aus vergangenen Sicherheitsvorfällen SOLLTEN genutzt werden, um daraus Handlungsanweisungen für vergleichbare Sicherheitsvorfälle zu erstellen.	ja tw n
S	Diese Handlungsanweisungen SOLLTEN den relevanten Personengruppen bekanntgegeben und auf Basis neuer Erkenntnisse regelmäßig aktualisiert werden.	ja tw n
S	Die Institutionsleitung SOLLTE jährlich über die Sicherheitsvorfälle unterrichtet werden.	ja tw n
M	Besteht sofortiger Handlungsbedarf, MUSS die Institutionsleitung umgehend informiert werden.	ja tw n

Notizen:

A18 Weiterentwicklung der Prozesse durch Erkenntnisse aus Sicherheitsvorfällen und Branchenentwicklungen *Standard*

Zuständig: Fachverantwortliche

S	Nachdem ein Sicherheitsvorfall analysiert wurde, SOLLTE untersucht werden, ob die Prozesse und Abläufe im Rahmen der Behandlung von Sicherheitsvorfällen geändert oder weiterentwickelt werden müssen.	ja tw n
S	Dabei SOLLTEN alle Personen, die an dem Vorfall beteiligt waren, über ihre jeweiligen Erfahrungen berichten.	ja tw n
S	Es SOLLTE geprüft werden, ob es neue Entwicklungen im Bereich Incident Management und in der Forensik gibt und ob diese in die jeweiligen Dokumente und Abläufe eingebracht werden können.	ja tw n
S	Werden Hilfsmittel und Checklisten eingesetzt, z.B. für Service-Desk-Mitarbeiter, SOLLTE geprüft werden, ob diese um relevante Fragen und Informationen zu erweitern sind.	ja tw n

Notizen:

A19 Festlegung von Prioritäten für die Behandlung von Sicherheitsvorfällen *Hoch*
C I A

Verantwortliche Rolle: Institutionsleitung

S	Es SOLLTEN Prioritäten für die Behandlung von Sicherheitsvorfällen vorab festgelegt und regelmäßig aktualisiert werden.	ja tw n
S	Dabei SOLLTE auch die vorgenommene Einstufung von Sicherheitsvorfällen berücksichtigt werden.	ja tw n
S	Die Prioritäten SOLLTEN von der Institutionsleitung genehmigt und in Kraft gesetzt werden.	ja tw n
S	Sie SOLLTEN allen Entscheidungsträgern bekannt sein, die mit der Behandlung von Sicherheitsvorfällen zu tun haben.	ja tw n
S	Die festgelegten Prioritätsklassen SOLLTEN außerdem im Incident Management hinterlegt sein.	ja tw n

Notizen:

A20 Einrichtung einer dedizierten Meldestelle für Sicherheitsvorfälle

Hoch

Verantwortliche Rolle: Informationssicherheitsbeauftragter (ISB)

C I A

		C	I	A
S	Eine dedizierte Stelle zur Meldung von Sicherheitsvorfällen SOLLTE eingerichtet werden.	ja	tw	n
S	Es SOLLTE gewährleistet sein, dass die Meldestelle zu den üblichen Arbeitszeiten erreichbar ist.	ja	tw	n
S	Zusätzlich SOLLTE es möglich sein, dass Sicherheitsvorfälle auch außerhalb der üblichen Arbeitszeiten von Mitarbeitern gemeldet werden können.	ja	tw	n
S	Die Mitarbeiter der Meldestelle SOLLTEN ausreichend geschult und für die Belange der Informationssicherheit sensibilisiert sein.	ja	tw	n
S	Alle Informationen über Sicherheitsvorfälle SOLLTEN bei der Meldestelle vertraulich behandelt werden.	ja	tw	n

Notizen:

A21 Einrichtung eines Expertenteams für die Behandlung von Sicherheitsvorfällen

Hoch

Verantwortliche Rolle: Informationssicherheitsbeauftragter (ISB)

C I A

		C	I	A
S	Es SOLLTE ein Team mit erfahrenen und vertrauenswürdigen Spezialisten zusammengestellt werden.	ja	tw	n
S	Neben dem technischen Verständnis SOLLTEN die Teammitglieder auch über Kompetenzen im Bereich Kommunikation verfügen.	ja	tw	n
S	Die Vertrauenswürdigkeit der Mitglieder des Expertenteams SOLLTE überprüft werden.	ja	tw	n
S	Die Zusammensetzung des Expertenteams SOLLTE regelmäßig überprüft und, wenn nötig, geändert werden.	ja	tw	n
S	Die Mitglieder des Expertenteams SOLLTEN in die Eskalations- und Meldewege eingebunden sein.	ja	tw	n
S	Das Expertenteam SOLLTE für die Analyse von Sicherheitsvorfällen an den in der Institution eingesetzten Systemen ausgebildet werden.	ja	tw	n
S	Die Mitglieder des Expertenteams SOLLTEN sich regelmäßig weiterbilden, sowohl zu den eingesetzten Systemen als auch zur Detektion und Reaktion auf Sicherheitsvorfälle.	ja	tw	n
S	Dem Expertenteam SOLLTEN alle vorhandenen Dokumentationen sowie finanzielle und technische Ressourcen zur Verfügung stehen, um Sicherheitsvorfälle schnell und diskret zu behandeln.	ja	tw	n
S	Das Expertenteam SOLLTE in geeigneter Weise in den Organisationsstrukturen berücksichtigt und in diese integriert werden.	ja	tw	n
S	Die Zuständigkeiten des Expertenteams SOLLTEN vorher mit denen des Sicherheitsvorfall-Teams abgestimmt werden.	ja	tw	n

Notizen:

DER: Detektion und Reaktion

A22	**Überprüfung der Effizienz des Managementsystems zur Behandlung von Sicherheitsvorfällen**	*Hoch*
	Verantwortliche Rolle: Informationssicherheitsbeauftragter (ISB)	**C I A**

S	Das Managementsystem zur Behandlung von Sicherheitsvorfällen SOLLTE regelmäßig daraufhin geprüft werden, ob es noch aktuell und wirksam ist.	ja	tw	n
S	Dazu SOLLTEN sowohl angekündigte als auch unangekündigte Übungen durchgeführt werden.	ja	tw	n
S	Die Übungen SOLLTEN vorher mit der Institutionsleitung abgestimmt sein.	ja	tw	n
S	Es SOLLTEN die Messgrößen ausgewertet werden, die anfallen, wenn Sicherheitsvorfälle aufgenommen, gemeldet und eskaliert werden, z.B. die Zeiträume von der Erstmeldung bis zur verbindlichen Bestätigung eines Sicherheitsvorfalls.	ja	tw	n
S	Außerdem SOLLTEN Planspiele zur Behandlung von Sicherheitsvorfällen durchgeführt werden.	ja	tw	n

Notizen:

DER.2.2 Vorsorge für die IT-Forensik

A1	**Prüfung rechtlicher und regulatorischer Rahmenbedingungen zur Erfassung und Auswertbarkeit**	*Basis*
	Zuständig: Datenschutzbeauftragter, Institutionsleitung	

M	Werden Daten für forensische Untersuchungen erfasst und ausgewertet, MÜSSEN alle rechtlichen und regulatorischen Rahmenbedingungen identifiziert und eingehalten werden (siehe ORP.5 *Compliance Management (Anforderungsmanagement)*).	ja	tw	n
M	Auch DARF NICHT gegen interne Regelungen und Mitarbeitervereinbarungen verstoßen werden.	ja	tw	n
M	Dazu MÜSSEN der Betriebs- oder Personalrat sowie der Datenschutzbeauftragte einbezogen werden.	ja	tw	n

Notizen:

A2	**Erstellung eines Leitfadens für Erstmaßnahmen bei einem IT-Sicherheitsvorfall**	*Basis*
	Zuständig: Informationssicherheitsbeauftragter (ISB)	

M	Es MUSS ein Leitfaden erstellt werden, der für die eingesetzten IT-Systeme beschreibt, welche Erstmaßnahmen bei einem IT-Sicherheitsvorfall durchgeführt werden müssen, um möglichst wenig Spuren zu zerstören.	ja	tw	n
M	Darin MUSS auch beschrieben sein, durch welche Handlungen potenzielle Spuren vernichtet werden könnten und wie sich das vermeiden lässt.	ja	tw	n

Notizen:

A3	**Vorauswahl von Forensik-Dienstleistern**			*Basis*	
	Zuständig: Informationssicherheitsbeauftragter (ISB)				
M	Verfügt eine Institution nicht über ein eigenes Forensik-Team, MÜSSEN bereits in der Vorbereitungsphase mögliche geeignete Forensik-Dienstleister identifiziert werden.	ja	tw	n	
M	Welche Forensik-Dienstleister infrage kommen, MUSS dokumentiert werden.	ja	tw	n	

Notizen:

A4	**Festlegung von Schnittstellen zum Krisen- und Notfallmanagement**			*Standard*	
	Zuständig: Informationssicherheitsbeauftragter (ISB)				
S	Die Schnittstellen zwischen IT-forensischen Untersuchungen und dem Krisen- und Notfallmanagement SOLLTEN definiert und dokumentiert werden.	ja	tw	n	
S	Hierzu SOLLTE geregelt werden, welche Mitarbeiter für welche Aufgaben verantwortlich sind und wie mit ihnen kommuniziert werden soll.	ja	tw	n	
S	Darüber hinaus SOLLTE sichergestellt werden, dass die zuständigen Ansprechpartner stets erreichbar sind.	ja	tw	n	

Notizen:

A5	**Erstellung eines Leitfadens für Beweissicherungsmaßnahmen bei IT-Sicherheitsvorfällen**			*Standard*	
	Zuständig: Informationssicherheitsbeauftragter (ISB)				
S	Es SOLLTE ein Leitfaden erstellt werden, in dem beschrieben wird, wie Beweise gesichert werden sollen.	ja	tw	n	
S	Darin SOLLTEN Vorgehensweisen, technische Werkzeuge, rechtliche Rahmenbedingungen und Dokumentationsvorgaben aufgeführt werden.	ja	tw	n	

Notizen:

A6	**Schulung des Personals für die Umsetzung der forensischen Sicherung**			*Standard*	
	Zuständig: Informationssicherheitsbeauftragter (ISB)				
S	Alle verantwortlichen Mitarbeiter SOLLTEN wissen, wie sie Spuren korrekt sichern und die Werkzeuge zur Forensik richtig einsetzen.	ja	tw	n	
S	Dafür SOLLTEN geeignete Schulungen durchgeführt werden.	ja	tw	n	

Notizen:

DER: Detektion und Reaktion

A7 Auswahl von Werkzeugen zur Forensik *Standard*

Zuständig: Informationssicherheitsbeauftragter (ISB)

S   Es SOLLTE sichergestellt werden, dass Werkzeuge, mit denen Spuren forensisch gesichert und analysiert werden, auch dafür geeignet sind. ja tw n

S   Bevor ein Werkzeug zur Forensik eingesetzt wird, SOLLTE zudem geprüft werden, ob es richtig funktioniert. ja tw n

S   Auch SOLLTE überprüft und dokumentiert werden, dass es nicht manipuliert wurde. ja tw n

Notizen:

A8 Auswahl und Reihenfolge der zu sichernden Beweismittel *Standard*

Zuständig: Fachverantwortliche

S   Eine forensische Untersuchung SOLLTE immer damit beginnen, die Ziele bzw. den Arbeitsauftrag zu definieren. ja tw n

S   Die Ziele SOLLTEN möglichst konkret formuliert sein. ja tw n

S   Danach SOLLTEN alle notwendigen Datenquellen identifiziert werden. ja tw n

S   Auch SOLLTE festgelegt werden, in welcher Reihenfolge die Daten gesichert werden und wie genau dabei vorgegangen werden soll. ja tw n

S   Die Reihenfolge SOLLTE sich danach richten, wie flüchtig (volatil) die zu sichernden Daten sind. ja tw n

S   So SOLLTEN schnell flüchtige Daten zeitnah gesichert werden. ja tw n

S   Erst danach SOLLTEN nichtflüchtige Daten wie beispielsweise Festspeicherinhalte und schließlich Backups folgen. ja tw n

Notizen:

A9 Vorauswahl forensisch relevanter Daten *Standard*

Zuständig: Fachverantwortliche

S   Es SOLLTE festgelegt werden, welche sekundären Daten (z.B. Logdaten oder Verkehrsmitschnitte) auf welche Weise und wie lange im Rahmen der rechtlichen Rahmenbedingungen für mögliche forensische Beweissicherungsmaßnahmen vorgehalten werden. ja tw n

Notizen:

A10   IT-forensische Sicherung von Beweismitteln   *Standard*

Zuständig: Fachverantwortliche

S   Datenträger SOLLTEN möglichst komplett forensisch dupliziert werden.   ja   tw   n

S   Wenn das nicht möglich ist, z.B. bei flüchtigen Daten im RAM oder in SAN-Partitionen,   ja   tw   n
    SOLLTE eine Methode gewählt werden, die möglichst wenige Daten verändert.

S   Die Originaldatenträger SOLLTEN versiegelt aufbewahrt werden.   ja   tw   n

S   Es SOLLTEN schriftlich dokumentierte kryptografische Prüfsummen von den Datenträgern   ja   tw   n
    angelegt werden.

S   Diese SOLLTEN getrennt und in mehreren Kopien aufbewahrt werden.   ja   tw   n

S   Zudem SOLLTE sichergestellt sein, dass die so dokumentierten Prüfsummen nicht verändert   ja   tw   n
    werden können.

S   Damit die Daten gerichtlich verwertbar sind, SOLLTE ein Zeuge bestätigen, wie dabei vorge-   ja   tw   n
    gangen wurde und die erstellten Prüfsummen beglaubigen.

S   Es SOLLTE ausschließlich geschultes Personal (siehe DER.2.2.A6 *Schulung des Personals für*   ja   tw   n
    die Umsetzung der forensischen Sicherung) oder ein Forensik-Dienstleister (siehe
    DER.2.2.A3 *Vorauswahl von Forensik-Dienstleistern*) eingesetzt werden, um Beweise foren-
    sisch zu sichern.

Notizen:

A11   Dokumentation der Beweissicherung   *Standard*

Zuständig: Fachverantwortliche

S   Wenn Beweise forensisch gesichert werden, SOLLTEN alle durchgeführten Schritte doku-   ja   tw   n
    mentiert werden.

S   Die Dokumentation SOLLTE lückenlos nachweisen, wie mit den gesicherten Originalbeweis-   ja   tw   n
    mitteln umgegangen wurde.

S   Auch SOLLTE dokumentiert werden, welche Methoden eingesetzt wurden und warum sich   ja   tw   n
    die Verantwortlichen dafür entschieden haben.

Notizen:

A12   Sichere Verwahrung von Originaldatenträgern und Beweismitteln   *Standard*

Zuständig: Fachverantwortliche

S   Alle sichergestellten Originaldatenträger SOLLTEN physisch so gelagert werden, dass nur   ja   tw   n
    ermittelnde und namentlich bekannte Mitarbeiter darauf zugreifen können.

S   Wenn Originaldatenträger und Beweismittel eingelagert werden, SOLLTE festgelegt werden,   ja   tw   n
    wie lange sie aufzubewahren sind.

S   Nachdem die Frist abgelaufen ist, SOLLTE geprüft werden, ob die Datenträger und Beweise   ja   tw   n
    noch weiter aufbewahrt werden müssen.

S   Nach der Aufbewahrungsfrist SOLLTEN Beweismittel sicher gelöscht oder vernichtet und   ja   tw   n
    Originaldatenträger zurückgegeben werden.

Notizen:

DER: Detektion und Reaktion

A13 Rahmenverträge mit externen Dienstleistern — *Hoch*
Verantwortliche Rolle: Informationssicherheitsbeauftragter (ISB) — **C I A**

- S Die Institution SOLLTE Abrufvereinbarungen bzw. Rahmenverträge mit Forensik-Dienstleistern abschließen, damit IT-Sicherheitsvorfälle schneller forensisch untersucht werden können. — ja / tw / n

Notizen:

A14 Festlegung von Standardverfahren für die Beweissicherung — *Hoch*
Verantwortliche Rolle: Informationssicherheitsbeauftragter (ISB) — **C I A**

- S Für Anwendungen, IT-Systeme bzw. IT-Systemgruppen mit hohem Schutzbedarf sowie für verbreitete Systemkonfigurationen SOLLTEN Standardverfahren erstellt werden, die es erlauben, flüchtige und nichtflüchtige Daten möglichst vollständig forensisch zu sichern. — ja / tw / n
- S Die jeweiligen systemspezifischen Standardverfahren SOLLTEN durch erprobte und möglichst automatisierte Prozesse umgesetzt werden. — ja / tw / n
- S Sie SOLLTEN zudem durch Checklisten und technische Hilfsmittel unterstützt werden, z.B. durch Software, Software-Tools auf mobilen Datenträgern und IT-forensische Hardware wie Schreibblocker. — ja / tw / n

Notizen:

A15 Durchführung von Übungen zur Beweissicherung — *Hoch*
Verantwortliche Rolle: Informationssicherheitsbeauftragter (ISB) — **C I A**

- S Alle an forensischen Analysen beteiligten Mitarbeiter SOLLTEN regelmäßig in Form von Übungen trainieren, wie Beweise bei einem IT-Sicherheitsvorfall zu sichern sind. — ja / tw / n

Notizen:

DER.2.3 Bereinigung weitreichender Sicherheitsvorfälle

A1 Einrichtung eines Leitungsgremiums — *Basis*
Zuständig: IT-Betrieb

- M Um einen APT-Vorfall zu bereinigen, MUSS ein Leitungsgremium eingerichtet werden, das alle notwendigen Aktivitäten plant, koordiniert und überwacht. — ja / tw / n
- M Dem Gremium MÜSSEN alle für die Aufgaben erforderlichen Weisungsbefugnisse übertragen werden. — ja / tw / n
- S Wenn ein solches Leitungsgremium zu dem Zeitpunkt, als der APT-Vorfall detektiert und klassifiziert wurde, bereits eingerichtet ist, SOLLTE dasselbe Gremium auch die Bereinigung planen und leiten. — ja / tw / n
- S Wurde schon ein spezialisierter Forensik-Dienstleister hinzugezogen, um den APT-Vorfall zu analysieren, SOLLTE dieser auch bei der Bereinigung des Vorfalls miteinbezogen werden. — ja / tw / n
- S Ist die IT zu stark kompromittiert, um weiter betrieben zu werden, oder sind die notwendigen Bereinigungsmaßnahmen sehr umfangreich, SOLLTE geprüft werden, ob ein Krisenstab eingerichtet werden soll. — ja / tw / n
- M In diesem Fall MUSS das Leitungsgremium die Bereinigungsmaßnahmen überwachen. — ja / tw / n
- M Das Leitungsgremium MUSS dann dem Krisenstab berichten. — ja / tw / n

Notizen:

A2 Entscheidung für eine Bereinigungsstrategie *Basis*
Zuständig: IT-Betrieb

M	Bevor ein APT-Vorfall tatsächlich bereinigt wird, MUSS das Leitungsgremium eine Bereinigungsstrategie festlegen.	ja	tw	n
M	Dabei MUSS insbesondere entschieden werden, ob die Schadsoftware von kompromittierten IT-Systemen entfernt werden kann, ob IT-Systeme neu installiert werden müssen oder ob IT-Systeme inklusive der Hardware komplett ausgetauscht werden sollen.	ja	tw	n
M	Weiterhin MUSS festgelegt werden, welche IT-Systeme bereinigt werden.	ja	tw	n
M	Grundlage für diese Entscheidungen MÜSSEN die Ergebnisse einer zuvor durchgeführten forensischen Untersuchung sein.	ja	tw	n
S	Es SOLLTEN alle betroffenen IT-Systeme neu installiert werden.	ja	tw	n
M	Danach MÜSSEN die Wiederanlaufpläne der Institution benutzt werden.	ja	tw	n
M	Bevor jedoch Backups wieder eingespielt werden, MUSS durch forensische Untersuchungen sichergestellt sein, dass dadurch keine manipulierten Daten oder Programme auf das neu installierte IT-System übertragen werden.	ja	tw	n
M	Entscheidet sich eine Institution dagegen, alle IT-Systeme neu zu installieren, MUSS eine gezielte APT-Bereinigung umgesetzt werden.	ja	tw	n
M	Um das Risiko übersehener Hintertüren zu minimieren, MÜSSEN nach der Bereinigung die IT-Systeme gezielt daraufhin überwacht werden, ob sie noch mit dem Angreifer kommunizieren.	ja	tw	n

Notizen:

A3 Isolierung der betroffenen Netzabschnitte *Basis*
Zuständig: IT-Betrieb

M	Die von einem APT-Vorfall betroffenen Netzabschnitte MÜSSEN vollständig isoliert werden (Cut-Off).	ja	tw	n
M	Insbesondere MÜSSEN die betroffenen Netzabschnitte vom Internet getrennt werden.	ja	tw	n
M	Um den Angreifer effektiv auszusperren und zu verhindern, dass er seine Spuren verwischt oder noch weitere IT-Systeme sabotiert, MÜSSEN die Netzabschnitte auf einen Schlag isoliert werden.	ja	tw	n
M	Welche Netzabschnitte isoliert werden müssen, MUSS vorher durch eine forensische Analyse festgelegt werden.	ja	tw	n
M	Es MÜSSEN dabei sämtliche betroffenen Abschnitte identifiziert werden.	ja	tw	n
M	Kann das nicht sichergestellt werden, MÜSSEN alle verdächtigen sowie alle auch nur theoretisch infizierten Netzabschnitte isoliert werden.	ja	tw	n
M	Um Netzabschnitte effektiv isolieren zu können, MÜSSEN sämtliche lokalen Internetanschlüsse, z.B. zusätzliche DSL-Anschlüsse in einzelnen Subnetzen, möglichst vollständig erfasst und ebenfalls berücksichtigt werden.	ja	tw	n

Notizen:

DER: Detektion und Reaktion

A4 Sperrung und Änderung von Zugangsdaten und kryptografischen Schlüsseln *Basis*
Zuständig: IT-Betrieb

- M Alle Zugangsdaten MÜSSEN geändert werden, nachdem das Netz isoliert wurde. ☐ ja ☐ tw ☐ n
- M Weiterhin MÜSSEN auch zentral verwaltete Zugangsdaten zurückgesetzt werden, z.B. in Active-Directory-Umgebungen oder wenn das Lightweight Directory Access Protocol (LDAP) benutzt wurde. ☐ ja ☐ tw ☐ n
- M Ist der zentrale Authentisierungsserver (Domaincontroller oder LDAP-Server) kompromittiert, MÜSSEN sämtliche dort vorhandenen Zugänge gesperrt und ihre Passwörter ausgetauscht werden. ☐ ja ☐ tw ☐ n
- M Dies MÜSSEN erfahrene Administratoren umsetzen, falls erforderlich, auch mithilfe interner oder externer Forensikexperten. ☐ ja ☐ tw ☐ n
- M Wurden TLS-Schlüssel oder eine interne Certification Authority (CA) durch den APT-Angriff kompromittiert, MÜSSEN entsprechende Schlüssel, Zertifikate und Infrastrukturen neu erzeugt und verteilt werden. ☐ ja ☐ tw ☐ n
- M Auch MÜSSEN die kompromittierten Schlüssel und Zertifikate zuverlässig gesperrt und zurückgerufen werden. ☐ ja ☐ tw ☐ n

Notizen:

A5 Schließen des initialen Einbruchswegs *Basis*
Zuständig: IT-Betrieb

- M Wurde durch eine forensische Untersuchung herausgefunden, dass der Angreifer durch eine technische Schwachstelle in das Netz der Institution eingedrungen ist, MUSS diese Schwachstelle geschlossen werden. ☐ ja ☐ tw ☐ n
- M Konnten die Angreifer die IT-Systeme durch menschliche Fehlhandlungen kompromittieren, MÜSSEN organisatorische, personelle und technische Maßnahmen ergriffen werden, um ähnliche Vorfälle künftig zu verhindern. ☐ ja ☐ tw ☐ n

Notizen:

A6 Rückführung in den Produktivbetrieb *Basis*
Zuständig: IT-Betrieb

- M Nachdem das Netz erfolgreich bereinigt wurde, MÜSSEN die IT-Systeme geordnet in den Produktivbetrieb zurückgeführt werden. ☐ ja ☐ tw ☐ n
- M Dabei MÜSSEN sämtliche zuvor eingesetzten IT-Systeme und installierten Programme, mit denen der Angriff beobachtet und analysiert wurde, entweder entfernt oder aber in den Produktivbetrieb überführt werden. ☐ ja ☐ tw ☐ n
- M Dasselbe MUSS mit Kommunikations- und Kollaborationssystemen erfolgen, die für die Bereinigung angeschafft wurden. ☐ ja ☐ tw ☐ n
- M Beweismittel und ausgesonderte IT-Systeme MÜSSEN entweder sicher gelöscht bzw. vernichtet oder aber geeignet archiviert werden. ☐ ja ☐ tw ☐ n

Notizen:

A7 Gezielte Systemhärtung
Zuständig: IT-Betrieb

Standard

S	Nach einem APT-Angriff SOLLTEN alle betroffenen IT-Systeme gehärtet werden.	ja tw n
S	Grundlage hierfür SOLLTEN die Ergebnisse der forensischen Untersuchungen sein.	ja tw n
S	Zusätzlich SOLLTE erneut geprüft werden, ob die betroffene Umgebung noch sicher ist.	ja tw n
S	Wenn möglich, SOLLTEN IT-Systeme bereits während der Bereinigung gehärtet werden.	ja tw n
S	Maßnahmen, die sich nicht kurzfristig durchführen lassen, SOLLTEN in einen Maßnahmenplan aufgenommen und mittelfristig umgesetzt werden.	ja tw n
S	Der ISB SOLLTE den Plan aufzustellen und prüfen, ob er korrekt umgesetzt wurde.	ja tw n

Notizen:

A8 Etablierung sicherer, unabhängiger Kommunikationskanäle
Zuständig: IT-Betrieb

Standard

S	Es SOLLTEN sichere Kommunikationskanäle für das Leitungsgremium und die mit der Bereinigung beauftragten Mitarbeiter etabliert werden.	ja tw n
S	Wird auf Kommunikationsdienste Dritter zurückgegriffen, SOLLTE auch hier darauf geachtet werden, dass ein sicherer Kommunikationskanal ausgewählt wird.	ja tw n

Notizen:

A9 Hardwaretausch betroffener IT-Systeme
Verantwortliche Rolle: IT-Betrieb

Hoch
C I A

S	Es SOLLTE erwogen werden, nach einem APT-Vorfall die Hardware komplett auszutauschen.	ja tw n
S	Auch wenn nach einer Bereinigung bei einzelnen IT-Systemen noch verdächtiges Verhalten beobachtet wird, SOLLTEN die betroffenen IT-Systeme ausgetauscht werden.	ja tw n

Notizen:

A10 Umbauten zur Erschwerung eines erneuten Angriffs durch denselben Angreifer
Verantwortliche Rolle: IT-Betrieb

Hoch
C I

S	Damit derselbe Angreifer nicht noch einmal einen APT-Angriff auf die IT-Systeme der Institution durchführen kann, SOLLTE der interne Aufbau der Netzumgebung geändert werden.	ja tw n
S	Außerdem SOLLTEN Mechanismen etabliert werden, mit denen sich ein wiederkehrender Angreifer schnell detektieren lässt.	ja tw n

Notizen:

DER.3 Sicherheitsprüfungen

DER.3.1 Audits und Revisionen

A1 Definition von Verantwortlichkeiten *Basis*

Zuständig: Institutionsleitung

M Die Institutionsleitung MUSS einen Mitarbeiter benennen, der dafür zuständig ist, Audits bzw. Revisionen zu planen und zu initiieren. ja tw n

M Dabei MUSS die Institutionsleitung darauf achten, dass keine Interessenkonflikte entstehen. ja tw n

M Die Institution MUSS die Ergebnisse der Audits und Revisionen dazu verwenden, um die Sicherheitsmaßnahmen zu verbessern. ja tw n

Notizen:

A2 Vorbereitung eines Audits oder einer Revision *Basis*

Zuständig: Informationssicherheitsbeauftragter (ISB)

M Vor einem Audit oder einer Revision MUSS die Institution den Prüfgegenstand und die Prüfungsziele festlegen. ja tw n

M Die betroffenen Ansprechpartner MÜSSEN unterrichtet werden. ja tw n

M Abhängig vom Untersuchungsgegenstand MUSS der zuständige Mitarbeiter die Personalvertretung über das geplante Audit oder die geplante Revision informieren. ja tw n

Notizen:

A3 Durchführung eines Audits *Basis*

Zuständig: Auditteam

M Bei einem Audit MUSS das Auditteam prüfen, ob die Anforderungen aus Richtlinien, Normen, Standards und anderen relevanten Vorgaben erfüllt sind. ja tw n

M Die geprüfte Institution MUSS die Anforderungen kennen. ja tw n

M Das Auditteam MUSS bei jedem Audit eine Dokumentenprüfung sowie eine Vor-Ort-Prüfung durchführen. ja tw n

M Beim Vor-Ort-Audit MUSS das Auditteam sicherstellen, dass es niemals selbst aktiv in Systeme eingreift und keine Handlungsanweisungen zu Änderungen am Prüfgegenstand erteilt. ja tw n

M Das Auditteam MUSS sämtliche Ergebnisse eines Audits schriftlich dokumentieren und in einem Auditbericht zusammenfassen. ja tw n

M Der Auditbericht MUSS dem Ansprechpartner der Institution zeitnah übermittelt werden. ja tw n

Notizen:

A4 Durchführung einer Revision *Basis*

Zuständig: Informationssicherheitsbeauftragter (ISB)

M	Bei einer Revision MUSS das Revisionsteam prüfen, ob die Anforderungen vollständig, korrekt, angemessen und aktuell umgesetzt sind.	ja	tw	n
M	Die Institution MUSS festgestellte Abweichungen so schnell wie möglich korrigieren.	ja	tw	n
M	Die jeweiligen Revisionen MÜSSEN mit einer Änderungsverfolgung dokumentiert werden.	ja	tw	n

Notizen:

A5 Integration in den Informationssicherheitsprozess *Standard*

Zuständig: Informationssicherheitsbeauftragter (ISB)

S	Die Institution SOLLTE eine Richtlinie zur internen ISMS-Auditierung vorgeben.	ja	tw	n
S	Außerdem sollte sie eine Richtlinie zur Lenkung von Korrekturmaßnahmen erstellen. Die Richtlinien SOLLTEN vorgeben, dass regelmäßige Audits und Revisionen ein Teil des Sicherheitsprozesses sind und durch diesen initiiert werden.	ja	tw	n
S	Der ISB SOLLTE sicherstellen, dass die Ergebnisse der Audits und Revisionen in das ISMS zurückfließen und dieses verbessern.	ja	tw	n
S	Der ISB SOLLTE die durchgeführten Audits und Revisionen und deren Ergebnisse in seinen regelmäßigen Bericht an die Institutionsleitung aufnehmen.	ja	tw	n
S	Auch SOLLTE dort festgehalten werden, welche Mängel beseitigt wurden und wie die Qualität verbessert wurde.	ja	tw	n

Notizen:

A6 Definition der Prüfungsgrundlage und eines einheitlichen Bewertungsschemas *Standard*

Zuständig: Informationssicherheitsbeauftragter (ISB)

S	Die Institution SOLLTE eine einheitliche Prüfungsgrundlage für Audits festlegen.	ja	tw	n
S	Für die Bewertung der Umsetzung von Anforderungen SOLLTE ein einheitliches Bewertungsschema festgelegt und dokumentiert werden.	ja	tw	n

Notizen:

A7 Erstellung eines Auditprogramms *Standard*

Zuständig: Informationssicherheitsbeauftragter (ISB)

S	Der ISB SOLLTE ein Auditprogramm für mehrere Jahre aufstellen, das alle durchzuführenden Audits und Revisionen erfasst.	ja	tw	n
S	Für das Auditprogramm SOLLTEN Ziele definiert werden, die sich insbesondere aus den Institutionszielen sowie aus den Informationssicherheitszielen ableiten.	ja	tw	n
S	Der ISB SOLLTE Reserven für unvorhergesehene Ereignisse in der jährlichen Ressourcenplanung vorsehen.	ja	tw	n
S	Das Auditprogramm SOLLTE einem eigenen kontinuierlichen Verbesserungsprozess unterliegen.	ja	tw	n

Notizen:

DER: Detektion und Reaktion

A8 Erstellung einer Revisionsliste *Standard*

Zuständig: Informationssicherheitsbeauftragter (ISB)

S Der ISB SOLLTE eine oder mehrere Revisionslisten pflegen, die den aktuellen Stand der Revisionsobjekte sowie die geplanten Revisionen dokumentieren. ☐ ja ☐ tw ☐ n

Notizen:

A9 Auswahl eines geeigneten Audit- oder Revionsteams *Standard*

Zuständig: Informationssicherheitsbeauftragter (ISB)

S Die Institution SOLLTE für jedes Audit bzw. für jede Revision ein geeignetes Team zusammenstellen. ☐ ja ☐ tw ☐ n

S Es SOLLTE ein leitender Auditor (Auditteamleiter) bzw. ein leitender Revisor benannt werden. ☐ ja ☐ tw ☐ n

S Dieser SOLLTE die Gesamtverantwortung für die Durchführung der Audits bzw. der Revisionen tragen. ☐ ja ☐ tw ☐ n

S Die Größe des Audit- bzw. Revisionsteams SOLLTE dem Prüfbereich entsprechen. ☐ ja ☐ tw ☐ n

S Die Institution SOLLTE insbesondere die Kompetenzanforderungen der Prüfthemen sowie die Größe und die örtliche Verteilung des Prüfbereichs berücksichtigen. ☐ ja ☐ tw ☐ n

S Die Mitglieder des Audit- bzw. Revisionsteams SOLLTEN angemessen qualifiziert sein. ☐ ja ☐ tw ☐ n

S Die Neutralität des Auditteams SOLLTE sichergestellt werden. ☐ ja ☐ tw ☐ n

S Darüber hinaus SOLLTEN auch die Revisoren unabhängig sein. ☐ ja ☐ tw ☐ n

S Werden externe Dienstleister als Auditoren oder Revisoren beauftragt, SOLLTEN diese auf ihre Unabhängigkeit hin überprüft und zur Verschwiegenheit verpflichtet werden. ☐ ja ☐ tw ☐ n

Notizen:

A10 Erstellung eines Audit- oder Revisionsplans *Standard*

Zuständig: Auditteam

S Vor einem Audit oder einer größeren Revision SOLLTE der Leiter des Auditteams bzw. der leitende Revisor einen Audit- bzw. Revisionsplan erstellen. ☐ ja ☐ tw ☐ n

S Bei Audits SOLLTE der Auditplan Teil des abschließenden Auditberichts sein. ☐ ja ☐ tw ☐ n

S Der Auditplan SOLLTE während des gesamten Audits fortgeschrieben und bei Bedarf angepasst werden. ☐ ja ☐ tw ☐ n

S Kleinere Revisionen SOLLTEN anhand der Revisionsliste geplant werden. ☐ ja ☐ tw ☐ n

S Die Institution SOLLTE genügend Ressourcen für das Audit- bzw. Revisionsteam vorsehen. ☐ ja ☐ tw ☐ n

Notizen:

A11 Kommunikation und Verhalten während der Prüfungen *Standard*
Zuständig: Auditteam

- S Das Auditteam SOLLTE klare Regelungen dafür aufstellen, wie das Audit- bzw. Revisionsteam und die Mitarbeiter der zu prüfenden Institution bzw. Abteilung miteinander Informationen austauschen. □ ja □ tw □ n
- S Das Auditteam SOLLTE durch geeignete Maßnahmen sicherstellen, dass die bei einem Audit ausgetauschten Informationen auch vertraulich und integer bleiben. □ ja □ tw □ n
- S Personen, die das Audit begleiten, SOLLTEN NICHT die Prüfungen beeinflussen. □ ja □ tw □ n
- S Zudem SOLLTEN sie zur Vertraulichkeit verpflichtet werden. □ ja □ tw □ n

Notizen:

A12 Durchführung eines Auftaktgesprächs *Standard*
Zuständig: Auditteam

- S Das Auditteam bzw. das Revisionsteam SOLLTE ein Auftaktgespräch mit den betreffenden Ansprechpartnern führen. □ ja □ tw □ n
- S Das Audit- bzw. Revisionsverfahren SOLLTE erläutert und die Rahmenbedingungen der Vor-Ort-Prüfung abgestimmt werden. □ ja □ tw □ n
- S Die jeweiligen Verantwortlichen SOLLTEN dies bestätigen. □ ja □ tw □ n

Notizen:

A13 Sichtung und Prüfung der Dokumente *Standard*
Zuständig: Auditteam

- S Die Dokumente SOLLTEN durch das Auditteam anhand der im Prüfplan festgelegten Anforderungen geprüft werden. □ ja □ tw □ n
- S Alle relevanten Dokumente SOLLTEN daraufhin geprüft werden, ob sie aktuell, vollständig und nachvollziehbar sind. □ ja □ tw □ n
- S Die Ergebnisse der Dokumentenprüfung SOLLTEN dokumentiert werden. □ ja □ tw □ n
- S Die Ergebnisse SOLLTEN auch in die Vor-Ort-Prüfung einfließen, soweit dies sinnvoll ist. □ ja □ tw □ n

Notizen:

A14 Auswahl von Stichproben *Standard*
Zuständig: Auditteam

- S Das Auditteam SOLLTE die Stichproben für die Vor-Ort-Prüfung risikoorientiert auswählen und nachvollziehbar begründen. □ ja □ tw □ n
- S Die ausgewählten Stichproben SOLLTEN dokumentiert werden. □ ja □ tw □ n
- S Wird das Audit auf der Basis von Baustein-Zielobjekten und Anforderungen durchgeführt, SOLLTEN diese anhand eines vorher definierten Verfahrens ausgewählt werden. □ ja □ tw □ n
- S Bei der Auswahl von Stichproben SOLLTEN auch die Ergebnisse vorangegangener Audits berücksichtigt werden. □ ja □ tw □ n

Notizen:

DER: Detektion und Reaktion

A15 Auswahl von geeigneten Prüfmethoden *Standard*
   Zuständig: Auditteam

S Das Auditteam SOLLTE für die jeweils zu prüfenden Sachverhalte geeignete Methoden einsetzen. ja tw n
S Außerdem SOLLTE darauf geachtet werden, dass alle Prüfungen verhältnismäßig sind. ja tw n

Notizen:

A16 Ablaufplan der Vor-Ort-Prüfung *Standard*
   Zuständig: Auditteam

S Das Auditteam SOLLTE den Ablaufplan für die Vor-Ort-Prüfung gemeinsam mit den Ansprechpartnern erarbeiten. ja tw n
S Die Ergebnisse SOLLTEN im Auditplan dokumentiert werden. ja tw n

Notizen:

A17 Durchführung der Vor-Ort-Prüfung *Standard*
   Zuständig: Auditteam

S Zu Beginn der Vor-Ort-Prüfung SOLLTE das Auditteam ein Eröffnungsgespräch mit den Zuständigen der betreffenden Institution führen. ja tw n
S Danach SOLLTEN alle im Prüfplan festgelegten Anforderungen mit den vorgesehenen Prüfmethoden kontrolliert werden. ja tw n
S Weicht eine ausgewählte Stichprobe vom dokumentierten Status ab, SOLLTE die Stichprobe bedarfsorientiert erweitert werden, bis der Sachverhalt geklärt ist. ja tw n
S Nach der Prüfung SOLLTE das Auditteam ein Abschlussgespräch führen. ja tw n
S Darin SOLLTE es kurz die Ergebnisse ohne Bewertung sowie die weitere Vorgehensweise darstellen. ja tw n
S Das Gespräch SOLLTE protokolliert werden. ja tw n

Notizen:

A18 Durchführung von Interviews *Standard*
   Zuständig: Auditteam

S Das Auditteam SOLLTE strukturierte Interviews führen. ja tw n
S Die Fragen SOLLTEN knapp, präzise und leicht verständlich formuliert werden. ja tw n
S Zudem SOLLTEN geeignete Fragetechniken eingesetzt werden. ja tw n

Notizen:

A19 Überprüfung des Risikobehandlungsplans *Standard*
Zuständig: Auditteam

S	Das Auditteam SOLLTE prüfen, ob die verbleibenden Restrisiken für den Informationsverbund angemessen und tragbar sind.	ja	tw	n
S	Es SOLLTE außerdem prüfen, ob sie verbindlich durch die Institutionsleitung getragen werden.	ja	tw	n
M	Maßnahmen, die grundlegend zur Informationssicherheit der gesamten Institution beitragen, DÜRFEN NICHT in diese Risikoübernahme einfließen.	ja	tw	n
S	Der Auditor SOLLTE stichprobenartig verifizieren, ob bzw. wie weit die im Risikobehandlungsplan festgelegten Maßnahmen umgesetzt sind.	ja	tw	n

Notizen:

A20 Durchführung einer Abschlussbesprechung *Standard*
Zuständig: Auditteam

S	Das Auditteam SOLLTE mit den jeweiligen Zuständigen der auditierten Institution eine Abschlussbesprechung durchführen.	ja	tw	n
S	Darin SOLLTEN die vorläufigen Auditergebnisse dargelegt werden.	ja	tw	n
S	Die weiteren Tätigkeiten SOLLTEN vorgestellt werden.	ja	tw	n

Notizen:

A21 Auswertung der Prüfungen *Standard*
Zuständig: Auditteam

S	Nach der Vor-Ort-Prüfung SOLLTE das Auditteam die gewonnenen Informationen weiter konsolidieren und auswerten.	ja	tw	n
S	Nachdem auch nachgeforderte Dokumentationen und zusätzliche Informationen ausgewertet wurden, SOLLTEN die geprüften Maßnahmen endgültig bewertet werden.	ja	tw	n
S	Um die nachgeforderten Dokumentationen bereitstellen zu können, SOLLTE das Auditteam der Institution ein ausreichendes Zeitfenster gewähren.	ja	tw	n
S	Dokumente, die bis zum vereinbarten Termin nicht eingegangen sind, SOLLTEN als nicht existent gewertet werden.	ja	tw	n

Notizen:

A22 Erstellung eines Auditberichts *Standard*
Zuständig: Auditteam

S	Das Auditteam SOLLTE die gewonnenen Erkenntnisse in einen Auditbericht überführen und dort nachvollziehbar dokumentieren.	ja	tw	n
S	Die geprüfte Institution SOLLTE sicherstellen, dass alle betroffenen Stellen innerhalb einer angemessenen Frist die für sie wichtigen und notwendigen Passagen des Auditberichts erhalten.	ja	tw	n

Notizen:

DER: Detektion und Reaktion

A23 Dokumentation der Revisionsergebnisse *Standard*

Zuständig: Informationssicherheitsbeauftragter (ISB)

S Die Ergebnisse einer Revision SOLLTEN einheitlich durch das Revisionsteam dokumentiert werden. — ja tw n

Notizen:

A24 Abschluss des Audits oder der Revision *Standard*

Zuständig: Auditteam

S Nach dem Audit bzw. der Revision SOLLTE das Auditteam alle relevanten Dokumente, Datenträger und IT-Systeme zurückgeben oder vernichten. — ja tw n

S Das SOLLTE mit der geprüften Institution abgestimmt werden. — ja tw n

S Aufbewahrungspflichten aus gesetzlichen oder anderen verbindlichen Anforderungen SOLLTEN hierbei entsprechend berücksichtigt werden. — ja tw n

S Der ISB SOLLTE alle für das Audit- oder Revisionsteam genehmigten Zugriffe wieder deaktivieren oder löschen lassen. — ja tw n

S Mit den Auditoren bzw. Revisoren SOLLTE vereinbart werden, wie mit den Ergebnissen umzugehen ist. — ja tw n

S Dabei SOLLTE auch festgelegt werden, dass die Auditergebnisse nicht ohne Genehmigung der geprüften Institution an andere Institutionen weitergeleitet werden dürfen. — ja tw n

Notizen:

A25 Nachbereitung eines Audits *Standard*

Zuständig: Informationssicherheitsbeauftragter (ISB)

S Die Institution SOLLTE die im Auditbericht oder bei einer Revision festgestellten Abweichungen oder Mängel in einer angemessenen Zeit abstellen. — ja tw n

S Die durchzuführenden Korrekturmaßnahmen inklusive Zeitpunkt und Zuständigkeiten SOLLTEN dokumentiert werden. — ja tw n

S Auch abgeschlossene Korrekturmaßnahmen SOLLTEN dokumentiert werden. — ja tw n

S Die Institution SOLLTE dazu ein definiertes Verfahren etablieren und einsetzen. — ja tw n

S Gab es schwerwiegende Abweichungen oder Mängel, SOLLTE das Audit- bzw. Revisionsteam überprüfen, ob die Korrekturmaßnahmen durchgeführt wurden. — ja tw n

Notizen:

A26 Überwachen und Anpassen des Auditprogramms *Standard*

Zuständig: Informationssicherheitsbeauftragter (ISB)

S Das Auditprogramm SOLLTE kontinuierlich überwacht und angepasst werden, sodass Termine, Auditziele, Auditinhalte und die Auditqualität eingehalten werden. — ja tw n

S Mithilfe der bestehenden Anforderungen an das Auditprogramm und mit den Ergebnissen der durchgeführten Audits SOLLTE überprüft werden, ob das Auditprogramm angemessen ist. — ja tw n

S Bei Bedarf SOLLTE es angepasst werden. — ja tw n

Notizen:

A27 Aufbewahrung und Archivierung von Unterlagen zu Audits und Revisionen *Standard*

Zuständig: Informationssicherheitsbeauftragter (ISB)

S Die Institution SOLLTE Auditprogramme sowie Unterlagen zu Audits und Revisionen entsprechend den regulatorischen Anforderungen nachvollziehbar und revisionssicher ablegen und aufbewahren. ja tw n

S Dabei SOLLTE sichergestellt werden, dass lediglich berechtigte Personen auf Auditprogramme und Unterlagen zugreifen können. ja tw n

S Die Institution SOLLTE die Auditprogramme und Unterlagen nach Ablauf der Aufbewahrungsfrist sicher vernichten. ja tw n

Notizen:

A28 ENTFALLEN *Hoch*

DER.3.2 Revisionen auf Basis des Leitfadens IS-Revision

A1 Benennung von Verantwortlichen für die IS-Revision *Basis*

Zuständig: Institutionsleitung

M Die Institution MUSS einen Verantwortlichen für die IS-Revision benennen. ja tw n
M Dieser MUSS die IS-Revisionen planen, initiieren und die Ergebnisse nachverfolgen. ja tw n

Notizen:

A2 Erstellung eines IS-Revisionshandbuches *Basis*

Zuständig: Informationssicherheitsbeauftragter (ISB)

M Der Verantwortliche für die IS-Revision MUSS ein IS-Revisionshandbuch erstellen, das die angestrebten Ziele, einzuhaltende gesetzliche Vorgaben, Informationen über die Organisation, die Ressourcen und die Rahmenbedingungen enthält. ja tw n

M Außerdem MUSS darin die Archivierung der Dokumentation beschrieben sein. ja tw n
M Das Handbuch MUSS von der Leitungsebene verabschiedet werden. ja tw n

Notizen:

A3 Definition der Prüfungsgrundlage *Basis*

Zuständig: Informationssicherheitsbeauftragter (ISB)

M Die BSI-Standards 200-1 bis 200-3 sowie das IT-Grundschutz-Kompendium MÜSSEN die Prüfungsgrundlagen für die IS-Revision sein. ja tw n
S Dabei SOLLTE die Standard-Absicherung des IT-Grundschutzes verwendet werden. ja tw n
M Diese Prüfungsgrundlagen MÜSSEN allen Beteiligten bekannt sein. ja tw n

Notizen:

DER: Detektion und Reaktion

A4 Erstellung einer Planung für die IS-Revision *Basis*
Zuständig: Informationssicherheitsbeauftragter (ISB)

M	Wenn die Institution nicht nach ISO 27001 auf Basis von IT-Grundschutz zertifiziert ist, MÜSSEN der Verantwortliche für die IS-Revision und die Institutionsleitung sicherstellen, dass mindestens alle drei Jahre eine IS-Kurz- oder Querschnitts-Revision durchgeführt wird.	ja tw n
S	Darüber hinaus SOLLTEN weitere Revisionen eingeplant werden, falls der Informationsverbund wesentlich verändert wird.	ja tw n
S	Der Verantwortliche für die IS-Revision SOLLTE eine mehrjährige Grobplanung für die Revisionsvorhaben erstellen.	ja tw n
S	Diese SOLLTE dann durch eine jährliche Detailplanung konkretisiert werden.	ja tw n

Notizen:

A5 Auswahl eines geeigneten IS-Revisionsteams *Basis*
Zuständig: Informationssicherheitsbeauftragter (ISB)

M	Es MUSS ein aus mindestens zwei IS-Revisoren bestehendes Team zusammengestellt oder beauftragt werden.	ja tw n
M	Dem IS-Revisionsteam MUSS ein uneingeschränktes Informations- und Einsichtnahmerecht für seine Tätigkeit eingeräumt werden.	ja tw n
M	Bei eigenen IS-Revisionsteams MÜSSEN die einzelnen IS-Revisoren unparteilich sein.	ja tw n
M	Die Mitglieder eines IS-Revisionsteams DÜRFEN NICHT an der Planung oder Umsetzung des ISMS beteiligt sein oder gewesen sein.	ja tw n

Notizen:

A6 Vorbereitung einer IS-Revision *Basis*
Zuständig: IS-Revisionsteam

M	Es MUSS ein IS-Revisionsteam mit einer IS-Revision beauftragt werden.	ja tw n
M	Das IS-Revisionsteam MUSS festlegen, welche Referenzdokumente für eine IS-Revision benötigt werden.	ja tw n
M	Die zu prüfende Institution MUSS das Sicherheitskonzept und alle weiteren erforderlichen Dokumente an das IS-Revisionsteam übergeben.	ja tw n

Notizen:

A7 Durchführung einer IS-Revision *Basis*
Zuständig: IS-Revisionsteam

M	Im Rahmen einer IS-Revision MÜSSEN eine Dokumenten- und eine Vor-Ort-Prüfung durch das IS-Revisionsteam durchgeführt werden.	ja tw n
M	Sämtliche Ergebnisse dieser beiden Prüfungen MÜSSEN dokumentiert und in einem IS-Revisionsbericht zusammengefasst werden.	ja tw n
M	Bevor erstmalig eine IS-Querschnittsrevision durchgeführt wird, MUSS der Verantwortliche für die IS-Revision als IS-Revisionsverfahren eine IS-Kurzrevision auswählen.	ja tw n
M	Die IS-Kurzrevision MUSS mit positivem Votum abgeschlossen werden, bevor eine IS-Querschnittsrevision durchgeführt wird.	ja tw n

Notizen:

A8 Aufbewahrung von IS-Revisionsberichten *Basis*

Zuständig: Informationssicherheitsbeauftragter (ISB)

M	Die Institution MUSS den IS-Revisionsbericht und die diesem zugrunde liegenden Referenzdokumente mindestens für zehn Jahre ab Zustellung des Berichts sicher aufbewahren, sofern keine anders lautenden Gesetze oder Verordnungen gelten.	ja	tw	n
M	Die Institution MUSS sicherstellen, dass lediglich berechtigte Personen auf die IS-Revisionsberichte und die Referenzdokumente zugreifen können.	ja	tw	n

Notizen:

A9 Integration in den Informationssicherheitsprozess *Standard*

Zuständig: Informationssicherheitsbeauftragter (ISB)

S	Der Informationssicherheitsbeauftragte SOLLTE sicherstellen, dass IS-Revisionen ein Teil des Sicherheitsprozesses sind.	ja	tw	n
S	Außerdem SOLLTEN die Ergebnisse von IS-Revisionen in das ISMS zurückfließen und zu dessen Verbesserung beitragen.	ja	tw	n
S	Weiter SOLLTEN die Ergebnisse der IS-Revisionen sowie die Aktivitäten, um Mängel zu beseitigen und um die Qualität zu verbessern, in den regelmäßigen Bericht des ISB an die Institutionsleitung aufgenommen werden.	ja	tw	n

Notizen:

A10 Kommunikationsabsprache *Standard*

Zuständig: Informationssicherheitsbeauftragter (ISB)

S	Es SOLLTE klar geregelt werden, wie Informationen zwischen dem IS-Revisionsteam und der zu prüfenden Institution auszutauschen sind.	ja	tw	n
S	So SOLLTE sichergestellt werden, dass diese Informationen vertraulich und integer bleiben.	ja	tw	n

Notizen:

A11 Durchführung eines Auftaktgesprächs für eine IS-Querschnittsrevision *Standard*

Zuständig: IS-Revisionsteam

S	Für eine IS-Querschnittsrevision SOLLTE ein Auftaktgespräch zwischen dem IS-Revisionsteam und den Ansprechpartnern der zu prüfenden Institution durchgeführt werden.	ja	tw	n
S	Darin SOLLTEN folgende Inhalte besprochen werden: • Die Erläuterung und Darstellung des IS-Revisionsverfahrens, • die Vorstellung der Institution (Arbeitsschwerpunkte und Überblick der eingesetzten IT) sowie • die Übergabe der Referenzdokumente an das IS-Revisionsteam.	ja	tw	n

Notizen:

DER: Detektion und Reaktion

A12 Erstellung eines Prüfplans *Standard*

Zuständig: IS-Revisionsteam

- S Vor einer IS-Revision SOLLTE das IS-Revisionsteam einen Prüfplan erstellen. — ja / tw / n
- S Ist es während der IS-Revision notwendig, die geplanten Abläufe zu erweitern oder anderweitig anzupassen, SOLLTE der Prüfplan entsprechend angepasst werden. — ja / tw / n
- S Der Prüfplan SOLLTE zudem in den abschließenden IS-Revisionsbericht aufgenommen werden. — ja / tw / n
- S Bei der IS-Kurzrevision SOLLTE die verbindlich festgelegte Prüfthemenliste des BSI an die Stelle des Prüfplans treten. — ja / tw / n

Notizen:

A13 Sichtung und Prüfung der Dokumente *Standard*

Zuständig: IS-Revisionsteam

- S Bei der Dokumentenprüfung SOLLTE das IS-Revisionsteam die im Prüfplan festgelegten Anforderungen prüfen. — ja / tw / n
- S Das IS-Revisionsteam SOLLTE überprüfen, ob alle relevanten Dokumente aktuell und vollständig sind. — ja / tw / n
- S Bei der Prüfung auf Aktualität SOLLTE die Granularität der Dokumente berücksichtigt werden. — ja / tw / n
- S Es SOLLTE darauf geachtet werden, dass alle wesentlichen Aspekte erfasst und geeignete Rollen zugewiesen wurden. — ja / tw / n
- S Weiter SOLLTE geprüft werden, ob die vorliegenden Dokumente und die darin getroffenen Entscheidungen nachvollziehbar sind. — ja / tw / n
- S Die Ergebnisse der Dokumentenprüfung SOLLTEN dokumentiert werden und, soweit sinnvoll, in die Vor-Ort-Prüfung einfließen. — ja / tw / n

Notizen:

A14 Auswahl der Zielobjekte und der zu prüfenden Anforderungen *Standard*

Zuständig: IS-Revisionsteam

- S In einer IS-Querschnittsrevision oder IS-Partialrevision SOLLTE das IS-Revisionsteam anhand der Ergebnisse der Dokumentenprüfung die Baustein-Zielobjekte für die Vor-Ort-Prüfung auswählen. — ja / tw / n
- S Der Baustein zum Informationssicherheitsmanagement (siehe ISMS.1 *Sicherheitsmanagement*) des IT-Grundschutz-Kompendiums einschließlich aller zugehörigen Anforderungen SOLLTE jedoch immer vollständig geprüft werden. — ja / tw / n
- S Weitere dreißig Prozent der modellierten Baustein-Zielobjekte SOLLTEN risikoorientiert zur Prüfung ausgewählt werden. — ja / tw / n
- S Die Auswahl SOLLTE nachvollziehbar dokumentiert werden. — ja / tw / n
- S Von den so ausgewählten Baustein-Zielobjekten SOLLTEN dreißig Prozent der jeweiligen Anforderungen bei der IS-Revision geprüft werden. — ja / tw / n
- S Darüber hinaus SOLLTEN bei der Auswahl der zu prüfenden Baustein-Zielobjekte die bemängelten Anforderungen aus vorhergehenden IS-Revisionen berücksichtigt werden. — ja / tw / n
- S Alle Anforderungen mit schwerwiegenden Sicherheitsmängeln aus vorhergehenden IS-Revisionen SOLLTEN mit geprüft werden. — ja / tw / n

Notizen:

A15 Auswahl von geeigneten Prüfmethoden *Standard*

Zuständig: IS-Revisionsteam

S	Das IS-Revisionsteam SOLLTE sicherstellen, dass geeignete Prüfmethoden eingesetzt werden, um die zu prüfenden Sachverhalte zu ermitteln.	ja	tw	n
S	Alle Prüfungen SOLLTEN verhältnismäßig sein.	ja	tw	n

Notizen:

A16 Erstellung eines Ablaufplans für die Vor-Ort-Prüfung *Standard*

Zuständig: IS-Revisionsteam

S	Gemeinsam mit dem Ansprechpartner der zu prüfenden Institution SOLLTE das IS-Revisionsteam einen Ablaufplan für die Vor-Ort-Prüfung erarbeiten.	ja	tw	n
S	Die Ergebnisse SOLLTEN zusammen mit dem IS-Prüfplan dokumentiert werden.	ja	tw	n

Notizen:

A17 Durchführung der Vor-Ort-Prüfung *Standard*

Zuständig: IS-Revisionsteam

S	Bei der Vor-Ort-Prüfung SOLLTE das IS-Revisionsteam untersuchen und feststellen, ob die ausgewählten Maßnahmen die Anforderungen des IT-Grundschutzes angemessen und praxistauglich erfüllen.	ja	tw	n
S	Die Prüfung SOLLTE mit einem Eröffnungsgespräch beginnen.	ja	tw	n
S	Danach SOLLTEN alle für die Prüfung ausgewählten Anforderungen des Prüfplans bzw. alle Themenfelder der Prüfthemenliste überprüft werden.	ja	tw	n
S	Dafür SOLLTEN die vorgesehenen Prüfmethoden angewandt werden.	ja	tw	n
S	Werden bei einer ausgewählten Stichprobe Abweichungen zum dokumentierten Status festgestellt, SOLLTE die Stichprobe bedarfsorientiert erweitert werden, bis der Sachverhalt geklärt ist.	ja	tw	n
S	Während der Vor-Ort-Prüfung SOLLTEN die IS-Revisoren niemals aktiv in IT-Systeme eingreifen und auch keine Handlungsanweisungen zu Änderungen am Revisionsgegenstand erteilen.	ja	tw	n
S	Alle wesentlichen Sachverhalte und Angaben zu Quellen-, Auskunfts- und Vorlage-Ersuchen sowie durchgeführten Besprechungen SOLLTEN schriftlich festgehalten werden.	ja	tw	n
S	In einem Abschlussgespräch SOLLTE das IS-Revisionsteam den Ansprechpartnern der geprüften Institution wesentliche Feststellungen kurz darstellen.	ja	tw	n
S	Dabei SOLLTE das IS-Revisionsteam die Feststellungen nicht konkret bewerten, sondern Hinweise auf etwaige Mängel und die weitere Verfahrensweise geben.	ja	tw	n
S	Auch dieses Abschlussgespräch SOLLTE protokolliert werden.	ja	tw	n

Notizen:

DER: Detektion und Reaktion

A18 Durchführung von Interviews — *Standard*

Zuständig: IS-Revisionsteam

S	Interviews durch das IS-Revisionsteam SOLLTEN strukturiert erfolgen.	ja tw n
S	Fragen SOLLTEN knapp, präzise und leicht verständlich formuliert werden.	ja tw n
S	Zudem SOLLTEN geeignete Fragetechniken eingesetzt werden.	ja tw n

Notizen:

A19 Überprüfung der gewählten Risikobehandlungsoptionen — *Standard*

Zuständig: IS-Revisionsteam

S	Das IS-Revisionsteam SOLLTE prüfen, ob die verbleibenden Restrisiken für den Informationsverbund angemessen und tragbar sind und ob sie verbindlich durch die Institutionsleitung getragen werden.	ja tw n
S	Das IS-Revisionsteam SOLLTE stichprobenartig verifizieren, ob bzw. inwieweit die gewählten Risikobehandlungsoptionen umgesetzt sind.	ja tw n

Notizen:

A20 Nachbereitung der Vor-Ort-Prüfung — *Standard*

Zuständig: IS-Revisionsteam

S	Nach der Vor-Ort-Prüfung SOLLTEN die erhobenen Informationen weiter durch das IS-Revisionsteam konsolidiert und ausgewertet werden.	ja tw n
S	Nachdem die eventuell nachgeforderten Dokumente, Dokumentationen und zusätzlichen Informationen ausgewertet wurden, SOLLTEN die geprüften Anforderungen endgültig bewertet werden.	ja tw n

Notizen:

A21 Erstellung eines IS-Revisionsberichts — *Standard*

Zuständig: IS-Revisionsteam

S	Das IS-Revisionsteam SOLLTE die gewonnenen Ergebnisse in einen IS-Revisionsbericht überführen und dort nachvollziehbar dokumentieren.	ja tw n
S	Eine Entwurfsversion des Berichts SOLLTE der geprüften Institution vorab übermittelt werden.	ja tw n
S	Es SOLLTE verifiziert werden, ob die durch das IS-Revisionsteam festgestellten Sachverhalte richtig aufgenommen wurden.	ja tw n
S	Die geprüfte Institution SOLLTE sicherstellen, dass alle betroffenen Stellen in der Institution innerhalb einer angemessenen Frist die für sie wichtigen und notwendigen Passagen des IS-Revisionsberichts erhalten.	ja tw n
S	Insbesondere SOLLTEN die Inhalte an die Institutionsleitung, an den Verantwortlichen für die IS-Revision sowie den ISB kommuniziert werden.	ja tw n
S	IS-Revisionsberichte SOLLTEN aufgrund der enthaltenen schützenswerten Informationen mit einer geeigneten Vertraulichkeitseinstufung versehen werden.	ja tw n
S	Es SOLLTE überlegt werden, die Ergebnisse der IS-Revision der Institutionsleitung vom IS-Revisionsteam in Form einer Präsentation vorzustellen.	ja tw n

Notizen:

A22 Nachbereitung einer IS-Revision *Standard*

Zuständig: Informationssicherheitsbeauftragter (ISB)

S	Die im IS-Revisionsbericht festgestellten Abweichungen SOLLTEN in einer angemessenen Zeit durch den ISB korrigiert werden.	ja	tw	n
S	Die durchzuführenden Korrekturmaßnahmen SOLLTEN mit Zuständigkeiten, Umsetzungstermin und dem jeweiligen Status dokumentiert sein.	ja	tw	n
S	Die Umsetzung SOLLTE kontinuierlich nachverfolgt und der Umsetzungsstatus fortgeschrieben werden.	ja	tw	n
S	Grundsätzlich SOLLTE geprüft werden, ob ergänzende IS-Revisionen notwendig sind.	ja	tw	n
S	Der Verantwortliche für die IS-Revision SOLLTE die Grob- und Detailplanung zur IS-Revision anpassen.	ja	tw	n

Notizen:

A23 ENTFALLEN *Hoch*

DER.4 Notfallmanagement

A1 Erstellung eines Notfallhandbuchs *Standard*

Zuständig: Notfallbeauftragter

S	Es SOLLTE ein Notfallhandbuch erstellt werden, in dem die wichtigsten Informationen zu • Rollen, • Sofortmaßnahmen, • Alarmierung und Eskalation sowie • Kommunikations-, grundsätzlichen Geschäftsfortführungs-, Wiederanlauf- und Wiederherstellungsplänen. enthalten sind.	ja	tw	n
S	Zuständigkeiten und Befugnisse SOLLTEN zugewiesen, kommuniziert und im Notfallhandbuch festgehalten werden.	ja	tw	n
S	Es SOLLTE sichergestellt sein, dass im Notfall entsprechend geschultes Personal zur Verfügung steht.	ja	tw	n
S	Es SOLLTE regelmäßig durch Tests und Übungen überprüft werden, ob die im Notfallhandbuch beschriebenen Maßnahmen auch wie vorgesehen funktionieren.	ja	tw	n
S	Es SOLLTE regelmäßig geprüft werden, ob das Notfallhandbuch noch aktuell ist.	ja	tw	n
S	Gegebenenfalls SOLLTE es aktualisiert werden.	ja	tw	n
S	Es SOLLTE auch im Notfall zugänglich sein.	ja	tw	n
S	Das Notfallhandbuch SOLLTE um Verhaltensregeln für spezielle Fälle ergänzt werden, z.B. Brand.	ja	tw	n
S	Die Regeln SOLLTEN allen Mitarbeitern bekanntgegeben werden.	ja	tw	n

Notizen:

A2 Integration von Notfallmanagement und Informationssicherheitsmanagement *Standard*

Zuständig: Informationssicherheitsbeauftragter (ISB)

S	Die Prozesse im Sicherheitsmanagement SOLLTEN mit dem Notfallmanagement abgestimmt werden (siehe DER.2.1 *Behandlung von Sicherheitsvorfällen*).	ja	tw	n

Notizen:

DER: Detektion und Reaktion

A3 Festlegung des Geltungsbereichs und der Notfallmanagementstrategie — *Hoch* — **C I A**

Verantwortliche Rolle: Institutionsleitung

- S Der Geltungsbereich für das Notfallmanagementsystem SOLLTE eindeutig festgelegt werden. — ja / tw / n
- S Die Institutionsleitung SOLLTE eine Notfallmanagementstrategie festlegen, welche die angestrebten Ziele und das Risikoakzeptanzniveau darlegen. — ja / tw / n

Notizen:

A4 Leitlinie zum Notfallmanagement und Übernahme der Gesamtverantwortung durch die Institutionsleitung — *Hoch* — **C I A**

Verantwortliche Rolle: Institutionsleitung

- S Die Institutionsleitung SOLLTE eine Leitlinie zum Notfallmanagement verabschieden. — ja / tw / n
- S Diese SOLLTE die wesentlichen Eckpunkte des Notfallmanagements enthalten. — ja / tw / n
- S Die Leitlinie zum Notfallmanagement SOLLTE regelmäßig überprüft und gegebenenfalls überarbeitet werden. — ja / tw / n
- S Sie SOLLTE allen Mitarbeitern bekanntgegeben werden. — ja / tw / n

Notizen:

A5 Aufbau einer geeigneten Organisationsstruktur für das Notfallmanagement — *Hoch* — **C I A**

Verantwortliche Rolle: Institutionsleitung

- S Die Rollen für das Notfallmanagement SOLLTEN für die Gegebenheiten der Institution angemessen festgelegt werden. — ja / tw / n
- S Dies SOLLTE mit den Aufgaben, Pflichten und Kompetenzen der Rollen schriftlich dokumentiert werden. — ja / tw / n
- S Es SOLLTEN für alle Rollen im Notfallmanagement qualifizierte Mitarbeiter benannt werden. — ja / tw / n
- S Die Organisationsstruktur im Notfallmanagement SOLLTE regelmäßig darauf überprüft werden, ob sie praxistauglich, effektiv und effizient ist. — ja / tw / n

Notizen:

A6 Bereitstellung angemessener Ressourcen für das Notfallmanagement — *Hoch* — **C I A**

Verantwortliche Rolle: Institutionsleitung

- S Die finanziellen, technischen und personellen Ressourcen für die angestrebten Ziele des Notfallmanagements SOLLTEN angemessen sein. — ja / tw / n
- S Der Notfallbeauftragte bzw. das Notfallmanagement-Team SOLLTE über genügend Zeit für die Aufgaben im Notfallmanagement verfügen. — ja / tw / n

Notizen:

A7 Erstellung eines Notfallkonzepts
Verantwortliche Rolle: Institutionsleitung

Hoch
C I A

- S Alle kritischen Geschäftsprozesse und Ressourcen SOLLTEN identifiziert werden, beispielsweise mit einer Business-Impact-Analyse (BIA). — ja tw n
- S Es SOLLTEN die wichtigsten relevanten Risiken für die kritischen Geschäftsprozesse und Fachaufgaben sowie deren Ressourcen identifiziert werden. — ja tw n
- S Für jedes identifizierte Risiko SOLLTE entschieden werden, welche Risikostrategien zur Risikobehandlung eingesetzt werden sollen. — ja tw n
- S Es SOLLTEN Kontinuitätsstrategien entwickelt werden, die einen Wiederanlauf und eine Wiederherstellung der kritischen Geschäftsprozesse in der geforderten Zeit ermöglichen. — ja tw n
- S Es SOLLTE ein Notfallkonzept erstellt werden. — ja tw n
- S Es SOLLTEN solche Notfallpläne und Maßnahmen entwickelt und implementiert werden, die eine effektive Notfallbewältigung und eine schnelle Wiederaufnahme der kritischen Geschäftsprozesse ermöglichen. — ja tw n
- S Im Notfallkonzept SOLLTE die Informationssicherheit berücksichtigt und entsprechende Sicherheitskonzepte für die Notfalllösungen entwickelt werden. — ja tw n

Notizen:

A8 Integration der Mitarbeiter in den Notfallmanagement-Prozess
Verantwortliche Rolle: Vorgesetzte, Personalabteilung

Hoch
C I A

- S Alle Mitarbeiter SOLLTEN regelmäßig für das Thema Notfallmanagement sensibilisiert werden. — ja tw n
- S Zum Notfallmanagement SOLLTE es ein Schulungs- und Sensibilisierungskonzept geben. — ja tw n
- S Die Mitarbeiter im Notfallmanagement-Team SOLLTEN regelmäßig geschult werden, um die benötigten Kompetenzen aufzubauen. — ja tw n

Notizen:

A9 Integration von Notfallmanagement in organisationsweite Abläufe und Prozesse
Verantwortliche Rolle: Institutionsleitung

Hoch
C I A

- S Es SOLLTE sichergestellt werden, dass Aspekte des Notfallmanagements in allen Geschäftsprozessen und Fachaufgaben der Institution berücksichtigt werden. — ja tw n
- S Die Prozesse, Vorgaben und Verantwortlichkeiten im Notfallmanagement SOLLTEN mit dem Risikomanagement und Krisenmanagement abgestimmt werden. — ja tw n

Notizen:

DER: Detektion und Reaktion

A10 Tests und Notfallübungen *Hoch*
Verantwortliche Rolle: Institutionsleitung *C I A*

- S Alle wesentlichen Sofortmaßnahmen und Notfallpläne SOLLTEN in angemessener Weise regelmäßig und anlassbezogen getestet und geübt werden. ☐ ja ☐ tw ☐ n
- S Der zeitliche Rahmen und die fachliche Abdeckung aller Übungen SOLLTEN übergreifend in einem Übungsplan dokumentiert werden. ☐ ja ☐ tw ☐ n
- S Im Notfallmanagement SOLLTEN ausreichend Ressourcen für die Planung, Konzeption, Durchführung und Auswertung der Tests und Übungen bereitgestellt werden. ☐ ja ☐ tw ☐ n

Notizen:

A11 ENTFALLEN *Hoch*

A12 Dokumentation im Notfallmanagement-Prozess *Hoch*
Verantwortliche Rolle: Notfallbeauftragter *C I A*

- S Der Ablauf des Notfallmanagement-Prozesses, die Arbeitsergebnisse der einzelnen Phasen und wichtige Entscheidungen SOLLTEN dokumentiert werden. ☐ ja ☐ tw ☐ n
- S Ein festgelegtes Verfahren SOLLTE sicherstellen, dass diese Dokumente regelmäßig aktualisiert werden. ☐ ja ☐ tw ☐ n
- S Darüber hinaus SOLLTE der Zugriff auf die Dokumentation auf autorisierte Personen beschränkt werden. ☐ ja ☐ tw ☐ n

Notizen:

A13 Überprüfung und Steuerung des Notfallmanagement-Systems *Hoch*
Verantwortliche Rolle: Institutionsleitung *C I A*

- S Die Institutionsleitung SOLLTE sich regelmäßig anhand von Managementberichten über den Stand des Notfallmanagements informieren. ☐ ja ☐ tw ☐ n
- S Sie SOLLTE so das Notfallmanagement-System regelmäßig überprüfen, bewerten und gegebenenfalls korrigieren. ☐ ja ☐ tw ☐ n

Notizen:

A14 Regelmäßige Überprüfung und Verbesserung der Notfallmaßnahmen *Hoch*
Verantwortliche Rolle: Institutionsleitung **C I A**

S Alle Notfallmaßnahmen SOLLTEN regelmäßig oder bei größeren Änderungen daraufhin überprüft werden, ob sie noch eingehalten und korrekt umgesetzt werden. ja tw n

S Es SOLLTE geprüft werden, ob sie sich noch dazu eignen, die definierten Ziele zu erreichen. ja tw n

S Dabei SOLLTE untersucht werden, ob technische Maßnahmen korrekt implementiert und konfiguriert wurden und ob organisatorische Maßnahmen effektiv und effizient umgesetzt sind. ja tw n

S Bei Abweichungen SOLLTEN die Ursachen für die Mängel ermittelt und Verbesserungsmaßnahmen veranlasst werden. ja tw n

S Diese Ergebnisübersicht SOLLTE von der Institutionsleitung freigegeben werden. ja tw n

S Es SOLLTE zudem ein Prozess etabliert werden, der steuert und überwacht, ob und wie die Verbesserungsmaßnahmen umgesetzt werden. ja tw n

S Verzögerungen SOLLTEN frühzeitig an die Institutionsleitung gemeldet werden. ja tw n

S Es SOLLTE von der Institutionsleitung festgelegt sein, wie die Überprüfungen koordiniert wird. ja tw n

S Die Überprüfungen SOLLTEN so geplant werden, dass kein relevanter Teil ausgelassen wird. ja tw n

S Insbesondere SOLLTEN die im Bereich der Revision, der IT, des Sicherheitsmanagements, des Informationssicherheitsmanagements und des Notfallmanagements durchgeführten Überprüfungen miteinander koordiniert werden. ja tw n

S Dazu SOLLTE geregelt werden, welche Maßnahmen wann und von wem überprüft werden. ja tw n

Notizen:

A15 Bewertung der Leistungsfähigkeit des Notfallmanagementsystems *Hoch*
Verantwortliche Rolle: Institutionsleitung **C I A**

S Es SOLLTE regelmäßig bewertet werden, wie leistungsfähig und effektiv das Notfallmanagement-System ist. ja tw n

S Als Grundlage SOLLTEN Mess- und Bewertungskriterien wie z.B. Leistungskennzahlen definiert werden. ja tw n

S Diese Messgrößen SOLLTEN regelmäßig ermittelt und mit geeigneten vorangegangenen Werten, mindestens aber mit den Vorjahreswerten, verglichen werden. ja tw n

S Weichen die Werte negativ ab, SOLLTEN die Ursachen ermittelt und Verbesserungsmaßnahmen definiert werden. ja tw n

S Die Ergebnisse der Bewertung SOLLTEN an die Leitung berichtet werden. ja tw n

S Die Leitung SOLLTE entscheiden, mit welchen Maßnahmen das Notfallmanagement weiterentwickelt werden soll. ja tw n

S Alle Entscheidungen der Institutionsleitung SOLLTEN dokumentiert und die bisherigen Aufzeichnungen aktualisiert werden. ja tw n

Notizen:

DER: Detektion und Reaktion

A16 Notfallvorsorge- und Notfallreaktionsplanung für ausgelagerte Komponenten *Hoch*
Verantwortliche Rolle: Institutionsleitung **C I A**

- S Bei der Notfallvorsorge- und Notfallreaktionsplanung für ausgelagerte Komponenten SOLLTE regelmäßig das Notfallmanagement des Lieferanten oder Dienstleisters in den unterzeichneten Verträgen geprüft werden. ☐ ja ☐ tw ☐ n
- S Auch SOLLTEN die Abläufe in Notfalltests und -übungen mit dem Lieferanten oder Outsourcing-Dienstleister abgestimmt und, wenn angemessen, gemeinsam durchgeführt werden. ☐ ja ☐ tw ☐ n
- S Die Ergebnisse und Auswertungen SOLLTEN regelmäßig zwischen der Institutionsleitung und dem Lieferanten oder Dienstleister ausgetauscht werden. ☐ ja ☐ tw ☐ n
- S In den Auswertungen SOLLTEN auch eventuelle Verbesserungsmaßnahmen enthalten sein. ☐ ja ☐ tw ☐ n

Notizen:

Teil II. Checklisten für System-Bausteine

APP: Anwendungen

APP.1 Client-Anwendungen

APP.1.1 Office-Produkte

A1	**ENTFALLEN**		*Basis*

A2	**Einschränken von Aktiven Inhalten**		*Basis*

Zuständig: IT-Betrieb

- M Die Funktion, dass eingebettete Aktive Inhalte automatisch ausgeführt werden, MUSS deaktiviert werden.   ja   tw   n
- M Falls es dennoch notwendig ist, Aktive Inhalte auszuführen, MUSS darauf geachtet werden, dass Aktive Inhalte nur ausgeführt werden, wenn sie aus vertrauenswürdigen Quellen stammen.   ja   tw   n
- M Alle Benutzer MÜSSEN hinsichtlich der Funktionen, die Aktive Inhalte einschränken, eingewiesen werden.   ja   tw   n

Notizen:

A3	**Sicheres Öffnen von Dokumenten aus externen Quellen**		*Basis*

Zuständig: Benutzer

- M Alle aus externen Quellen bezogenen Dokumente MÜSSEN auf Schadsoftware überprüft werden, bevor sie geöffnet werden.   ja   tw   n
- M Alle als problematisch eingestuften und alle innerhalb der Institution nicht benötigten Dateiformate MÜSSEN verboten werden.   ja   tw   n
- S Falls möglich, SOLLTEN sie blockiert werden.   ja   tw   n
- S Durch technische Maßnahmen SOLLTE erzwungen werden, dass Dokumente aus externen Quellen geprüft werden.   ja   tw   n

Notizen:

A4	**ENTFALLEN**		*Basis*

APP: Anwendungen

A17 Sensibilisierung zu spezifischen Office-Eigenschaften *Basis*
Zuständig: IT-Betrieb

		ja	tw	n
M	Alle Benutzer MÜSSEN geeignet bezüglich der Gefährdungen durch Aktive Inhalte in Office-Dateien sensibilisiert werden.	ja	tw	n
M	Die Benutzer MÜSSEN zum Umgang mit Dokumenten aus externen Quellen geeignet sensibilisiert werden.	ja	tw	n
S	Die Benutzer SOLLTEN über die Möglichkeiten und Grenzen von Sicherheitsfunktionen der eingesetzten Software und der genutzten Speicherformate informiert werden.	ja	tw	n
S	Den Benutzern SOLLTE vermittelt werden, mit welchen Funktionen sie Dokumente vor nachträglicher Veränderung und Bearbeitung schützen können.	ja	tw	n
S	Benutzer SOLLTEN im Umgang mit den Verschlüsselungsfunktionen in Office-Produkten sensibilisiert werden.	ja	tw	n

Notizen:

A5 ENTFALLEN *Standard*

A6 Testen neuer Versionen von Office-Produkten *Standard*
Zuständig: IT-Betrieb

		ja	tw	n
S	Neue Versionen von Office-Produkten SOLLTEN vor dem produktiven Einsatz auf Kompatibilität mit etablierten Arbeitsmitteln wie Makros, Dokumentenvorlagen oder Formularen der Institution geprüft werden (Siehe hierzu *OPS.1.1.6 Software-Tests und -Freigaben*).	ja	tw	n
S	Es SOLLTE sichergestellt sein, dass wichtige Arbeitsmittel auch mit der neuen Software-Version einwandfrei funktionieren.	ja	tw	n
S	Bei entdeckten Inkompatibilitäten SOLLTEN geeignete Lösungen für die betroffenen Arbeitsmittel gefunden werden.	ja	tw	n

Notizen:

A7 ENTFALLEN *Standard*

A8 ENTFALLEN *Standard*

A9 ENTFALLEN *Standard*

A10 Regelung der Software-Entwicklung durch Endbenutzer *Standard*
Zuständig: IT-Betrieb

		ja	tw	n
S	Für die Software-Entwicklung auf Basis von Office-Anwendungen, z.B. mit Makros, SOLLTEN verbindliche Regelungen getroffen werden (siehe auch APP.1.1.A2 *Einschränken von Aktiven Inhalten*).	ja	tw	n
S	Zunächst SOLLTE in jeder Institution die Grundsatzentscheidung getroffen werden, ob solche Eigenentwicklungen von Endbenutzern überhaupt erwünscht sind.	ja	tw	n
S	Die Entscheidung SOLLTE in den betroffenen Sicherheitsrichtlinien dokumentiert werden.	ja	tw	n
S	Werden Eigenentwicklungen erlaubt, SOLLTE ein Verfahren für den Umgang mit entsprechenden Funktionen der Office-Produkte für die Endbenutzer erstellt werden.	ja	tw	n
S	Zuständigkeiten SOLLTEN klar definiert werden.	ja	tw	n
S	Alle Informationen über die erstellten Anwendungen SOLLTEN dokumentiert werden.	ja	tw	n
S	Aktuelle Versionen der Regelungen SOLLTEN allen betroffenen Benutzern zeitnah zugänglich gemacht und von diesen beachtet werden.	ja	tw	n

Notizen:

A11 Geregelter Einsatz von Erweiterungen für Office-Produkte *Standard*
Zuständig: IT-Betrieb

S	Alle Erweiterungen von Office-Produkten, wie Add-ons und Extensions, SOLLTEN vor dem produktiven Einsatz genauso getestet werden wie neue Versionen.	ja	tw	n
S	Hierbei SOLLTE ausschließlich auf isolierten Testsystemen getestet werden.	ja	tw	n
S	Die Tests SOLLTEN prüfen, ob Erweiterungen negativen Auswirkungen auf die Office-Produkte und die laufenden IT-Systeme haben.	ja	tw	n
S	Die Tests der eingesetzten Erweiterungen SOLLTEN einem definierten Testplan folgen.	ja	tw	n
S	Dieser Testplan SOLLTE so gestaltet sein, dass Dritte das Vorgehen nachvollziehen können.	ja	tw	n

Notizen:

A12 Verzicht auf Cloud-Speicherung *Standard*
Zuständig: Benutzer

S	Die in einigen Office-Produkten integrierten Funktionen für Cloud-Speicher SOLLTEN grundsätzlich deaktiviert werden.	ja	tw	n
S	Alle Cloud-Laufwerke SOLLTEN deaktiviert werden.	ja	tw	n
S	Alle Dokumente SOLLTEN durch die Benutzer auf zentral verwalteten Fileservern der Institution gespeichert werden.	ja	tw	n
S	Um Dokumente für Dritte freizugeben, SOLLTEN spezialisierte Anwendungen eingesetzt werden.	ja	tw	n
S	Diese Anwendungen SOLLTEN mindestens über eine verschlüsselte Datenablage und -versendung sowie ein geeignetes System zur Benutzer- und Rechteverwaltung verfügen.	ja	tw	n

Notizen:

A13 Verwendung von Viewer-Funktionen *Standard*
Zuständig: Benutzer

S	Daten aus potenziell unsicheren Quellen SOLLTEN automatisch in einem geschützten Modus geöffnet werden.	ja	tw	n
S	Diese Funktion SOLLTE NICHT durch den Benutzer deaktivierbar sein.	ja	tw	n
S	Eine Liste vertrauenswürdiger Quellen SOLLTE definiert werden, von denen Inhalte unmittelbar geöffnet und bearbeitet werden können.	ja	tw	n
S	In dem geschützten Modus SOLLTEN Daten NICHT unmittelbar bearbeitet werden können.	ja	tw	n
S	Aktive Inhalte, wie Makros und Skripte, SOLLTEN im geschützten Modus NICHT automatisch ausgeführt werden.	ja	tw	n
S	Nur eine allgemeine Navigation SOLLTE ermöglicht werden.	ja	tw	n
S	Wenn die Dokumente lediglich betrachtet werden sollen, SOLLTEN entsprechende Viewer-Anwendungen verwendet werden, wenn diese verfügbar sind.	ja	tw	n

Notizen:

APP: Anwendungen

A14 Schutz gegen nachträgliche Veränderungen von Dokumenten *Standard*

Zuständig: Benutzer

S Je nach geplantem Verwendungszweck von Dokumenten SOLLTEN Dokumente geeignet gegen nachträgliche Veränderung geschützt werden. — ja / tw / n

Notizen:

A15 Einsatz von Verschlüsselung und Digitalen Signaturen *Hoch*
Verantwortliche Rolle: IT-Betrieb
C I

S Daten mit erhöhtem Schutzbedarf SOLLTEN nur verschlüsselt gespeichert bzw. übertragen werden. — ja / tw / n

S Bevor ein in ein Office-Produkt integriertes Verschlüsselungsverfahren genutzt wird, SOLLTE geprüft werden, ob es einen ausreichenden Schutz bietet. — ja / tw / n

S Zusätzlich SOLLTE ein Verfahren eingesetzt werden, mit dem Makros und Dokumente digital signiert werden können. — ja / tw / n

Notizen:

A16 Integritätsprüfung von Dokumenten *Hoch*
Verantwortliche Rolle: IT-Betrieb
I

S Wenn Daten mit erhöhtem Schutzbedarf gespeichert oder übertragen werden, SOLLTEN geeignete Verfahren zur Integritätsprüfung eingesetzt werden. — ja / tw / n

S Falls Daten vor Manipulation geschützt werden sollen, SOLLTEN darüber hinaus kryptografische Verfahren eingesetzt werden. — ja / tw / n

Notizen:

APP.1.2 Webbrowser

A1 Verwendung von grundlegenden Sicherheitsmechanismen *Basis*

Zuständig: IT-Betrieb

M Der eingesetzte Webbrowser MUSS sicherstellen, dass jede Instanz und jeder Verarbeitungsprozess nur auf die eigenen Ressourcen zugreifen kann (Sandboxing). — ja / tw / n

M Webseiten MÜSSEN als eigenständige Prozesse oder mindestens als eigene Threads voneinander isoliert werden. — ja / tw / n

M Plug-ins und Erweiterungen MÜSSEN ebenfalls in isolierten Bereichen ausgeführt werden. — ja / tw / n

M Der verwendete Webbrowser MUSS die Content Security Policy (CSP) umsetzen. — ja / tw / n

S Der aktuell höchste Level der CSP SOLLTE erfüllt werden. — ja / tw / n

M Der Browser MUSS Maßnahmen zur Same-Origin-Policy und Subresource Integrity unterstützen. — ja / tw / n

Notizen:

APP.1.2 Webbrowser

A2 Unterstützung sicherer Verschlüsselung der Kommunikation *Basis*
Zuständig: IT-Betrieb

M	Der Webbrowser MUSS Transport Layer Security (TLS) in einer sicheren Version unterstützen.	ja	tw	n
M	Verbindungen zu Webservern MÜSSEN mit TLS verschlüsselt werden, sofern dies vom Webserver unterstützt wird.	ja	tw	n
S	Unsichere Versionen von TLS SOLLTEN deaktiviert werden.	ja	tw	n
M	Der Webbrowser MUSS den Sicherheitsmechanismus HTTP Strict Transport Security (HSTS) gemäß RFC 6797 unterstützen und einsetzten.	ja	tw	n

Notizen:

A3 Verwendung von vertrauenswürdigen Zertifikaten *Basis*
Zuständig: IT-Betrieb

M	Falls der Webbrowser eine eigene Liste von vertrauenswürdigen Wurzelzertifikaten bereitstellt, MUSS sichergestellt werden, dass nur Administratoren diese ändern können.	ja	tw	n
M	Falls dies nicht durch technische Maßnahmen möglich ist, MUSS den Benutzern verboten werden, diese Liste zu ändern.	ja	tw	n
M	Außerdem MUSS sichergestellt werden, dass der Webbrowser Zertifikate lokal widerrufen kann.	ja	tw	n
M	Der Webbrowser MUSS die Gültigkeit der Server-Zertifikate mithilfe des öffentlichen Schlüssels und unter Berücksichtigung des Gültigkeitszeitraums vollständig prüfen.	ja	tw	n
M	Auch der Sperrstatus der Server-Zertifikate MUSS vom Webbrowser geprüft werden.	ja	tw	n
M	Die Zertifikatskette einschließlich des Wurzelzertifikats MUSS verifiziert werden.	ja	tw	n
M	Der Webbrowser MUSS dem Benutzer eindeutig und gut sichtbar darstellen, ob die Kommunikation im Klartext oder verschlüsselt erfolgt.	ja	tw	n
S	Der Webbrowser SOLLTE dem Benutzer auf Anforderung das verwendete Serverzertifikat anzeigen können.	ja	tw	n
M	Der Webbrowser MUSS dem Benutzer signalisieren, wenn Zertifikate fehlen, ungültig sind oder widerrufen wurden.	ja	tw	n
M	Der Webbrowser MUSS in diesem Fall die Verbindung abbrechen, bis der Benutzer diese ausdrücklich bestätigt hat.	ja	tw	n

Notizen:

A4 ENTFALLEN *Basis*

A6 Kennwortmanagement im Webbrowser *Basis*
Zuständig: IT-Betrieb

M	Wird ein Kennwortmanager im Webbrowser verwendet, MUSS er eine direkte und eindeutige Beziehung zwischen Webseite und hierfür gespeichertem Kennwort herstellen.	ja	tw	n
M	Der Kennwortspeicher MUSS die Passwörter verschlüsselt speichern.	ja	tw	n
M	Es MUSS sichergestellt werden, dass auf die im Kennwortmanager gespeicherten Passwörter nur nach Eingabe eines Master-Kennworts zugegriffen werden kann.	ja	tw	n
M	Außerdem MUSS sichergestellt sein, dass die Authentisierung für den kennwortgeschützten Zugriff nur für die aktuelle Sitzung gültig ist.	ja	tw	n
M	Der IT-Betrieb MUSS sicherstellen, dass der verwendete Browser den Benutzern die Möglichkeit bietet, gespeicherte Passwörter zu löschen.	ja	tw	n

Notizen:

APP: Anwendungen

A13 Nutzung von DNS-over-HTTPS *Basis*

Zuständig: IT-Betrieb

		ja	tw	n
M	Die Institution MUSS prüfen, ob die verwendeten Browser DNS-over-HTTPS (DoH) einsetzen.	ja	tw	n
M	Es MUSS festgelegt werden, ob die Funktion verwendet werden soll.	ja	tw	n
S	Falls die Institution DNS-Server als Resolver verwendet, die über nicht vertrauenswürdige Netze angesprochen werden, SOLLTE DoH verwendet werden.	ja	tw	n
M	Falls DoH verwendet wird, MUSS die Institution einen vertrauenswürdigen DoH-Server festlegen.	ja	tw	n

Notizen:

A5 ENTFALLEN *Standard*

A7 Datensparsamkeit in Webbrowsern *Standard*

Zuständig: Benutzer

		ja	tw	n
S	Cookies von Drittanbietern SOLLTEN im Webbrowser abgelehnt werden.	ja	tw	n
S	Gespeicherte Cookies SOLLTEN durch den Benutzer gelöscht werden können.	ja	tw	n
S	Die Funktion zur Autovervollständigung von Daten SOLLTE deaktiviert werden.	ja	tw	n
S	Wird die Funktion dennoch genutzt, SOLLTE der Benutzer diese Daten löschen können.	ja	tw	n
S	Der Benutzer SOLLTE außerdem die Historiendaten des Webbrowsers löschen können.	ja	tw	n
S	Sofern vorhanden, SOLLTE eine Synchronisation des Webbrowsers mit Cloud-Diensten deaktiviert werden.	ja	tw	n
S	Telemetriefunktionen sowie das automatische Senden von Absturzberichten, URL-Eingaben und Sucheingaben an den Hersteller oder andere Externe SOLLTEN soweit wie möglich deaktiviert werden.	ja	tw	n
S	Peripheriegeräte wie Mikrofon oder Webcam sowie Standortfreigaben SOLLTEN nur für Webseiten aktiviert werden, bei denen sie unbedingt benötigt werden.	ja	tw	n
S	Der Browser SOLLTE eine Möglichkeit bieten, WebRTC, HSTS und JavaScript zu konfigurieren bzw. abzuschalten.	ja	tw	n

Notizen:

A8 ENTFALLEN *Standard*

A9 Einsatz einer isolierten Webbrowser-Umgebung *Hoch*
C I

Verantwortliche Rolle: IT-Betrieb

		ja	tw	n
S	Bei erhöhtem Schutzbedarf SOLLTEN Webbrowser eingesetzt werden, die in einer isolierten Umgebung, wie z.B. ReCoBS, oder auf dedizierten IT-Systemen ausgeführt werden.	ja	tw	n

Notizen:

A10 Verwendung des privaten Modus *Hoch*
Verantwortliche Rolle: Benutzer C I

S Der Webbrowser SOLLTE bei erhöhten Anforderungen bezüglich der Vertraulichkeit im ja tw n
   sogenannten privaten Modus ausgeführt werden, sodass keine Informationen oder Inhalte
   dauerhaft auf dem IT-System des Benutzers gespeichert werden.
S Der Browser SOLLTE so konfiguriert werden, dass lokale Inhalte beim Beenden gelöscht wer- ja tw n
   den.

Notizen:

A11 Überprüfung auf schädliche Inhalte *Hoch*
Verantwortliche Rolle: IT-Betrieb C

S Aufgerufene Internetadressen SOLLTEN durch den Webbrowser auf potenziell schädliche ja tw n
   Inhalte geprüft werden.
S Der Webbrowser SOLLTE den Benutzer warnen, wenn Informationen über schädliche Inhalte ja tw n
   vorliegen.
S Eine als schädlich klassifizierte Verbindung SOLLTE NICHT aufgerufen werden können. ja tw n
M Das verwendete Verfahren zur Überprüfung DARF NICHT gegen Datenschutz- oder Geheim- ja tw n
   schutz-Vorgaben verstoßen.

Notizen:

A12 Zwei-Browser-Strategie *Hoch*
Verantwortliche Rolle: IT-Betrieb A

S Für den Fall von ungelösten Sicherheitsproblemen mit dem verwendeten Webbrowser ja tw n
   SOLLTE ein alternativer Browser mit einer anderen Plattform installiert sein, der dem Benutzer als Ausweichmöglichkeit dient.

Notizen:

APP.1.4 Mobile Anwendungen (Apps)

A1 Anforderungsanalyse für die Nutzung von Apps *Basis*
Zuständig: Fachverantwortliche

M In der Anforderungsanalyse MÜSSEN insbesondere Risiken betrachtet werden, die sich aus ja tw n
   der mobilen Nutzung ergeben.
M Die Institution MUSS prüfen, ob ihre Kontroll- und Einflussmöglichkeiten auf die Betriebssys- ja tw n
   temumgebung mobiler Endgeräte ausreichend sind, um sie sicher nutzen zu können.

Notizen:

A2 ENTFALLEN *Basis*

A4 ENTFALLEN *Basis*

APP: Anwendungen

A5 Minimierung und Kontrolle von App-Berechtigungen — *Basis*

Zuständig: Fachverantwortliche

M	Sicherheitsrelevante Berechtigungseinstellungen MÜSSEN so fixiert werden, dass sie nicht durch Benutzer oder Apps geändert werden können.	ja ☐ tw ☐ n ☐
M	Wo dies technisch nicht möglich ist, MÜSSEN die Berechtigungseinstellungen regelmäßig geprüft und erneut gesetzt werden.	ja ☐ tw ☐ n ☐
M	Bevor eine App in einer Institution eingeführt wird, MUSS sichergestellt werden, dass sie nur die minimal benötigten App-Berechtigungen für ihre Funktion erhält.	ja ☐ tw ☐ n ☐
M	Nicht unbedingt notwendige Berechtigungen MÜSSEN hinterfragt und gegebenenfalls unterbunden werden.	ja ☐ tw ☐ n ☐

Notizen:

A6 ENTFALLEN — *Basis*

A7 Sichere Speicherung lokaler App-Daten — *Basis*

Zuständig: IT-Betrieb

M	Wenn Apps auf interne Dokumente der Institution zugreifen können, MUSS sichergestellt sein, dass die lokale Datenhaltung der App angemessen abgesichert ist.	ja ☐ tw ☐ n ☐
M	Insbesondere MÜSSEN Zugriffsschlüssel verschlüsselt abgelegt werden.	ja ☐ tw ☐ n ☐
M	Außerdem DÜRFEN vertrauliche Daten NICHT vom Betriebssystem an anderen Ablageorten zwischengespeichert werden.	ja ☐ tw ☐ n ☐

Notizen:

A8 Verhinderung von Datenabfluss — *Basis*

Zuständig: IT-Betrieb

M	Um zu verhindern, dass Apps ungewollt vertrauliche Daten versenden oder aus den gesendeten Daten Profile über die Benutzer erstellt werden, MUSS die App-Kommunikation geeignet eingeschränkt werden.	ja ☐ tw ☐ n ☐
S	Dazu SOLLTE die Kommunikation im Rahmen des Test- und Freigabeverfahrens analysiert werden.	ja ☐ tw ☐ n ☐
S	Weiterhin SOLLTE überprüft werden, ob eine App ungewollte Protokollierungs- oder Hilfsdateien schreibt, die möglicherweise vertrauliche Informationen enthalten.	ja ☐ tw ☐ n ☐

Notizen:

A3 Verteilung schutzbedürftiger Apps — *Standard*

Zuständig: IT-Betrieb

S	Interne Apps der Institution und Apps, die schutzbedürftige Informationen verarbeiten, SOLLTEN über einen institutionseigenen App Store oder via MDM verteilt werden.	ja ☐ tw ☐ n ☐

Notizen:

A9 ENTFALLEN — *Standard*

A10 ENTFALLEN — *Standard*

APP.1.4 Mobile Anwendungen (Apps)

A11 ENTFALLEN *Standard*

A12 Sichere Deinstallation von Apps *Standard*
Zuständig: IT-Betrieb

S Werden Apps deinstalliert, SOLLTEN auch Daten gelöscht werden, die auf externen Syste- ja tw n
men, beispielsweise beim App-Anbieter, gespeichert wurden.

Notizen:

A13 ENTFALLEN *Hoch*

A14 Unterstützung zusätzlicher Authentisierungsmerkmale bei Apps *Hoch*
Verantwortliche Rolle: IT-Betrieb **C I**

S Falls möglich, SOLLTE für die Authentisierung der Benutzer in Apps ein zweiter Faktor ja tw n
benutzt werden.

S Hierbei SOLLTE darauf geachtet werden, dass eventuell benötigte Sensoren oder Schnittstel- ja tw n
len in allen verwendeten Geräten vorhanden sind.

S Zusätzlich SOLLTE bei biometrischen Verfahren berücksichtigt werden, wie resistent die ja tw n
Authentisierung gegen mögliche Fälschungsversuche ist.

Notizen:

A15 Durchführung von Penetrationstests für Apps *Hoch*
Verantwortliche Rolle: IT-Betrieb **C I A**

S Bevor eine App für den Einsatz freigegeben wird, SOLLTE ein Penetrationstest durchgeführt ja tw n
werden.

S Dabei SOLLTEN alle Kommunikationsschnittstellen zu Backend-Systemen sowie die lokale ja tw n
Speicherung von Daten auf mögliche Sicherheitslücken untersucht werden.

S Die Penetrationstests SOLLTEN regelmäßig und zusätzlich bei größeren Änderungen an der ja tw n
App wiederholt werden.

Notizen:

A16 Mobile Application Management *Hoch*
Verantwortliche Rolle: IT-Betrieb **C I A**

S Falls möglich, SOLLTE für das zentrale Konfigurieren von dienstlichen Apps ein Mobile Appli- ja tw n
cation Management verwendet werden.

Notizen:

APP.2 Verzeichnisdienst

APP.2.1 Allgemeiner Verzeichnisdienst

A1 Erstellung einer Sicherheitsrichtlinie für Verzeichnisdienste *Basis*

Zuständig: IT-Betrieb

M	Es MUSS eine Sicherheitsrichtlinie für den Verzeichnisdienst erstellt werden.	ja tw n
S	Diese SOLLTE mit dem übergreifenden Sicherheitskonzept der gesamten Institution abgestimmt sein.	ja tw n

Notizen:

A2 Planung des Einsatzes von Verzeichnisdiensten *Basis*

Zuständig: Datenschutzbeauftragter, Fachverantwortliche

M	Der Einsatz von Verzeichnisdiensten MUSS sorgfältig geplant werden.	ja tw n
M	Die konkrete Nutzung des Verzeichnisdienstes MUSS festgelegt werden.	ja tw n
M	Es MUSS sichergestellt sein, dass der Verzeichnisdienst und alle ihn verwendenden Anwendungen kompatibel sind.	ja tw n
M	Zudem MUSS ein Modell aus Objektklassen und Attributtypen entwickelt werden, das den Ansprüchen der vorgesehenen Nutzungsarten genügt.	ja tw n
M	Bei der Planung des Verzeichnisdienstes MÜSSEN Personalvertretung und Datenschutzbeauftragter beteiligt werden.	ja tw n
M	Es MUSS ein bedarfsgerechtes Berechtigungskonzept zum Verzeichnisdienst entworfen werden.	ja tw n
S	Generell SOLLTE die geplante Verzeichnisdienststruktur vollständig dokumentiert werden.	ja tw n
S	Maßnahmen SOLLTEN geplant werden, die es unterbinden, aus dem Verzeichnisdienst unbefugt Daten sammeln zu können.	ja tw n

Notizen:

A3 Einrichtung von Zugriffsberechtigungen auf Verzeichnisdienste *Basis*

Zuständig: Fachverantwortliche

M	Die administrativen Aufgaben für die Administration des Verzeichnisdienstes selbst sowie für die eigentliche Verwaltung der Daten MÜSSEN strikt getrennt werden.	ja tw n
S	Die administrativen Tätigkeiten SOLLTEN so delegiert werden, dass sie sich möglichst nicht überschneiden.	ja tw n
S	Alle administrativen Aufgabenbereiche und Berechtigungen SOLLTEN ausreichend dokumentiert werden.	ja tw n
M	Die Zugriffsrechte der Benutzer- und Administratorengruppen MÜSSEN anhand der erstellten Sicherheitsrichtlinie konfiguriert und umgesetzt werden.	ja tw n
M	Bei einer eventuellen Zusammenführung mehrerer Verzeichnisdienstbäume MÜSSEN die daraus resultierenden effektiven Rechte kontrolliert werden.	ja tw n

Notizen:

A4 Sichere Installation von Verzeichnisdiensten *Basis*
Zuständig: IT-Betrieb

M	Es MUSS ein Konzept für die Installation erstellt werden, nach dem Administrations- und Zugriffsberechtigungen bereits bei der Installation des Verzeichnisdienstes konfiguriert werden.	ja	tw	n

Notizen:

A5 Sichere Konfiguration und Konfigurationsänderungen von Verzeichnisdiensten *Basis*
Zuständig: IT-Betrieb

M	Der Verzeichnisdienst MUSS sicher konfiguriert werden.	ja	tw	n
M	Für die sichere Konfiguration einer Verzeichnisdienste-Infrastruktur MÜSSEN neben dem Server auch die Clients (IT-Systeme und Programme) einbezogen werden.	ja	tw	n
S	Wird die Konfiguration der vernetzten IT-Systeme geändert, SOLLTEN die Benutzer rechtzeitig über Wartungsarbeiten informiert werden.	ja	tw	n
S	Vor den Konfigurationsänderungen SOLLTEN von allen betroffenen Dateien und Verzeichnissen Datensicherungen angefertigt werden.	ja	tw	n

Notizen:

A6 Sicherer Betrieb von Verzeichnisdiensten *Basis*
Zuständig: IT-Betrieb

M	Die Sicherheit des Verzeichnisdienstes MUSS im Betrieb permanent aufrechterhalten werden.	ja	tw	n
S	Alle den Betrieb eines Verzeichnisdienst-Systems betreffenden Richtlinien, Regelungen und Prozesse SOLLTEN dokumentiert werden.	ja	tw	n
M	Die Arbeitsplätze von Verzeichnisdienstadministratoren MÜSSEN ausreichend gesichert sein.	ja	tw	n
M	Der Zugriff auf alle Administrationswerkzeuge MUSS für normale Benutzer unterbunden werden.	ja	tw	n

Notizen:

A7 Erstellung eines Sicherheitskonzepts für den Einsatz von Verzeichnisdiensten *Standard*
Zuständig: IT-Betrieb

S	Durch das Sicherheitskonzept für Verzeichnisdienste SOLLTEN sämtliche sicherheitsbezogenen Themenbereiche eines Verzeichnisdienstes geregelt werden.	ja	tw	n
S	Die daraus entwickelten Sicherheitsrichtlinien SOLLTEN schriftlich festgehalten und den Benutzern des Verzeichnisdienstes mitgeteilt werden.	ja	tw	n

Notizen:

APP: Anwendungen

A8 Planung einer Partitionierung und Replikation im Verzeichnisdienst *Standard*

Zuständig: IT-Betrieb

- S Bei einer Partitionierung SOLLTE auf die Verfügbarkeit und den Schutzbedarf des Verzeichnisdienstes geachtet werden. ☐ ja ☐ tw ☐ n
- S Die Partitionierung des Verzeichnisdienstes SOLLTE schriftlich so dokumentiert werden, dass sie manuell wieder rekonstruiert werden kann. ☐ ja ☐ tw ☐ n
- S Um die Replikationen zeitgerecht ausführen zu können, SOLLTE eine ausreichende Bandbreite sichergestellt werden. ☐ ja ☐ tw ☐ n

Notizen:

A9 Geeignete Auswahl von Komponenten für Verzeichnisdienste *Standard*

Zuständig: Fachverantwortliche

- S Für den Einsatz eines Verzeichnisdienstes SOLLTEN geeignete Komponenten identifiziert werden. ☐ ja ☐ tw ☐ n
- S Es SOLLTE ein Kriterienkatalog erstellt werden, nach dem die Komponenten für den Verzeichnisdienst ausgewählt und beschafft werden. ☐ ja ☐ tw ☐ n
- S Im Rahmen der Planung und Konzeption des Verzeichnisdienstes SOLLTEN passend zum Einsatzzweck Anforderungen an dessen Sicherheit formuliert werden. ☐ ja ☐ tw ☐ n

Notizen:

A10 ENTFALLEN *Standard*

A11 Einrichtung des Zugriffs auf Verzeichnisdienste *Standard*

Zuständig: IT-Betrieb

- S Der Zugriff auf den Verzeichnisdienst SOLLTE entsprechend der Sicherheitsrichtlinie konfiguriert werden. ☐ ja ☐ tw ☐ n
- S Wird der Verzeichnisdienst als Server im Internet eingesetzt, SOLLTE er entsprechend durch ein Sicherheitsgateway geschützt werden. ☐ ja ☐ tw ☐ n
- S Sollen anonymen Benutzern auf einzelne Teilbereiche des Verzeichnisbaums weitergehende Zugriffe eingeräumt werden, so SOLLTE ein gesondertes Benutzerkonto, ein sogenannter Proxy-User, für den anonymen Zugriff eingerichtet werden. ☐ ja ☐ tw ☐ n
- S Die Zugriffsrechte für diesen Proxy-User SOLLTEN hinreichend restriktiv vergeben werden. ☐ ja ☐ tw ☐ n
- S Sie SOLLTEN zudem wieder komplett entzogen werden, wenn der Account nicht mehr gebraucht wird. ☐ ja ☐ tw ☐ n
- S Damit nicht versehentlich schutzbedürftige Informationen herausgegeben werden, SOLLTE die Suchfunktion des Verzeichnisdienstes dem Einsatzzweck angemessen eingeschränkt werden. ☐ ja ☐ tw ☐ n

Notizen:

A12 Überwachung von Verzeichnisdiensten *Standard*
Zuständig: IT-Betrieb

S   Verzeichnisdienste SOLLTEN gemeinsam mit dem Server beobachtet und protokolliert werden, auf dem sie betrieben werden.   ja tw n

Notizen:

A13 Absicherung der Kommunikation mit Verzeichnisdiensten *Standard*
Zuständig: IT-Betrieb

S   Die gesamte Kommunikation mit dem Verzeichnisdienst SOLLTE über SSL/TLS verschlüsselt werden.   ja tw n

S   Der Kommunikationsendpunkt des Verzeichnisdienst-Servers SOLLTE aus dem Internet nicht erreichbar sein.   ja tw n

S   Der Datenaustausch zwischen Client und Verzeichnisdienst-Server SOLLTE abgesichert werden.   ja tw n

S   Es SOLLTE definiert werden, auf welche Daten zugegriffen werden darf.   ja tw n

S   Im Falle einer serviceorientierten Architektur (SOA) SOLLTEN zum Schutz von Service-Einträgen in einer Service-Registry sämtliche Anfragen an die Registratur daraufhin überprüft werden, ob der Benutzer gültig ist.   ja tw n

Notizen:

A14 Geregelte Außerbetriebnahme eines Verzeichnisdienstes *Standard*
Zuständig: Fachverantwortliche

S   Bei einer Außerbetriebnahme des Verzeichnisdienstes SOLLTE sichergestellt sein, dass weiterhin benötigte Rechte bzw. Informationen in ausreichendem Umfang zur Verfügung stehen.   ja tw n

S   Alle anderen Rechte und Informationen SOLLTEN gelöscht werden.   ja tw n

S   Zudem SOLLTEN die Benutzer darüber informiert werden, wenn ein Verzeichnisdienst außer Betrieb genommen wird.   ja tw n

S   Bei der Außerbetriebnahme einzelner Partitionen eines Verzeichnisdienstes SOLLTE darauf geachtet werden, dass dadurch andere Partitionen nicht beeinträchtigt werden.   ja tw n

Notizen:

APP: Anwendungen

A15 Migration von Verzeichnisdiensten *Standard*
Zuständig: IT-Betrieb

- S Bei einer geplanten Migration von Verzeichnisdiensten SOLLTE vorab ein Migrationskonzept erstellt werden. — ja / tw / n
- S Die Schema-Änderungen, die am Verzeichnisdienst vorgenommen wurden, SOLLTEN dokumentiert werden. — ja / tw / n
- S Weitreichende Berechtigungen, die dazu verwendet wurden, die Migration des Verzeichnisdienstes durchzuführen, SOLLTEN wieder zurückgesetzt werden. — ja / tw / n
- S Die Zugriffsrechte für Verzeichnisdienst-Objekte bei Systemen, die von Vorgängerversionen aktualisiert bzw. von anderen Verzeichnissystemen übernommen wurden, SOLLTEN aktualisiert werden. — ja / tw / n

Notizen:

A16 Erstellung eines Notfallplans für den Ausfall eines Verzeichnisdienstes *Hoch*
Verantwortliche Rolle: IT-Betrieb
C I A

- S Im Rahmen der Notfallvorsorge SOLLTE es eine bedarfsgerechte Notfallplanung für Verzeichnisdienste geben. — ja / tw / n
- S Für den Ausfall wichtiger Verzeichnisdienst-Systeme SOLLTEN Notfallpläne vorliegen. — ja / tw / n
- S Alle Notfall-Prozeduren für die gesamte Systemkonfiguration der Verzeichnisdienst-Komponenten SOLLTEN dokumentiert werden. — ja / tw / n

Notizen:

APP.2.2 Active Directory

A1 Planung des Active Directory *Basis*
Zuständig: Fachverantwortliche

- M Es MUSS ein geeignetes, möglichst hohes Domain Functional Level gewählt werden. — ja / tw / n
- S Die Begründung SOLLTE geeignet dokumentiert werden. — ja / tw / n
- M Ein bedarfsgerechtes Active-Directory-Berechtigungskonzept MUSS entworfen werden. — ja / tw / n
- M Administrative Delegationen MÜSSEN mit restriktiven und bedarfsgerechten Berechtigungen ausgestattet sein. — ja / tw / n
- S Die geplante Active-Directory-Struktur einschließlich etwaiger Schema-Änderungen SOLLTE nachvollziehbar dokumentiert sein. — ja / tw / n

Notizen:

A2 Planung der Active-Directory-Administration *Basis*
Zuständig: Fachverantwortliche

- M In großen Domänen MÜSSEN die administrativen Benutzer bezüglich Diensteverwaltung und Datenverwaltung des Active Directory aufgeteilt werden. — ja / tw / n
- M Zusätzlich MÜSSEN hier die administrativen Aufgaben im Active Directory nach einem Delegationsmodell überschneidungsfrei verteilt sein. — ja / tw / n

Notizen:

APP.2.2 Active Directory

A3 Planung der Gruppenrichtlinien unter Windows *Basis*
Zuständig: IT-Betrieb

M	Es MUSS ein Konzept zur Einrichtung von Gruppenrichtlinien vorliegen.	ja	tw	n
M	Mehrfachüberdeckungen MÜSSEN beim Gruppenrichtlinienkonzept möglichst vermieden werden.	ja	tw	n
M	In der Dokumentation des Gruppenrichtlinienkonzepts MÜSSEN Ausnahmeregelungen erkannt werden können.	ja	tw	n
M	Alle Gruppenrichtlinienobjekte MÜSSEN durch restriktive Zugriffsrechte geschützt sein.	ja	tw	n
M	Für die Parameter in allen Gruppenrichtlinienobjekten MÜSSEN sichere Vorgaben festgelegt sein.	ja	tw	n

Notizen:

A4 ENTFALLEN *Basis*

A5 Härtung des Active Directory *Basis*
Zuständig: IT-Betrieb

M	Built-in-Accounts MÜSSEN mit komplexen Passwörtern versehen werden.	ja	tw	n
M	Sie DÜRFEN NUR als Notfallkonten dienen.	ja	tw	n
M	Privilegierte Accounts MÜSSEN Mitglieder der Gruppe „Protected Users" sein.	ja	tw	n
M	Für Dienstkonten MÜSSEN (Group) Managed Service Accounts verwendet werden.	ja	tw	n
M	Für alle Domänen-Controller MÜSSEN restriktive Zugriffsrechte auf Betriebssystemebene vergeben sein.	ja	tw	n
M	Der Active-Directory-Restore-Modus MUSS durch ein geeignetes Passwort geschützt sein.	ja	tw	n
S	Arbeiten in diesem Modus SOLLTEN nur erfolgen, wenn das Vier-Augen-Prinzip eingehalten wird.	ja	tw	n
S	Ein Abbild des Domänencontrollers SOLLTE regelmäßig erstellt werden.	ja	tw	n
M	Die Berechtigungen für die Gruppe „Jeder" MUSS beschränkt werden.	ja	tw	n
M	Der Domänencontroller MUSS gegen unautorisierte Neustarts geschützt sein.	ja	tw	n
M	Die Richtlinien für Domänen und Domänencontroller MÜSSEN sichere Einstellungen für Kennworte, Kontensperrung, Kerberos-Authentisierung, Benutzerrechte und Überwachung umfassen.	ja	tw	n
M	Es MUSS eine ausreichende Größe für das Sicherheitsprotokoll des Domänen-Controllers eingestellt sein.	ja	tw	n
M	Bei externen Vertrauensstellungen zu anderen Domänen MÜSSEN die Autorisierungsdaten der Benutzer gefiltert und anonymisiert werden.	ja	tw	n

Notizen:

A6 Aufrechterhaltung der Betriebssicherheit von Active Directory *Basis*
Zuständig: IT-Betrieb

M	Alle Vertrauensbeziehungen im AD MÜSSEN regelmäßig evaluiert werden.	ja	tw	n
M	Die Gruppe der Domänenadministratoren MUSS leer oder möglichst klein sein.	ja	tw	n
M	Nicht mehr verwendete Konten MÜSSEN im AD deaktiviert werden.	ja	tw	n
S	Sie SOLLTEN nach Ablauf einer angemessenen Aufbewahrungsfrist gelöscht werden.	ja	tw	n
S	Alle notwendigen Parameter des Active Directory SOLLTEN aktuell und nachvollziehbar festgehalten werden.	ja	tw	n

Notizen:

APP: Anwendungen

A7 Umsetzung sicherer Verwaltungsmethoden für Active Directory *Basis*

Zuständig: Fachverantwortliche

M	Jeder Account MUSS sich eindeutig einem Mitarbeiter zuordnen lassen.	ja tw n
M	Die Anzahl der Dienste-Administratoren und der Daten-Administratoren des Active Directory MUSS auf das notwendige Minimum vertrauenswürdiger Personen reduziert sein.	ja tw n
S	Das Standardkonto „Administrator" SOLLTE umbenannt werden.	ja tw n
S	Es SOLLTE ein unprivilegiertes Konto mit dem Namen „Administrator" erstellt werden.	ja tw n
M	Es MUSS sichergestellt sein, dass die Dienste-Administratorkonten ausschließlich von Mitgliedern der Dienste-Administratorgruppe verwaltet werden.	ja tw n
S	Die Gruppe „Kontenoperatoren" SOLLTE leer sein.	ja tw n
S	Administratoren SOLLTEN der Gruppe „Schema-Admins" nur temporär für den Zeitraum der Schema-Änderungen zugewiesen werden.	ja tw n
S	Für die Gruppen „Organisations-Admins" und „Domänen-Admins" zur Administration der Stammdomäne SOLLTE ein Vier-Augen-Prinzip etabliert sein.	ja tw n
M	Es MUSS sichergestellt sein, dass die Gruppen „Administratoren" bzw. „Domänenadministratoren" auch die Besitzer des Domänenstammobjektes der jeweiligen Domäne sind.	ja tw n
S	Der Einsatz von domänenlokalen Gruppen für die Steuerung der Leseberechtigung für Objektattribute SOLLTE vermieden werden.	ja tw n
S	Der Papierkorb des AD SOLLTE aktiviert werden.	ja tw n
S	In großen Institutionen SOLLTE mit einer Enterprise-Identity-Management-Lösung sichergestellt werden, dass die Rechte aller Anwender den definierten Vorgaben entsprechen.	ja tw n

Notizen:

A8 Konfiguration des „Sicheren Kanals" unter Windows *Standard*

Zuständig: IT-Betrieb

S	Der „Sichere Kanal" unter Windows SOLLTE entsprechend den Sicherheitsanforderungen und den lokalen Gegebenheiten konfiguriert sein.	ja tw n
S	Dabei SOLLTEN alle relevanten Gruppenrichtlinienparameter berücksichtigt werden.	ja tw n

Notizen:

A9 Schutz der Authentisierung beim Einsatz von Active Directory *Standard*

Zuständig: IT-Betrieb

S	In der Umgebung des Active Directory SOLLTE konsequent das Authentisierungsprotokoll Kerberos eingesetzt werden.	ja tw n
S	Wenn aus Kompatibilitätsgründen übergangsweise NTLMv2 eingesetzt wird, SOLLTE die Migration auf Kerberos geplant und terminiert werden.	ja tw n
S	Die LM-Authentisierung SOLLTE deaktiviert sein.	ja tw n
S	Der SMB-Datenverkehr SOLLTE signiert sein.	ja tw n
S	Anonyme Zugriffe auf Domänencontroller SOLLTEN unterbunden sein.	ja tw n

Notizen:

A10 Sicherer Einsatz von DNS für Active Directory *Standard*

Zuständig: IT-Betrieb

S   Integrierte DNS-Zonen bzw. die sichere dynamische Aktualisierung der DNS-Daten SOLLTEN verwendet werden.   ja tw n

S   Der Zugriff auf die Konfigurationsdaten des DNS-Servers SOLLTE nur von administrativen Konten erlaubt sein.   ja tw n

S   Der DNS-Cache auf den DNS-Servern SOLLTE vor unberechtigten Änderungen geschützt sein.   ja tw n

S   Der Zugriff auf den DNS-Dienst der Domänen-Controller SOLLTE auf das notwendige Maß beschränkt sein.   ja tw n

S   Die Netzaktivitäten in Bezug auf DNS-Anfragen SOLLTEN überwacht werden.   ja tw n

S   Der Zugriff auf die DNS-Daten im Active Directory SOLLTE mittels ACLs auf Administratoren beschränkt sein.   ja tw n

S   Sekundäre DNS-Zonen SOLLTEN vermieden werden.   ja tw n

S   Zumindest SOLLTE die Zonen-Datei vor unbefugtem Zugriff geschützt werden.   ja tw n

S   Wird IPsec eingesetzt, um die DNS-Kommunikation abzusichern, SOLLTE ein ausreichender Datendurchsatz im Netz gewährleistet sein.   ja tw n

Notizen:

A11 Überwachung der Active-Directory-Infrastruktur *Standard*

Zuständig: IT-Betrieb

S   Änderungen auf Domänen-Ebene und an der Gesamtstruktur des Active Directory SOLLTEN überwacht, protokolliert und ausgewertet werden.   ja tw n

Notizen:

A12 Datensicherung für Domänen-Controller *Standard*

Zuständig: IT-Betrieb

S   Es SOLLTE eine Datensicherungs- und Wiederherstellungsrichtlinie für Domänen-Controller existieren.   ja tw n

S   Die eingesetzte Sicherungssoftware SOLLTE explizit vom Hersteller für die Datensicherung von Domänen-Controllern freigegeben sein.   ja tw n

S   Für die Domänen-Controller SOLLTE ein separates Datensicherungskonto mit Dienste-Administratorenrechten eingerichtet sein.   ja tw n

S   Die Anzahl der Mitglieder der Gruppe „Sicherungs-Operatoren" SOLLTE auf das notwendige Maß begrenzt sein.   ja tw n

S   Der Zugriff auf das AdminSDHolder-Objekt SOLLTE zum Schutz der Berechtigungen besonders geschützt sein.   ja tw n

S   Die Daten der Domänen-Controller SOLLTEN in regelmäßigen Abständen gesichert werden.   ja tw n

S   Dabei SOLLTE ein Verfahren eingesetzt werden, das veraltete Objekte weitgehend vermeidet.   ja tw n

Notizen:

A13 ENTFALLEN *Hoch*

APP: Anwendungen

A14 Verwendung dedizierter privilegierter Administrationssysteme *Hoch*
Verantwortliche Rolle: IT-Betrieb **C I A**

S Die Administration des Active Directory SOLLTE auf dedizierte Administrationssysteme eingeschränkt werden. ja tw n

S Diese SOLLTEN durch die eingeschränkte Aufgabenstellung besonders stark gehärtet sein. ja tw n

Notizen:

A15 Trennung von Administrations- und Produktionsumgebung *Hoch*
Verantwortliche Rolle: IT-Betrieb **C I A**

S Besonders kritische Systeme wie Domaincontroller und Systeme zur Administration der Domain SOLLTEN in einen eigenen Forest ausgegliedert werden, der einen einseitigen Trust in Richtung des Produktions-Forests besitzt. ja tw n

Notizen:

APP.2.3 OpenLDAP

A1 Planung und Auswahl von Backends und Overlays für OpenLDAP *Basis*
Zuständig: IT-Betrieb

M Der Einsatz von OpenLDAP in einer Institution MUSS sorgfältig geplant werden. ja tw n

M Soll OpenLDAP gemeinsam mit anderen Anwendungen verwendet werden, so MÜSSEN die Planung, Konfiguration und Installation der Anwendungen mit OpenLDAP aufeinander abgestimmt werden. ja tw n

M Für die zur Datenhaltung verwendete Datenbank MUSS sichergestellt werden, dass die verwendete Version kompatibel ist. ja tw n

M Backends und Overlays für OpenLDAP MÜSSEN restriktiv selektiert werden. ja tw n

M Dazu MUSS sichergestellt werden, dass die OpenLDAP-Overlays in der korrekten Reihenfolge eingesetzt werden. ja tw n

M Bei der Planung von OpenLDAP MÜSSEN die auszuwählenden und unterstützten Client-Anwendungen berücksichtigt werden. ja tw n

Notizen:

A2 ENTFALLEN *Basis*

A3 Sichere Konfiguration von OpenLDAP *Basis*
Zuständig: IT-Betrieb

M	Für die sichere Konfiguration von OpenLDAP MUSS der slapd-Server korrekt konfiguriert werden.	ja	tw	n
M	Es MÜSSEN auch die verwendeten Client-Anwendungen sicher konfiguriert werden.	ja	tw	n
M	Bei der Konfiguration von OpenLDAP MUSS darauf geachtet werden, dass im Betriebssystem die Berechtigungen korrekt gesetzt sind.	ja	tw	n
M	Die Vorgabewerte aller relevanten Konfigurationsdirektiven von OpenLDAP MÜSSEN geprüft und gegebenenfalls angepasst werden.	ja	tw	n
M	Die Backends und Overlays von OpenLDAP MÜSSEN in die Konfiguration einbezogen werden.	ja	tw	n
M	Für die Suche innerhalb von OpenLDAP MÜSSEN angemessene Zeit- und Größenbeschränkungen festgelegt werden.	ja	tw	n
M	Die Konfiguration am slapd-Server MUSS nach jeder Änderung geprüft werden.	ja	tw	n

Notizen:

A4 Konfiguration der durch OpenLDAP verwendeten Datenbank *Basis*
Zuständig: IT-Betrieb

M	Die Zugriffsrechte für neu angelegte Datenbankdateien MÜSSEN auf die Benutzerkennung beschränkt werden, in deren Kontext der slapd-Server betrieben wird.	ja	tw	n
M	Die Standard-Einstellungen der von OpenLDAP genutzten Datenbank MÜSSEN angepasst werden.	ja	tw	n

Notizen:

A5 Sichere Vergabe von Zugriffsrechten auf dem OpenLDAP *Basis*
Zuständig: IT-Betrieb

M	Die in OpenLDAP geführten globalen und datenbankspezifischen Zugriffskontrolllisten (Access Control Lists) MÜSSEN beim Einsatz von OpenLDAP korrekt berücksichtigt werden.	ja	tw	n
M	Datenbank-Direktiven MÜSSEN Vorrang vor globalen Direktiven haben.	ja	tw	n

Notizen:

A6 Sichere Authentisierung gegenüber OpenLDAP *Basis*
Zuständig: IT-Betrieb

M	Wenn der Verzeichnisdienst zwischen verschiedenen Benutzern unterscheiden soll, MÜSSEN sich diese geeignet authentisieren.	ja	tw	n
M	Die Authentisierung zwischen dem slapd-Server und den Kommunikationspartnern MUSS verschlüsselt werden.	ja	tw	n
M	Es DÜRFEN NUR die Hashwerte von Passwörtern auf den Clients und Servern abgespeichert werden.	ja	tw	n
M	Es MUSS ein geeigneter Hashing-Algorithmus verwendet werden.	ja	tw	n

Notizen:

A7 ENTFALLEN *Standard*

APP: Anwendungen

A8 Einschränkungen von Attributen bei OpenLDAP *Standard*

Zuständig: IT-Betrieb

- S Anhand von Overlays SOLLTEN die Attribute in OpenLDAP eingeschränkt werden. ☐ ja ☐ tw ☐ n
- S OpenLDAP SOLLTE so angepasst werden, dass Werte im Verzeichnisdienst nur einem bestimmten regulären Ausdruck entsprechen. ☐ ja ☐ tw ☐ n
- S Zudem SOLLTE mit Hilfe von Overlays sichergestellt werden, das ausgesuchte Werte nur einmal im Verzeichnisbaum vorhanden sind. ☐ ja ☐ tw ☐ n
- S Solche Restriktionen SOLLTEN ausschließlich auf Nutzerdaten angewendet werden. ☐ ja ☐ tw ☐ n

Notizen:

A9 Partitionierung und Replikation bei OpenLDAP *Standard*

Zuständig: IT-Betrieb

- S OpenLDAP SOLLTE in Teilbäume auf verschiedene Server aufgeteilt (partitioniert) werden. ☐ ja ☐ tw ☐ n
- S Dabei SOLLTEN Veränderungen an den Daten durch Replikation zwischen den Servern ausgetauscht werden. ☐ ja ☐ tw ☐ n
- S Der Replikationsmodus SOLLTE in Abhängigkeit von Netzverbindungen und Verfügbarkeitsanforderungen gewählt werden. ☐ ja ☐ tw ☐ n

Notizen:

A10 Sichere Aktualisierung von OpenLDAP *Standard*

Zuständig: IT-Betrieb

- S Bei Updates SOLLTE darauf geachtet werden, ob die Änderungen eingesetzte Backends oder Overlays sowie Softwareabhängigkeiten betreffen. ☐ ja ☐ tw ☐ n
- S Setzen Administratoren eigene Skripte ein, SOLLTEN sie daraufhin überprüft werden, ob sie mit der aktualisierten Version von OpenLDAP problemlos zusammenarbeiten. ☐ ja ☐ tw ☐ n
- S Die Konfiguration und die Zugriffsrechte SOLLTEN nach einer Aktualisierung sorgfältig geprüft werden. ☐ ja ☐ tw ☐ n

Notizen:

A11 Einschränkung der OpenLDAP-Laufzeitumgebung *Standard*

Zuständig: IT-Betrieb

- S Der slapd-Server SOLLTE auf ein Laufzeitverzeichnis eingeschränkt werden. ☐ ja ☐ tw ☐ n
- S Hierfür SOLLTE dieses Verzeichnis alle Konfigurationsdateien und Datenbanken beinhalten. ☐ ja ☐ tw ☐ n

Notizen:

A12 ENTFALLEN *Standard*

A13 ENTFALLEN *Standard*

APP.3 Netzbasierte Dienste

APP.3.1 Webanwendungen

A1 Authentisierung bei Webanwendungen *Basis*
Zuständig: IT-Betrieb

M Der IT-Betrieb MUSS Webanwendungen so konfigurieren, dass sich Benutzer gegenüber der ja tw n
Webanwendung authentisieren müssen, wenn diese auf geschützte Ressourcen zugreifen
wollen.

M Dafür MUSS eine angemessene Authentisierungsmethode ausgewählt werden. ja tw n

S Der Auswahlprozess SOLLTE dokumentiert werden. ja tw n

M Der IT-Betrieb MUSS geeignete Grenzwerte für fehlgeschlagene Anmeldeversuche festle- ja tw n
gen.

Notizen:

A2 ENTFALLEN *Basis*

A3 ENTFALLEN *Basis*

A4 Kontrolliertes Einbinden von Dateien und Inhalten bei Webanwendungen *Basis*
Zuständig: IT-Betrieb

M Falls eine Webanwendung eine Upload-Funktion für Dateien anbietet, MUSS diese Funktion ja tw n
durch den IT-Betrieb so weit wie möglich eingeschränkt werden.

M Insbesondere MÜSSEN die erlaubte Dateigröße, erlaubte Dateitypen und erlaubte Speicher- ja tw n
orte festgelegt werden.

M Es MUSS festgelegt werden, welche Benutzer die Funktion verwenden dürfen. ja tw n

M Auch MÜSSEN Zugriffs- und Ausführungsrechte restriktiv gesetzt werden. ja tw n

M Zudem MUSS sichergestellt werden, dass ein Benutzer Dateien nur im vorgegebenen erlaub- ja tw n
ten Speicherort speichern kann.

Notizen:

A5 ENTFALLEN *Basis*

A6 ENTFALLEN *Basis*

A7 Schutz vor unerlaubter automatisierter Nutzung von Webanwendungen *Basis*
Zuständig: IT-Betrieb

M Der IT-Betrieb MUSS sicherstellen, dass die Webanwendung vor unberechtigter automati- ja tw n
sierter Nutzung geschützt wird.

M Dabei MUSS jedoch berücksichtigt werden, wie sich die Schutzmechanismen auf die Nut- ja tw n
zungsmöglichkeiten berechtigter Benutzer auswirken.

M Wenn die Webanwendung RSS-Feeds oder andere Funktionen enthält, die explizit für die ja tw n
automatisierte Nutzung vorgesehen sind, MUSS dies ebenfalls bei der Konfiguration der
Schutzmechanismen berücksichtigt werden.

Notizen:

APP: Anwendungen

A14 Schutz vertraulicher Daten *Basis*

Zuständig: IT-Betrieb

M Der IT-Betrieb MUSS sicherstellen, dass Zugangsdaten zur Webanwendung serverseitig mithilfe von sicheren kryptografischen Algorithmen vor unbefugtem Zugriff geschützt werden. ja tw n

M Dazu MÜSSEN Salted Hash-Verfahren verwendet werden. ja tw n

M Die Dateien mit den Quelltexten der Webanwendung MÜSSEN vor unerlaubten Abrufen geschützt werden. ja tw n

Notizen:

A16 ENTFALLEN *Basis*

A19 ENTFALLEN *Basis*

A8 Systemarchitektur einer Webanwendung *Standard*

Zuständig: Beschaffungsstelle

S Sicherheitsaspekte SOLLTEN bereits während der Planung betrachtet werden. ja tw n

S Auch SOLLTE darauf geachtet werden, dass die Architektur der Webanwendung die Geschäftslogik der Institution exakt erfasst und korrekt umsetzt. ja tw n

Notizen:

A9 Beschaffung von Webanwendungen *Standard*

Zuständig: IT-Betrieb

S Zusätzlich zu den allgemeinen Aspekten der Beschaffung von Software SOLLTE die Institution mindestens Folgendes bei der Beschaffung von Webanwendungen berücksichtigen: ja tw n
- sichere Eingabevalidierung und Ausgabekodierung in der Webanwendung,
- sicheres Session-Management,
- sichere kryptografische Verfahren,
- sichere Authentisierungsverfahren,
- sichere Verfahren zum serverseitigen Speichern von Zugangsdaten,
- geeignetes Berechtigungsmanagement innerhalb der Webanwendung,
- ausreichende Protokollierungsmöglichkeiten,
- regelmäßige Sicherheitsupdates durch den Entwickler der Software,
- Schutzmechanismen vor verbreiteten Angriffen auf Webanwendungen sowie
- Zugriff auf den Quelltext der Webanwendung.

Notizen:

A10 ENTFALLEN *Standard*

A11 **Sichere Anbindung von Hintergrundsystemen**		*Standard*
Zuständig: IT-Betrieb		

S Der Zugriff auf Hintergrundsysteme, auf denen Funktionen und Daten ausgelagert werden, SOLLTE ausschließlich über definierte Schnittstellen und von definierten IT-Systemen aus möglich sein. ja tw n

S Bei der Kommunikation über Netz- und Standortgrenzen hinweg SOLLTE der Datenverkehr authentisiert und verschlüsselt werden. ja tw n

Notizen:

A12 **Sichere Konfiguration von Webanwendungen** *Standard*
Zuständig: IT-Betrieb

S Eine Webanwendung SOLLTE so konfiguriert sein, dass auf ihre Ressourcen und Funktionen ausschließlich über die vorgesehenen, abgesicherten Kommunikationspfade zugegriffen werden kann. ja tw n

S Der Zugriff auf nicht benötigte Ressourcen und Funktionen SOLLTE deaktiviert werden. ja tw n

S Falls dies nicht möglich ist, SOLLTE der Zugriff soweit wie möglich eingeschränkt werden. ja tw n

S Folgendes SOLLTE bei der Konfiguration von Webanwendungen umgesetzt werden: ja tw n
- Deaktivieren nicht benötigter HTTP-Methoden,
- Konfigurieren der Zeichenkodierung,
- Vermeiden von sicherheitsrelevanten Informationen in Fehlermeldungen und Antworten,
- Speichern von Konfigurationsdateien außerhalb des Web-Root-Verzeichnisses sowie
- Festlegen von Grenzwerten für Zugriffsversuche.

Notizen:

A13 **ENTFALLEN** *Standard*

A15 **ENTFALLEN** *Standard*

A17 **ENTFALLEN** *Standard*

A18 **ENTFALLEN** *Standard*

A21 **Sichere HTTP-Konfiguration bei Webanwendungen** *Standard*
Zuständig: IT-Betrieb

S Zum Schutz vor Clickjacking, Cross-Site-Scripting und anderen Angriffen SOLLTE der IT-Betrieb geeignete HTTP-Response-Header setzen. ja tw n

S Dazu SOLLTEN mindestens die folgenden HTTP-Header verwendet werden: Content-Security-Policy, Strict-Transport-Security, Content-Type, X-Content-Type-Options sowie Cache-Control. ja tw n

S Die verwendeten HTTP-Header SOLLTEN so restriktiv wie möglich sein. ja tw n

S Cookies SOLLTEN grundsätzlich mit den Attributen *secure*, *SameSite* und *httponly* gesetzt werden. ja tw n

Notizen:

APP: Anwendungen

A22 Penetrationstest und Revision *Standard*

Zuständig: IT-Betrieb

- S Webanwendungen SOLLTEN regelmäßig auf Sicherheitsprobleme hin überprüft werden. ja tw n
- S Insbesondere SOLLTEN regelmäßig Revisionen durchgeführt werden. ja tw n
- S Die Ergebnisse SOLLTEN nachvollziehbar dokumentiert, ausreichend geschützt und vertraulich behandelt werden. ja tw n
- S Abweichungen SOLLTE nachgegangen werden. ja tw n
- S Die Ergebnisse SOLLTEN dem ISB vorgelegt werden. ja tw n

Notizen:

A23 ENTFALLEN *Standard*

A20 Einsatz von Web Application Firewalls *Hoch*
Verantwortliche Rolle: IT-Betrieb **C I A**

- S Institutionen SOLLTEN Web Application Firewalls (WAF) einsetzen. ja tw n
- S Die Konfiguration der eingesetzten WAF SOLLTE auf die zu schützende Webanwendung angepasst werden. ja tw n
- S Nach jedem Update der Webanwendung SOLLTE die Konfiguration der WAF geprüft werden. ja tw n

Notizen:

A24 ENTFALLEN *Hoch*

A25 ENTFALLEN *Hoch*

APP.3.2 Webserver

A1 Sichere Konfiguration eines Webservers *Basis*

Zuständig: IT-Betrieb

- M Nachdem der IT-Betrieb einen Webserver installiert hat, MUSS er eine sichere Grundkonfiguration vornehmen. ja tw n
- M Dazu MUSS er insbesondere den Webserver-Prozess einem Benutzerkonto mit minimalen Rechten zuweisen. ja tw n
- M Der Webserver MUSS in einer gekapselten Umgebung ausgeführt werden, sofern dies vom Betriebssystem unterstützt wird. ja tw n
- S Ist dies nicht möglich, SOLLTE jeder Webserver auf einem eigenen physischen oder virtuellen Server ausgeführt werden. ja tw n
- M Dem Webserver-Dienst MÜSSEN alle nicht notwendige Schreibberechtigungen entzogen werden. ja tw n
- M Nicht benötigte Module und Funktionen des Webservers MÜSSEN deaktiviert werden. ja tw n

Notizen:

APP.3.2 Webserver

A2 Schutz der Webserver-Dateien — *Basis*
Zuständig: IT-Betrieb

M	Der IT-Betrieb MUSS alle Dateien auf dem Webserver, insbesondere Skripte und Konfigurationsdateien, so schützen, dass sie nicht unbefugt gelesen und geändert werden können.	ja	tw	n
M	Es MUSS sichergestellt werden, dass Webanwendungen nur auf einen definierten Verzeichnisbaum zugreifen können (WWW-Wurzelverzeichnis).	ja	tw	n
M	Der Webserver MUSS so konfiguriert sein, dass er nur Dateien ausliefert, die sich innerhalb des WWW-Wurzelverzeichnisses befinden.	ja	tw	n
M	Der IT-Betrieb MUSS alle nicht benötigten Funktionen, die Verzeichnisse auflisten, deaktivieren.	ja	tw	n
M	Vertrauliche Daten MÜSSEN vor unberechtigtem Zugriff geschützt werden.	ja	tw	n
M	Insbesondere MUSS der IT-Betrieb sicherstellen, dass vertrauliche Dateien nicht in öffentlichen Verzeichnissen des Webservers liegen.	ja	tw	n
M	Der IT-Betrieb MUSS regelmäßig überprüfen, ob vertrauliche Dateien in öffentlichen Verzeichnissen gespeichert wurden.	ja	tw	n

Notizen:

A3 Absicherung von Datei-Uploads und -Downloads — *Basis*
Zuständig: IT-Betrieb

M	Alle mithilfe des Webservers veröffentlichten Dateien MÜSSEN vorher auf Schadprogramme geprüft werden.	ja	tw	n
M	Es MUSS eine Maximalgröße für Datei-Uploads spezifiziert sein.	ja	tw	n
M	Für Uploads MUSS genügend Speicherplatz reserviert werden.	ja	tw	n

Notizen:

A4 Protokollierung von Ereignissen — *Basis*
Zuständig: IT-Betrieb

M	Der Webserver MUSS mindestens folgende Ereignisse protokollieren: • erfolgreiche Zugriffe auf Ressourcen, • fehlgeschlagene Zugriffe auf Ressourcen aufgrund von mangelnder Berechtigung, nicht vorhandenen Ressourcen und Server-Fehlern sowie • allgemeine Fehlermeldungen.	ja	tw	n
S	Die Protokollierungsdaten SOLLTEN regelmäßig ausgewertet werden.	ja	tw	n

Notizen:

A5 Authentisierung — *Basis*
Zuständig: IT-Betrieb

M	Wenn sich Clients mit Hilfe von Passwörtern am Webserver authentisieren, MÜSSEN diese kryptografisch gesichert und vor unbefugtem Zugriff geschützt gespeichert werden.	ja	tw	n

Notizen:

A6 ENTFALLEN — *Basis*

APP: Anwendungen

A7 Rechtliche Rahmenbedingungen für Webangebote *Basis*

Zuständig: Fachverantwortliche, Zentrale Verwaltung, Anforderungsmanager (Compliance Manager)

M	Werden über den Webserver Inhalte für Dritte publiziert oder Dienste angeboten, MÜSSEN dabei die relevanten rechtlichen Rahmenbedingungen beachtet werden.	ja	tw	n
M	Die Institution MUSS die jeweiligen Telemedien- und Datenschutzgesetze sowie das Urheberrecht einhalten.	ja	tw	n

Notizen:

A11 Verschlüsselung über TLS *Basis*

Zuständig: IT-Betrieb

M	Der Webserver MUSS für alle Verbindungen durch nicht vertrauenswürdige Netze eine sichere Verschlüsselung über TLS anbieten (HTTPS).	ja	tw	n
S	Falls es aus Kompatibilitätsgründen erforderlich ist, veraltete Verfahren zu verwenden, SOLLTEN diese auf so wenige Fälle wie möglich beschränkt werden.	ja	tw	n
M	Wenn eine HTTPS-Verbindung genutzt wird, MÜSSEN alle Inhalte über HTTPS ausgeliefert werden.	ja	tw	n
M	Sogenannter Mixed Content DARF NICHT verwendet werden.	ja	tw	n

Notizen:

A8 Planung des Einsatzes eines Webservers *Standard*

Zuständig: IT-Betrieb

S	Es SOLLTE geplant und dokumentiert werden, für welchen Zweck der Webserver eingesetzt und welche Inhalte er bereitstellen soll.	ja	tw	n
S	In der Dokumentation SOLLTEN auch die Informationen oder Dienstleistungen des Webangebots und die jeweiligen Zielgruppen beschrieben werden.	ja	tw	n
S	Für den technischen Betrieb und die Webinhalte SOLLTEN geeignete Verantwortliche festgelegt werden.	ja	tw	n

Notizen:

A9 Festlegung einer Sicherheitsrichtlinie für den Webserver *Standard*

Zuständig: IT-Betrieb

S	Es SOLLTE eine Sicherheitsrichtlinie erstellt werden, in der die erforderlichen Maßnahmen und Verantwortlichkeiten benannt sind.	ja	tw	n
S	Weiterhin SOLLTE geregelt werden, wie Informationen zu aktuellen Sicherheitslücken besorgt werden.	ja	tw	n
S	Auch SOLLTE geregelt werden, wie Sicherheitsmaßnahmen umgesetzt werden und wie vorgegangen werden soll, wenn Sicherheitsvorfälle eintreten.	ja	tw	n

Notizen:

APP.3.2 Webserver

A10 Auswahl eines geeigneten Webhosters *Standard*

Zuständig: IT-Betrieb

S Betreibt die Institution den Webserver nicht selbst, sondern nutzt Angebote externer Dienstleister im Rahmen von Webhosting, SOLLTE die Institution bei der Auswahl eines geeigneten Webhosters auf folgende Punkte achten: ja tw n
- Es SOLLTE vertraglich geregelt werden, wie die Dienste zu erbringen sind.

S • Dabei SOLLTEN Sicherheitsaspekte innerhalb des Vertrags schriftlich in einem Service Level Agreement (SLA) festgehalten werden. ja tw n

S • Die eingesetzten IT-Systeme SOLLTEN vom Dienstleister regelmäßig kontrolliert und gewartet werden. ja tw n

S • Er SOLLTE dazu verpflichtet werden, bei technischen Problemen oder einer Kompromittierung von Kundensystemen zeitnah zu reagieren. ja tw n

S • Der Dienstleister SOLLTE grundlegende technische und organisatorische Maßnahmen umsetzen, um seinen Informationsverbund zu schützen. ja tw n

Notizen:

A12 Geeigneter Umgang mit Fehlern und Fehlermeldungen *Standard*

Zuständig: IT-Betrieb

S Aus den HTTP-Informationen und den angezeigten Fehlermeldungen SOLLTEN weder der Produktname noch die verwendete Version des Webservers ersichtlich sein. ja tw n

S Fehlermeldungen SOLLTEN keine Details zu Systeminformationen oder Konfigurationen ausgeben. ja tw n

S Der IT-Betrieb SOLLTE sicherstellen, dass der Webserver ausschließlich allgemeine Fehlermeldungen ausgibt, die den Benutzer darauf hinweisen, dass ein Fehler aufgetreten ist. ja tw n

S Die Fehlermeldung SOLLTE ein eindeutiges Merkmal enthalten, das es Administratoren ermöglicht, den Fehler nachzuvollziehen. ja tw n

S Bei unerwarteten Fehlern SOLLTE sichergestellt sein, dass der Webserver nicht in einem Zustand verbleibt, in dem er anfällig für Angriffe ist. ja tw n

Notizen:

A13 Zugriffskontrolle für Webcrawler *Standard*

Zuständig: IT-Betrieb

S Der Zugriff von Webcrawlern SOLLTE nach dem Robots-Exclusion-Standard geregelt werden. ja tw n

S Inhalte SOLLTEN mit einem Zugriffsschutz versehen werden, um sie vor Webcrawlern zu schützen, die sich nicht an diesen Standard halten. ja tw n

Notizen:

APP: Anwendungen

A14 Integritätsprüfungen und Schutz vor Schadsoftware *Standard*
Zuständig: IT-Betrieb

- S Der IT-Betrieb SOLLTE regelmäßig prüfen, ob die Konfigurationen des Webservers und die von ihm bereitgestellten Dateien noch integer sind und nicht durch Angreifer verändert wurden. ja tw n
- S Die zur Veröffentlichung vorgesehenen Dateien SOLLTEN regelmäßig auf Schadsoftware geprüft werden. ja tw n

Notizen:

A16 Penetrationstest und Revision *Standard*
Zuständig: IT-Betrieb

- S Webserver SOLLTEN regelmäßig auf Sicherheitsprobleme hin überprüft werden. ja tw n
- S Auch SOLLTEN regelmäßig Revisionen durchgeführt werden. ja tw n
- S Die Ergebnisse SOLLTEN nachvollziehbar dokumentiert, ausreichend geschützt und vertraulich behandelt werden. ja tw n
- S Abweichungen SOLLTE nachgegangen werden. ja tw n
- S Die Ergebnisse SOLLTEN dem ISB vorgelegt werden. ja tw n

Notizen:

A20 Benennung von Ansprechpartnern *Standard*
Zuständig: Zentrale Verwaltung

- S Bei umfangreichen Webangeboten SOLLTE die Institution einen Ansprechpartner für die Webangebote bestimmen. ja tw n
- S Es SOLLTEN Prozesse, Vorgehensweisen und Verantwortliche für Probleme oder Sicherheitsvorfälle benannt werden. ja tw n
- S Die Institution SOLLTE eine Kontaktmöglichkeit auf ihrer Webseite veröffentlichen, über die Externe Sicherheitsprobleme an die Institution melden können. ja tw n
- S Für die Behandlung von externen Sicherheitsmeldungen SOLLTE die Institution Prozesse definieren. ja tw n

Notizen:

A15 Redundanz *Hoch*
Verantwortliche Rolle: IT-Betrieb **A**

- S Webserver SOLLTEN redundant ausgelegt werden. ja tw n
- S Auch die Internetanbindung des Webservers und weiterer IT-Systeme, wie etwa der Webanwendungsserver, SOLLTEN redundant ausgelegt sein. ja tw n

Notizen:

A17 ENTFALLEN *Hoch*

A18 Schutz vor Denial-of-Service-Angriffen *Hoch*
   Verantwortliche Rolle: IT-Betrieb **A**

   S   Der Webserver SOLLTE ständig überwacht werden. ja tw n
   S   Des Weiteren SOLLTEN Maßnahmen definiert und umgesetzt werden, die DDoS-Angriffe ja tw n
       verhindern oder zumindest abschwächen.

Notizen:

A19 ENTFALLEN *Hoch*

APP.3.3 Fileserver

A1 ENTFALLEN *Basis*

A2 Einsatz von RAID-Systemen *Basis*
   Zuständig: IT-Betrieb

   M   Der IT-Betrieb MUSS festlegen, ob im Fileserver ein RAID-System eingesetzt werden soll. ja tw n
   M   Eine Entscheidung gegen ein solches System MUSS nachvollziehbar dokumentiert werden. ja tw n
   M   Falls ein RAID-System eingesetzt werden soll, MUSS der IT-Betrieb entscheiden: ja tw n
       - welches RAID-Level benutzt werden soll,
       - wie lang die Zeitspanne für einen RAID-Rebuild-Prozess sein darf und
       - ob ein Software- oder ein Hardware-RAID eingesetzt werden soll.
   S   In einem RAID SOLLTEN Hotspare-Festplatten vorgehalten werden. ja tw n

Notizen:

A3 Einsatz von Viren-Schutzprogrammen *Basis*
   Zuständig: IT-Betrieb

   M   Alle Daten MÜSSEN durch ein Viren-Schutzprogramm auf Schadsoftware untersucht wer- ja tw n
       den, bevor sie auf dem Fileserver abgelegt werden.

Notizen:

A4 ENTFALLEN *Basis*

A5 ENTFALLEN *Basis*

APP: Anwendungen

A15 Planung von Fileservern *Basis*
Zuständig: IT-Betrieb

		ja	tw	n
S	Bevor eine Institution einen oder mehrere Fileserver einführt, SOLLTE sie entscheiden, wofür die Fileserver genutzt und welche Informationen darauf verarbeitet werden.			
S	Die Institution SOLLTE jede benutzte Funktion eines Fileservers einschließlich deren Sicherheitsaspekte planen.			
M	Arbeitsplatzrechner DÜRFEN NICHT als Fileserver eingesetzt werden.			
M	Der Speicherplatz des Fileservers MUSS ausreichend dimensioniert sein.			
S	Auch ausreichende Speicherreserven SOLLTEN vorgehalten werden.			
S	Es SOLLTE ausschließlich Massenspeicher verwendet werden, der für einen Dauerbetrieb ausgelegt ist.			
M	Die Geschwindigkeit und die Anbindung der Massenspeicher MUSS für den Einsatzzweck angemessen sein.			

Notizen:

A6 Beschaffung eines Fileservers und Auswahl eines Dienstes *Standard*
Zuständig: IT-Betrieb

		ja	tw	n
S	Die Fileserver-Software SOLLTE geeignet ausgewählt werden.			
S	Der Fileserver-Dienst SOLLTE den Einsatzzweck des Fileservers unterstützen, z.B. Einbindung von Netzlaufwerken in den Clients, Streaming von Multimedia-Inhalten, Übertragung von Boot-Images von festplattenlosen IT-Systemen oder ausschließliche Dateiübertragung über FTP.			
S	Die Leistung, die Speicherkapazität, die Bandbreite sowie die Anzahl der Benutzer, die den Fileserver nutzen, SOLLTEN bei der Beschaffung des Fileservers berücksichtigt werden.			

Notizen:

A7 Auswahl eines Dateisystems *Standard*
Zuständig: IT-Betrieb

		ja	tw	n
S	Der IT-Betrieb SOLLTE eine Anforderungsliste erstellen, nach der die Dateisysteme des Fileservers bewertet werden.			
S	Das Dateisystem SOLLTE den Anforderungen der Institution entsprechen.			
S	Das Dateisystem SOLLTE eine Journaling-Funktion bieten.			
S	Auch SOLLTE es über einen Schutzmechanismus verfügen, der verhindert, dass mehrere Benutzer oder Anwendungen gleichzeitig schreibend auf eine Datei zugreifen.			

Notizen:

A8 Strukturierte Datenhaltung *Standard*
Zuständig: Benutzer

S   Es SOLLTE eine Struktur festgelegt werden, nach der Daten abzulegen sind. ja tw n
S   Die Benutzer SOLLTEN regelmäßig über die geforderte strukturierte Datenhaltung informiert werden. ja tw n
S   Die Dateien SOLLTEN ausschließlich strukturiert auf den Fileserver abgelegt werden. ja tw n
S   Es SOLLTE schriftlich festgelegt werden, welche Daten lokal und welche auf dem Fileserver gespeichert werden dürfen. ja tw n
S   Programm- und Arbeitsdaten SOLLTEN in getrennten Verzeichnissen gespeichert werden. ja tw n
S   Die Institution SOLLTE regelmäßig überprüfen, ob die Vorgaben zur strukturierten Datenhaltung eingehalten werden. ja tw n

Notizen:

A9 Sicheres Speichermanagement *Standard*
Zuständig: IT-Betrieb

S   Der IT-Betrieb SOLLTE regelmäßig überprüfen, ob die Massenspeicher des Fileservers noch wie vorgesehen funktionieren. ja tw n
S   Es SOLLTEN geeignete Ersatzspeicher vorgehalten werden. ja tw n
S   Wurde eine Speicherhierarchie (Primär-, Sekundär- bzw. Tertiärspeicher) aufgebaut, SOLLTE ein (teil-)automatisiertes Speichermanagement verwendet werden. ja tw n
S   Werden Daten automatisiert verteilt, SOLLTE regelmäßig manuell überprüft werden, ob dies korrekt funktioniert. ja tw n
S   Es SOLLTEN mindestens nicht-autorisierte Zugriffsversuche auf Dateien und Änderungen von Zugriffsrechten protokolliert werden. ja tw n

Notizen:

A10 ENTFALLEN *Standard*

A11 Einsatz von Speicherbeschränkungen *Standard*
Zuständig: IT-Betrieb

S   Der IT-Betrieb SOLLTE bei mehreren Benutzern auf dem Fileserver prüfen, Beschränkungen des Speicherplatzes für einzelne Benutzer (Quotas) einzurichten. ja tw n
S   Alternativ SOLLTEN Mechanismen des verwendeten Datei- oder Betriebssystems genutzt werden, um die Benutzer bei einem bestimmten Füllstand der Festplatte zu warnen oder in diesem Fall nur noch dem Systemadministrator Schreibrechte einzuräumen. ja tw n

Notizen:

APP: Anwendungen

A14 Einsatz von Error-Correction-Codes *Standard*

Zuständig: IT-Betrieb

S   Der IT-Betrieb SOLLTE ein fehlererkennendes bzw. fehlerkorrigierendes Dateisystem einsetzen. — ja tw n

S   Hierfür SOLLTE genügend Speicherplatz vorgehalten werden. — ja tw n

S   Der IT-Betrieb SOLLTE beachten, dass, je nach eingesetztem Verfahren, Fehler nur mit einer gewissen Wahrscheinlichkeit erkannt und auch nur in begrenzter Größenordnung behoben werden können. — ja tw n

Notizen:

A12 Verschlüsselung des Datenbestandes *Hoch*
Verantwortliche Rolle: IT-Betrieb **C I A**

S   Die Massenspeicher des Fileservers SOLLTEN auf Dateisystem- oder Hardwareebene verschlüsselt werden. — ja tw n

S   Falls Hardwareverschlüsselung eingesetzt wird, SOLLTEN Produkte verwendet werden, deren Verschlüsselungsfunktion zertifiziert wurde. — ja tw n

S   Es SOLLTE sichergestellt werden, dass der Virenschutz die verschlüsselten Daten auf Schadsoftware prüfen kann. — ja tw n

Notizen:

A13 Replikation zwischen Standorten *Hoch*
Verantwortliche Rolle: IT-Betrieb **A**

S   Für hochverfügbare Fileserver SOLLTE eine angemessene Replikation der Daten auf mehreren Massenspeichern stattfinden. — ja tw n

S   Daten SOLLTEN zudem zwischen unabhängigen Fileservern repliziert werden, die sich an unabhängigen Standorten befinden. — ja tw n

S   Dafür SOLLTE vom IT-Betrieb ein geeigneter Replikationsmechanismus ausgewählt werden. — ja tw n

S   Damit die Replikation wie vorgesehen funktionieren kann, SOLLTEN hinreichend genaue Zeitdienste genutzt und betrieben werden. — ja tw n

Notizen:

APP.3.4 Samba

A1 **Planung des Einsatzes eines Samba-Servers** *Basis*
Zuständig: IT-Betrieb

M	Der IT-Betrieb MUSS die Einführung eines Samba-Servers sorgfältig planen und regeln.	ja	tw	n
M	Sie MUSS abhängig vom Einsatzszenario definieren, welche Aufgaben der Samba-Server zukünftig erfüllen soll und in welcher Betriebsart er betrieben wird.	ja	tw	n
M	Außerdem MUSS festgelegt werden, welche Komponenten von Samba und welche weiteren Komponenten dafür erforderlich sind.	ja	tw	n
M	Soll die Cluster-Lösung CTDB (Cluster Trivia Data Base) eingesetzt werden, MUSS der IT-Betrieb diese Lösung sorgfältig konzeptionieren.	ja	tw	n
M	Falls Samba die Active-Directory-(AD)-Dienste auch für Linux- und Unix-Systeme bereitstellen soll, MÜSSEN diese Diente ebenfalls sorgfältig geplant und getestet werden.	ja	tw	n
M	Des Weiteren MUSS das Authentisierungsverfahren für das AD sorgfältig konzipiert und implementiert werden.	ja	tw	n
M	Die Einführung und die Reihenfolge, in der die Stackable-Virtual-File-System-(VFS)-Module ausgeführt werden, MUSS sorgfältig konzipiert werden.	ja	tw	n
S	Die Umsetzung SOLLTE dokumentiert werden.	ja	tw	n
M	Soll IPv6 unter Samba eingesetzt werden, MUSS auch dies sorgfältig geplant werden Zudem MUSS in einer betriebsnahen Testumgebung überprüft werden, ob die Integration fehlerfrei funktioniert.	ja	tw	n

Notizen:

A2 **Sichere Grundkonfiguration eines Samba-Servers** *Basis*
Zuständig: IT-Betrieb

M	Der IT-Betrieb MUSS den Samba-Server sicher konfigurieren.	ja	tw	n
M	Hierfür MÜSSEN unter anderem die Einstellungen für die Zugriffskontrollen angepasst werden.	ja	tw	n
S	Das gleiche SOLLTE auch für Einstellungen gelten, welche die Leistungsfähigkeit des Servers beeinflussen.	ja	tw	n
M	Samba MUSS vom IT-Betrieb so konfiguriert werden, dass Verbindungen nur von sicheren Hosts und Netzen entgegengenommen werden.	ja	tw	n
S	Änderungen an der Konfiguration SOLLTEN sorgfältig dokumentiert werden, sodass zu jeder Zeit nachvollzogen werden kann, wer aus welchem Grund was geändert hat.	ja	tw	n
M	Dabei MUSS nach jeder Änderung überprüft werden, ob die Syntax der Konfigurationsdatei noch korrekt ist.	ja	tw	n
M	Zusätzliche Softwaremodule wie SWAT DÜRFEN NICHT installiert werden.	ja	tw	n

Notizen:

APP: Anwendungen

A3 Sichere Konfiguration eines Samba-Servers *Standard*
Zuständig: IT-Betrieb

- S Datenbanken im Trivial-Database-(TDB)-Format SOLLTEN NICHT auf einer Partition gespeichert werden, die ReiserFS als Dateisystem benutzt. — ja / tw / n
- S Wird eine netlogon-Freigabe konfiguriert, SOLLTEN unberechtigte Benutzer KEINE Dateien in dieser Freigabe modifizieren können. — ja / tw / n
- S Das Betriebssystem eines Samba-Servers SOLLTE Access Control Lists (ACLs) in Verbindung mit dem eingesetzten Dateisystem unterstützen. — ja / tw / n
- S Zusätzlich SOLLTE sichergestellt werden, dass das Dateisystem mit den passenden Parametern eingebunden wird. — ja / tw / n
- S Die Voreinstellungen von SMB Message Signing SOLLTEN beibehalten werden, sofern sie nicht im Widerspruch zu den existierenden Sicherheitsrichtlinien im Informationsverbund stehen. — ja / tw / n

Notizen:

A4 Vermeidung der NTFS-Eigenschaften auf einem Samba-Server *Standard*
Zuständig: IT-Betrieb

- S Wird eine Version von Samba eingesetzt, die im New Technology File System (NTFS) keine ADS abbilden kann und sollen Dateisystemobjekte über Systemgrenzen hinweg kopiert oder verschoben werden, SOLLTEN Dateisystemobjekte KEINE ADS mit wichtigen Informationen enthalten. — ja / tw / n

Notizen:

A5 Sichere Konfiguration der Zugriffssteuerung bei einem Samba-Server *Standard*
Zuständig: IT-Betrieb

- S Die von Samba standardmäßig verwendeten Parameter, mit denen DOS-Attribute auf das Unix-Dateisystem abgebildet werden, SOLLTEN NICHT verwendet werden. — ja / tw / n
- S Stattdessen SOLLTE Samba so konfiguriert werden, dass es DOS-Attribute und die Statusindikatoren zur Vererbung (Flag) in Extended Attributes speichert. — ja / tw / n
- S Die Freigaben SOLLTEN ausschließlich über die Samba-Registry verwaltet werden. — ja / tw / n
- S Ferner SOLLTEN die effektiven Zugriffsberechtigungen auf die Freigaben des Samba-Servers regelmäßig überprüft werden. — ja / tw / n

Notizen:

A6 Sichere Konfiguration von Winbind unter Samba *Standard*
Zuständig: IT-Betrieb

S	Für jeden Windows-Domänenbenutzer SOLLTE im Betriebssystem des Servers ein Benutzerkonto mit allen notwendigen Gruppenmitgliedschaften vorhanden sein.	ja	tw	n
S	Falls das nicht möglich ist, SOLLTE Winbind eingesetzt werden.	ja	tw	n
S	Dabei SOLLTE Winbind Domänen-Benutzernamen in eindeutige Unix-Benutzernamen umsetzen.	ja	tw	n
S	Beim Einsatz von Winbind SOLLTE sichergestellt werden, dass Kollisionen zwischen lokalen Unix-Benutzern und Domänen-Benutzern verhindert werden.	ja	tw	n
S	Des Weiteren SOLLTEN die PAM (Pluggable Authentication Modules) eingebunden werden.	ja	tw	n

Notizen:

A7 Sichere Konfiguration von DNS unter Samba *Standard*
Zuständig: IT-Betrieb

S	Wenn Samba als DNS-Server eingesetzt wird, SOLLTE die Einführung sorgfältig geplant und die Umsetzung vorab getestet werden.	ja	tw	n
S	Da Samba verschiedene AD-Integrationsmodi unterstützt, SOLLTE der IT-Betrieb die DNS-Einstellungen entsprechend dem Verwendungsszenario von Samba vornehmen.	ja	tw	n

Notizen:

A8 Sichere Konfiguration von LDAP unter Samba *Standard*
Zuständig: IT-Betrieb

S	Werden die Benutzer unter Samba mit LDAP verwaltet, SOLLTE die Konfiguration sorgfältig vom IT-Betrieb geplant und dokumentiert werden.	ja	tw	n
S	Die Zugriffsberechtigungen auf das LDAP SOLLTEN mittels ACLs geregelt werden.	ja	tw	n

Notizen:

A9 Sichere Konfiguration von Kerberos unter Samba *Standard*
Zuständig: IT-Betrieb

S	Zur Authentisierung SOLLTE das von Samba implementierte Heimdal Kerberos Key Distribution Center (KDC) verwendet werden.	ja	tw	n
S	Es SOLLTE darauf geachtet werden, dass die von Samba vorgegebene Kerberos-Konfigurationsdatei verwendet wird.	ja	tw	n
S	Es SOLLTEN nur sichere Verschlüsselungsverfahren für Kerberos-Tickets benutzt werden.	ja	tw	n
S	Wird mit Kerberos authentisiert, SOLLTE der zentrale Zeitserver lokal auf dem Samba-Server installiert werden.	ja	tw	n
S	Der NTP-Dienst SOLLTE so konfiguriert werden, dass nur autorisierte Clients die Zeit abfragen können.	ja	tw	n

Notizen:

APP: Anwendungen

A10 Sicherer Einsatz externer Programme auf einem Samba-Server *Standard*
Zuständig: IT-Betrieb

S   Vom IT-Betrieb SOLLTE sichergestellt werden, dass Samba nur auf schadhafte Funktionen überprüfte und vertrauenswürdige externe Programme aufruft. ☐ ja ☐ tw ☐ n

Notizen:

A11 ENTFALLEN *Standard*

A12 Schulung der Administratoren eines Samba-Servers *Standard*
Zuständig: IT-Betrieb

S   Administratoren SOLLTEN zu den genutzten spezifischen Bereichen von Samba wie z.B. Benutzerauthentisierung, Windows- und Unix-Rechtemodelle, aber auch zu NTFS ACLs und NTFS ADS geschult werden. ☐ ja ☐ tw ☐ n

Notizen:

A13 Regelmäßige Sicherung wichtiger Systemkomponenten eines Samba-Servers *Standard*
Zuständig: IT-Betrieb

S   Es SOLLTEN alle Systemkomponenten in das institutionsweite Datensicherungskonzept eingebunden werden, die erforderlich sind, um einen Samba-Server wiederherzustellen. ☐ ja ☐ tw ☐ n

S   Auch die Kontoinformationen aus allen eingesetzten Backends SOLLTEN berücksichtigt werden. ☐ ja ☐ tw ☐ n

S   Ebenso SOLLTEN alle TDB-Dateien gesichert werden. ☐ ja ☐ tw ☐ n

S   Des Weiteren SOLLTE die Samba-Registry mit gesichert werden, falls sie für Freigaben eingesetzt wurde. ☐ ja ☐ tw ☐ n

Notizen:

A14 ENTFALLEN *Standard*

A15 Verschlüsselung der Datenpakete unter Samba *Hoch*
Verantwortliche Rolle: IT-Betrieb **C I**

S   Um die Sicherheit der Datenpakete auf dem Transportweg zu gewährleisten, SOLLTEN die Datenpakete mit den ab SMB Version 3 integrierten Verschlüsselungsverfahren verschlüsselt werden. ☐ ja ☐ tw ☐ n

Notizen:

APP.3.6 DNS-Server

A1 Planung des DNS-Einsatzes *Basis*
Zuständig: IT-Betrieb

- M Der Einsatz von DNS-Servern MUSS sorgfältig geplant werden. ☐ ja ☐ tw ☐ n
- M Es MUSS zuerst festgelegt werden, wie der Netzdienst DNS aufgebaut werden soll. ☐ ja ☐ tw ☐ n
- M Es MUSS festgelegt werden, welche Domain-Informationen schützenswert sind. ☐ ja ☐ tw ☐ n
- M Es MUSS geplant werden, wie DNS-Server in das Netz des Informationsverbunds eingebunden werden sollen. ☐ ja ☐ tw ☐ n
- M Die getroffenen Entscheidungen MÜSSEN geeignet dokumentiert werden. ☐ ja ☐ tw ☐ n

Notizen:

A2 Einsatz redundanter DNS-Server *Basis*
Zuständig: IT-Betrieb

- M Advertising DNS-Server MÜSSEN redundant ausgelegt werden. ☐ ja ☐ tw ☐ n
- M Für jeden Advertising DNS-Server MUSS es mindestens einen zusätzlichen Secondary DNS-Server geben. ☐ ja ☐ tw ☐ n

Notizen:

A3 Verwendung von separaten DNS-Servern für interne und externe Anfragen *Basis*
Zuständig: IT-Betrieb

- M Advertising DNS-Server und Resolving DNS-Server MÜSSEN serverseitig getrennt sein. ☐ ja ☐ tw ☐ n
- M Die Resolver der internen IT-Systeme DÜRFEN NUR die internen Resolving DNS-Server verwenden. ☐ ja ☐ tw ☐ n

Notizen:

APP: Anwendungen

A4 Sichere Grundkonfiguration eines DNS-Servers *Basis*
Zuständig: IT-Betrieb

M	Ein Resolving DNS-Server MUSS so konfiguriert werden, dass er ausschließlich Anfragen aus dem internen Netz akzeptiert.	ja	tw	n
M	Wenn ein Resolving DNS-Server Anfragen versendet, MUSS er zufällige Source Ports benutzen.	ja	tw	n
M	Sind DNS-Server bekannt, die falsche Domain-Informationen liefern, MUSS der Resolving DNS-Server daran gehindert werden, Anfragen dorthin zu senden.	ja	tw	n
M	Ein Advertising DNS-Server MUSS so konfiguriert werden, dass er Anfragen aus dem Internet immer iterativ behandelt.	ja	tw	n
M	Es MUSS sichergestellt werden, dass DNS-Zonentransfers zwischen Primary und Secondary DNS-Servern funktionieren.	ja	tw	n
M	Zonentransfers MÜSSEN so konfiguriert werden, dass diese nur zwischen Primary und Secondary DNS-Servern möglich sind.	ja	tw	n
M	Zonentransfers MÜSSEN auf bestimmte IP-Adressen beschränkt werden.	ja	tw	n
M	Die Version des verwendeten DNS-Server-Produktes MUSS verborgen werden.	ja	tw	n

Notizen:

A5 ENTFALLEN *Basis*

A6 Absicherung von dynamischen DNS-Updates *Basis*
Zuständig: IT-Betrieb

M	Es MUSS sichergestellt werden, dass nur legitimierte IT-Systeme Domain-Informationen ändern dürfen.	ja	tw	n
M	Es MUSS festgelegt werden, welche Domain-Informationen die IT-Systeme ändern dürfen.	ja	tw	n

Notizen:

A7 Überwachung von DNS-Servern *Basis*
Zuständig: IT-Betrieb

M	DNS-Server MÜSSEN laufend überwacht werden.	ja	tw	n
M	Es MUSS überwacht werden, wie ausgelastet die DNS-Server sind, um rechtzeitig die Leistungskapazität der Hardware anpassen zu können.	ja	tw	n
M	DNS-Server MÜSSEN so konfiguriert werden, dass mindestens die folgenden sicherheitsrelevanten Ereignisse protokolliert werden: • Anzahl der DNS-Anfragen, • Anzahl der Fehler bei DNS-Anfragen, • EDNS-Fehler (EDNS – Extension Mechanisms for DNS), • auslaufende Zonen sowie • fehlgeschlagene Zonentransfers.	ja	tw	n

Notizen:

APP.3.6 DNS-Server

A8 Verwaltung von Domainnamen *Basis*
Zuständig: Zentrale Verwaltung

M	Es MUSS sichergestellt sein, dass die Registrierungen für alle Domains, die von einer Institution benutzt werden, regelmäßig und rechtzeitig verlängert werden.	ja	tw	n
M	Ein Mitarbeiter MUSS bestimmt werden, der dafür zuständig ist, die Internet-Domainnamen zu verwalten.	ja	tw	n
M	Falls ein Internetdienstleister mit der Domainverwaltung beauftragt wird, MUSS darauf geachtet werden, dass die Institution die Kontrolle über die Domains behält.	ja	tw	n

Notizen:

A9 Erstellen eines Notfallplans für DNS-Server *Basis*
Zuständig: IT-Betrieb

M	Ein Notfallplan für DNS-Server MUSS erstellt werden.	ja	tw	n
M	Der Notfallplan für DNS-Server MUSS in die bereits vorhandenen Notfallpläne der Institution integriert werden.	ja	tw	n
M	Im Notfallplan für DNS-Server MUSS ein Datensicherungskonzept für die Zonen- und Konfigurationsdateien beschrieben sein.	ja	tw	n
M	Das Datensicherungskonzept für die Zonen- und Konfigurationsdateien MUSS in das existierende Datensicherungskonzept der Institution integriert werden.	ja	tw	n
M	Der Notfallplan für DNS-Server MUSS einen Wiederanlaufplan für alle DNS-Server im Informationsverbund enthalten.	ja	tw	n

Notizen:

A10 Auswahl eines geeigneten DNS-Server-Produktes *Standard*
Zuständig: IT-Betrieb

S	Wird ein DNS-Server-Produkt beschafft, dann SOLLTE darauf geachtet werden, dass es sich in der Praxis ausreichend bewährt hat.	ja	tw	n
S	Das DNS-Server-Produkt SOLLTE die aktuellen RFC-Standards unterstützen.	ja	tw	n
S	Das DNS-Server-Produkt SOLLTE den Zuständigen dabei unterstützen, syntaktisch korrekte Master Files zu erstellen.	ja	tw	n

Notizen:

A11 Ausreichende Dimensionierung der DNS-Server *Standard*
Zuständig: IT-Betrieb

S	Die Hardware des DNS-Servers SOLLTE ausreichend dimensioniert sein.	ja	tw	n
S	Die Hardware des DNS-Servers SOLLTE ausschließlich für den Betrieb dieses DNS-Servers benutzt werden.	ja	tw	n
S	Die Netzanbindungen sämtlicher DNS-Server im Informationsverbund SOLLTEN ausreichend bemessen sein.	ja	tw	n

Notizen:

A12 ENTFALLEN *Standard*

APP: Anwendungen

A13 Einschränkung der Sichtbarkeit von Domain-Informationen *Standard*

Zuständig: IT-Betrieb

S Der Namensraum eines Informationsverbunds SOLLTE in einen öffentlichen und einen institutionsinternen Bereich aufgeteilt werden. ja tw n

S Im öffentlichen Teil SOLLTEN nur solche Domain-Informationen enthalten sein, die von Diensten benötigt werden, die von extern erreichbar sein sollen. ja tw n

S IT-Systeme im internen Netz SOLLTEN selbst dann keinen von außen auflösbaren DNS-Namen erhalten, wenn sie eine öffentliche IP-Adresse besitzen. ja tw n

Notizen:

A14 Platzierung der Nameserver *Standard*

Zuständig: IT-Betrieb

S Primary und Secondary Advertising DNS-Server SOLLTEN in verschiedenen Netzsegmenten platziert werden. ja tw n

Notizen:

A15 Auswertung der Logdaten *Standard*

Zuständig: IT-Betrieb

S Die Logdateien des DNS-Servers SOLLTEN regelmäßig überprüft werden. ja tw n

S Die Logdateien des DNS-Servers SOLLTEN regelmäßig ausgewertet werden. ja tw n

S Mindestens die folgenden sicherheitsrelevanten Ereignisse SOLLTEN ausgewertet werden: ja tw n
- Anzahl der DNS-Anfragen,
- Anzahl der Fehler bei DNS-Anfragen,
- EDNS-Fehler,
- auslaufende Zonen,
- fehlgeschlagene Zonentransfers sowie
- Veränderungen im Verhältnis von Fehlern zu DNS-Anfragen.

Notizen:

A16 Integration eines DNS-Servers in eine „P-A-P"-Struktur *Standard*

Zuständig: IT-Betrieb

S Die DNS-Server SOLLTEN in eine „Paketfilter – Application-Level-Gateway – Paketfilter"-(P-A-P)-Struktur integriert werden (siehe auch NET.1.1 *Netzarchitektur und -design*). ja tw n

S Der Advertising DNS-Server SOLLTE in diesem Fall in einer demilitarisierten Zone (DMZ) des äußeren Paketfilters angesiedelt sein. ja tw n

S Der Resolving DNS-Server SOLLTE in einer DMZ des inneren Paketfilters aufgestellt sein. ja tw n

Notizen:

A17 Einsatz von DNSSEC *Standard*
Zuständig: IT-Betrieb

S Die DNS-Protokollerweiterung DNSSEC SOLLTE sowohl auf Resolving DNS-Servern als auch auf Advertising DNS-Servern aktiviert werden. | ja tw n

S Die dabei verwendeten Schlüssel Key-Signing-Keys (KSK) und Zone-Signing-Keys (ZSK) SOLLTEN regelmäßig gewechselt werden. | ja tw n

Notizen:

A18 Erweiterte Absicherung von Zonentransfers *Standard*
Zuständig: IT-Betrieb

S Um Zonentransfers stärker abzusichern, SOLLTEN zusätzlich Transaction Signatures (TSIG) eingesetzt werden. | ja tw n

Notizen:

A19 Aussonderung von DNS-Servern *Standard*
Zuständig: IT-Betrieb

S Der DNS-Server SOLLTE sowohl aus dem Domain-Namensraum als auch aus dem Netzverbund gelöscht werden. | ja tw n

Notizen:

A20 Prüfung des Notfallplans auf Durchführbarkeit *Hoch*
Verantwortliche Rolle: IT-Betrieb
A

S Es SOLLTE regelmäßig überprüft werden, ob der Notfallplan für DNS-Server durchführbar ist. | ja tw n

Notizen:

A21 Hidden Master *Hoch*
Verantwortliche Rolle: IT-Betrieb
C I A

S Um Angriffe auf den primären Advertising DNS-Server zu erschweren, SOLLTE eine sogenannte Hidden-Master-Anordnung vorgenommen werden. | ja tw n

Notizen:

APP: Anwendungen

A22 Anbindung der DNS-Server über unterschiedliche Provider   *Hoch*
Verantwortliche Rolle: IT-Betrieb   **I A**

S   Extern erreichbare DNS-Server SOLLTEN über unterschiedliche Provider angebunden werden.   ja   tw   n

Notizen:

APP.4 Business-Anwendungen

APP.4.2 SAP-ERP-System

A1 Sichere Konfiguration des SAP-ABAP-Stacks   *Basis*
Zuständig: IT-Betrieb

M   Der SAP-ABAP-Stack MUSS sicher konfiguriert werden.   ja   tw   n
M   Dazu MÜSSEN die jeweiligen Profilparameter gesetzt werden, z.B. für die Passwortsicherheit, Authentisierung und Verschlüsselung.   ja   tw   n
M   Auch MÜSSEN die Systemänderbarkeit und die Mandanten konfiguriert, das IMG-Customizing durchgeführt und die Betriebssystemkommandos abgesichert werden.   ja   tw   n

Notizen:

A2 Sichere Konfiguration des SAP-JAVA-Stacks   *Basis*
Zuständig: IT-Betrieb

M   Der SAP-JAVA-Stack MUSS sicher konfiguriert werden, falls dieser eingesetzt wird.   ja   tw   n
M   Dafür MÜSSEN andere Sicherheitsmechanismen und -konzepte erstellt werden als für den SAP-ABAP-Stack.   ja   tw   n
M   Deshalb MÜSSEN Administratoren die Architektur des JAVA-Stacks kennen und wissen, wie er administriert wird.   ja   tw   n
M   Zudem MÜSSEN nicht benötigte Dienste abgeschaltet, Standardinhalte entfernt, HTTP-Dienste geschützt und Zugriffe auf Administrationsschnittstellen eingeschränkt werden.   ja   tw   n

Notizen:

A3 Netzsicherheit   *Basis*
Zuständig: IT-Betrieb

M   Um die Netzsicherheit zu gewährleisten, MÜSSEN entsprechende Konzepte unter Berücksichtigung des SAP-ERP-Systems erstellt und Einstellungen am System durchgeführt werden.   ja   tw   n
S   Weiterhin SOLLTEN der SAP-Router und SAP Web Dispatcher eingesetzt werden, um ein sicheres SAP-Netz zu implementieren und aufrechtzuerhalten.   ja   tw   n
M   Um Sicherheitslücken aufgrund von Fehlinterpretationen oder Missverständnissen zu vermeiden, MÜSSEN sich die Bereiche IT-Betrieb, Firewall-Betrieb, Portalbetrieb und SAP-Betrieb miteinander abstimmen.   ja   tw   n

Notizen:

APP.4.2 SAP-ERP-System

A4 Absicherung der ausgelieferten SAP-Standardbenutzer-Kennungen *Basis*
Zuständig: IT-Betrieb

M	Direkt nach der Installation eines SAP-ERP-Systems MÜSSEN die voreingestellten Passwörter der Standardbenutzer-Kennungen geändert werden.	ja	tw	n
M	Auch MÜSSEN die eingerichteten SAP-Standardbenutzer-Kennungen mithilfe geeigneter Maßnahmen abgesichert werden.	ja	tw	n
M	Bestimmte Standardbenutzer-Kennungen DÜRFEN NICHT benutzt werden, z.B. für RFC-Verbindungen und Background-Jobs.	ja	tw	n

Notizen:

A5 Konfiguration und Absicherung der SAP-Benutzerverwaltung *Basis*
Zuständig: IT-Betrieb

M	Die SAP-Benutzerverwaltung für ABAP-Systeme MUSS sorgfältig und sicher administriert werden.	ja	tw	n
M	Aktivitäten, wie Benutzer anlegen, ändern und löschen, Passwörter zurücksetzen und entsperren sowie Rollen und Profile zuordnen, MÜSSEN zu den Aufgaben der Benutzeradministration gehören.	ja	tw	n

Notizen:

APP: Anwendungen

A6 Erstellung und Umsetzung eines Benutzer- und Berechtigungskonzeptes *Basis*

Zuständig: Fachabteilung, Entwickler

M	Für SAP-ERP-Systeme MUSS ein Benutzer- und Berechtigungskonzept ausgearbeitet und umgesetzt werden.	ja tw n
M	Dabei MÜSSEN folgende Punkte berücksichtigt werden: • Identitätsprinzip, Minimalprinzip, Stellenprinzip, Belegprinzip der Buchhaltung, Belegprinzip der Berechtigungsverwaltung, Funktionstrennungsprinzip (Segregation of Duties, SoD), Genehmigungsprinzip, Standardprinzip, Schriftformprinzip und Kontrollprinzip MÜSSEN berücksichtigt werden.	ja tw n
M	• Benutzer-, Berechtigungs- und ggf. Profiladministrator MÜSSEN getrennte Verantwortlichkeiten und damit Berechtigungen haben.	ja tw n
M	• Vorgehensweisen im Rahmen der Berechtigungsadministration für *Rollen anlegen, ändern, löschen, transportieren und SU24 Vorschlagswerte transportieren* MÜSSEN definiert werden.	ja tw n
S	• Dabei SOLLTEN Berechtigungsrollen nur im Entwicklungssystem angelegt und gepflegt werden.	ja tw n
S	• Sie SOLLTEN mit Hilfe des Transport-Management-Systems (TMS) transportiert werden.	ja tw n
S	• Berechtigungen SOLLTEN in Berechtigungsrollen (PFCG-Rollen) angelegt, gespeichert und dem Benutzer zugeordnet werden (rollenbasiertes Berechtigungskonzept).	ja tw n
S	• Da sich einzelne kritische Aktionen in den Rollen nicht immer vermeiden lassen, SOLLTEN sie von kompensierenden Kontrollen (mitigation controls) abgedeckt werden.	ja tw n
M	• Vorgehensweisen im Rahmen der Berechtigungsvergabe für *Benutzer und Berechtigungen beantragen, genehmigen, ändern und löschen* MÜSSEN definiert werden.	ja tw n
M	• Namenskonventionen für Benutzerkennungen und technische Rollennamen MÜSSEN definiert werden.	ja tw n
S	• Vorschlagswerte und Prüfkennzeichen SOLLTEN in der Transaktion SU24 gepflegt werden.	ja tw n
S	• Die Vorgehensweise dazu SOLLTE im Benutzer- und Berechtigungskonzept beschrieben sein.	ja tw n
M	• Gesetzliche und interne Rahmenbedingungen wie die Grundsätze ordnungsgemäßer Buchführung (GoB), das Handelsgesetzbuch (HGB) oder interne Vorgaben der Institution MÜSSEN berücksichtigt werden.	ja tw n
S	• Das Benutzer- und Berechtigungskonzept SOLLTE auch den Betrieb technischer Konten abdecken, also auch die Berechtigung von Hintergrund- und Schnittstellenbenutzern.	ja tw n
S	Es SOLLTEN geeignete Kontrollmechanismen angewandt werden, um SoD-Konfliktfreiheit von Rollen und die Vergabe von kritischen Berechtigungen an Benutzer zu überwachen.	ja tw n
M	Werden neben dem ABAP-Backend weitere Komponenten wie SAP HANA und SAP NetWeaver Gateway (für Fiori-Anwendungen) verwendet, MUSS das Design der Berechtigungen zwischen den Komponenten abgestimmt und synchronisiert werden.	ja tw n

Notizen:

A7 Absicherung der SAP-Datenbanken *Basis*

Zuständig: IT-Betrieb

- M Der Zugriff auf SAP-Datenbanken MUSS abgesichert werden. — ja tw n
- S Administratoren SOLLTEN möglichst nur mit SAP-Tools auf die Datenbanken zugreifen können. — ja tw n
- M Wird dazu Software von Drittherstellern benutzt, MÜSSEN zusätzliche Sicherheitsmaßnahmen umgesetzt werden. — ja tw n
- M Es DÜRFEN dann die Benutzer *SAPR3* oder *SAP[SID]* NICHT für die Verbindung zur Datenbank benutzt werden. — ja tw n
- M Außerdem MÜSSEN Standardpasswörter (*SAPR3* oder *SAP[SID]*) geändert und bestimmte Datenbanktabellen (z.B. USR* Tabellen) besonders geschützt werden. — ja tw n

Notizen:

A8 Absicherung der SAP-RFC-Schnittstelle *Basis*

Zuständig: IT-Betrieb

- M Zum Schutz der Remote-Function-Call (RFC)-Schnittstelle MÜSSEN RFC-Verbindungen, RFC-Berechtigungen und die RFC-Gateways sicher konfiguriert werden. — ja tw n
- M Es MÜSSEN für alle RFC-Verbindungen einheitliche Verwaltungsrichtlinien erstellt und umgesetzt werden. — ja tw n
- S Dazu SOLLTEN die benötigten RFC-Verbindungen definiert und dokumentiert werden. — ja tw n
- S Verbindungen mit hinterlegtem Passwort SOLLTEN nicht von niedriger privilegierten auf höher privilegierte Systeme (z.B. von *Dev* nach *Prod*) konfiguriert sein. — ja tw n
- M Nicht mehr benutzte RFC-Verbindungen MÜSSEN gelöscht werden. — ja tw n
- M Alle RFC-Gateways MÜSSEN sicher administriert werden. — ja tw n
- M Dazu MÜSSEN geeignete Profilparameter gesetzt werden, z.B. *gw/monitor, gw/reg_no_conn_info* und *snc/permit_insecure_start*. — ja tw n
- M Alle Verbindungen über ein Gateway MÜSSEN unter dem Sicherheitsaspekt analysiert und bewertet werden. — ja tw n
- M Außerdem MUSS die Protokollierung aktiv sein. — ja tw n
- M Es MÜSSEN Zugriffssteuerungslisten (ACLs) definiert werden. — ja tw n

Notizen:

A9 Absicherung und Überwachung des Message-Servers *Basis*

Zuständig: IT-Betrieb

- M Der Message-Server MUSS durch geeignete Einstellungen in den Profilparametern abgesichert werden. — ja tw n
- M Es MUSS unter anderem entschieden werden, ob für den internen Message-Server noch ACLs aufgebaut werden. — ja tw n
- M Der Message-Server MUSS mithilfe von geeigneten Mechanismen überwacht werden, damit z.B. Systemausfälle des Message-Servers schnell erkannt werden. — ja tw n

Notizen:

A10 ENTFALLEN *Basis*

APP: Anwendungen

A11 Sichere Installation eines SAP-ERP-Systems *Standard*

Zuständig: IT-Betrieb

- S Bei der Installation eines SAP-ERP-Systems SOLLTEN aktuelle SAP-Sicherheitsleitfäden und -Dokumentationen berücksichtigt werden.   ja   tw   n
- S Außerdem SOLLTEN die Sicherheitsrichtlinien der Institution eingehalten werden.   ja   tw   n
- S Ebenso SOLLTE gewährleistet sein, dass das SAP-ERP-System auf einem abgesicherten Betriebssystem installiert wird.   ja   tw   n

Notizen:

A12 SAP-Berechtigungsentwicklung *Standard*

Zuständig: Fachabteilung, Entwickler

- S Die technischen Berechtigungen SOLLTEN aufgrund fachlicher Vorgaben entwickelt werden.   ja   tw   n
- S Des Weiteren SOLLTEN SAP-Berechtigungen auf dem Entwicklungssystem der SAP-Landschaft angepasst oder neu erstellt werden.   ja   tw   n
- S Das SOLLTE auch bei S/4HANA die Berechtigungsentwicklung auf HANA-Datenbanken mit einschließen.   ja   tw   n
- S Hier SOLLTEN Repository-Rollen aufgebaut und transportiert werden.   ja   tw   n
- S Datenbankprivilegien SOLLTEN NICHT direkt an Benutzer vergeben werden.   ja   tw   n
- S Bei Eigenentwicklungen für z.B. Transaktionen oder Berechtigungsobjekte SOLLTE die Transaktion SU24 gepflegt werden (Zuordnungen von Berechtigungsobjekten zu Transaktionen).   ja   tw   n
- S Die Gesamtberechtigung * oder Intervalle in Objektausprägungen SOLLTEN vermieden werden.   ja   tw   n
- S Die Berechtigungsentwicklung SOLLTE im Rahmen eines Änderungsmanagements durchgeführt werden.   ja   tw   n
- S Es SOLLTE sichergestellt sein, dass das Produktivsystem ausreichend vor Berechtigungsänderungen geschützt ist und keine Entwicklerschlüssel vergeben werden.   ja   tw   n
- S Das Qualitätssicherungssystem SOLLTE bei der Berechtigungsvergabe und ergänzenden Einstellungen analog zum Produktivsystem betrieben werden.   ja   tw   n

Notizen:

A13 SAP-Passwortsicherheit *Standard*

Zuständig: IT-Betrieb

- S Um eine sichere Anmeldung am SAP-ERP-System zu gewährleisten, SOLLTEN Profilparameter, Customizing-Schalter oder Sicherheitsrichtlinien geeignet eingestellt werden.   ja   tw   n
- S Die eingesetzten Hash-Algorithmen für die gespeicherten Hashwerte der Passwörter in einem SAP-ERP-System SOLLTEN den aktuellen Sicherheitsstandards entsprechen.   ja   tw   n
- S Zugriffe auf Tabellen mit Hashwerten SOLLTEN eingeschränkt werden.   ja   tw   n

Notizen:

A14 Identifizierung kritischer SAP-Berechtigungen *Standard*
Zuständig: Fachabteilung

- S Der Umgang mit kritischen Berechtigungen SOLLTE streng kontrolliert werden. ja tw n
- S Es SOLLTE darauf geachtet werden, dass diese Berechtigungen, Rollen und Profile nur restriktiv vergeben werden. ja tw n
- S Dies SOLLTE auch für kritische Rollenkombinationen und additive Effekte wie z.B. Kreuzberechtigungen sichergestellt sein. ja tw n
- S Kritische Berechtigungen SOLLTEN regelmäßig identifiziert, überprüft und bewertet werden. ja tw n
- S Die SAP-Profile *SAP_ALL* und *SAP_NEW** sowie das SAP-Berechtigungsobjekt *S_DEVELOP* (mit Änderungsberechtigungen *ACTVT 01* und *02*) SOLLTEN im Produktivsystem nicht vergeben werden. ja tw n
- S Notfallbenutzer SOLLTEN von dieser Vorgabe ausgeschlossen sein. ja tw n

Notizen:

A15 Sichere Konfiguration des SAP-Routers *Standard*
Zuständig: IT-Betrieb

- S Der SAP-Router SOLLTE den Zugang zum Netz regeln und die bestehende Firewall-Architektur zweckmäßig ergänzen. ja tw n
- S Auch SOLLTE er den Zugang zum SAP-ERP-System kontrollieren. ja tw n

Notizen:

A16 Umsetzung von Sicherheitsanforderungen für das Betriebssystem Windows *Standard*
Zuständig: IT-Betrieb

- S Das SAP-ERP-System SOLLTE NICHT auf einem Windows-Domaincontroller installiert werden. ja tw n
- S Die SAP-spezifischen Benutzer wie *[sid]adm* oder *SAPService [sid]* SOLLTEN abgesichert werden. ja tw n
- S Nach der Installation SOLLTE der Benutzer *[db][sid]* gesperrt werden. ja tw n
- S Der Benutzer SAPService *[sid]* SOLLTE KEINE Rechte zur interaktiven Anmeldung besitzen. ja tw n
- S In Bezug auf diese Berechtigungen SOLLTEN die zum SAP-ERP-System dazugehörigen Systemressourcen wie Dateien, Prozesse und gemeinsam genutzte Speicher geschützt werden. ja tw n
- S Die spezifischen Berechtigungen der vom SAP-ERP-System angelegten Benutzer *Guest, System, SAP system users [sapsid]adm, SAPService[SAPSID]* und *Database users [database-specific users]* und Benutzergruppen SOLLTEN mithilfe geeigneter Einstellungen abgesichert werden. ja tw n

Notizen:

APP: Anwendungen

A17 Umsetzung von Sicherheitsanforderungen für das Betriebssystem Unix *Standard*

Zuständig: IT-Betrieb

S Für die SAP-ERP-Systemverzeichnisse unter Unix SOLLTEN Zugriffsberechtigungen festgelegt werden. ☐ ja ☐ tw ☐ n

S Auch SOLLTEN die Passwörter der systemspezifischen Benutzer *[sid]adm* und *[db][sid]* geändert werden. ☐ ja ☐ tw ☐ n

S Nach der Installation SOLLTE der Benutzer *[db][sid]* gesperrt werden. ☐ ja ☐ tw ☐ n

Notizen:

A18 Abschaltung von unsicherer Kommunikation *Standard*

Zuständig: IT-Betrieb

S Die Kommunikation mit und zwischen SAP-ERP-Systemen SOLLTE mit SNC abgesichert werden. ☐ ja ☐ tw ☐ n

S Sofern Datenbank und SAP-Applikationsserver auf verschiedenen Systemen betrieben werden, SOLLTE die Datenbankverbindung in geeigneter Weise verschlüsselt werden. ☐ ja ☐ tw ☐ n

S Die internen Dienste des SAP-Applikationsservers SOLLTEN NUR mittels TLS miteinander kommunizieren. ☐ ja ☐ tw ☐ n

Notizen:

A19 Definition der Sicherheitsrichtlinien für Benutzer *Standard*

Zuständig: IT-Betrieb

S Für die jeweiligen Benutzer und Benutzergruppen SOLLTEN spezifische Sicherheitsrichtlinien für Passwörter und Anmelderestriktionen erstellt werden. ☐ ja ☐ tw ☐ n

S So SOLLTEN beispielsweise Benutzer mit kritischen Berechtigungen durch starke Passwortregeln abgesichert sein (Transaktion SECPOL). ☐ ja ☐ tw ☐ n

S Die Sicherheitsrichtlinien SOLLTEN den Benutzern korrekt zugeordnet und regelmäßig überprüft werden. ☐ ja ☐ tw ☐ n

Notizen:

A20 Sichere SAP-GUI-Einstellungen *Standard*

Zuständig: IT-Betrieb

S Die SAP GUI SOLLTE auf allen Clients installiert und regelmäßig aktualisiert werden. ☐ ja ☐ tw ☐ n

S Auch SOLLTEN SAP GUI ACLs aktiviert sowie angemessene Administrationsregeln verteilt und aktiviert werden. ☐ ja ☐ tw ☐ n

Notizen:

A21 ENTFALLEN *Standard*

A22 Schutz des Spools im SAP-ERP-System *Standard*

Zuständig: Entwickler

S   Es SOLLTE sichergestellt sein, dass auf Daten der sequenziellen Datenverarbeitung wie Spool oder Druck nur eingeschränkt zugegriffen werden kann.   ja   tw   n

S   Auch SOLLTE verhindert werden, dass unberechtigte Benutzer auf die vom SAP-Spoolsystem benutzte Datenablage TemSe zugreifen können.   ja   tw   n

S   Die hierfür vergebenen Berechtigungen SOLLTEN regelmäßig überprüft werden.   ja   tw   n

Notizen:

A23 Schutz der SAP-Hintergrundverarbeitung *Standard*

Zuständig: Entwickler

S   Die SAP-Hintergrundverarbeitung SOLLTE vor unberechtigten Zugriffen geschützt werden.   ja   tw   n

S   Dafür SOLLTEN für Batch-Jobs verschiedene Systembenutzer-Kennungen nach ihren Funktionsbereichen definiert und angelegt werden.   ja   tw   n

S   Dialogbenutzer SOLLTEN dafür grundsätzlich NICHT zugelassen werden.   ja   tw   n

Notizen:

A24 Aktivierung und Absicherung des Internet Communication Frameworks *Standard*

Zuständig: IT-Betrieb

S   Es SOLLTE darauf geachtet werden, dass nur notwendige ICF-Dienste aktiviert werden.   ja   tw   n

S   Alle ICF-Dienste, die unter einem ICF-Objekt sind, SOLLTEN nur einzeln aktiviert werden.   ja   tw   n

S   ICF-Berechtigungen SOLLTEN restriktiv vergeben werden.   ja   tw   n

S   Die Kommunikation SOLLTE verschlüsselt erfolgen.   ja   tw   n

Notizen:

A25 Sichere Konfiguration des SAP Web Dispatchers *Standard*

Zuständig: IT-Betrieb

S   Der SAP Web Dispatcher SOLLTE nicht der erste Einstiegspunkt aus dem Internet zum SAP-ERP-System sein.   ja   tw   n

S   Der SAP Web Dispatcher SOLLTE auf dem aktuellen Stand sein.   ja   tw   n

S   Er SOLLTE sicher konfiguriert sein.   ja   tw   n

Notizen:

APP: Anwendungen

A26 Schutz des kundeneigenen Codes im SAP-ERP-System *Standard*
Zuständig: IT-Betrieb

- S Es SOLLTE ein Custom-Code-Managementprozess definiert werden, damit kundeneigener Code ausgetauscht oder entfernt wird, falls er durch SAP-Standard-Code ersetzt werden kann oder er nicht mehr benutzt wird. ☐ ja ☐ tw ☐ n
- S Ferner SOLLTEN die Anforderungen aus der Richtlinie für die Entwicklung von ABAP-Programmen berücksichtigt werden. ☐ ja ☐ tw ☐ n

Notizen:

A27 Audit des SAP-ERP-Systems *Standard*
Zuständig: Fachabteilung

- S Damit sichergestellt ist, dass alle internen und externen Richtlinien sowie Vorgaben eingehalten werden, SOLLTEN alle SAP-ERP-Systeme regelmäßig auditiert werden. ☐ ja ☐ tw ☐ n
- S Dafür SOLLTE der Security Optimization Service im SAP Solution Manager benutzt werden. ☐ ja ☐ tw ☐ n
- S Die Ergebnisse des Audits SOLLTEN ausgewertet und dokumentiert werden. ☐ ja ☐ tw ☐ n

Notizen:

A28 Erstellung eines Notfallkonzeptes *Standard*
Zuständig: Notfallbeauftragter

- S Für SAP-ERP-Systeme SOLLTE ein Notfallkonzept erstellt und betrieben werden. ☐ ja ☐ tw ☐ n
- S Es SOLLTE die Geschäftsaktivitäten absichern und mit den Vorgaben aus dem Krisenmanagement oder dem Business-Continuity-Management übereinstimmen. ☐ ja ☐ tw ☐ n
- S Im Notfallkonzept SOLLTEN folgende Punkte beschrieben und definiert werden: ☐ ja ☐ tw ☐ n
  - Detektion von und Reaktion auf Zwischenfälle,
  - Datensicherungs- und Wiederherstellungskonzept sowie
  - Notfalladministration.
- S Das Notfallkonzept SOLLTE regelmäßig aktualisiert werden. ☐ ja ☐ tw ☐ n

Notizen:

A29 Einrichten eines Notfallbenutzers *Standard*
Zuständig: IT-Betrieb

- S Es SOLLTEN Benutzer-IDs für Notfallbenutzer angelegt werden. ☐ ja ☐ tw ☐ n
- S Die eingerichteten IDs und Berechtigungen SOLLTEN stark kontrolliert und genau dokumentiert werden. ☐ ja ☐ tw ☐ n
- S Außerdem SOLLTEN alle von Notfallbenutzern durchgeführten Aktivitäten protokolliert werden. ☐ ja ☐ tw ☐ n

Notizen:

A30 Implementierung eines kontinuierlichen Monitorings der Sicherheitseinstellungen *Standard*

Zuständig: IT-Betrieb

S	Es SOLLTE ständig überwacht werden, ob alle Sicherheitseinstellungen des SAP-ERP-Systems korrekt sind.		ja	tw	n
S	Außerdem SOLLTE überwacht werden, ob alle Patches und Updates ordnungsgemäß eingespielt wurden.		ja	tw	n
S	Das SAP-Monitoring SOLLTE in die allgemeine Systemüberwachung der Institution integriert werden.		ja	tw	n

Notizen:

A31 Konfiguration von SAP Single-Sign-On *Standard*

Zuständig: IT-Betrieb

S	Sind mehrere SAP-ERP-Systeme vorhanden, SOLLTEN die Benutzer auf die Systeme mit SAP Single-Sign-On (SAP SSO) zugreifen.		ja	tw	n
S	Es SOLLTE in der Planungsphase entschieden werden, zwischen welchen SAP-ERP-Systemen der SSO-Mechanismus benutzt wird.		ja	tw	n
S	Das SSO SOLLTE sicher konfiguriert und betrieben werden.		ja	tw	n

Notizen:

A32 Echtzeiterfassung und Alarmierung von irregulären Vorgängen *Hoch*

Verantwortliche Rolle: IT-Betrieb   **C I A**

S	Die wichtigsten Sicherheitsaufzeichnungsfunktionen der SAP-ERP-Systeme wie Security Audit Log oder System Log SOLLTEN kontinuierlich überwacht werden.		ja	tw	n
S	Bei verdächtigen Vorgängen SOLLTE automatisch ein verantwortlicher Mitarbeiter alarmiert werden.		ja	tw	n
S	Um SAP-spezifische Sicherheitsvorfälle analysieren und Falschmeldungen von echten Sicherheitsvorfällen abgrenzen zu können, SOLLTEN entweder Mitarbeiter geschult oder entsprechende Serviceleistungen von Drittanbietern genutzt werden.		ja	tw	n

Notizen:

APP: Anwendungen

APP.4.3 Relationale Datenbanken

A1 Erstellung einer Sicherheitsrichtlinie für Datenbanksysteme *Basis*
Zuständig: IT-Betrieb

M	Ausgehend von der allgemeinen Sicherheitsrichtlinie der Institution MUSS eine spezifische Sicherheitsrichtlinie für Datenbanksysteme erstellt werden.	ja	tw	n
M	Darin MÜSSEN nachvollziehbar Anforderungen und Vorgaben beschrieben sein, wie Datenbanksysteme sicher betrieben werden sollen.	ja	tw	n
M	Die Richtlinie MUSS allen im Bereich Datenbanksysteme zuständigen Mitarbeitern bekannt sein.	ja	tw	n
M	Sie MUSS grundlegend für ihre Arbeit sein.	ja	tw	n
M	Wird die Richtlinie verändert oder wird von den Anforderungen abgewichen, MUSS dies mit dem ISB abgestimmt und dokumentiert werden.	ja	tw	n
M	Es MUSS regelmäßig überprüft werden, ob die Richtlinie noch korrekt umgesetzt ist.	ja	tw	n
M	Die Ergebnisse MÜSSEN sinnvoll dokumentiert werden.	ja	tw	n

Notizen:

A2 ENTFALLEN *Basis*

A3 Basishärtung des Datenbankmanagementsystems *Basis*
Zuständig: IT-Betrieb

M	Das Datenbankmanagementsystem MUSS gehärtet werden.	ja	tw	n
M	Hierfür MUSS eine Checkliste mit den durchzuführenden Schritten zusammengestellt und abgearbeitet werden.	ja	tw	n
M	Passwörter DÜRFEN NICHT im Klartext gespeichert werden.	ja	tw	n
M	Die Basishärtung MUSS regelmäßig überprüft und, falls erforderlich, angepasst werden.	ja	tw	n

Notizen:

A4 Geregeltes Anlegen neuer Datenbanken *Basis*
Zuständig: IT-Betrieb

M	Neue Datenbanken MÜSSEN nach einem definierten Prozess angelegt werden.	ja	tw	n
M	Wenn eine neue Datenbank angelegt wird, MÜSSEN Grundinformationen zur Datenbank nachvollziehbar dokumentiert werden.	ja	tw	n

Notizen:

A5 ENTFALLEN *Basis*

A6 ENTFALLEN *Basis*

A7 ENTFALLEN *Basis*

A8 ENTFALLEN *Basis*

A9 Datensicherung eines Datenbanksystems *Basis*

Zuständig: IT-Betrieb

- M Es MÜSSEN regelmäßig Systemsicherungen des DBMS und der Daten durchgeführt werden.   ja tw n
- M Auch bevor eine Datenbank neu erzeugt wird, MUSS das Datenbanksystem gesichert werden.   ja tw n
- S Hierfür SOLLTEN die dafür zulässigen Dienstprogramme benutzt werden.   ja tw n
- S Alle Transaktionen SOLLTEN so gesichert werden, dass sie jederzeit wiederherstellbar sind.   ja tw n
- S Wenn die Datensicherung die verfügbaren Kapazitäten übersteigt, SOLLTE ein erweitertes Konzept erstellt werden, um die Datenbank zu sichern, z.B. eine inkrementelle Sicherung.   ja tw n
- S Abhängig vom Schutzbedarf der Daten SOLLTEN die Wiederherstellungsparameter vorgegeben werden (siehe CON.3 *Datensicherungskonzept*).   ja tw n

Notizen:

A10 ENTFALLEN *Standard*

A11 Ausreichende Dimensionierung der Hardware *Standard*

Zuständig: Fachverantwortliche

- S Datenbankmanagementsysteme SOLLTEN auf ausreichend dimensionierter Hardware installiert werden.   ja tw n
- S Die Hardware SOLLTE über genügend Reserven verfügen, um auch eventuell steigenden Anforderungen gerecht zu werden.   ja tw n
- S Zeichnen sich trotzdem während des Betriebs Ressourcenengpässe ab, SOLLTEN diese frühzeitig behoben werden.   ja tw n
- S Wenn die Hardware dimensioniert wird, SOLLTE das erwartete Wachstum für den geplanten Einsatzzeitraum berücksichtigt werden.   ja tw n

Notizen:

A12 Einheitlicher Konfigurationsstandard von Datenbankmanagementsystemen *Standard*

Zuständig: IT-Betrieb

- S Für alle eingesetzten Datenbankmanagementsysteme SOLLTE ein einheitlicher Konfigurationsstandard definiert werden.   ja tw n
- S Alle Datenbankmanagementsysteme SOLLTEN nach diesem Standard konfiguriert und einheitlich betrieben werden.   ja tw n
- S Falls es bei einer Installation notwendig ist, vom Konfigurationsstandard abzuweichen, SOLLTEN alle Schritte vom ISB freigegeben und nachvollziehbar dokumentiert werden.   ja tw n
- S Der Konfigurationsstandard SOLLTE regelmäßig überprüft und, falls erforderlich, angepasst werden.   ja tw n

Notizen:

APP: Anwendungen

A13 Restriktive Handhabung von Datenbank-Links *Standard*

Zuständig: IT-Betrieb

S Es SOLLTE sichergestellt sein, dass nur Verantwortliche dazu berechtigt sind, Datenbank-Links (DB-Links) anzulegen. ☐ ja ☐ tw ☐ n

M Werden solche Links angelegt, MÜSSEN so genannte Private DB-Links vor Public DB-Links bevorzugt angelegt werden. ☐ ja ☐ tw ☐ n

S Alle von den Verantwortlichen angelegten DB-Links SOLLTEN dokumentiert und regelmäßig überprüft werden. ☐ ja ☐ tw ☐ n

S Zudem SOLLTEN DB-Links mitberücksichtigt werden, wenn das Datenbanksystem gesichert wird (siehe APP.4.3.A9 *Datensicherung eines Datenbanksystems*). ☐ ja ☐ tw ☐ n

Notizen:

A14 ENTFALLEN *Standard*

A15 ENTFALLEN *Standard*

A16 Verschlüsselung der Datenbankanbindung *Standard*

Zuständig: IT-Betrieb

S Das Datenbankmanagementsystem SOLLTE so konfiguriert werden, dass Datenbankverbindungen immer verschlüsselt werden. ☐ ja ☐ tw ☐ n

S Die dazu eingesetzten kryptografischen Verfahren und Protokolle SOLLTEN den internen Vorgaben der Institution entsprechen (siehe CON.1 *Kryptokonzept*). ☐ ja ☐ tw ☐ n

Notizen:

A17 Datenübernahme oder Migration *Standard*

Zuständig: Fachverantwortliche

S Es SOLLTE vorab definiert werden, wie initial oder regelmäßig Daten in eine Datenbank übernommen werden sollen. ☐ ja ☐ tw ☐ n

S Nachdem Daten übernommen wurden, SOLLTE geprüft werden, ob sie vollständig und unverändert sind. ☐ ja ☐ tw ☐ n

Notizen:

A18 Überwachung des Datenbankmanagementsystems *Standard*
Zuständig: IT-Betrieb

S	Für den sicheren Betrieb kritische Parameter, Ereignisse und Betriebszustände des Datenbankmanagementsystems SOLLTEN definiert werden.	ja	tw	n
S	Diese SOLLTEN mithilfe eines Monitoring-Systems überwacht werden.	ja	tw	n
S	Für alle kritischen Parameter, Ereignisse und Betriebszustände SOLLTEN Schwellwerte festgelegt werden.	ja	tw	n
M	Wenn diese Werte überschritten werden, MUSS geeignet reagiert werden.	ja	tw	n
S	Hierbei SOLLTEN die zuständigen Mitarbeiter alarmiert werden.	ja	tw	n
S	Anwendungsspezifische Parameter, Ereignisse, Betriebszustände und deren Schwellwerte SOLLTEN mit den Verantwortlichen für die Fachanwendungen abgestimmt werden.	ja	tw	n

Notizen:

A19 Schutz vor schädlichen Datenbank-Skripten *Standard*
Zuständig: Entwickler

S	Werden Datenbank-Skripte entwickelt, SOLLTEN dafür verpflichtende Qualitätskriterien definiert werden (siehe CON.8 *Software-Entwicklung*).	ja	tw	n
S	Datenbank-Skripte SOLLTEN ausführlichen Funktionstests auf gesonderten Testsystemen unterzogen werden, bevor sie produktiv eingesetzt werden.	ja	tw	n
S	Die Ergebnisse SOLLTEN dokumentiert werden.	ja	tw	n

Notizen:

A20 Regelmäßige Audits *Standard*
Zuständig: IT-Betrieb

S	Bei allen Komponenten des Datenbanksystems SOLLTE regelmäßig überprüft werden, ob alle festgelegten Sicherheitsmaßnahmen umgesetzt und diese korrekt konfiguriert sind.	ja	tw	n
S	Dabei SOLLTE geprüft werden, ob der dokumentierte Stand dem Ist-Zustand entspricht und ob die Konfiguration des Datenbankmanagementsystems der dokumentierten Standardkonfiguration entspricht.	ja	tw	n
S	Zudem SOLLTE geprüft werden, ob alle Datenbank-Skripte benötigt werden.	ja	tw	n
S	Auch SOLLTE geprüft werden, ob sie dem Qualitätsstandard der Institution genügen.	ja	tw	n
S	Zusätzlich SOLLTEN die Protokolldateien des Datenbanksystems und des Betriebssystems nach Auffälligkeiten untersucht werden (siehe DER.1 *Detektion von sicherheitsrelevanten Ereignissen*).	ja	tw	n
S	Die Auditergebnisse SOLLTEN nachvollziehbar dokumentiert sein.	ja	tw	n
S	Sie SOLLTEN mit dem Soll-Zustand abgeglichen werden.	ja	tw	n
S	Abweichungen SOLLTE nachgegangen werden.	ja	tw	n

Notizen:

APP: Anwendungen

A21   Einsatz von Datenbank Security Tools *Hoch*
Verantwortliche Rolle: IT-Betrieb **C I**

S   Es SOLLTEN Informationssicherheitsprodukte für Datenbanken eingesetzt werden.   ja   tw   n
S   Die eingesetzten Produkte SOLLTEN folgende Funktionen bereitstellen: ja   tw   n
  - Erstellung einer Übersicht über alle Datenbanksysteme,
  - erweiterte Konfigurationsmöglichkeiten und Rechtemanagement der Datenbanken,
  - Erkennung und Unterbindung von möglichen Angriffen (z.B. Brute Force Angriffe auf ein Benutzerkonto, SQL-Injection) und
  - Auditfunktionen (z.B. Überprüfung von Konfigurationsvorgaben).

Notizen:

A22   Notfallvorsorge *Hoch*
Verantwortliche Rolle: IT-Betrieb **C I A**

S   Für das Datenbankmanagementsystem SOLLTE ein Notfallplan erstellt werden, der festlegt, wie ein Notbetrieb realisiert werden kann.   ja   tw   n
S   Die für den Notfallplan notwendigen Ressourcen SOLLTEN ermittelt werden.   ja   tw   n
S   Zusätzlich SOLLTE der Notfallplan definieren, wie aus dem Notbetrieb der Regelbetrieb wiederhergestellt werden kann.   ja   tw   n
S   Der Notfallplan SOLLTE die nötigen Meldewege, Reaktionswege, Ressourcen und Reaktionszeiten der Fachverantwortlichen festlegen.   ja   tw   n
S   Auf Basis eines Koordinationsplans zum Wiederanlauf SOLLTEN alle von der Datenbank abhängigen IT-Systeme vorab ermittelt und berücksichtigt werden.   ja   tw   n

Notizen:

A23   Archivierung *Hoch*
Verantwortliche Rolle: IT-Betrieb **I A**

S   Ist es erforderlich, Daten eines Datenbanksystems zu archivieren, SOLLTE ein entsprechendes Archivierungskonzept erstellt werden.   ja   tw   n
S   Es SOLLTE sichergestellt sein, dass die Datenbestände zu einem späteren Zeitpunkt wieder vollständig und konsistent verfügbar sind.   ja   tw   n
S   Im Archivierungskonzept SOLLTEN sowohl die Intervalle der Archivierung als auch die Vorhaltefristen der archivierten Daten festgelegt werden.   ja   tw   n
S   Zusätzlich SOLLTE dokumentiert werden, mit welcher Technik die Datenbanken archiviert wurden.   ja   tw   n
S   Mit den archivierten Daten SOLLTEN regelmäßig Wiederherstellungstests durchgeführt werden.   ja   tw   n
S   Die Ergebnisse SOLLTEN dokumentiert werden.   ja   tw   n

Notizen:

A24 Datenverschlüsselung in der Datenbank *Hoch*
Verantwortliche Rolle: IT-Betrieb **C**

S   Die Daten in den Datenbanken SOLLTEN verschlüsselt werden.   ja tw n
S   Dabei SOLLTEN vorher unter anderem folgende Faktoren betrachtet werden: ja tw n
- Einfluss auf die Performance,
- Schlüsselverwaltungsprozesse und -verfahren, einschließlich separater Schlüsselaufbewahrung und -sicherung,
- Einfluss auf Backup-Recovery-Konzepte,
- funktionale Auswirkungen auf die Datenbank, beispielsweise Sortiermöglichkeiten.

Notizen:

A25 Sicherheitsüberprüfungen von Datenbanksystemen *Hoch*
Verantwortliche Rolle: IT-Betrieb **C I A**

S   Datenbanksysteme SOLLTEN regelmäßig mithilfe von Sicherheitsüberprüfungen kontrolliert werden.   ja tw n
S   Bei den Sicherheitsüberprüfungen SOLLTEN die systemischen und herstellerspezifischen Aspekte der eingesetzten Datenbank-Infrastruktur (z.B. Verzeichnisdienste) sowie des eingesetzten Datenbankmanagementsystems betrachtet werden.   ja tw n

Notizen:

APP.4.6 SAP ABAP-Programmierung

A1 Absicherung von Reports mit Berechtigungsprüfungen *Basis*
Zuständig: Entwickler

M   Es MUSS sichergestellt sein, dass nur berechtigte Benutzer selbst programmierte Auswertungen (Reports) starten können.   ja tw n
M   Deswegen MUSS jeder Report explizite, zum Kontext passende Berechtigungsprüfungen durchführen.   ja tw n

Notizen:

A2 Formal korrekte Auswertung von Berechtigungsprüfungen *Basis*
Zuständig: Entwickler

M   Jede Berechtigungsprüfung im Code MUSS durch Abfrage des Rückgabewertes *SY-SUBRC* ausgewertet werden.   ja tw n

Notizen:

APP: Anwendungen

A3 Berechtigungsprüfung vor dem Start einer Transaktion — *Basis*
Zuständig: Entwickler

M	Wenn Entwickler den Befehl *CALL TRANSACTION* verwenden, MUSS vorher immer eine Startberechtigungsprüfung durchgeführt werden.	ja tw n

Notizen:

A4 Verzicht auf proprietäre Berechtigungsprüfungen — *Basis*
Zuständig: Entwickler

M	Jede Berechtigungsprüfung MUSS technisch über den dafür vorgesehenen Befehl *AUTHORITY-CHECK* erfolgen.	ja tw n
M	Proprietäre Berechtigungsprüfungen, z.B. basierend auf Benutzernamen, DÜRFEN NICHT benutzt werden.	ja tw n

Notizen:

A5 Erstellung einer Richtlinie für die ABAP-Entwicklung — *Standard*
Zuständig: Entwickler

S	Es SOLLTE eine Richtlinie für die Entwicklung von ABAP-Programmen erstellt werden.	ja tw n
S	Die Richtlinie SOLLTE neben Namenskonventionen auch Vorgaben zu ABAP-Elementen beinhalten, die verwendet bzw. nicht verwendet werden dürfen.	ja tw n
S	Die Anforderungen aus diesem Baustein SOLLTEN in die Richtlinie aufgenommen werden.	ja tw n
S	Die Richtlinie SOLLTE für die Entwickler verbindlich sein.	ja tw n

Notizen:

A6 Vollständige Ausführung von Berechtigungsprüfungen — *Standard*
Zuständig: Entwickler

S	Bei einer Berechtigungsprüfung im ABAP-Code (*AUTHORITY-CHECK [OBJECT]*) SOLLTE sichergestellt sein, dass alle Felder des relevanten Berechtigungsobjekts überprüft werden.	ja tw n
S	Wenn einzelne Felder tatsächlich nicht benötigt werden, SOLLTEN sie als *DUMMY* gekennzeichnet werden.	ja tw n
S	Zusätzlich SOLLTE am Feld der Grund für die Ausnahme dokumentiert werden.	ja tw n

Notizen:

APP.4.6 SAP ABAP-Programmierung

A7 Berechtigungsprüfung während der Eingabeverarbeitung *Standard*

Zuständig: Entwickler

S Funktionscodes und Bildschirmelemente von ABAP-Dynpro-Anwendungen SOLLTEN konsistent sein.   ja   tw   n

S Wenn ein Bildschirmelement abgeschaltet wurde, dann SOLLTE eine Anwendung NICHT ohne adäquate Berechtigungsprüfungen auf Ereignisse dieses Elements reagieren.   ja   tw   n

S Wenn bestimmte Einträge eines Dynpro-Menüs ausgeblendet oder einzelne Schaltflächen deaktiviert werden, dann SOLLTEN auch die zugehörigen Funktionscodes nicht ausgeführt werden.   ja   tw   n

Notizen:

A8 Schutz vor unberechtigten oder manipulierenden Zugriffen auf das Dateisystem *Standard*

Zuständig: Entwickler

S Wenn Zugriffe auf Dateien des SAP-Servers von Benutzereingaben abhängen, SOLLTEN diese Eingaben vor dem Zugriff validiert werden.   ja   tw   n

Notizen:

A9 Berechtigungsprüfung in remote-fähigen Funktionsbausteinen *Standard*

Zuständig: Entwickler

S Es SOLLTE sichergestellt werden, dass alle remote-fähigen Funktionsbausteine im Programmcode explizit prüfen, ob der Aufrufer berechtigt ist, die zugehörige Businesslogik auszuführen.   ja   tw   n

Notizen:

A10 Verhinderung der Ausführung von Betriebssystemkommandos *Standard*

Zuständig: Entwickler

S Jedem Aufruf eines erlaubten Betriebssystemkommandos SOLLTE eine entsprechende Berechtigungsprüfung (Berechtigungsobjekt *S_LOG_COM*) vorangestellt werden.   ja   tw   n

S Benutzereingaben SOLLTEN NICHT Teil eines Kommandos sein.   ja   tw   n

S Deswegen SOLLTEN Betriebssystemaufrufe ausschließlich über dafür vorgesehene SAP-Standardfunktionsbausteine ausgeführt werden.   ja   tw   n

Notizen:

A11 Vermeidung von eingeschleustem Schadcode *Standard*

Zuständig: Entwickler

S Die ABAP-Befehle *INSERT REPORT* und *GENERATE SUBROUTINE POOL* SOLLTEN NICHT verwendet werden.   ja   tw   n

Notizen:

APP: Anwendungen

A12 Vermeidung von generischer Modulausführung *Standard*

Zuständig: Entwickler

- S Transaktionen, Programme, Funktionsbausteine und Methoden SOLLTEN NICHT generisch ausführbar sein. — ja / tw / n
- S Sollte es wichtige Gründe für eine generische Ausführung geben, SOLLTE detailliert dokumentiert werden, wo und warum dies geschieht. — ja / tw / n
- S Zusätzlich SOLLTE eine Whitelist definiert werden, die alle erlaubten Module enthält. — ja / tw / n
- S Bevor ein Modul aufgerufen wird, SOLLTE die Benutzereingabe mit der Whitelist abgeglichen werden. — ja / tw / n

Notizen:

A13 Vermeidung von generischem Zugriff auf Tabelleninhalte *Standard*

Zuständig: Entwickler

- S Tabelleninhalte SOLLTEN NICHT generisch ausgelesen werden. — ja / tw / n
- S Sollte es wichtige Gründe dafür geben, dies doch zu tun, SOLLTE detailliert dokumentiert werden, wo und warum dies geschieht. — ja / tw / n
- S Außerdem SOLLTE dann gewährleistet sein, dass sich der dynamische Tabellenname auf eine kontrollierbare Liste von Werten beschränkt. — ja / tw / n

Notizen:

A14 Vermeidung von nativen SQL-Anweisungen *Standard*

Zuständig: Entwickler

- S Die Schnittstelle ABAP Database Connectivity (ADBC) SOLLTE NICHT verwendet werden. — ja / tw / n
- S Benutzereingaben SOLLTEN NICHT Teil von ADBC-Befehlen sein. — ja / tw / n

Notizen:

A15 Vermeidung von Datenlecks *Standard*

Zuständig: Entwickler

- S Es SOLLTE eine ausreichend sichere Berechtigungsprüfung durchgeführt werden, bevor geschäftskritische Daten angezeigt, übermittelt oder exportiert werden. — ja / tw / n
- S Vorgesehene (gewollte) Möglichkeiten des Exports SOLLTEN dokumentiert werden. — ja / tw / n

Notizen:

A16 Verzicht auf systemabhängige Funktionsausführung *Standard*
Zuständig: Entwickler

- S ABAP-Programme SOLLTEN NICHT systemabhängig programmiert werden, so dass sie nur auf einem bestimmten SAP-System ausgeführt werden können. ja tw n
- S Sollte dies jedoch unbedingt erforderlich sein, SOLLTE es detailliert dokumentiert werden. ja tw n
- S Außerdem SOLLTE der Code dann manuell überprüft werden. ja tw n

Notizen:

A17 Verzicht auf mandantenabhängige Funktionsausführung *Standard*
Zuständig: Entwickler

- S ABAP-Programme SOLLTEN NICHT mandantenabhängig programmiert werden, so dass sie nur von einem bestimmten Mandanten ausgeführt werden können. ja tw n
- S Sollte dies jedoch unbedingt erforderlich sein, SOLLTE es detailliert dokumentiert werden. ja tw n
- S Außerdem SOLLTEN dann zusätzliche Sicherheitsmaßnahmen ergriffen werden, wie beispielsweise eine manuelle Code-Überprüfung (manuelles Code-Review) oder eine Qualitätssicherung auf dem entsprechenden Mandanten. ja tw n

Notizen:

A18 Vermeidung von Open-SQL-Injection-Schwachstellen *Standard*
Zuständig: Entwickler

- S Dynamisches Open SQL SOLLTE NICHT verwendet werden. ja tw n
- S Falls Datenbankzugriffe mit dynamischen SQL-Bedingungen notwendig sind, SOLLTEN KEINE Benutzereingaben in der jeweiligen Abfrage übertragen werden. ja tw n
- S Wenn das dennoch der Fall ist, SOLLTE die Benutzereingabe zwingend geprüft werden (Output Encoding). ja tw n

Notizen:

A19 Schutz vor Cross-Site-Scripting *Standard*
Zuständig: Entwickler

- S Auf selbst entwickeltes HTML in Business-Server-Pages-(*BSP*)-Anwendungen oder HTTP-Handlern SOLLTE möglichst verzichtet werden. ja tw n

Notizen:

A20 Keine Zugriffe auf Daten eines anderen Mandanten *Standard*
Zuständig: Entwickler

- S Die automatische Mandantentrennung SOLLTE NICHT umgangen werden. ja tw n
- S Auf Daten anderer Mandanten SOLLTE NICHT mittels *EXEC SQL* oder der Open SQL Option *CLIENT SPECIFIED* zugegriffen werden. ja tw n

Notizen:

APP: Anwendungen

A21 Verbot von verstecktem ABAP-Quelltext *Standard*

Zuständig: Entwickler

S   Der Quelltext eines selbst erstellten ABAP-Programms SOLLTE immer lesbar sein.   ja tw n
S   Techniken, die das verhindern (Obfuskation), SOLLTEN NICHT verwendet werden.   ja tw n

Notizen:

A22 Einsatz von ABAP-Codeanalyse Werkzeugen *Hoch*
Verantwortliche Rolle: Entwickler **C I A**

S   Zur automatisierten Überprüfung von ABAP-Code auf sicherheitsrelevante Programmierfehler, funktionale und technische Fehler sowie auf qualitative Schwachstellen SOLLTE ein ABAP-Codeanalyse-Werkzeug eingesetzt werden.   ja tw n

Notizen:

APP.5 E-Mail/Groupware/Kommunikation

APP.5.1 ENTFALLEN, siehe APP.5.3

APP.5.2 Microsoft Exchange und Outlook

A1 Planung des Einsatzes von Exchange und Outlook *Basis*

Zuständig: IT-Betrieb

M   Bevor Exchange und Outlook eingesetzt werden, MUSS die Institution deren Einsatz sorgfältig planen.   ja tw n
M   Dabei MUSS sie mindestens folgende Punkte beachten: ja tw n
- Aufbau der E-Mail-Infrastruktur,
- einzubindende Clients beziehungsweise Server,
- Nutzung von funktionalen Erweiterungen sowie
- die zu verwendenden Protokolle.

Notizen:

A2 Auswahl einer geeigneten Exchange-Infrastruktur *Basis*

Zuständig: IT-Betrieb

M   Der IT-Betrieb MUSS auf Basis der Planung des Einsatzes von Exchange entscheiden, mit welchen Systemen und Anwendungskomponenten sowie in welcher hierarchischen Abstufung die Exchange-Infrastruktur realisiert wird.   ja tw n
M   Im Rahmen der Auswahl MUSS auch entschieden werden, ob die Systeme als Cloud- oder lokaler Dienst betrieben werden sollen.   ja tw n

Notizen:

A3 Berechtigungsmanagement und Zugriffsrechte *Basis*

Zuständig: IT-Betrieb

M Zusätzlich zum allgemeinen Berechtigungskonzept MUSS die Institution ein Berichtigungskonzept für die Systeme der Exchange-Infrastruktur erstellen, geeignet dokumentieren und anwenden. ja tw n

M Der IT-Betrieb MUSS serverseitige Benutzerprofile für einen rechnerunabhängigen Zugriff der Benutzer auf Exchange-Daten verwenden. ja tw n

M Er MUSS die Standard-NTFS-Berechtigungen für das Exchange-Verzeichnis so anpassen, dass nur autorisierte Administratoren und Systemkonten auf die Daten in diesem Verzeichnis zugreifen können. ja tw n

Notizen:

A4 ENTFALLEN *Basis*

A5 Datensicherung von Exchange *Basis*

Zuständig: IT-Betrieb

M Exchange-Server MÜSSEN vor Installationen und Konfigurationsänderungen sowie in zyklischen Abständen gesichert werden. ja tw n

M Dabei MÜSSEN insbesondere die Exchange-Server-Datenbanken gesichert werden. ja tw n

S Gelöschte Exchange-Objekte SOLLTEN erst nach einiger Zeit aus der Datenbank entfernt werden. ja tw n

Notizen:

A6 ENTFALLEN *Standard*

A7 Migration von Exchange-Systemen *Standard*

Zuständig: IT-Betrieb

S Der IT-Betrieb SOLLTE alle Migrationsschritte gründlich planen und dokumentieren. ja tw n

S Der IT-Betrieb SOLLTE dabei Postfächer, Objekte, Sicherheitsrichtlinien, Active-Directory-Konzepte sowie die Anbindung an andere E-Mail-Systeme berücksichtigen. ja tw n

S Außerdem SOLLTE er Funktionsunterschiede zwischen verschiedenen Versionen von Exchange beachten. ja tw n

S Das neue System SOLLTE, bevor es installiert wird, in einem separaten Testnetz geprüft werden. ja tw n

Notizen:

A8 ENTFALLEN *Standard*

APP: Anwendungen

A9 Sichere Konfiguration von Exchange-Servern — *Standard*

Zuständig: IT-Betrieb

- S Der IT-Betrieb SOLLTE Exchange-Server entsprechend der Vorgaben aus der Sicherheitsrichtlinie installieren und konfigurieren. ☐ ja ☐ tw ☐ n
- S Konnektoren SOLLTEN sicher konfiguriert werden. ☐ ja ☐ tw ☐ n
- S Der IT-Betrieb SOLLTE die Protokollierung des Exchange-Systems aktivieren. ☐ ja ☐ tw ☐ n
- S Für vorhandene benutzerspezifische Anpassungen SOLLTE ein entsprechendes Konzept erstellt werden. ☐ ja ☐ tw ☐ n
- S Bei der Verwendung von funktionalen Erweiterungen SOLLTE sichergestellt sein, dass die definierten Anforderungen an die Schutzziele Vertraulichkeit, Integrität und Verfügbarkeit weiterhin erfüllt sind. ☐ ja ☐ tw ☐ n

Notizen:

A10 Sichere Konfiguration von Outlook — *Standard*

Zuständig: IT-Betrieb

- S Der IT-Betrieb SOLLTE für jeden Benutzer ein eigenes Outlook-Profil mit benutzerspezifischen Einstellungen anlegen. ☐ ja ☐ tw ☐ n
- S Der IT-Betrieb SOLLTE Outlook so konfigurieren, dass nur notwendige Informationen an andere Benutzer übermittelt werden. ☐ ja ☐ tw ☐ n
- S Der IT-Betrieb SOLLTE die Benutzer darüber informieren, welche Informationen automatisiert an andere Benutzer übermittelt werden. ☐ ja ☐ tw ☐ n
- S Lesebestätigungen und Informationen, die auf die interne Struktur der Institution schließen lassen, SOLLTEN NICHT an externe Anwender übermittelt werden. ☐ ja ☐ tw ☐ n

Notizen:

A11 Absicherung der Kommunikation zwischen Exchange-Systemen — *Standard*

Zuständig: IT-Betrieb

- S Der IT-Betrieb SOLLTE nachvollziehbar entscheiden, mit welchen Schutzmechanismen die Kommunikation zwischen Exchange-Systemen abgesichert wird. ☐ ja ☐ tw ☐ n
- S Insbesondere SOLLTE der IT-Betrieb festlegen, wie die Kommunikation zu folgenden Schnittstellen abgesichert wird: ☐ ja ☐ tw ☐ n
  - Administrationsschnittstellen,
  - Client-Server-Kommunikation,
  - vorhandene Web-based-Distributed-Authoring-and-Versioning-(WebDAV)-Schnittstellen,
  - Server-Server-Kommunikation und
  - Public-Key-Infrastruktur, auf der die E-Mail-Verschlüsselung von Outlook basiert.

Notizen:

APP.5.2 Microsoft Exchange und Outlook

A12 Einsatz von Outlook Anywhere, MAPI over HTTP und Outlook im Web *Standard*
Zuständig: IT-Betrieb

S   Der IT-Betrieb SOLLTE Outlook Anywhere, MAPI over HTTP und Outlook im Web entsprechend den Sicherheitsanforderungen der Institution konfigurieren. ☐ ja ☐ tw ☐ n

S   Der Zugriff auf Exchange über das Internet SOLLTE auf die notwendigen Benutzer beschränkt werden. ☐ ja ☐ tw ☐ n

Notizen:

A13 ENTFALLEN *Standard*

A14 ENTFALLEN *Standard*

A15 ENTFALLEN *Standard*

A16 ENTFALLEN *Standard*

A19 ENTFALLEN *Standard*

A17 Verschlüsselung von Exchange-Datenbankdateien *Hoch*
Verantwortliche Rolle: IT-Betrieb   C

S   Der IT-Betrieb SOLLTE ein Konzept für die Verschlüsselung von PST-Dateien und Informationsspeicher-Dateien erstellen. ☐ ja ☐ tw ☐ n

S   Die Institution SOLLTE die Benutzer über die Funktionsweise und die Schutzmechanismen bei der Verschlüsselung von PST-Dateien informieren. ☐ ja ☐ tw ☐ n

S   Weitere Aspekte für lokale PST-Dateien, die berücksichtigt werden SOLLTEN, wenn Exchange-Systemdatenbanken verschlüsselt werden, sind: ☐ ja ☐ tw ☐ n
  • eigene Verschlüsselungsfunktionen,
  • Verschlüsselungsgrade sowie
  • Mechanismen zur Absicherung der Daten in einer PST-Datei.

S   Mechanismen wie z.B. Encrypting File System oder Windows BitLocker Laufwerkverschlüsselung SOLLTEN zur Absicherung der PST-Dateien genutzt werden. ☐ ja ☐ tw ☐ n

Notizen:

A18 ENTFALLEN *Hoch*

APP: Anwendungen

APP.5.3 Allgemeiner E-Mail-Client und -Server

A1 Sichere Konfiguration der E-Mail-Clients *Basis*
Zuständig: IT-Betrieb

		ja	tw	n
M	Die Institution MUSS eine sichere Konfiguration für die E-Mail-Clients vorgeben.	ja	tw	n
M	Die E-Mail-Clients MÜSSEN den Benutzern vorkonfiguriert übergeben werden.	ja	tw	n
M	Die Institution MUSS sicherstellen, dass sicherheitsrelevante Teile der Konfiguration nicht von Benutzern geändert werden können.	ja	tw	n
M	Ist dies nicht möglich, MUSS die Institution die Benutzer darauf hinweisen, dass die Konfiguration nicht selbstständig geändert werden darf.	ja	tw	n
M	Bevor Dateianhänge aus E-Mails geöffnet werden, MÜSSEN sie auf dem Client von einem Schutzprogramm auf Schadsoftware überprüft werden, sofern dies nicht bereits auf dem E-Mail-Server geschieht.	ja	tw	n
M	E-Mail-Clients MÜSSEN so konfiguriert werden, dass sie eventuell vorhandenen HTML-Code und andere aktive Inhalte in E-Mails nicht automatisch interpretieren.	ja	tw	n
M	Vorschaufunktionen für Datei-Anhänge MÜSSEN so konfiguriert werden, dass sie Dateien nicht automatisch interpretieren.	ja	tw	n
M	E-Mail-Filterregeln sowie die unkontrollierte, automatische Weiterleitung von E-Mails MÜSSEN auf notwendige Anwendungsfälle beschränkt werden.	ja	tw	n
M	E-Mail-Clients MÜSSEN für die Kommunikation mit E-Mail-Servern über nicht vertrauenswürdige Netze eine sichere Transportverschlüsselung einsetzen.	ja	tw	n

Notizen:

A2 Sicherer Betrieb von E-Mail-Servern *Basis*
Zuständig: IT-Betrieb

		ja	tw	n
M	Der IT-Betrieb MUSS Schutzmechanismen gegen Denial-of-Service (DoS)-Attacken ergreifen.	ja	tw	n
M	Für den E-Mail-Empfang sowie den Zugriff von E-Mail-Clients über öffentliche Datennetze MÜSSEN E-Mail-Server eine sichere Transportverschlüsselung anbieten.	ja	tw	n
S	Versenden E-Mails-Server von sich aus E-Mails, SOLLTEN sie dafür ebenfalls eine sichere Transportverschlüsselung nutzen.	ja	tw	n
M	Die Institution MUSS alle erlaubten E-Mail-Protokolle und Dienste festlegen.	ja	tw	n
M	Außerdem MUSS der IT-Betrieb den E-Mail-Server so einstellen, dass er nicht als Spam-Relay missbraucht werden kann.	ja	tw	n
M	Werden Nachrichten auf einem E-Mail-Server gespeichert, MUSS der IT-Betrieb eine geeignete Größenbeschränkung für das serverseitige Postfach einrichten und dokumentieren.	ja	tw	n

Notizen:

A3 Datensicherung und Archivierung von E-Mails *Basis*
Zuständig: IT-Betrieb

		ja	tw	n
M	Der IT-Betrieb MUSS die Daten der E-Mail-Server und -Clients regelmäßig sichern.	ja	tw	n
M	Dafür MUSS die Institution regeln, wie die gesendeten und empfangenen E-Mails der E-Mail-Clients sowie die E-Mails auf den Servern gesichert werden.	ja	tw	n
S	Die Institution SOLLTE ebenfalls bei der Archivierung beachten, dass E-Mails möglicherweise nur lokal auf Clients gespeichert sind.	ja	tw	n

Notizen:

A4 Spam- und Virenschutz auf dem E-Mail-Server *Basis*
Zuständig: IT-Betrieb

M	Der IT-Betrieb MUSS sicherstellen, dass auf E-Mail-Servern eingehende und ausgehende E-Mails, insbesondere deren Anhänge, auf Spam-Merkmale und schädliche Inhalte überprüft werden.	ja	tw	n
M	Die Einführung und Nutzung von E-Mail-Filterprogrammen MÜSSEN mit dem Datenschutzbeauftragten, der Personalvertretung und den Benutzern abgestimmt werden.	ja	tw	n
M	Die Institution MUSS festlegen, wie mit verschlüsselten E-Mails zu verfahren ist, wenn diese nicht durch das Virenschutzprogramm entschlüsselt werden können.	ja	tw	n

Notizen:

A5 Festlegung von Vertretungsregelungen bei E-Mail-Nutzung *Standard*
Zuständig: Vorgesetzte

S	Die Institution SOLLTE Vertretungsregelungen für die Bearbeitung von E-Mails festlegen.	ja	tw	n
S	Werden E-Mails weitergeleitet, SOLLTEN die vertretenen Benutzer mindestens darüber informiert werden.	ja	tw	n
M	Bei der Weiterleitung von E-Mails MÜSSEN datenschutzrechtliche Aspekte berücksichtigt werden.	ja	tw	n
S	Die Institution SOLLTE für Autoreply-Funktionen in E-Mail-Programmen Regelungen etablieren, die beschreiben, wie diese Funktionen sicher verwendet werden können.	ja	tw	n
S	Wenn Mitarbeiter die Autoreply-Funktionen nutzen, SOLLTEN keine internen Informationen weitergegeben werden.	ja	tw	n

Notizen:

APP: Anwendungen

A6 Festlegung einer Sicherheitsrichtlinie für E-Mail *Standard*
Zuständig: IT-Betrieb

S	Die Institution SOLLTE eine Sicherheitsrichtlinie für die Nutzung von E-Mails erstellen und regelmäßig aktualisieren.	ja tw n
S	Die Institution SOLLTE alle Benutzer und Administratoren über neue oder veränderte Sicherheitsvorgaben für E-Mail-Anwendungen informieren.	ja tw n
S	Die E-Mail-Sicherheitsrichtlinie SOLLTE konform zu den geltenden übergeordneten Sicherheitsrichtlinien der Institution sein.	ja tw n
S	Die Institution SOLLTE prüfen, ob die Sicherheitsrichtlinie korrekt angewendet wird.	ja tw n
S	Die E-Mail-Sicherheitsrichtlinie für Benutzer SOLLTE vorgeben,	ja tw n

- wie sich die Kommunikation absichern lässt,
- welche Benutzerzugriffsrechte es gibt,
- wie E-Mails auf gefälschte Absender überprüft werden,
- wie sich übermittelte Informationen absichern lassen,
- wie die Integrität von E-Mails überprüft werden soll,
- welche offenen E-Mail-Verteiler verwendet werden dürfen,
- ob E-Mails privat genutzt werden dürfen,
- wie mit E-Mails und Postfächern ausscheidender Mitarbeiter umgegangen werden soll,
- ob und wie Webmail-Dienste genutzt werden dürfen,
- wer für Gruppenpostfächer zuständig ist,
- wie mit Datei-Anhängen umgegangen werden soll und
- wie E-Mails im HTML-Format vom Benutzer behandelt werden sollen.

S	Die E-Mail-Sicherheitsrichtlinie SOLLTE ergänzend für Administratoren die Einstellungsoptionen der E-Mail-Anwendungen beinhalten, außerdem die Vorgaben für mögliche Zugriffe von anderen Servern auf einen E-Mail-Server.	ja tw n
S	Auch Angaben zu berechtigten Zugriffspunkten, von denen aus auf einen E-Mail-Server zugegriffen werden darf, SOLLTEN in der Richtlinie enthalten sein.	ja tw n
S	Die E-Mail-Sicherheitsrichtlinie SOLLTE den Umgang mit Newsgroups und Mailinglisten regeln.	ja tw n

Notizen:

A7 Schulung zu Sicherheitsmechanismen von E-Mail-Clients für Benutzer *Standard*
Zuständig: IT-Betrieb

S	Die Institution SOLLTE die Benutzer darüber aufklären, welche Risiken beim Benutzen von E-Mail-Anwendungen bestehen und wie sie sicher mit E-Mails umgehen können.	ja tw n
S	Dies SOLLTE zusätzlich zur allgemeinen Schulung und Sensibilisierung geschehen.	ja tw n
S	Die Institution SOLLTE die Benutzer über die Gefahren sensibilisieren, die entstehen können, wenn E-Mail-Anhänge geöffnet werden.	ja tw n
S	Die Schulungen SOLLTEN ebenfalls darauf eingehen, wie Benutzer E-Mails von gefälschten Absendern erkennen können.	ja tw n
S	Die Institution SOLLTE davor warnen, an E-Mail-Kettenbriefen teilzunehmen oder zu viele Mailinglisten zu abonnieren.	ja tw n

Notizen:

A8 Umgang mit Spam durch Benutzer *Standard*
Zuständig: Benutzer

S	Grundsätzlich SOLLTEN Benutzer alle Spam-E-Mails ignorieren und löschen.	ja	tw	n
S	Benutzer SOLLTEN auf unerwünschte E-Mails nicht antworten.	ja	tw	n
S	Sie SOLLTEN Links in diesen E-Mails nicht folgen.	ja	tw	n
S	Falls die Institution über ein zentrales Spam-Management verfügt, SOLLTEN Benutzer Spam-E-Mails an dieses weiterleiten und die E-Mails danach löschen.	ja	tw	n

Notizen:

A9 Erweiterte Sicherheitsmaßnahmen auf dem E-Mail-Server *Standard*
Zuständig: IT-Betrieb

S	Die E-Mail-Server einer Institution SOLLTEN eingehende E-Mails mittels des Sender Policy Framework (SPF) und mit Hilfe von DomainKeys überprüfen.	ja	tw	n
S	Die Institution SOLLTE selbst DomainKeys und SPF einsetzen, um von ihr versendete E-Mails zu authentisieren.	ja	tw	n
S	Wird SPF verwendet, SOLLTE eindeutig vorgegeben werden, wie mit E-Mails verfahren werden soll.	ja	tw	n
S	Der Softfail-Parameter („~") SOLLTE nur zu Testzwecken verwendet werden.	ja	tw	n
S	Die Institution SOLLTE Domain-based Message Authentication, Reporting and Conformance (DMARC) nutzen, um festzulegen, wie von ihr versendete E-Mails durch den empfangenden E-Mail-Server überprüft werden sollen.	ja	tw	n
S	DMARC-Reporte SOLLTEN regelmäßig ausgewertet werden.	ja	tw	n
S	Die Institution SOLLTE festlegen, ob DMARC-Reporte über empfangene E-Mails an andere Institutionen versendet werden.	ja	tw	n
S	Die Institution SOLLTE die E-Mail-Kommunikation über DANE und MTA-STS absichern.	ja	tw	n

Notizen:

A10 Ende-zu-Ende-Verschlüsselung *Hoch* **C**
Verantwortliche Rolle: IT-Betrieb

S	Die Institution SOLLTE eine Ende-zu-Ende-Verschlüsselung sowie Signaturen für E-Mails einsetzen.	ja	tw	n
S	Es SOLLTEN nur Protokolle zur Verschlüsselung und Signatur genutzt werden, die dem aktuellen Stand der Technik entsprechen.	ja	tw	n

Notizen:

A11 Einsatz redundanter E-Mail-Server *Hoch* **A**
Verantwortliche Rolle: IT-Betrieb

S	Die Institution SOLLTE mehrere redundante E-Mail-Server betreiben.	ja	tw	n
S	Die redundanten E-Mail-Server SOLLTEN mit geeigneter Priorität in den DNS-Informationen der betroffenen Domains hinterlegt werden.	ja	tw	n
S	Die Institution SOLLTE festlegen, wie E-Mails zwischen den E-Mail-Servern synchronisiert werden.	ja	tw	n

Notizen:

APP: Anwendungen

A12 Überwachung öffentlicher Blacklists *Hoch*
A
Verantwortliche Rolle: IT-Betrieb

S   Der IT-Betrieb SOLLTE regelmäßig überprüfen, ob die E-Mail-Server der Institution auf öffentlichen Spam- oder Black-Listen aufgeführt sind. — ja tw n

Notizen:

A13 TLS-Reporting *Hoch*
C I A
Verantwortliche Rolle: IT-Betrieb

S   Die Institution SOLLTE TLS-Reporting einsetzen. — ja tw n
S   Es SOLLTE festgelegt werden, ob TLS-Reports an andere Institutionen versendet werden. — ja tw n

Notizen:

APP.6 Allgemeine Software

A1 Planung des Software-Einsatzes *Basis*

Zuständig: Fachverantwortliche

M   Bevor eine Institution eine (neue) Software einführt, MUSS sie entscheiden, — ja tw n
- wofür die Software genutzt und welche Informationen damit verarbeitet werden sollen,
- wie die Benutzer bei der Anforderungserhebung beteiligt und bei der Einführung unterstützt werden sollen,
- wie die Software an weitere Anwendungen und IT-Systeme über welche Schnittstellen angebunden wird,
- auf welchen IT-Systemen die Software ausgeführt werden soll und welche Ressourcen zur Ausführung der Software erforderlich sind, sowie
- ob sich die Institution in Abhängigkeit zu einem Hersteller begibt, wenn sie diese Software einsetzt.

M   Hierbei MÜSSEN bereits Sicherheitsaspekte berücksichtigt werden. — ja tw n
M   Zusätzlich MUSS die Institution die Zuständigkeiten für fachliche Betreuung, Freigabe und betriebliche Administration schon im Vorfeld klären und festlegen. — ja tw n
M   Die Zuständigkeiten MÜSSEN dokumentiert und bei Bedarf aktualisiert werden. — ja tw n

Notizen:

A2 Erstellung eines Anforderungskatalogs für Software *Basis*
Zuständig: Fachverantwortliche

M	Auf Basis der Ergebnisse der Planung MÜSSEN die Anforderungen an die Software in einem Anforderungskatalog erhoben werden.	ja	tw	n
M	Der Anforderungskatalog MUSS dabei die grundlegenden funktionalen Anforderungen umfassen.	ja	tw	n
M	Darüber hinaus MÜSSEN die nichtfunktionalen Anforderungen und hier insbesondere die Sicherheitsanforderungen in den Anforderungskatalog integriert werden.	ja	tw	n
M	Hierbei MÜSSEN sowohl die Anforderungen von den Fachverantwortlichen als auch vom IT-Betrieb berücksichtigt werden.	ja	tw	n
M	Insbesondere MÜSSEN auch die rechtlichen Anforderungen, die sich aus dem Kontext der zu verarbeitenden Daten ergeben, berücksichtigt werden.	ja	tw	n
S	Der fertige Anforderungskatalog SOLLTE mit allen betroffenen Fachabteilungen abgestimmt werden.	ja	tw	n

Notizen:

A3 Sichere Beschaffung von Software *Basis*
Zuständig: Beschaffungsstelle

M	Wenn Software beschafft wird, MUSS auf Basis des Anforderungskatalog eine geeignete Software ausgewählt werden.	ja	tw	n
M	Die ausgewählte Software MUSS aus vertrauenswürdigen Quellen beschafft werden.	ja	tw	n
S	Die vertrauenswürdige Quelle SOLLTE eine Möglichkeit bereitstellen, die Software auf Integrität zu überprüfen.	ja	tw	n
S	Darüber hinaus SOLLTE die Software mit einem geeigneten Wartungsvertrag oder einer vergleichbaren Zusage des Herstellers oder Software-Anbieters beschafft werden.	ja	tw	n
S	Diese Verträge oder Zusagen SOLLTEN insbesondere garantieren, dass auftretende Sicherheitslücken und Schwachstellen der Software während des gesamten Nutzungszeitraums zeitnah behoben werden.	ja	tw	n

Notizen:

APP: Anwendungen

A4 Regelung für die Installation und Konfiguration von Software *Basis*

Zuständig: Fachverantwortliche

M	Die Installation und Konfiguration der Software MUSS durch den IT-Betrieb so geregelt werden, dass • die Software nur mit dem geringsten notwendigen Funktionsumfang installiert und ausgeführt wird, • die Software mit den geringsten möglichen Berechtigungen ausgeführt wird, • die datensparsamsten Einstellungen (in Bezug auf die Verarbeitung von personenbezogenen Daten) konfiguriert werden sowie • alle relevanten Sicherheitsupdates und -patches installiert sind, bevor die Software produktiv eingesetzt wird.	ja	tw	n
M	Hierbei MÜSSEN auch abhängige Komponenten (u.a. Laufzeitumgebungen, Bibliotheken, Schnittstellen sowie weitere Programme) mitbetrachtet werden.	ja	tw	n
M	Der IT-Betrieb MUSS in Abstimmung mit dem Fachverantwortlichen festlegen, wer die Software wie installieren darf.	ja	tw	n
S	Idealerweise SOLLTE Software immer zentral durch den IT-Betrieb installiert werden.	ja	tw	n
M	Ist es erforderlich, dass die Software (teilweise) manuell installiert wird, dann MUSS der IT-Betrieb eine Installationsanweisung erstellen, in der klar geregelt wird, welche Zwischenschritte zur Installation durchzuführen und welche Konfigurationen vorzunehmen sind.	ja	tw	n
M	Darüber hinaus MUSS der IT-Betrieb regeln, wie die Integrität der Installationsdateien überprüft wird.	ja	tw	n
M	Falls zu einem Installationspaket digitale Signaturen oder Prüfsummen verfügbar sind, MÜSSEN mit diesen die Integrität überprüft werden.	ja	tw	n
S	Sofern erforderlich, SOLLTE der IT-Betrieb eine sichere Standardkonfiguration der Software festlegen, mit der die Software konfiguriert wird.	ja	tw	n
S	Die Standardkonfiguration SOLLTE dokumentiert werden.	ja	tw	n

Notizen:

A5 Sichere Installation von Software *Basis*

Zuständig: IT-Betrieb

M	Software MUSS entsprechend der Regelung für die Installation auf den IT-Systemen installiert werden.	ja	tw	n
M	Dabei MÜSSEN ausschließlich unveränderte Versionen der freigegebenen Software verwendet werden.	ja	tw	n
M	Wird von diesen Anweisungen abgewichen, MUSS dies durch den Vorgesetzten und den IT-Betrieb genehmigt werden und entsprechend dokumentiert werden.	ja	tw	n

Notizen:

A6 Berücksichtigung empfohlener Sicherheitsanforderungen *Standard*
Zuständig: IT-Betrieb

S Die Institution SOLLTE die nachfolgenden Sicherheitsanforderungen im Anforderungskatalog für die Software berücksichtigen: ja tw n
  • Die Software SOLLTE generelle Sicherheitsfunktionen wie Protokollierung und Authentifizierung umfassen, die im Anwendungskontext erforderlich sind.

S • Die Software SOLLTE es ermöglichen, die Härtungsfunktionen der Einsatzumgebung zu nutzen. ja tw n

S • Hierbei SOLLTEN insbesondere die Härtungsfunktionen des geplanten Betriebssystems und der geplanten Ausführungsumgebung berücksichtigt werden. ja tw n

S • Wenn durch die Software Informationen über ungesicherte, öffentliche Netze übertragen werden, dann SOLLTE die Software sichere Verschlüsselungsfunktionen einsetzen, die dem Stand der Technik entsprechen. ja tw n

S • Darüber hinaus SOLLTEN die übertragenen Daten auf Integrität überprüft werden, indem Prüfsummen oder digitale Signaturen eingesetzt werden. ja tw n

S • Verwendet die Software Zertifikate, dann SOLLTE sie die Möglichkeit bieten, die Zertifikate transparent darzustellen. ja tw n

S • Zudem SOLLTE es möglich sein, Zertifikate zu sperren, ihnen das Vertrauen zu entziehen oder eigene Zertifikate zu ergänzen. ja tw n

S Die sich aus den Sicherheitsanforderungen ergebenden Funktionen der Software SOLLTEN im Betrieb verwendet werden. ja tw n

Notizen:

A7 Auswahl und Bewertung potentieller Software *Standard*
Zuständig: Fachverantwortliche, Beschaffungsstelle

S Anhand des Anforderungskatalogs SOLLTEN die am Markt erhältlichen Produkte gesichtet werden. ja tw n

S Sie SOLLTEN mithilfe einer Bewertungsskala miteinander verglichen werden. ja tw n

S Danach SOLLTE untersucht werden, ob die Produkte aus der engeren Wahl die Anforderungen der Institution erfüllen. ja tw n

S Gibt es mehrere Alternativen für Produkte, SOLLTEN auch die Nutzerakzeptanz und der zusätzliche Aufwand für z.B. Schulungen oder die Migration berücksichtigt werden. ja tw n

S Die Fachverantwortlichen SOLLTEN gemeinsam mit dem IT-Betrieb anhand der Bewertungen und Testergebnisse ein geeignetes Softwareprodukt auswählen. ja tw n

Notizen:

A8 Regelung zur Verfügbarkeit der Installationsdateien *Standard*
Zuständig: IT-Betrieb

S Der IT-Betrieb SOLLTE die Verfügbarkeit der Installationsdateien sicherstellen, um die Installation reproduzieren zu können. ja tw n

S Hierzu SOLLTE er ja tw n
  • die Installationsdateien geeignet sichern oder
  • die Verfügbarkeit der Installationsdateien durch die Bezugsquelle (z.B. App-Store) sicherstellen.

S Diese Regelung SOLLTE im Datensicherungskonzept der Institution integriert werden. ja tw n

Notizen:

APP: Anwendungen

A9 Inventarisierung von Software *Standard*
Zuständig: IT-Betrieb

S Software SOLLTE inventarisiert werden. — ja tw n
S In einem Bestandsverzeichnis SOLLTE dokumentiert werden, auf welchen Systemen die Software unter welcher Lizenz eingesetzt wird. — ja tw n
S Bei Bedarf SOLLTEN zusätzlich die sicherheitsrelevanten Einstellungen mit erfasst werden. — ja tw n
S Software SOLLTE nur mit Lizenzen eingesetzt werden, die dem Einsatzzweck und den vertraglichen Bestimmungen entsprechen. — ja tw n
S Die Lizenz SOLLTE den gesamten vorgesehenen Nutzungszeitraum der Software abdecken. — ja tw n
S Wird von einer Standardkonfiguration abgewichen, SOLLTE dies dokumentiert werden. — ja tw n
S Das Bestandsverzeichnis SOLLTE anlassbezogen durch den IT-Betrieb aktualisiert werden, insbesondere wenn Software installiert wird. — ja tw n
S Das Bestandsverzeichnis SOLLTE so aufgebaut sein, dass bei Sicherheitsvorfällen eine schnelle Gesamtübersicht mit den notwendigen Details ermöglicht wird. — ja tw n

Notizen:

A10 Erstellung einer Sicherheitsrichtlinie für den Einsatz der Software *Standard*
Zuständig: IT-Betrieb

S Die Institution SOLLTE die Regelungen, die festlegen, wie die Software eingesetzt und betrieben wird, in einer Sicherheitsrichtlinie zusammenfassen. — ja tw n
S Die Richtlinie SOLLTE allen relevanten Verantwortlichen, Zuständigen und Mitarbeitern der Institution bekannt sein und die Grundlage für ihre Arbeit und ihr Handeln bilden. — ja tw n
S Inhaltlich SOLLTE die Richtlinie auch ein Benutzer-Handbuch umfassen, dass erläutert, wie die Software zu benutzen und zu administrieren ist. — ja tw n
S Es SOLLTE regelmäßig und stichprobenartig überprüft werden, ob die Mitarbeiter sich an die Richtlinie halten. — ja tw n
S Die Richtlinie SOLLTE regelmäßig aktualisiert werden. — ja tw n

Notizen:

A11 Verwendung von Plug-ins und Erweiterungen *Standard*
Zuständig: IT-Betrieb

S Es SOLLTEN nur unbedingt notwendige Plug-ins und Erweiterungen installiert werden. — ja tw n
S Werden Erweiterungen eingesetzt, SOLLTE die Software die Möglichkeit bieten, Erweiterungen zu konfigurieren und abzuschalten. — ja tw n

Notizen:

A12   Geregelte Außerbetriebnahme von Software　　　　　　　　　　　　　　*Standard*

Zuständig: Fachverantwortliche

S   Wenn Software außer Betrieb genommen wird, SOLLTE der IT-Betrieb mit den Fachverant-　　ja　tw　n
　　wortlichen regeln, wie dies im Detail durchzuführen ist.

S   Ebenfalls SOLLTE geregelt werden, wie die Benutzer hierüber zu informieren sind.　　　　ja　tw　n

S   Hierbei SOLLTE geklärt werden, ob die funktionalen Anforderungen fortbestehen (z.B. zur　ja　tw　n
　　Bearbeitung von Fachaufgaben).

S   Ist dies der Fall, dann SOLLTE geregelt werden, wie die benötigten Funktionen der betroffe-　ja　tw　n
　　nen Software weiter verfügbar sein werden.

Notizen:

A13   Deinstallation von Software　　　　　　　　　　　　　　　　　　　　*Standard*

Zuständig: IT-Betrieb

S   Wird Software deinstalliert, SOLLTEN alle angelegten und nicht mehr benötigten Dateien　ja　tw　n
　　entfernt werden.

S   Alle Einträge in Systemdateien, die für das Produkt vorgenommen wurden und nicht länger　ja　tw　n
　　benötigt werden, SOLLTEN rückgängig gemacht werden.

Notizen:

A14   Nutzung zertifizierter Software　　　　　　　　　　　　　　　　　　*Hoch*

Verantwortliche Rolle: IT-Betrieb　　　　　　　　　　　　　　　　　　　　C I A

S   Bei der Beschaffung von Software SOLLTE festgelegt werden, ob Zusicherungen des Herstel-　ja　tw　n
　　lers, Vertreibers und Anbieters über implementierte Sicherheitsfunktionen als ausreichend
　　vertrauenswürdig anerkannt werden kann.

S   Ist dies nicht der Fall, SOLLTE eine Zertifizierung der Anwendung z.B. nach Common Criteria　ja　tw　n
　　als Entscheidungskriterium herangezogen werden.

S   Stehen mehrere Produkte zur Auswahl, SOLLTEN insbesondere dann Sicherheitszertifikate　　ja　tw　n
　　berücksichtigt werden, wenn der evaluierte Funktionsumfang die Mindestfunktionalität
　　(weitestgehend) umfasst und die Mechanismenstärke dem Schutzbedarf entspricht.

Notizen:

APP: Anwendungen

APP.7 Entwicklung von Individualsoftware

A1 Erweiterung der Planung des Software-Einsatzes um Aspekte von Individualsoftware *Basis*

Zuständig: Fachverantwortliche

M Die Planung des Software-Einsatzes MUSS um Aspekte von Individualsoftware ergänzt werden, indem definiert wird, ja tw n
- wer dafür zuständig ist, die Software-Entwicklung bzw. den Auftragnehmer zu steuern und zu koordinieren, sowie
- in was für einen organisatorischen Rahmen die Software zu entwickeln ist (Projektmanagementmodell).

S Individualsoftware SOLLTE im Rahmen eines Entwicklungsprojektes entwickelt werden. ja tw n

Notizen:

A2 Festlegung von Sicherheitsanforderungen an den Prozess der Software-Entwicklung *Basis*

Zuständig: Fachverantwortliche

M Die Institution MUSS klare Anforderungen an den Prozess der Software-Entwicklung definieren. ja tw n

M Aus den Anforderungen MUSS hervorgehen, in was für einer Umgebung die Software entwickelt werden darf und welche technischen und organisatorischen Maßnahmen von Seiten der beauftragten Software-Entwickler umzusetzen sind. ja tw n

Notizen:

A3 Festlegung der Sicherheitsfunktionen zur System-Integration *Basis*

Zuständig: IT-Betrieb

M Der IT-Betrieb und die zuständigen Fachverantwortlichen MÜSSEN Anforderungen an die technische Einsatzumgebung der geplanten Individualsoftware erstellen und mit der Software-Entwicklung abstimmen. ja tw n

M Aus den Anforderungen MUSS klar hervorgehen: ja tw n
- auf was für einer Hardware-Plattform,
- auf was für einer Software-Plattform (inklusive gesamten Software-Stack),
- mit welchen zur Verfügung stehenden Ressourcen (z.B. CPU-Cluster oder Arbeitsspeicher),
- mit welchen Schnittstellen mit anderen Systemen sowie
- mit welchen sich hieraus ergebenen Sicherheitsfunktionen.

die Anwendung eingesetzt werden soll.

S Schnittstellen mit anderen IT-Systemen SOLLTEN in standardisierten technischen Formaten modelliert und definiert werden. ja tw n

Notizen:

224

A4 Anforderungsgerechte Beauftragung *Basis*

Zuständig: Beschaffungsstelle

M Wird Individualsoftware durch die eigene Institution entwickelt oder extern beauftragt, dann MÜSSEN neben den bestehenden rechtlichen und organisatorischen Vorgaben insbesondere ☐ ja ☐ tw ☐ n
- der Anforderungskatalog (siehe hierzu APP6 *Allgemeine Software*),
- die Sicherheitsanforderungen an den Prozess der Software-Entwicklung, sowie
- die Sicherheitsfunktionen zur System-Integration.

als Grundlage zur Software-Entwicklung verwendet werden.

Notizen:

A5 Geeignete Steuerung der Anwendungsentwicklung *Standard*

Zuständig: Fachverantwortliche

S Bei der Entwicklung von Individualsoftware SOLLTE ein geeignetes Steuerungs- und Projektmanagementmodell verwendet werden. ☐ ja ☐ tw ☐ n

S Hierbei SOLLTE das ausgewählte Modell mit dem Auftragnehmer abgestimmt werden. ☐ ja ☐ tw ☐ n

S Bei der Steuerung SOLLTE es berücksichtigt werden. ☐ ja ☐ tw ☐ n

S Es SOLLTE insbesondere berücksichtigt werden, dass das benötigte Personal ausreichend qualifiziert ist. ☐ ja ☐ tw ☐ n

S Alle relevanten Phasen SOLLTEN während des Lebenszyklus der Software abgedeckt werden. ☐ ja ☐ tw ☐ n

S Außerdem SOLLTE es ein geeignetes Entwicklungsmodell, ein Risikomanagement sowie Qualitätsziele enthalten. ☐ ja ☐ tw ☐ n

Notizen:

A6 Dokumentation der Anforderungen an die Individualsoftware *Standard*

Zuständig: Fachverantwortliche

S Die Anforderungen aus den Anforderungskatalog, die Sicherheitsanforderungen an den Prozess der Software-Entwicklung, sowie die Sicherheitsfunktionen zur System-Integration SOLLTEN umfassend dokumentiert werden. ☐ ja ☐ tw ☐ n

S Insbesondere SOLLTE ein Sicherheitsprofil für die Anwendung erstellt werden. ☐ ja ☐ tw ☐ n

S Dieses SOLLTE den Schutzbedarf der zu verarbeitenden Daten und Funktionen dokumentieren. ☐ ja ☐ tw ☐ n

S Die Dokumentation mitsamt Sicherheitsprofil SOLLTE den Entwicklern zur Software-Entwicklung zur Verfügung gestellt werden. ☐ ja ☐ tw ☐ n

S Die Dokumentation SOLLTE bei Änderungen an der Individualsoftware sowie bei funktionalen Updates aktualisiert werden. ☐ ja ☐ tw ☐ n

Notizen:

APP: Anwendungen

A7 Sichere Beschaffung von Individualsoftware *Standard*

Zuständig: Fachverantwortliche

- S Das Entwicklungsprojekt SOLLTE im Rahmen des hierfür bestens geeigneten Projektmanagementmodells beauftragt werden. □ ja □ tw □ n
- S Sicherheitsaspekte SOLLTEN dabei bereits bei der Ausschreibung und Vergabe berücksichtigt werden, sodass □ ja □ tw □ n
  - einerseits nur geeignete Auftragnehmer beauftragt werden,
  - andererseits aber keine weitreichenden Rückschlüsse auf die Sicherheitsarchitektur durch die öffentlich verfügbaren Informationen möglich sind.
- S In der Institution SOLLTEN definierte Prozesse und festgelegte Ansprechpartner existieren, die sicherstellen, dass die jeweiligen Rahmenbedingungen berücksichtigt werden. □ ja □ tw □ n

Notizen:

A8 Frühzeitige Beteiligung des Fachverantwortlichen bei entwicklungsbegleitenden Software-Tests *Standard*

Zuständig: Fachverantwortliche

- S Der Fachverantwortliche SOLLTE schon vor der endgültigen Abnahme frühzeitig an entwicklungsbegleitenden Tests der Softwareentwickler beteiligt werden. □ ja □ tw □ n
- S Dies SOLLTE in Abstimmung mit dem Auftragnehmer bereits initial im Projektablaufplan berücksichtigt werden. □ ja □ tw □ n

Notizen:

A9 Treuhänderische Hinterlegung *Hoch* **A**

Verantwortliche Rolle: Fachverantwortliche

- S Für institutionskritische Anwendungen SOLLTE geprüft werden, ob diese gegen Ausfall des Herstellers abgesichert werden. □ ja □ tw □ n
- S Dafür SOLLTEN nicht zum Lieferumfang der Anwendung gehörende Materialien und Informationen treuhänderisch hinterlegt werden, etwa bei einer Escrow-Agentur. □ ja □ tw □ n
- S Dokumentierter Code, Konstruktionspläne, Schlüssel oder Passwörter SOLLTEN dazu gehören. □ ja □ tw □ n
- S Die Pflichten der Escrow-Agentur zur Hinterlegung und Herausgabe SOLLTEN vertraglich geregelt werden. □ ja □ tw □ n
- S Es SOLLTE geklärt werden, wann das Hinterlegte an wen herausgegeben werden darf. □ ja □ tw □ n

Notizen:

A10 Beauftragung zertifizierter Software-Entwicklungsunternehmen *Hoch* **C I A**

Verantwortliche Rolle: Fachverantwortliche

- S Werden besonders sicherheitskritische Anwendungen entwickelt, SOLLTEN hierzu zertifizierte Software-Entwickler beauftragt werden. □ ja □ tw □ n
- S Die Zertifizierung SOLLTE Sicherheitsaspekte für relevante Aspekte der Software-Entwicklung umfassen. □ ja □ tw □ n

Notizen:

SYS: IT-Systeme

SYS.1 Server

SYS.1.1 Allgemeiner Server

	A1	**Geeignete Aufstellung**	*Basis*		
		Zuständig: IT-Betrieb			
M		Server MÜSSEN an Orten betrieben werden, zu denen nur berechtigte Personen Zutritt haben.	ja	tw	n
M		Server MÜSSEN daher in Rechenzentren, Rechnerräumen oder abschließbaren Serverschränken aufgestellt beziehungsweise eingebaut werden (siehe hierzu die entsprechenden Bausteine der Schicht INF *Infrastruktur*).	ja	tw	n
M		Server DÜRFEN NICHT als Arbeitsplatzrechner genutzt werden.	ja	tw	n
M		Als Arbeitsplatz genutzte IT-Systeme DÜRFEN NICHT als Server genutzt werden.	ja	tw	n

Notizen:

	A2	**Benutzerauthentisierung an Servern**	*Basis*		
		Zuständig: IT-Betrieb			
M		Für die Anmeldung von Benutzern und Diensten am Server MÜSSEN Authentisierungsverfahren eingesetzt werden, die dem Schutzbedarf der Server angemessen sind.	ja	tw	n
S		Dies SOLLTE in besonderem Maße für administrative Zugänge berücksichtigt werden.	ja	tw	n
S		Soweit möglich, SOLLTE dabei auf zentrale, netzbasierte Authentisierungsdienste zurückgegriffen werden.	ja	tw	n

Notizen:

A3 ENTFALLEN *Basis*

A4 ENTFALLEN *Basis*

	A5	**Schutz von Schnittstellen**	*Basis*		
		Zuständig: IT-Betrieb			
M		Es MUSS gewährleistet werden, dass nur dafür vorgesehene Wechselspeicher und sonstige Geräte an die Server angeschlossen werden können.	ja	tw	n
M		Alle Schnittstellen, die nicht verwendet werden, MÜSSEN deaktiviert werden.	ja	tw	n

Notizen:

SYS: IT-Systeme

A6 Deaktivierung nicht benötigter Dienste *Basis*

Zuständig: IT-Betrieb

M   Alle nicht benötigten Dienste und Anwendungen MÜSSEN deaktiviert oder deinstalliert werden, vor allem Netzdienste. ☐ ja ☐ tw ☐ n

M   Auch alle nicht benötigten Funktionen in der Firmware MÜSSEN deaktiviert werden. ☐ ja ☐ tw ☐ n

S   Auf Servern SOLLTE der Speicherplatz für die einzelnen Benutzer, aber auch für Anwendungen, geeignet beschränkt werden. ☐ ja ☐ tw ☐ n

S   Die getroffenen Entscheidungen SOLLTEN so dokumentiert werden, dass nachvollzogen werden kann, welche Konfiguration und Softwareausstattung für die Server gewählt wurden. ☐ ja ☐ tw ☐ n

Notizen:

A7 ENTFALLEN *Basis*

A8 ENTFALLEN *Basis*

A9 Einsatz von Virenschutz-Programmen auf Servern *Basis*

Zuständig: IT-Betrieb

M   Abhängig vom installierten Betriebssystem, den bereitgestellten Diensten und von anderen vorhandenen Schutzmechanismen des Servers MUSS geprüft werden, ob Viren-Schutzprogramme eingesetzt werden sollen und können. ☐ ja ☐ tw ☐ n

M   Soweit vorhanden, MÜSSEN konkrete Aussagen, ob ein Virenschutz notwendig ist, aus den betreffenden Betriebssystem-Bausteinen des IT-Grundschutz-Kompendiums berücksichtigt werden. ☐ ja ☐ tw ☐ n

Notizen:

A10 Protokollierung *Basis*

Zuständig: IT-Betrieb

M   Generell MÜSSEN alle sicherheitsrelevanten Systemereignisse protokolliert werden, dazu gehören mindestens: ☐ ja ☐ tw ☐ n
- Systemstarts und Reboots,
- erfolgreiche und erfolglose Anmeldungen am System (Betriebssystem und Anwendungssoftware),
- fehlgeschlagene Berechtigungsprüfungen,
- blockierte Datenströme (Verstöße gegen ACLs oder Firewallregeln),
- Einrichtung oder Änderungen von Benutzern, Gruppen und Berechtigungen,
- sicherheitsrelevante Fehlermeldungen (z.B. Hardwaredefekte, Überschreitung von Kapazitätsgrenzen) sowie
- Warnmeldungen von Sicherheitssystemen (z.B. Virenschutz).

Notizen:

A11 Festlegung einer Sicherheitsrichtlinie für Server *Standard*

Zuständig: IT-Betrieb

S Ausgehend von der allgemeinen Sicherheitsrichtlinie der Institution SOLLTEN die Anforderungen an Server in einer separaten Sicherheitsrichtlinie konkretisiert werden. ja tw n

S Diese Richtlinie SOLLTE allen Administratoren und anderen Personen, die an der Beschaffung und dem Betrieb der Server beteiligt sind, bekannt und Grundlage für deren Arbeit sein. ja tw n

S Die Umsetzung der in der Richtlinie geforderten Inhalte SOLLTE regelmäßig überprüft werden. ja tw n

S Die Ergebnisse SOLLTEN sinnvoll dokumentiert werden. ja tw n

Notizen:

A12 Planung des Server-Einsatzes *Standard*

Zuständig: IT-Betrieb

S Jedes Server-System SOLLTE geeignet geplant werden. ja tw n

S Dabei SOLLTEN mindestens folgende Punkte berücksichtigt werden: ja tw n
- Auswahl der Hardwareplattform, des Betriebssystems und der Anwendungssoftware,
- Dimensionierung der Hardware (Leistung, Speicher, Bandbreite etc.),
- Art und Anzahl der Kommunikationsschnittstellen,
- Leistungsaufnahme, Wärmelast, Platzbedarf und Bauform,
- Realisierung administrativer Zugänge (siehe SYS.1.1.A5 *Schutz der Administrationsschnittstellen*),
- Zugriffe von Benutzern,
- Realisierung der Protokollierung (siehe SYS.1.1.A10 *Protokollierung*),
- Realisierung der Systemaktualisierung (siehe SYS.1.1.A7 *Updates und Patches für Betriebssystem und Anwendungen*) sowie
- Einbindung ins System- und Netzmanagement, in die Datensicherung und die Schutzsysteme (Virenschutz, IDS etc.).

S Alle Entscheidungen, die in der Planungsphase getroffen wurden, SOLLTEN so dokumentiert werden, dass sie zu einem späteren Zeitpunkt nachvollzogen werden können. ja tw n

Notizen:

A13 Beschaffung von Servern *Standard*

Zuständig: IT-Betrieb

S Bevor ein oder mehrere Server beschafft werden, SOLLTE eine Anforderungsliste erstellt werden, anhand derer die am Markt erhältlichen Produkte bewertet werden. ja tw n

Notizen:

A14 ENTFALLEN *Standard*

A15 Unterbrechungsfreie und stabile Stromversorgung *Standard*

Zuständig: Haustechnik

S Jeder Server SOLLTE an eine unterbrechungsfreie Stromversorgung (USV) angeschlossen werden. ja tw n

Notizen:

SYS: IT-Systeme

A16 Sichere Grundkonfiguration von Servern — *Standard*

Zuständig: IT-Betrieb

- S Die Grundeinstellungen von Servern SOLLTEN überprüft und falls erforderlich entsprechend den Vorgaben der Sicherheitsrichtlinie angepasst werden. — ja / tw / n
- S Erst nachdem die Installation und die Konfiguration abgeschlossen sind, SOLLTE der Server mit dem Internet verbunden werden. — ja / tw / n

Notizen:

A17 ENTFALLEN — *Standard*

A18 ENTFALLEN — *Standard*

A19 Einrichtung lokaler Paketfilter — *Standard*

Zuständig: IT-Betrieb

- S Vorhandene lokale Paketfilter SOLLTEN über ein Regelwerk so ausgestaltet werden, dass die eingehende und ausgehende Kommunikation auf die erforderlichen Kommunikationspartner, Kommunikationsprotokolle bzw. Ports und Schnittstellen beschränkt wird. — ja / tw / n
- S Die Identität von Remote-Systemen und die Integrität der Verbindungen mit diesen SOLLTE kryptografisch abgesichert sein. — ja / tw / n

Notizen:

A20 ENTFALLEN — *Standard*

A21 Betriebsdokumentation für Server — *Standard*

Zuständig: IT-Betrieb

- S Betriebliche Aufgaben, die an einem Server durchgeführt werden, SOLLTEN nachvollziehbar dokumentiert werden (Wer?, Wann?, Was?). — ja / tw / n
- S Aus der Dokumentation SOLLTEN insbesondere Konfigurationsänderungen nachvollziehbar sein. — ja / tw / n
- S Sicherheitsrelevante Aufgaben, z.B. wer befugt ist, neue Festplatten einzubauen, SOLLTEN dokumentiert werden. — ja / tw / n
- S Alles, was automatisch dokumentiert werden kann, SOLLTE auch automatisch dokumentiert werden. — ja / tw / n
- S Die Dokumentation SOLLTE gegen unbefugten Zugriff und Verlust geschützt werden. — ja / tw / n

Notizen:

A22 Einbindung in die Notfallplanung — *Standard*

Zuständig: IT-Betrieb

- S Der Server SOLLTE im Notfallmanagementprozess berücksichtigt werden. — ja / tw / n
- S Dazu SOLLTEN die Notfallanforderungen an das System ermittelt und geeignete Notfallmaßnahmen umgesetzt werden, z.B. indem Wiederanlaufpläne erstellt oder Passwörter und kryptografische Schlüssel sicher hinterlegt werden. — ja / tw / n

Notizen:

A23 Systemüberwachung und Monitoring von Servern *Standard*
Zuständig: IT-Betrieb

S   Das Server-System SOLLTE in ein geeignetes Systemüberwachungs- bzw. Monitoringkonzept eingebunden werden.   ja   tw   n

S   Hierbei SOLLTEN der Systemzustand und die Funktionsfähigkeit des Systems und der darauf betriebenen Dienste laufend überwacht werden.   ja   tw   n

S   Fehlerzustände sowie die Überschreitung definierter Grenzwerte SOLLTEN hierüber an das Betriebspersonal meldet werden.   ja   tw   n

Notizen:

A24 Sicherheitsprüfungen für Server *Standard*
Zuständig: IT-Betrieb

S   Server SOLLTEN regelmäßigen Sicherheitstests unterzogen werden, die überprüfen, ob alle Sicherheitsvorgaben eingehalten werden und ggf. vorhandene Schwachstellen identifizieren.   ja   tw   n

S   Diese Sicherheitsprüfungen SOLLTEN insbesondere auf Servern mit externen Schnittstellen durchgeführt werden.   ja   tw   n

S   Um mittelbare Angriffe über infizierte Systeme im eigenen Netz zu vermeiden, SOLLTEN jedoch auch interne Server in festgelegten Zyklen entsprechend überprüft werden.   ja   tw   n

S   Es SOLLTE geprüft werden, ob die Sicherheitsprüfungen automatisiert, z.B. mittels geeigneter Skripte, realisiert werden können.   ja   tw   n

Notizen:

A25 Geregelte Außerbetriebnahme eines Servers *Standard*
Zuständig: IT-Betrieb

S   Bei der Außerbetriebnahme eines Servers SOLLTE sichergestellt werden, dass keine wichtigen Daten, die eventuell auf den verbauten Datenträgern gespeichert sind, verloren gehen und dass keine schutzbedürftigen Daten zurückbleiben.   ja   tw   n

S   Es SOLLTE einen Überblick darüber geben, welche Daten wo auf dem Server gespeichert sind.   ja   tw   n

S   Es SOLLTE außerdem sichergestellt sein, dass vom Server angebotene Dienste durch einen anderen Server übernommen werden, wenn dies erforderlich ist.   ja   tw   n

S   Es SOLLTE eine Checkliste erstellt werden, die bei der Außerbetriebnahme eines Servers abgearbeitet werden kann.   ja   tw   n

S   Diese Checkliste SOLLTE mindestens Aspekte zur Datensicherung, Migration von Diensten und dem anschließenden sicheren Löschen aller Daten umfassen.   ja   tw   n

Notizen:

SYS: IT-Systeme

A35 Erstellung und Pflege eines Betriebshandbuchs *Standard*

Zuständig: IT-Betrieb

S	Es SOLLTE ein Betriebshandbuch erstellt werden.	ja tw n
S	Darin SOLLTEN alle erforderlichen Regelungen, Anforderungen und Einstellungen dokumentiert werden, die erforderlich sind, um Server zu betreiben.	ja tw n
S	Für jede Art von Server SOLLTE es ein spezifisches Betriebshandbuch geben.	ja tw n
S	Das Betriebshandbuch SOLLTE regelmäßig aktualisiert werden.	ja tw n
S	Das Betriebshandbuch SOLLTE vor unberechtigtem Zugriff geschützt werden.	ja tw n
S	Das Betriebshandbuch SOLLTE in Notfällen zur Verfügung stehen.	ja tw n

Notizen:

A26 ENTFALLEN *Hoch*

A27 Hostbasierte Angriffserkennung *Hoch*
I A

Verantwortliche Rolle: IT-Betrieb

S	Hostbasierte Angriffserkennungssysteme (Host-based Intrusion Detection Systems, IDS bzw. Intrusion Prevention Systems, IPS) SOLLTEN eingesetzt werden, um das Systemverhalten auf Anomalien und Missbrauch hin zu überwachen.	ja tw n
S	Die eingesetzten IDS/IPS-Mechanismen SOLLTEN geeignet ausgewählt, konfiguriert und ausführlich getestet werden.	ja tw n
S	Im Falle einer Angriffserkennung SOLLTE das Betriebspersonal in geeigneter Weise alarmiert werden.	ja tw n
S	Über Betriebssystem-Mechanismen oder geeignete Zusatzprodukte SOLLTEN Veränderungen an Systemdateien und Konfigurationseinstellungen überprüft, eingeschränkt und gemeldet werden.	ja tw n

Notizen:

A28 Steigerung der Verfügbarkeit durch Redundanz *Hoch*
A

Verantwortliche Rolle: IT-Betrieb

S	Server mit hohen Verfügbarkeitsanforderungen SOLLTEN gegen Ausfälle in geeigneter Weise geschützt sein.	ja tw n
S	Hierzu SOLLTEN mindestens geeignete Redundanzen verfügbar sein sowie Wartungsverträge mit den Lieferanten abgeschlossen werden.	ja tw n
S	Es SOLLTE geprüft werden, ob bei sehr hohen Anforderungen Hochverfügbarkeitsarchitekturen mit automatischem Failover, gegebenenfalls über verschiedene Standorte hinweg, erforderlich sind.	ja tw n

Notizen:

A29 ENTFALLEN *Hoch*

SYS.1.1 Allgemeiner Server

A30 Ein Dienst pro Server — *Hoch*
Verantwortliche Rolle: IT-Betrieb — **C I A**

S Abhängig von der Bedrohungslage und dem Schutzbedarf der Dienste SOLLTE auf jedem Server jeweils nur ein Dienst betrieben werden. — ja tw n

Notizen:

A31 Application Whitelisting — *Hoch*
Verantwortliche Rolle: IT-Betrieb — **C I**

S Es SOLLTE bei erhöhtem Schutzbedarf über Application Whitelisting sichergestellt werden, dass nur erlaubte Programme ausgeführt werden. — ja tw n

S Zum einen SOLLTEN vollständige Pfade bzw. Verzeichnisse festgelegt werden, aus denen diese Programme ausgeführt werden dürfen. — ja tw n

S Zum anderen SOLLTE alternativ einzelnen Anwendungen explizit die Ausführung gestattet werden. — ja tw n

Notizen:

A32 ENTFALLEN — *Hoch*

A33 Aktive Verwaltung der Wurzelzertifikate — *Hoch*
Verantwortliche Rolle: IT-Betrieb — **C I**

S Im Zuge der Beschaffung und Installation des Servers SOLLTE dokumentiert werden, welche Wurzelzertifikate für den Betrieb des Servers notwendig sind. — ja tw n

S Auf dem Server SOLLTEN lediglich die für den Betrieb notwendigen und vorab dokumentierten Wurzelzertifikate enthalten sein. — ja tw n

S Es SOLLTE regelmäßig überprüft werden, ob die vorhandenen Wurzelzertifikate noch den Vorgaben der Institution entsprechen. — ja tw n

S Es SOLLTEN alle auf dem IT-System vorhandenen Zertifikatsspeicher in die Prüfung einbezogen werden. — ja tw n

Notizen:

A34 Festplattenverschlüsselung — *Hoch*
Verantwortliche Rolle: IT-Betrieb — **C I**

S Bei erhöhtem Schutzbedarf sollten die Datenträger des Servers mit einem als sicher geltenden Produkt bzw. Verfahren verschlüsselt werden. Dies SOLLTE auch für virtuelle Maschinen mit produktiven Daten gelten. — ja tw n

S Es SOLLTE nicht nur ein TPM allein als Schlüsselschutz dienen. — ja tw n

S Das Wiederherstellungspasswort SOLLTE an einem geeigneten sicheren Ort gespeichert werden. — ja tw n

S Bei sehr hohen Anforderungen z.B. an die Vertraulichkeit SOLLTE eine Full Volume oder Full Disk Encryption erfolgen. — ja tw n

Notizen:

SYS: IT-Systeme

A36 Absicherung des Bootvorgangs *Hoch*
Verantwortliche Rolle: IT-Betrieb **C I A**

S Bootloader und Betriebssystem-Kern SOLLTEN durch selbstkontrolliertes Schlüsselmaterial signiert beim Systemstart in einer vertrauenswürdigen Kette geprüft werden (Secure Boot). ja tw n

S Nicht benötigtes Schlüsselmaterial SOLLTE entfernt werden. ja tw n

Notizen:

SYS.1.2 Windows Server

SYS.1.2.2 Windows Server 2012

A1 Planung von Windows Server 2012 *Basis*
Zuständig: IT-Betrieb

M Der Einsatz von Windows Server 2012 MUSS vor der Installation sorgfältig geplant werden. ja tw n

M Die Anforderungen an die Hardware MÜSSEN vor der Beschaffung geprüft werden. ja tw n

M Es MUSS eine begründete und dokumentierte Entscheidung für eine geeignete Edition des Windows Server 2012 getroffen werden. ja tw n

M Der Einsatzzweck des Servers sowie die Einbindung ins Active Directory MÜSSEN dabei spezifiziert werden. ja tw n

M Die Nutzung von ins Betriebssystem integrierten Cloud-Diensten MUSS grundsätzlich abgewogen und geplant werden. ja tw n

M Wenn nicht benötigt, MUSS die Einrichtung von Microsoft-Konten auf dem Server blockiert werden. ja tw n

Notizen:

A2 Sichere Installation von Windows Server 2012 *Basis*
Zuständig: IT-Betrieb

M Es DÜRFEN KEINE anderen als die benötigten Serverrollen und Features bzw. Funktionen installiert werden. ja tw n

M Wenn es vom Funktionsumfang her ausreichend ist, MUSS die Server-Core-Variante installiert werden. ja tw n

M Andernfalls MUSS begründet werden, warum die Server-Core-Variante nicht genügt. ja tw n

M Der Server MUSS bereits während der Installation auf einen aktuellen Patch-Stand gebracht werden. ja tw n

Notizen:

A3 Sichere Administration von Windows Server 2012 *Basis*
Zuständig: IT-Betrieb

M Alle Administratoren, die für das Server-System zuständig sind, MÜSSEN in den sicherheitsrelevanten Aspekten der Administration von Windows Server 2012 geschult sein. ja tw n

M Webbrowser auf dem Server DÜRFEN NICHT zum Surfen im Web verwendet werden. ja tw n

Notizen:

SYS.1.2 Windows Server

A4 Sichere Konfiguration von Windows Server 2012 *Standard*
Zuständig: IT-Betrieb

S Mehrere wesentliche Funktionen bzw. Rollen SOLLTEN NICHT durch einen einzigen Server erfüllt, sondern geeignet aufgeteilt werden.   ja   tw   n

S Vor Inbetriebnahme SOLLTE das System grundlegend gehärtet werden.   ja   tw   n

S Dafür SOLLTEN funktionsspezifische und institutionsweite Sicherheitsvorlagen erstellt und gepflegt werden, die auf die Server ausgerollt werden.   ja   tw   n

S Der Internet Explorer SOLLTE auf dem Server nur in der Enhanced Security Configuration und im Enhanced Protected Mode genutzt werden.   ja   tw   n

Notizen:

A5 Schutz vor Schadsoftware auf Windows Server 2012 *Standard*
Zuständig: IT-Betrieb

S Außer bei IT-Systemen mit Windows Server 2012, die als Stand-alone-Gerät ohne Netzanschluss und Wechselmedien betrieben werden, SOLLTE vor dem ersten Verbinden mit dem Netz oder Wechselmedien ein Virenschutzprogramm installiert werden.   ja   tw   n

S Im Konzept zum Schutz vor Schadsoftware SOLLTE vorgesehen werden, dass regelmäßig alle Festplatten vollständig gescannt werden.   ja   tw   n

S Es SOLLTEN Alarme für die zuständigen Administratoren bei Virenfunden konfiguriert sein.   ja   tw   n

Notizen:

A6 Sichere Authentisierung und Autorisierung in Windows Server 2012 *Standard*
Zuständig: IT-Betrieb

S In Windows Server 2012 R2 SOLLTEN alle Benutzer Mitglieder der Sicherheitsgruppe „Geschützte Nutzer" sein.   ja   tw   n

S Konten für Dienste und Computer SOLLTEN NICHT Mitglied von „Geschützte Nutzer" sein.   ja   tw   n

S Dienste-Konten in Windows Server 2012 SOLLTEN Mitglieder der Gruppe „Managed Service Account" sein.   ja   tw   n

S Der PPL-Schutz des Local Credential Store LSA SOLLTE aktiviert werden.   ja   tw   n

S Der Einsatz dynamischer Zugriffsregeln auf Ressourcen SOLLTE bevorzugt werden.   ja   tw   n

Notizen:

A7 ENTFALLEN *Standard*

A8 Schutz der Systemintegrität *Standard*
Zuständig: IT-Betrieb

S AppLocker SOLLTE aktiviert und möglichst strikt konfiguriert sein.   ja   tw   n

Notizen:

A9 ENTFALLEN *Standard*

A10 ENTFALLEN *Hoch*

SYS: IT-Systeme

A11 Angriffserkennung bei Windows Server 2012 — *Hoch* **C I A**
Verantwortliche Rolle: IT-Betrieb

- S Sicherheitsrelevante Ereignisse in Windows Server 2012 SOLLTEN an einem zentralen Punkt gesammelt und ausgewertet werden. — ja tw n
- S Verschlüsselte Partitionen SOLLTEN nach einer definierten Anzahl von Entschlüsselungsversuchen gesperrt werden. — ja tw n

Notizen:

A12 Redundanz und Hochverfügbarkeit bei Windows Server 2012 — *Hoch* **A**
Verantwortliche Rolle: IT-Betrieb

- S Es SOLLTE geprüft werden, welche Verfügbarkeitsanforderungen durch Betriebssystemfunktionen wie Distributed File System (DFS), ReFS, Failover Cluster und Network Load Balancing bzw. NIC-Teaming (LBFO) erfüllt oder unterstützt werden können. — ja tw n
- S Für Außenstellen SOLLTE BranchCache aktiviert werden. — ja tw n

Notizen:

A13 ENTFALLEN — *Hoch*

A14 Herunterfahren verschlüsselter Server und virtueller Maschinen — *Hoch* **C I**
Verantwortliche Rolle: IT-Betrieb

- S Um verschlüsselten Daten zu schützen, SOLLTEN nicht benötigte Server (inkl. virtuelle Maschinen) immer heruntergefahren werden. — ja tw n
- S Dies SOLLTE möglichst automatisiert erfolgen. — ja tw n
- S Die Entschlüsselung der Daten SOLLTE einen interaktiven Schritt erfordern oder zumindest im Sicherheitsprotokoll festgehalten werden. — ja tw n

Notizen:

SYS.1.3 Server unter Linux und Unix

A1	**ENTFALLEN**		*Basis*		
A2	**Sorgfältige Vergabe von IDs**		*Basis*		
	Zuständig: IT-Betrieb				
M	Jeder Login-Name, jede Benutzer-ID (User-ID, UID) und jede Gruppen-ID (GID) DARF NUR einmal vorkommen.	ja	tw	n	
M	Jeder Benutzer MUSS Mitglied mindestens einer Gruppe sein.	ja	tw	n	
M	Jede in der Datei */etc/passwd* vorkommende GID MUSS in der Datei */etc/group* definiert sein.	ja	tw	n	
S	Jede Gruppe SOLLTE nur die Benutzer enthalten, die unbedingt notwendig sind.	ja	tw	n	
M	Bei vernetzten Systemen MUSS außerdem darauf geachtet werden, dass die Vergabe von Benutzer- und Gruppennamen, UID und GID im Systemverbund konsistent erfolgt, wenn beim systemübergreifenden Zugriff die Möglichkeit besteht, dass gleiche UIDs bzw. GIDs auf den Systemen unterschiedlichen Benutzer- bzw. Gruppennamen zugeordnet werden könnten.	ja	tw	n	

Notizen:

A3	**Kein automatisches Einbinden von Wechsellaufwerken**		*Basis*		
	Zuständig: IT-Betrieb				
M	Wechseldatenträger wie z.B. USB-Sticks oder CDs/DVDs DÜRFEN NICHT automatisch eingebunden werden.	ja	tw	n	

Notizen:

A4	**Schutz vor Ausnutzung von Schwachstellen in Anwendungen**		*Basis*		
	Zuständig: IT-Betrieb				
M	Um die Ausnutzung von Schwachstellen in Anwendungen zu erschweren, MUSS ASLR und DEP/NX im Kernel aktiviert und von den Anwendungen genutzt werden.	ja	tw	n	
M	Sicherheitsfunktionen des Kernels und der Standardbibliotheken, wie z.B. Heap- und Stackschutz, DÜRFEN NICHT deaktiviert werden.	ja	tw	n	

Notizen:

SYS: IT-Systeme

A5 Sichere Installation von Software-Paketen *Basis*
Zuständig: IT-Betrieb

M	Wenn zu installierende Software aus Quellcode kompiliert werden soll, DARF diese NUR unter einem unprivilegierten Benutzeraccount entpackt, konfiguriert und übersetzt werden.	ja tw n
M	Anschließend DARF die zu installierende Software NICHT unkontrolliert in das Wurzeldateisystem des Servers installiert werden.	ja tw n
S	Wird die Software aus dem Quelltext übersetzt, SOLLTEN die gewählten Parameter geeignet dokumentiert werden.	ja tw n
S	Anhand dieser Dokumentation SOLLTE die Software jederzeit nachvollziehbar und reproduzierbar kompiliert werden können.	ja tw n
S	Alle weiteren Installationsschritte SOLLTEN dabei ebenfalls dokumentiert werden.	ja tw n

Notizen:

A6 Verwaltung von Benutzern und Gruppen *Standard*
Zuständig: IT-Betrieb

S	Zur Verwaltung von Benutzern und Gruppen SOLLTEN die entsprechenden Verwaltungswerkzeuge genutzt werden.	ja tw n
S	Von einer direkten Bearbeitung der Konfigurationsdateien /etc/passwd, /etc/shadow, /etc/group und /etc/sudoers SOLLTE abgesehen werden.	ja tw n

Notizen:

A7 ENTFALLEN *Standard*

A8 Verschlüsselter Zugriff über Secure Shell *Standard*
Zuständig: IT-Betrieb

S	Um eine verschlüsselte und authentisierte, interaktive Verbindung zwischen zwei IT-Systemen aufzubauen, SOLLTE ausschließlich Secure Shell (SSH) verwendet werden.	ja tw n
S	Alle anderen Protokolle, deren Funktionalität durch Secure Shell abgedeckt wird, SOLLTEN vollständig abgeschaltet werden.	ja tw n
S	Für die Authentifizierung SOLLTEN Benutzer vorrangig Zertifikate anstatt eines Passwortes verwenden.	ja tw n

Notizen:

A9 ENTFALLEN *Standard*

A10 Verhinderung der Ausbreitung bei der Ausnutzung von Schwachstellen *Standard*
Zuständig: IT-Betrieb

S	Dienste und Anwendungen SOLLTEN mit einer individuellen Sicherheitsarchitektur geschützt werden (z.B. mit AppArmor oder SELinux).	ja tw n
S	Auch chroot-Umgebungen sowie LXC- oder Docker-Container SOLLTEN dabei berücksichtigt werden.	ja tw n
S	Es SOLLTE sichergestellt sein, dass mitgelieferte Standardprofile bzw. -regeln aktiviert sind.	ja tw n

Notizen:

A11	ENTFALLEN				*Standard*	
A12	ENTFALLEN				*Standard*	
A13	ENTFALLEN				*Hoch*	

A14 Verhinderung des Ausspähens von System- und Benutzerinformationen *Hoch*
Verantwortliche Rolle: IT-Betrieb — C

S	Die Ausgabe von Informationen über das Betriebssystem und der Zugriff auf Protokoll- und Konfigurationsdateien SOLLTE für Benutzer auf das notwendige Maß beschränkt werden.	ja	tw	n
S	Außerdem SOLLTEN bei Befehlsaufrufen keine vertraulichen Informationen als Parameter übergeben werden.	ja	tw	n

Notizen:

A15	ENTFALLEN				*Hoch*

A16 Zusätzliche Verhinderung der Ausbreitung bei der Ausnutzung von Schwachstellen *Hoch*
Verantwortliche Rolle: IT-Betrieb — C I

S	Die Nutzung von Systemaufrufen SOLLTE insbesondere für exponierte Dienste und Anwendungen auf die unbedingt notwendige Anzahl beschränkt werden.	ja	tw	n
S	Die Standardprofile bzw. -regeln von z.B. SELinux, AppArmor SOLLTEN manuell überprüft und unter Umständen an die eigenen Sicherheitsrichtlinien angepasst werden.	ja	tw	n
S	Falls erforderlich, SOLLTEN neue Regeln bzw. Profile erstellt werden.	ja	tw	n

Notizen:

A17 Zusätzlicher Schutz des Kernels *Hoch*
Verantwortliche Rolle: IT-Betrieb — C I

S	Es SOLLTEN speziell gehärtete Kernels (z.B. grsecurity, PaX) und geeignete Schutzmaßnahmen wie Speicherschutz oder Dateisystemabsicherung umgesetzt werden, die eine Ausnutzung von Schwachstellen und die Ausbreitung im Betriebssystem verhindern.	ja	tw	n

Notizen:

SYS.1.5 Virtualisierung

A1	ENTFALLEN				Basis

A2 Sicherer Einsatz virtueller IT-Systeme *Basis*

Zuständig: IT-Betrieb

		ja	tw	n
M	Jeder Administrator von virtuellen IT-Systemen MUSS wissen, wie sich eine Virtualisierung auf die betriebenen IT-Systeme und Anwendungen auswirkt.	☐	☐	☐
M	Die Zugriffsrechte für Administratoren auf virtuelle IT-Systeme MÜSSEN auf das tatsächlich notwendige Maß reduziert sein.	☐	☐	☐
M	Es MUSS gewährleistet sein, dass die für die virtuellen IT-Systeme notwendigen Netzverbindungen in der virtuellen Infrastruktur verfügbar sind.	☐	☐	☐
M	Auch MUSS geprüft werden, ob die Anforderungen an die Isolation und Kapselung der virtuellen IT-Systeme sowie der darauf betriebenen Anwendungen hinreichend erfüllt sind.	☐	☐	☐
M	Weiterhin MÜSSEN die eingesetzten virtuellen IT-Systeme den Anforderungen an die Verfügbarkeit und den Datendurchsatz genügen.	☐	☐	☐
M	Im laufenden Betrieb MUSS die Performance der virtuellen IT-Systeme überwacht werden.	☐	☐	☐

Notizen:

A3 Sichere Konfiguration virtueller IT-Systeme *Basis*

Zuständig: IT-Betrieb

		ja	tw	n
M	Gast-Systeme DÜRFEN NICHT auf Geräte und Schnittstellen des Virtualisierungsservers zugreifen.	☐	☐	☐
M	Ist eine solche Verbindung jedoch notwendig, MUSS diese exklusiv zugeteilt werden.	☐	☐	☐
M	Sie DARF NUR für die notwendige Dauer vom Administrator des Host-Systems hergestellt werden.	☐	☐	☐
M	Dafür MÜSSEN verbindliche Regelungen festgelegt werden.	☐	☐	☐
S	Virtuelle IT-Systeme SOLLTEN nach den Sicherheitsrichtlinien der Institution konfiguriert und geschützt werden.	☐	☐	☐

Notizen:

A4 Sichere Konfiguration eines Netzes für virtuelle Infrastrukturen *Basis*

Zuständig: IT-Betrieb

		ja	tw	n
M	Es MUSS sichergestellt werden, dass bestehende Sicherheitsmechanismen (z.B. Firewalls) und Monitoring-Systeme nicht über virtuelle Netze umgangen werden können.	☐	☐	☐
M	Auch MUSS ausgeschlossen sein, dass über virtuelle IT-Systeme, die mit mehreren Netzen verbunden sind, unerwünschte Netzverbindungen aufgebaut werden können.	☐	☐	☐
S	Netzverbindungen zwischen virtuellen IT-Systemen und physischen IT-Systemen sowie für virtuelle Firewalls SOLLTEN gemäß den Sicherheitsrichtlinien der Institution konfiguriert werden.	☐	☐	☐

Notizen:

A5 Schutz der Administrationsschnittstellen *Basis*

Zuständig: IT-Betrieb

M	Alle Administrations- und Management-Zugänge zum Management-System und zu den Host-Systemen MÜSSEN eingeschränkt werden.	ja	tw	n
M	Es MUSS sichergestellt sein, dass aus nicht-vertrauenswürdigen Netzen heraus nicht auf die Administrationsschnittstellen zugegriffen werden kann.	ja	tw	n
S	Um die Virtualisierungsserver oder die Management-Systeme zu administrieren bzw. zu überwachen, SOLLTEN als sicher geltende Protokolle eingesetzt werden.	ja	tw	n
M	Sollte dennoch auf unsichere Protokolle zurückgegriffen werden, MUSS für die Administration ein eigenes Administrationsnetz genutzt werden.	ja	tw	n

Notizen:

A6 Protokollierung in der virtuellen Infrastruktur *Basis*

Zuständig: IT-Betrieb

M	Betriebszustand, Auslastung und Netzanbindungen der virtuellen Infrastruktur MÜSSEN laufend protokolliert werden.	ja	tw	n
S	Werden Kapazitätsgrenzen erreicht, SOLLTEN virtuelle Maschinen verschoben werden.	ja	tw	n
S	Zudem SOLLTE eventuell die Hardware erweitert werden.	ja	tw	n
M	Auch MUSS überwacht werden, ob die virtuellen Netze den jeweiligen virtuellen IT-Systemen korrekt zugeordnet sind.	ja	tw	n

Notizen:

A7 Zeitsynchronisation in virtuellen IT-Systemen *Basis*

Zuständig: IT-Betrieb

M	Die Systemzeit aller produktiv eingesetzten virtuellen IT-Systeme MUSS immer synchron sein.	ja	tw	n

Notizen:

A8 Planung einer virtuellen Infrastruktur *Standard*

Zuständig: Planer

S	Der Aufbau der virtuellen Infrastruktur SOLLTE detailliert geplant werden.	ja	tw	n
S	Dabei SOLLTEN die geltenden Regelungen und Richtlinien für den Betrieb von IT-Systemen, Anwendungen und Netzen (inklusive Speichernetzen) berücksichtigt werden.	ja	tw	n
S	Wenn mehrere virtuelle IT-Systeme auf einem Virtualisierungsserver betrieben werden, SOLLTEN KEINE Konflikte hinsichtlich des Schutzbedarfs der IT-Systeme auftreten.	ja	tw	n
S	Weiterhin SOLLTEN die Aufgaben der einzelnen Administratorengruppen festgelegt und klar voneinander abgegrenzt werden.	ja	tw	n
S	Es SOLLTE auch geregelt werden, welcher Mitarbeiter für den Betrieb welcher Komponente verantwortlich ist.	ja	tw	n

Notizen:

SYS: IT-Systeme

A9 Netzplanung für virtuelle Infrastrukturen *Standard*

Zuständig: Planer

- S Der Aufbau des Netzes für virtuelle Infrastrukturen SOLLTE detailliert geplant werden. ☐ ja ☐ tw ☐ n
- S Auch SOLLTE geprüft werden, ob für bestimmte Virtualisierungsfunktionen (wie z.B. die Live-Migration) ein eigenes Netz aufgebaut und genutzt werden muss. ☐ ja ☐ tw ☐ n
- S Es SOLLTE geplant werden, welche Netzsegmente aufgebaut werden müssen (z.B. Managementnetz, Speichernetz). ☐ ja ☐ tw ☐ n
- S Es SOLLTE festgelegt werden, wie die Netzsegmente sich sicher voneinander trennen und schützen lassen. ☐ ja ☐ tw ☐ n
- S Dabei SOLLTE sichergestellt werden, dass das produktive Netz vom Managementnetz getrennt ist (siehe SYS.1.5.A11 *Administration der Virtualisierungsinfrastruktur über ein gesondertes Managementnetz*). ☐ ja ☐ tw ☐ n
- S Auch die Verfügbarkeitsanforderungen an das Netz SOLLTEN erfüllt werden. ☐ ja ☐ tw ☐ n

Notizen:

A10 Einführung von Verwaltungsprozessen für virtuelle IT-Systeme *Standard*

Zuständig: IT-Betrieb

- S Für Virtualisierungsserver und virtuelle IT-Systeme SOLLTEN Prozesse für die Inbetriebnahme, die Inventarisierung, den Betrieb und die Außerbetriebnahme definiert und etabliert werden. ☐ ja ☐ tw ☐ n
- S Die Prozesse SOLLTEN dokumentiert und regelmäßig aktualisiert werden. ☐ ja ☐ tw ☐ n
- S Wenn der Einsatz von virtuellen IT-Systemen geplant wird, SOLLTE festgelegt werden, welche Virtualisierungsfunktionen die virtuellen IT-Systeme benutzen dürfen. ☐ ja ☐ tw ☐ n
- S Test- und Entwicklungsumgebungen SOLLTEN NICHT auf demselben Virtualisierungsserver betrieben werden wie produktive virtuelle IT-Systeme. ☐ ja ☐ tw ☐ n

Notizen:

A11 Administration der Virtualisierungsinfrastruktur über ein gesondertes Managementnetz *Standard*

Zuständig: IT-Betrieb

- S Die Virtualisierungsinfrastruktur SOLLTE ausschließlich über ein separates Managementnetz administriert werden (siehe NET.1.1 *Netzarchitektur und -design*). ☐ ja ☐ tw ☐ n
- S Die verfügbaren Sicherheitsmechanismen der eingesetzten Managementprotokolle zur Authentisierung, Integritätssicherung und Verschlüsselung SOLLTEN aktiviert werden. ☐ ja ☐ tw ☐ n
- S Alle unsicheren Managementprotokolle SOLLTEN deaktiviert werden (siehe NET.1.2 *Netzmanagement*). ☐ ja ☐ tw ☐ n

Notizen:

SYS.1.5 Virtualisierung

A12 Rechte- und Rollenkonzept für die Administration einer virtuellen Infrastruktur *Standard*
Zuständig: IT-Betrieb

S   Anhand der in der Planung definierten Aufgaben und Rollen (siehe SYS.1.5.A8 *Planung einer virtuellen Infrastruktur*) SOLLTE für die Administration der virtuellen IT-Systeme und Netze sowie der Virtualisierungsserver und der Management-Umgebung ein Rechte- und Rollenkonzept erstellt und umgesetzt werden.   ja   tw   n

S   Alle Komponenten der virtuellen Infrastruktur SOLLTEN in ein zentrales Identitäts- und Berechtigungsmanagement eingebunden werden.   ja   tw   n

S   Administratoren von virtuellen Maschinen und Administratoren der Virtualisierungsumgebung SOLLTEN unterschieden werden.   ja   tw   n

S   Sie SOLLTEN mit unterschiedlichen Zugriffsrechten ausgestattet werden.   ja   tw   n

S   Weiterhin SOLLTE die Management-Umgebung virtuelle Maschinen zur geeigneten Strukturierung gruppieren können.   ja   tw   n

S   Die Rollen der Administratoren SOLLTEN entsprechend zugeteilt werden.   ja   tw   n

Notizen:

A13 Auswahl geeigneter Hardware für Virtualisierungsumgebungen *Standard*
Zuständig: IT-Betrieb

S   Die verwendete Hardware SOLLTE kompatibel mit der eingesetzten Virtualisierungslösung sein.   ja   tw   n

S   Dabei SOLLTE darauf geachtet werden, dass der Hersteller der Virtualisierungslösung über den geplanten Einsatzzeitraum auch Support für die betriebene Hardware anbietet.   ja   tw   n

Notizen:

A14 Einheitliche Konfigurationsstandards für virtuelle IT-Systeme *Standard*
Zuständig: IT-Betrieb

S   Für die eingesetzten virtuellen IT-Systeme SOLLTEN einheitliche Konfigurationsstandards definiert werden.   ja   tw   n

S   Die virtuellen IT-Systeme SOLLTEN nach diesen Standards konfiguriert werden.   ja   tw   n

S   Die Konfigurationsstandards SOLLTEN regelmäßig überprüft werden.   ja   tw   n

S   Sie SOLLTEN, falls erforderlich, angepasst werden.   ja   tw   n

Notizen:

A15 Betrieb von Gast-Betriebssystemen mit unterschiedlichem Schutzbedarf *Standard*
Zuständig: IT-Betrieb

S   Falls virtuelle IT-Systeme mit unterschiedlichem Schutzbedarf gemeinsam auf einem Virtualisierungsserver betrieben werden, SOLLTE dabei sichergestellt sein, dass die virtuellen IT-Systeme ausreichend gekapselt und voneinander isoliert sind.   ja   tw   n

S   Auch SOLLTE dann die Netztrennung in der eingesetzten Virtualisierungslösung ausreichend sicher sein.   ja   tw   n

S   Ist das nicht der Fall, SOLLTEN weitergehende Sicherheitsmaßnahmen identifiziert und umgesetzt werden.   ja   tw   n

Notizen:

SYS: IT-Systeme

A16 Kapselung der virtuellen Maschinen — *Standard*

Zuständig: IT-Betrieb

S — Die Funktionen „Kopieren" und „Einfügen" von Informationen zwischen virtuellen Maschinen SOLLTEN deaktiviert sein. — ja / tw / n

Notizen:

A17 Überwachung des Betriebszustands und der Konfiguration der virtuellen Infrastruktur — *Standard*

Zuständig: IT-Betrieb

S — Der Betriebszustand der virtuellen Infrastruktur SOLLTE überwacht werden. — ja / tw / n

S — Dabei SOLLTE unter anderem geprüft werden, ob noch ausreichend Ressourcen verfügbar sind. — ja / tw / n

S — Es SOLLTE auch geprüft werden, ob es eventuell Konflikte bei gemeinsam genutzten Ressourcen eines Virtualisierungsservers gibt. — ja / tw / n

S — Weiterhin SOLLTEN die Konfigurationsdateien der virtuellen IT-Systeme regelmäßig auf unautorisierte Änderungen überprüft werden. — ja / tw / n

S — Auch SOLLTE überwacht werden, ob die virtuellen Netze den jeweiligen virtuellen IT-Systemen korrekt zugeordnet sind. — ja / tw / n

S — Wird die Konfiguration der Virtualisierungsinfrastruktur geändert, SOLLTEN die Änderungen geprüft und getestet werden, bevor sie umgesetzt werden. — ja / tw / n

Notizen:

A18 ENTFALLEN — *Standard*

A19 Regelmäßige Audits der Virtualisierungsinfrastruktur — *Standard*

Zuständig: IT-Betrieb

S — Es SOLLTE regelmäßig auditiert werden, ob der Ist-Zustand der virtuellen Infrastruktur dem in der Planung festgelegten Zustand entspricht. — ja / tw / n

S — Auch SOLLTE regelmäßig auditiert werden, ob die Konfiguration der virtuellen Komponenten die vorgegebene Standardkonfiguration einhält. — ja / tw / n

S — Die Auditergebnisse SOLLTEN nachvollziehbar dokumentiert werden. — ja / tw / n

S — Abweichungen SOLLTEN behoben werden. — ja / tw / n

Notizen:

A20 Verwendung von hochverfügbaren Architekturen — *Hoch* **A**

Verantwortliche Rolle: Planer

S — Die virtuelle Infrastruktur SOLLTE hochverfügbar ausgelegt werden. — ja / tw / n

S — Alle Virtualisierungsserver SOLLTEN in Clustern zusammengeschlossen werden. — ja / tw / n

Notizen:

A21 Sichere Konfiguration virtueller IT-Systeme bei erhöhtem Schutzbedarf
Verantwortliche Rolle: IT-Betrieb

Hoch
I A

- S Für virtuelle IT-Systeme SOLLTEN Überbuchungsfunktionen für Ressourcen deaktiviert werden. — ja tw n

Notizen:

A22 Härtung des Virtualisierungsservers
Verantwortliche Rolle: IT-Betrieb

Hoch
C I

- S Der Virtualisierungsserver SOLLTE gehärtet werden. — ja tw n
- S Um virtuelle IT-Systeme voreinander und gegenüber dem Virtualisierungsserver zusätzlich zu isolieren und zu kapseln, SOLLTEN Mandatory Access Controls (MACs) eingesetzt werden. — ja tw n
- S Ebenso SOLLTE das IT-System, auf dem die Management-Software installiert ist, gehärtet werden. — ja tw n

Notizen:

A23 Rechte-Einschränkung der virtuellen Maschinen
Verantwortliche Rolle: IT-Betrieb

Hoch
C I

- S Alle Schnittstellen und Kommunikationskanäle, die es einem virtuellen IT-System erlauben, Informationen über das Host-System auszulesen und abzufragen, SOLLTEN deaktiviert sein oder unterbunden werden. — ja tw n
- S Weiterhin SOLLTE ausschließlich der Virtualisierungsserver auf seine Ressourcen zugreifen können. — ja tw n
- S Virtuelle IT-Systeme SOLLTEN NICHT die sogenannten Pages des Arbeitsspeichers teilen. — ja tw n

Notizen:

A24 Deaktivierung von Snapshots virtueller IT-Systeme
Verantwortliche Rolle: IT-Betrieb

Hoch
C I A

- S Für alle virtuellen IT-Systeme SOLLTE die Snapshot-Funktion deaktiviert werden. — ja tw n

Notizen:

A25 Minimale Nutzung von Konsolenzugriffen auf virtuelle IT-Systeme
Verantwortliche Rolle: IT-Betrieb

Hoch
A

- S Direkte Zugriffe auf die emulierten Konsolen virtueller IT-Systeme SOLLTEN auf ein Mindestmaß reduziert werden. — ja tw n
- S Die virtuellen IT-Systeme SOLLTEN möglichst über das Netz gesteuert werden. — ja tw n

Notizen:

SYS: IT-Systeme

A26 Einsatz einer PKI *Hoch*
Verantwortliche Rolle: Planer **C I A**

S Für die mit Zertifikaten geschützte Kommunikation zwischen den Komponenten der IT-Infrastruktur SOLLTE eine Public-Key-Infrastruktur (PKI) eingesetzt werden.   ja tw n

Notizen:

A27 Einsatz zertifizierter Virtualisierungssoftware *Hoch*
Verantwortliche Rolle: IT-Betrieb **C I A**

S Es SOLLTE zertifizierte Virtualisierungssoftware der Stufe EAL 4 oder höher eingesetzt werden.   ja tw n

Notizen:

A28 Verschlüsselung von virtuellen IT-Systemen *Hoch*
Verantwortliche Rolle: IT-Betrieb **C**

S Alle virtuellen IT-Systeme SOLLTEN verschlüsselt werden.   ja tw n

Notizen:

SYS.1.7 IBM Z-System

A1 Einsatz restriktiver z/OS-Kennungen *Basis*
Zuständig: IT-Betrieb

M Berechtigungen mit hoher Autorisierung DÜRFEN NUR an Benutzer vergeben werden, die diese Rechte für ihre Tätigkeiten benötigen.   ja tw n

M Insbesondere die RACF-Attribute SPECIAL, OPERATIONS, AUDITOR und die entsprechenden GROUP-Attribute sowie die User-ID 0 unter den Unix System Services (USS) MÜSSEN restriktiv gehandhabt werden.   ja tw n

M Die Vergabe und der Einsatz dieser Berechtigungen MÜSSEN nachvollziehbar sein.   ja tw n

M Die besondere Kennung IBMUSER DARF NUR bei der Neuinstallation zur Erzeugung von Kennungen mit Attribut SPECIAL benutzt werden.   ja tw n

M Diese Kennung MUSS danach dauerhaft gesperrt werden.   ja tw n

M Um zu vermeiden, dass Administratoren sich dauerhaft aussperren, MUSS ein Notfall-User-Verfahren eingerichtet werden.   ja tw n

Notizen:

A2 Absicherung sicherheitskritischer z/OS-Dienstprogramme *Basis*

Zuständig: IT-Betrieb

M Sicherheitskritische (Dienst-)Programme und Kommandos sowie deren Alias-Namen MÜS- ja tw n
SEN mit Rechten auf entsprechende RACF-Profile so geschützt werden, dass sie nur von den
dafür vorgesehenen und autorisierten Mitarbeitern benutzt werden können.

M Es MUSS sichergestellt sein, dass (Fremd-) Programme nicht unerlaubt installiert werden ja tw n
können.

M Außerdem DÜRFEN Programme NUR von gesicherten Quellen und über nachvollziehbare ja tw n
Methoden (z.B. SMP/E) installiert werden.

Notizen:

A3 Wartung von Z-Systemen *Basis*

Zuständig: IT-Betrieb

M Die Z-Hardware und -Firmware, das Betriebssystem sowie die verschiedenen Programme ja tw n
MÜSSEN regelmäßig und bei Bedarf gepflegt werden.

M Die hierfür notwendigen Wartungsaktivitäten MÜSSEN geplant und in das Änderungsmana- ja tw n
gement (siehe OPS.1.1.3 *Patch- und Änderungsmanagement*) integriert werden.

M Insbesondere DÜRFEN Updates durch den Hersteller NUR unter Kontrolle des Betreibers ja tw n
durchgeführt werden, lokal über SE (Support Elements) bzw. HMC (Hardware Management
Console) oder remote über die RSF (Remote Support Facility).

Notizen:

A4 Schulung des z/OS-Bedienungspersonals *Basis*

Zuständig: Vorgesetzte

M Administratoren, Bediener und Prüfer im z/OS-Bereich MÜSSEN entsprechend ihren Aufga- ja tw n
ben ausgebildet sein.

M Insbesondere MÜSSEN RACF-Administratoren mit dem Sicherheitssystem selbst sowie gege- ja tw n
benenfalls mit den weiteren für sie relevanten Funktionen vertraut sein.

Notizen:

A5 Einsatz und Sicherung systemnaher z/OS-Terminals *Basis*

Zuständig: IT-Betrieb

M Systemnahe z/OS-Terminals MÜSSEN physisch gegen unbefugten Zutritt und logisch gegen ja tw n
unbefugten Zugang geschützt werden.

M Insbesondere die Support-Elemente sowie die HMC-, MCS-, SMCS-, Extended MCS- und ja tw n
Monitor-Konsolen MÜSSEN dabei berücksichtigt werden.

M Voreingestellte Passwörter MÜSSEN geändert werden. ja tw n

M Zugänge über Webserver und andere Fernzugänge MÜSSEN deaktiviert werden, wenn sie ja tw n
nicht benötigt werden.

Notizen:

SYS: IT-Systeme

A6 Einsatz und Sicherung der Remote Support Facility *Basis*

Zuständig: IT-Betrieb

M	Der Leiter des IT-Betriebs MUSS entscheiden, ob und gegebenenfalls wie RSF eingesetzt wird.	ja tw n
M	Der Einsatz MUSS im Wartungsvertrag vorgesehen und mit dem Hardware-Support abgestimmt sein.	ja tw n
M	Es MUSS sichergestellt werden, dass die RSF-Konfiguration nur von hierzu autorisierten Personen geändert werden kann.	ja tw n
M	Wartungszugriffe für Firmware-Modifikationen durch den Hersteller MÜSSEN vom Betreiber explizit freigegeben und nach Beendigung wieder deaktiviert werden.	ja tw n
M	Die RSF-Kommunikation MUSS über gesicherte Verbindungen (wie TLS) stattfinden.	ja tw n

Notizen:

A7 Restriktive Autorisierung unter z/OS *Basis*

Zuständig: IT-Betrieb

M	Im Rahmen der Grundkonfiguration MÜSSEN die Autorisierungsmechanismen so konfiguriert werden, dass alle Personen (definierte User-IDs in Gruppen gemäß Rolle) nur die Zugriffsmöglichkeiten erhalten, die sie für ihre jeweiligen Tätigkeiten benötigen.	ja tw n
M	Hierfür MÜSSEN insbesondere APF-Autorisierungen (Authorized Program Facility), SVCs (SuperVisor Calls), Ressourcen des z/OS-Betriebssystems, IPL-Parameter, Parmlib-Definitionen, Started Tasks und JES2/3-Definitionen berücksichtigt werden.	ja tw n

Notizen:

A8 Einsatz des z/OS-Sicherheitssystems RACF *Basis*

Zuständig: IT-Betrieb

M	Der Einsatz von RACF für z/OS MUSS sorgfältig geplant werden, dazu gehören auch die Auswahl des Zeichensatzes, die Festlegung von Regeln für User-ID und Passwort sowie die Aktivierung der KDFAES-Verschlüsselung.	ja tw n
M	Voreingestellte Passwörter für das RVARY-Kommando und für neu angelegte User-IDs MÜSSEN geändert werden.	ja tw n
M	Falls RACF-Exits eingesetzt werden sollen, MUSS deren Einsatz begründet, dokumentiert und regelmäßig überwacht werden.	ja tw n
M	Für das Anlegen, Sperren, Freischalten und Löschen von RACF-Kennungen MÜSSEN geeignete Vorgehensweisen festgelegt sein.	ja tw n
M	Nach einer festgelegten Anzahl fehlgeschlagener Anmeldeversuche MUSS eine RACF-Kennung gesperrt werden (Ausnahme: Notfall-User-Verfahren).	ja tw n
M	Kennungen von Benutzern MÜSSEN außerdem nach längerer Inaktivität gesperrt werden, Kennungen von Verfahren hingegen nicht.	ja tw n
M	Dateien, Started Tasks und sicherheitskritische Programme MÜSSEN mittels RACF-Profilen geschützt werden.	ja tw n
M	Benutzer DÜRFEN darüber NUR die Zugriffsmöglichkeiten erhalten, die sie gemäß ihrer Rolle benötigen.	ja tw n
M	Es MUSS außerdem sichergestellt sein, dass Benutzer ihre Zugriffsmöglichkeiten nicht unerlaubt erweitern können.	ja tw n

Notizen:

A9 Mandantenfähigkeit unter z/OS *Basis*

Zuständig: IT-Betrieb

M Falls ein z/OS-System von Mandanten genutzt werden soll, MUSS ein RACF-Konzept zur Mandantentrennung erstellt werden. ja tw n

M Die Daten und Anwendungen der Mandanten MÜSSEN durch RACF-Profile getrennt werden. ja tw n

M Hohe Berechtigungen im RACF (SPECIAL, OPERATIONS, AUDITOR) und ändernden Zugriff auf Dateien des z/OS-Betriebssystems DÜRFEN NUR Mitarbeiter des Betreibers haben. ja tw n

M Die Wartungsfenster, in denen das z/OS-System nicht zur Verfügung steht, MÜSSEN mit allen Mandanten, die auf dem betroffenen System arbeiten, abgestimmt werden. ja tw n

Notizen:

A10 ENTFALLEN *Basis*

A11 Schutz der Session-Daten *Basis*

Zuständig: IT-Betrieb

M Session-Daten für die Verbindungen der RACF-Administratoren und möglichst auch der anderen Mitarbeiter MÜSSEN verschlüsselt übertragen werden. ja tw n

Notizen:

A12 ENTFALLEN *Standard*

A13 ENTFALLEN *Standard*

A14 Berichtswesen zum sicheren Betrieb von z/OS *Standard*

Zuständig: IT-Betrieb

S Zur Überwachung aller sicherheitsrelevanten Tätigkeiten unter z/OS SOLLTE ein Prozess eingerichtet werden. ja tw n

S In diesem SOLLTE festgelegt sein, welche Sicherheitsreports regelmäßig erstellt werden, welche Tools und Datenquellen dabei herangezogen werden (z.B. System Management Facility) und wie mit Abweichungen von den Vorgaben umgegangen wird. ja tw n

S Die Sicherheitsreports SOLLTEN bei Überprüfungen als Information verwendet werden. ja tw n

Notizen:

A15 ENTFALLEN *Standard*

SYS: IT-Systeme

A16 Überwachung von z/OS-Systemen *Standard*

Zuständig: IT-Betrieb

S	Während des Betriebs SOLLTE das z/OS-System auf wichtige Meldungen, Ereignisse und die Einhaltung von Grenzwerten überwacht werden.	ja tw n
S	Insbesondere Fehlermeldungen auf der HMC-Konsole, WTOR- und wichtige WTO-Nachrichten (Write To Operator/with Reply), System Tasks, Sicherheitsverletzungen, Kapazitätsgrenzen sowie die Systemauslastung SOLLTEN berücksichtigt werden.	ja tw n
S	Für die Überwachung SOLLTEN außerdem mindestens die MCS-Konsole, die System Management Facility, das SYSLOG und die relevanten Protokolldaten der Anwendungen herangezogen werden.	ja tw n
S	Es SOLLTE gewährleistet sein, dass alle wichtigen Meldungen zeitnah erkannt werden und, falls notwendig, in geeigneter Weise darauf reagiert wird.	ja tw n
S	Systemnachrichten SOLLTEN dabei so gefiltert werden, dass nur die wichtigen Nachrichten dargestellt werden.	ja tw n

Notizen:

A17 Synchronisierung von z/OS-Passwörtern und RACF-Kommandos *Standard*

Zuständig: IT-Betrieb

S	Falls z/OS-Passwörter oder RACF-Kommandos über mehrere z/OS-Systeme automatisch synchronisiert werden sollen, SOLLTEN die jeweiligen Systeme möglichst weitgehend standardisiert sein.	ja tw n
S	Die Sperrung von Benutzerkennungen durch Fehleingaben von Passwörtern SOLLTE NICHT synchronisiert werden.	ja tw n
S	Das Risiko durch Synchronisation sicherheitskritischer RACF-Kommandos SOLLTE berücksichtigt werden.	ja tw n
S	Die Verwaltungsfunktion des Synchronisationsprogramms SOLLTE nur autorisierten Mitarbeitern im Rahmen ihrer Tätigkeit zur Verfügung stehen.	ja tw n

Notizen:

A18 Rollenkonzept für z/OS-Systeme *Standard*

Zuständig: IT-Betrieb

S	Mindestens für die Systemverwaltung von z/OS-Systemen SOLLTE ein Rollenkonzept eingeführt werden.	ja tw n
S	Für alle wichtigen Rollen der Systemverwaltung SOLLTEN außerdem Stellvertreter-Regelungen vorhanden sein.	ja tw n
S	Die RACF-Attribute SPECIAL, OPERATIONS und AUDITOR SOLLTEN verschiedenen Personen zugeordnet werden (Rollentrennung).	ja tw n

Notizen:

A19 Absicherung von z/OS-Transaktionsmonitoren *Standard*
Zuständig: IT-Betrieb

S Falls Transaktionsmonitore oder Datenbanken unter z/OS eingesetzt werden, wie beispielsweise IMS, CICS oder DB2, SOLLTEN diese mittels RACF abgesichert werden. ja tw n

S Dies gilt auch für die zugehörigen MVS-Kommandos und -Dateien. Interne Sicherheitsmechanismen der Transaktionsmonitore und Datenbanken SOLLTEN hingegen nur dort angewandt werden, wo es keine entsprechenden RACF-Funktionen gibt. ja tw n

S Benutzer und Administratoren SOLLTEN nur die Zugriffsrechte erhalten, die sie für ihre jeweilige Tätigkeit benötigen. ja tw n

Notizen:

A20 Stilllegung von z/OS-Systemen *Standard*
Zuständig: IT-Betrieb

S Bei der Stilllegung von z/OS-Systemen SOLLTEN andere z/OS-Systeme, Verbünde und Verwaltungssysteme so angepasst werden, dass sie nicht mehr auf das stillgelegte System verweisen. ja tw n

S Auch die Auswirkungen auf die Software-Lizenzen SOLLTEN berücksichtigt werden. ja tw n

S Festplatten, die vertrauliche Daten enthalten, SOLLTEN so gelöscht werden, dass ihr Inhalt nicht mehr reproduziert werden kann. ja tw n

S Für den Fall, dass defekte Festplatten durch den Hersteller ausgetauscht werden, SOLLTE vertraglich vereinbart sein, dass diese Festplatten sicher vernichtet oder so gelöscht werden, dass ihr Inhalt nicht mehr reproduziert werden kann. ja tw n

Notizen:

A21 Absicherung des Startvorgangs von z/OS-Systemen *Standard*
Zuständig: IT-Betrieb

S Die für den Startvorgang eines z/OS-Systems notwendigen Parameter SOLLTEN dokumentiert und dem Operating-Personal bekannt sein. ja tw n

S Außerdem SOLLTEN die erforderlichen Hardware-Konfigurationen vorliegen, wie die IOCDS-Datei (Input/Output Configuration Data Set) und die LPARs (Logical Partitions). ja tw n

S Eine MVS-Master-Konsole und eine Backup-Konsole SOLLTEN definiert sein, um Nachrichten kontrollieren zu können. ja tw n

S Nach dem Startvorgang SOLLTE anhand einer Prüfliste kontrolliert werden, ob der Systemstatus den Soll-Vorgaben entspricht. ja tw n

S Darüber hinaus SOLLTE eine Fallback-Konfiguration vorgehalten werden, mit der das System vor der letzten Änderung erfolgreich gestartet worden ist. ja tw n

Notizen:

SYS: IT-Systeme

A22 Absicherung der Betriebsfunktionen von z/OS *Standard*

Zuständig: IT-Betrieb

		ja	tw	n
S	Alle die Produktion beeinflussenden Wartungsarbeiten sowie dynamische und sonstige Änderungen SOLLTEN nur im Rahmen des Änderungsmanagements durchgeführt werden (siehe OPS.1.1.3 *Patch- und Änderungsmanagement*).	ja	tw	n
S	SDSF (System Display and Search Facility) und ähnliche Funktionen sowie die Prioritäten-Steuerung für Jobs SOLLTEN vor unberechtigtem Zugriff geschützt werden.	ja	tw	n
S	z/OS-System-Kommandos und besonders sicherheitsrelevante Befehle für dynamische Änderungen SOLLTEN über RACF geschützt werden.	ja	tw	n
S	Bei der dynamischen Definition von Hardware SOLLTE sichergestellt werden, dass eine Ressource im Wirkbetrieb nicht mehreren Einzelsystemen außerhalb eines Parallel Sysplex zugeordnet wird.	ja	tw	n

Notizen:

A23 Absicherung von z/VM *Standard*

Zuständig: IT-Betrieb

		ja	tw	n
S	Falls z/VM eingesetzt wird, SOLLTE das Produkt in das Patch-Management integriert werden.	ja	tw	n
S	Alle voreingestellten Passwörter SOLLTEN geändert werden.	ja	tw	n
S	Die Rolle des z/VM-Systemadministrators SOLLTE nur an Personen vergeben werden, die diese Berechtigungen benötigen.	ja	tw	n
S	Die Sicherheitsadministration von z/VM SOLLTE über RACF für z/VM erfolgen.	ja	tw	n
S	Die sicherheitskritischen Systemkommandos von z/VM SOLLTEN über RACF geschützt werden.	ja	tw	n
S	Unter z/VM definierte virtuelle Maschinen SOLLTEN nur die für die jeweiligen Aufgaben notwendigen Ressourcen erhalten und strikt voneinander getrennt sein.	ja	tw	n
S	Unter z/VM SOLLTEN nur die benötigten Dienste gestartet werden.	ja	tw	n
S	Wenn Überprüfungen durchgeführt werden, SOLLTEN die Journaling-Funktion von z/VM und die Audit-Funktionen von RACF eingesetzt werden.	ja	tw	n

Notizen:

A24 Datenträgerverwaltung unter z/OS-Systemen *Standard*

Zuständig: IT-Betrieb

		ja	tw	n
S	Dateien, Programme und Funktionen zur Verwaltung von Datenträgern sowie die Datenträger selbst (Festplatten und Bänder) einschließlich Master-Katalog SOLLTEN mittels RACF-Profilen geschützt werden.	ja	tw	n
S	Es SOLLTEN Sicherungskopien aller wichtigen Dateien zur Verfügung stehen, die in einer Notfallsituation zurückgespielt werden können.	ja	tw	n
S	Die Zuordnung von Datenträgern zu den Z-Systemen SOLLTE nachvollziehbar sein.	ja	tw	n
S	Es SOLLTE gewährleistet werden, dass je nach Volumen und Zeitfenster genügend Bandstationen zur Verfügung stehen.	ja	tw	n
S	Beim Einsatz des HSM (Hierarchical Storage Manager) SOLLTE festgelegt werden, welche Festplatten gesichert werden sollen und wie die Sicherung erfolgen soll.	ja	tw	n
S	Bänder, die vom HSM verwaltet werden, SOLLTEN NICHT anderweitig bearbeitet werden.	ja	tw	n

Notizen:

A25 Festlegung der Systemdimensionierung von z/OS *Standard*
Zuständig: IT-Betrieb

S Die Grenzen für die maximale Belastung der Ressourcen (Anzahl der CPUs, Speicher, Bandbreite etc.) SOLLTEN den Hardware-Voraussetzungen entsprechend festgelegt und den zuständigen Administratoren und Anwendungseignern bekannt sein. — ja tw n

S Die Anzahl der zur Verfügung stehenden Magnetband-Stationen, die Zeiten, zu denen Anwendungen auf Magnetband-Stationen zugreifen und die benötigten Festplattenkapazitäten SOLLTEN mit den Anwendungseignern abgestimmt sein. — ja tw n

S Die Festplattenkapazitäten SOLLTEN außerdem vom Space-Management überwacht werden. — ja tw n

Notizen:

A26 WorkLoad Management für z/OS-Systeme *Standard*
Zuständig: IT-Betrieb

S Die Programme, Dateien und Kommandos des WorkLoad Managers (WLM) sowie die dafür notwendigen Couple Data Sets SOLLTEN mittels RACF geschützt werden. — ja tw n

S Dabei SOLLTE sichergestellt sein, dass die Berechtigungen zum Ändern des WLM über MVS-Kommandos und über die SDSF-Schnittstelle gleich sind. — ja tw n

Notizen:

A27 Zeichensatzkonvertierung bei z/OS-Systemen *Standard*
Zuständig: IT-Betrieb

S Wenn Textdateien zwischen z/OS-Systemen und anderen Systemen übertragen werden, SOLLTE darauf geachtet werden, dass eventuell eine Zeichensatzkonvertierung erforderlich ist. — ja tw n

S Dabei SOLLTE die korrekte Umsetzungstabelle verwendet werden. — ja tw n

S Bei der Übertragung von Programm-Quellcode SOLLTE geprüft werden, ob alle Zeichen richtig übersetzt wurden. — ja tw n

S Bei der Übertragung von Binärdaten SOLLTE hingegen sichergestellt sein, dass keine Zeichensatzkonvertierung stattfindet. — ja tw n

Notizen:

A28 Lizenzschlüssel-Management für z/OS-Software *Standard*
Zuständig: IT-Betrieb

S Für Lizenzschlüssel, deren Gültigkeit zeitlich begrenzt ist, SOLLTE ein Verfahren zur rechtzeitigen Erneuerung eingerichtet sein. — ja tw n

S Die Laufzeiten der Lizenzschlüssel SOLLTEN dokumentiert werden. — ja tw n

S Die Dokumentation SOLLTE allen betroffenen Administratoren zur Verfügung stehen. — ja tw n

Notizen:

SYS: IT-Systeme

A29 Absicherung von Unix System Services bei z/OS-Systemen *Standard*

Zuständig: IT-Betrieb

S	Die Parameter der Unix System Services (USS) SOLLTEN entsprechend der funktionalen und sicherheitstechnischen Vorgaben sowie unter Berücksichtigung der verfügbaren Ressourcen eingestellt werden.	ja	tw	n
S	HFS- und zFS-Dateien, die USS-Dateisysteme enthalten, SOLLTEN über RACF-Profile abgesichert und in das Datensicherungskonzept einbezogen werden.	ja	tw	n
S	Außerdem SOLLTE das Root-Dateisystem mit der Option Read-Only gemounted werden.	ja	tw	n
S	Es SOLLTE im USS-Dateisystem KEINE APF-Autorisierung (Authorized Program Facility) über das File Security Packet (FSP) geben.	ja	tw	n
S	Stattdessen SOLLTEN die Module von APF-Dateien des z/OS-Betriebssystems geladen werden.	ja	tw	n
S	Zwischen USS-User-IDs und MVS-User-IDs SOLLTE es eine eindeutige Zuordnung geben.	ja	tw	n
S	Berechtigungen unter USS SOLLTEN über die RACF-Klasse UNIXPRIV vergeben werden und NICHT durch Vergabe der UID 0.	ja	tw	n
S	Für Überprüfungen und das Monitoring der USS SOLLTEN die gleichen Mechanismen wie für z/OS genutzt werden.	ja	tw	n

Notizen:

A30 Absicherung der z/OS-Trace-Funktionen *Standard*

Zuständig: IT-Betrieb

S	Die Trace-Funktionen von z/OS wie GTF (Generalized Trace Facility), NetView oder ACF/TAP (Advanced Communication Function/Trace Analysis Program) und die entsprechenden Dateien SOLLTEN so geschützt werden, dass nur die zuständigen und autorisierten Mitarbeiter darauf Zugriff haben.	ja	tw	n
S	Die Trace-Funktion von NetView SOLLTE deaktiviert sein und nur im Bedarfsfall aktiviert werden.	ja	tw	n

Notizen:

A31 Notfallvorsorge für z/OS-Systeme *Standard*

Zuständig: IT-Betrieb

S	Es SOLLTE ein Verfahren zur Wiederherstellung einer funktionierenden RACF-Datenbank vorgesehen sein.	ja	tw	n
S	Weiterhin SOLLTEN eine Kopie des z/OS-Betriebssystems als z/OS-Backup-System und, unabhängig von Produktivsystem, ein z/OS-Notfallsystem vorgehalten werden.	ja	tw	n

Notizen:

A32	**Festlegung von Standards für z/OS-Systemdefinitionen**		*Hoch*	
	Verantwortliche Rolle: IT-Betrieb		**C I A**	
S	Es SOLLTEN Standards und Namenskonventionen für z/OS-Systemdefinitionen festgelegt und dokumentiert werden.	ja	tw	n
S	Die Dokumentationen SOLLTEN den Administratoren zur Verfügung stehen.	ja	tw	n
S	Die Einhaltung der Standards SOLLTE regelmäßig überprüft werden.	ja	tw	n
S	Standards SOLLTEN insbesondere für Datei-, Datenbank-, Job- und Volume-Namen sowie für Application-, System- und User-IDs definiert werden.	ja	tw	n

Notizen:

A33	**Trennung von Test- und Produktionssystemen unter z/OS**		*Hoch*	
	Verantwortliche Rolle: IT-Betrieb		**C I A**	
S	Es SOLLTEN technische Maßnahmen ergriffen werden, um Entwicklungs- und Testsysteme von Produktionssystemen unter z/OS zu trennen.	ja	tw	n
S	Dabei SOLLTEN eventuelle Zugriffsmöglichkeiten über gemeinsame Festplatten und den Parallel Sysplex beachtet werden.	ja	tw	n

Notizen:

A34	**Batch-Job-Planung für z/OS-Systeme**		*Hoch*	
	Verantwortliche Rolle: IT-Betrieb		**C I A**	
S	Wenn ein z/OS-System eine größere Anzahl von Batch-Jobs verarbeitet, SOLLTE für die Ablaufsteuerung der Batch-Jobs ein Job-Scheduler eingesetzt werden.	ja	tw	n
S	Der Job-Scheduler sowie die zugehörigen Dateien und Tools SOLLTEN mittels RACF geeignet geschützt werden.	ja	tw	n

Notizen:

A35	**Einsatz von RACF-Exits**		*Hoch*	
	Verantwortliche Rolle: IT-Betrieb		**C I A**	
S	Falls RACF-Exits eingesetzt werden, SOLLTEN die sicherheitstechnischen und betrieblichen Auswirkungen analysiert werden.	ja	tw	n
S	Die RACF-Exits SOLLTEN außerdem über das SMP/E (System Modification Program/Enhanced) als USERMOD installiert und überwacht werden.	ja	tw	n

Notizen:

SYS: IT-Systeme

A36 Interne Kommunikation von Betriebssystemen *Hoch*
Verantwortliche Rolle: IT-Betrieb **C I A**

S Die Kommunikation von Betriebssystemen, z/OS oder Linux, die entweder im LPAR-Mode oder unter z/VM auf derselben Z-Hardware installiert sind, SOLLTE über interne Kanäle erfolgen, d.h. über HiperSockets oder virtuelle CTC-Verbindungen (Channel-to-Channel). ja tw n

Notizen:

A37 Parallel Sysplex unter z/OS *Hoch*
Verantwortliche Rolle: IT-Betrieb **C I A**

S Anhand der Verfügbarkeits- und Skalierbarkeitsanforderungen SOLLTE entschieden werden, ob ein Parallel Sysplex (Cluster von z/OS-Systemen) eingesetzt wird und gegebenenfalls welche Redundanzen dabei vorgesehen werden. ja tw n

S Bei der Dimensionierung der Ressourcen SOLLTEN die Anforderungen der Anwendungen berücksichtigt werden. ja tw n

S Die Software und die Definitionen der LPARs des Sysplex, einschließlich RACF, SOLLTEN synchronisiert oder als gemeinsam benutzte Dateien bereitgestellt sein. ja tw n

S Es SOLLTE sichergestellt sein, dass alle LPARs des Sysplex auf die Couple Data Sets zugreifen können. ja tw n

S Die Couple Data Sets sowie alle sicherheitskritischen Programme und Kommandos zur Verwaltung des Sysplex SOLLTEN mittels RACF geschützt werden. ja tw n

S Außerdem SOLLTE ein GRS-Verbund (Global Resource Serialization) eingerichtet werden. ja tw n

S Die Festplatten des Sysplexes SOLLTEN strikt von den Festplatten anderer Systeme getrennt werden. ja tw n

S Der System Logger SOLLTE mit Staging Data Set eingesetzt werden. ja tw n

Notizen:

A38 Einsatz des VTAM Session Management Exit unter z/OS *Hoch*
Verantwortliche Rolle: IT-Betrieb **C I A**

S Falls ein VTAM Session Management Exit eingesetzt werden soll, SOLLTE gewährleistet werden, dass dadurch der sichere und performante Betrieb nicht beeinträchtigt wird. ja tw n

S Der Exit SOLLTE mindestens eine nachträgliche Kontrolle der abgewiesenen Login-Versuche ermöglichen. ja tw n

S Außerdem SOLLTE sich der Exit dynamisch konfigurieren lassen und das Regelwerk von einer externen Datei nachladen. ja tw n

S Funktionen, Kommandos und Dateien im Zusammenhang mit dem Exit SOLLTEN durch RACF geschützt werden. ja tw n

Notizen:

SYS.1.8 Speicherlösungen

A1 Geeignete Aufstellung von Speichersystemen *Basis*
Zuständig: Haustechnik

M	Die IT-Komponenten von Speicherlösungen MÜSSEN in verschlossenen Räumen aufgestellt werden.	ja	tw	n
M	Zu diesen Räumen DÜRFEN NUR Berechtigte Zutritt haben.	ja	tw	n
M	Zudem MUSS eine sichere Stromversorgung sichergestellt sein.	ja	tw	n
M	Die Herstellervorgaben zur empfohlenen Umgebungstemperatur und Luftfeuchte MÜSSEN eingehalten werden.	ja	tw	n

Notizen:

A2 Sichere Grundkonfiguration von Speicherlösungen *Basis*
Zuständig: IT-Betrieb

M	Bevor eine Speicherlösung produktiv eingesetzt wird, MUSS sichergestellt sein, dass alle eingesetzten Softwarekomponenten und die Firmware aktuell sind.	ja	tw	n
M	Danach MUSS eine sichere Grundkonfiguration hergestellt werden.	ja	tw	n
M	Nicht genutzte Schnittstellen des Speichersystems MÜSSEN deaktiviert werden.	ja	tw	n
S	Die Dateien zur Default-Konfiguration, zur vorgenommenen Grundkonfiguration und zur aktuellen Konfiguration SOLLTEN redundant und geschützt aufbewahrt werden.	ja	tw	n

Notizen:

A3 ENTFALLEN *Basis*

A4 Schutz der Administrationsschnittstellen *Basis*
Zuständig: IT-Betrieb

M	Alle Administrations- und Management-Zugänge der Speichersysteme MÜSSEN eingeschränkt werden.	ja	tw	n
M	Es MUSS sichergestellt sein, dass aus nicht-vertrauenswürdigen Netzen heraus nicht auf die Administrationsschnittstellen zugegriffen werden kann.	ja	tw	n
S	Es SOLLTEN als sicher geltende Protokolle eingesetzt werden.	ja	tw	n
M	Sollten dennoch unsichere Protokolle verwendet werden, MUSS für die Administration ein eigenes Administrationsnetz (siehe NET.1.1 *Netzarchitektur und -design*) genutzt werden.	ja	tw	n

Notizen:

A5 ENTFALLEN *Basis*

SYS: IT-Systeme

A6 Erstellung einer Sicherheitsrichtlinie für Speicherlösungen *Standard*

Zuständig: IT-Betrieb

S	Ausgehend von der allgemeinen Sicherheitsrichtlinie der Institution SOLLTE eine spezifische Sicherheitsrichtlinie für Speicherlösungen erstellt werden.	ja tw n
S	Darin SOLLTEN nachvollziehbar Vorgaben beschrieben sein, wie Speicherlösungen sicher geplant, administriert, installiert, konfiguriert und betrieben werden können.	ja tw n
S	Die Richtlinie SOLLTE allen für Speicherlösungen zuständigen Administratoren bekannt und grundlegend für ihre Arbeit sein.	ja tw n
S	Wird die Richtlinie verändert oder wird von den Vorgaben abgewichen, SOLLTE dies mit dem ISB abgestimmt und dokumentiert werden.	ja tw n
S	Es SOLLTE regelmäßig überprüft werden, ob die Richtlinie noch korrekt umgesetzt ist.	ja tw n
S	Gegebenenfalls SOLLTE sie aktualisiert werden.	ja tw n
S	Die Ergebnisse SOLLTEN sinnvoll dokumentiert werden.	ja tw n

Notizen:

A7 Planung von Speicherlösungen *Standard*

Zuständig: IT-Betrieb

S	Bevor Speicherlösungen in einer Institution eingesetzt werden, SOLLTE eine Anforderungsanalyse durchgeführt werden.	ja tw n
S	In der Anforderungsanalyse SOLLTEN unter anderem die Themen Performance und Kapazität betrachtet werden.	ja tw n
S	Auf Basis der ermittelten Anforderungen SOLLTE dann eine detaillierte Planung für Speicherlösungen erstellt werden.	ja tw n
S	Darin SOLLTEN folgende Punkte berücksichtigt werden: • Auswahl von Herstellern und Lieferanten, • Entscheidung für oder gegen zentrale Verwaltungssysteme (Management-Systeme), • Planung des Netzanschlusses, • Planung der Infrastruktur sowie • Integration in bestehende Prozesse.	ja tw n

Notizen:

A8 Auswahl einer geeigneten Speicherlösung *Standard*

Zuständig: IT-Betrieb

S	Die technischen Grundlagen unterschiedlicher Speicherlösungen SOLLTEN detailliert beleuchtet werden.	ja tw n
S	Die Auswirkungen dieser technischen Grundlagen auf den möglichen Einsatz in der Institution SOLLTEN geprüft werden.	ja tw n
S	Die Möglichkeiten und Grenzen der verschiedenen Speichersystemarten SOLLTEN für die Verantwortlichen der Institution transparent dargestellt werden.	ja tw n
S	Die Entscheidungskriterien für eine Speicherlösung SOLLTEN nachvollziehbar dokumentiert werden.	ja tw n
S	Ebenso SOLLTE die Entscheidung für die Auswahl einer Speicherlösung nachvollziehbar dokumentiert werden.	ja tw n

Notizen:

A9 Auswahl von Lieferanten für eine Speicherlösung *Standard*
Zuständig: IT-Betrieb

S	Anhand der spezifizierten Anforderungen an eine Speicherlösung SOLLTE ein geeigneter Lieferant ausgewählt werden.	ja	tw	n
S	Die Auswahlkriterien und die Entscheidung für einen Lieferanten SOLLTEN nachvollziehbar dokumentiert werden.	ja	tw	n
S	Außerdem SOLLTEN Aspekte der Wartung und Instandhaltung schriftlich in sogenannten Service-Level-Agreements (SLAs) festgehalten werden.	ja	tw	n
S	Die SLAs SOLLTEN eindeutig und quantifizierbar sein.	ja	tw	n
S	Es SOLLTE genau geregelt werden, wann der Vertrag mit dem Lieferanten endet.	ja	tw	n

Notizen:

A10 Erstellung und Pflege eines Betriebshandbuchs *Standard*
Zuständig: IT-Betrieb

S	Es SOLLTE ein Betriebshandbuch erstellt werden.	ja	tw	n
S	Darin SOLLTEN alle Regelungen, Anforderungen und Einstellungen dokumentiert werden, die erforderlich sind, um Speicherlösungen zu betreiben.	ja	tw	n
S	Das Betriebshandbuch SOLLTE regelmäßig aktualisiert werden.	ja	tw	n

Notizen:

A11 Sicherer Betrieb einer Speicherlösung *Standard*
Zuständig: IT-Betrieb

S	Das Speichersystem SOLLTE hinsichtlich der Verfügbarkeit der internen Anwendungen, der Systemauslastung sowie kritischer Ereignisse überwacht werden.	ja	tw	n
S	Weiterhin SOLLTEN für Speicherlösungen feste Wartungsfenster definiert werden, in denen Änderungen durchgeführt werden können.	ja	tw	n
S	Insbesondere Firmware- oder Betriebssystemupdates von Speichersystemen oder den Netzkomponenten einer Speicherlösung SOLLTEN ausschließlich innerhalb eines solchen Wartungsfensters durchgeführt werden.	ja	tw	n

Notizen:

A12 ENTFALLEN *Standard*

A13 Überwachung und Verwaltung von Speicherlösungen *Standard*
Zuständig: IT-Betrieb

S	Speicherlösungen SOLLTEN überwacht werden.	ja	tw	n
S	Dabei SOLLTEN alle erhobenen Daten (Nachrichten) vorrangig daraufhin geprüft werden, ob die Vorgaben des Betriebshandbuchs eingehalten werden.	ja	tw	n
S	Die wesentlichen Nachrichten SOLLTEN mit Nachrichtenfilter herausgefiltert werden.	ja	tw	n
S	Einzelne Komponenten der Speicherlösung und des Gesamtsystems SOLLTEN zentral verwaltet werden.	ja	tw	n

Notizen:

SYS: IT-Systeme

A14 Absicherung eines SANs durch Segmentierung *Standard*

Zuständig: IT-Betrieb

S	Ein SAN SOLLTE segmentiert werden.	☐ ja ☐ tw ☐ n
S	Es SOLLTE ein Konzept erarbeitet werden, das die SAN-Ressourcen den jeweiligen Servern zuordnet.	☐ ja ☐ tw ☐ n
S	Hierfür SOLLTE anhand der Sicherheitsanforderungen und des Administrationsaufwands entschieden werden, welche Segmentierung in welcher Implementierung (z.B. FC-SANs oder iSCSI-Speichernetze) eingesetzt werden soll.	☐ ja ☐ tw ☐ n
S	Die aktuelle Ressourcenzuordnung SOLLTE mithilfe von Verwaltungswerkzeugen einfach und übersichtlich erkennbar sein.	☐ ja ☐ tw ☐ n
S	Weiterhin SOLLTE die aktuelle Zoning-Konfiguration dokumentiert werden.	☐ ja ☐ tw ☐ n
S	Die Dokumentation SOLLTE auch in Notfällen verfügbar sein.	☐ ja ☐ tw ☐ n

Notizen:

A15 Sichere Trennung von Mandanten in Speicherlösungen *Standard*

Zuständig: IT-Betrieb

S	Es SOLLTE definiert und nachvollziehbar dokumentiert werden, welche Anforderungen die Institution an die Mandantenfähigkeit einer Speicherlösung stellt.	☐ ja ☐ tw ☐ n
S	Die eingesetzten Speicherlösungen SOLLTEN diese dokumentierten Anforderungen erfüllen.	☐ ja ☐ tw ☐ n
S	Im Block-Storage-Umfeld SOLLTE *LUN Masking* eingesetzt werden, um Mandanten voneinander zu trennen.	☐ ja ☐ tw ☐ n
S	In Fileservice-Umgebungen SOLLTE es möglich sein, mit virtuellen Fileservern zu agieren.	☐ ja ☐ tw ☐ n
S	Dabei SOLLTE jedem Mandanten ein eigener Fileservice zugeordnet werden.	☐ ja ☐ tw ☐ n
S	Beim Einsatz von IP oder iSCSI SOLLTEN die Mandanten über eine Segmentierung im Netz voneinander getrennt werden.	☐ ja ☐ tw ☐ n
S	Wird Fibre Channel eingesetzt, SOLLTE mithilfe von VSANs und Soft-Zoning separiert werden.	☐ ja ☐ tw ☐ n

Notizen:

A16 Sicheres Löschen in SAN-Umgebungen *Standard*

Zuständig: IT-Betrieb

S	In mandantenfähigen Speichersystemen SOLLTE sichergestellt werden, dass Logical Unit Numbers (LUNs), die einem bestimmten Mandanten zugeordnet sind, gelöscht werden.	☐ ja ☐ tw ☐ n

Notizen:

A17 Dokumentation der Systemeinstellungen von Speichersystemen *Standard*
Zuständig: IT-Betrieb

- S Alle Systemeinstellungen von Speichersystemen SOLLTEN dokumentiert werden. — ja tw n
- S Die Dokumentation SOLLTE die technischen und organisatorischen Vorgaben sowie alle spezifischen Konfigurationen der Speichersysteme der Institution enthalten. — ja tw n
- S Sofern die Dokumentation der Systemeinstellungen vertrauliche Informationen beinhaltet, SOLLTEN diese vor unberechtigtem Zugriff geschützt werden. — ja tw n
- S Die Dokumentation SOLLTE regelmäßig überprüft werden. — ja tw n
- S Sie SOLLTE immer aktuell sein. — ja tw n

Notizen:

A18 Sicherheitsaudits und Berichtswesen bei Speichersystemen *Standard*
Zuständig: IT-Betrieb

- S Alle eingesetzten Speichersysteme SOLLTEN regelmäßig auditiert werden. — ja tw n
- S Dafür SOLLTE ein entsprechender Prozess eingerichtet werden. — ja tw n
- S Es SOLLTE geregelt werden, welche Sicherheitsreports mit welchen Inhalten regelmäßig zu erstellen sind. — ja tw n
- S Zudem SOLLTE auch geregelt werden, wie mit Abweichungen von Vorgaben umgegangen wird und wie oft und in welcher Tiefe Audits durchgeführt werden. — ja tw n

Notizen:

A19 Aussonderung von Speicherlösungen *Standard*
Zuständig: IT-Betrieb

- S Werden ganze Speicherlösungen oder einzelne Komponenten einer Speicherlösung nicht mehr benötigt, SOLLTEN alle darauf vorhandenen Daten auf andere Speicherlösungen übertragen werden. — ja tw n
- S Hierfür SOLLTE eine Übergangsphase eingeplant werden. — ja tw n
- S Anschließend SOLLTEN alle Nutzdaten und Konfigurationsdaten sicher gelöscht werden. — ja tw n
- S Aus allen relevanten Dokumenten SOLLTEN alle Verweise auf die außer Betrieb genommene Speicherlösung entfernt werden. — ja tw n

Notizen:

SYS: IT-Systeme

A20 Notfallvorsorge und Notfallreaktion für Speicherlösungen *Standard*

Zuständig: IT-Betrieb

S	Es SOLLTE ein Notfallplan für die eingesetzte Speicherlösung erstellt werden.	ja tw n
S	Der Notfallplan SOLLTE genau beschreiben, wie in bestimmten Notfallsituationen vorzugehen ist.	ja tw n
S	Auch SOLLTEN Handlungsanweisungen in Form von Maßnahmen und Kommandos enthalten sein, die die Fehleranalyse und Fehlerkorrektur unterstützen.	ja tw n
S	Um Fehler zu beheben, SOLLTEN geeignete Werkzeuge eingesetzt werden.	ja tw n
S	Regelmäßige Übungen und Tests SOLLTEN anhand des Notfallplans durchgeführt werden.	ja tw n
S	Nach den Übungen und Tests sowie nach einem tatsächlichen Notfall SOLLTEN die dabei erzeugten Daten sicher gelöscht werden.	ja tw n

Notizen:

A21 Einsatz von Speicherpools zur Mandantentrennung *Hoch*
C I A

Verantwortliche Rolle: IT-Betrieb

S	Mandanten SOLLTEN Speicherressourcen aus unterschiedlichen sogenannten Speicherpools zugewiesen werden.	ja tw n
S	Dabei SOLLTE ein Speichermedium immer nur einem einzigen Pool zugewiesen werden.	ja tw n
S	Die logischen Festplatten (LUNs), die aus einem solchen Pool generiert werden, SOLLTEN nur einem einzigen Mandanten zugeordnet werden.	ja tw n

Notizen:

A22 Einsatz einer hochverfügbaren SAN-Lösung *Hoch*
A

Verantwortliche Rolle: IT-Betrieb

S	Eine hochverfügbare SAN-Lösung SOLLTE eingesetzt werden.	ja tw n
S	Die eingesetzten Replikationsmechanismen SOLLTEN den Verfügbarkeitsanforderungen der Institution an die Speicherlösung entsprechen.	ja tw n
S	Auch die Konfiguration der Speicherlösung SOLLTE den Verfügbarkeitsanforderungen gerecht werden.	ja tw n
S	Außerdem SOLLTE ein Test- und Konsolidierungssystem vorhanden sein.	ja tw n

Notizen:

A23 Einsatz von Verschlüsselung für Speicherlösungen *Hoch*
C I

Verantwortliche Rolle: IT-Betrieb

S	Alle in Speicherlösungen abgelegten Daten SOLLTEN verschlüsselt werden.	ja tw n
S	Es SOLLTE festgelegt werden, auf welchen Ebenen (Data-in-Motion und Data-at-Rest) verschlüsselt wird.	ja tw n
S	Dabei SOLLTE beachtet werden, dass die Verschlüsselung auf dem Transportweg auch bei Replikationen und Backup-Traffic relevant ist.	ja tw n

Notizen:

A24	**Sicherstellung der Integrität der SAN-Fabric**		*Hoch*		
	Verantwortliche Rolle: IT-Betrieb		**I**		
S	Um die Integrität der SAN-Fabric sicherzustellen, SOLLTEN Protokolle mit zusätzlichen Sicherheitsmerkmalen eingesetzt werden.		ja	tw	n
S	Bei den folgenden Protokollen SOLLTEN deren Sicherheitseigenschaften berücksichtigt und entsprechende Konfigurationen verwendet werden: • Diffie Hellman Challenge Handshake Authentication Protocol (DH-CHAP), • Fibre Channel Authentication Protocol (FCAP) und • Fibre Channel Password Authentication Protocol (FCPAP).		ja	tw	n

Notizen:

A25	**Mehrfaches Überschreiben der Daten einer LUN**		*Hoch*		
	Verantwortliche Rolle: IT-Betrieb		**C**		
S	In SAN-Umgebungen SOLLTEN Daten gelöscht werden, indem die zugehörigen Speichersegmente einer LUN mehrfach überschrieben werden.		ja	tw	n

Notizen:

A26	**Absicherung eines SANs durch Hard-Zoning**		*Hoch*		
	Verantwortliche Rolle: IT-Betrieb		**C I A**		
S	Um SANs zu segmentieren, SOLLTE Hard-Zoning eingesetzt werden.		ja	tw	n

Notizen:

SYS.2 Desktop-Systeme

SYS.2.1 Allgemeiner Client

A1	**Sichere Benutzerauthentisierung**		*Basis*		
	Zuständig: IT-Betrieb				
M	Um den Client zu nutzen, MÜSSEN sich die Benutzer gegenüber dem IT-System authentisieren.		ja	tw	n
M	Benutzer MÜSSEN eine Bildschirmsperre verwenden, wenn sie den Client unbeaufsichtigt betreiben.		ja	tw	n
S	Die Bildschirmsperre SOLLTE automatisch aktiviert werden, wenn für eine festgelegte Zeitspanne keine Aktion durch den Benutzer durchgeführt wurde.		ja	tw	n
M	Die Bildschirmsperre DARF NUR durch eine erfolgreiche Benutzerauthentisierung deaktiviert werden können.		ja	tw	n
S	Die Benutzer SOLLTEN verpflichtet werden, sich nach Aufgabenerfüllung vom IT-System bzw. von der IT-Anwendung abzumelden.		ja	tw	n

Notizen:

A2	**ENTFALLEN**	*Basis*

SYS: IT-Systeme

A3   Aktivieren von Autoupdate-Mechanismen *Basis*

Zuständig: IT-Betrieb

M   Automatische Update-Mechanismen (Autoupdate) MÜSSEN aktiviert werden, sofern nicht andere Mechanismen wie regelmäßige manuelle Wartung oder ein zentrales Softwareverteilungssystem für Updates eingesetzt werden.   ja   tw   n

S   Wenn für Autoupdate-Mechanismen ein Zeitintervall vorgegeben werden kann, SOLLTE mindestens täglich automatisch nach Updates gesucht und diese installiert werden.   ja   tw   n

Notizen:

A4   ENTFALLEN *Basis*

A5   ENTFALLEN *Basis*

A6   Einsatz von Schutzprogrammen gegen Schadsoftware *Basis*

Zuständig: IT-Betrieb

M   Abhängig vom installierten Betriebssystem und von anderen vorhandenen Schutzmechanismen des Clients MUSS geprüft werden, ob Schutzprogramme gegen Schadsoftware eingesetzt werden sollen.   ja   tw   n

M   Soweit vorhanden, MÜSSEN konkrete Aussagen, ob ein solcher Schutz notwendig ist, aus den Betriebssystem-Bausteinen des IT-Grundschutz-Kompendiums berücksichtigt werden.   ja   tw   n

M   Schutzprogramme auf den Clients MÜSSEN so konfiguriert sein, dass die Benutzer weder sicherheitsrelevante Änderungen an den Einstellungen vornehmen noch die Schutzprogramme deaktivieren können.   ja   tw   n

M   Das Schutzprogramm MUSS nach Schadsoftware suchen, wenn Dateien ausgetauscht oder übertragen werden.   ja   tw   n

M   Der gesamte Datenbestand eines Clients MUSS regelmäßig auf Schadsoftware geprüft werden.   ja   tw   n

M   Wenn ein Client infiziert ist, MUSS im Offlinebetrieb untersucht werden, ob ein gefundenes Schadprogramm bereits vertrauliche Daten gesammelt, Schutzfunktionen deaktiviert oder Code aus dem Internet nachgeladen hat.   ja   tw   n

Notizen:

A7   ENTFALLEN *Basis*

A8 Absicherung des Bootvorgangs *Basis*
Zuständig: IT-Betrieb

M	Der Startvorgang des IT-Systems („Booten") MUSS gegen Manipulation abgesichert werden.	ja	tw	n
M	Es MUSS festgelegt werden, von welchen Medien gebootet werden darf.	ja	tw	n
S	Es SOLLTE entschieden werden, ob und wie der Bootvorgang kryptografisch geschützt werden soll.	ja	tw	n
M	Es MUSS sichergestellt werden, dass nur Administratoren die Clients von einem anderen als den voreingestellten Laufwerken oder externen Speichermedien booten können.	ja	tw	n
M	NUR Administratoren DÜRFEN von wechselbaren oder externen Speichermedien booten können.	ja	tw	n
M	Die Konfigurationseinstellungen des Bootvorgangs DÜRFEN NUR durch Administratoren verändert werden können.	ja	tw	n
M	Alle nicht benötigten Funktionen in der Firmware MÜSSEN deaktiviert werden.	ja	tw	n

Notizen:

A42 Nutzung von Cloud- und Online-Funktionen *Basis*
Zuständig: Benutzer

M	Es DÜRFEN NUR zwingend notwendige Cloud- und Online-Funktionen des Betriebssystems genutzt werden.	ja	tw	n
S	Die notwendigen Cloud- und Online-Funktionen SOLLTEN dokumentiert werden.	ja	tw	n
M	Die entsprechenden Einstellungen des Betriebssystems MÜSSEN auf Konformität mit den organisatorischen Datenschutz- und Sicherheitsvorgaben überprüft und restriktiv konfiguriert bzw. die Funktionen deaktiviert werden.	ja	tw	n

Notizen:

A9 Festlegung einer Sicherheitsrichtlinie für Clients *Standard*
Zuständig: IT-Betrieb

S	Ausgehend von der allgemeinen Sicherheitsrichtlinie der Institution SOLLTEN die Anforderungen an allgemeine Clients konkretisiert werden.	ja	tw	n
S	Die Richtlinie SOLLTE allen Benutzern sowie allen Personen, die an der Beschaffung und dem Betrieb der Clients beteiligt sind, bekannt und Grundlage für deren Arbeit sein.	ja	tw	n
S	Die Umsetzung der in der Richtlinie geforderten Inhalte SOLLTE regelmäßig überprüft werden.	ja	tw	n
S	Die Ergebnisse SOLLTEN nachvollziehbar dokumentiert werden.	ja	tw	n

Notizen:

SYS: IT-Systeme

A10 Planung des Einsatzes von Clients *Standard*

Zuständig: IT-Betrieb

S Es SOLLTE im Vorfeld geplant werden, wo und wie Clients eingesetzt werden sollen. □ ja □ tw □ n

S Die Planung SOLLTE dabei nicht nur Aspekte betreffen, die typischerweise direkt mit den Begriffen IT- oder Informationssicherheit in Verbindung gebracht werden, sondern auch betriebliche Aspekte, die Anforderungen im Bereich der Sicherheit nach sich ziehen. □ ja □ tw □ n

S Alle Entscheidungen, die in der Planungsphase getroffen wurden, SOLLTEN so dokumentiert werden, dass sie zu einem späteren Zeitpunkt nachvollzogen werden können. □ ja □ tw □ n

Notizen:

A11 Beschaffung von Clients *Standard*

Zuständig: IT-Betrieb

S Bevor Clients beschafft werden, SOLLTE eine Anforderungsliste erstellt werden, anhand derer die am Markt erhältlichen Produkte bewertet werden. □ ja □ tw □ n

S Die jeweiligen Hersteller von IT- und Betriebssystem SOLLTEN für den gesamten geplanten Nutzungszeitraum Patches für Schwachstellen zeitnah zur Verfügung stellen. □ ja □ tw □ n

S Die zu beschaffenden Systeme SOLLTEN über eine Firmware-Konfigurationsoberfläche für UEFI SecureBoot und, sofern vorhanden, für das TPM verfügen, die eine Kontrolle durch den Eigentümer (Institution) gewährleistet und so den selbstverwalteten Betrieb von SecureBoot und des TPM ermöglicht. □ ja □ tw □ n

Notizen:

A12 ENTFALLEN *Standard*

A13 Zugriff auf Ausführungsumgebungen mit unbeobachtbarer Codeausführung *Standard*

Zuständig: IT-Betrieb

S Der Zugriff auf Ausführungsumgebungen mit unbeobachtbarer Codeausführung (z.B. durch das Betriebssystem speziell abgesicherte Speicherbereiche, Firmwarebereiche etc.) SOLLTE nur durch Benutzer mit administrativen Berechtigungen möglich sein. □ ja □ tw □ n

S Die entsprechenden Einstellungen im BIOS bzw. der UEFI-Firmware SOLLTEN durch ein Passwort vor unberechtigten Veränderungen geschützt werden. □ ja □ tw □ n

S Wird die Kontrolle über die Funktionen an das Betriebssystem delegiert, SOLLTEN auch dort nur Benutzer mit administrativen Berechtigungen auf die Funktionen zugreifen dürfen. □ ja □ tw □ n

Notizen:

A14 Updates und Patches für Firmware, Betriebssystem und Anwendungen *Standard*

Zuständig: IT-Betrieb

S Auf Betriebssysteme, die über ein Rolling-Release-Modell aktualisiert werden, SOLLTE verzichtet werden. □ ja □ tw □ n

S Es SOLLTEN NUR Anwendungsprogramme ausgewählt und installiert werden, für die Support angeboten wird. □ ja □ tw □ n

M Betriebssysteme, Anwendungsprogramme und Firmware, für die keine regelmäßigen Sicherheitsupdates angeboten werden, DÜRFEN NICHT eingesetzt werden. □ ja □ tw □ n

Notizen:

A15 Sichere Installation und Konfiguration von Clients *Standard*
Zuständig: IT-Betrieb

S	Es SOLLTE festgelegt werden, welche Komponenten des Betriebssystems, welche Fachanwendungen und welche weiteren Tools installiert werden sollen.	ja	tw	n
S	Die Installation und Konfiguration der IT-Systeme SOLLTE nur von autorisierten Personen (Administratoren oder vertraglich gebundenen Dienstleistern) nach einem definierten Prozess in einer Installationsumgebung durchgeführt werden.	ja	tw	n
S	Nachdem die Installation und die Konfiguration abgeschlossen sind, SOLLTEN die Grundeinstellungen überprüft werden.	ja	tw	n
S	Sofern die Installation und Konfiguration den Vorgaben aus der Sicherheitsrichtlinie entsprechen, SOLLTEN die Clients im Anschluss in der Produktivumgebung in Betrieb genommen werden.	ja	tw	n
S	Alle Installations- und Konfigurationsschritte SOLLTEN so dokumentiert werden, dass diese durch einen sachkundigen Dritten nachvollzogen und wiederholt werden können.	ja	tw	n

Notizen:

A16 Deaktivierung und Deinstallation nicht benötigter Komponenten und Kennungen *Standard*
Zuständig: IT-Betrieb

S	Nach der Installation SOLLTE überprüft werden, welche Komponenten der Firmware sowie des Betriebssystems und welche Anwendungen und weiteren Tools auf den Clients installiert und aktiviert sind.	ja	tw	n
S	Nicht benötigte Module, Programme, Dienste, Aufgaben und Firmwarefunktionen (wie Fernwartung) SOLLTEN deaktiviert oder ganz deinstalliert werden.	ja	tw	n
S	Nicht benötigte Laufzeitumgebungen, Interpretersprachen und Compiler SOLLTEN deinstalliert werden.	ja	tw	n
S	Nicht benötigte Benutzerkennungen SOLLTEN deaktiviert oder gelöscht werden.	ja	tw	n
S	Nicht benötigte Schnittstellen und Hardware des IT-Systemes (wie Webcams) SOLLTEN deaktiviert werden.	ja	tw	n
S	Es SOLLTE verhindert werden, dass diese Komponenten wieder reaktiviert werden können.	ja	tw	n
S	Die getroffenen Entscheidungen SOLLTEN nachvollziehbar dokumentiert werden.	ja	tw	n

Notizen:

A17 ENTFALLEN *Standard*

A18 Nutzung von verschlüsselten Kommunikationsverbindungen *Standard*
Zuständig: IT-Betrieb

S	Kommunikationsverbindungen SOLLTEN, soweit möglich, durch Verschlüsselung geschützt werden.	ja	tw	n
S	Die Clients SOLLTEN kryptografische Algorithmen und Schlüssellängen verwenden, die dem Stand der Technik und den Sicherheitsanforderungen der Institution entsprechen.	ja	tw	n
S	Neue Zertifikate von Zertifikatsaustellern SOLLTEN erst nach Überprüfung des Fingerprints aktiviert werden.	ja	tw	n

Notizen:

A19 ENTFALLEN *Standard*

SYS: IT-Systeme

A20 Schutz der Administrationsverfahren bei Clients *Standard*

Zuständig: IT-Betrieb

S Abhängig davon, ob Clients lokal oder über das Netz administriert werden, SOLLTEN geeignete Sicherheitsvorkehrungen getroffen werden. ☐ ja ☐ tw ☐ n

S Die zur Administration verwendeten Verfahren SOLLTEN über die in der Sicherheitsrichtlinie festgelegten Vorgaben erfolgen. ☐ ja ☐ tw ☐ n

Notizen:

A21 Verhinderung der unautorisierten Nutzung von Rechnermikrofonen und Kameras *Standard*

Zuständig: IT-Betrieb

S Der Zugriff auf Mikrofon und Kamera eines Clients SOLLTE nur durch den Benutzer selbst möglich sein, solange er lokal am IT-System arbeitet. ☐ ja ☐ tw ☐ n

S Wenn vorhandene Mikrofone oder Kameras nicht genutzt und deren Missbrauch verhindert werden soll, SOLLTEN diese, wenn möglich, ausgeschaltet, abgedeckt (nur Kamera), deaktiviert oder physisch vom Gerät getrennt werden. ☐ ja ☐ tw ☐ n

S Es SOLLTE geregelt werden, wie Kameras und Mikrofone in Clients genutzt und wie die Rechte vergeben werden. ☐ ja ☐ tw ☐ n

Notizen:

A22 ENTFALLEN *Standard*

A23 Bevorzugung von Client-Server-Diensten *Standard*

Zuständig: IT-Betrieb

S Wenn möglich, SOLLTEN zum Informationsaustausch dedizierte Serverdienste genutzt und direkte Verbindungen zwischen Clients vermieden werden. ☐ ja ☐ tw ☐ n

S Falls dies nicht möglich ist, SOLLTE festgelegt werden, welche Client-zu-Client-Dienste (oft auch als „Peer-to-Peer" bezeichnet) genutzt und welche Informationen darüber ausgetauscht werden dürfen. ☐ ja ☐ tw ☐ n

S Falls erforderlich, SOLLTEN die Benutzer für die Nutzung solcher Dienste geschult werden. ☐ ja ☐ tw ☐ n

S Direkte Verbindungen zwischen Clients SOLLTEN sich nur auf das LAN beschränken. ☐ ja ☐ tw ☐ n

S Auto-Discovery-Protokolle SOLLTEN auf das notwendige Maß beschränkt werden. ☐ ja ☐ tw ☐ n

Notizen:

A24 Umgang mit externen Medien und Wechseldatenträgern *Standard*

Zuständig: IT-Betrieb

S	Auf externe Schnittstellen SOLLTE NUR restriktiv zugegriffen werden können.	ja	tw	n
S	Es SOLLTE untersagt werden, dass nicht zugelassene Geräte oder Wechseldatenträger mit den Clients verbunden werden.	ja	tw	n
S	Es SOLLTE verhindert werden, dass von den Clients auf Wechseldatenträger aus nicht vertrauenswürdigen Quellen zugegriffen werden kann.	ja	tw	n
S	Die unerlaubte Ausführung von Programmen auf bzw. von externen Datenträgern SOLLTE technisch unterbunden werden.	ja	tw	n
S	Es SOLLTE verhindert werden, dass über Wechsellaufwerke oder externe Schnittstellen unberechtigt Daten von den Clients kopiert werden können.	ja	tw	n

Notizen:

A25 ENTFALLEN *Standard*

A26 Schutz vor Ausnutzung von Schwachstellen in Anwendungen *Standard*

Zuständig: IT-Betrieb

S	Um die Ausnutzung von Schwachstellen in Anwendungen zu erschweren, SOLLTEN ASLR und DEP/NX im Betriebssystem aktiviert und von den Anwendungen genutzt werden.	ja	tw	n
S	Sicherheitsfunktionen des Kernels und der Standardbibliotheken wie z.B. Heap- und Stackschutz SOLLTEN aktiviert werden.	ja	tw	n

Notizen:

A27 Geregelte Außerbetriebnahme eines Clients *Standard*

Zuständig: IT-Betrieb

S	Bei der Außerbetriebnahme eines Clients SOLLTE sichergestellt werden, dass keine Daten verloren gehen und dass keine schutzbedürftigen Daten zurückbleiben.	ja	tw	n
S	Es SOLLTE einen Überblick darüber geben, welche Daten wo auf den IT-Systemen gespeichert sind.	ja	tw	n
S	Es SOLLTE eine Checkliste erstellt werden, die bei der Außerbetriebnahme eines IT-Systems abgearbeitet werden kann.	ja	tw	n
S	Diese Checkliste SOLLTE mindestens Aspekte zur Datensicherung weiterhin benötigter Daten und dem anschließenden sicheren Löschen aller Daten umfassen.	ja	tw	n

Notizen:

SYS: IT-Systeme

A43 Lokale Sicherheitsrichtlinien für Clients *Standard*

Zuständig: IT-Betrieb

- S Alle sicherheitsrelevanten Einstellungen SOLLTEN bedarfsgerecht konfiguriert, getestet und regelmäßig überprüft werden. — ja tw n
- S Dafür SOLLTEN Sicherheitsrichtlinien, unter Berücksichtigung der Empfehlungen des Betriebssystemherstellers und des voreingestellten Standardverhaltens, konfiguriert werden, sofern das Standardverhalten nicht anderen Anforderungen aus dem IT-Grundschutz oder der Organisation widerspricht. — ja tw n
- S Die Entscheidungen SOLLTEN dokumentiert und begründet werden. — ja tw n
- S Sicherheitsrichtlinien SOLLTEN in jedem Fall gesetzt werden, auch dann, wenn das voreingestellte Standardverhalten dadurch nicht verändert wird. — ja tw n

Notizen:

A44 Verwaltung der Sicherheitsrichtlinien von Clients *Standard*

Zuständig: IT-Betrieb

- S Alle Einstellungen der Clients SOLLTEN durch Nutzung eines Managementsystems verwaltet und entsprechend dem ermittelten Schutzbedarf sowie auf den internen Richtlinien basierend konfiguriert sein. — ja tw n
- S Konfigurationsänderungen SOLLTEN dokumentiert, begründet und mit dem Sicherheitsmanagement abgestimmt werden, sodass der Stand der Sicherheitskonfiguration jederzeit nachvollziehbar ist und Konfigurationsänderungen schnell durchgeführt und zentralisiert verteilt werden können. — ja tw n

Notizen:

A28 Verschlüsselung der Clients *Hoch*
C

Verantwortliche Rolle: IT-Betrieb

- S Wenn vertrauliche Informationen auf den Clients gespeichert werden, SOLLTEN mindestens die schutzbedürftigen Dateien sowie ausgewählte Dateisystembereiche oder besser die gesamten Datenträger verschlüsselt werden. — ja tw n
- S Hierfür SOLLTE ein eigenes Konzept erstellt und die Details der Konfiguration besonders sorgfältig dokumentiert werden. — ja tw n
- S In diesem Zusammenhang SOLLTEN die Authentisierung (z.B. Passwort, PIN, Token), die Ablage der Wiederherstellungsinformationen, die zu verschlüsselnden Laufwerke und die Schreibrechte auf unverschlüsselte Datenträger geregelt werden. — ja tw n
- M Der Zugriff auf das genutzte Schlüsselmaterial MUSS angemessen geschützt sein. — ja tw n
- S Benutzer SOLLTEN darüber aufgeklärt werden, wie sie sich bei Verlust eines Authentisierungsmittels zu verhalten haben. — ja tw n

Notizen:

A29 Systemüberwachung und Monitoring der Clients
Verantwortliche Rolle: IT-Betrieb

Hoch
A

S	Die Clients SOLLTEN in ein geeignetes Systemüberwachungs- bzw. Monitoringkonzept eingebunden werden, das den Systemzustand und die Funktionsfähigkeit der Clients laufend überwacht und Fehlerzustände sowie die Über- bzw. Unterschreitung definierter Grenzwerte an das Betriebspersonal meldet.	ja	tw	n

Notizen:

A30 Einrichten einer Referenzumgebung für Clients
Verantwortliche Rolle: IT-Betrieb

Hoch
C I A

S	Für Clients SOLLTE eine Referenzinstallation erstellt werden, in der die Grundkonfiguration und alle Konfigurationsänderungen, Updates und Patches vor dem Einspielen auf den Client vorab getestet werden können.	ja	tw	n
S	Für verschiedene, typische und häufig wiederkehrende Testfälle SOLLTEN Checklisten erstellt werden, die beim Testlauf möglichst automatisiert abgearbeitet werden sollten.	ja	tw	n
S	Die Testfälle SOLLTEN sowohl die Anwendersicht als auch die Betriebsperspektive berücksichtigen.	ja	tw	n
S	Zusätzlich SOLLTEN alle Tests so dokumentiert werden, dass sie zu einem späteren Zeitpunkt nachvollzogen werden können.	ja	tw	n

Notizen:

A31 Einrichtung lokaler Paketfilter
Verantwortliche Rolle: IT-Betrieb

Hoch
C I A

S	Auf jedem Client SOLLTEN, zusätzlich zu den eingesetzten zentralen Sicherheitsgateways, lokale Paketfilter eingesetzt werden.	ja	tw	n
S	Als Strategie zur Paketfilter-Implementierung SOLLTE eine Whitelist-Strategie gewählt werden, die auf Basis der benötigten Netzkommunikation erfolgt.	ja	tw	n

Notizen:

A32 Einsatz zusätzlicher Maßnahmen zum Schutz vor Exploits
Verantwortliche Rolle: IT-Betrieb

Hoch
C I A

S	Auf den Clients SOLLTEN zusätzliche Maßnahmen zum expliziten Schutz vor Exploits (Angriffe, um Systemlücken auszunutzen) getroffen werden.	ja	tw	n
S	Wenn notwendige Schutzmaßnahmen nicht über Funktionen des Betriebssystems umgesetzt werden können, SOLLTEN zusätzliche geeignete Sicherheitsmaßnahmen umgesetzt werden.	ja	tw	n
S	Sollte es nicht möglich sein, nachhaltige Maßnahmen umzusetzen, SOLLTEN andere geeignete (in der Regel organisatorische) Sicherheitsmaßnahmen ergriffen werden.	ja	tw	n

Notizen:

SYS: IT-Systeme

A33 Application Whitelisting *Hoch*
Verantwortliche Rolle: IT-Betrieb **C I**

- S Es SOLLTE über Application Whitelisting sichergestellt werden, dass nur explizit erlaubte Programme und Skripte ausgeführt werden können. ja tw n
- S Die Regeln SOLLTEN so eng wie möglich gefasst werden. ja tw n
- S Falls Pfade und Hashes nicht explizit angegeben werden können, SOLLTEN alternativ auch zertifikatsbasierte oder Pfad-Regeln genutzt werden. ja tw n

Notizen:

A34 Kapselung von sicherheitskritischen Anwendungen und Betriebssystemkomponenten *Hoch*
Verantwortliche Rolle: IT-Betrieb **C I A**

- S Um sowohl den Zugriff eines Angreifers auf das Betriebssystem oder andere Anwendungen als auch den Zugriff vom Betriebssystem auf besonders schützenswerte Dateien zu verhindern, SOLLTEN Anwendungen und Betriebssystemkomponenten (wie beispielsweise Authentisierung oder Zertifikatsüberprüfung) besonders gekapselt bzw. anderen Anwendungen und Betriebssystemkomponenten gegenüber isoliert werden. ja tw n
- S Dabei SOLLTEN insbesondere sicherheitskritische Anwendungen berücksichtigt werden, die mit Daten aus unsicheren Quellen arbeiten (z.B. Webbrowser und Bürokommunikations-Anwendungen). ja tw n

Notizen:

A35 Aktive Verwaltung der Wurzelzertifikate *Hoch*
Verantwortliche Rolle: IT-Betrieb **C I**

- S Im Zuge der Beschaffung und Installation des Clients SOLLTE dokumentiert werden, welche Wurzelzertifikate für den Betrieb des Clients notwendig sind. ja tw n
- S Auf dem Client SOLLTEN lediglich die für den Betrieb notwendigen und vorab dokumentierten Wurzelzertifikate enthalten sein. ja tw n
- S Es SOLLTE regelmäßig überprüft werden, ob die vorhandenen Wurzelzertifikate noch den Vorgaben der Institution entsprechen. ja tw n
- S Es SOLLTEN alle auf dem IT-System vorhandenen Zertifikatsspeicher in die Prüfung einbezogen werden (z.B. UEFI-Zertifikatsspeicher, Zertifikatsspeicher von Web-Browsern etc.). ja tw n

Notizen:

A36 Selbstverwalteter Einsatz von SecureBoot und TPM *Hoch*
Verantwortliche Rolle: IT-Betrieb **C I**

- S Auf UEFI-kompatiblen Systemen SOLLTEN Bootloader, Kernel sowie alle benötigten Firmware-Komponenten durch selbstkontrolliertes Schlüsselmaterial signiert und nicht benötigtes Schlüsselmaterial SOLLTE entfernt werden. ja tw n
- S Sofern das Trusted Platform Module (TPM) nicht benötigt wird, SOLLTE es deaktiviert werden. ja tw n

Notizen:

A37 Verwendung von Mehr-Faktor-Authentisierung
Verantwortliche Rolle: IT-Betrieb

Hoch
C

- S Es SOLLTE eine sichere Mehr-Faktor-Authentisierung unter Einbeziehung unterschiedlicher Faktoren (Wissen, Besitz, Eigenschaft) für die lokale Anmeldung am Client eingerichtet werden, z.B. Passwort mit Chipkarte oder Token. — ja tw n

Notizen:

A38 Einbindung in die Notfallplanung
Verantwortliche Rolle: IT-Betrieb

Hoch
A

- S Die Clients SOLLTEN im Notfallmanagementprozess berücksichtigt werden. — ja tw n
- S Die Clients SOLLTEN hinsichtlich der Geschäftsprozesse oder Fachaufgaben, für die sie benötigt werden, für den Wiederanlauf priorisiert werden. — ja tw n
- S Es SOLLTEN geeignete Notfallmaßnahmen vorgesehen werden, indem mindestens Wiederanlaufpläne erstellt, Bootmedien zur Systemwiederherstellung generiert sowie Passwörter und kryptografische Schlüssel sicher hinterlegt werden. — ja tw n

Notizen:

A39 Unterbrechungsfreie und stabile Stromversorgung
Verantwortliche Rolle: Haustechnik

Hoch
A

- S Clients SOLLTEN an eine unterbrechungsfreie Stromversorgung (USV) angeschlossen werden. — ja tw n
- S Die USV SOLLTE hinsichtlich Leistung und Stützzeit ausreichend dimensioniert sein. — ja tw n
- S Clients SOLLTEN vor Überspannung geschützt werden. — ja tw n

Notizen:

A40 Betriebsdokumentation
Verantwortliche Rolle: IT-Betrieb

Hoch
A

- S Die Durchführung betrieblicher Aufgaben an Clients bzw. Clientgruppen SOLLTE nachvollziehbar anhand der Fragen „Wer?", „Wann?" und „Was?" dokumentiert werden. — ja tw n
- S Aus der Dokumentation SOLLTEN insbesondere Konfigurationsänderungen nachvollziehbar sein. — ja tw n
- S Auch sicherheitsrelevante Aufgaben (z.B. wer befugt ist, neue Festplatten einzubauen) SOLLTEN dokumentiert werden. — ja tw n
- S Alles, was automatisch dokumentiert werden kann, SOLLTE auch automatisch dokumentiert werden. — ja tw n
- S Die Dokumentation SOLLTE vor unbefugtem Zugriff und Verlust geschützt werden. — ja tw n
- S Sicherheitsrelevante Aspekte SOLLTEN nachvollziehbar erläutert und hervorgehoben werden. — ja tw n

Notizen:

SYS: IT-Systeme

A41 Verwendung von Quotas für lokale Datenträger — *Hoch* **A**

Verantwortliche Rolle: IT-Betrieb

S — Es SOLLTE überlegt werden, Quotas einzurichten, die den verwendeten Speicherplatz auf der lokalen Festplatte begrenzen. — ja tw n

S — Alternativ SOLLTEN Mechanismen des verwendeten Datei- oder Betriebssystems genutzt werden, die den Benutzer bei einem bestimmten Füllstand der Festplatte warnen oder nur noch dem Systemadministrator Schreibrechte einräumen. — ja tw n

Notizen:

A45 Erweiterte Protokollierung — *Hoch* **C I A**

Verantwortliche Rolle: IT-Betrieb

S — Es SOLLTE auch Client-Verhalten, das nicht mit der Sicherheit direkt in Verbindung steht, protokolliert und unverzüglich (automatisiert) ausgewertet werden, um verdeckte Angreiferaktivitäten erkennen zu können. — ja tw n

Notizen:

SYS.2.2 Windows Clients

SYS.2.2.2 Clients unter Windows 8.1

A1 Auswahl einer geeigneten Windows 8.1-Version — *Basis*

Zuständig: IT-Betrieb

M — Bevor eine Windows 8.1-Version beschafft wird, MUSS eine geeignete Version ausgewählt werden, die alle notwendigen Funktionen für den zukünftigen Einsatz mitbringt. — ja tw n

S — Es SOLLTEN bevorzugt 64-Bit-Versionen eingesetzt werden, die erweiterte Sicherheitsfeatures enthalten. — ja tw n

Notizen:

A2 Festlegung eines Anmeldeverfahrens für Windows 8.1 — *Basis*

Zuständig: IT-Betrieb

M — Abhängig von den Sicherheitsanforderungen MUSS entschieden werden, ob neben dem klassischen Anmeldeverfahren über ein Passwort auch andere Verfahren (z.B. über PIN) erlaubt sein sollen. — ja tw n

Notizen:

A3 Einsatz von Viren-Schutzprogrammen unter Windows 8.1   *Basis*
Zuständig: IT-Betrieb

M	Sofern nicht gleich- oder höherwertige Maßnahmen zum Schutz des IT-Systems vor einer Infektion mit Schadsoftware getroffen wurden, MUSS ein Virenschutz-Programm auf den Clients unter Windows 8.1 eingesetzt werden.	ja	tw	n

Notizen:

A4 Beschaffung von Windows 8.1   *Standard*
Zuständig: IT-Betrieb

S	Bei der Beschaffung von Windows 8.1 bzw. der entsprechenden Hardware für das Windows 8.1-System SOLLTEN die Anforderungen gemäß dem Windows Hardware Certification Requirement berücksichtigt werden.	ja	tw	n
S	Des Weiteren SOLLTEN die zu beschaffenden Systeme über eine Firmware-Konfigurationsoberfläche für UEFI SecureBoot und, sofern vorhanden, für das TPM verfügen, die eine Kontrolle durch den Eigentümer ermöglicht.	ja	tw	n
S	Außerdem SOLLTE ein geeignetes Lizenzmodell ausgewählt werden.	ja	tw	n

Notizen:

A5 Lokale Sicherheitsrichtlinien für Windows 8.1   *Standard*
Zuständig: IT-Betrieb

S	Es SOLLTEN alle sicherheitsrelevanten Einstellungen über entsprechende Sicherheitsrichtlinien bedarfsgerecht konfiguriert, getestet und regelmäßig überprüft werden.	ja	tw	n
S	Die Verteilung der Sicherheitseinstellungen auf mehrere Windows 8.1-Clients SOLLTE entsprechend den spezifischen Gegebenheiten der Institution erfolgen.	ja	tw	n

Notizen:

A6 ENTFALLEN   *Standard*

A7 Einsatz der Windows-Benutzerkontensteuerung UAC   *Standard*
Zuständig: IT-Betrieb

S	Um eine restriktive Rechtevergabe zu unterstützen, SOLLTE die Benutzerkontensteuerung (User Account Control, UAC) aktiviert sein.	ja	tw	n
S	Für Standardbenutzer SOLLTE festgelegt sein, dass die Aufforderung zur Passworteingabe für erhöhte Rechte automatisch abgelehnt wird.	ja	tw	n
S	Für Administratorenkonten SOLLTE die Einstellung von UAC zwischen Bedienbarkeit und Sicherheitsniveau abgewogen werden.	ja	tw	n
S	Die Entscheidung SOLLTE dokumentiert und die entsprechenden Einstellungen konfiguriert werden.	ja	tw	n
S	Es SOLLTE regelmäßig geprüft werden, ob die jeweiligen Rechte noch notwendig sind und diese entsprechend angepasst oder entzogen werden.	ja	tw	n

Notizen:

SYS: IT-Systeme

A8 Keine Verwendung der Heimnetzgruppen-Funktion *Standard*

Zuständig: Benutzer

- S Clients SOLLTEN KEINE Dienste wie Datei- oder Druckerfreigaben anbieten.   ja tw n
- S Eine Sicherheits- bzw. Gruppenrichtlinie (Group Policy Object, GPO) mit der Einstellung „Beitritt des Computers zu einer Heimnetzgruppe verhindern" SOLLTE für alle Clients gelten.   ja tw n
- S Wird die Funktion aus betrieblichen Gründen eingesetzt, SOLLTEN die Benutzer im Umgang mit den Freigaben der Heimnetzgruppe geschult werden.   ja tw n

Notizen:

A9 Datenschutz und Datensparsamkeit bei Windows 8.1-Clients *Standard*

Zuständig: Benutzer

- S Werden Microsoft-Konten für die Benutzer angelegt, SOLLTEN nur unbedingt erforderliche Angaben zu den Personen hinterlegt werden.   ja tw n
- S Die SmartScreen-Funktion, die aus dem Internet heruntergeladene Dateien und Webinhalte auf mögliche Schadsoftware untersucht und dazu unter Umständen personenbezogene Daten an Microsoft überträgt, SOLLTE deaktiviert werden.   ja tw n
- S Bevor eine Anwendung oder App zur Nutzung innerhalb der Institution freigegeben wird, SOLLTE sorgfältig geprüft werden, welche Daten diese Anwendungen automatisch an die Microsoft-Cloud übersenden.   ja tw n
- S Anwendungen SOLLTEN so konfiguriert werden, dass keine schützenswerten Daten übertragen werden.   ja tw n
- S Apps, die unerwünschte oder unnötig umfangreiche Daten an Dritte übertragen, SOLLTEN nicht verwendet werden.   ja tw n

Notizen:

A10 Integration von Online-Konten in das Betriebssystem *Standard*

Zuständig: Benutzer

- S Die Anmeldung am IT-System und an der Domäne SOLLTE nur mit einem Konto eines selbst betriebenen Verzeichnisdienstes, wie z.B. Active Directory, möglich sein.   ja tw n
- S Eine lokale Anmeldung SOLLTE Administratoren vorbehalten sein.   ja tw n
- S Werden zur Anmeldung Online-Konten, wie z.B. ein Microsoft-Konto oder Konten anderer Anbieter von Diensten zum Identitätsmanagement, verwendet, SOLLTE darauf geachtet werden, dass der Anbieter vertrauenswürdig ist und der Datenschutz eingehalten wird.   ja tw n

Notizen:

A11 Konfiguration von Synchronisationsmechanismen in Windows 8.1 *Standard*

Zuständig: IT-Betrieb

- S Die Synchronisierung von Nutzerdaten mit Microsoft-Cloud-Diensten SOLLTE vollständig deaktiviert werden.   ja tw n

Notizen:

A12 Sichere zentrale Authentisierung in Windows-Netzen *Standard*
Zuständig: IT-Betrieb

S	In reinen Windows-Netzen SOLLTE zur zentralen Authentisierung für Single Sign On (SSO) ausschließlich Kerberos eingesetzt werden.	ja	tw	n
S	Eine Gruppenrichtlinie SOLLTE die Verwendung älterer Protokolle verhindern.	ja	tw	n
S	Der Schutz des Local Credential Store (LSA) SOLLTE aktiviert werden (PPL, Protected Mode Light).	ja	tw	n
S	Die Speicherung der LAN-Manager-Hashwerte bei Kennwortänderungen SOLLTE per Gruppenrichtlinie deaktiviert werden.	ja	tw	n
S	Die Überwachungseinstellungen SOLLTEN gemeinsam mit den Serverkomponenten von DirectAccess sorgfältig auf die Anforderungen des Informationsverbunds abgestimmt werden.	ja	tw	n
S	Es SOLLTE eine Protokollierung auf Clientseite sichergestellt werden.	ja	tw	n

Notizen:

A13 Anbindung von Windows 8.1 an den Microsoft Store *Standard*
Zuständig: IT-Betrieb

S	Die Möglichkeit, Apps aus dem Microsoft Store zu installieren, SOLLTE deaktiviert werden, sofern sie nicht benötigt wird.	ja	tw	n

Notizen:

A14 Anwendungssteuerung mit Software Restriction Policies und AppLocker *Hoch*
Verantwortliche Rolle: IT-Betrieb *C I A*

S	Anwendungen in Pfaden, in denen Benutzer Schreibrechte haben, SOLLTEN durch Software Restriction Policies (SRP) oder AppLocker an der Ausführung gehindert werden.	ja	tw	n
S	AppLocker- und SRP-GPO in einem domänenbasierten Netz SOLLTEN NUR zentralisiert mittels Gruppenrichtlinienobjekten je Benutzer bzw. Benutzergruppe verwaltet werden.	ja	tw	n
S	AppLocker SOLLTE nach dem Ansatz einer Positivliste (Whitelist) genutzt werden.	ja	tw	n
S	Alle Anwendungen, die nicht explizit erlaubt sind, SOLLTEN verboten werden.	ja	tw	n
S	Es SOLLTEN bevorzugt Regeln auf der Grundlage von Anwendungssignaturen definierter Herausgeber genutzt werden.	ja	tw	n
S	Versuchte Regelverstöße SOLLTEN protokolliert und geeignet ausgewertet werden.	ja	tw	n
S	Für Clients mit besonders hohen Sicherheitsanforderungen SOLLTE AppLocker die Ausführung aller ungenehmigten Anwendungen verhindern, statt diese zu protokollieren.	ja	tw	n
S	Die Umsetzung der SRP- und AppLocker-Regeln SOLLTE vor dem Einsatz auf einem produktiven System zunächst auf einem Testsystem oder durch den Betrieb im Überwachungsmodus erprobt werden.	ja	tw	n

Notizen:

SYS: IT-Systeme

A15 Verschlüsselung des Dateisystems mit EFS *Hoch*
Verantwortliche Rolle: IT-Betrieb **C I**

S	Bei erhöhtem Schutzbedarf SOLLTE das Dateisystem verschlüsselt werden.	ja	tw	n
S	Wird hierzu das Encrypting File System (EFS) verwendet, SOLLTE ein komplexes Passwort für den Schutz der mit EFS verschlüsselten Daten verwendet werden.	ja	tw	n
S	Zusätzlich SOLLTEN die mit EFS verschlüsselten Dateien durch restriktive Zugriffsrechte geschützt werden.	ja	tw	n
S	Der Wiederherstellungsagent SOLLTE ein dediziertes Konto und nicht das Administratorkonto sein.	ja	tw	n
S	Der private Schlüssel dieses Kontos SOLLTE auf einen externen Datenträger ausgelagert und sicher aufbewahrt sowie aus dem System entfernt werden.	ja	tw	n
S	Dabei SOLLTEN von allen privaten Schlüsseln Datensicherungen erstellt werden.	ja	tw	n
S	Beim Einsatz von EFS mit lokalen Benutzerkonten SOLLTE die Registry mittels Syskey verschlüsselt werden.	ja	tw	n
S	Die Benutzer SOLLTEN im korrekten Umgang mit EFS geschult werden.	ja	tw	n

Notizen:

A16 Verwendung der Windows PowerShell *Hoch*
Verantwortliche Rolle: IT-Betrieb **C I A**

S	Wenn die Windows PowerShell (WPS) nicht benötigt wird, SOLLTE sie deinstalliert werden.	ja	tw	n
S	Es SOLLTE berücksichtigt werden, dass bei Windows 8.1 sich die PowerShell-Skriptumgebung allerdings nur noch dann entfernen lässt, wenn auch das.	ja	tw	n
S	NET-Framework deinstalliert wird. Daher SOLLTE alternativ die Ausführung der WPS-Dateien nur den Administratoren (lokal und Domäne) gestattet werden.	ja	tw	n
S	Die Protokollierung von Schreib- und Lesezugriffen auf das Windows PowerShell-Profil SOLLTE aktiviert und die Protokolle regelmäßig kontrolliert werden.	ja	tw	n
S	Die Ausführung von Windows-PowerShell-Skripten SOLLTE mit dem Befehl *Set-ExecutionPolicy AllSigned* eingeschränkt werden, um zumindest die versehentliche Ausführung unsignierter Skripte zu verhindern.	ja	tw	n

Notizen:

A17 Sicherer Einsatz des Wartungscenters *Hoch*
Verantwortliche Rolle: IT-Betrieb **C I A**

S	In der Sicherheitsrichtlinie SOLLTE definiert werden, wie die Benutzer mit dem Wartungscenter umgehen sollen.	ja	tw	n
S	Die Einstellungen für „Neueste Problembehandlungen vom Windows-Onlinedienst für Problembehandlung abrufen", „Problemberichte senden", „Regelmäßig Daten über Computerkonfiguration an Microsoft senden", „Windows-Sicherung", „Programm zur Benutzerfreundlichkeit" und „Problembehandlung – andere Einstellungen" SOLLTEN unter Windows 8.1 deaktiviert werden.	ja	tw	n

Notizen:

A18 Aktivierung des Last-Access-Zeitstempels

Verantwortliche Rolle: IT-Betrieb

Hoch
A

S	Wird ein Sicherheitskonzept für ein IT-System mit Windows 8.1 erstellt, SOLLTE dabei geprüft werden, ob der Last-Access-Zeitstempel im Dateisystem aktiviert werden kann, um die Analyse eines Systemmissbrauchs zu erleichtern.	ja	tw	n
S	Bei der Prüfung SOLLTEN mögliche Auswirkungen dieser Einstellung, wie Performance-Aspekte oder resultierende Einschränkungen bei inkrementellen Backups, berücksichtigt werden.	ja	tw	n

Notizen:

A19 Verwendung der Anmeldeinformationsverwaltung

Verantwortliche Rolle: IT-Betrieb

Hoch
C

S	Die Erlaubnis oder das Verbot, Zugangsdaten im sogenannten „Tresor" zu speichern, SOLLTE in einer Richtlinie festgelegt werden.	ja	tw	n
S	Ein Verbot SOLLTE technisch durchgesetzt werden.	ja	tw	n

Notizen:

A20 Sicherheit beim Fernzugriff über RDP

Verantwortliche Rolle: IT-Betrieb

Hoch
C I A

S	Die Auswirkungen auf die Konfiguration der lokalen Firewall SOLLTEN bei der Planung der Remote-Unterstützung berücksichtigt werden.	ja	tw	n
S	Die Gruppe der berechtigten Benutzer für den Remote-Desktopzugriff SOLLTE durch die Zuweisung entsprechender Benutzerrechte und in der Richtlinie festgelegt werden.	ja	tw	n
S	Eine Remote-Unterstützung SOLLTE nur nach einer expliziten Einladung über EasyConnect oder auf Grundlage einer Einladungsdatei erfolgen.	ja	tw	n
S	Wird eine Einladung in einer Datei gespeichert, SOLLTE die Datei mit einem Kennwort geschützt sein.	ja	tw	n
S	Der aktuell angemeldete Benutzer SOLLTE dem Aufbau einer Sitzung immer explizit zustimmen müssen.	ja	tw	n
S	Die maximale Gültigkeit der Einladung SOLLTE in der Dauer angemessen sein.	ja	tw	n
S	Zudem SOLLTE eine starke Verschlüsselung (128 Bit, Einstellung „Höchste Stufe") verwendet werden.	ja	tw	n
S	Außerdem SOLLTE die automatische Kennwortanmeldung deaktiviert werden.	ja	tw	n
S	Es SOLLTE geprüft werden, ob Umleitungen der Zwischenablage, Drucker, Dateiablage und Smartcard-Anschlüsse notwendig sind.	ja	tw	n
S	Andernfalls SOLLTEN diese deaktiviert werden.	ja	tw	n
S	Sofern keine Fernsteuerungsmechanismen eingesetzt werden, SOLLTEN diese vollständig deaktiviert werden.	ja	tw	n

Notizen:

SYS: IT-Systeme

A21 Einsatz von File und Registry Virtualization *Hoch*
Verantwortliche Rolle: IT-Betrieb **C I**

S Es SOLLTE geprüft werden, ob der Betrieb von Altanwendungen, die Schreibrechte auf kriti- ☐ ja ☐ tw ☐ n
sche System-Ordner oder Registry-Schlüssel erfordern oder mit Administratorrechten ausgeführt werden müssen, noch notwendig ist.

S Trifft dies zu, SOLLTE eine Strategie entwickelt werden, um die noch benötigten Altanwen- ☐ ja ☐ tw ☐ n
dungen durch sichere Alternativen zu ersetzen.

S Bis zur Ablösung der Altanwendungen SOLLTE geprüft werden, ob zur Absicherung die ☐ ja ☐ tw ☐ n
Windows-Techniken „File Virtualization" und „Registry Virtualization" eingesetzt werden
können.

S Die Registry Virtualization SOLLTE nur auf die notwendigen Registry-Schlüssel zugreifen kön- ☐ ja ☐ tw ☐ n
nen.

Notizen:

SYS.2.2.3 Clients unter Windows 10

A1 Planung des Einsatzes von Cloud-Diensten unter Windows 10 *Basis*
Zuständig: IT-Betrieb

M Da Windows-10-basierte Geräte eng mit den Cloud-Diensten des Herstellers Microsoft ver- ☐ ja ☐ tw ☐ n
zahnt sind, MUSS vor ihrer Verwendung strategisch festgelegt werden, welche enthaltenen
Cloud-Dienste in welchem Umfang genutzt werden sollen bzw. dürfen.

Notizen:

A2 Auswahl und Beschaffung einer geeigneten Windows-10-Version *Basis*
Zuständig: IT-Betrieb

M Der Funktionsumfang und die Versorgung mit funktionalen Änderungen einer Windows- ☐ ja ☐ tw ☐ n
10-Version MÜSSEN unter Berücksichtigung des ermittelten Schutzbedarfs und des Einsatzzwecks ausgewählt werden.

M Die Umsetzbarkeit der erforderlichen Absicherungsmaßnahmen MUSS bei der Auswahl ☐ ja ☐ tw ☐ n
berücksichtigt werden.

M Basierend auf dem Ergebnis der Überprüfung MUSS der etablierte Beschaffungsprozess um ☐ ja ☐ tw ☐ n
die Auswahl des entsprechenden Lizenzmodells und „Service Branches" (CB, CBB oder
LTSC) erweitert werden.

Notizen:

A3 ENTFALLEN *Basis*

A4 Telemetrie und Datenschutzeinstellungen unter Windows 10 *Basis*
Zuständig: IT-Betrieb

M Die Telemetriedienste übertragen Diagnose- und Nutzungsdaten, die der Hersteller zur   ja tw n
Erkennung und Lösung von Problemen, zur Verbesserung der Dienste und Produkte und zur
Identifizierung mit eindeutigen Merkmalen verknüpft. Diese können nur mit der Einstellung
des Telemetrielevels 0 (Security) stark reduziert werden. Wenn diese Einstellung nicht wirksam umgesetzt wird, dann MUSS durch geeignete Maßnahmen, etwa auf Netzebene,
sichergestellt werden, dass diese Daten nicht an den Hersteller übertragen werden.

Notizen:

A5 Schutz vor Schadsoftware unter Windows 10 *Basis*
Zuständig: IT-Betrieb

M Sofern nicht gleich- oder höherwertige Maßnahmen, wie z.B. Application Whitelisting, zum   ja tw n
Schutz des IT-Systems vor einer Infektion mit Schadsoftware getroffen wurden, MUSS eine
spezialisierte Komponente zum Schutz vor Schadsoftware auf Windows 10-Clients eingesetzt werden.

Notizen:

A6 Integration von Online-Konten in das Betriebssystem *Basis*
Zuständig: Benutzer

M Die Anmeldung am System sowie an der Domäne DARF NUR mit dem Konto eines selbst   ja tw n
betriebenen Verzeichnisdienstes möglich sein.
S Anmeldungen mit lokalen Konten SOLLTEN Administratoren vorbehalten sein.   ja tw n
M Online-Konten zur Anmeldung, etwa ein Microsoft-Konto oder Konten anderer Anbieter   ja tw n
von Identitätsmanagementsystemen, DÜRFEN NICHT verwendet werden, da hier personenbezogene Daten an die Systeme des Herstellers übertragen werden.

Notizen:

A7 ENTFALLEN *Standard*

A8 ENTFALLEN *Standard*

SYS: IT-Systeme

A9   Sichere zentrale Authentisierung in Windows-Netzen *Standard*

Zuständig: IT-Betrieb

S	Für die zentrale Authentisierung SOLLTE ausschließlich Kerberos eingesetzt werden.	ja	tw	n
S	Eine Gruppenrichtlinie SOLLTE die Verwendung älterer Protokolle verhindern.	ja	tw	n
M	Ist dies nicht möglich, MUSS alternativ NTLMv2 eingesetzt werden.	ja	tw	n
M	Die Authentisierung mittels LAN-Manager und NTLMv1 DARF NICHT innerhalb der Institution und in einer produktiven Betriebsumgebung erlaubt werden.	ja	tw	n
S	Die eingesetzten kryptografischen Mechanismen SOLLTEN entsprechend dem ermittelten Schutzbedarf und basierend auf den internen Richtlinien konfiguriert und dokumentiert werden.	ja	tw	n
S	Abweichende Einstellungen SOLLTEN begründet und mit dem Sicherheitsmanagement abgestimmt sein.	ja	tw	n

Notizen:

A10   ENTFALLEN *Standard*

A11   Schutz der Anmeldeinformationen unter Windows 10 *Standard*

Zuständig: IT-Betrieb

S	Sofern Windows 10 in der Enterprise-Version auf einem Hardware-System direkt (nativ) installiert ist, SOLLTE der Virtual Secure Mode (VSM) aktiviert werden.	ja	tw	n
S	Zusätzlich SOLLTE der Windows Defender Credential Guard gegen Angriffe auf die im System gespeicherten Authentisierungstoken und -hashes aktiviert werden.	ja	tw	n
S	Ist dies nicht möglich, SOLLTE der Schutz des Local Credential Store LSA aktiviert werden (PPL, Protected Mode Light).	ja	tw	n
S	Die Netzanmeldung von lokalen Konten SOLLTE verboten werden.	ja	tw	n

Notizen:

A12   Datei- und Freigabeberechtigungen unter Windows 10 *Standard*

Zuständig: IT-Betrieb

S	Der Zugriff auf Dateien und Ordner auf dem lokalen System sowie auf Netzfreigaben SOLLTE gemäß einem Berechtigungs- und Zugriffskonzept konfiguriert werden.	ja	tw	n
S	Auch die standardmäßig vorhandenen administrativen Freigaben auf dem System SOLLTEN hierbei berücksichtigt werden.	ja	tw	n
S	Die Schreibrechte für Benutzer SOLLTEN auf einen definierten Bereich im Dateisystem beschränkt werden.	ja	tw	n
S	Insbesondere SOLLTEN Benutzer keine Schreibrechte für Ordner des Betriebssystems oder installierte Anwendungen erhalten.	ja	tw	n

Notizen:

A13 Einsatz der SmartScreen-Funktion *Standard*

Zuständig: IT-Betrieb

S   Die SmartScreen-Funktion, die aus dem Internet heruntergeladene Dateien und Webinhalte auf mögliche Schadsoftware untersucht und dazu unter Umständen personenbezogene Daten an Microsoft überträgt, SOLLTE deaktiviert werden.   ja   tw   n

Notizen:

A14 Einsatz des Sprachassistenten Cortana *Standard*

Zuständig: Benutzer

S   Cortana SOLLTE deaktiviert werden.   ja   tw   n

Notizen:

A15 Einsatz der Synchronisationsmechanismen unter Windows 10 *Standard*

Zuständig: IT-Betrieb

S   Die Synchronisierung von Nutzerdaten mit Microsoft Cloud-Diensten und das Sharing von WLAN-Passwörtern SOLLTEN vollständig deaktiviert werden.   ja   tw   n

Notizen:

A16 Anbindung von Windows 10 an den Microsoft-Store *Standard*

Zuständig: IT-Betrieb

S   Die Verwendung des Microsoft-Stores SOLLTE auf die Verträglichkeit mit den Datenschutz- und Sicherheitsvorgaben der Institution überprüft und bewertet werden.   ja   tw   n

S   Die generelle Installation von Apps auf Windows 10 ist nicht von der Anbindung an den Microsoft-Store abhängig, daher SOLLTE sie, sofern sie nicht benötigt wird, deaktiviert werden.   ja   tw   n

Notizen:

A17 Keine Speicherung von Daten zur automatischen Anmeldung *Standard*

Zuständig: IT-Betrieb

S   Die Speicherung von Kennwörtern, Zertifikaten und anderen Informationen zur automatischen Anmeldung an Webseiten und IT-Systemen SOLLTE NICHT erlaubt werden.   ja   tw   n

Notizen:

SYS: IT-Systeme

A18 Einsatz der Windows-Remoteunterstützung *Standard*

Zuständig: IT-Betrieb

S	Die Auswirkungen auf die Konfiguration der lokalen Firewall SOLLTEN bei der Planung der Windows-Remoteunterstützung (hiermit ist nicht RDP gemeint) berücksichtigt werden.	ja tw n
S	Eine Remoteunterstützung SOLLTE nur nach einer expliziten Einladung erfolgen.	ja tw n
S	Bei der Speicherung einer Einladung in einer Datei SOLLTE diese ein Kennwort besitzen.	ja tw n
S	Der aktuell angemeldete Benutzer SOLLTE dem Aufbau einer Sitzung immer explizit zustimmen.	ja tw n
S	Die maximale Gültigkeit der Einladung für eine Unterstützung aus der Ferne SOLLTE in der Dauer angemessen sein.	ja tw n
S	Sofern dieser Service nicht verwendet wird, SOLLTE er vollständig deaktiviert werden.	ja tw n

Notizen:

A19 Sicherheit beim Fernzugriff über RDP *Standard*

Zuständig: Benutzer

S	Die Auswirkungen auf die Konfiguration der lokalen Firewall SOLLTEN bei der Planung des Fernzugriffs berücksichtigt werden.	ja tw n
S	Die Gruppe der berechtigten Benutzer für den Remote-Desktopzugriff (RDP) SOLLTE durch die Zuweisung entsprechender Benutzerrechte festgelegt werden.	ja tw n
S	In komplexen Infrastrukturen SOLLTE das RDP-Zielsystem nur durch ein dazwischengeschaltetes RDP-Gateway erreicht werden können.	ja tw n
S	Für die Verwendung von RDP SOLLTE eine Prüfung und deren Umsetzung sicherstellen, dass die nachfolgend aufgeführten Komfortfunktionen im Einklang mit dem Schutzbedarf des Zielsystems stehen: • die Verwendung der Zwischenablage, • die Einbindung von Druckern, • die Einbindung von Wechselmedien und Netzlaufwerken sowie • die Nutzung der Dateiablagen und von Smartcard-Anschlüssen.	ja tw n
S	Sofern der Einsatz von Remote-Desktopzugriffen nicht vorgesehen ist, SOLLTEN diese vollständig deaktiviert werden.	ja tw n
S	Die eingesetzten kryptografischen Protokolle und Algorithmen SOLLTEN den internen Vorgaben der Institution entsprechen.	ja tw n

Notizen:

A20 Einsatz der Benutzerkontensteuerung UAC für privilegierte Konten *Standard*

Zuständig: IT-Betrieb

S	Die Konfigurationsparameter der Benutzerkontensteuerung (User Account Control, UAC) SOLLTEN für die privilegierten Konten zwischen Bedienbarkeit und Sicherheitsniveau abgewogen eingesetzt werden.	ja tw n
S	Die Entscheidungen für die zu verwendenden Konfigurationsparameter SOLLTEN dokumentiert werden.	ja tw n
S	Darüber hinaus SOLLTE die Dokumentation alle Konten mit Administratorrechten enthalten sowie regelmäßig geprüft werden, ob es notwendig ist, die Rechte erweitern zu können.	ja tw n

Notizen:

A21 Einsatz des Encrypting File Systems
Verantwortliche Rolle: IT-Betrieb

Hoch
C I

S	Da das Encrypting File System (EFS) die verwendeten Schlüssel mit dem Passwort des Benutzerkontos schützt, SOLLTE ein sicheres Passwort verwendet werden.	ja	tw	n
S	Zusätzlich SOLLTEN restriktive Zugriffsrechte die mit EFS verschlüsselten Dateien schützen.	ja	tw	n
S	Der Wiederherstellungsagent SOLLTE ein dediziertes Konto und nicht der Administrator sein.	ja	tw	n
S	In diesem Zusammenhang SOLLTE der private Schlüssel des Agenten gesichert und aus dem System entfernt werden.	ja	tw	n
S	Es SOLLTEN von allen privaten Schlüsseln Datensicherungen erstellt werden.	ja	tw	n
S	Beim Einsatz von EFS mit lokalen Benutzerkonten SOLLTEN die lokalen Passwortspeicher mittels Syskey verschlüsselt werden.	ja	tw	n
S	Alternativ kann der Windows Defender Credential Guard genutzt werden. Die Benutzer SOLLTEN im korrekten Umgang mit EFS geschult werden.	ja	tw	n

Notizen:

A22 Verwendung der Windows PowerShell
Verantwortliche Rolle: IT-Betrieb

Hoch
C I A

S	Die PowerShell und die WPS-Dateien SOLLTEN NUR von Administratoren ausgeführt werden können.	ja	tw	n
S	Die PowerShell-Ausführung selbst SOLLTE zentral protokolliert und die Protokolle überwacht werden.	ja	tw	n
S	Die Ausführung von PowerShell-Skripten SOLLTE mit dem Befehl *Set-ExecutionPolicy AllSigned* eingeschränkt werden, um zu verhindern, dass unsignierte Skripte versehentlich ausgeführt werden.	ja	tw	n

Notizen:

A23 Erweiterter Schutz der Anmeldeinformationen unter Windows 10
Verantwortliche Rolle: IT-Betrieb

Hoch
C I

S	Auf UEFI-basierten Systemen SOLLTE SecureBoot verwendet und der Status des geschützten Modus für den Local Credential Store LSA beim Systemstart überwacht werden (vgl. hierzu SYS.2.2.3.A11 *Schutz der Anmeldeinformationen unter Windows 10*).	ja	tw	n
S	Ist eine Fernwartung der Clients mittels RDP vorgesehen, SOLLTE beim Einsatz von Windows 10 in einer Domäne ab dem Funktionslevel 2012 R2 von der Option „restrictedAdmin" für RDP Gebrauch gemacht werden.	ja	tw	n

Notizen:

SYS: IT-Systeme

A24 Aktivierung des Last-Access-Zeitstempels   *Hoch*
Verantwortliche Rolle: IT-Betrieb   **A**

S   Wird ein Sicherheitskonzept für ein IT-System mit Windows 10 erstellt, SOLLTE dabei geprüft werden, ob der Last-Access-Zeitstempel im Dateisystem aktiviert werden kann, um die Analyse eines Systemmissbrauchs zu erleichtern.   ja tw n

S   Bei der Prüfung SOLLTEN mögliche Auswirkungen dieser Einstellung, wie Performance-Aspekte oder resultierende Einschränkungen bei inkrementellen Backups, berücksichtigt werden.   ja tw n

Notizen:

A25 Umgang mit Fernzugriffsfunktionen der „Connected User Experience and Telemetry"   *Hoch*
Verantwortliche Rolle: IT-Betrieb   **C I**

S   Es SOLLTE berücksichtigt werden, dass die Komponente „Connected User Experience and Telemetry" (CUET) bei Windows 10 fester Bestandteil des Betriebssystems ist und neben der Telemetriefunktion auch eine Fernzugriffsmöglichkeit für den Betriebssystemhersteller auf das lokale System erlaubt.   ja tw n

S   Ein solcher Fernzugriff auf den Windows 10-Client SOLLTE netzseitig geloggt und falls erforderlich geblockt werden.   ja tw n

Notizen:

SYS.2.3 Clients unter Linux und Unix

A1 Authentisierung von Administratoren und Benutzern   *Basis*
Zuständig: Benutzer

M   Administratoren DÜRFEN sich NICHT im Normalbetrieb als „root" anmelden.   ja tw n

S   Für die Systemadministrationsaufgaben SOLLTE „sudo" oder eine geeignete Alternative mit einer geeigneten Protokollierung genutzt werden.   ja tw n

S   Es SOLLTE verhindert werden, dass sich mehrere Benutzer auf einem Client gleichzeitig einloggen können.   ja tw n

Notizen:

A2 Auswahl einer geeigneten Distribution   *Basis*
Zuständig: IT-Betrieb

M   Auf Grundlage der Sicherheitsanforderungen und des Einsatzzwecks MUSS ein geeignetes Unix-Derivat bzw. eine geeignete Linux-Distribution ausgewählt werden.   ja tw n

M   Es MUSS für die geplante Einsatzdauer des Betriebssystems Support verfügbar sein.   ja tw n

S   Alle benötigten Anwendungsprogramme SOLLTEN als Teil der Distribution direkt verfügbar sein.   ja tw n

S   Sie SOLLTEN NUR in Ausnahmefällen aus Drittquellen bezogen werden.   ja tw n

S   Distributionen, bei denen das Betriebssystem selber kompiliert wird, SOLLTEN NICHT in Produktivumgebungen eingesetzt werden.   ja tw n

Notizen:

A3	**ENTFALLEN**	*Basis*			
A4	**Kernel-Aktualisierungen auf unixartigen Systemen**	*Basis*			
	Zuständig: IT-Betrieb				
M	Der Client MUSS zeitnah rebootet werden, nachdem der Kernel des Betriebssystems aktualisiert wurde.		ja	tw	n
M	Ist dies nicht möglich, MUSS alternativ Live-Patching des Kernels aktiviert werden.		ja	tw	n

Notizen:

A5	**Sichere Installation von Software-Paketen**	*Basis*			
	Zuständig: IT-Betrieb				
M	Wenn zu installierende Software aus dem Quellcode kompiliert werden soll, DARF diese NUR unter einem unprivilegierten Benutzeraccount entpackt, konfiguriert und übersetzt werden.		ja	tw	n
M	Anschließend DARF die zu installierende Software NICHT unkontrolliert in das Wurzeldateisystem des Betriebssystems installiert werden.		ja	tw	n
S	Wird die Software aus dem Quelltext übersetzt, dann SOLLTEN die gewählten Parameter geeignet dokumentiert werden.		ja	tw	n
S	Anhand dieser Dokumentation SOLLTE die Software jederzeit nachvollziehbar und reproduzierbar kompiliert werden können.		ja	tw	n
S	Alle weiteren Installationsschritte SOLLTEN dabei ebenfalls dokumentiert werden, damit sich die Konfiguration im Notfall schnell reproduzieren lässt.		ja	tw	n

Notizen:

A6	**Kein automatisches Einbinden von Wechsellaufwerken**	*Standard*			
	Zuständig: Benutzer				
S	Wechsellaufwerke SOLLTEN NICHT automatisch eingebunden werden.		ja	tw	n
S	Die Einbindung von Wechsellaufwerken SOLLTE so konfiguriert sein, dass alle Dateien als nicht ausführbar markiert sind (Mountoption „noexec").		ja	tw	n

Notizen:

A7	**Restriktive Rechtevergabe auf Dateien und Verzeichnisse**	*Standard*			
	Zuständig: IT-Betrieb				
S	Es SOLLTE sichergestellt werden, dass Dienste und Anwendungen nur die ihnen zugeordneten Dateien erstellen, verändern oder löschen dürfen.		ja	tw	n
S	Auf Verzeichnissen, in denen alle Benutzer Schreibrechte haben (z.B. /tmp), SOLLTE das Sticky Bit gesetzt werden.		ja	tw	n

Notizen:

SYS: IT-Systeme

A8 Einsatz von Techniken zur Rechtebeschränkung von Anwendungen *Standard*
Zuständig: IT-Betrieb

- S Zur Beschränkung der Zugriffsrechte von Anwendungen auf Dateien, Geräte und Netze SOLLTE App-Armor oder SELinux eingesetzt werden. ja tw n
- S Es SOLLTEN die von dem jeweiligen Unix-Derivat bzw. der Linux-Distribution am besten unterstützten Lösungen eingesetzt werden. ja tw n
- S Die notwendigen Anwendungen SOLLTEN statt Blacklisting durch Whitelisting reglementiert werden. ja tw n
- S Erweiterungen zur Rechtebeschränkung SOLLTEN im Zwangsmodus (Enforcing Mode) oder mit geeigneten Alternativen verwendet werden. ja tw n

Notizen:

A9 Sichere Verwendung von Passwörtern auf der Kommandozeile *Standard*
Zuständig: Benutzer

- S Passwörter SOLLTEN NICHT als Parameter an Programme übergeben werden. ja tw n

Notizen:

A10 ENTFALLEN *Standard*

A11 Verhinderung der Überlastung der lokalen Festplatte *Standard*
Zuständig: IT-Betrieb

- S Es SOLLTEN Quotas für Benutzer bzw. Dienste eingerichtet werden, die ausreichend Freiraum für das Betriebssystem lassen. ja tw n
- S Generell SOLLTEN unterschiedliche Partitionen für Betriebssystem und Daten genutzt werden. ja tw n
- S Alternativ SOLLTEN auch Mechanismen des verwendeten Dateisystems genutzt werden, die ab einem geeigneten Füllstand nur noch dem Benutzer „root" Schreibrechte einräumen. ja tw n

Notizen:

A12 Sicherer Einsatz von Appliances *Standard*
Zuständig: IT-Betrieb

- S Es SOLLTE sichergestellt werden, dass Appliances ein ähnliches Sicherheitsniveau wie Clients auf Standard-IT-Systemen erfüllen. ja tw n
- S Es SOLLTE dokumentiert werden, wie entsprechende Sicherheitsanforderungen mit einer eingesetzten Appliance erfüllt werden. ja tw n
- S Wenn die Anforderungen nicht zweifelsfrei erfüllt werden können, SOLLTE eine Konformitätserklärung vom Hersteller angefordert werden. ja tw n

Notizen:

A13 ENTFALLEN *Hoch*

A14 Absicherung gegen Nutzung unbefugter Peripheriegeräte *Hoch*
Verantwortliche Rolle: IT-Betrieb **C I A**

S Peripheriegeräte SOLLTEN nur nutzbar sein, wenn sie auf einer zentral verwalteten Whitelist geführt sind. ja tw n

S Kernelmodule für Peripheriegeräte SOLLTEN nur geladen und aktiviert werden, wenn das Gerät auf der Whitelist steht. ja tw n

Notizen:

A15 Zusätzlicher Schutz vor der Ausführung unerwünschter Dateien *Hoch*
Verantwortliche Rolle: IT-Betrieb **C I**

S Partitionen und Verzeichnisse, in denen Benutzer Schreibrechte haben, SOLLTEN so gemountet werden, dass keine Dateien ausgeführt werden können (Mountoption „noexec"). ja tw n

Notizen:

A16 ENTFALLEN *Hoch*

A17 Zusätzliche Verhinderung der Ausbreitung bei der Ausnutzung von Schwachstellen *Hoch*
Verantwortliche Rolle: IT-Betrieb **C I**

S Die Nutzung von Systemaufrufen SOLLTE insbesondere für exponierte Dienste und Anwendungen auf die unbedingt notwendige Anzahl beschränkt werden (z.B. durch seccomp). ja tw n

S Die vorhandenen Standardprofile bzw. -regeln von SELinux, AppArmor sowie alternativen Erweiterungen SOLLTEN manuell überprüft und gegebenenfalls an die eigene Sicherheitsrichtlinie angepasst werden. ja tw n

S Falls erforderlich, SOLLTEN neue Regeln bzw. Profile erstellt werden. ja tw n

Notizen:

A18 Zusätzlicher Schutz des Kernels *Hoch*
Verantwortliche Rolle: IT-Betrieb **C I**

S Es SOLLTEN mit speziell gehärteten Kernels (z.B. grsecurity, PaX) geeignete Schutzmaßnahmen wie Speicherschutz, Dateisystemabsicherung und rollenbasierte Zugriffskontrolle umgesetzt werden, die eine Ausnutzung von Schwachstellen und die Ausbreitung im Betriebssystem verhindern. ja tw n

Notizen:

SYS: IT-Systeme

A19 Festplatten- oder Dateiverschlüsselung *Hoch*
Verantwortliche Rolle: IT-Betrieb **C I**

S	Festplatten oder die darauf abgespeicherten Dateien SOLLTEN verschlüsselt werden.	ja	tw	n
S	Die dazugehörigen Schlüssel SOLLTEN NICHT auf dem IT-System gespeichert werden.	ja	tw	n
S	Es SOLLTEN AEAD-Verfahren (Authenticated Encryption with Associated Data) bei der Festplatten- und Dateiverschlüsselung eingesetzt werden.	ja	tw	n
S	Alternativ SOLLTE „dm-crypt" in Kombination mit „dm-verity" genutzt werden.	ja	tw	n

Notizen:

A20 Abschaltung kritischer SysRq-Funktionen *Hoch*
Verantwortliche Rolle: IT-Betrieb **C I A**

S	Es SOLLTE festgelegt werden, welche SysRq-Funktionen von den Benutzern ausgeführt werden dürfen.	ja	tw	n
S	Generell SOLLTEN keine kritischen SysRq-Funktionen von den Benutzern ausgelöst werden können.	ja	tw	n

Notizen:

SYS.2.4 Clients unter macOS

A1 Planung des sicheren Einsatzes von macOS *Basis*
Zuständig: IT-Betrieb

M	Die Einführung von macOS MUSS sorgfältig geplant werden.	ja	tw	n
M	Es MUSS entschieden werden, wo und wie Daten abgelegt werden.	ja	tw	n
M	Es MUSS geplant werden, wie die Datensicherung in das institutionsweite Datensicherungskonzept integriert werden kann.	ja	tw	n
M	Es MUSS geplant werden, wie Sicherheits- und sonstige Aktualisierungen für macOS und Anwendungen systematisch installiert werden können.	ja	tw	n
M	Es MUSS ermittelt werden, welche Anwendungen bei einem Plattformwechsel zu macOS benötigt werden.	ja	tw	n
M	Wird der Mac in einem Datennetz betrieben, MUSS zusätzlich berücksichtigt werden, welche Netzprotokolle eingesetzt werden sollen.	ja	tw	n

Notizen:

A2 Nutzung der integrierten Sicherheitsfunktionen von macOS *Basis*
Zuständig: IT-Betrieb

M	Die in macOS integrierten Schutzmechanismen „System Integrity Protection" (SIP), „Xprotect" und „Gatekeeper" MÜSSEN aktiviert sein.	ja	tw	n
M	Gatekeeper DARF NUR die Ausführung signierter Programme erlauben, sofern unsignierte Programme nicht zwingend notwendig sind.	ja	tw	n

Notizen:

A3	**Verwendung geeigneter Benutzerkonten**		*Basis*
	Zuständig: Benutzer		
M	Das bei der Erstkonfiguration von macOS angelegte Administrator-Konto DARF NUR zu administrativen Zwecken verwendet werden.		ja tw n
M	Für die normale Verwendung des Macs MUSS ein Standard-Benutzerkonto angelegt werden.		ja tw n
M	Sollte der Mac von mehreren Benutzern verwendet werden, MUSS für jeden Benutzer ein eigenes Konto angelegt werden.		ja tw n
M	Das Gast-Benutzerkonto MUSS deaktiviert werden.		ja tw n

Notizen:

A4	**Verwendung einer Festplattenverschlüsselung**		*Standard*
	Zuständig: IT-Betrieb		
S	Festplatten SOLLTEN, insbesondere bei mobilen Macs (z.B. MacBooks), verschlüsselt werden.		ja tw n
M	Wird dazu die in macOS integrierte Funktion FileVault verwendet, DARF das Schlüsselmaterial NICHT online bei Apple gespeichert werden.		ja tw n
M	Der von FileVault erzeugte Wiederherstellungsschlüssel MUSS an einem sicheren Ort aufbewahrt werden.		ja tw n
S	Es SOLLTE geprüft werden, ob ein institutioneller Wiederherstellungsschlüssel für FileVault verwendet werden soll.		ja tw n

Notizen:

A5	**Deaktivierung sicherheitskritischer Funktionen von macOS**		*Standard*
	Zuständig: IT-Betrieb		
S	Die in macOS integrierten Ortungsdienste SOLLTEN deaktiviert werden.		ja tw n
S	Heruntergeladene Daten SOLLTEN NICHT automatisch geöffnet werden.		ja tw n
S	Inhalte von optischen und anderen Medien SOLLTEN NICHT automatisch ausgeführt werden.		ja tw n

Notizen:

A6	**Verwendung aktueller Mac-Hardware**		*Standard*
	Zuständig: IT-Betrieb		
S	Werden neue Macs beschafft, SOLLTEN aktuelle Modelle ausgewählt werden.		ja tw n
S	Werden bereits vorhandene Macs eingesetzt, SOLLTE regelmäßig überprüft werden, ob diese sowie das darauf installierte Betriebssystem weiterhin von Apple mit Sicherheits-Updates versorgt werden.		ja tw n
S	Werden die Macs nicht mehr durch Apple unterstützt, SOLLTEN sie nicht mehr verwendet werden.		ja tw n

Notizen:

SYS: IT-Systeme

A7 Zwei-Faktor-Authentisierung für Apple-ID *Standard*

Zuständig: Benutzer

S Die Zwei-Faktor-Authentisierung für die Verwendung des Apple-ID-Kontos SOLLTE aktiviert werden. — ja tw n

Notizen:

A8 Keine Nutzung von iCloud für schützenswerte Daten *Standard*

Zuständig: Benutzer

S Es SOLLTE verhindert werden, dass schützenswerte Daten zwischen mehreren Geräten über iCloud-Dienste synchronisiert werden. — ja tw n

S Stattdessen SOLLTEN Daten nur über selbst betriebene Dienste synchronisiert werden. — ja tw n

S Schützenswerte Daten SOLLTEN NICHT in iCloud gespeichert werden. — ja tw n

S Entwürfe, beispielsweise von E-Mails oder Dokumenten, SOLLTEN NICHT automatisch in iCloud gespeichert werden. — ja tw n

Notizen:

A9 Verwendung von zusätzlichen Schutzprogrammen unter macOS *Standard*

Zuständig: IT-Betrieb

S Bei Bedarf, etwa wenn Macs in einem heterogenen Netz betrieben werden, SOLLTEN neben den integrierten Schutzmechanismen von macOS zusätzlich Virenschutz-Lösungen von Drittanbietern eingesetzt werden. — ja tw n

Notizen:

A10 Aktivierung der Personal Firewall unter macOS *Standard*

Zuständig: IT-Betrieb

S Die in macOS integrierte Personal Firewall SOLLTE aktiviert und geeignet konfiguriert werden. — ja tw n

Notizen:

A11 Geräteaussonderung von Macs *Standard*

Zuständig: IT-Betrieb

S Bei einer Aussonderung des Macs SOLLTEN der nichtflüchtige Datenspeicher NVRAM (Non Volatile Random Access Memory) sowie der SMC (System Management Controller) zurückgesetzt werden. — ja tw n

Notizen:

A12 Firmware-Kennwort und Boot-Schutz auf Macs *Hoch*

Verantwortliche Rolle: Benutzer **C I A**

S	Auf älteren Macs SOLLTE die Abfrage eines sicheren Firmware-Kennworts im sogenannten „Command-Modus" aktiviert werden, um ein unberechtigtes Booten des Macs von einem anderen Startlaufwerk zu verhindern.	ja tw n	
S	Es SOLLTE geprüft werden, ob über den „Full-Modus" ein Kennwort bei jedem Startvorgang abgefragt werden sollte.	ja tw n	
S	Auf Macs mit T2-Sicherheitschip SOLLTE ein Firmware-Passwort über das Startsicherheitsdienstprogramm gesetzt werden.	ja tw n	
S	Die Option „Sicheres Starten: Volle Sicherheit" SOLLTE aktiviert werden.	ja tw n	
S	Die Option „Starten von externen Medien nicht zulassen" SOLLTE aktiviert werden.	ja tw n	

Notizen:

SYS.3 Mobile Devices

SYS.3.1 Laptops

A1 Regelungen zur mobilen Nutzung von Laptops *Basis*

Zuständig: IT-Betrieb

M	Es MUSS klar geregelt werden, was Mitarbeiter bei der mobilen Nutzung von Laptops berücksichtigen müssen.	ja tw n	
M	Es MUSS insbesondere festgelegt werden, welche Laptops mobil genutzt werden dürfen, wer sie mitnehmen darf und welche grundlegenden Sicherheitsmaßnahmen dabei zu beachten sind.	ja tw n	
M	Die Benutzer MÜSSEN auf die Regelungen hingewiesen werden.	ja tw n	

Notizen:

A2 ENTFALLEN *Basis*

A3 Einsatz von Personal Firewalls *Basis*

Zuständig: IT-Betrieb

M	Auf Laptops MUSS eine Personal Firewall aktiv sein, wenn sie außerhalb von Netzen der Institution eingesetzt werden.	ja tw n	
M	Die Filterregeln der Firewall MÜSSEN so restriktiv wie möglich sein.	ja tw n	
M	Sie MÜSSEN regelmäßig getestet werden.	ja tw n	
M	Die Personal Firewall MUSS so konfiguriert werden, dass die Benutzer nicht durch Warnmeldungen belästigt werden, die sie nicht interpretieren können.	ja tw n	

Notizen:

A4 ENTFALLEN *Basis*

A5 ENTFALLEN *Basis*

SYS: IT-Systeme

A9   Sicherer Fernzugriff mit Laptops   *Basis*

   Zuständig: IT-Betrieb

M   Über öffentlich zugängliche Netze DÜRFEN die Benutzer NUR über über einen sicheren   ja   tw   n
    Kommunikationskanal auf das interne Netz der Institution zugreifen.

Notizen:

A6   Sicherheitsrichtlinien für Laptops   *Standard*

   Zuständig: IT-Betrieb

S   Für Laptops SOLLTE eine Sicherheitsrichtlinie erstellt werden, die regelt, wie die Geräte   ja   tw   n
    benutzt werden dürfen.

S   Die Benutzer SOLLTEN hinsichtlich des Schutzbedarfs von Laptops und der dort gespeicher-   ja   tw   n
    ten Daten sensibilisiert werden.

S   Auch SOLLTEN sie auf die spezifischen Gefährdungen bzw. die entsprechenden Anforderun-   ja   tw   n
    gen für die Nutzung aufmerksam gemacht werden.

S   Sie SOLLTEN außerdem darüber informiert werden, welche Art von Informationen sie auf   ja   tw   n
    Laptops verarbeiten dürfen.

Notizen:

A7   Geregelte Übergabe und Rücknahme eines Laptops   *Standard*

   Zuständig: Benutzer

S   Wenn Laptops von verschiedenen Personen abwechselnd genutzt werden, SOLLTE geregelt   ja   tw   n
    werden, wie sie sicher an Mitarbeiter übergeben werden können.

S   Auch SOLLTE geregelt werden, wie sie wieder sicher zurückzunehmen sind.   ja   tw   n

S   Beim Benutzerwechsel eines Laptops SOLLTEN eventuell vorhandene schützenswerte Daten   ja   tw   n
    sicher gelöscht werden.

S   Falls der Laptop nach dem Benutzerwechsel nicht neu aufgesetzt wird, SOLLTE sichergestellt   ja   tw   n
    sein, dass sich auf dem IT-System und allen damit verbundenen Datenträgern keine Schad-
    software befindet.

S   Mit einem Laptop SOLLTE den Benutzern ein Merkblatt für den sicheren Umgang mit dem   ja   tw   n
    Gerät ausgehändigt werden.

Notizen:

A8   Sicherer Anschluss von Laptops an Datennetze   *Standard*

   Zuständig: Benutzer

S   Es SOLLTE geregelt werden, wie Laptops sicher an eigene oder fremde Datennetze und an   ja   tw   n
    das Internet angeschlossen werden.

S   Nur zugelassene Laptops SOLLTEN sich am internen Netz der Institution anmelden können.   ja   tw   n

Notizen:

A10 Abgleich der Datenbestände von Laptops *Standard*
Zuständig: Benutzer

S	Es SOLLTE geregelt werden, wie Daten von Laptops in den Informationsverbund der Institution übernommen werden.	ja	tw	n
S	Wenn ein Synchronisationstool benutzt wird, SOLLTE sichergestellt sein, dass Synchronisationskonflikte aufgelöst werden können.	ja	tw	n
S	Der Synchronisationsvorgang SOLLTE protokolliert werden.	ja	tw	n
S	Außerdem SOLLTEN die Benutzer angewiesen werden, die Synchronisationsprotokolle zu prüfen.	ja	tw	n

Notizen:

A11 Sicherstellung der Energieversorgung von Laptops *Standard*
Zuständig: Benutzer

S	Alle Benutzer SOLLTEN darüber informiert werden, wie sie die Energieversorgung von Laptops im mobilen Einsatz optimal sicherstellen können.	ja	tw	n
S	Vorhandene Ersatzakkus SOLLTEN in geeigneten Hüllen gelagert und transportiert werden.	ja	tw	n

Notizen:

A12 Verlustmeldung für Laptops *Standard*
Zuständig: Benutzer

S	Benutzer SOLLTEN umgehend melden, wenn ein Laptop verloren gegangen ist oder gestohlen wurde.	ja	tw	n
S	Dafür SOLLTE es in der Institution klare Meldewege geben.	ja	tw	n
S	Wenn verlorene Laptops wieder auftauchen, SOLLTE untersucht werden, ob sie eventuell manipuliert wurden.	ja	tw	n
S	Die darauf eingesetzte Software inklusive des Betriebssystems SOLLTE komplett neu installiert werden.	ja	tw	n

Notizen:

A13 Verschlüsselung von Laptops *Standard*
Zuständig: IT-Betrieb

S	In Laptops verbaute Datenträger wie Festplatten oder SSDs SOLLTEN verschlüsselt werden.	ja	tw	n

Notizen:

SYS: IT-Systeme

A14 Geeignete Aufbewahrung von Laptops *Standard*

Zuständig: Benutzer

S Alle Benutzer SOLLTEN darauf hingewiesen werden, wie Laptops außerhalb der Institution sicher aufzubewahren sind. — ja tw n

S Abhängig vom Schutzbedarf der darauf gespeicherten Daten SOLLTEN Laptops auch in den Räumen der Institution außerhalb der Nutzungszeiten gegen Diebstahl gesichert bzw. verschlossen aufbewahrt werden. — ja tw n

Notizen:

A15 Geeignete Auswahl von Laptops *Standard*

Zuständig: Beschaffungsstelle

S Bevor Laptops beschafft werden, SOLLTEN die Zuständigen eine Anforderungsanalyse durchführen. — ja tw n

S Anhand der Ergebnisse SOLLTEN alle infrage kommenden Geräte bewertet werden. — ja tw n

S Die Beschaffungsentscheidung SOLLTE mit dem IT-Betrieb abgestimmt sein. — ja tw n

Notizen:

A16 Zentrale Administration und Verwaltung von Laptops *Hoch*
C I

Verantwortliche Rolle: IT-Betrieb

S Es SOLLTE eine geeignete Regelung definiert werden, wie Laptops zentral zu administrieren und verwalten sind. — ja tw n

S Ein Tool zum zentralen Laptop-Management SOLLTE möglichst alle eingesetzten Betriebssysteme unterstützen. — ja tw n

Notizen:

A17 Sammelaufbewahrung von Laptops *Hoch*
A

Verantwortliche Rolle: IT-Betrieb

S Nicht benutzte Laptops SOLLTEN in einem geeignet abgesicherten Raum vorgehalten werden. — ja tw n

S Der dafür genutzte Raum SOLLTE den Anforderungen aus INF.5 *Raum sowie Schrank für technische Infrastruktur* entsprechen. — ja tw n

Notizen:

A18 Einsatz von Diebstahl-Sicherungen *Hoch*
C I A

Verantwortliche Rolle: IT-Betrieb

S Es SOLLTE geregelt werden, welche Diebstahlsicherungen für Laptops eingesetzt werden sollen. — ja tw n

S Bei mechanischen Sicherungen SOLLTE besonders auf ein gutes Schloss geachtet werden. — ja tw n

Notizen:

SYS.3.2 Tablet und Smartphone

SYS.3.2.1 Allgemeine Smartphones und Tablets

A1 Festlegung einer Richtlinie für den Einsatz von Smartphones und Tablets *Basis*

Zuständig: IT-Betrieb

M	Bevor eine Institution Smartphones oder Tablets bereitstellt, betreibt oder einsetzt, MUSS eine generelle Richtlinie für die Nutzung und Kontrolle der Geräte festgelegt werden.	ja tw n
M	Hierbei MUSS unter anderem festgelegt werden, wer mit Smartphones auf welche Informationen der Institution zugreifen darf.	ja tw n

Notizen:

A2 Festlegung einer Strategie für die Cloud-Nutzung *Basis*

Zuständig: IT-Betrieb

M	Die Institution MUSS im Zusammenhang mit Smartphones und Tablets eine generelle Strategie für die Cloud-Nutzung sowie für den Schutz und die Kontrolle der Informationen festlegen.	ja tw n
M	Die erlaubte Nutzung von Cloud-Diensten für Informationen der Institution MUSS geklärt und festgelegt werden.	ja tw n
M	Es MUSS festgelegt werden, ob und in welchem Umfang Cloud-Dienste bei privater Nutzung der Geräte erlaubt sind.	ja tw n
M	Die Benutzer MÜSSEN regelmäßig bezüglich der Nutzung solcher Cloud-Dienste sensibilisiert werden.	ja tw n

Notizen:

A3 Sichere Grundkonfiguration für mobile Geräte *Basis*

Zuständig: IT-Betrieb

M	Alle mobilen Endgeräte MÜSSEN so konfiguriert sein, dass sie das erforderliche Schutzniveau angemessen erfüllen.	ja tw n
M	Dafür MUSS eine passende Grundkonfiguration der Sicherheitsmechanismen und -einstellungen zusammengestellt und dokumentiert werden.	ja tw n
S	Nicht benötigte Funktionen SOLLTEN deaktiviert werden.	ja tw n
M	Die Freischaltung von Kommunikationsschnittstellen MUSS geregelt und auf das dienstlich notwendige Maß reduziert werden.	ja tw n
S	Nicht benutzte Schnittstellen SOLLTEN deaktiviert werden.	ja tw n

Notizen:

SYS: IT-Systeme

A4 Verwendung eines Zugriffsschutzes *Basis*

Zuständig: Benutzer

M	Smartphones und Tablets MÜSSEN mit einem angemessen komplexen Gerätesperrcode geschützt werden.	ja	tw	n
M	Die Bildschirmsperre MUSS genutzt werden.	ja	tw	n
M	Die Anzeige von vertraulichen Informationen auf dem Sperrbildschirm MUSS deaktiviert sein.	ja	tw	n
M	Alle mobilen Geräte MÜSSEN nach einer angemessen kurzen Zeitspanne selbsttätig die Bildschirmsperre aktivieren.	ja	tw	n
M	Diese Zeitspanne MUSS in Abhängigkeit zum angestrebten Schutzniveau stehen.	ja	tw	n
S	Bei jedem fehlgeschlagenen Versuch, das Gerät zu entsperren, SOLLTE sich die Wartezeit zu einem neuen Versuch verlängern.	ja	tw	n
S	Die Anzahl der Gerätesperrcodes, nach der sich ein Code wiederholen darf, SOLLTE festgelegt werden.	ja	tw	n
S	Nach mehreren fehlgeschlagenen Versuchen, den Bildschirm zu entsperren, SOLLTE sich das mobile Gerät in den Werkszustand zurücksetzen.	ja	tw	n
S	Es SOLLTEN dabei die Daten oder die Verschlüsselungsschlüssel sicher vernichtet werden.	ja	tw	n
S	Es SOLLTE vermieden werden, dass die Benutzer bei einem Passwortwechsel Kennworte nutzen, die erst vor Kurzem verwendet wurden.	ja	tw	n

Notizen:

A5 Updates von Betriebssystem und Apps *Basis*

Zuständig: IT-Betrieb

M	Bereits bei der Auswahl von zu beschaffenden mobilen Geräten MUSS die Institution darauf achten, dass der Hersteller angibt, über welchen geplanten Nutzungszeitraum Sicherheitsaktualisierungen für die Geräte bereitgestellt werden.	ja	tw	n
M	Ältere Geräte, für die keine Aktualisierungen mehr bereitgestellt werden, MÜSSEN ausgesondert und durch vom Hersteller unterstützte Geräte ersetzt werden.	ja	tw	n
S	Apps SOLLTEN ebenfalls NICHT mehr eingesetzt werden, wenn sie nicht mehr durch den Hersteller unterstützt werden.	ja	tw	n

Notizen:

A6 Datenschutzeinstellungen und Berechtigungen *Basis*

Zuständig: IT-Betrieb

M	Der Zugriff von Apps und Betriebssystem auf Daten und Schnittstellen MUSS angemessen eingeschränkt werden.	ja	tw	n
M	Die Datenschutzeinstellungen MÜSSEN so restriktiv wie möglich konfiguriert werden.	ja	tw	n
M	Insbesondere der Zugriff auf Kamera, Mikrofon sowie Ortungs- und Gesundheits- bzw. Fitnessdaten MUSS auf Konformität mit den organisationsinternen Datenschutz- und Sicherheitsvorgaben überprüft werden.	ja	tw	n
M	Der Zugriff MUSS restriktiv konfiguriert bzw. deaktiviert werden.	ja	tw	n
M	Sicherheitsrelevante Berechtigungseinstellungen MÜSSEN so festgelegt werden, dass sie nicht durch Benutzer oder Apps geändert werden können.	ja	tw	n
M	Wo dies technisch nicht möglich ist, MÜSSEN die Berechtigungseinstellungen regelmäßig geprüft und erneut gesetzt werden.	ja	tw	n

Notizen:

A7 Verhaltensregeln bei Sicherheitsvorfällen *Basis*
Zuständig: Benutzer

M	Gehen Geräte verloren oder werden unberechtigte Änderungen an Gerät und Software festgestellt, MÜSSEN die Benutzer sofort die Zuständigen informieren.	ja	tw	n

Notizen:

A8 Installation von Apps *Basis*
Zuständig: IT-Betrieb

M	Die Institution MUSS regeln, ob, wie und welche Apps Benutzer selbst auf ihren Geräten installieren dürfen.	ja	tw	n
S	Benutzer SOLLTEN nur freigegebene Apps installieren dürfen.	ja	tw	n
M	Die Institution MUSS festlegen, aus welchen Quellen Apps installiert werden dürfen.	ja	tw	n
M	Es MUSS unterbunden werden, dass sich Apps aus nicht zugelassenen Quellen installieren lassen.	ja	tw	n

Notizen:

A9 Restriktive Nutzung von funktionalen Erweiterungen *Standard*
Zuständig: IT-Betrieb

S	Funktionale Erweiterungen SOLLTEN nur restriktiv genutzt werden.	ja	tw	n
S	Wenn möglich, SOLLTE auf funktionale Erweiterungen verzichtet werden.	ja	tw	n
S	Die funktionalen Erweiterungen SOLLTEN keinen automatischen Zugriff auf schützenswerte Informationen haben.	ja	tw	n
S	Sie SOLLTEN die festgelegte Grundkonfiguration nicht umgehen oder ändern können.	ja	tw	n

Notizen:

A10 Richtlinie für Mitarbeiter zur Benutzung von mobilen Geräten *Standard*
Zuständig: Benutzer

S	Eine verbindliche Richtlinie für Mitarbeiter zur Benutzung von mobilen Geräten SOLLTE erstellt werden.	ja	tw	n
S	Diese SOLLTE festlegen, wie mobile Geräte genutzt und gepflegt werden sollen.	ja	tw	n
S	Die Themen Aufbewahrung und Verlustmeldung SOLLTEN darin behandelt werden.	ja	tw	n
S	Außerdem SOLLTE verboten werden, Verwaltungssoftware zu deinstallieren, das Gerät zu rooten oder sicherheitsrelevante Konfigurationen zu ändern.	ja	tw	n

Notizen:

SYS: IT-Systeme

A11 Verschlüsselung des Speichers *Standard*
Zuständig: IT-Betrieb

S Der nichtflüchtige Speicher des mobilen Geräts SOLLTE verschlüsselt werden. ☐ ja ☐ tw ☐ n
S Schützenswerte Daten auf zusätzlich verwendeten Speichermedien, wie SD-Karten, SOLLTEN verschlüsselt werden. ☐ ja ☐ tw ☐ n

Notizen:

A12 Verwendung nicht personalisierter Gerätenamen *Standard*
Zuständig: IT-Betrieb

S Der Gerätename SOLLTE keine Hinweise auf die Institution oder den Benutzer enthalten. ☐ ja ☐ tw ☐ n

Notizen:

A13 Regelungen zum Screensharing und Casting *Standard*
Zuständig: IT-Betrieb

S Es SOLLTE entschieden werden, ob und wie Funktionen zur Übertragung von Bildschirminhalten, Audio oder Video (Screensharing oder Casting) eingesetzt werden sollen. ☐ ja ☐ tw ☐ n
S Die Funktionen SOLLTEN organisatorisch oder technisch geregelt werden. ☐ ja ☐ tw ☐ n
S Hierzu SOLLTE eine entsprechende Vereinbarung mit den Benutzern getroffen werden. ☐ ja ☐ tw ☐ n

Notizen:

A14 ENTFALLEN *Standard*

A15 ENTFALLEN *Standard*

A16 Deaktivierung nicht benutzter Kommunikationsschnittstellen *Standard*
Zuständig: Benutzer

S Kommunikationsschnittstellen SOLLTEN nur bei Bedarf und nur in geeigneten Umgebungen aktiviert werden. ☐ ja ☐ tw ☐ n
S Wird ein MDM verwendet, SOLLTEN die Schnittstellen zentral über das MDM verwaltet werden. ☐ ja ☐ tw ☐ n

Notizen:

A17 ENTFALLEN *Standard*

A18 Verwendung biometrischer Authentisierung *Standard*

Zuständig: IT-Betrieb

S   Wenn biometrische Verfahren zur Authentisierung (z.B. ein Fingerabdrucksensor) genutzt werden sollen, SOLLTE geprüft werden, ob dadurch ein ähnlich hoher oder höherer Schutz im Vergleich zu einem Gerätepasswort erzielt werden kann.   ja   tw   n

S   Im Zweifelsfall oder bei einem schlechteren Schutz SOLLTEN biometrische Verfahren NICHT genutzt werden.   ja   tw   n

S   Die Benutzer SOLLTEN für die Fälschbarkeit von biometrischen Merkmalen sensibilisiert werden.   ja   tw   n

Notizen:

A19 Verwendung von Sprachassistenten *Standard*

Zuständig: IT-Betrieb

S   Sprachassistenten SOLLTEN nur eingesetzt werden, wenn sie zwingend notwendig sind.   ja   tw   n

S   Andernfalls SOLLTEN sie deaktiviert werden.   ja   tw   n

S   Generell SOLLTE ein Sprachassistent nicht genutzt werden können, wenn das Gerät gesperrt ist.   ja   tw   n

Notizen:

A20 ENTFALLEN *Standard*

A21 ENTFALLEN *Standard*

A22 Einbindung mobiler Geräte in die interne Infrastruktur via VPN *Standard*

Zuständig: IT-Betrieb

S   Mobile Endgeräte SOLLTEN nur mittels eines VPN in die Infrastruktur der Institution integriert werden.   ja   tw   n

S   Hierzu SOLLTE ein geeignetes Verfahren ausgewählt und eingesetzt werden.   ja   tw   n

S   Statt durch Passwörter SOLLTEN sich die Geräte über Zertifikate gegenüber der internen Infrastruktur authentisieren.   ja   tw   n

Notizen:

SYS: IT-Systeme

A28 Verwendung der Filteroption für Webseiten *Standard*

Zuständig: IT-Betrieb

S Wird in der Institution bereits ein Reputationsdienst oder ein entsprechender Proxy-Server verwendet, SOLLTE dieser als globaler HTTP-Proxy für alle installierten Browser hinterlegt werden. ☐ ja ☐ tw ☐ n

S Ist der Proxy nur im internen Netz erreichbar, SOLLTEN die Endgeräte über eine VPN-Verbindung wahlweise permanent oder basierend auf den verwendeten Apps geeignet eingebunden werden. ☐ ja ☐ tw ☐ n

S Sind die mobilen Endgeräte nicht in eine vorhandene Proxy- oder Reputations-Infrastruktur der Institution eingebunden, SOLLTEN für Web-Browser Filteroptionen auf Basis von Whitelists oder Blacklists oder Inhaltsfilter Dritter verwendet werden. ☐ ja ☐ tw ☐ n

Notizen:

A31 Regelung zu Mobile Payment *Standard*

Zuständig: IT-Betrieb

S Es SOLLTE geregelt werden, ob Mobile Payment mit dienstlichen Smartphones und Tablets erlaubt wird. ☐ ja ☐ tw ☐ n

Notizen:

A32 MDM Nutzung *Standard*

Zuständig: IT-Betrieb

S Smartphones und Tablets SOLLTEN durch ein MDM-System verwaltet werden. ☐ ja ☐ tw ☐ n

Notizen:

A33 Auswahl und Installation von Sicherheits-Apps *Standard*

Zuständig: IT-Betrieb

S Alle mobilen Endgeräte SOLLTEN vor Schadprogrammen geschützt werden. ☐ ja ☐ tw ☐ n
S Falls möglich, SOLLTEN für das Endgerät geeignete Sicherheits-Apps ausgewählt werden. ☐ ja ☐ tw ☐ n
S Die Sicherheits-Apps SOLLTEN automatisch, zum Beispiel durch ein MDM, installiert werden. ☐ ja ☐ tw ☐ n

Notizen:

A34 Konfiguration des verwendeten DNS-Servers *Standard*

Zuständig: IT-Betrieb

S Standard-Gateway-Einträge, wie beispielsweise DNS-Server des Herstellers oder des Entwicklers, SOLLTEN durch die des Providers oder durch eigene ersetzt werden. ☐ ja ☐ tw ☐ n
S Sollte der Provider sogenanntes DNS-over-HTTPS (DoH) anbieten, SOLLTE dieses verwendet werden. ☐ ja ☐ tw ☐ n
S Bietet er es noch nicht an, SOLLTE es deaktiviert werden. ☐ ja ☐ tw ☐ n

Notizen:

| A23 | **ENTFALLEN** | | | *Hoch* |
| A24 | **ENTFALLEN** | | | *Hoch* |

A25 Nutzung von getrennten Arbeitsumgebungen — *Hoch* **C I**
Verantwortliche Rolle: IT-Betrieb

S	Ist es den Mitarbeitern erlaubt, dienstliche Geräte auch privat zu nutzen, SOLLTEN Lösungen für getrennte Arbeitsumgebungen auf dem Endgerät eingesetzt werden.	ja	tw	n
S	Wenn möglich, SOLLTEN dafür nur zertifizierte Produkte (z.B. nach Common Criteria) beschafft werden.	ja	tw	n
S	Dienstliche Daten SOLLTEN ausschließlich in der dienstlichen Umgebung verbleiben.	ja	tw	n

Notizen:

A26 Nutzung von PIM-Containern — *Hoch* **C I A**
Verantwortliche Rolle: IT-Betrieb

S	Informationen auf den mobilen Endgeräten SOLLTEN gekapselt werden, zum Beispiel in einem PIM-Container.	ja	tw	n
S	Zusätzlich SOLLTEN die Daten durch eine separate Authentisierung und eine vom Betriebssystem unabhängige Daten- und Transportverschlüsselung abgesichert werden.	ja	tw	n

Notizen:

A27 Einsatz besonders abgesicherter Endgeräte — *Hoch* **C I A**
Verantwortliche Rolle: IT-Betrieb

S	Institutionen SOLLTEN abhängig vom Schutzbedarf besonders abgesicherte mobile Endgeräte einsetzen, die für die Verarbeitung von Informationen nach gesetzlichen Informationsschutz-Klassifizierungen zertifiziert sind.	ja	tw	n

Notizen:

A29 Verwendung eines institutionsbezogenen APN — *Hoch* **C I A**
Verantwortliche Rolle: IT-Betrieb

S	Es SOLLTE geprüft werden, ob ein institutionsbezogener Zugangspunkt zum Mobilfunknetz (APN, Access Point Name) zur Eingrenzung des erlaubten Geräte-Pools verwendet werden kann.	ja	tw	n
S	Alle Geräte, die diesen APN verwenden, SOLLTEN vom Mobilfunk-Provider einen mit der Institution abgestimmten IP-Adressbereich erhalten.	ja	tw	n
S	Für die Authentisierung SOLLTE ein komplexes Passwort mit maximal 64 Stellen mit dem Mobilfunk-Provider vereinbart werden.	ja	tw	n
S	Beim Einsatz eines institutionsbezogenen APN SOLLTE die Authentisierung auf Basis des Protokolls CHAP realisiert werden.	ja	tw	n

Notizen:

SYS: IT-Systeme

A30 Einschränkung der App-Installation mittels Whitelist *Hoch*
Verantwortliche Rolle: IT-Betrieb **C I A**

S Bei erhöhtem Schutzbedarf SOLLTEN die Benutzer der mobilen Endgeräte nur freigegebene und geprüfte Apps installieren dürfen. ☐ ja ☐ tw ☐ n

S Wird ein MDM eingesetzt, SOLLTE es verhindern, dass andere Apps installiert werden oder alternativ unbefugt installierte Apps sofort wieder entfernen. ☐ ja ☐ tw ☐ n

Notizen:

A35 Verwendung einer Firewall *Hoch*
Verantwortliche Rolle: IT-Betrieb **C I A**

S Auf Smartphones und Tablets SOLLTE eine Firewall installiert und aktiviert sein. ☐ ja ☐ tw ☐ n

Notizen:

SYS.3.2.2 Mobile Device Management (MDM)

A1 Festlegung einer Strategie für das Mobile Device Management *Basis*
Zuständig: IT-Betrieb

M Es MUSS eine Strategie erarbeitet werden, die festlegt, wie Mitarbeiter mobile Endgeräte benutzen dürfen und wie die Geräte in die IT-Strukturen der Institution integriert sind. ☐ ja ☐ tw ☐ n

M Grundlage MUSS dabei der Schutzbedarf der zu verarbeitenden Informationen sein. ☐ ja ☐ tw ☐ n

M Die Strategie MUSS mindestens folgende Aspekte abdecken: ☐ ja ☐ tw ☐ n
- Darf das MDM als Cloud-Dienst betrieben werden?
- Soll das MDM durch die Institution selbst betrieben werden?
- Soll das MDM alle Apps bereitstellen oder darf der Beutzer selber Apps installieren? Welche Restriktionen gibt die Institution bei bereitgestellten oder selbst installierten Apps vor?
- Soll das MDM in eine weitere Infrastruktur eingebunden werden?
- Welche Anforderungen bezüglich Supportleistungen und Reaktionszeiten sind an den Anbieter des MDM zu stellen?
- Welche Compliance-Anforderungen müssen durchgesetzt werden?
- Welche mobilen Geräte und welche Betriebssysteme muss das MDM unterstützen?
- Muss die MDM-Lösung mandantenfähig sein? Gewährleistet sie die notwendige Mandantentrennung?
- Müssen Cloud-Dienste eingebunden werden?
- Müssen Dokumentenmanagementsysteme eingebunden werden?
- Muss das MDM auch Peripheriegeräte einbinden und verwalten?
- Welches Betriebsmodell soll eingesetzt werden: private Endgeräte (Bring Your Own Device, BYOD), personalisierte Endgeräte (Eigentum der Institution) oder nicht personalisierte Endgeräte (Eigentum der Institution, gemeinsam genutzt)?.

M Die Strategie MUSS schriftlich fixiert und vom ISB freigegeben werden. ☐ ja ☐ tw ☐ n

Notizen:

A2 Festlegung erlaubter mobiler Endgeräte *Basis*

Zuständig: IT-Betrieb

M Es MUSS festgelegt werden, welche mobilen Endgeräte und Betriebssysteme in der Institution zugelassen sind. — ja / tw / n

M Alle erlaubten Geräte und Betriebssysteme MÜSSEN den Anforderungen der MDM-Strategie genügen und die technischen Sicherheitsanforderungen der Institution vollständig erfüllen. — ja / tw / n

M Das MDM MUSS so konfiguriert werden, dass nur mit freigegebenen Geräten auf Informationen der Institution zugegriffen werden kann. — ja / tw / n

M Es DÜRFEN nur von der Institution zugelassene mobile Endgeräte beschafft werden. — ja / tw / n

Notizen:

A3 Auswahl eines MDM-Produkts *Basis*

Zuständig: IT-Betrieb

M Wenn eine geeignete MDM-Software beschafft werden soll, MUSS sichergestellt sein, dass sich mit ihr alle in der MDM-Strategie festgelegten Anforderungen erfüllen lassen. — ja / tw / n

M Auch MUSS sie sämtliche technischen und organisatorischen Sicherheitsmaßnahmen umsetzen können und alle zugelassenen mobilen Endgeräte unterstützen. — ja / tw / n

Notizen:

A4 Verteilung der Grundkonfiguration auf mobile Endgeräte *Basis*

Zuständig: IT-Betrieb

M Alle mobilen Endgeräte MÜSSEN, bevor sie eingesetzt werden, in das MDM integriert werden. — ja / tw / n

M Wenn die Geräte die Grundkonfiguration erhalten, MÜSSEN sie sich im Werkszustand befinden. — ja / tw / n

M Die Verbindung der mobilen Endgeräte zum MDM MUSS angemessen abgesichert werden. — ja / tw / n

M Bei bereits benutzten Geräten MÜSSEN vorher alle institutionsbezogenen Daten gelöscht werden. — ja / tw / n

M Ein nicht über MDM konfiguriertes Endgerät DARF NICHT auf Informationen der Institution zugreifen können. — ja / tw / n

Notizen:

A5 Installation des MDM Clients *Basis*

Zuständig: IT-Betrieb

M Wenn mobile Endgeräte an Mitarbeiter übergeben werden, MUSS, wenn vom Betriebssystem nicht bereits bereitgestellt, darauf der MDM-Client installiert und konfiguriert sein. — ja / tw / n

Notizen:

SYS: IT-Systeme

A20 Regelmäßige Überprüfung des MDM *Basis*
Zuständig: IT-Betrieb

		ja	tw	n
M	Sicherheitseinstellungen MÜSSEN regelmäßig überprüft werden.	ja	tw	n
M	Bei neuen Betriebssystemversionen der mobilen Endgeräte MUSS vorab geprüft werden, ob das MDM diese vollständig unterstützt und die Konfigurationsprofile und Sicherheitseinstellungen weiterhin wirksam und ausreichend sind.	ja	tw	n
M	Abweichungen MÜSSEN korrigiert werden.	ja	tw	n
M	Die zugeteilten Berechtigungen für Benutzer und Administratoren MÜSSEN regelmäßig daraufhin überprüft werden, ob sie weiterhin angemessen sind (Minimalprinzip).	ja	tw	n

Notizen:

A6 Protokollierung des Gerätestatus *Standard*
Zuständig: IT-Betrieb

		ja	tw	n
S	Der Lebenszyklus einschließlich der Konfigurationshistorie eines mobilen Endgerätes SOLLTE ausreichend protokolliert und zentral abrufbar sein.	ja	tw	n
S	Bei Bedarf SOLLTE der aktuelle Status der verwalteten Endgeräte durch den Administrator ermittelt werden können (Device Audit).	ja	tw	n

Notizen:

A7 Installation von Apps *Standard*
Zuständig: IT-Betrieb

		ja	tw	n
S	Apps SOLLTEN gemäß den Anforderungen des geplanten Einsatzszenarios über das MDM installiert, deinstalliert und aktualisiert werden.	ja	tw	n
S	Das MDM SOLLTE die Installation, Deinstallation und Aktualisierung erzwingen, sobald eine Verbindung zum mobilen Endgerät besteht.	ja	tw	n
S	Über das MDM installierte Apps SOLLTEN NICHT durch den Benutzer deinstalliert werden können.	ja	tw	n
S	Das MDM SOLLTE eine Black- oder White-List für die Installation von Apps ermöglichen.	ja	tw	n

Notizen:

A8 ENTFALLEN *Standard*

A9 ENTFALLEN *Standard*

A10 ENTFALLEN *Standard*

A11 ENTFALLEN *Standard*

A12 Absicherung der MDM-Betriebsumgebung *Standard*
Zuständig: IT-Betrieb

S Das MDM selbst SOLLTE durch technische Maßnahmen abgesichert werden, um dem Schutzbedarf der hinterlegten oder verarbeiteten Informationen zu genügen.   ja tw n

S Das zugrundeliegende Betriebssystem SOLLTE gehärtet werden.   ja tw n

Notizen:

A21 Verwaltung von Zertifikaten *Standard*
Zuständig: IT-Betrieb

S Zertifikate zur Nutzung von Diensten auf dem mobilen Endgerät SOLLTEN zentral über das MDM installiert, deinstalliert und aktualisiert werden.   ja tw n

S Die Installation von nicht vertrauenswürdigen und nicht verifizierbaren (Root-) Zertifikaten durch den Benutzer SOLLTE durch das MDM verhindert werden.   ja tw n

S Das MDM SOLLTE Mechanismen unterstützen, um die Gültigkeit von Zertifikaten zu überprüfen.   ja tw n

Notizen:

A22 Fernlöschung und Außerbetriebnahme von Endgeräten *Standard*
Zuständig: IT-Betrieb

S Das MDM SOLLTE sicherstellen, dass sämtliche dienstliche Daten auf dem mobilen Endgerät aus der Ferne gelöscht werden können (Remote Wipe bei bestehender Datenverbindung).   ja tw n

S Werden in dem mobilen Endgerät externe Speicher genutzt, SOLLTE geprüft werden, ob diese bei einem Remote Wipe ebenfalls gelöscht werden sollen.   ja tw n

S Diese Funktion SOLLTE vom MDM unterstützt werden.   ja tw n

S Der Prozess zur Außerbetriebnahme des mobilen Endgerätes (Unenrollment) SOLLTE sicherstellen, dass keine schutzbedürftigen Daten auf dem mobilen Endgerät oder eingebundenen Speichermedien verbleiben.   ja tw n

S Dies SOLLTE insbesondere dann gelten, wenn das Unenrollment aus der Ferne ausgeführt wird.   ja tw n

Notizen:

A13 ENTFALLEN *Hoch*

A14 Benutzung externer Reputation-Services für Apps *Hoch*
Verantwortliche Rolle: IT-Betrieb C I

S Wenn die Administratoren einer Institution die erlaubten Apps nicht selbst auswählen können und Benutzer selbstständig Apps auf ihren Geräten installieren dürfen, SOLLTE ein sogenannter Reputation-Service eingesetzt werden.   ja tw n

S Das MDM SOLLTE dann mithilfe dieser Informationen aus dem Reputation-Service die Installation von Apps zumindest einschränken.   ja tw n

Notizen:

A15 ENTFALLEN *Hoch*

SYS: IT-Systeme

A16 ENTFALLEN *Hoch*

A17 Kontrolle der Nutzung von mobilen Endgeräten *Hoch*
Verantwortliche Rolle: IT-Betrieb — **I**

- S Es SOLLTEN angemessene Kriterien definiert werden, aufgrund derer die Geräte zu überwachen sind, ohne gegen gesetzliche oder interne Regelungen zu verstoßen. ☐ ja ☐ tw ☐ n
- S Insbesondere SOLLTEN sogenannte Jailbreaks oder sogenanntes Routen erkannt werden. ☐ ja ☐ tw ☐ n

Notizen:

A18 ENTFALLEN *Hoch*

A19 Einsatz von Geofencing *Hoch*
Verantwortliche Rolle: IT-Betrieb — **C I**

- S Durch die Hinterlegung einer Geofencing-Richtlinie SOLLTE sichergestellt werden, dass Geräte mit schutzbedürftigen Informationen nicht außerhalb eines zuvor festgelegten geografischen Bereichs verwendet werden können. ☐ ja ☐ tw ☐ n
- S Wird der geografische Bereich verlassen, SOLLTEN entsprechend klassifizierte Informationen oder das Gerät vollständig gelöscht werden. ☐ ja ☐ tw ☐ n
- S Bevor das Gerät selektiv oder vollständig gelöscht wird, SOLLTEN die verantwortlichen Administratoren und das Sicherheitsmanagement sowie der Benutzer informiert werden. ☐ ja ☐ tw ☐ n
- S Erst mit einer angemessenen zeitlichen Verzögerung SOLLTE das Gerät selektiv oder vollständig gelöscht werden. ☐ ja ☐ tw ☐ n
- S Die Bereiche, an denen diese zusätzlichen Sicherheitsmaßnahmen nötig sind, SOLLTEN identifiziert werden. ☐ ja ☐ tw ☐ n
- S Anschließend SOLLTEN die Sicherheitsmaßnahmen unter Beachtung gesetzlicher und interner Regelungen umgesetzt werden. ☐ ja ☐ tw ☐ n

Notizen:

A23 Durchsetzung von Compliance-Anforderungen *Hoch*
Verantwortliche Rolle: IT-Betrieb — **C I**

- S Verstöße gegen die Regelungen der Institution oder sogar eine Manipulation des Betriebssystems SOLLTEN mit einer geeigneten Lösung erkannt werden. ☐ ja ☐ tw ☐ n
- S Die folgenden Aktionen SOLLTEN bei Verdacht auf Verstoß gegen Regelungen oder Manipulation des Betriebssystems ausgeführt werden. ☐ ja ☐ tw ☐ n
- S Hierzu SOLLTEN entsprechende Funktionen bereitgestellt werden: ☐ ja ☐ tw ☐ n
    1. selbstständiges Versenden von Warnhinweisen,
    2. selbstständiges Sperren des Geräts,
    3. Löschen der vertraulichen Informationen der Institution,
    4. Löschen des kompletten Geräts,
    5. Verhindern des Zugangs zu Unternehmens-Apps sowie
    6. Verhindern des Zugangs zu den Systemen und Informationen der Institution.
- S Bei Verdacht auf einen Verstoß oder eine Manipulation SOLLTE ein Alarm an die verantwortlichen Administratoren und das Sicherheitsmanagement in der Institution gesandt werden. ☐ ja ☐ tw ☐ n

Notizen:

SYS.3.2.3 iOS (for Enterprise)

A1 Strategie für die iOS-Nutzung *Basis*
Zuständig: IT-Betrieb

M Wird ein MDM eingesetzt, so MÜSSEN die iOS-basierten Geräte über das MDM verwaltet und konfiguriert werden. ☐ ja ☐ tw ☐ n

M Hierzu MUSS eine Strategie zur iOS-Nutzung vorliegen, in der Aspekte wie die Auswahl der Endgeräte oder Strategien für Datensicherungen festgelegt werden. ☐ ja ☐ tw ☐ n

M Es MUSS geregelt werden, ob zusätzliche Apps von Drittanbietern genutzt werden sollen bzw. dürfen. ☐ ja ☐ tw ☐ n

M Außerdem MÜSSEN Jailbreaks organisatorisch untersagt und nach Möglichkeit technisch verhindert werden. ☐ ja ☐ tw ☐ n

Notizen:

A2 Planung des Einsatzes von Cloud-Diensten *Basis*
Zuständig: IT-Betrieb

M Bevor iOS-basierte Geräte verwendet werden, MUSS festgelegt werden, welche Cloud-Services in welchem Umfang genutzt werden sollen bzw. dürfen. ☐ ja ☐ tw ☐ n

S Dabei SOLLTE berücksichtigt werden, dass iOS-basierte Geräte grundsätzlich eng mit iCloud-Diensten des Herstellers Apple verzahnt sind. ☐ ja ☐ tw ☐ n

S Außerdem SOLLTE berücksichtigt werden, dass beispielsweise bereits die Aktivierung von Einzelgeräten mit einer Apple-ID hiervon betroffen ist. ☐ ja ☐ tw ☐ n

S Daher SOLLTE geprüft werden, ob zur Geräteregistrierung Apple Business Manager (früher Device Enrollment Program, DEP) genutzt werden kann. ☐ ja ☐ tw ☐ n

Notizen:

A3 ENTFALLEN *Basis*

A4 ENTFALLEN *Basis*

A5 ENTFALLEN *Basis*

A6 ENTFALLEN *Basis*

A7 Verhinderung des unautorisierten Löschens von Konfigurationsprofilen *Basis*
Zuständig: IT-Betrieb

M Damit Konfigurationsprofile nicht unautorisiert gelöscht werden können, MÜSSEN geeignete technische (z.B. durch den betreuten Modus) oder organisatorische Maßnahmen getroffen und umgesetzt werden. ☐ ja ☐ tw ☐ n

S Benutzer von mobilen Endgeräten SOLLTEN für den Sinn und Zweck der Sicherheitsmaßnahmen sensibilisiert werden. ☐ ja ☐ tw ☐ n

Notizen:

A8 ENTFALLEN *Basis*

A9 ENTFALLEN *Standard*

A10 ENTFALLEN *Standard*

SYS: IT-Systeme

A11 ENTFALLEN *Standard*

A12 Verwendung von Apple-IDs *Standard*
Zuständig: IT-Betrieb

- S Statt einer persönlichen Apple-ID des Benutzers SOLLTE eine anonymisierte Apple-ID verwendet werden. ☐ ja ☐ tw ☐ n
- S Falls möglich, SOLLTE der Apple Business Manager für Volumenlizenzen (früher Volume Purchase Program, VPP) sowie eine zentralisierte Installation von Apps verwendet werden. ☐ ja ☐ tw ☐ n

Notizen:

A13 Verwendung der Konfigurationsoption „Einschränkungen unter iOS" *Standard*
Zuständig: IT-Betrieb

- S Alle nicht benötigten oder erlaubten Funktionen bzw. Dienste von iOS SOLLTEN deaktiviert werden. ☐ ja ☐ tw ☐ n
- S Basierend auf dem Einsatzzweck und dem zugrundeliegenden Schutzbedarf SOLLTE geprüft werden, welche der Funktionen „Sperrbildschirm", „Unified Communication", „Siri", „Hintergrundbild", „Verbindung mit Host-Systemen" und „Diagnose- und Nutzungsdaten" einzusetzen sind. ☐ ja ☐ tw ☐ n

Notizen:

A14 Verwendung der iCloud-Infrastruktur *Standard*
Zuständig: IT-Betrieb

- S Bevor die umfängliche oder selektive Nutzung der iCloud-Infrastruktur für eine dienstliche Nutzung freigegeben wird, SOLLTE bewertet werden, ob die allgemeinen Geschäftsbedingungen der Firma Apple mit den internen Richtlinien hinsichtlich Verfügbarkeit, Vertraulichkeit, Integrität und Datenschutz vereinbar sind. ☐ ja ☐ tw ☐ n
- S Wird die Nutzung der iCloud-Infrastruktur erlaubt, SOLLTE die Identität am iCloud-Webservice durch eine Zwei-Faktor-Authentisierung geprüft werden. ☐ ja ☐ tw ☐ n
- S Ansonsten SOLLTE die iCloud-Nutzung für einen rein dienstlichen Bedarf auf ein geringes Maß reduziert oder komplett ausgeschlossen werden. ☐ ja ☐ tw ☐ n

Notizen:

A15 Verwendung der Continuity-Funktionen *Standard*
Zuständig: IT-Betrieb

- S Wurde die Nutzung der iCloud-Infrastruktur nicht grundsätzlich durch das Sicherheitsmanagement der Institution untersagt, SOLLTE die Vereinbarkeit der Continuity-Funktionen mit den internen Richtlinien unter Berücksichtigung der Aspekte Vertraulichkeit und Integrität bewertet werden. ☐ ja ☐ tw ☐ n
- S Auf Basis der Bewertungsergebnisse SOLLTE geregelt werden, inwieweit diese Funktionen technisch bzw. organisatorisch eingeschränkt werden. ☐ ja ☐ tw ☐ n

Notizen:

A16 ENTFALLEN *Standard*

A17 Verwendung der Gerätecode-Historie *Standard*

Zuständig: IT-Betrieb

S Im Konfigurationsprofil SOLLTE die Anzahl der eindeutigen Codes bis zur ersten Wiederholung auf einen angemessenen Wert festgelegt sein.   ja   tw   n

Notizen:

A18 Verwendung der Konfigurationsoption für den Browser Safari *Standard*

Zuständig: IT-Betrieb

S Die bereits in der Institution etablierten Browserrichtlinien SOLLTEN entsprechend auch für Safari durch technische und organisatorische Maßnahmen umgesetzt werden.   ja   tw   n

S Dabei SOLLTEN die bereits etablierten Anforderungen für Browser auf stationären und tragbaren PCs als Grundlage für die Absicherung der iOS-basierten Geräte dienen sowie die Einsatzszenarien.   ja   tw   n

S Das Einsatzumfeld der Geräte SOLLTE beachtet werden.   ja   tw   n

Notizen:

A19 ENTFALLEN *Standard*

A20 ENTFALLEN *Standard*

A21 Installation von Apps und Einbindung des Apple App Stores *Standard*

Zuständig: IT-Betrieb

S Um sicherzustellen, dass den autorisierten Benutzern die benötigten Apps zum notwendigen Zeitpunkt ausreichend zur Verfügung stehen, SOLLTE überlegt werden, den Apple Business Manager in die MDM-Infrastruktur zu integrieren.   ja   tw   n

S Zahlungen im App Store SOLLTE NICHT über biometrische Verfahren bestätigt werden.   ja   tw   n

Notizen:

A22 ENTFALLEN *Hoch*

A23 Verwendung der automatischen Konfigurationsprofillöschung *Hoch*

Verantwortliche Rolle: IT-Betrieb   C I

S Geräte, die über einen klar definierten Zeitraum durchgängig offline sind, SOLLTEN ihren Zugang zur internen Infrastruktur verlieren.   ja   tw   n

S Nach Ablauf des definierten Zeitraums oder an einem bestimmten Tag, SOLLTE das Konfigurationsprofil ohne Zutun der IT-Zuständigen gelöscht werden.   ja   tw   n

S Falls der Benutzer des Geräts vor Ablauf der Frist auf das interne Netz zugreift, SOLLTE der Zeitraum bis zur automatischen Löschung des Konfigurationsprofils erneuert werden.   ja   tw   n

S Falls sicherzustellen ist, ob der Benutzer noch im Besitz des Gerätes ist, SOLLTE der Benutzer aktiv zum Zugriff innerhalb einer Frist aufgefordert werden.   ja   tw   n

Notizen:

A24 ENTFALLEN *Hoch*

SYS: IT-Systeme

A25 Verwendung der Konfigurationsoption für AirPrint — *Hoch* C I

Verantwortliche Rolle: IT-Betrieb

S Freigegebene AirPrint-Drucker SOLLTEN dem Benutzer durch ein Konfigurationsprofil bereitgestellt werden. ☐ ja ☐ tw ☐ n

S Um zu vermeiden, dass Informationen auf nicht vertrauenswürdigen Druckern von Benutzern ausgedruckt werden können, SOLLTEN stets alle Kommunikationsverbindungen über die Infrastruktursysteme der Institution geführt werden. ☐ ja ☐ tw ☐ n

Notizen:

A26 Keine Verbindung mit Host-Systemen — *Hoch* C I

Verantwortliche Rolle: IT-Betrieb

S Um zu vermeiden, dass iOS-basierte Geräte unautorisiert mit anderen IT-Systemen verbunden werden, SOLLTEN die Benutzer iOS-basierte Geräte ausschließlich mit dem MDM verbinden können. ☐ ja ☐ tw ☐ n

Notizen:

A27 ENTFALLEN — *Hoch*

SYS.3.2.4 Android

A1 ENTFALLEN — *Basis*

A2 Deaktivieren der Entwickler-Optionen — *Standard*

Zuständig: IT-Betrieb

S In allen Android-basierten Geräten SOLLTEN die Entwickleroptionen deaktiviert sein. ☐ ja ☐ tw ☐ n

Notizen:

A3 Einsatz des Multi-User- und Gäste-Modus — *Standard*

Zuständig: IT-Betrieb

S Es SOLLTE geregelt sein, ob ein Gerät mit anderen Personen geteilt werden darf. ☐ ja ☐ tw ☐ n

S Es SOLLTE festgelegt werden, ob dazu der Multi-User- oder Gäste-Modus verwendet werden muss. ☐ ja ☐ tw ☐ n

S Ein Benutzer auf einem Android-basierten Gerät SOLLTE eine natürlichen Person sein. ☐ ja ☐ tw ☐ n

Notizen:

A4 ENTFALLEN — *Standard*

A5	**Erweiterte Sicherheitseinstellungen**	*Standard*			
	Zuständig: IT-Betrieb				
S	Es SOLLTEN sich nur freigegebene Sicherheits-Apps als Geräteadministrator oder „Trust Agents" eintragen lassen.		ja	tw	n
S	Dies SOLLTE regelmäßig überprüft werden.		ja	tw	n
S	Weiterhin SOLLTE es nur erlaubten Apps möglich sein, auf Nutzungsdaten und auf Benachrichtigungen zuzugreifen.		ja	tw	n

Notizen:

A6	**ENTFALLEN**	*Hoch*

A7	**ENTFALLEN**	*Hoch*

SYS.3.3 Mobiltelefon

A1	**Sicherheitsrichtlinien und Regelungen für die Mobiltelefon-Nutzung**	*Basis*			
	Zuständig: IT-Betrieb				
M	Im Hinblick auf die Nutzung und Kontrolle der Geräte MUSS eine Sicherheitsrichtlinie erstellt werden.		ja	tw	n
M	Jedem Benutzer eines Mobiltelefons MUSS ein Exemplar der Sicherheitsrichtlinie ausgehändigt werden.		ja	tw	n
M	Es MUSS regelmäßig überprüft werden, ob die Sicherheitsrichtlinie eingehalten wird.		ja	tw	n
S	Die Sicherheitsleitlinie zur dienstlichen Nutzung von Mobiltelefonen SOLLTE Bestandteil der Schulung zu Sicherheitsmaßnahmen sein.		ja	tw	n

Notizen:

A2	**Sperrmaßnahmen bei Verlust eines Mobiltelefons**	*Basis*			
	Zuständig: Benutzer				
M	Bei Verlust eines Mobiltelefons MUSS die darin verwendete SIM-Karte zeitnah gesperrt werden.		ja	tw	n
S	Falls möglich, SOLLTEN vorhandene Mechanismen zum Diebstahlschutz, wie Fernlöschung oder -sperrung, genutzt werden.		ja	tw	n
M	Alle notwendigen Informationen zur Sperrung von SIM-Karte und Mobiltelefon MÜSSEN unmittelbar griffbereit sein.		ja	tw	n

Notizen:

SYS: IT-Systeme

A3 **Sensibilisierung und Schulung der Mitarbeiter im Umgang mit Mobiltelefonen** *Basis*

Zuständig: IT-Betrieb

M	Mitarbeiter MÜSSEN für die besonderen Gefährdungen der Informationssicherheit durch Mobiltelefone sensibilisiert werden.	ja	tw	n
M	Sie MÜSSEN in die Sicherheitsfunktion der Mobiltelefone eingewiesen sein.	ja	tw	n
M	Den Benutzern MUSS der Prozess bekannt sein, durch den die Mobiltelefone gesperrt werden können.	ja	tw	n
M	Die Benutzer MÜSSEN darauf hingewiesen werden, wie die Mobiltelefone sicher und korrekt aufbewahrt werden sollten.	ja	tw	n

Notizen:

A4 **Aussonderung und ordnungsgemäße Entsorgung von Mobiltelefonen und darin verwendeter Speicherkarten** *Basis*

Zuständig: IT-Betrieb

M	Mobiltelefone MÜSSEN vor der Entsorgung auf den Werkszustand zurückgesetzt werden.	ja	tw	n
M	Es MUSS überprüft werden, ob alle Daten gelöscht wurden.	ja	tw	n
S	Es SOLLTE zudem sichergestellt werden, dass die Mobiltelefone und eventuell darin verwendete Speicherkarten ordnungsgemäß entsorgt werden.	ja	tw	n
M	Falls die Mobiltelefone und Speicherkarten erst zu einem späteren Zeitpunkt beziehungsweise in größerer Anzahl entsorgt werden, MÜSSEN die gesammelten Mobiltelefone und Speicherkarten vor unberechtigtem Zugriff geschützt werden.	ja	tw	n

Notizen:

A5 **Nutzung der Sicherheitsmechanismen von Mobiltelefonen** *Standard*

Zuständig: Benutzer

S	Die verfügbaren Sicherheitsmechanismen SOLLTEN auf den Mobiltelefonen genutzt und vorkonfiguriert werden.	ja	tw	n
S	Die SIM-Karte SOLLTE durch eine sichere PIN geschützt werden.	ja	tw	n
S	Die Super-PIN/PUK SOLLTE nur im Rahmen der definierten Prozesse von den Zuständigen benutzt werden.	ja	tw	n
S	Das Mobiltelefon SOLLTE durch einen Geräte-Code geschützt werden.	ja	tw	n
S	Falls möglich, SOLLTE das Gerät an die SIM-Karte gebunden werden (SIM-Lock).	ja	tw	n

Notizen:

A6 **Updates von Mobiltelefonen** *Standard*

Zuständig: Benutzer

S	Es SOLLTE regelmäßig geprüft werden, ob es Softwareupdates für die Mobiltelefone gibt.	ja	tw	n
S	Der Umgang mit Updates SOLLTE geregelt werden.	ja	tw	n
S	Wenn es neue Softwareupdates gibt, SOLLTE festgelegt werden, wie die Benutzer darüber informiert werden.	ja	tw	n
S	Es SOLLTE festgelegt werden, ob die Benutzer die Updates selber installieren dürfen, oder ob die Mobiltelefone an einer zentralen Stelle hierfür abgegeben werden sollen.	ja	tw	n

Notizen:

A7 Beschaffung von Mobiltelefonen   *Standard*
Zuständig: IT-Betrieb

S Bevor Mobiltelefone beschafft werden, SOLLTE eine Anforderungsliste erstellt werden.   ja tw n

S Anhand der Anforderungsliste SOLLTEN die am Markt erhältlichen Produkte bewertet werden.   ja tw n

S Das Produkt SOLLTE danach ausgewählt werden, ob die Hersteller für den geplanten Einsatzzeitraum Updates anbieten.   ja tw n

S Es SOLLTE gewährleistet werden, dass Ersatzteile wie Akkus und Ladegeräte in ausreichender Qualität nachbeschafft werden können.   ja tw n

Notizen:

A8 Nutzung drahtloser Schnittstellen von Mobiltelefonen   *Standard*
Zuständig: Benutzer

S Drahtlose Schnittstellen von Mobiltelefonen wie IrDA, WLAN oder Bluetooth SOLLTEN deaktiviert werden, solange sie nicht benötigt werden.   ja tw n

Notizen:

A10 Sichere Datenübertragung über Mobiltelefone   *Standard*
Zuständig: Benutzer

S Es SOLLTE geregelt sein, welche Daten über Mobiltelefone übertragen werden dürfen.   ja tw n

S Die dafür erlaubten Schnittstellen SOLLTEN festgelegt werden.   ja tw n

S Außerdem SOLLTE beschlossen werden, wie die Daten bei Bedarf zu verschlüsseln sind.   ja tw n

Notizen:

A11 Ausfallvorsorge bei Mobiltelefonen   *Standard*
Zuständig: Benutzer

S Die auf einem Mobiltelefon gespeicherten Daten SOLLTEN in regelmäßigen Abständen auf einem externen Medium gesichert werden.   ja tw n

S Muss ein defektes Mobiltelefon repariert werden, SOLLTEN zuvor alle Daten gelöscht und das Gerät auf den Werkszustand zurückgesetzt werden.   ja tw n

S Es SOLLTEN immer Ersatzgeräte vorhanden sein, um ein ausgefallenes Mobiltelefon kurzfristig ersetzen zu können.   ja tw n

Notizen:

SYS: IT-Systeme

A12 Einrichtung eines Mobiltelefon-Pools *Standard*

Zuständig: IT-Betrieb

- S Bei häufig wechselnden Benutzern dienstlicher Mobiltelefone SOLLTE eine Sammelaufbewahrung (Pool) eingerichtet werden. — ja · tw · n
- S Die Ausgabe und Rücknahme von Mobiltelefonen und Zubehör SOLLTE dokumentiert werden. — ja · tw · n
- S Vor der Ausgabe SOLLTE sichergestellt werden, dass die Mobiltelefone aufgeladen und mit den nötigen Programmen und Daten für den neuen Besitzer ausgestattet sind. — ja · tw · n
- S Zudem SOLLTEN die Benutzer auf die Einhaltung der Sicherheitsleitlinie hingewiesen werden. — ja · tw · n
- S Nachdem die Geräte wieder zurückgegeben wurden, SOLLTEN sie auf den Werkszustand zurückgesetzt werden. — ja · tw · n

Notizen:

A9 Sicherstellung der Energieversorgung von Mobiltelefonen *Hoch A*

Verantwortliche Rolle: Benutzer

- S Es SOLLTEN angemessene Maßnahmen getroffen werden, um die dauerhafte Energieversorgung von Mobiltelefonen sicherzustellen. — ja · tw · n
- S Je nach Bedarf SOLLTEN Wechselakkus oder Powerbanks eingesetzt werden. — ja · tw · n

Notizen:

A13 Schutz vor der Erstellung von Bewegungsprofilen bei der Mobilfunk-Nutzung *Hoch C*

Verantwortliche Rolle: Benutzer

- S Es SOLLTE geklärt werden, ob sich die Erstellung von Bewegungsprofilen durch Dritte negativ auswirken kann oder als Problem angesehen wird. — ja · tw · n
- S Um eine Ortung über GPS zu verhindern, SOLLTE diese Funktion abgeschaltet werden. — ja · tw · n
- S Wenn eine Ortung über das Mobilfunknetz verhindert werden soll, SOLLTE das Mobiltelefon abgeschaltet und der Akku entfernt werden. — ja · tw · n

Notizen:

A14 Schutz vor Rufnummernermittlung bei der Mobiltelefon-Nutzung *Hoch C*

Verantwortliche Rolle: Benutzer

- S Um zu verhindern, dass die verwendeten Rufnummern bestimmten Personen zugeordnet werden können, SOLLTEN Rufnummern für ausgehende Anrufe unterdrückt werden. — ja · tw · n
- S Außerdem SOLLTEN KEINE SMS- und MMS-Nachrichten versendet werden. — ja · tw · n
- S Rufnummern von Mobiltelefonen SOLLTEN NICHT veröffentlicht oder an unbefugte Dritte weitergegeben werden. — ja · tw · n

Notizen:

A15	Schutz vor Abhören der Raumgespräche über Mobiltelefone	Hoch		
	Verantwortliche Rolle: IT-Betrieb	**C**		
S	Damit vertrauliche Informationen nicht abgehört werden können, SOLLTE dafür gesorgt werden, dass keine Mobiltelefone zu vertraulichen Besprechungen und Gesprächen in die entsprechenden Räume mitgenommen werden.	ja	tw	n
S	Falls erforderlich, SOLLTE das Mitführungsverbot durch Mobilfunk-Detektoren überprüft werden.	ja	tw	n

Notizen:

SYS.3.4 ENTFALLEN, siehe SYS.4.5

SYS.4 Sonstige Systeme

SYS.4.1 Drucker, Kopierer und Multifunktionsgeräte

A1	Planung des Einsatzes von Druckern, Kopierern und Multifunktionsgeräten	Basis		
	Zuständig: IT-Betrieb			
M	Bevor Drucker, Kopierer und Multifunktionsgeräte beschafft werden, MUSS der sichere Einsatz geplant werden.	ja	tw	n
S	Dabei SOLLTEN folgende Kriterien berücksichtigt werden: • Unterstützung sicherer Protokolle zur Datenübertragung und Administration, • Verschlüsselung der abgespeicherten Informationen, • Authentisierung der Benutzer direkt am Gerät, • Nutzung physischer Schutzmechanismen, wie Ösen zum Diebstahlschutz oder Geräteschlösser, • Existenz eines zuverlässigen und leistungsfähigen automatischen Seiteneinzugs der Scaneinheit, • Unterstützung geeigneter Datenformate, • Bei Bedarf Unterstützung von Patch- sowie Barcodes zur Dokumententrennung und Übergabe von Metainformationen, • Existenz einer Funktion zum sicheren Löschen des Speichers sowie • Verfügbarkeit von regelmäßigen Updates und Wartungsverträgen.	ja	tw	n
M	Es MUSS festgelegt werden, wo die Geräte aufgestellt werden dürfen.	ja	tw	n
M	Außerdem MUSS festgelegt sein, wer auf die Drucker, Kopierer und Multifunktionsgeräte zugreifen darf.	ja	tw	n
S	Die Ergebnisse SOLLTEN in einem Basiskonzept dokumentiert werden.	ja	tw	n

Notizen:

SYS: IT-Systeme

A2 Geeignete Aufstellung und Zugriff auf Drucker, Kopierer und Multifunktionsgeräte *Basis*

Zuständig: IT-Betrieb

		ja	tw	n
M	Der IT-Betrieb MUSS Drucker, Kopierer und Multifunktionsgeräte so aufstellen und absichern, dass nur befugte Benutzer die Geräte verwenden und auf verarbeitete Informationen zugreifen können.	ja	tw	n
M	Außerdem MUSS sichergestellt sein, dass nur berechtigte Personen die Geräte administrieren, warten und reparieren können.	ja	tw	n
M	Mit Dienstleistern (z.B. für die Wartung) MÜSSEN schriftliche Vertraulichkeitsvereinbarungen getroffen werden.	ja	tw	n
M	Drucker, Kopierer und Multifunktionsgeräte MÜSSEN mit Gerätepassworten versehen sein, um so den Zugriff auf Webserver und Bedienfeld für die Administration zu sperren.	ja	tw	n
M	Diese MÜSSEN die Vorgaben des Identitäts- und Berechtigungsmanagement der Institution erfüllen.	ja	tw	n

Notizen:

A3 ENTFALLEN *Basis*

A12 ENTFALLEN *Basis*

A13 ENTFALLEN *Basis*

A22 Ordnungsgemäße Entsorgung ausgedruckter Dokumente *Basis*

Zuständig: IT-Betrieb

		ja	tw	n
M	Nicht benötigte, aber ausgedruckte Dokumente mit vertraulichen Informationen MÜSSEN in geeigneter Weise vernichtet werden.	ja	tw	n
S	Sind Heimarbeitsplätze mit Druckern, Kopierern oder Multifunktionsgeräten ausgestattet, SOLLTE gewährleistet werden, dass die ausgedruckten Informationen auch direkt vor Ort geeignet vernichtet werden können, wenn sie nicht mehr benötigt werden.	ja	tw	n

Notizen:

A4 Erstellung einer Sicherheitsrichtlinie für den Einsatz von Druckern, Kopieren und Multifunktionsgeräten *Standard*

Zuständig: IT-Betrieb

		ja	tw	n
S	Die Institution SOLLTE eine Sicherheitsrichtlinie für Drucker, Kopierer und Multifunktionsgeräte entwickeln.	ja	tw	n
S	Darin SOLLTE geregelt werden, welche Anforderungen und Vorgaben an die Informationssicherheit der Geräte gestellt und wie diese erfüllt werden sollen.	ja	tw	n
S	Es SOLLTE auch festgelegt werden, welche Funktionen von welchen Benutzern unter welchen Bedingungen administriert beziehungsweise genutzt werden dürfen.	ja	tw	n

Notizen:

A5 Erstellung von Benutzerrichtlinien für den Umgang mit Druckern, Kopierern und Multifunktionsgeräten *Standard*

Zuständig: Informationssicherheitsbeauftragter (ISB)

S	Für die Benutzer SOLLTE der ISB eine Benutzerrichtlinie erstellen, auf dem alle Sicherheitsvorgaben zum Umgang mit den Geräten übersichtlich und verständlich zusammengefasst sind.	ja tw n
S	Die Benutzerrichtlinie SOLLTE allen Benutzern bekannt sein.	ja tw n

Notizen:

A6 ENTFALLEN *Standard*

A7 Beschränkung der administrativen Fernzugriffe auf Drucker, Kopierer und Multifunktionsgeräte *Standard*

Zuständig: IT-Betrieb

S	Der IT-Betrieb SOLLTE sicherstellen, dass der administrative Fernzugriff auf Drucker, Kopierer und Multifunktionsgeräte nur einer klar definierten Gruppe an Administratoren und Servicetechnikern ermöglicht wird.	ja tw n
S	Das SOLLTE auch dann gewährleistet sein, wenn die Institution eine zentrale Geräteverwaltungssoftware einsetzt.	ja tw n
S	Es SOLLTE festgelegt werden, ob die Anzeige des Bedienfelds über ein Datennetz eingesehen werden darf.	ja tw n
S	Wenn dies gewünscht ist, SOLLTE es nur an Mitarbeiter des IT-Betriebs übertragen werden können.	ja tw n
S	Auch SOLLTE dies mit den betroffenen Benutzern abgestimmt sein.	ja tw n

Notizen:

A8 ENTFALLEN *Standard*

A9 ENTFALLEN *Standard*

A10 ENTFALLEN *Standard*

A11 Einschränkung der Anbindung von Druckern, Kopierern und Multifunktionsgeräten *Standard*

Zuständig: IT-Betrieb

S	Der IT-Betrieb SOLLTE sicherstellen, dass netzfähige Drucker, Kopierer und Multifunktionsgeräte nicht aus Fremdnetzen erreichbar sind.	ja tw n
S	Wenn Multifunktionsgeräte an das Telefonnetz angeschlossen werden, SOLLTE sichergestellt werden, dass keine unkontrollierten Datenverbindungen zwischen dem Datennetz der Institution und dem Telefonnetz aufgebaut werden können.	ja tw n
S	Netzdrucker und Multifunktionsgeräte SOLLTEN in einem eigenen Netzsegment, das von den Clients und Servern der Institution getrennt ist, betrieben werden.	ja tw n

Notizen:

SYS: IT-Systeme

A15 Verschlüsselung von Informationen bei Druckern, Kopierern und Multifunktionsgeräten *Standard*

Zuständig: IT-Betrieb

S   Wenn möglich, SOLLTEN alle auf geräteinternen, nichtflüchtigen Speichermedien abgelegten Informationen verschlüsselt werden.   ja tw n

S   Auch Druckaufträge SOLLTEN möglichst verschlüsselt übertragen werden.   ja tw n

Notizen:

A17 Schutz von Nutz- und Metadaten *Standard*

Zuständig: IT-Betrieb

S   Nutz- und Metadaten wie Druckaufträge und Scandateien SOLLTEN nur so kurz wie möglich auf den Geräten gespeichert werden.   ja tw n

S   Die Daten SOLLTEN nach einer vordefinierten Zeit automatisch gelöscht werden.   ja tw n

S   Dateiserver in den Geräten und Funktionen wie „Scan in den Gerätespeicher SOLLTEN vom IT-Betrieb abgeschaltet werden.   ja tw n

S   Die dafür benötigten Protokolle und Funktionen SOLLTEN, soweit möglich, gesperrt werden.   ja tw n

S   Generell SOLLTE vom IT-Betrieb sichergestellt werden, dass alle Metadaten nicht für Unberechtigte sichtbar sind.   ja tw n

S   Es SOLLTE von der Institution geregelt werden, wie mit Metadaten versehene Ausdrucke an Dritte weitergegeben werden.   ja tw n

Notizen:

A18 Konfiguration von Druckern, Kopierern und Multifunktionsgeräten *Standard*

Zuständig: IT-Betrieb

S   Alle Drucker und Multifunktionsgeräte SOLLTEN nur vom IT-Betrieb konfiguriert werden können.   ja tw n

S   Nicht benötigte Gerätefunktionen SOLLTEN abgeschaltet werden.   ja tw n

S   Insbesondere SOLLTEN alle nicht benötigten Daten- und Netzschnittstellen von Druckern, Kopierern und Multifunktionsgeräten deaktiviert werden.   ja tw n

S   Die Geräte SOLLTEN ausschließlich über verschlüsselte Protokolle wie HTTPS und SNMPv3 verwaltet werden.   ja tw n

S   Sämtliche Protokolle, mit denen unverschlüsselt auf Drucker und Multifunktionsgeräte zugegriffen werden kann, SOLLTEN vom IT-Betrieb durch verschlüsselte ersetzt oder abgeschaltet werden.   ja tw n

S   Das SOLLTE insbesondere für Protokolle umgesetzt werden, mit denen sich die Gerätekonfiguration verändern lässt, z.B. SNMP, Telnet und PJL.   ja tw n

Notizen:

A19 ENTFALLEN *Standard*

A14 Authentisierung und Autorisierung bei Druckern, Kopierern und Multifunktionsgeräten

Hoch

Verantwortliche Rolle: IT-Betrieb

C I A

S	Nur berechtigte Personen SOLLTEN auf die ausgedruckten oder kopierten Dokumente zugreifen können.	ja	tw	n
S	Es SOLLTEN möglichst nur zentrale Drucker, Kopierer und Multifunktionsgeräte eingesetzt werden, bei denen sich die Benutzer am Gerät authentisieren, bevor der Druckauftrag startet („Secure-Print").	ja	tw	n
S	Nachdem sich die Benutzer authentisiert haben, SOLLTEN ausschließlich nur die eigenen Druckaufträge sichtbar sein.	ja	tw	n
S	Nur die für die jeweiligen Benutzer notwendigen Funktionen SOLLTEN freigeschaltet werden.	ja	tw	n

Notizen:

A16 Verringerung von Ausfallzeiten bei Druckern, Kopierern und Multifunktionsgeräten

Hoch

Verantwortliche Rolle: IT-Betrieb

A

S Um die Ausfallzeiten von Druckern, Kopierern und Multifunktionsgeräten so gering wie möglich zu halten, SOLLTEN unter anderem
- Ersatzgeräte bereitstehen,
- in Wartungsverträgen auf eine angemessene Reaktionszeit geachtet werden,
- eine Liste mit Fachhändlern geführt werden, um schnell Ersatzgeräte oder -teile beschaffen zu können und
- falls erforderlich, häufig benötigte Ersatzteile gelagert werden.

ja tw n

Notizen:

A20 Erweiterter Schutz von Informationen bei Druckern, Kopierern und Multifunktionsgeräten

Hoch

Verantwortliche Rolle: IT-Betrieb

C

S	Es SOLLTEN auf dem Druckserver die Namen der Druckaufträge nur anonymisiert angezeigt werden.	ja	tw	n
S	Alle Schnittstellen für externe Speichermedien SOLLTEN gesperrt werden.	ja	tw	n
S	Weiterhin SOLLTEN geräteinterne Adressbücher deaktiviert und den Benutzern alternative Adressierungsverfahren (z.B. Adresssuche per LDAP) angeboten werden.	ja	tw	n
S	Bei Druckern und Multifunktionsgeräten mit E-Mail-Funktion SOLLTE sichergestellt sein, dass E-Mails ausschließlich mit der E-Mail-Adresse eines authentisierten Benutzers versendet werden können.	ja	tw	n
S	Auch SOLLTEN Dokumente nur an interne E-Mail-Adressen verschickt werden können.	ja	tw	n
S	Eingehende Fax-Dokumente sowie Sendeberichte SOLLTEN nur autorisierten Benutzern zugänglich sein.	ja	tw	n

Notizen:

SYS: IT-Systeme

A21 Erweiterte Absicherung von Druckern, Kopierern und Multifunktionsgeräten *Hoch*
Verantwortliche Rolle: IT-Betrieb C I A

S	Der IT-Betrieb SOLLTE die Sicherheitseinstellungen von Druckern, Kopierern und Multifunktionsgeräten regelmäßig kontrollieren und, falls notwendig, korrigieren.	ja	tw	n
S	Wenn ein automatisiertes Kontroll- und Korrektursystem verfügbar ist, SOLLTE es genutzt werden.	ja	tw	n
S	Zudem SOLLTE eingeschränkt werden, dass die Geräte über das Bootmenü auf die Werkseinstellungen zurückgestellt werden können.	ja	tw	n
S	Es SOLLTE sichergestellt sein, dass keine Firmware oder Zusatzsoftware in Druckern und Multifunktionsgeräten installiert werden kann, die nicht vom jeweiligen Hersteller verifiziert und freigegeben wurde.	ja	tw	n

Notizen:

SYS.4.3 Eingebettete Systeme

A1 Regelungen zum Umgang mit eingebetteten Systemen *Basis*
Zuständig: IT-Betrieb

M	Um eingebettete Systeme reibungslos zu betreiben, MÜSSEN Zuständige ernannt werden.	ja	tw	n
M	Alle Benutzer und Administratoren MÜSSEN über Verhaltensregeln und Meldewege bei Ausfällen, Fehlfunktionen oder bei Verdacht auf einen Sicherheitsvorfall informiert sein.	ja	tw	n
M	Die eingebetteten Systeme MÜSSEN sicher vorkonfiguriert werden.	ja	tw	n
S	Die vorgenommene Konfiguration SOLLTE dokumentiert sein.	ja	tw	n
S	Weiterhin SOLLTEN Regelungen festgelegt werden, um die Integrität und Funktionsfähigkeit zu testen.	ja	tw	n

Notizen:

A2 Deaktivieren nicht benutzter Schnittstellen und Dienste bei eingebetteten Systemen *Basis*
Zuständig: Entwickler

M	Es MUSS sichergestellt werden, dass nur auf benötigte Schnittstellen zugegriffen werden kann.	ja	tw	n
M	Zudem DÜRFEN NUR benötigte Dienste aktiviert sein.	ja	tw	n
M	Der Zugang zu Anwendungsschnittstellen MUSS durch sichere Authentisierung geschützt sein.	ja	tw	n

Notizen:

A3 Protokollierung sicherheitsrelevanter Ereignisse bei eingebetteten Systemen *Basis*
Zuständig: IT-Betrieb

M	Sicherheitsverstöße MÜSSEN protokolliert werden (siehe OPS.1.1.5 *Protokollierung*).	ja	tw	n
S	Ist eine elektronische Protokollierung nicht oder nur sehr begrenzt realisierbar, SOLLTEN alternative, organisatorische Regelungen geschaffen und umgesetzt werden.	ja	tw	n

Notizen:

SYS.4.3 Eingebettete Systeme

A4 Erstellung von Beschaffungskriterien für eingebettete Systeme *Standard*

Zuständig: Beschaffungsstelle

S Bevor eingebettete Systeme beschafft werden, SOLLTE eine Anforderungsliste erstellt werden, anhand derer die infrage kommenden Systeme oder Komponenten bewertet werden. ja tw n

S Die Anforderungsliste SOLLTE mindestens folgende sicherheitsrelevante Aspekte umfassen: ja tw n
- Aspekte der materiellen Sicherheit,
- Anforderungen an die Sicherheitseigenschaften der Hardware,
- Anforderungen an die Sicherheitseigenschaften der Software,
- Unterstützung eines Trusted Plattform Module (TPM) durch das Betriebssystem,
- Sicherheitsaspekte der Entwicklungsumgebung sowie
- organisatorische Sicherheitsaspekte.

Notizen:

A5 Schutz vor schädigenden Umwelteinflüssen bei eingebetteten Systemen *Standard*

Zuständig: Entwickler, Planer

S Es SOLLTE sichergestellt werden, dass eingebettete Systeme entsprechend ihrer vorgesehenen Einsatzart und des vorgesehenen Einsatzorts angemessen vor schädigenden Umwelteinflüssen geschützt sind. ja tw n

S Die Anforderungen hierfür SOLLTEN bereits bei der Planung analysiert werden. ja tw n

S Zudem SOLLTE sichergestellt werden, dass die Vorkehrungen, um einzelne Komponenten vor Staub und Verschmutzung zu schützen, sich mit den Anforderungen des übergeordneten Systems vertragen. ja tw n

Notizen:

A6 Verhindern von Debugging-Möglichkeiten bei eingebetteten Systemen *Standard*

Zuständig: Entwickler

S Eventuelle Debugging-Möglichkeiten SOLLTEN möglichst vollständig aus eingebetteten Systemen entfernt werden. ja tw n

M Wird On-Chip-Debugging genutzt, MUSS sichergestellt werden, dass Debugging-Funktionen nicht unberechtigt genutzt oder aktiviert werden können. ja tw n

S Weiterhin SOLLTE sichergestellt werden, dass keine Eingabeschnittstellen für Testsignale und Messpunkte zum Anschluss von Analysatoren aktiviert bzw. für Unberechtigte nutzbar sind. ja tw n

S Zudem SOLLTEN alle Hardware-Debugging-Schnittstellen deaktiviert sein. ja tw n

Notizen:

A7 Hardware-Realisierung von Funktionen eingebetteter Systeme *Standard*

Zuständig: Entwickler, Planer, Beschaffungsstelle

S Werden eingebettete Systeme selbst entwickelt, SOLLTEN bei der Designentscheidung zur Hardware- und Software-Realisierung Sicherheitsaspekte berücksichtigt werden. ja tw n

S Auch bei der Entscheidung, eine bestimmte Hardware-Technik zu implementieren, SOLLTEN Sicherheitsaspekte berücksichtigt werden. ja tw n

Notizen:

SYS: IT-Systeme

A8 Einsatz eines sicheren Betriebssystem für eingebettete Systeme *Standard*

Zuständig: Entwickler, Planer, Beschaffungsstelle

S	Das eingesetzte Betriebssystem und die Konfiguration des eingebetteten Systems SOLLTEN für den vorgesehenen Betrieb geeignet sein.	ja tw n
S	So SOLLTE das Betriebssystem für die vorgesehene Aufgabe über ausreichende Sicherheitsmechanismen verfügen.	ja tw n
S	Die benötigten Dienste und Funktionen SOLLTEN aktiviert sein.	ja tw n
S	Das Betriebssystem SOLLTE es unterstützen, ein Trusted Plattform Module (TPM) zu nutzen.	ja tw n

Notizen:

A9 Einsatz kryptografischer Prozessoren bzw. Koprozessoren bei eingebetteten Systemen *Standard*

Zuständig: Entwickler, Planer, Beschaffungsstelle

S	Wird ein zusätzlicher Mikrocontroller für die kryptografischen Berechnungen verwendet, SOLLTE dessen Kommunikation mit dem System-Mikrocontroller ausreichend abgesichert sein.	ja tw n
S	Für das eingebettete System SOLLTEN die nötigen Vertrauensanker realisiert werden.	ja tw n
S	Auch SOLLTE eine Vertrauenskette (Chain of Trust) implementiert sein.	ja tw n

Notizen:

A10 Wiederherstellung von eingebetteten Systemen *Standard*

Zuständig: IT-Betrieb

S	Eingebettete Systeme SOLLTEN über Rollback-Fähigkeiten verfügen.	ja tw n

Notizen:

A11 Sichere Aussonderung eines eingebetteten Systems *Standard*

Zuständig: IT-Betrieb

S	Bevor eingebettete Systeme ausgesondert werden, SOLLTEN sämtliche Daten auf dem System sicher gelöscht werden.	ja tw n
S	Die Löschung oder Vernichtung SOLLTE dokumentiert werden.	ja tw n

Notizen:

A12 **Auswahl einer vertrauenswürdigen Lieferanten- und Logistikkette sowie qualifizierter Hersteller für eingebettete Systeme** *Hoch*

Verantwortliche Rolle: Beschaffungsstelle **C I A**

S Es SOLLTEN in der Logistikkette wirksame Kontrollen durchgeführt werden, sodass sichergestellt ist, ja tw n
- dass eingebettete Systeme keine manipulierten, gefälschten oder getauschten Komponenten enthalten,
- die Systeme der Spezifikation entsprechen und keine verdeckten Funktionen bei der Herstellung implementiert wurden sowie
- Unbefugte nicht an vertrauliche Informationen über das eingebettete System gelangen können.

S Die beteiligten Unternehmen SOLLTEN nachweisbar qualifiziert sein. ja tw n

Notizen:

A13 **Einsatz eines zertifizierten Betriebssystems** *Hoch*

Verantwortliche Rolle: Entwickler, Planer, Beschaffungsstelle **C I A**

S Das Betriebssystem SOLLTE nach einem anerkannten Standard auf einer angemessenen Stufe evaluiert sein. ja tw n

Notizen:

A14 **Abgesicherter und authentisierter Bootprozess bei eingebetteten Systemen** *Hoch*

Verantwortliche Rolle: Entwickler, Planer, Beschaffungsstelle **C I**

S Der Bootprozess eines eingebetteten Systems SOLLTE abgesichert sein, indem der Bootloader die Integrität des Betriebssystems überprüft und es nur dann lädt, wenn es als korrekt eingestuft wurde. ja tw n

S Umgekehrt SOLLTE auch das Betriebssystem die Integrität des Bootloaders prüfen. ja tw n
S Es SOLLTE ein mehrstufiges Boot-Konzept mit kryptografisch sicherer Überprüfung der Einzelschritte realisiert werden. ja tw n
S Sichere Hardware-Vertrauensanker SOLLTEN verwendet werden. ja tw n
S Bei einem ARM-basierten eingebetteten System SOLLTE ARM Secure Boot genutzt werden. ja tw n
S Bei einem Unified Extensible Firmware Interface (UEFI) SOLLTE Secure Boot genutzt werden. ja tw n

Notizen:

A15 **Speicherschutz bei eingebetteten Systemen** *Hoch*

Verantwortliche Rolle: Entwickler, Planer, Beschaffungsstelle **C I**

S Bereits beim Entwurf eingebetteter Systeme SOLLTEN Speicherschutzmechanismen berücksichtigt werden. ja tw n
S Die Art des Speicherschutzes sowie Anzahl und Größe der Schutzräume SOLLTEN für den Einsatzzweck angemessen sein. ja tw n

Notizen:

SYS: IT-Systeme

A16 Tamper-Schutz bei eingebetteten Systemen — *Hoch C I*

Verantwortliche Rolle: Planer

- S Für eingebettete Systeme SOLLTE ein Tamper-Schutz-Konzept entwickelt werden. — ja tw n
- S Es SOLLTEN angemessene Mechanismen etabliert werden, die Tamper-Angriffe erkennen, aufzeichnen und verhindern. — ja tw n
- S Schließlich SOLLTEN angemessene Vorgaben etabliert werden, wie auf einen Tamper-Angriff zu reagieren ist. — ja tw n

Notizen:

A17 Automatische Überwachung der Baugruppenfunktion — *Hoch I A*

Verantwortliche Rolle: Planer, Beschaffungsstelle

- S Sämtliche Baugruppen eines eingebetteten Systems mit erhöhten Anforderungen an die Verfügbarkeit und Integrität SOLLTEN integrierte Selbsttesteinrichtungen (Built-in Self-Test, BIST) besitzen. — ja tw n
- S Tests SOLLTEN während des Einschaltvorgangs sowie in angemessenen zeitlichen Intervallen während des Betriebs die Integrität des Systems prüfen. — ja tw n
- S Soweit möglich, SOLLTEN die Selbsttestfunktionen auch Sicherheitsfunktionen bzw. Sicherheitseigenschaften der Baugruppe überprüfen. — ja tw n
- S Regelmäßig SOLLTE die Integrität der Speicher und I/O-Komponenten im Rahmen des BIST geprüft werden. — ja tw n
- S Bestehende BIST-Funktionen SOLLTEN, falls möglich, um die erforderlichen Funktionen ergänzt werden. — ja tw n

Notizen:

A18 Widerstandsfähigkeit eingebetteter Systeme gegen Seitenkanalangriffe — *Hoch C*

Verantwortliche Rolle: Entwickler, Beschaffungsstelle

- S Um eingebettete Systeme widerstandsfähig gegen Seitenkanalangriffe zu machen, SOLLTEN angemessene Vorkehrungen gegen nicht-invasive und (semi-)invasive Seitenkanalangriffe getroffen werden. — ja tw n

Notizen:

SYS.4.4 Allgemeines IoT-Gerät

A1 Einsatzkriterien für IoT-Geräte — *Basis*

Zuständig: IT-Betrieb

- M IoT-Geräte MÜSSEN Update-Funktionen besitzen. — ja tw n
- M Der Hersteller MUSS einen Update-Prozess anbieten. — ja tw n
- M Die Geräte MÜSSEN eine angemessene Authentisierung ermöglichen. — ja tw n
- M Es DÜRFEN KEINE fest codierten Zugangsdaten in den Geräten existieren. — ja tw n

Notizen:

A2 Authentisierung　*Basis*
Zuständig: IT-Betrieb

M	Eine angemessene Authentisierung MUSS aktiviert sein.	ja	tw	n
M	IoT-Geräte MÜSSEN in das Identitäts- und Berechtigungsmanagement der Institution integriert werden.	ja	tw	n

Notizen:

A3 ENTFALLEN　*Basis*

A4 ENTFALLEN　*Basis*

A5 Einschränkung des Netzzugriffs　*Basis*
Zuständig: IT-Betrieb

M	Der Netzzugriff von IoT-Geräten MUSS auf das erforderliche Minimum eingeschränkt werden.	ja	tw	n
S	Dies SOLLTE regelmäßig kontrolliert werden.	ja	tw	n
S	Dazu SOLLTEN folgende Punkte beachtet werden:	ja	tw	n
S	• Bei Verkehrskontrollen an Netzübergängen, z.B. durch Regelwerke auf Firewalls und Access Control Lists (ACLs) auf Routern, DÜRFEN NUR zuvor definierte ein- und ausgehende Verbindungen erlaubt werden.			
S	• Die Routings auf IoT-Geräten und Sensoren, insbesondere die Unterdrückung von Default-Routen, SOLLTE restriktiv konfiguriert werden.	ja	tw	n
S	• Die IoT-Geräte und Sensoren SOLLTEN in einem eigenen Netzsegment betrieben werden, das ausschließlich mit dem Netzsegment für das Management kommunizieren darf.	ja	tw	n
S	• Virtual Private Networks (VPNs) zwischen den Netzen mit IoT-Geräten und Sensor-Netzen und den Management-Netzen SOLLTE restriktiv konfiguriert werden.	ja	tw	n
M	• Die UPnP-Funktion MUSS an allen Routern deaktiviert sein.	ja	tw	n

Notizen:

A6 Aufnahme von IoT-Geräten in die Sicherheitsrichtlinie der Institution　*Standard*
Zuständig: IT-Betrieb

S	In der allgemeinen Sicherheitsrichtlinie der Institution SOLLTEN die Anforderungen an IoT-Geräte konkretisiert werden.	ja	tw	n
S	Die Richtlinie SOLLTE allen Personen, die IoT-Geräte beschaffen und betreiben, bekannt und Grundlage für deren Arbeit sein.	ja	tw	n
S	Die Umsetzung der in der Richtlinie geforderten Inhalte SOLLTE regelmäßig überprüft und die Ergebnisse sinnvoll dokumentiert werden.	ja	tw	n

Notizen:

SYS: IT-Systeme

A7 Planung des Einsatzes von IoT-Geräten *Standard*

Zuständig: IT-Betrieb

S Um einen sicheren Betrieb von IoT-Geräten zu gewährleisten, SOLLTE im Vorfeld geplant werden, wo und wie diese eingesetzt werden sollen. ja tw n

S Die Planung SOLLTE dabei nicht nur Aspekte betreffen, die klassischerweise mit dem Begriff Informationssicherheit verknüpft werden, sondern auch normale, betriebliche Aspekte, die Anforderungen im Bereich der Sicherheit nach sich ziehen. ja tw n

S Alle Entscheidungen, die in der Planungsphase getroffen wurden, SOLLTEN geeignet dokumentiert werden. ja tw n

Notizen:

A8 Beschaffungskriterien für IoT-Geräte *Standard*

Zuständig: Beschaffungsstelle

S Der ISB SOLLTE auch bei Beschaffungen von IoT-Geräten mit einbezogen werden, die keine offensichtlichen IT-Funktionen haben. ja tw n

S Bevor IoT-Geräte beschafft werden, SOLLTE festgelegt werden, welche Sicherheitsanforderungen diese erfüllen müssen. ja tw n

S Bei der Beschaffung von IoT-Geräten SOLLTEN Aspekte der materiellen Sicherheit ebenso wie Anforderungen an die Sicherheitseigenschaften der Software ausreichend berücksichtigt werden. ja tw n

S Eine Anforderungsliste SOLLTE erstellt werden, anhand derer die am Markt erhältlichen Produkte bewertet werden. ja tw n

Notizen:

A9 Regelung des Einsatzes von IoT-Geräten *Standard*

Zuständig: IT-Betrieb

S Für jedes IoT-Gerät SOLLTE ein Zuständiger für dessen Betrieb benannt werden. ja tw n

S Die Zuständigen SOLLTEN ausreichend über den Umgang mit dem IoT-Gerät informiert werden. ja tw n

Notizen:

A10 Sichere Installation und Konfiguration von IoT-Geräten *Standard*

Zuständig: IT-Betrieb

S Es SOLLTE festgelegt werden, unter welchen Rahmenbedingungen IoT-Geräte installiert und konfiguriert werden. ja tw n

S Die IoT-Geräte SOLLTE nur von autorisierten Personen (Zuständige für IoT-Geräte, Administratoren oder vertraglich gebundene Dienstleister) nach einem definierten Prozess installiert und konfiguriert werden. ja tw n

S Alle Installations- und Konfigurationsschritte SOLLTEN so dokumentiert werden, dass die Installation und Konfiguration durch einen sachkundigen Dritten anhand der Dokumentation nachvollzogen und wiederholt werden kann. ja tw n

S Die Grundeinstellungen von IoT-Geräten SOLLTEN überprüft und nötigenfalls entsprechend den Vorgaben der Sicherheitsrichtlinie angepasst werden. ja tw n

S Falls möglich, SOLLTEN IoT-Geräte erst mit Datennetzen verbunden werden, nachdem die Installation und die Konfiguration abgeschlossen sind. ja tw n

Notizen:

A11 Verwendung von verschlüsselter Datenübertragung *Standard*

Zuständig: IT-Betrieb

S IoT-Geräte SOLLTEN Daten nur verschlüsselt übertragen. ja tw n

Notizen:

A12 ENTFALLEN *Standard*

A13 Deaktivierung und Deinstallation nicht benötigter Komponenten *Standard*

Zuständig: IT-Betrieb

S Nach der Installation SOLLTE überprüft werden, welche Protokolle, Anwendungen und weiteren Tools auf den IoT-Geräten installiert und aktiviert sind. ja tw n

S Nicht benötigte Protokolle, Dienste, Benutzerkennungen und Schnittstellen SOLLTEN deaktiviert oder ganz deinstalliert werden. ja tw n

S Die Verwendung von nicht benötigten Funkschnittstellen SOLLTE unterbunden werden. ja tw n

S Wenn dies nicht am Gerät selber möglich ist, SOLLTEN nicht benötigte Dienste über die Firewall eingeschränkt werden. ja tw n

S Die getroffenen Entscheidungen SOLLTEN so dokumentiert werden, dass nachvollzogen werden kann, welche Konfiguration für die IoT-Geräte gewählt wurden. ja tw n

Notizen:

A14 ENTFALLEN *Standard*

SYS: IT-Systeme

A15 Restriktive Rechtevergabe *Standard*
Zuständig: IT-Betrieb

- S Die Zugriffsberechtigungen auf IoT-Geräte SOLLTEN möglichst restriktiv vergeben werden. ja tw n
- S Wenn dies über die IoT-Geräte selber nicht möglich ist, SOLLTE überlegt werden, dies netzseitig zu regeln. ja tw n

Notizen:

A16 Beseitigung von Schadprogrammen auf IoT-Geräten *Standard*
Zuständig: IT-Betrieb

- S Der IT-Betrieb SOLLTE sich regelmäßig informieren, ob sich die eingesetzten IoT-Geräte mit Schadprogrammen infizieren könnten und wie diese beseitigt werden können. ja tw n
- S Schadprogramme SOLLTEN unverzüglich beseitigt werden. ja tw n
- S Kann die Ursache für die Infektion nicht behoben bzw. eine Neuinfektion nicht wirksam verhindert werden, SOLLTEN die betroffenen IoT-Geräte nicht mehr verwendet werden. ja tw n

Notizen:

A17 Überwachung des Netzverkehrs von IoT-Geräten *Standard*
Zuständig: IT-Betrieb

- S Es SOLLTE überwacht werden, ob die IoT-Geräte oder Sensor-Systeme nur mit IT-Systemen kommunizieren, die für den Betrieb der IoT-Geräte notwendig sind. ja tw n

Notizen:

A18 Protokollierung sicherheitsrelevanter Ereignisse bei IoT-Geräten *Standard*
Zuständig: IT-Betrieb

- S Sicherheitsrelevante Ereignisse SOLLTEN automatisch protokolliert werden. ja tw n
- S Falls dies durch die IoT-Geräte selber nicht möglich ist, SOLLTEN hierfür Router oder Protokollmechanismen anderer IT-Systeme genutzt werden. ja tw n
- S Die Protokolle SOLLTEN geeignet ausgewertet werden. ja tw n

Notizen:

A19 Schutz der Administrationsschnittstellen *Standard*
Zuständig: IT-Betrieb

- S Abhängig davon, ob IoT-Geräte lokal, direkt über das Netz oder über zentrale netzbasierte Tools administriert werden, SOLLTEN geeignete Sicherheitsvorkehrungen getroffen werden. ja tw n
- S Der Zugriff auf die Administrationsschnittstellen von IoT-Geräten SOLLTE wie folgt eingeschränkt werden: ja tw n
  - Netzbasierte Administrationsschnittstellen SOLLTEN auf berechtigte IT-Systeme bzw. Netzsegmente beschränkt werden.
- S • Es SOLLTEN bevorzugt lokale Administrationsschnittstellen am IoT-Gerät oder Administrationsschnittstellen über lokale Netze verwendet werden. ja tw n
- S Die zur Administration verwendeten Methoden SOLLTEN in der Sicherheitsrichtlinie festgelegt werden. ja tw n
- S Die IoT-Geräte SOLLTEN entsprechend der Sicherheitsrichtlinie administriert werden. ja tw n

Notizen:

A20 Geregelte Außerbetriebnahme von IoT-Geräten *Standard*
Zuständig: IT-Betrieb

- S Es SOLLTE eine Übersicht darüber geben, welche Daten wo auf IoT-Geräten gespeichert sind. ja tw n
- S Es SOLLTE eine Checkliste erstellt werden, die bei der Außerbetriebnahme von IoT-Geräten abgearbeitet werden kann. ja tw n
- S Diese Checkliste SOLLTE mindestens Aspekte zur Datensicherung weiterhin benötigter Daten und dem anschließenden sicheren Löschen aller Daten umfassen. ja tw n

Notizen:

A21 Einsatzumgebung und Stromversorgung *Hoch*
Verantwortliche Rolle: Haustechnik

- S Es SOLLTE geklärt werden, ob IoT-Geräte in der angedachten Einsatzumgebung betrieben werden dürfen (Schutzbedarf anderer IT-Systeme, Datenschutz). ja tw n
- S IoT-Geräte SOLLTEN in der Einsatzumgebung vor Diebstahl, Zerstörung und Manipulation geschützt werden. ja tw n
- S Es SOLLTE geklärt sein, ob ein IoT-Gerät bestimmte Anforderungen an die physische Einsatzumgebung hat, wie z.B. Luftfeuchtigkeit, Temperatur oder Energieversorgung. ja tw n
- S Falls erforderlich, SOLLTEN dafür ergänzende Maßnahmen bei der Infrastruktur umgesetzt werden. ja tw n
- S Wenn IoT-Geräte mit Batterien betrieben werden, SOLLTE der regelmäßige Funktionstest und Austausch der Batterien geregelt werden. ja tw n
- S IoT-Geräte SOLLTEN entsprechend ihrer vorgesehenen Einsatzart und dem vorgesehenen Einsatzort vor Staub und Verschmutzungen geschützt werden. ja tw n

Notizen:

SYS: IT-Systeme

A22 Systemüberwachung — *Hoch A*

Verantwortliche Rolle: IT-Betrieb

- S Die IoT-Geräte SOLLTEN in ein geeignetes Systemüberwachungs- bzw. Monitoringkonzept eingebunden werden. — ja / tw / n
- S Dieses SOLLTE den Systemzustand und die Funktionsfähigkeit der IoT-Geräte laufend überwachen und Fehlerzustände sowie die Überschreitung definierter Grenzwerte an das Betriebspersonal melden. — ja / tw / n
- S Es SOLLTE geprüft werden, ob die verwendeten Geräte die Anforderung an die Verfügbarkeit erfüllen. — ja / tw / n
- S Alternativ SOLLTE geprüft werden, ob weitere Maßnahmen, wie das Einrichten eines Clusters oder die Beschaffung von Standby-Geräten, erforderlich sind. — ja / tw / n

Notizen:

A23 Auditierung von IoT-Geräten — *Hoch C I A*

Verantwortliche Rolle: IT-Betrieb

- S Alle eingesetzten IoT-Geräte SOLLTEN regelmäßig überprüft werden. — ja / tw / n

Notizen:

A24 Sichere Konfiguration und Nutzung eines eingebetteten Webservers — *Hoch C I A*

Verantwortliche Rolle: IT-Betrieb

- S In IoT-Geräten integrierte Webserver SOLLTEN möglichst restriktiv konfiguriert sein. — ja / tw / n
- S Der Webserver SOLLTE, soweit möglich, NICHT unter einem privilegierten Konto betrieben werden. — ja / tw / n

Notizen:

SYS.4.5 Wechseldatenträger

A1 Sensibilisierung der Mitarbeiter zum sicheren Umgang mit Wechseldatenträgern — *Basis*

Zuständig: IT-Betrieb

- M Alle Mitarbeiter MÜSSEN für den sicheren Umgang mit Wechseldatenträgern sensibilisiert werden. — ja / tw / n
- M Die Mitarbeiter MÜSSEN insbesondere darauf hingewiesen werden, wie sie mit den Wechseldatenträgern umgehen sollten, um einem Verlust oder Diebstahl vorzubeugen und eine lange Lebensdauer zu gewährleisten. — ja / tw / n
- M Die Institution MUSS ihre Mitarbeiter darüber informieren, dass sie keine Wechseldatenträger an ihre Systeme anschließen dürfen, die aus unbekannten Quellen stammen. — ja / tw / n

Notizen:

A2 Verlust- bzw. Manipulationsmeldung *Basis*

Zuständig: Benutzer

M	Benutzer MÜSSEN umgehend melden, wenn ein Wechseldatenträger gestohlen wird oder der Verdacht einer Manipulation besteht.	ja	tw	n
M	Der Benutzer MUSS bei seiner Meldung angeben, welche Informationen auf dem Wechseldatenträger gespeichert sind.	ja	tw	n
M	Hierfür MUSS es in jeder Institution klare Meldewege und Ansprechpartner geben.	ja	tw	n

Notizen:

A3 ENTFALLEN *Basis*

A10 Datenträgerverschlüsselung *Basis*

Zuständig: IT-Betrieb

M	Wenn Wechseldatenträger außerhalb eines sicheren Bereiches verwendet oder transportiert werden und dabei vertrauliche Daten enthalten, MÜSSEN sie mit einem sicheren Verfahren verschlüsselt werden.	ja	tw	n

Notizen:

A12 Schutz vor Schadsoftware *Basis*

Zuständig: Benutzer

M	Nur auf Schadsoftware überprüfte Daten DÜRFEN auf Wechseldatenträger übertragen werden.	ja	tw	n
M	Bevor Daten von Wechseldatenträgern verarbeitet werden, MÜSSEN sie auf Schadsoftware überprüft werden.	ja	tw	n

Notizen:

SYS: IT-Systeme

A4 Erstellung einer Richtlinie zum sicheren Umgang mit Wechseldatenträgern   *Standard*

Zuständig: IT-Betrieb

S	Es SOLLTE eine Richtlinie für den richtigen Umgang mit Wechseldatenträgern erstellt werden.	ja tw n
S	Folgende grundlegenden Aspekte SOLLTEN dabei berücksichtigt werden: • welche Wechseldatenträger genutzt werden und wer diese einsetzen darf, • welche Daten auf Wechseldatenträgern gespeichert werden dürfen und welche nicht, • wie die auf Wechseldatenträgern gespeicherten Daten vor unbefugtem Zugriff, Manipulation und Verlust geschützt werden, • wie die Daten auf den Wechseldatenträgern gelöscht werden sollen, • ob und wie private Datenträger genutzt werden dürfen, • mit welchen externen Mitarbeitern oder Dienstleistern Datenträger ausgetauscht werden dürfen und welche Sicherheitsregelungen dabei zu beachten sind, • wie Datenträger zu versenden sind sowie • wie der Verbreitung von Schadsoftware über Wechseldatenträger vorgebeugt wird.	ja tw n
S	Die Institution SOLLTE in der Sicherheitsrichtlinie festlegen, unter welchen Bedingungen Datenträger gelagert werden sollen.	ja tw n
S	Insbesondere SOLLTE sie vorgeben, dass nur berechtigte Benutzer Zugang zu beschriebenen Datenträgern haben.	ja tw n
S	Sie SOLLTE festlegen, dass Herstellerangaben zum Umgang mit Datenträgern berücksichtigt werden sollen.	ja tw n
S	Es SOLLTE regelmäßig überprüft werden, ob die Sicherheitsvorgaben für den Umgang mit Wechseldatenträgern aktuell sind.	ja tw n

Notizen:

A5 Regelung zur Mitnahme von Wechseldatenträgern   *Standard*

Zuständig: IT-Betrieb

S	Es SOLLTE klare schriftliche Regeln dazu geben, ob, wie und zu welchen Anlässen Wechseldatenträger mitgenommen werden dürfen.	ja tw n
S	Darin SOLLTE festgelegt sein, welche Datenträger von wem außer Haus transportiert werden dürfen und welche Sicherheitsmaßnahmen dabei zu beachten sind.	ja tw n

Notizen:

A6 Datenträgerverwaltung   *Standard*

Zuständig: Fachverantwortliche

S	Es SOLLTE eine Verwaltung für Wechseldatenträger geben.	ja tw n
S	Die Datenträger SOLLTEN einheitlich gekennzeichnet werden.	ja tw n
S	Die Datenträgerverwaltung SOLLTE gewährleisten, dass Wechseldatenträger sachgerecht behandelt und aufbewahrt sowie ordnungsgemäß eingesetzt und transportiert werden.	ja tw n

Notizen:

A7	**Sicheres Löschen der Datenträger vor und nach der Verwendung**			*Standard*
	Zuständig: Fachverantwortliche			
S	Bevor wiederbeschreibbare Datenträger weitergegeben, wiederverwendet oder ausgesondert werden, SOLLTEN sie in geeigneter Weise gelöscht werden.	ja	tw	n

Notizen:

A8	**ENTFALLEN**			*Standard*

A13	**Angemessene Kennzeichnung der Datenträger beim Versand**			*Standard*
	Zuständig: Benutzer			
S	Benutzer SOLLTEN Datenträger, die versendet werden sollen, so kennzeichnen, dass Absender und Empfänger sie sofort identifizieren können.	ja	tw	n
S	Die Kennzeichnung der Datenträger bzw. deren Verpackung SOLLTE für den Empfänger eindeutig sein.	ja	tw	n
S	Die Kennzeichnung von Datenträgern mit schützenswerten Informationen SOLLTE für Außenstehende keine Rückschlüsse auf Art und Inhalte der Informationen zulassen.	ja	tw	n

Notizen:

A9	**ENTFALLEN**			*Hoch*

A11	**Integritätsschutz durch Checksummen oder digitale Signaturen**			*Hoch*
	Verantwortliche Rolle: IT-Betrieb			I
S	Es SOLLTE ein Verfahren zum Schutz gegen zufällige oder vorsätzliche Veränderungen eingesetzt werden, mit dem die Integrität von vertraulichen Informationen sichergestellt wird.	ja	tw	n
S	Die Verfahren zum Schutz vor Veränderungen SOLLTEN dem aktuellen Stand der Technik entsprechen.	ja	tw	n

Notizen:

A14	**Sichere Versandart und Verpackung**			*Hoch*
	Verantwortliche Rolle: IT-Betrieb			C I A
S	Die Institution SOLLTE überprüfen, wie vertrauliche Informationen bei einem Versand angemessen geschützt werden können.	ja	tw	n
S	Die Benutzer SOLLTEN eine sichere Versandverpackung für Datenträger verwenden, bei der Manipulationen sofort zu erkennen sind.	ja	tw	n
S	Der Versender SOLLTE alle beteiligten Mitarbeiter auf notwendige Versand- und Verpackungsarten hinweisen.	ja	tw	n

Notizen:

SYS: IT-Systeme

A15 Zertifizierte Produkte
Verantwortliche Rolle: IT-Betrieb

Hoch
C I A

- S Die Institution SOLLTE nur Wechseldatenträger verwenden, die zertifiziert sind. — ja tw n
- S Die Zertifizierung SOLLTE insbesondere eine integere Datenerhaltung sowie eine möglicherweise vorhandene Verschlüsselung berücksichtigen. — ja tw n

Notizen:

A16 Nutzung dedizierter Systeme zur Datenprüfung
Verantwortliche Rolle: IT-Betrieb

Hoch
C I

- S Die Institution SOLLTE dedizierte Systeme als Datenschleuse verwenden, bei denen Daten von einem Wechseldatenträger auf einen anderen übertragen werden und dabei auf Schadsoftware untersucht werden. — ja tw n

Notizen:

IND: Industrielle IT

IND.1 Prozessleit- und Automatisierungstechnik

A1   **Einbindung in die Sicherheitsorganisation**   *Basis*

Zuständig: ICS-Informationssicherheitsbeauftragter

M   Ein Managementsystem für Informationssicherheit (ISMS) für den Betrieb der OT-Infrastruktur MUSS entweder als selbständiges ISMS oder als Teil eines Gesamt-ISMS existieren.   ja   tw   n

M   Ein Gesamtverantwortlicher für die Informationssicherheit im OT-Bereich MUSS benannt werden.   ja   tw   n

M   Er MUSS innerhalb der Institution bekannt gegeben werden.   ja   tw   n

Notizen:

A2   **ENTFALLEN**   *Basis*

A3   **Schutz vor Schadprogrammen**   *Basis*

Zuständig: ICS-Informationssicherheitsbeauftragter

M   Beim Einsatz von Virenschutz-Software auf OT-Komponenten MUSS berücksichtigt werden, ob und in welcher Konfiguration der Betrieb von Virenschutz-Software vom Hersteller unterstützt wird.   ja   tw   n

M   Ist dies nicht der Fall, MUSS der Bedarf an alternativen Schutzverfahren geprüft werden.   ja   tw   n

M   Die Virensignaturen DÜRFEN NICHT von OT-Systemen direkt aus dem Internet bezogen werden.   ja   tw   n

Notizen:

A18   **Protokollierung**   *Basis*

Zuständig: OT-Betrieb (Operational Technology, OT)

M   Jede Änderung an ICS-Komponenten MUSS protokolliert werden.   ja   tw   n

M   Außerdem MÜSSEN alle Zugriffe auf ICS-Komponeten protokolliert werden.   ja   tw   n

Notizen:

A19   **Erstellung von Datensicherungen**   *Basis*

Zuständig: Mitarbeiter, OT-Betrieb (Operational Technology, OT)

M   Programme und Daten MÜSSEN regelmäßig gesichert werden.   ja   tw   n

M   Auch nach jeder Systemänderung an OT-Komponenten MUSS eine Sicherung erstellt werden.   ja   tw   n

Notizen:

IND: Industrielle IT

A4 Dokumentation der OT-Infrastruktur *Standard*

Zuständig: ICS-Informationssicherheitsbeauftragter

S	Alle sicherheitsrelevanten Parameter der OT-Infrastruktur SOLLTEN dokumentiert sein.	ja tw n
S	In einem Bestandsverzeichnis SOLLTEN alle Software- und Systemkomponenten geführt werden.	ja tw n
S	Hieraus SOLLTEN die eingesetzten Produkt- und Protokollversionen sowie die Zuständigkeiten hervorgehen.	ja tw n
S	Zu den eingesetzten Komponenten SOLLTEN eventuelle Restriktionen der Hersteller oder regulatorische Auflagen bestimmt sein.	ja tw n
S	Diese Dokumentation und ein Systeminventar SOLLTEN beispielsweise in einem Leitsystem geführt werden.	ja tw n
S	Zusätzlich SOLLTE ein aktueller Netzplan Zonen, Zonenübergänge (Conduits), eingesetzte Kommunikationsprotokolle und -verfahren sowie Außenschnittstellen dokumentieren.	ja tw n
S	Bei den Schnittstellen SOLLTEN aktive Netzkomponenten und manuelle Datentransferverfahren, z.B. durch Wechseldatenträger, berücksichtigt werden.	ja tw n
S	Zonen und Conduits schützen die OT-Infrastruktur, indem die Automatisierungslösung in Zellen und Kommunikationskanälen strukturiert werden SOLLTE.	ja tw n

Notizen:

A5 Entwicklung eines geeigneten Zonenkonzepts *Standard*

Zuständig: Planer

S	Die OT-Infrastruktur SOLLTE auch horizontal in unabhängige Funktionsbereiche, wie etwa Anlagen, segmentiert werden.	ja tw n
S	Die einzelnen Zonen SOLLTEN, so weit wie möglich, im Betrieb voneinander unabhängig sein.	ja tw n
S	Insbesondere die Zonen, in denen der technische Prozess gesteuert wird, SOLLTEN bei einem Ausfall der anderen Zonen für einen gewissen Zeitraum weiter funktionstüchtig sein.	ja tw n
S	Auch SOLLTE die Abkopplung nach einem Angriff weiter funktionieren.	ja tw n
S	Dieser Zeitraum SOLLTE geeignet definiert und dokumentiert werden.	ja tw n
S	Das Netz SOLLTE manipulations- und fehlerresistent konzipiert werden.	ja tw n

Notizen:

A6 Änderungsmanagement im OT-Betrieb *Standard*

Zuständig: ICS-Informationssicherheitsbeauftragter

S	Für Änderungen an der OT SOLLTE ein eigener Änderungsprozess definiert, dokumentiert und gelebt werden.	ja tw n

Notizen:

A7 Etablieren einer übergreifenden Berechtigungsverwaltung zwischen der OT und in der Office-IT *Standard*

Zuständig: ICS-Informationssicherheitsbeauftragter

S	Die Institution SOLLTE einen Prozess zur Verwaltung von Benutzerzugängen und zugeordneten Berechtigungen für den Zugriff auf die OT etablieren.	ja	tw	n
S	Die Berechtigungsverwaltung SOLLTE den Prozess, die Durchführung und die Dokumentation für die Beantragung, Einrichtung und den Entzug von Berechtigungen umfassen.	ja	tw	n
S	Die Berechtigungsverwaltung SOLLTE gewährleisten, dass Berechtigungen nach dem Minimalprinzip vergeben und regelmäßig überprüft werden.	ja	tw	n
S	In der Berechtigungsverwaltung SOLLTEN die Zugriffe auf IT-Systeme für Mitarbeiter, Administratoren und Dritte geregelt sein.	ja	tw	n
S	Jeder Beteiligte SOLLTE regelmäßig zu den einzuhaltenden Regelungen sensibilisiert werden.	ja	tw	n
S	Die Einhaltung SOLLTE überprüft werden.	ja	tw	n
S	Fehlverhalten SOLLTE sanktioniert werden.	ja	tw	n

Notizen:

A8 Sichere Administration *Standard*

Zuständig: IT-Betrieb

S	Für die Erstkonfiguration, Verwaltung und Fernwartung in der OT SOLLTEN entweder sichere Protokolle oder abgetrennte Administrationsnetze mit entsprechendem Schutzbedarf genutzt werden.	ja	tw	n
S	Der Zugang zu diesen Schnittstellen SOLLTE auf die Berechtigten eingeschränkt sein.	ja	tw	n
S	Es SOLLTE nur der Zugriff auf die Systeme und Funktionen gewährt sein, die für die jeweilige Administrationsaufgabe benötigt werden.	ja	tw	n
S	Die Systeme und Kommunikationskanäle, mit denen die Administration oder Fernwartung durchgeführt wird, SOLLTEN das gleiche Schutzniveau aufweisen wie die verwaltete OT-Komponente.	ja	tw	n

Notizen:

A9 Restriktiver Einsatz von Wechseldatenträgern und mobilen Endgeräten in ICS-Umgebungen *Standard*

Zuständig: ICS-Informationssicherheitsbeauftragter

S	Für die Nutzung von Wechseldatenträgern und mobilen Endgeräten SOLLTEN Regelungen aufgestellt und bekannt gegeben werden.	ja	tw	n
S	Der Einsatz von Wechseldatenträgern und mobilen Endgeräten in ICS-Umgebungen SOLLTE beschränkt werden.	ja	tw	n
S	Für Medien und Geräte von Dienstleistern SOLLTEN ein Genehmigungsprozess und eine Anforderungsliste existieren.	ja	tw	n
S	Die Vorgaben SOLLTEN jedem Dienstleister bekannt sein und von diesen schriftlich bestätigt werden.	ja	tw	n
S	Auf den OT-Komponenten SOLLTEN alle nicht benötigten Schnittstellen deaktiviert werden.	ja	tw	n
S	An den aktiven Schnittstellen SOLLTE die Nutzung auf bestimmte Geräte oder Medien eingeschränkt werden.	ja	tw	n

Notizen:

IND: Industrielle IT

A10 Monitoring, Protokollierung und Detektion *Standard*

Zuständig: OT-Betrieb (Operational Technology, OT)

S	Betriebs- und sicherheitsrelevante Ereignisse SOLLTEN zeitnah identifiziert werden.	ja tw n
S	Hierzu SOLLTE ein geeignetes Log- und Event-Management entwickelt und umgesetzt werden.	ja tw n
S	Das Log- und Event-Management SOLLTE angemessene Maßnahmen umfassen, um sicherheitsrelevante Ereignisse zu erkennen und zu erheben.	ja tw n
S	Es SOLLTE zudem einen Reaktionsplan (Security Incident Response) enthalten.	ja tw n
S	Der Reaktionsplan SOLLTE Verfahren zur Behandlung von Sicherheitsvorfällen festlegen.	ja tw n
S	Darin abgedeckt sein SOLLTEN die Klassifizierung von Ereignissen, Meldewege und Festlegung der einzubeziehenden Organisationseinheiten, Reaktionspläne zur Schadensbegrenzung, Analyse und Wiederherstellung von Systemen und Diensten sowie die Dokumentation und Nachbereitung von Vorfällen.	ja tw n

Notizen:

A11 Sichere Beschaffung und Systementwicklung *Standard*

Zuständig: ICS-Informationssicherheitsbeauftragter

S	Sollen OT-Systeme beschafft, geplant oder entwickelt werden, SOLLTEN Regelungen zur Informationssicherheit getroffen und dokumentiert werden.	ja tw n
S	Die Unterlagen SOLLTEN Teil der Ausschreibung sein.	ja tw n
S	Bei Beschaffungen, Planungen oder Entwicklungen SOLLTE die Informationssicherheit in dem gesamten Lebenszyklus berücksichtigt werden.	ja tw n
S	Voraussetzungen und Umsetzungshinweise für einen sicheren Betrieb von ICS-Komponenten von Herstellern SOLLTEN frühzeitig eingeplant und umgesetzt werden.	ja tw n
S	Für ICS-Komponenten SOLLTEN einheitliche und dem Schutzbedarf angemessene Anforderungen an die Informationssicherheit definiert werden.	ja tw n
S	Diese SOLLTEN berücksichtigt werden, wenn neue ICS-Komponenten beschafft werden.	ja tw n
S	Die Einhaltung und Umsetzung SOLLTE dokumentiert werden.	ja tw n
S	Die Institution SOLLTE dokumentieren, wie sich das System in die Konzepte für die Zoneneinteilung, das Berechtigungs- und Schwachstellen-Management sowie für den Virenschutz einfügt und diese gegebenenfalls anpassen.	ja tw n
S	Es SOLLTE geregelt sein, wie der Betrieb aufrechterhalten werden kann, falls einer der Kooperationspartner keine Dienstleistungen mehr anbietet.	ja tw n

Notizen:

A12 Etablieren eines Schwachstellen-Managements *Standard*

Zuständig: ICS-Informationssicherheitsbeauftragter

- S Für den sicheren Betrieb einer OT-Umgebung SOLLTE die Institution ein Schwachstellen-Management etablieren.   ja   tw   n
- S Das Schwachstellen-Management SOLLTE Lücken in Software, Komponenten, Protokollen und Außenschnittstellen der Umgebung identifizieren.   ja   tw   n
- S Außerdem SOLLTEN sich daraus erforderliche Handlungen ableiten, bewerten und umsetzen lassen.   ja   tw   n
- S Grundlage dafür SOLLTEN Schwachstellenmeldungen von Herstellern oder öffentlich verfügbare CERT-Meldungen sein.   ja   tw   n
- S Ergänzend hierzu SOLLTEN organisatorische und technische Audits zur Schwachstellenanalyse durchgeführt werden.   ja   tw   n

Notizen:

A20 Systemdokumentation *Standard*

Zuständig: Mitarbeiter, OT-Betrieb (Operational Technology, OT)

- S Es SOLLTE eine erweiterte Systemdokumentation erstellt werden.   ja   tw   n
- S Darin SOLLTEN Besonderheiten im Betrieb und die Möglichkeiten zur Systemverwaltung festgehalten werden.   ja   tw   n
- S Außerdem SOLLTE dokumentiert werden, wenn ICS-Komponenten verändert werden.   ja   tw   n

Notizen:

A21 Dokumentation der Kommunikationsbeziehungen *Standard*

Zuständig: OT-Betrieb (Operational Technology, OT)

- S Es SOLLTE dokumentiert werden, mit welchen Systemen eine ICS-Kompnente welche Daten austauscht.   ja   tw   n
- S Außerdem SOLLTEN die Kommunikationsverbindungen neu integrierter ICS-Komponenten dokumentiert werden.   ja   tw   n

Notizen:

A22 Zentrale Systemprotokollierung und -überwachung *Standard*

Zuständig: OT-Betrieb (Operational Technology, OT)

- S Die Protokollierungsdaten von ICS-Komponenten SOLLTEN zentral gespeichert werden.   ja   tw   n
- S Bei sicherheitskritischen Ereignissen SOLLTE automatisch alarmiert werden.   ja   tw   n

Notizen:

IND: Industrielle IT

A23 Aussonderung von ICS-Komponenten *Standard*

Zuständig: OT-Betrieb (Operational Technology, OT)

S Wenn alte oder defekte ICS-Komponenten ausgesondert werden, SOLLTEN alle schützenswerten Daten sicher gelöscht werden. ja tw n

S Es SOLLTE insbesondere sichergestellt sein, dass alle Zugangsdaten nachhaltig entfernt wurden. ja tw n

Notizen:

A13 Notfallplanung für OT *Hoch*
A

Verantwortliche Rolle: ICS-Informationssicherheitsbeauftragter

S Notfallpläne für den Ausfall und für die Kompromittierung jeder Zone SOLLTEN definiert, dokumentiert, nach jeder größeren Änderung getestet und regelmäßig geübt sein. ja tw n

S Zudem SOLLTE ein wirksames Ersatzverfahren für den Ausfall der (Fern-) Administrationsmöglichkeit definiert, dokumentiert und getestet sein. ja tw n

Notizen:

A14 Starke Authentisierung an OT-Komponenten *Hoch*
C I A

Verantwortliche Rolle: ICS-Informationssicherheitsbeauftragter

S Zur sicheren Authentisierung von privilegierten Benutzern in Steuerungssystemen SOLLTE ein zentraler Verzeichnisdienst eingerichtet werden (siehe Baustein ORP.4 *Identitäts- und Berechtigungsmanagement*). ja tw n

S Die Authentisierung SOLLTE durch den Einsatz mehrerer Faktoren wie Wissen, Besitz oder Biometrie zusätzlich abgesichert werden. ja tw n

S Bei der Planung SOLLTE darauf geachtet werden, dass daraus entstehende Abhängigkeiten in der Benutzerauthentisierung bekannt sind und bei der Umsetzung der Lösung berücksichtigt werden. ja tw n

S Es SOLLTE sichergestellt werden, dass die Authentisierung von betrieblich erforderlichen technischen Konten auch in Notfällen durchgeführt werden kann. ja tw n

Notizen:

A15 Überwachung von weitreichenden Berechtigungen *Hoch*
C I A

Verantwortliche Rolle: ICS-Informationssicherheitsbeauftragter

S Die Institution SOLLTE ein Bestandsverzeichnis führen, das alle vergebenen Zutritts-, Zugangs und Zugriffsrechte auf kritische Systeme enthält. ja tw n

S Das Verzeichnis SOLLTE beinhalten, welche Rechte ein bestimmter Benutzer effektiv hat und wer an einem bestimmten System über welche Rechte verfügt. ja tw n

S Alle kritischen administrativen Tätigkeiten SOLLTEN protokolliert werden. ja tw n

S Der IT-Betrieb SOLLTE NICHT die Protokolle löschen oder manipulieren können. ja tw n

Notizen:

A16   Stärkere Abschottung der Zonen   *Hoch*
Verantwortliche Rolle: ICS-Informationssicherheitsbeauftragter   **I A**

S   Bei hoch schutzbedürftigen oder schlecht absicherbaren ICS-Umgebungen SOLLTEN vor-   ja   tw   n
     beugend Schnittstellensysteme mit Sicherheitsprüffunktionen eingesetzt werden.

S   Durch Realisierung einer oder mehrerer Anbindungszonen (DMZ) in P-A-P-Struktur SOLLTEN   ja   tw   n
     durchgängige Außenverbindungen terminiert werden.

S   Erforderliche Sicherheitsprüfungen SOLLTEN so erfolgen, dass die ICS-Anlage nicht ange-   ja   tw   n
     passt werden muss.

Notizen:

A17   Regelmäßige Sicherheitsüberprüfung   *Hoch*
Verantwortliche Rolle: ICS-Informationssicherheitsbeauftragter   **I**

S   Die Sicherheitskonfiguration von OT-Komponenten SOLLTE regelmäßig und bedarfsorien-   ja   tw   n
     tiert bei plötzlich auftretenden neuen, bisher unbekannten Gefährdungen überprüft wer-
     den.

S   Die Sicherheitsüberprüfung SOLLTE zumindest die exponierten Systeme mit Außenschnitt-   ja   tw   n
     stellen oder Benutzerinteraktion umfassen.

S   Auch das realisierte Sicherheitskonzept SOLLTE regelmäßig überprüft werden.   ja   tw   n

S   Die Sicherheitsüberprüfung SOLLTE als Konfigurationsprüfung oder auch durch automati-   ja   tw   n
     sierte Konformitätsprüfungen erfolgen.

Notizen:

A24   Kommunikation im Störfall   *Hoch*
Verantwortliche Rolle: Mitarbeiter, OT-Betrieb (Operational Technology, OT)   **A**

S   Alternative und unabhängige Kommunikationsmöglichkeiten SOLLTEN aufgebaut und   ja   tw   n
     betrieben werden.

Notizen:

IND: Industrielle IT

IND.2 ICS-Komponenten

IND.2.1 Allgemeine ICS-Komponente

A1 Einschränkung des Zugriffs auf Konfigurations- und Wartungsschnittstellen *Basis*

Zuständig: OT-Betrieb (Operational Technology, OT)

- M Standardmäßig eingerichtete bzw. vom Hersteller gesetzte Passwörter MÜSSEN gewechselt werden (siehe ORP.4 *Identitäts- und Berechtigungsmanagement*). ☐ ja ☐ tw ☐ n
- M Der Wechsel MUSS dokumentiert werden. ☐ ja ☐ tw ☐ n
- M Die Passwörter MÜSSEN sicher hinterlegt werden. ☐ ja ☐ tw ☐ n
- M Es MUSS sichergestellt werden, dass nur berechtigte Mitarbeiter auf Konfigurations- und Wartungsschnittstellen von ICS-Komponenten zugreifen können. ☐ ja ☐ tw ☐ n
- M Die Konfiguration von ICS-Komponenten DARF NUR nach einer Freigabe durch den Verantwortlichen oder nach einer Authentisierung geändert werden. ☐ ja ☐ tw ☐ n

Notizen:

A2 Nutzung sicherer Übertragungs-Protokolle für die Konfiguration und Wartung *Basis*

Zuständig: Wartungspersonal, OT-Betrieb (Operational Technology, OT)

- M Für die Konfiguration und Wartung von ICS-Komponenten MÜSSEN sichere Protokolle eingesetzt werden. ☐ ja ☐ tw ☐ n
- M Die Informationen MÜSSEN geschützt übertragen werden. ☐ ja ☐ tw ☐ n

Notizen:

A3 ENTFALLEN *Basis*

A4 Deaktivierung oder Deinstallation nicht genutzter Dienste, Funktionen und Schnittstellen *Basis*

Zuständig: Wartungspersonal, OT-Betrieb (Operational Technology, OT)

- M Alle nicht genutzten Dienste, Funktionen und Schnittstellen der ICS-Komponenten MÜSSEN deaktiviert oder deinstalliert werden. ☐ ja ☐ tw ☐ n

Notizen:

A5 ENTFALLEN *Basis*

A6 Netzsegmentierung *Basis*

Zuständig: OT-Betrieb (Operational Technology, OT), Planer

- M ICS-Komponenten MÜSSEN von der Office-IT getrennt werden. ☐ ja ☐ tw ☐ n
- S Hängen ICS-Komponenten von anderen Diensten im Netz ab, SOLLTE das ausreichend dokumentiert werden. ☐ ja ☐ tw ☐ n
- S ICS-Komponenten SOLLTEN so wenig wie möglich mit anderen ICS-Komponenten kommunizieren. ☐ ja ☐ tw ☐ n

Notizen:

IND.2.1 Allgemeine ICS-Komponente

A7 Erstellung von Datensicherungen *Standard*

Zuständig: OT-Betrieb (Operational Technology, OT)

M Vor jeder Systemänderung an einer ICS-Komponente MÜSSEN Backups erstellt werden.   ja tw n

Notizen:

A8 Schutz vor Schadsoftware *Standard*

Zuständig: OT-Betrieb (Operational Technology, OT)

S ICS-Komponenten SOLLTEN durch geeignete Mechanismen vor Schadprogrammen geschützt werden (siehe OPS.1.1.4 *Schutz vor Schadprogrammen*).   ja tw n

S Wird dafür ein Virenschutzprogramm benutzt, SOLLTEN das Programm und die Virensignaturen nach der Freigabe durch den Hersteller immer auf dem aktuellen Stand sein.   ja tw n

S Wenn die Ressourcen auf der ICS-Komponente nicht ausreichend sind oder die Echtzeitanforderung durch den Einsatz von Virenschutzprogrammen gefährdet werden könnte, SOLLTEN alternative Maßnahmen ergriffen werden, etwa die Abschottung der ICS-Komponente oder des Produktionsnetzes.   ja tw n

Notizen:

A9 ENTFALLEN *Standard*

A10 ENTFALLEN *Standard*

A11 Wartung der ICS-Komponenten *Standard*

Zuständig: Mitarbeiter, OT-Betrieb (Operational Technology, OT), Wartungspersonal

S Bei der Wartung einer ICS-Komponente SOLLTEN immer die aktuellen und freigegebenen Sicherheitsupdates eingespielt werden.   ja tw n

S Updates für das Betriebssystem SOLLTEN erst nach Freigabe durch den Hersteller einer ICS-Komponente installiert werden.   ja tw n

S Alternativ SOLLTE die Aktualisierung in einer Testumgebung erprobt werden, bevor diese in einer produktiven ICS-Komponente eingesetzt wird.   ja tw n

S Für kritische Sicherheitsupdates SOLLTE kurzfristig eine Wartung durchgeführt werden.   ja tw n

Notizen:

A12 ENTFALLEN *Standard*

A13 Geeignete Inbetriebnahme von ICS-Komponenten *Standard*

Zuständig: OT-Betrieb (Operational Technology, OT)

S Bevor ICS-Komponenten in Betrieb genommen werden, SOLLTEN sie dem aktuellen, intern freigegebenen Firmware-, Software- und Patch-Stand entsprechen.   ja tw n

S Neue ICS-Komponenten SOLLTEN in die bestehenden Betriebs-, Überwachungs- und Informationssicherheitsmanagement-Prozesse eingebunden werden.   ja tw n

Notizen:

A14 ENTFALLEN *Standard*

IND: Industrielle IT

A15 ENTFALLEN — *Standard*

A16 Schutz externer Schnittstellen — *Standard*

Zuständig: OT-Betrieb (Operational Technology, OT)

S Von außen erreichbare Schnittstellen SOLLTEN vor Missbrauch geschützt werden. — ja tw n

Notizen:

A17 Nutzung sicherer Protokolle für die Übertragung von Mess- und Steuerdaten — *Standard*

Zuständig: OT-Betrieb (Operational Technology, OT)

S Mess- oder Steuerdaten SOLLTEN bei der Übertragung vor unberechtigten Zugriffen oder Veränderungen geschützt werden. — ja tw n

S Bei Anwendungen mit Echtzeitanforderungen SOLLTE geprüft werden, ob dies umsetzbar ist. — ja tw n

S Werden Mess- oder Steuerdaten über öffentliche Netze übertragen, SOLLTEN sie angemessen geschützt werden. — ja tw n

Notizen:

A18 Kommunikation im Störfall — *Hoch* **A**

Verantwortliche Rolle: OT-Betrieb (Operational Technology, OT), Mitarbeiter

S Es SOLLTE alternative und unabhängige Kommunikationsmöglichkeiten geben, die bei einem Störfall benutzt werden können, um handlungsfähig zu bleiben. — ja tw n

Notizen:

A19 Security-Tests — *Hoch* **C I A**

Verantwortliche Rolle: OT-Betrieb (Operational Technology, OT)

S Mithilfe von regelmäßigen Security-Tests SOLLTE geprüft werden, ob die technischen Sicherheitsmaßnahmen noch effektiv umgesetzt sind. — ja tw n

S Die Security-Tests SOLLTEN nicht im laufenden Anlagenbetrieb erfolgen. — ja tw n

S Die Tests SOLLTEN auf die Wartungszeiten geplant werden. — ja tw n

S Die Ergebnisse SOLLTEN dokumentiert werden. — ja tw n

S Erkannte Risiken SOLLTEN bewertet und behandelt werden. — ja tw n

Notizen:

A20 Vertrauenswürdiger Code — *Hoch* **I A**

Verantwortliche Rolle: OT-Betrieb (Operational Technology, OT)

S Firmware-Updates oder neue Steuerungsprogramme SOLLTEN NUR eingespielt werden, wenn vorher ihre Integrität überprüft wurde. — ja tw n

S Sie SOLLTEN nur aus vertrauenswürdigen Quellen stammen. — ja tw n

Notizen:

IND.2.2 Speicherprogrammierbare Steuerung (SPS)

A1 **Erweiterte Systemdokumentation für Speicherprogrammierbare Steuerungen** *Standard*

Zuständig: OT-Betrieb (Operational Technology, OT)

S Steuerungsprogramme und Konfigurationen SOLLTEN immer gesichert werden, bevor an ihnen etwas verändert wird.   ja   tw   n

S Änderungen an der Konfiguration oder der Tausch von Komponenten SOLLTEN vollständig dokumentiert werden.   ja   tw   n

Notizen:

A2 **ENTFALLEN** *Standard*

A3 **Zeitsynchronisation** *Standard*

Zuständig: OT-Betrieb (Operational Technology, OT)

S Die Systemzeit SOLLTE automatisch über eine zentrale automatisierte Zeitsynchronisation eingestellt werden.   ja   tw   n

Notizen:

IND.2.3 Sensoren und Aktoren

A1 **Installation von Sensoren** *Basis*

Zuständig: OT-Betrieb (Operational Technology, OT), Wartungspersonal

M Sensoren MÜSSEN in geeigneter Weise installiert werden.   ja   tw   n
M Sensoren MÜSSEN ausreichend robust sein.   ja   tw   n
M Sie MÜSSEN zuverlässig unter den vorhandenen Umgebungsbedingungen wie großer Wärme, Kälte, Staub, Vibration oder Korrosion messen können.   ja   tw   n

Notizen:

A2 **Kalibrierung von Sensoren** *Standard*

Zuständig: Wartungspersonal

S Wenn notwendig, SOLLTEN Sensoren regelmäßig kalibriert werden.   ja   tw   n
S Die Kalibrierungen SOLLTEN geeignet dokumentiert werden.   ja   tw   n
M Der Zugang zur Kalibrierung eines Sensors MUSS geschützt sein.   ja   tw   n

Notizen:

IND: Industrielle IT

A3 Drahtlose Kommunikation *Hoch*

Verantwortliche Rolle: ICS-Informationssicherheitsbeauftragter

S	Drahtlose Verwaltungsschnittstellen wie Bluetooth, WLAN oder NFC SOLLTEN NICHT benutzt werden.	ja	tw	n
S	Alle nicht benutzten Kommunikationsschnittstellen SOLLTEN deaktiviert werden.	ja	tw	n

Notizen:

IND.2.4 Maschine

A1 Fernwartung durch Maschinen- und Anlagenbauer *Basis*

Zuständig: OT-Betrieb (Operational Technology, OT)

M	Für die Fernwartung einer Maschine MUSS es eine zentrale Richtlinie geben.	ja	tw	n
M	Darin MUSS geregelt werden, wie die jeweiligen Fernwartungslösungen einzusetzen sind.	ja	tw	n
M	Die Richtlinie MUSS auch festlegen, wie Kommunikationsverbindungen geschützt werden sollen.	ja	tw	n
M	Hierüber hinaus MUSS sie auch beschreiben, welche Aktivitäten während der Fernwartung überwacht werden sollen.	ja	tw	n
S	Außerdem SOLLTE NICHT möglich sein, dass über die Fernwartung einer Maschine auf andere IT-Systeme oder Maschinen der Institution zugegriffen werden kann.	ja	tw	n
M	Mit einem Dienstleister MUSS vereinbart werden, wie er die in der Maschine gespeicherten Informationen verwerten darf.	ja	tw	n

Notizen:

A2 Betrieb nach Ende der Gewährleistung *Basis*

Zuständig: OT-Betrieb (Operational Technology, OT)

M	Es MUSS ein Prozess etabliert werden, der gewährleistet, dass die Maschine auch über den Gewährleistungszeitraum hinaus sicher weiterbetrieben werden kann.	ja	tw	n
M	Hierzu MÜSSEN mit dem Lieferanten weitere Unterstützungsleistungen vertraglich vereinbart werden.	ja	tw	n

Notizen:

IND.2.7 Safety Instrumented Systems

A1 Erfassung und Dokumentation *Basis*

Zuständig: Planer, Wartungspersonal

M	Alle zum SIS gehörenden Hardware- und Softwarekomponenten, relevante Informationen, Verbindungen sowie Rollen und Zuständigkeiten MÜSSEN gesondert erfasst und dokumentiert werden.	ja	tw	n

Notizen:

A2 Zweckgebundene Nutzung der Hard- und Softwarekomponenten *Basis*

Zuständig: Wartungspersonal

M Die Hard- und Softwarekomponenten, die zum SIS gehören oder im Zusammenhang mit diesem genutzt werden, DÜRFEN NICHT zweckentfremdet werde.   ja   tw   n

Notizen:

A3 Änderung des Anwendungsprogramms auf dem Logiksystem *Basis*

Zuständig: Wartungspersonal

M Bereits vorhandene Schutzmechanismen am Logiksystem MÜSSEN aktiviert sein.   ja   tw   n
M Wenn dies nicht möglich ist, MÜSSEN alternative Maßnahmen ergriffen werden.   ja   tw   n
M Anwenderprogramme auf den Logiksystemen DÜRFEN NUR von autorisierten Personen geändert oder zur Übertragung freigegeben werden.   ja   tw   n

Notizen:

A4 Verankerung von Informationssicherheit im Functional Safety Management *Standard*

Zuständig: ICS-Informationssicherheitsbeauftragter

S Alle Prozesse und Zuständigkeiten bezüglich der Informationssicherheit von SIS SOLLTEN klar definiert sein.   ja   tw   n
S Im Functional Safety Management SOLLTEN diese beschrieben und namentlich genannt sein.   ja   tw   n

Notizen:

A5 Notfallmanagement von SIS *Standard*

Zuständig: ICS-Informationssicherheitsbeauftragter

S Die Behandlung von Sicherheitsvorfällen SOLLTE in einem Vorfallreaktionsplan festgehalten werden.   ja   tw   n
S Dieser SOLLTE die Rollen und Zuständigkeiten festhalten und die zu ergreifenden Maßnahmen enthalten.   ja   tw   n

Notizen:

A6 Sichere Planung und Spezifikation des SIS *Standard*

Zuständig: Planer, Wartungspersonal, ICS-Informationssicherheitsbeauftragter

S Versehentliche oder unautorisierte Änderungen an der Spezifikation, Implementierung und an den Engineering-Daten SOLLTEN verhindert werden.   ja   tw   n

Notizen:

IND: Industrielle IT

A7 Trennung und Unabhängigkeit des SIS von der Umgebung *Standard*

Zuständig: Planer, Wartungspersonal

- S Das SIS SOLLTE rückwirkungsfrei von seiner Umgebung betrieben werden, um seine Sicherheitsfunktionen gewährleisten zu können. ☐ ja ☐ tw ☐ n
- S Prozesse, die potenziell Auswirkungen auf das SIS haben, SOLLTEN dem Änderungsmanagementprozess des Functional Safety Management unterstellt werden. ☐ ja ☐ tw ☐ n

Notizen:

A8 Sichere Übertragung von Engineering Daten auf SIS *Standard*

Zuständig: Planer, Wartungspersonal, ICS-Informationssicherheitsbeauftragter

- S Die Integrität der Engineering-Daten SOLLTE während der Übertragung auf SIS sichergestellt werden. ☐ ja ☐ tw ☐ n

Notizen:

A9 Absicherung der Daten- und Signalverbindungen *Standard*

Zuständig: Planer, Wartungspersonal, ICS-Informationssicherheitsbeauftragter

- S Sofern keine Rückwirkungsfreiheit von Daten- und Signalverbindungen (Unidirektionalität) nachgewiesen werden kann, SOLLTEN diese Verbindungen geeignet abgesichert werden. ☐ ja ☐ tw ☐ n

Notizen:

A10 Anzeige und Alarmierung von simulierten oder gebrückten Variablen *Standard*

Zuständig: Planer

- S Variablen der SIS, die durch Ersatzwerte besetzt (simuliert) oder von außen gebrückt werden, SOLLTEN in geeigneter Weise überwacht werden. ☐ ja ☐ tw ☐ n
- S Die Werte SOLLTEN dem Benutzer fortlaufend angezeigt werden. ☐ ja ☐ tw ☐ n
- S Grenzwerte SOLLTEN definiert werden. ☐ ja ☐ tw ☐ n
- S Wenn diese Grenzwerte erreicht werden, SOLLTEN die zuständigen Personen in geeigneter Weise alarmiert werden. ☐ ja ☐ tw ☐ n

Notizen:

A11 Umgang mit integrierten Systemen *Standard*

Zuständig: Planer, Wartungspersonal, ICS-Informationssicherheitsbeauftragter

- S Für integrierte Systeme SOLLTE eine passende Strategie entwickelt werden, die den Umgang mit Komponenten regelt, welche die funktionale Sicherheit (Safety) betreffen. ☐ ja ☐ tw ☐ n

Notizen:

A12 Sicherstellen der Integrität und Authentizität von Anwendungsprogrammen und Konfigurationsdaten

Hoch

Verantwortliche Rolle: Planer

I

S   Es SOLLTE darauf geachtet werden, dass die Hersteller geeignete Mechanismen entwickeln und integrieren, die die Integrität und Authentizität von Konfigurationsdaten und Anwendungsprogrammen auf dem Logiksystem oder auf den damit verbundenen Sensoren und Aktoren gewährleisten.   ja   tw   n

S   Jegliche Software, die als Download angeboten wird, SOLLTE vor Manipulation geschützt werden.   ja   tw   n

S   Verletzungen der Integrität SOLLTEN automatisch erkannt und gemeldet werden.   ja   tw   n

Notizen:

NET: Netze und Kommunikation

NET.1 Netze

NET.1.1 Netzarchitektur und -design

A1 Sicherheitsrichtlinie für das Netz *Basis*
Zuständig: IT-Betrieb

M	Ausgehend von der allgemeinen Sicherheitsrichtlinie der Institution MUSS eine spezifische Sicherheitsrichtlinie für das Netz erstellt werden.	ja tw n
M	Darin MÜSSEN nachvollziehbar Anforderungen und Vorgaben beschrieben werden, wie Netze sicher konzipiert und aufgebaut werden.	ja tw n
M	In der Richtlinie MUSS unter anderem festgelegt werden, • in welchen Fällen die Zonen zu segmentieren sind und in welchen Fällen Benutzergruppen bzw. Mandanten logisch oder sogar physisch zu trennen sind, • welche Kommunikationsbeziehungen und welche Netz- und Anwendungsprotokolle jeweils zugelassen werden, • wie der Datenverkehr für Administration und Überwachung netztechnisch zu trennen ist, • welche institutionsinterne, standortübergreifende Kommunikation (WAN, Funknetze) erlaubt und welche Verschlüsselung im WAN, LAN oder auf Funkstrecken erforderlich ist sowie • welche institutionsübergreifende Kommunikation zugelassen ist.	ja tw n
M	Die Richtlinie MUSS allen im Bereich Netzdesign zuständigen Mitarbeitern bekannt sein.	ja tw n
M	Sie MUSS zudem grundlegend für ihre Arbeit sein.	ja tw n
M	Wird die Richtlinie verändert oder wird von den Anforderungen abgewichen, MUSS dies dokumentiert und mit dem verantwortlichen ISB abgestimmt werden.	ja tw n
M	Es MUSS regelmäßig überprüft werden, ob die Richtlinie noch korrekt umgesetzt ist.	ja tw n
M	Die Ergebnisse MÜSSEN sinnvoll dokumentiert werden.	ja tw n

Notizen:

A2 Dokumentation des Netzes *Basis*
Zuständig: IT-Betrieb

M	Es MUSS eine vollständige Dokumentation des Netzes erstellt werden.	ja tw n
M	Sie MUSS einen Netzplan beinhalten.	ja tw n
M	Die Dokumentation MUSS nachhaltig gepflegt werden.	ja tw n
M	Die initiale Ist-Aufnahme, einschließlich der Netzperformance, sowie alle durchgeführten Änderungen im Netz MÜSSEN in der Dokumentation enthalten sein.	ja tw n
M	Die logische Struktur des Netzes MUSS dokumentiert werden, insbesondere, wie die Subnetze zugeordnet und wie das Netz zoniert und segmentiert wird.	ja tw n

Notizen:

A3 Anforderungsspezifikation für das Netz *Basis*

Zuständig: Planer

M	Ausgehend von der Sicherheitsrichtlinie für das Netz MUSS eine Anforderungsspezifikation erstellt werden.	ja tw n
M	Diese MUSS nachhaltig gepflegt werden.	ja tw n
M	Aus den Anforderungen MÜSSEN sich alle wesentlichen Elemente für Netzarchitektur und -design ableiten lassen.	ja tw n

Notizen:

A4 Netztrennung in Zonen *Basis*

Zuständig: Planer

M	Das Gesamtnetz MUSS mindestens in folgende drei Zonen physisch separiert sein: internes Netz, demilitarisierte Zone (DMZ) und Außenanbindungen (inklusive Internetanbindung sowie Anbindung an andere nicht vertrauenswürdige Netze).	ja tw n
M	Die Zonenübergänge MÜSSEN durch eine Firewall abgesichert werden.	ja tw n
M	Diese Kontrolle MUSS dem Prinzip der lokalen Kommunikation folgen, sodass von Firewalls ausschließlich erlaubte Kommunikation weitergeleitet wird (Whitelisting).	ja tw n
M	Nicht vertrauenswürdige Netze (z.B. Internet) und vertrauenswürdige Netze (z.B. Intranet) MÜSSEN mindestens durch eine zweistufige Firewall-Struktur, bestehend aus zustandsbehafteten Paketfiltern (Firewall), getrennt werden.	ja tw n
M	Um Internet und externe DMZ netztechnisch zu trennen, MUSS mindestens ein zustandsbehafteter Paketfilter eingesetzt werden.	ja tw n
M	In der zweistufigen Firewall-Architektur MUSS jeder ein- und ausgehende Datenverkehr durch den äußeren Paketfilter bzw. den internen Paketfilter kontrolliert und gefiltert werden.	ja tw n
M	Eine P-A-P-Struktur, die aus Paketfilter, Application-Layer-Gateway bzw. Sicherheits-Proxies und Paketfilter besteht, MUSS immer realisiert werden, wenn die Sicherheitsrichtlinie oder die Anforderungsspezifikation dies fordern.	ja tw n

Notizen:

A5 Client-Server-Segmentierung *Basis*

Zuständig: Planer

M	Clients und Server MÜSSEN in unterschiedlichen Netzsegmenten platziert werden.	ja tw n
M	Die Kommunikation zwischen diesen Netzsegmenten MUSS mindestens durch einen zustandsbehafteten Paketfilter kontrolliert werden.	ja tw n
S	Es SOLLTE beachtet werden, dass mögliche Ausnahmen, die es erlauben, Clients und Server in einem gemeinsamen Netzsegment zu positionieren, in den entsprechenden anwendungs- und systemspezifischen Bausteinen geregelt werden.	ja tw n
M	Für Gastzugänge und für Netzbereiche, in denen keine ausreichende interne Kontrolle über die Endgeräte gegeben ist, MÜSSEN dedizierte Netzsegmente eingerichtet werden.	ja tw n

Notizen:

NET: Netze und Kommunikation

A6 Endgeräte-Segmentierung im internen Netz *Basis*
Zuständig: Planer

M Es DÜRFEN NUR Endgeräte in einem Netzsegment positioniert werden, die einem ähnlichen Sicherheitsniveau entsprechen. ja tw n

Notizen:

A7 Absicherung von schützenswerten Informationen *Basis*
Zuständig: Planer

M Schützenswerte Informationen MÜSSEN über nach dem derzeitigen Stand der Technik sichere Protokolle übertragen werden, falls nicht über vertrauenswürdige dedizierte Netzsegmente (z.B. innerhalb des Managementnetzes) kommuniziert wird. ja tw n

M Können solche Protokolle nicht genutzt werden, MUSS nach Stand der Technik angemessen verschlüsselt und authentisiert werden (siehe NET.3.3 *VPN*). ja tw n

Notizen:

A8 Grundlegende Absicherung des Internetzugangs *Basis*
Zuständig: Planer

M Der Internetverkehr MUSS über die Firewall-Struktur geführt werden (siehe NET.1.1.A4 *Netztrennung in Zonen*). ja tw n

M Die Datenflüsse MÜSSEN durch die Firewall-Struktur auf die benötigten Protokolle und Kommunikationsbeziehungen eingeschränkt werden. ja tw n

Notizen:

A9 Grundlegende Absicherung der Kommunikation mit nicht vertrauenswürdigen Netzen *Basis*
Zuständig: Planer

M Für jedes Netz MUSS festgelegt werden, inwieweit es als vertrauenswürdig einzustufen ist. ja tw n

M Netze, die nicht vertrauenswürdig sind, MÜSSEN wie das Internet behandelt und entsprechend abgesichert werden. ja tw n

Notizen:

A10 DMZ-Segmentierung für Zugriffe aus dem Internet *Basis*

Zuständig: Planer

M	Die Firewall-Struktur MUSS für alle Dienste bzw. Anwendungen, die aus dem Internet erreichbar sind, um eine sogenannte externe DMZ ergänzt werden.	ja	tw	n
S	Es SOLLTE ein Konzept zur DMZ-Segmentierung erstellt werden, das die Sicherheitsrichtlinie und die Anforderungsspezifikation nachvollziehbar umsetzt.	ja	tw	n
M	Abhängig vom Sicherheitsniveau der IT-Systeme MÜSSEN die DMZ-Segmente weitergehend unterteilt werden.	ja	tw	n
M	Eine externe DMZ MUSS am äußeren Paketfilter angeschlossen werden.	ja	tw	n

Notizen:

A11 Absicherung eingehender Kommunikation vom Internet in das interne Netz *Basis*

Zuständig: Planer

M	Ein IP-basierter Zugriff auf das interne Netz MUSS über einen sicheren Kommunikationskanal erfolgen.	ja	tw	n
M	Der Zugriff MUSS auf vertrauenswürdige IT-Systeme und Benutzer beschränkt werden (siehe NET.3.3 *VPN*).	ja	tw	n
S	Derartige VPN-Gateways SOLLTEN in einer externen DMZ platziert werden.	ja	tw	n
S	Es SOLLTE beachtet werden, dass hinreichend gehärtete VPN-Gateways direkt aus dem Internet erreichbar sein können.	ja	tw	n
M	Die über das VPN-Gateway authentisierten Zugriffe ins interne Netz MÜSSEN mindestens die interne Firewall durchlaufen.	ja	tw	n
M	IT-Systeme DÜRFEN NICHT via Internet oder externer DMZ auf das interne Netz zugreifen.	ja	tw	n
S	Es SOLLTE beachtet werden, dass etwaige Ausnahmen zu dieser Anforderung in den entsprechenden anwendungs- und systemspezifischen Bausteinen geregelt werden.	ja	tw	n

Notizen:

A12 Absicherung ausgehender interner Kommunikation zum Internet *Basis*

Zuständig: Planer

M	Ausgehende Kommunikation aus dem internen Netz zum Internet MUSS an einem Sicherheits-Proxy entkoppelt werden.	ja	tw	n
M	Die Entkoppelung MUSS außerhalb des internen Netzes erfolgen.	ja	tw	n
S	Wird eine P-A-P-Struktur eingesetzt, SOLLTE die ausgehende Kommunikation immer durch die Sicherheits-Proxies der P-A-P-Struktur entkoppelt werden.	ja	tw	n

Notizen:

A13 Netzplanung *Basis*

Zuständig: Planer

- M Jede Netzimplementierung MUSS geeignet, vollständig und nachvollziehbar geplant werden. ☐ ja ☐ tw ☐ n
- M Dabei MÜSSEN die Sicherheitsrichtlinie sowie die Anforderungsspezifikation beachtet werden. ☐ ja ☐ tw ☐ n
- M Darüber hinaus MÜSSEN in der Planung mindestens die folgenden Punkte bedarfsgerecht berücksichtigt werden: ☐ ja ☐ tw ☐ n
    - Anbindung von Internet und, sofern vorhanden, Standortnetz und Extranet,
    - Topologie des Gesamtnetzes und der Netzbereiche, d.h. Zonen und Netzsegmente,
    - Dimensionierung und Redundanz der Netz- und Sicherheitskomponenten, Übertragungsstrecken und Außenanbindungen,
    - zu nutzende Protokolle und deren grundsätzliche Konfiguration und Adressierung, insbesondere IPv4/IPv6-Subnetze von Endgerätegruppen sowie
    - Administration und Überwachung (siehe NET12 *Netzmanagement*).
- M Die Netzplanung MUSS regelmäßig überprüft werden. ☐ ja ☐ tw ☐ n

Notizen:

A14 Umsetzung der Netzplanung *Basis*

Zuständig: Planer

- M Das geplante Netz MUSS fachgerecht umgesetzt werden. ☐ ja ☐ tw ☐ n
- M Dies MUSS während der Abnahme geprüft werden. ☐ ja ☐ tw ☐ n

Notizen:

A15 Regelmäßiger Soll-Ist-Vergleich *Basis*

Zuständig: Planer

- M Es MUSS regelmäßig geprüft werden, ob das bestehende Netz dem Soll-Zustand entspricht. ☐ ja ☐ tw ☐ n
- M Dabei MUSS mindestens geprüft werden, inwieweit es die Sicherheitsrichtlinie und Anforderungsspezifikation erfüllt. ☐ ja ☐ tw ☐ n
- M Es MUSS auch geprüft werden, inwiefern die umgesetzte Netzstruktur dem aktuellen Stand der Netzplanung entspricht. ☐ ja ☐ tw ☐ n
- M Dafür MÜSSEN zuständige Personen sowie Prüfkriterien bzw. Vorgaben festgelegt werden. ☐ ja ☐ tw ☐ n

Notizen:

A16 Spezifikation der Netzarchitektur *Standard*

Zuständig: Planer

S Auf Basis der Sicherheitsrichtlinie und der Anforderungsspezifikation SOLLTE eine Architektur für die Zonen inklusive internem Netz, DMZ-Bereich und Außenanbindungen entwickelt und nachhaltig gepflegt werden. — ja tw n

S Dabei SOLLTEN je nach spezifischer Situation der Institution alle relevanten Architekturelemente betrachtet werden, mindestens jedoch: — ja tw n
- Netzarchitektur des internen Netzes mit Festlegungen dazu, wie Netzvirtualisierungstechniken, Layer-2- und Layer-3-Kommunikation sowie Redundanzverfahren einzusetzen sind,
- Netzarchitektur für Außenanbindungen, inklusive Firewall-Architekturen, sowie DMZ- und Extranet-Design und Vorgaben an die Standortkopplung,
- Festlegung, an welchen Stellen des Netzes welche Sicherheitskomponenten wie Firewalls oder IDS/IPS zu platzieren sind und welche Sicherheitsfunktionen diese realisieren müssen,
- Vorgaben für die Netzanbindung der verschiedenen IT-Systeme,
- Netzarchitektur in Virtualisierungs-Hosts, wobei insbesondere Network Virtualization Overlay (NVO) und die Architektur in Vertikal integrierten Systemen (ViS) zu berücksichtigen sind,
- Festlegungen der grundsätzlichen Architektur-Elemente für eine Private Cloud sowie Absicherung der Anbindungen zu Virtual Private Clouds, Hybrid Clouds und Public Clouds sowie
- Architektur zur sicheren Administration und Überwachung der IT-Infrastruktur.

Notizen:

A17 Spezifikation des Netzdesigns *Standard*

Zuständig: Planer

S Basierend auf der Netzarchitektur SOLLTE das Netzdesign für die Zonen inklusive internem Netz, DMZ-Bereich und Außenanbindungen entwickelt und nachhaltig gepflegt werden. — ja tw n

S Dafür SOLLTEN die relevanten Architekturelemente detailliert betrachtet werden, mindestens jedoch: — ja tw n
- zulässige Formen von Netzkomponenten inklusive virtualisierter Netzkomponenten,
- Festlegungen darüber, wie WAN- und Funkverbindungen abzusichern sind,
- Anbindung von Endgeräten an Switching-Komponenten, Verbindungen zwischen Netzelementen sowie Verwendung von Kommunikationsprotokollen,
- Redundanzmechanismen für alle Netzelemente,
- Adresskonzept für IPv4 und IPv6 sowie zugehörige Routing- und Switching-Konzepte,
- virtualisierte Netze in Virtualisierungs-Hosts inklusive NVO,
- Aufbau, Anbindung und Absicherung von Private Clouds sowie sichere Anbindung von Virtual Private Clouds, Hybrid Clouds und Public Clouds sowie
- Festlegungen zum Netzdesign für die sichere Administration und Überwachung der IT-Infrastruktur.

Notizen:

NET: Netze und Kommunikation

A18 P-A-P-Struktur für die Internet-Anbindung *Standard*

Zuständig: Planer

S	Das Netz der Institution SOLLTE über eine Firewall mit P-A-P-Struktur an das Internet angeschlossen werden (siehe NET.1.1.A4 *Netztrennung in Zonen*).	ja tw n
M	Zwischen den beiden Firewall-Stufen MUSS ein proxy-basiertes Application-Layer-Gateway (ALG) realisiert werden.	ja tw n
M	Das ALG MUSS über ein eigenes Transfernetz (dual-homed) sowohl zum äußeren Paketfilter als auch zum internen Paketfilter angebunden werden.	ja tw n
M	Das Transfernetz DARF NICHT mit anderen Aufgaben als denjenigen für das ALG belegt sein.	ja tw n
M	Falls kein ALG eingesetzt wird, dann MÜSSEN entsprechende Sicherheits-Proxies realisiert werden.	ja tw n
M	Die Sicherheits-Proxies MÜSSEN über ein eigenes Transfernetz (dual-homed) angebunden werden.	ja tw n
M	Das Transfernetz DARF NICHT mit anderen Aufgaben als denjenigen für die Sicherheits-Proxies belegt sein.	ja tw n
M	Es MUSS geprüft werden, ob über die Sicherheits-Proxies gegenseitige Angriffe möglich sind.	ja tw n
M	Ist dies der Fall, MUSS das Transfernetz geeignet segmentiert werden.	ja tw n
M	Jeglicher Datenverkehr MUSS über das ALG oder entsprechende Sicherheits-Proxies entkoppelt werden.	ja tw n
M	Ein Transfernetz, das beide Firewall-Stufen direkt miteinander verbindet, DARF NICHT konfiguriert werden.	ja tw n
M	Die interne Firewall MUSS zudem die Angriffsfläche des ALGs oder der Sicherheits-Proxies gegenüber Innentätern oder IT-Systemen im internen Netz reduzieren.	ja tw n
S	Authentisierte und vertrauenswürdige Netzzugriffe vom VPN-Gateway ins interne Netz SOLLTEN NICHT das ALG oder die Sicherheits-Proxies der P-A-P-Struktur durchlaufen.	ja tw n

Notizen:

A19 Separierung der Infrastrukturdienste *Standard*

Zuständig: Planer

S	Server, die grundlegende Dienste für die IT-Infrastruktur bereitstellen, SOLLTEN in einem dedizierten Netzsegment positioniert werden.	ja tw n
S	Die Kommunikation mit ihnen SOLLTE durch einen zustandsbehafteten Paketfilter (Firewall) kontrolliert werden.	ja tw n

Notizen:

A20 Zuweisung dedizierter Subnetze für IPv4/IPv6-Endgerätegruppen *Standard*

Zuständig: Planer

S	Unterschiedliche IPv4-/IPv6- Endgeräte SOLLTEN je nach verwendetem Protokoll (IPv4-/IPv6- oder IPv4/IPv6-DualStack) dedizierten Subnetzen zugeordnet werden.	ja tw n

Notizen:

A21 Separierung des Management-Bereichs *Standard*

Zuständig: Planer

S	Um die Infrastruktur zu managen, SOLLTE durchgängig ein Out-of-Band-Management genutzt werden.	ja tw n
S	Dabei SOLLTEN alle Endgeräte, die für das Management der IT-Infrastruktur benötigt werden, in dedizierten Netzsegmenten positioniert werden.	ja tw n
S	Die Kommunikation mit diesen Endgeräten SOLLTE durch einen zustandsbehafteten Paketfilter kontrolliert werden.	ja tw n
S	Die Kommunikation von und zu diesen Management-Netzsegmenten SOLLTE auf die notwendigen Management-Protokolle mit definierten Kommunikations-Endpunkten beschränkt werden.	ja tw n
S	Der Management-Bereich SOLLTE mindestens die folgenden Netzsegmente umfassen.	ja tw n
S	Diese SOLLTEN abhängig von der Sicherheitsrichtlinie und der Anforderungsspezifikation weiter unterteilt werden in • Netzsegment(e) für IT-Systeme, die für die Authentisierung und Autorisierung der administrativen Kommunikation zuständig sind, • Netzsegment(e) für die Administration der IT-Systeme, • Netzsegment(e) für die Überwachung und das Monitoring, • Netzsegment(e), die die zentrale Protokollierung inklusive Syslog-Server und SIEM-Server enthalten, • Netzsegment(e) für IT-Systeme, die für grundlegende Dienste des Management-Bereichs benötigt werden sowie • Netzsegment(e) für die Management-Interfaces der zu administrierenden IT-Systeme.	ja tw n
M	Die verschiedenen Management-Interfaces der IT-Systeme MÜSSEN nach ihrem Einsatzzweck und ihrer Netzplatzierung über einen zustandsbehafteten Paketfilter getrennt werden.	ja tw n
S	Dabei SOLLTEN die IT-Systeme (Management-Interfaces) zusätzlich bei folgender Zugehörigkeit über dedizierte Firewalls getrennt werden: • IT-Systeme, die aus dem Internet erreichbar sind, • IT-Systeme im internen Netz sowie • Sicherheitskomponenten, die sich zwischen den aus dem Internet erreichbaren IT-Systemen und dem internen Netz befinden.	ja tw n
M	Es MUSS sichergestellt werden, dass die Segmentierung nicht durch die Management-Kommunikation unterlaufen werden kann.	ja tw n
M	Eine Überbrückung von Netzsegmenten MUSS ausgeschlossen werden.	ja tw n

Notizen:

NET: Netze und Kommunikation

A22 Spezifikation des Segmentierungskonzepts *Standard*

Zuständig: Planer

- S Auf Basis der Spezifikationen von Netzarchitektur und Netzdesign SOLLTE ein umfassendes Segmentierungskonzept für das interne Netz erstellt werden. — ja tw n
- S Dieses Segmentierungskonzept SOLLTE eventuell vorhandene virtualisierte Netze in Virtualisierungs-Hosts beinhalten. — ja tw n
- S Das Segmentierunskonzept SOLLTE geplant, umgesetzt, betrieben und nachhaltig gepflegt werden. — ja tw n
- S Das Konzept SOLLTE mindestens die folgenden Punkte umfassen, soweit diese in der Zielumgebung vorgesehen sind: — ja tw n
  - Initial anzulegende Netzsegmente und Vorgaben dazu, wie neue Netzsegmente zu schaffen sind und wie Endgeräte in den Netzsegmenten zu positionieren sind,
  - Festlegung für die Segmentierung von Entwicklungs- und Testsystemen (Staging),
  - Netzzugangskontrolle für Netzsegmente mit Clients,
  - Anbindung von Netzbereichen, die über Funktechniken oder Standleitung an die Netzsegmente angebunden sind,
  - Anbindung der Virtualisierungs-Hosts und von virtuellen Maschinen auf den Hosts an die Netzsegmente,
  - Rechenzentrumsautomatisierung sowie
  - Festlegungen dazu, wie Endgeräte einzubinden sind, die mehrere Netzsegmente versorgen, z.B. Load Balancer, und Speicher- sowie Datensicherungslösungen.
- S Abhängig von der Sicherheitsrichtlinie und der Anforderungsspezifikation SOLLTE für jedes Netzsegment konzipiert werden, wie es netztechnisch realisiert werden soll. — ja tw n
- S Darüber hinaus SOLLTE festgelegt werden, welche Sicherheitsfunktionen die Koppelelemente zwischen den Netzsegmenten bereitstellen müssen (z.B. Firewall als zustandsbehafteter Paketfilter oder IDS/IPS). — ja tw n

Notizen:

A23 Trennung von Netzsegmenten *Standard*

Zuständig: Planer

- S IT-Systeme mit unterschiedlichem Schutzbedarf SOLLTEN in verschiedenen Netzsegmenten platziert werden. — ja tw n
- S Ist dies nicht möglich, SOLLTE sich der Schutzbedarf nach dem höchsten vorkommenden Schutzbedarf im Netzsegment richten. — ja tw n
- S Darüber hinaus SOLLTEN die Netzsegmente abhängig von ihrer Größe und den Anforderungen des Segmentierungskonzepts weiter unterteilt werden. — ja tw n
- M Es MUSS sichergestellt werden, dass keine Überbrückung von Netzsegmenten oder gar Zonen möglich ist. — ja tw n
- S Gehören die virtuellen LANs (VLANs) an einem Switch unterschiedlichen Institutionen an, SOLLTE die Trennung physisch erfolgen. — ja tw n
- S Alternativ SOLLTEN Daten verschlüsselt werden, um die übertragenen Informationen vor unbefugtem Zugriff zu schützen. — ja tw n

Notizen:

A24 Sichere logische Trennung mittels VLAN *Standard*
Zuständig: Planer

M Falls VLANs eingesetzt werden, dann DARF dadurch KEINE Verbindung geschaffen werden zwischen dem internen Netz und einer Zone vor dem ALG oder den Sicherheits-Proxies.   ja   tw   n

M Generell MUSS sichergestellt werden, dass VLANs nicht überwunden werden können.   ja   tw   n

Notizen:

A25 Fein- und Umsetzungsplanung von Netzarchitektur und -design *Standard*
Zuständig: Planer

S Eine Fein- und Umsetzungsplanung für die Netzarchitektur und das Netzdesign SOLLTE durchgeführt, dokumentiert, geprüft und nachhaltig gepflegt werden.   ja   tw   n

Notizen:

A26 Spezifikation von Betriebsprozessen für das Netz *Standard*
Zuständig: Planer

S Betriebsprozesse SOLLTEN bedarfsgerecht erzeugt oder angepasst und dokumentiert werden.   ja   tw   n

S Dabei SOLLTE insbesondere berücksichtigt werden, wie sich die Zonierung sowie das Segmentierungskonzept auf den IT-Betrieb auswirken.   ja   tw   n

Notizen:

A27 Einbindung der Netzarchitektur in die Notfallplanung *Standard*
Zuständig: IT-Betrieb

S Es SOLLTE initial und in regelmäßigen Abständen nachvollziehbar analysiert werden, wie sich die Netzarchitektur und die abgeleiteten Konzepte auf die Notfallplanung auswirken.   ja   tw   n

Notizen:

A28 Hochverfügbare Netz- und Sicherheitskomponenten *Hoch*
Verantwortliche Rolle: Planer   **A**

S Zentrale Bereiche des internen Netzes sowie die Sicherheitskomponenten SOLLTEN hochverfügbar ausgelegt sein.   ja   tw   n

S Dazu SOLLTEN die Komponenten redundant ausgelegt und auch intern hochverfügbar realisiert werden.   ja   tw   n

Notizen:

NET: Netze und Kommunikation

A29 Hochverfügbare Realisierung von Netzanbindungen — *Hoch* **A**
Verantwortliche Rolle: Planer

- S Die Netzanbindungen, wie z.B. Internet-Anbindung und WAN-Verbindungen, SOLLTEN vollständig redundant gestaltet werden. — ja / tw / n
- S Je nach Verfügbarkeitsanforderung SOLLTEN redundante Anbindungen an einen oder verschiedene Anbieter bedarfsabhängig mit unterschiedlicher Technik und Performance bedarfsgerecht umgesetzt werden. — ja / tw / n
- S Auch SOLLTE Wegeredundanz innerhalb und außerhalb der eigenen Zuständigkeit bedarfsgerecht umgesetzt werden. — ja / tw / n
- S Dabei SOLLTEN mögliche Single Points of Failures (SPoF) und störende Umgebungsbedingungen berücksichtigt werden. — ja / tw / n

Notizen:

A30 Schutz vor Distributed-Denial-of-Service — *Hoch* **A**
Verantwortliche Rolle: Planer

- S Um DDoS-Angriffe abzuwehren, SOLLTE per Bandbreitenmanagement die verfügbare Bandbreite gezielt zwischen verschiedenen Kommunikationspartnern und Protokollen aufgeteilt werden. — ja / tw / n
- S Um DDoS-Angriffe mit sehr hohen Datenraten abwehren zu können, SOLLTEN Mitigation-Dienste über größere Internet Service Provider (ISPs) eingekauft werden. — ja / tw / n
- S Deren Nutzung SOLLTE in Verträgen geregelt werden. — ja / tw / n

Notizen:

A31 Physische Trennung von Netzsegmenten — *Hoch* **C I A**
Verantwortliche Rolle: Planer

- S Abhängig von Sicherheitsrichtlinie und Anforderungsspezifikation SOLLTEN Netzsegmente physisch durch separate Switches getrennt werden. — ja / tw / n

Notizen:

A32 Physische Trennung von Management-Netzsegmenten — *Hoch* **C I A**
Verantwortliche Rolle: Planer

- S Abhängig von Sicherheitsrichtlinie und Anforderungsspezifikation SOLLTEN Netzsegmente des Management-Bereichs physisch voneinander getrennt werden. — ja / tw / n

Notizen:

A33	Mikrosegmentierung des Netzes			*Hoch*	
	Verantwortliche Rolle: Planer			**C I A**	
S	Das Netz SOLLTE in kleine Netzsegmente mit sehr ähnlichem Anforderungsprofil und selbem Schutzbedarf unterteilt werden.	ja	tw		n
S	Insbesondere SOLLTE dies für die DMZ-Segmente berücksichtigt werden.	ja	tw		n

Notizen:

A34	Einsatz kryptografischer Verfahren auf Netzebene			*Hoch*	
	Verantwortliche Rolle: Planer			**C I**	
S	Die Netzsegmente SOLLTEN im internen Netz, im Extranet und im DMZ-Bereich mittels kryptografischer Techniken bereits auf Netzebene realisiert werden.	ja	tw		n
S	Dafür SOLLTEN VPN-Techniken oder IEEE 802.1AE eingesetzt werden.	ja	tw		n
S	Wenn innerhalb von internem Netz, Extranet oder DMZ über Verbindungsstrecken kommuniziert wird, die für einen erhöhten Schutzbedarf nicht ausreichend sicher sind, SOLLTE die Kommunikation angemessen auf Netzebene verschlüsselt werden.	ja	tw		n

Notizen:

A35	Einsatz von netzbasiertem DLP			*Hoch*	
	Verantwortliche Rolle: Planer			**C I**	
S	Auf Netzebene SOLLTEN Systeme zur Data Lost Prevention (DLP) eingesetzt werden.	ja	tw		n

Notizen:

A36	Trennung mittels VLAN bei sehr hohem Schutzbedarf			*Hoch*	
	Verantwortliche Rolle: Planer			**C I A**	
S	Bei sehr hohem Schutzbedarf SOLLTEN KEINE VLANs eingesetzt werden.	ja	tw		n

Notizen:

NET: Netze und Kommunikation

NET.1.2 Netzmanagement

A1 Planung des Netzmanagements *Basis*

Zuständig: IT-Betrieb

M Die Netzmanagement-Infrastruktur MUSS geeignet geplant werden. ja tw n

S Dabei SOLLTEN alle in der Sicherheitsrichtlinie und Anforderungsspezifikation für das Netzmanagement genannten Punkte berücksichtigt werden. ja tw n

M Es MÜSSEN mindestens folgende Themen berücksichtigt werden: ja tw n
- zu trennende Bereiche für das Netzmanagement,
- Zugriffsmöglichkeiten auf die Management-Server,
- Kommunikation für den Managementzugriff,
- eingesetzte Protokolle, z.B. IPv4 und IPv6,
- Anforderungen an Management-Werkzeuge,
- Schnittstellen, um erfasste Ereignis- oder Alarmmeldungen weiterzuleiten,
- Protokollierung, inklusive erforderlicher Schnittstellen zu einer zentralen Protokollierungslösung,
- Reporting und Schnittstellen zu übergreifenden Lösungen sowie
- korrespondierende Anforderungen an die einzubindenden Netzkomponenten.

Notizen:

A2 Anforderungsspezifikation für das Netzmanagement *Basis*

Zuständig: IT-Betrieb

M Ausgehend von NET.1.2.A1 *Planung des Netzmanagements* MÜSSEN Anforderungen an die Netzmanagement-Infrastruktur und -Prozesse spezifiziert werden. ja tw n

M Dabei MÜSSEN alle wesentlichen Elemente für das Netzmanagement berücksichtigt werden. ja tw n

S Auch SOLLTE die Richtlinie für das Netzmanagement beachtet werden. ja tw n

Notizen:

A3 ENTFALLEN *Basis*

A4 ENTFALLEN *Basis*

A5 ENTFALLEN *Basis*

A6 Regelmäßige Datensicherung *Basis*

Zuständig: IT-Betrieb

M Bei der Datensicherung des Netzmanagements MÜSSEN mindestens die Systemdaten für die Einbindung der zu verwaltenden Komponenten bzw. Objekte, Ereignismeldungen, Statistikdaten sowie vorgehaltene Daten für das Konfigurationsmanagement gesichert werden. ja tw n

Notizen:

NET.1.2 Netzmanagement

A7 Grundlegende Protokollierung von Ereignissen *Basis*

Zuständig: IT-Betrieb

M   Mindestens folgende Ereignisse MÜSSEN protokolliert werden: ja tw n
- unerlaubte Zugriffe bzw. Zugriffsversuche,
- Leistungs- oder Verfügbarkeitsschwankungen des Netzes,
- Fehler in automatischen Prozessen (z.B. bei der Konfigurationsverteilung) sowie
- eingeschränkte Erreichbarkeit von Netzkomponenten.

Notizen:

A8 Zeit-Synchronisation *Basis*

Zuständig: IT-Betrieb

M   Alle Komponenten des Netzmanagements, inklusive der eingebundenen Netzkomponenten, MÜSSEN eine synchrone Uhrzeit nutzen. ja tw n

S   Die Uhrzeit SOLLTE an jedem Standort innerhalb des lokalen Netzes mittels NTP-Service synchronisiert werden. ja tw n

S   Ist ein separates Managementnetz eingerichtet, SOLLTE eine NTP-Instanz in diesem Managementnetz positioniert werden. ja tw n

Notizen:

A9 Absicherung der Netzmanagement-Kommunikation und des Zugriffs auf Netz-Management-Werkzeuge *Basis*

Zuständig: IT-Betrieb

M   Erfolgt die Netzmanagement-Kommunikation über die produktive Infrastruktur, MÜSSEN dafür sichere Protokolle verwendet werden. ja tw n

M   Ist dies nicht möglich, MUSS ein eigens dafür vorgesehenes Administrationsnetz (Out-of-Band-Management) verwendet werden (siehe NET.1.1 *Netzarchitektur und -design*). ja tw n

M   Falls von einem Netz außerhalb der Managementnetze auf Netzmanagement-Werkzeuge zugegriffen wird, MÜSSEN als sicher geltende Authentisierungs- und Verschlüsselungsmethoden realisiert werden. ja tw n

Notizen:

A10 Beschränkung der SNMP-Kommunikation *Basis*

Zuständig: IT-Betrieb

M   Grundsätzlich DÜRFEN im Netzmanagement KEINE unsicheren Versionen des Simple Network Management Protocol (SNMP) eingesetzt werden. ja tw n

M   Werden dennoch unsichere Protokolle verwendet und nicht über andere sichere Netzprotokolle (z.B. VPN oder TLS) abgesichert, MUSS ein separates Managementnetz genutzt werden. ja tw n

S   Grundsätzlich SOLLTE über SNMP nur mit den minimal erforderlichen Zugriffsrechten zugegriffen werden. ja tw n

S   Die Zugangsberechtigung SOLLTE auf dedizierte Management-Server eingeschränkt werden. ja tw n

Notizen:

NET: Netze und Kommunikation

A11 Festlegung einer Sicherheitsrichtlinie für das Netzmanagement *Standard*
Zuständig: IT-Betrieb

		ja	tw	n
S	Für das Netzmanagement SOLLTE eine Sicherheitsrichtlinie erstellt und nachhaltig gepflegt werden.	ja	tw	n
S	Die Sicherheitsrichtlinie SOLLTE allen Personen, die am Netzmanagement beteiligt sind, bekannt sein.	ja	tw	n
S	Die Sicherheitsrichtlinie SOLLTE zudem grundlegend für ihre Arbeit sein.	ja	tw	n
S	Es SOLLTE regelmäßig und nachvollziehbar überprüft werden, dass die in der Sicherheitsrichtlinie geforderten Inhalte umgesetzt werden.	ja	tw	n
S	Die Ergebnisse SOLLTEN sinnvoll dokumentiert werden.	ja	tw	n
S	Die Sicherheitsrichtlinie SOLLTE festlegen, welche Bereiche des Netzmanagements über zentrale Management-Werkzeuge und -Dienste realisiert werden.	ja	tw	n
S	Auch SOLLTE sie definieren, inwieweit Aufgaben im Netzmanagement der Institution automatisiert realisiert werden sollen.	ja	tw	n
S	Darüber hinaus SOLLTEN Rahmenbedingungen und Vorgaben für die Netztrennung, die Zugriffskontrolle, die Protokollierung sowie für den Schutz der Kommunikation spezifiziert werden.	ja	tw	n
S	Auch für das eingesetzte Netzmanagement-Werkzeug und für die operativen Grundregeln des Netzmanagements SOLLTEN Rahmenbedingungen und Vorgaben spezifiziert werden.	ja	tw	n

Notizen:

A12 Ist-Aufnahme und Dokumentation des Netzmanagements *Standard*
Zuständig: IT-Betrieb

		ja	tw	n
S	Es SOLLTE eine Dokumentation erstellt werden, die beschreibt, wie die Management-Infrastruktur des Netzes aufgebaut ist.	ja	tw	n
S	Darin SOLLTEN die initiale Ist-Aufnahme sowie alle durchgeführten Änderungen im Netzmanagement enthalten sein.	ja	tw	n
S	Insbesondere SOLLTE dokumentiert werden, welche Netzkomponenten mit welchen Management-Werkzeugen verwaltet werden.	ja	tw	n
S	Außerdem SOLLTEN alle für das Netzmanagement benutzten IT-Arbeitsplätze und -Endgeräte sowie alle Informationsbestände, Management-Daten und Informationen über den Betrieb des Netzmanagements erfasst werden.	ja	tw	n
S	Letztlich SOLLTEN sämtliche Schnittstellen zu Anwendungen und Diensten außerhalb des Netzmanagements dokumentiert werden.	ja	tw	n
S	Der so dokumentierte Ist-Zustand der Management-Infrastruktur SOLLTE mit der Dokumentation der Netz-Infrastruktur abgeglichen werden (siehe Baustein NET.1.1 *Netz-Architektur- und Design*).	ja	tw	n
S	Die Dokumentation SOLLTE vollständig und immer aktuell sein.	ja	tw	n

Notizen:

A13 Erstellung eines Netzmanagement-Konzepts *Standard*
Zuständig: IT-Betrieb

S Ausgehend von der Sicherheitsrichtlinie für das Netzmanagement SOLLTE ein Netzmanagement-Konzept erstellt und nachhaltig gepflegt werden. ja tw n

S Dabei SOLLTEN mindestens folgende Aspekte bedarfsgerecht berücksichtigt werden: ja tw n
- Methoden, Techniken und Werkzeuge für das Netzmanagement,
- Absicherung des Zugangs und der Kommunikation,
- Netztrennung, insbesondere Zuordnung von Netzmanagement-Komponenten zu Zonen,
- Umfang des Monitorings und der Alarmierung je Netzkomponente,
- Protokollierung,
- Automatisierung, insbesondere zentrale Verteilung von Konfigurationsdateien auf Switches,
- Meldeketten bei Störungen und Sicherheitsvorfällen,
- Bereitstellung von Netzmanagement-Informationen für andere Betriebsbereiche sowie
- Einbindung des Netzmanagements in die Notfallplanung.

Notizen:

A14 Fein- und Umsetzungsplanung *Standard*
Zuständig: IT-Betrieb

S Es SOLLTE eine Fein- und Umsetzungsplanung für die Netzmanagement-Infrastruktur erstellt werden. ja tw n

S Dabei SOLLTEN alle in der Sicherheitsrichtlinie und im Netzmanagement-Konzept adressierten Punkte berücksichtigt werden. ja tw n

Notizen:

A15 Konzept für den sicheren Betrieb der Netzmanagement-Infrastruktur *Standard*
Zuständig: IT-Betrieb

S Ausgehend von der Sicherheitsrichtlinie für das Netzmanagement und dem Netzmanagement-Konzept SOLLTE ein Konzept für den sicheren Betrieb der Netzmanagement-Infrastruktur erstellt werden. ja tw n

S Darin SOLLTE der Anwendungs- und Systembetrieb für die Netzmanagement-Werkzeuge berücksichtigt werden. ja tw n

S Auch SOLLTE geprüft werden, wie sich die Leistungen anderer operativer Einheiten einbinden und steuern lassen. ja tw n

Notizen:

NET: Netze und Kommunikation

A16 Einrichtung und Konfiguration von Netzmanagement-Lösungen *Standard*

Zuständig: IT-Betrieb

- S Lösungen für das Netzmanagement SOLLTEN anhand der Sicherheitsrichtlinie, der spezifizierten Anforderungen (siehe NET1.2.A2 *Anforderungsspezifikation für das Netzmanagement*) und der Fein- und Umsetzungsplanung aufgebaut, sicher konfiguriert und in Betrieb genommen werden. ☐ ja ☐ tw ☐ n
- S Danach SOLLTEN die spezifischen Prozesse für das Netzmanagement eingerichtet werden. ☐ ja ☐ tw ☐ n

Notizen:

A17 Regelmäßiger Soll-Ist-Vergleich im Rahmen des Netzmanagements *Standard*

Zuständig: IT-Betrieb

- S Es SOLLTE regelmäßig und nachvollziehbar geprüft werden, inwieweit die Netzmanagement-Lösung dem Sollzustand entspricht. ☐ ja ☐ tw ☐ n
- S Dabei SOLLTE geprüft werden, ob die bestehende Lösung noch die Sicherheitsrichtlinie und Anforderungsspezifikation erfüllt. ☐ ja ☐ tw ☐ n
- S Auch SOLLTE geprüft werden, inwieweit die umgesetzte Management-Struktur und die genutzten Prozesse dem aktuellen Stand entsprechen. ☐ ja ☐ tw ☐ n
- S Weiter SOLLTE verglichen werden, ob die Management-Infrastruktur aktuell ist. ☐ ja ☐ tw ☐ n

Notizen:

A18 Schulungen für Management-Lösungen *Standard*

Zuständig: Vorgesetzte

- S Für die eingesetzten Netzmanagement-Lösungen SOLLTEN Schulungs- und Trainingsmaßnahmen konzipiert und durchgeführt werden. ☐ ja ☐ tw ☐ n
- S Die Maßnahmen SOLLTEN die individuellen Gegebenheiten im Configuration-, Availability- und Capacity-Management sowie typische Situationen im Fehlermanagement abdecken. ☐ ja ☐ tw ☐ n
- S Die Schulungen und Trainings SOLLTEN regelmäßig wiederholt werden, mindestens jedoch, wenn sich größere technische oder organisatorische Änderungen innerhalb der Netzmanagement-Lösung ergeben. ☐ ja ☐ tw ☐ n

Notizen:

A19 ENTFALLEN *Standard*

A20 ENTFALLEN *Standard*

A21 Entkopplung der Netzmanagement-Kommunikation *Standard*
Zuständig: IT-Betrieb

S Direkte Management-Zugriffe eines Administrators von einem IT-System außerhalb der Managementnetze auf eine Netzkomponente SOLLTEN vermieden werden.   ja tw n

S Ist ein solcher Zugriff ohne zentrales Management-Werkzeug notwendig, SOLLTE die Kommunikation entkoppelt werden.   ja tw n

S Solche Sprungserver SOLLTEN im Management-Netz integriert und in einem getrennten Zugangssegment positioniert sein.   ja tw n

Notizen:

A22 Beschränkung der Management-Funktionen *Standard*
Zuständig: IT-Betrieb

S Es SOLLTEN NUR die benötigten Management-Funktionen aktiviert werden.   ja tw n

Notizen:

A23 ENTFALLEN *Standard*

A24 Zentrale Konfigurationsverwaltung für Netzkomponenten *Standard*
Zuständig: IT-Betrieb

S Software bzw. Firmware und Konfigurationsdaten für Netzkomponenten SOLLTEN automatisch über das Netz verteilt und ohne Betriebsunterbrechung installiert und aktiviert werden können.   ja tw n

S Die dafür benötigten Informationen SOLLTEN an zentraler Stelle sicher verfügbar sein sowie in die Versionsverwaltung und die Datensicherung eingebunden werden.   ja tw n

S Die zentrale Konfigurationsverwaltung SOLLTE nachhaltig gepflegt und regelmäßig auditiert werden.   ja tw n

Notizen:

A25 Statusüberwachung der Netzkomponenten *Standard*
Zuständig: IT-Betrieb

S Die grundlegenden Performance- und Verfügbarkeitsparameter der zentralen Netzkomponenten SOLLTEN kontinuierlich überwacht werden.   ja tw n

S Dafür SOLLTEN vorab die jeweiligen Schwellwerte ermittelt werden (Baselining).   ja tw n

Notizen:

NET: Netze und Kommunikation

A26 Alarming und Logging *Standard*

Zuständig: IT-Betrieb

S   Wichtige Ereignisse auf Netzkomponenten und auf den Netzmanagement-Werkzeugen SOLLTEN automatisch an ein zentrales Management-System übermittelt und dort protokolliert werden (siehe OPS.1.1.5 *Protokollierung*). ja tw n

S   Das zuständige Personal SOLLTE zusätzlich automatisch benachrichtigt werden. ja tw n

S   Das Alarming und Logging SOLLTE mindestens folgende Punkte beinhalten: ja tw n
- Ausfall bzw. Nichterreichbarkeit von Netz- oder Management-Komponenten,
- Hardware-Fehlfunktionen,
- fehlerhafte Anmeldeversuche sowie
- kritische Zustände oder Überlastung von IT-Systemen.

S   Ereignismeldungen bzw. Logging-Daten SOLLTEN einem zentralen Management-System entweder kontinuierlich oder gebündelt übermittelt werden. ja tw n

S   Alarmmeldungen SOLLTEN sofort wenn sie auftreten übermittelt werden. ja tw n

Notizen:

A27 Einbindung des Netzmanagements in die Notfallplanung *Standard*

Zuständig: IT-Betrieb

S   Die Netzmanagement-Lösungen SOLLTEN in die Notfallplanung der Institution eingebunden werden. ja tw n

S   Dazu SOLLTEN die Netzmanagement-Werkzeuge und die Konfigurationen der Netzkomponenten gesichert und in die Wiederanlaufpläne integriert sein. ja tw n

Notizen:

A28 Platzierung der Management-Clients für das In-Band-Management *Standard*

Zuständig: IT-Betrieb

S   Für die Administration sowohl der internen als auch der externen IT-Systeme SOLLTEN dedizierte Management-Clients eingesetzt werden. ja tw n

S   Dafür SOLLTE mindestens ein Management-Client am äußeren Netzbereich (für die Administration am Internet anliegender IT-Systeme) und ein weiterer im internen Bereich (für die Administration interner IT-Systeme) platziert werden. ja tw n

Notizen:

A29 Einsatz von VLANs im Management-Netz *Standard*

Zuständig: IT-Betrieb

S   Werden Managementnetze durch VLANs getrennt, SOLLTE darauf geachtet werden, dass der äußere Paketfilter sowie die daran angeschlossenen Geräte in einem eigenen Teilnetz stehen. ja tw n

S   Zudem SOLLTE sichergestellt werden, dass das ALG dabei nicht umgangen wird. ja tw n

Notizen:

A30 Hochverfügbare Realisierung der Management-Lösung
Verantwortliche Rolle: IT-Betrieb

Hoch
A

S	Zentrale Management-Lösungen SOLLTEN hochverfügbar betrieben werden.	ja tw n	
S	Dazu SOLLTEN die Server bzw. Werkzeuge inklusive der Netzanbindungen redundant ausgelegt sein.	ja tw n	
S	Auch die einzelnen Komponenten SOLLTEN hochverfügbar bereitgestellt werden.	ja tw n	

Notizen:

A31 Grundsätzliche Nutzung von sicheren Protokollen
Verantwortliche Rolle: IT-Betrieb

Hoch
I A

S	Für das Netzmanagement SOLLTEN ausschließlich sichere Protokolle benutzt werden.	ja tw n
S	Es SOLLTEN alle Sicherheitsfunktionen dieser Protokolle verwendet werden.	ja tw n

Notizen:

A32 Physische Trennung des Managementnetzes
Verantwortliche Rolle: Planer

Hoch
C I A

S	Das Managementnetz SOLLTE physisch von den produktiven Netzen getrennt werden.	ja tw n

Notizen:

A33 Physische Trennung von Management-Segmenten
Verantwortliche Rolle: Planer

Hoch
C I A

S	Es SOLLTEN physisch getrennte Zonen mindestens für das Management von LAN-Komponenten, Sicherheitskomponenten und Komponenten zur Außenanbindung eingerichtet werden.	ja tw n

Notizen:

A34 ENTFALLEN

Hoch

A35 Festlegungen zur Beweissicherung
Verantwortliche Rolle: IT-Betrieb

Hoch
C I A

S	Die erhobenen Protokollierungsdaten SOLLTEN für forensische Analysen gesetzeskonform und revisionssicher archiviert werden (siehe auch DER.2.2 *Vorsorge für die IT-Forensik*).	ja tw n

Notizen:

NET: Netze und Kommunikation

A36 Einbindung der Protokollierung des Netzmanagements in eine SIEM-Lösung *Hoch*
Verantwortliche Rolle: IT-Betrieb **C I A**

S Die Protokollierung des Netzmanagements SOLLTE in eine Security-Information-and-Event-Management (SIEM)-Lösung eingebunden werden. ☐ ja ☐ tw ☐ n

S Dazu SOLLTEN die Anforderungskataloge zur Auswahl von Netzmanagement-Lösungen hinsichtlich der erforderlichen Unterstützung von Schnittstellen und Übergabeformaten angepasst werden (siehe NET.1.2.A2 *Anforderungsspezifikation für das Netzmanagement*). ☐ ja ☐ tw ☐ n

Notizen:

A37 Standort übergreifende Zeitsynchronisation *Hoch*
Verantwortliche Rolle: IT-Betrieb **C I**

S Die Zeitsynchronisation SOLLTE über alle Standorte der Institution sichergestellt werden. ☐ ja ☐ tw ☐ n

S Dafür SOLLTE eine gemeinsame Referenzzeit benutzt werden. ☐ ja ☐ tw ☐ n

Notizen:

A38 Festlegung von Notbetriebsformen für die Netzmanagement-Infrastruktur *Hoch*
Verantwortliche Rolle: IT-Betrieb **A**

S Für eine schnelle Wiederherstellung der Sollzustände von Software bzw. Firmware sowie der Konfiguration der Komponenten in der Netzmanagement-Infrastruktur SOLLTEN hinreichend gute Ersatzlösungen festgelegt werden. ☐ ja ☐ tw ☐ n

Notizen:

NET.2 Funknetze

NET.2.1 WLAN-Betrieb

A1 Festlegung einer Strategie für den Einsatz von WLANs *Basis*
Zuständig: IT-Betrieb

M Bevor in einer Institution WLANs eingesetzt werden, MUSS festgelegt sein, welche generelle Strategie die Institution im Hinblick auf die Kommunikation über WLANs plant. ☐ ja ☐ tw ☐ n

M Insbesondere MUSS geklärt und festgelegt werden, in welchen Organisationseinheiten, für welche Anwendungen und zu welchem Zweck WLANs eingesetzt und welche Informationen darüber übertragen werden dürfen. ☐ ja ☐ tw ☐ n

M Ebenso MUSS der Abdeckungsbereich des WLAN festgelegt werden. ☐ ja ☐ tw ☐ n

M Außerdem MUSS schon in der Planungsphase festgelegt sein, wer für die Administration der unterschiedlichen WLAN-Komponenten zuständig ist, welche Schnittstellen es zwischen den am Betrieb beteiligten Verantwortlichen gibt und wann welche Informationen zwischen den Zuständigen ausgetauscht werden müssen. ☐ ja ☐ tw ☐ n

Notizen:

A2 Auswahl eines geeigneten WLAN-Standards *Basis*

Zuständig: Planer

M	Im Rahmen der WLAN-Planung MUSS zuerst ermittelt werden, welche der von der Institution betriebenen Geräte (z.B. Mikrowellengeräte, Bluetooth-Geräte) in das ISM-Band bei 2,4 GHz sowie in das 5 GHz-Band abstrahlen.	ja	tw	n
M	Außerdem MÜSSEN die vorhandenen Sicherheitsmechanismen der einzelnen WLAN-Standards gegeneinander abgewogen werden.	ja	tw	n
M	Generell MUSS sichergestellt sein, dass nur als allgemein sicher anerkannte Verfahren zur Authentisierung und Verschlüsselung eingesetzt werden.	ja	tw	n
M	Die Entscheidungsgründe MÜSSEN dokumentiert werden.	ja	tw	n
M	Geräte, die von anerkannt sicheren Verfahren auf unsichere zurückgreifen müssen, DÜRFEN NICHT mehr eingesetzt werden.	ja	tw	n

Notizen:

A3 Auswahl geeigneter Kryptoverfahren für WLAN *Basis*

Zuständig: Planer

M	Die Kommunikation über die Luftschnittstelle MUSS komplett kryptografisch abgesichert werden.	ja	tw	n
M	Kryptografische Verfahren, die unsicherer als WPA2 sind, DÜRFEN NICHT mehr eingesetzt werden.	ja	tw	n
M	Wird WPA2 mit Pre-Shared Keys (WPA2-PSK) verwendet, dann MUSS ein komplexer Schlüssel mit einer Mindestlänge von 20 Zeichen verwendet werden.	ja	tw	n

Notizen:

A4 Geeignete Aufstellung von Access Points *Basis*

Zuständig: Haustechnik

M	Access Points MÜSSEN zugriffs- und diebstahlsicher montiert werden.	ja	tw	n
M	Wenn sie aufgestellt werden, MÜSSEN die erforderlichen Bereiche ausreichend abgedeckt werden.	ja	tw	n
M	Darüber hinaus MUSS darauf geachtet werden, dass sich die Funkwellen in Bereichen, die nicht durch das WLAN versorgt werden sollen, möglichst nicht ausbreiten.	ja	tw	n
M	Außeninstallationen MÜSSEN vor Witterungseinflüssen und elektrischen Entladungen geeignet geschützt werden.	ja	tw	n

Notizen:

NET: Netze und Kommunikation

A5 Sichere Basis-Konfiguration der Access Points *Basis*

Zuständig: IT-Betrieb

M	Access Points DÜRFEN NICHT in der Konfiguration des Auslieferungszustandes verwendet werden.	ja tw n
M	Voreingestellte SSIDs (Service Set Identifiers), Zugangskennwörter oder kryptografische Schlüssel MÜSSEN vor dem produktiven Einsatz geändert werden.	ja tw n
M	Außerdem MÜSSEN unsichere Administrationszugänge abgeschaltet werden.	ja tw n
M	Access Points DÜRFEN NUR über eine geeignet verschlüsselte Verbindung administriert werden.	ja tw n

Notizen:

A6 Sichere Konfiguration der WLAN-Infrastruktur *Basis*

Zuständig: IT-Betrieb

M	Es MUSS sichergestellt sein, dass mittels der WLAN-Kommunikation keine Sicherheitszonen gekoppelt werden und hierdurch etablierte Schutzmaßnahmen umgangen werden.	ja tw n

Notizen:

A7 Aufbau eines Distribution Systems *Basis*

Zuständig: Planer

M	Bevor ein kabelgebundenes Distribution System aufgebaut wird, MUSS prinzipiell entschieden werden, ob physisch oder logisch durch VLANs auf den Access Switches des kabelbasierten LANs getrennt wird.	ja tw n

Notizen:

A8 Verhaltensregeln bei WLAN-Sicherheitsvorfällen *Basis*

Zuständig: IT-Betrieb

M	Bei einem Sicherheitsvorfall MUSS der IT-Betrieb passende Gegenmaßnahmen einleiten: • Am Übergabepunkt der WLAN-Kommunikation ins interne LAN SOLLTE bei einem Angriff auf das WLAN die Kommunikation selektiv pro SSID, Access Point oder sogar für die komplette WLAN-Infrastruktur gesperrt werden.	ja tw n
M	• Wurden Access Points gestohlen, MÜSSEN festgelegte Sicherheitsmaßnahmen umgesetzt werden, damit der Access Point oder hierauf abgespeicherte Informationen nicht missbraucht werden können.	ja tw n
M	• Wurden WLAN-Clients entwendet und wird eine zertifikatsbasierte Authentisierung verwendet, MÜSSEN die Client-Zertifikate gesperrt werden.	ja tw n
M	Es MUSS ausgeschlossen werden, dass entwendete Geräte unberechtigt verwendet werden, um auf das Netz der Institution zuzugreifen.	ja tw n

Notizen:

A9 Sichere Anbindung von WLANs an ein LAN *Standard*

Zuständig: Planer

- S Werden WLANs an ein LAN angebunden, SOLLTE der Übergang zwischen WLANs und LAN abgesichert werden, beispielsweise durch einen Paketfilter. ja tw n
- S Der Access Point SOLLTE unter Berücksichtigung der Anforderung NET.2.1.A7 *Aufbau eines Distribution Systems* eingebunden sein. ja tw n

Notizen:

A10 Erstellung einer Sicherheitsrichtlinie für den Betrieb von WLANs *Standard*

Zuständig: IT-Betrieb

- S Ausgehend von der allgemeinen Sicherheitsrichtlinie der Institution SOLLTEN die wesentlichen Kernaspekte für einen sicheren Einsatz von WLANs konkretisiert werden. ja tw n
- S Die Richtlinie SOLLTE allen Verantwortlichen bekannt sein, die an Aufbau und Betrieb von WLANs beteiligt sind. ja tw n
- S Sie SOLLTE zudem Grundlage für ihre Arbeit sein. ja tw n
- S Die Umsetzung der in der Richtlinie geforderten Inhalte SOLLTE regelmäßig überprüft werden. ja tw n
- M Werden die Inhalte der Richtlinie nicht umgesetzt, MUSS geeignet reagiert werden. ja tw n
- S Die Ergebnisse SOLLTEN geeignet dokumentiert werden. ja tw n

Notizen:

A11 Geeignete Auswahl von WLAN-Komponenten *Standard*

Zuständig: IT-Betrieb

- S Anhand der Ergebnisse der Planungsphase SOLLTE eine Anforderungsliste erstellt werden, mithilfe derer die am Markt erhältlichen Produkte bewertet werden können. ja tw n
- S Werden WLAN-Komponenten beschafft, SOLLTE neben Sicherheit auch auf Datenschutz und Kompatibilität der WLAN-Komponenten untereinander geachtet werden. ja tw n

Notizen:

A12 Einsatz einer geeigneten WLAN-Management-Lösung *Standard*

Zuständig: IT-Betrieb

- S Eine zentrale Managementlösung SOLLTE eingesetzt werden. ja tw n
- S Der Leistungsumfang der eingesetzten Lösung SOLLTE im Einklang mit den Anforderungen der WLAN-Strategie sein. ja tw n

Notizen:

NET: Netze und Kommunikation

A13 Regelmäßige Sicherheitschecks in WLANs — *Standard*
Zuständig: IT-Betrieb

- S WLANs SOLLTEN regelmäßig daraufhin überprüft werden, ob eventuell Sicherheitslücken existieren. ☐ ja ☐ tw ☐ n
- S Zusätzlich SOLLTE regelmäßig nach unbefugt installierten Access Points innerhalb der bereitgestellten WLANs gesucht werden. ☐ ja ☐ tw ☐ n
- S Weiterhin SOLLTEN die Performance und Abdeckung gemessen werden. ☐ ja ☐ tw ☐ n
- S Die Ergebnisse von Sicherheitschecks SOLLTEN nachvollziehbar dokumentiert und mit dem Soll-Zustand abgeglichen werden. ☐ ja ☐ tw ☐ n
- S Abweichungen SOLLTEN untersucht werden. ☐ ja ☐ tw ☐ n

Notizen:

A14 Regelmäßige Audits der WLAN-Komponenten — *Standard*
Zuständig: IT-Betrieb

- S Bei allen Komponenten der WLAN-Infrastruktur SOLLTE regelmäßig überprüft werden, ob alle festgelegten Sicherheitsmaßnahmen umgesetzt sind. ☐ ja ☐ tw ☐ n
- S Außerdem SOLLTE überprüft werden ob alle Komponenten korrekt konfiguriert sind. ☐ ja ☐ tw ☐ n
- S Öffentlich aufgestellte Access Points SOLLTEN regelmäßig stichprobenartig daraufhin geprüft werden, ob es gewaltsame Öffnungs- oder Manipulationsversuche gab. ☐ ja ☐ tw ☐ n
- S Die Auditergebnisse SOLLTEN nachvollziehbar dokumentiert und mit dem Soll-Zustand abgeglichen werden. ☐ ja ☐ tw ☐ n
- S Abweichungen SOLLTEN untersucht werden. ☐ ja ☐ tw ☐ n

Notizen:

A15 Verwendung eines VPN zur Absicherung von WLANs — *Hoch*
Verantwortliche Rolle: IT-Betrieb
C I

- S Es SOLLTE ein VPN eingesetzt werden, um die Kommunikation über die WLAN-Infrastruktur zusätzlich abzusichern. ☐ ja ☐ tw ☐ n

Notizen:

A16 Zusätzliche Absicherung bei der Anbindung von WLANs an ein LAN — *Hoch*
Verantwortliche Rolle: IT-Betrieb
C I A

- S Wird eine WLAN-Infrastruktur an ein LAN angebunden, SOLLTE der Übergang zwischen WLANs und LAN entsprechend des höheren Schutzbedarfs zusätzlich abgesichert werden. ☐ ja ☐ tw ☐ n

Notizen:

A17 Absicherung der Kommunikation zwischen Access Points *Hoch*
   Verantwortliche Rolle: IT-Betrieb   **C**

   S   Die Kommunikation zwischen den Access Points über die Funkschnittstelle und das LAN   ja   tw   n
       SOLLTE verschlüsselt erfolgen.

Notizen:

A18 Einsatz von Wireless Intrusion Detection/Wireless Intrusion Prevention Systemen   *Hoch*
   Verantwortliche Rolle: IT-Betrieb   **C I A**

   S   Es SOLLTEN Wireless Intrusion Detection Systeme bzw. Wireless Intrusion Prevention Sys-   ja   tw   n
       teme eingesetzt werden.

Notizen:

NET.2.2 WLAN-Nutzung

A1 Erstellung einer Benutzerrichtlinie für WLAN   *Basis*
   Zuständig: IT-Betrieb

   M   Ausgehend von der allgemeinen Sicherheitsrichtlinie der Institution MÜSSEN die wesentli-   ja   tw   n
       chen Kernaspekte für eine sichere WLAN-Nutzung in einer WLAN-Benutzerrichtlinie konkre-
       tisiert werden.

   M   In einer solchen Benutzerrichtlinie MÜSSEN die Besonderheiten bei der WLAN-Nutzung   ja   tw   n
       beschrieben sein, z.B. ob, wie und mit welchen Geräten Hotspots genutzt werden dürfen.

   M   Die Richtlinie MUSS Angaben dazu enthalten, welche Daten im WLAN genutzt und übertra-   ja   tw   n
       gen werden dürfen und welche nicht.

   M   Es MUSS beschrieben sein, wie mit clientseitigen Sicherheitslösungen umzugehen ist.   ja   tw   n

   M   Die Benutzerrichtlinie MUSS ein klares Verbot enthalten, ungenehmigte Access Points an   ja   tw   n
       das Netz der Institution anzuschließen.

   M   Außerdem MUSS in der Richtlinie darauf hingewiesen werden, dass die WLAN-Schnittstelle   ja   tw   n
       deaktiviert werden muss, wenn sie über einen längeren Zeitraum nicht genutzt wird.

   M   Es MUSS regelmäßig überprüft werden, ob die in der Richtlinie geforderten Inhalte richtig   ja   tw   n
       umgesetzt werden.

   M   Ist dies nicht der Fall, MUSS geeignet reagiert werden.   ja   tw   n
   S   Die Ergebnisse SOLLTEN sinnvoll dokumentiert werden.   ja   tw   n

Notizen:

NET: Netze und Kommunikation

A2 Sensibilisierung und Schulung der WLAN-Benutzer *Basis*

Zuständig: Vorgesetzte, IT-Betrieb

M	Die Benutzer von WLAN-Komponenten, vornehmlich von WLAN-Clients, MÜSSEN sensibilisiert und zu den in der Benutzerrichtlinie aufgeführten Maßnahmen geschult werden.	ja	tw	n
M	Hierfür MÜSSEN geeignete Schulungsinhalte identifiziert und festgelegt werden.	ja	tw	n
M	Den Benutzern MUSS genau erläutert werden, was die WLAN-spezifischen Sicherheitseinstellungen bedeuten und warum sie wichtig sind.	ja	tw	n
M	Außerdem MÜSSEN die Benutzer auf die Gefahren hingewiesen werden, die drohen, wenn diese Sicherheitseinstellungen umgangen oder deaktiviert werden.	ja	tw	n
M	Die Schulungsinhalte MÜSSEN immer entsprechend den jeweiligen Einsatzszenarien angepasst werden.	ja	tw	n
M	Neben der reinen Schulung zu WLAN-Sicherheitsmechanismen MÜSSEN den Benutzern jedoch auch die WLAN-Sicherheitsrichtlinie ihrer Institution und die darin enthaltenen Maßnahmen vorgestellt werden.	ja	tw	n
M	Ebenso MÜSSEN die Benutzer für die möglichen Gefahren sensibilisiert werden, die von fremden WLANs ausgehen.	ja	tw	n

Notizen:

A3 Absicherung der WLAN-Nutzung an Hotspots *Basis*

Zuständig: IT-Betrieb

M	Dürfen Hotspots genutzt werden, MUSS Folgendes umgesetzt werden: • Jeder Benutzer eines Hotspots MUSS seine Sicherheitsanforderungen kennen und danach entscheiden, ob und unter welchen Bedingungen ihm die Nutzung des Hotspots erlaubt ist.	ja	tw	n
S	• Werden Hotspots genutzt, dann SOLLTE sichergestellt werden, dass die Verbindung zwischen Hotspot-Access Point und IT-System des Benutzers nach dem Stand der Technik kryptografisch abgesichert wird.	ja	tw	n
S	• WLANs, die nur sporadisch genutzt werden, SOLLTEN von den Benutzern aus der Historie gelöscht werden.	ja	tw	n
S	• Die automatische Anmeldung an WLANs SOLLTE deaktiviert werden.	ja	tw	n
S	• Wenn möglich, SOLLTEN separate Benutzerkonten mit einer sicheren Grundkonfiguration und restriktiven Berechtigungen verwendet werden.	ja	tw	n
S	• Es SOLLTE sichergestellt sein, dass sich kein Benutzer mit administrativen Berechtigungen von seinem Client aus an externen WLANs anmelden kann.	ja	tw	n
M	• Sensible Daten DÜRFEN NUR übertragen werden, wenn allen notwendigen Sicherheitsmaßnahmen auf den Clients, vor allem eine geeignete Verschlüsselung, aktiviert sind.	ja	tw	n
M	• Wird die WLAN-Schnittstelle über einen längeren Zeitraum nicht genutzt, MUSS diese deaktiviert werden.	ja	tw	n
M	• Über öffentlich zugängliche WLANs DÜRFEN die Benutzer NUR über ein Virtual Private Network (VPN) auf interne Ressourcen der Institution zugreifen.	ja	tw	n

Notizen:

	A4	Verhaltensregeln bei WLAN-Sicherheitsvorfällen	Standard		
		Zuständig: Benutzer			
S		Bei WLAN-Sicherheitsvorfällen SOLLTEN die Benutzer Folgendes umsetzen: • Die Benutzer SOLLTEN ihre Arbeitsergebnisse sichern.	ja	tw	n
S		• Sie SOLLTEN den WLAN-Zugriff beenden und die WLAN-Schnittstelle ihres Clients deaktivieren.	ja	tw	n
S		• Fehlermeldungen und Abweichungen SOLLTEN durch die Benutzer genau dokumentiert werden.	ja	tw	n
S		• Ebenso SOLLTEN die Benutzer dokumentieren, was sie gemacht haben, bevor bzw..	ja	tw	n
S		• Die Benutzer SOLLTEN über eine geeignete Eskalationsstufe (z.	ja	tw	n
M		• B..	ja	tw	n
M		• Über öffentlich zugängliche WLANs DÜRFEN die Benutzer NUR über ein Virtual Private Network (VPN) auf interne Ressourcen der Institution zugreifen.	ja	tw	n

Notizen:

NET.3 Netzkomponenten

NET.3.1 Router und Switches

	A1	Sichere Grundkonfiguration eines Routers oder Switches	Basis		
		Zuständig: IT-Betrieb			
M		Bevor ein Router oder Switch eingesetzt wird, MUSS er sicher konfiguriert werden.	ja	tw	n
S		Alle Konfigurationsänderungen SOLLTEN nachvollziehbar dokumentiert sein.	ja	tw	n
M		Die Integrität der Konfigurationsdateien MUSS in geeigneter Weise geschützt werden.	ja	tw	n
M		Bevor Zugangspasswörter abgespeichert werden, MÜSSEN sie mithilfe eines zeitgemäßen kryptografischen Verfahrens abgesichert werden (siehe CON.1 *Kryptokonzept*).	ja	tw	n
M		Router und Switches MÜSSEN so konfiguriert sein, dass nur zwingend erforderliche Dienste, Protokolle und funktionale Erweiterungen genutzt werden.	ja	tw	n
M		Nicht benötigte Dienste, Protokolle und funktionale Erweiterungen MÜSSEN deaktiviert oder ganz deinstalliert werden.	ja	tw	n
M		Ebenfalls MÜSSEN nicht benutzte Schnittstellen auf Routern und Switches deaktiviert werden.	ja	tw	n
M		Unbenutzte Netzports MÜSSEN nach Möglichkeit deaktiviert oder zumindest einem dafür eingerichteten *Unassigned-VLAN* zugeordnet werden.	ja	tw	n
M		Wenn funktionale Erweiterungen benutzt werden, MÜSSEN die Sicherheitsrichtlinien der Institution weiterhin erfüllt sein.	ja	tw	n
S		Auch SOLLTE begründet und dokumentiert werden, warum solche Erweiterungen eingesetzt werden.	ja	tw	n
M		Informationen über den internen Konfigurations- und Betriebszustand MÜSSEN nach außen verborgen werden.	ja	tw	n
M		Unnötige Auskunftsdienste MÜSSEN deaktiviert werden.	ja	tw	n

Notizen:

	A2	ENTFALLEN	Basis

	A3	ENTFALLEN	Basis

NET: Netze und Kommunikation

A4 Schutz der Administrationsschnittstellen *Basis*
Zuständig: IT-Betrieb

M	Alle Administrations- und Managementzugänge der Router und Switches MÜSSEN auf einzelne Quell-IP-Adressen bzw. -Adressbereiche eingeschränkt werden.	ja	tw	n
M	Es MUSS sichergestellt sein, dass aus nicht vertrauenswürdigen Netzen heraus nicht direkt auf die Administrationsschnittstellen zugegriffen werden kann.	ja	tw	n
S	Um Router und Switches zu administrieren bzw. zu überwachen, SOLLTEN geeignet verschlüsselte Protokolle eingesetzt werden.	ja	tw	n
M	Sollte dennoch auf unverschlüsselte Protokolle zurückgegriffen werden, MUSS für die Administration ein eigenes Administrationsnetz (Out-of-Band-Management) genutzt werden.	ja	tw	n
M	Die Managementschnittstellen und die Administrationsverbindungen MÜSSEN durch eine separate Firewall geschützt werden.	ja	tw	n
M	Für die Schnittstellen MÜSSEN geeignete Zeitbeschränkungen für z.B. Timeouts vorgegeben werden.	ja	tw	n
M	Alle für das Management-Interface nicht benötigten Dienste MÜSSEN deaktiviert werden.	ja	tw	n
M	Verfügt eine Netzkomponente über eine dedizierte Hardwareschnittstelle, MUSS der unberechtigte Zugriff darauf in geeigneter Weise unterbunden werden.	ja	tw	n

Notizen:

A5 Schutz vor Fragmentierungsangriffen *Basis*
Zuständig: IT-Betrieb

M	Am Router und Layer-3-Switch MÜSSEN Schutzmechanismen aktiviert sein, um IPv4- sowie IPv6-Fragmentierungsangriffe abzuwehren.	ja	tw	n

Notizen:

A6 Notfallzugriff auf Router und Switches *Basis*
Zuständig: IT-Betrieb

M	Es MUSS für die Administratoren immer möglich sein, direkt auf Router und Switches zuzugreifen, sodass diese weiterhin lokal administriert werden können, auch wenn das gesamte Netz ausfällt.	ja	tw	n

Notizen:

A7 Protokollierung bei Routern und Switches *Basis*
Zuständig: IT-Betrieb

M	Ein Router oder Switch MUSS so konfiguriert werden, dass er unter anderem folgende Ereignisse protokolliert: • Konfigurationsänderungen (möglichst automatisch), • Reboot, • Systemfehler, • Statusänderungen pro Interface, System und Netzsegment sowie • Login-Fehler.	ja	tw	n

Notizen:

A8 Regelmäßige Datensicherung *Basis*
Zuständig: IT-Betrieb

- M Die Konfigurationsdateien von Routern und Switches MÜSSEN regelmäßig gesichert werden. — ja tw n
- M Die Sicherungskopien MÜSSEN so abgelegt werden, dass im Notfall darauf zugegriffen werden kann. — ja tw n

Notizen:

A9 Betriebsdokumentationen *Basis*
Zuständig: IT-Betrieb

- M Die wichtigsten betrieblichen Aufgaben eines Routers oder Switches MÜSSEN geeignet dokumentiert werden. — ja tw n
- S Es SOLLTEN alle Konfigurationsänderungen sowie sicherheitsrelevante Aufgaben dokumentiert werden. — ja tw n
- S Die Dokumentation SOLLTEN vor unbefugten Zugriffen geschützt werden. — ja tw n

Notizen:

A10 Erstellung einer Sicherheitsrichtlinie *Standard*
Zuständig: IT-Betrieb

- S Ausgehend von der allgemeinen Sicherheitsrichtlinie der Institution SOLLTE eine spezifische Sicherheitsrichtlinie erstellt werden. — ja tw n
- S In der Sicherheitsrichtlinie SOLLTEN nachvollziehbar Anforderungen und Vorgaben beschrieben sein, wie Router und Switches sicher betrieben werden können. — ja tw n
- S Die Richtlinie SOLLTE allen Administratoren bekannt und grundlegend für ihre Arbeit sein. — ja tw n
- S Wird die Richtlinie verändert oder wird von den festgelegten Anforderungen abgewichen, SOLLTE das mit dem ISB abgestimmt und dokumentiert werden. — ja tw n
- S Es SOLLTE regelmäßig überprüft werden, ob die Richtlinie noch korrekt umgesetzt ist. — ja tw n
- S Die Ergebnisse SOLLTEN geeignet dokumentiert werden. — ja tw n

Notizen:

A11 Beschaffung eines Routers oder Switches *Standard*
Zuständig: IT-Betrieb

- S Bevor Router oder Switches beschafft werden, SOLLTE basierend auf der Sicherheitsrichtlinie eine Anforderungsliste erstellt werden, anhand derer die am Markt erhältlichen Produkte bewertet werden. — ja tw n
- S Es SOLLTE darauf geachtet werden, dass das von der Institution angestrebte Sicherheitsniveau mit den zu beschaffenden Geräten erreicht werden kann. — ja tw n
- S Grundlage für die Beschaffung SOLLTEN daher die Anforderungen aus der Sicherheitsrichtlinie sein. — ja tw n

Notizen:

NET: Netze und Kommunikation

A12 Erstellung einer Konfigurations-Checkliste für Router und Switches *Standard*

Zuständig: IT-Betrieb

S   Es SOLLTE eine Konfigurations-Checkliste erstellt werden, anhand derer die wichtigsten sicherheitsrelevanten Einstellungen auf Routern und Switches geprüft werden können. — ja tw n

S   Da die sichere Konfiguration stark vom Einsatzzweck abhängt, SOLLTEN die unterschiedlichen Anforderungen der Geräte in der Konfigurations-Checkliste berücksichtigt werden. — ja tw n

Notizen:

A13 Administration über ein gesondertes Managementnetz *Standard*

Zuständig: IT-Betrieb

S   Router und Switches SOLLTEN ausschließlich über ein separates Managementnetz (Out-of-Band-Management) administriert werden. — ja tw n

S   Eine eventuell vorhandene Administrationsschnittstelle über das eigentliche Datennetz (In-Band) SOLLTE deaktiviert werden. — ja tw n

S   Die verfügbaren Sicherheitsmechanismen der eingesetzten Managementprotokolle zur Authentisierung, Integritätssicherung und Verschlüsselung SOLLTEN aktiviert werden. — ja tw n

S   Alle unsicheren Managementprotokolle SOLLTEN deaktiviert werden. — ja tw n

Notizen:

A14 Schutz vor Missbrauch von ICMP-Nachrichten *Standard*

Zuständig: IT-Betrieb

S   Die Protokolle ICMP und ICMPv6 SOLLTEN restriktiv gefiltert werden. — ja tw n

Notizen:

A15 Bogon- und Spoofing-Filterung *Standard*

Zuständig: IT-Betrieb

S   Es SOLLTE verhindert werden, dass Angreifer mithilfe gefälschter, reservierter oder noch nicht zugewiesener IP-Adressen in die Router und Switches eindringen können. — ja tw n

Notizen:

A16 Schutz vor „IPv6 Routing Header Type-0"-Angriffen *Standard*

Zuständig: IT-Betrieb

S   Beim Einsatz von IPv6 SOLLTEN Mechanismen eingesetzt werden, die Angriffe auf den Routing-Header des Type-0 erkennen und verhindern. — ja tw n

Notizen:

A17 Schutz vor DoS- und DDoS-Angriffen *Standard*

Zuständig: IT-Betrieb

S	Es SOLLTEN Mechanismen eingesetzt werden, die hochvolumige Angriffe sowie TCP-State-Exhaustion-Angriffe erkennen und abwehren.	ja	tw	n

Notizen:

A18 Einrichtung von Access Control Lists *Standard*

Zuständig: IT-Betrieb

S	Der Zugriff auf Router und Switches SOLLTE mithilfe von Access Control Lists (ACLs) definiert werden.	ja	tw	n
S	In der ACL SOLLTE anhand der Sicherheitsrichtlinie der Institution festgelegt werden, über welche IT-Systeme oder Netze mit welcher Methode auf einen Router oder Switch zugegriffen werden darf.	ja	tw	n
S	Für den Fall, dass keine spezifischen Regeln existieren, SOLLTE generell der restriktivere Whitelist-Ansatz bevorzugt werden.	ja	tw	n

Notizen:

A19 Sicherung von Switch-Ports *Standard*

Zuständig: IT-Betrieb

S	Die Ports eines Switches SOLLTEN vor unberechtigten Zugriffen geschützt werden.	ja	tw	n

Notizen:

A20 Sicherheitsaspekte von Routing-Protokollen *Standard*

Zuständig: IT-Betrieb

S	Router SOLLTEN sich authentisieren, wenn sie Routing-Informationen austauschen oder Updates für Routing-Tabellen verschicken.	ja	tw	n
S	Es SOLLTEN ausschließlich Routing-Protokolle eingesetzt werden, die dies unterstützen.	ja	tw	n
S	Dynamische Routing-Protokolle SOLLTEN ausschließlich in sicheren Netzen verwendet werden.	ja	tw	n
M	Sie DÜRFEN NICHT in demilitarisierten Zonen (DMZs) eingesetzt werden.	ja	tw	n
S	In DMZs SOLLTEN stattdessen statische Routen eingetragen werden.	ja	tw	n

Notizen:

A21 Identitäts- und Berechtigungsmanagement in der Netzinfrastruktur *Standard*

Zuständig: IT-Betrieb

S	Router und Switches SOLLTEN an ein zentrales Identitäts- und Berechtigungsmanagement angebunden werden (siehe ORP.4 *Identitäts- und Berechtigungsmanagement*).	ja	tw	n

Notizen:

NET: Netze und Kommunikation

A22 Notfallvorsorge bei Routern und Switches *Standard*

Zuständig: IT-Betrieb

- S Es SOLLTE geplant und vorbereitet werden, welche Fehler bei Routern oder Switches in einem Notfall diagnostiziert werden könnten. — ja / tw / n
- S Außerdem SOLLTE geplant und vorbereitet werden, wie die identifizierten Fehler behoben werden können. — ja / tw / n
- S Für typische Ausfallszenarien SOLLTEN entsprechende Handlungsanweisungen definiert und in regelmäßigen Abständen aktualisiert werden. — ja / tw / n
- S Die Notfallplanungen für Router und Switches SOLLTEN mit der übergreifenden Störungs- und Notfallvorsorge abgestimmt sein. — ja / tw / n
- S Die Notfallplanungen SOLLTEN sich am allgemeinen Notfallvorsorgekonzept orientieren (siehe DER.4 *Notfallmanagement*). — ja / tw / n
- S Es SOLLTE sichergestellt sein, dass die Dokumentationen zur Notfallvorsorge und die darin enthaltenen Handlungsanweisungen in Papierform vorliegen. — ja / tw / n
- S Das im Rahmen der Notfallvorsorge beschriebene Vorgehen SOLLTE regelmäßig geprobt werden. — ja / tw / n

Notizen:

A23 Revision und Penetrationstests *Standard*

Zuständig: IT-Betrieb

- S Router und Switches SOLLTEN regelmäßig auf bekannte Sicherheitsprobleme hin überprüft werden. — ja / tw / n
- S Auch SOLLTEN regelmäßig Revisionen durchgeführt werden. — ja / tw / n
- S Dabei SOLLTE unter anderem geprüft werden, ob der Ist-Zustand der festgelegten sicheren Grundkonfiguration entspricht. — ja / tw / n
- S Die Ergebnisse SOLLTEN nachvollziehbar dokumentiert und mit dem Soll-Zustand abgeglichen werden. — ja / tw / n
- S Abweichungen SOLLTE nachgegangen werden. — ja / tw / n

Notizen:

A24 Einsatz von Netzzugangskontrollen *Hoch*
I A

Verantwortliche Rolle: IT-Betrieb

- S Eine Port-based Access Control SOLLTE nach IEEE 802.1x auf Basis von EAP-TLS implementiert werden. — ja / tw / n
- S Es SOLLTE KEINE Implementierung nach den Standards IEEE 802.1x-2001 und IEEE 802.1x-2004 erfolgen. — ja / tw / n

Notizen:

A25 Erweiterter Integritätsschutz für die Konfigurationsdateien

Verantwortliche Rolle: IT-Betrieb

Hoch
I

S Stürzt ein Router oder Switch ab, SOLLTE sichergestellt werden, dass bei der Wiederherstellung bzw. beim Neustart keine alten oder fehlerhaften Konfigurationen (unter anderem ACLs) benutzt werden. — ja tw n

Notizen:

A26 Hochverfügbarkeit

Verantwortliche Rolle: IT-Betrieb

Hoch
A

S Die Realisierung einer Hochverfügbarkeitslösung SOLLTE den Betrieb der Router und Switches bzw. deren Sicherheitsfunktionen NICHT behindern oder das Sicherheitsniveau senken. — ja tw n

S Router und Switches SOLLTEN redundant ausgelegt werden. — ja tw n

S Dabei SOLLTE darauf geachtet werden, dass die Sicherheitsrichtlinie der Institution eingehalten wird. — ja tw n

Notizen:

A27 Bandbreitenmanagement für kritische Anwendungen und Dienste

Verantwortliche Rolle: IT-Betrieb

Hoch
A

S Router und Switches SOLLTEN Funktionen enthalten und einsetzen, mit denen sich die Applikationen erkennen und Bandbreiten priorisieren lassen. — ja tw n

Notizen:

A28 Einsatz von zertifizierten Produkten

Verantwortliche Rolle: IT-Betrieb

Hoch
C I

S Es SOLLTEN Router und Switches mit einer Sicherheitsevaluierung nach Common Criteria eingesetzt werden, mindestens mit der Stufe EAL4. — ja tw n

Notizen:

NET: Netze und Kommunikation

NET.3.2 Firewall

A1 Erstellung einer Sicherheitsrichtlinie *Basis*

Zuständig: IT-Betrieb

M	Ausgehend von der allgemeinen Sicherheitsrichtlinie der Institution MUSS eine spezifische Sicherheitsrichtlinie erstellt werden.	ja	tw	n
M	In dieser MÜSSEN nachvollziehbar Anforderungen und Vorgaben beschrieben sein, wie Firewalls sicher betrieben werden können.	ja	tw	n
M	Die Richtlinie MUSS allen im Bereich Firewalls zuständigen Mitarbeitern bekannt und grundlegend für ihre Arbeit sein.	ja	tw	n
M	Wird die Richtlinie verändert oder wird von den Anforderungen abgewichen, MUSS dies mit dem ISB abgestimmt und dokumentiert werden.	ja	tw	n
M	Es MUSS regelmäßig überprüft werden, ob die Richtlinie noch korrekt umgesetzt ist.	ja	tw	n
M	Die Ergebnisse MÜSSEN sinnvoll dokumentiert werden.	ja	tw	n

Notizen:

A2 Festlegen der Firewall-Regeln *Basis*

Zuständig: IT-Betrieb

M	Die gesamte Kommunikation zwischen den beteiligten Netzen MUSS über die Firewall geleitet werden.	ja	tw	n
M	Es MUSS sichergestellt sein, dass von außen keine unerlaubten Verbindungen in das geschützte Netz aufgebaut werden können.	ja	tw	n
M	Ebenso DÜRFEN KEINE unerlaubten Verbindungen aus dem geschützten Netz heraus aufgebaut werden.	ja	tw	n
M	Für die Firewall MÜSSEN eindeutige Regeln definiert werden, die festlegen, welche Kommunikationsverbindungen und Datenströme zugelassen werden.	ja	tw	n
M	Alle anderen Verbindungen MÜSSEN durch die Firewall unterbunden werden (Whitelist-Ansatz).	ja	tw	n
M	Die Kommunikationsbeziehungen mit angeschlossenen Dienst-Servern, die über die Firewall geführt werden, MÜSSEN in den Regeln berücksichtigt sein.	ja	tw	n
M	Es MÜSSEN Verantwortliche benannt werden, die Filterregeln entwerfen, umsetzen und testen.	ja	tw	n
M	Zudem MUSS geklärt werden, wer Filterregeln verändern darf.	ja	tw	n
M	Die getroffenen Entscheidungen sowie die relevanten Informationen und Entscheidungsgründe MÜSSEN dokumentiert werden.	ja	tw	n

Notizen:

A3 Einrichten geeigneter Filterregeln am Paketfilter *Basis*
Zuständig: IT-Betrieb

M	Basierend auf den Firewall-Regeln aus NET.3.2.A2 *Festlegen der Firewall-Regeln* MÜSSEN geeignete Filterregeln für den Paketfilter definiert und eingerichtet werden.	ja	tw	n
M	Ein Paketfilter MUSS so eingestellt sein, dass er alle ungültigen TCP-Flag-Kombinationen verwirft.	ja	tw	n
M	Grundsätzlich MUSS immer zustandsbehaftet gefiltert werden.	ja	tw	n
M	Auch für die verbindungslosen Protokolle UDP und ICMP MÜSSEN zustandsbehaftete Filterregeln konfiguriert werden.	ja	tw	n
M	Die Firewall MUSS die Protokolle ICMP und ICMPv6 restriktiv filtern.	ja	tw	n

Notizen:

A4 Sichere Konfiguration der Firewall *Basis*
Zuständig: IT-Betrieb

M	Bevor eine Firewall eingesetzt wird, MUSS sie sicher konfiguriert werden.	ja	tw	n
M	Alle Konfigurationsänderungen MÜSSEN nachvollziehbar dokumentiert sein.	ja	tw	n
M	Die Integrität der Konfigurationsdateien MUSS geeignet geschützt werden.	ja	tw	n
M	Bevor Zugangspasswörter abgespeichert werden, MÜSSEN sie mithilfe eines zeitgemäßen kryptografischen Verfahrens abgesichert werden (siehe CON.1 *Kryptokonzept*).	ja	tw	n
M	Eine Firewall MUSS so konfiguriert sein, dass ausschließlich zwingend erforderliche Dienste verfügbar sind.	ja	tw	n
M	Wenn funktionale Erweiterungen benutzt werden, MÜSSEN die Sicherheitsrichtlinien der Institution weiterhin erfüllt sein.	ja	tw	n
M	Auch MUSS begründet und dokumentiert werden, warum solche Erweiterungen eingesetzt werden.	ja	tw	n
M	Nicht benötigte (Auskunfts-)Dienste sowie nicht benötigte funktionale Erweiterungen MÜSSEN deaktiviert oder ganz deinstalliert werden.	ja	tw	n
M	Informationen über den internen Konfigurations- und Betriebszustand MÜSSEN nach außen bestmöglich verborgen werden.	ja	tw	n

Notizen:

A5 ENTFALLEN *Basis*

A6 Schutz der Administrationsschnittstellen *Basis*
Zuständig: IT-Betrieb

M	Alle Administrations- und Managementzugänge der Firewall MÜSSEN auf einzelne Quell-IP-Adressen bzw. -Adressbereiche eingeschränkt werden.	ja	tw	n
M	Es MUSS sichergestellt sein, dass aus nicht vertrauenswürdigen Netzen heraus nicht auf die Administrationsschnittstellen zugegriffen werden kann.	ja	tw	n
M	Um die Firewall zu administrieren bzw. zu überwachen, DÜRFEN NUR sichere Protokolle eingesetzt werden.	ja	tw	n
M	Alternativ MUSS ein eigens dafür vorgesehenes Administrationsnetz (Out-of-Band-Management) verwendet werden .	ja	tw	n
M	Für die Benutzerschnittstellen MÜSSEN geeignete Zeitbeschränkungen vorgegeben werden.	ja	tw	n

Notizen:

NET: Netze und Kommunikation

A7   Notfallzugriff auf die Firewall   *Basis*

Zuständig: IT-Betrieb

M   Es MUSS immer möglich sein, direkt auf die Firewall zugreifen zu können, sodass sie im Notfall auch dann lokal administriert werden kann, wenn das gesamte Netz ausfällt.   ☐ ja ☐ tw ☐ n

Notizen:

A8   Unterbindung von dynamischem Routing   *Basis*

Zuständig: IT-Betrieb

M   In den Einstellungen der Firewall MUSS das dynamische Routing deaktiviert sein, es sei denn, der Paketfilter wird entsprechend dem Baustein NET.3.1 *Router und Switches* als Perimeter-Router eingesetzt.   ☐ ja ☐ tw ☐ n

Notizen:

A9   Protokollierung   *Basis*

Zuständig: IT-Betrieb

M   Die Firewall MUSS so konfiguriert werden, dass sie mindestens folgende sicherheitsrelevante Ereignisse protokolliert: ☐ ja ☐ tw ☐ n
- abgewiesene Netzverbindungen (Quell- und Ziel-IP-Adressen, Quell- und Zielport oder ICMP/ICMPv6-Typ, Datum, Uhrzeit),
- fehlgeschlagene Zugriffe auf System-Ressourcen aufgrund fehlerhafter Authentisierungen, mangelnder Berechtigung oder nicht vorhandener Ressourcen,
- Fehlermeldungen der Firewall-Dienste,
- allgemeine Systemfehlermeldungen und
- Konfigurationsänderungen (möglichst automatisch).

M   Werden Sicherheitsproxies eingesetzt, MÜSSEN Sicherheitsverletzungen und Verstöße gegen Access-Control-Listen (ACLs oder auch kurz Access-Listen) in geeigneter Weise protokolliert werden.   ☐ ja ☐ tw ☐ n

M   Hierbei MÜSSEN mindestens die Art der Protokollverletzung bzw. des ACL-Verstoßes, Quell- und Ziel-IP-Adresse, Quell- und Zielport, Dienst, Datum und Zeit sowie, falls erforderlich, die Verbindungsdauer protokolliert werden.   ☐ ja ☐ tw ☐ n

M   Wenn sich ein Benutzer am Sicherheitsproxy authentisiert, MÜSSEN auch Authentisierungsdaten oder ausschließlich die Information über eine fehlgeschlagene Authentisierung protokolliert werden.   ☐ ja ☐ tw ☐ n

Notizen:

A10   Abwehr von Fragmentierungsangriffen am Paketfilter   *Basis*

Zuständig: IT-Betrieb

M   Am Paketfilter MÜSSEN Schutzmechanismen aktiviert sein, um IPv4- sowie IPv6 Fragmentierungsangriffe abzuwehren.   ☐ ja ☐ tw ☐ n

Notizen:

A11   ENTFALLEN   *Basis*

A12   ENTFALLEN   *Basis*

A13 ENTFALLEN *Basis*

A14 Betriebsdokumentationen *Basis*
Zuständig: IT-Betrieb

M Die betrieblichen Aufgaben einer Firewall MÜSSEN nachvollziehbar dokumentiert werden. ja tw n

M Es MÜSSEN alle Konfigurationsänderungen sowie sicherheitsrelevante Aufgaben dokumentiert werden, insbesondere Änderungen an den Systemdiensten und dem Regelwerk der Firewall. ja tw n

M Die Dokumentation MUSS vor unbefugten Zugriffen geschützt werden. ja tw n

Notizen:

A15 Beschaffung einer Firewall *Basis*
Zuständig: IT-Betrieb

M Bevor eine Firewall beschafft wird, MUSS eine Anforderungsliste erstellt werden, anhand derer die am Markt erhältlichen Produkte bewertet werden. ja tw n

M Es MUSS darauf geachtet werden, dass das von der Institution angestrebte Sicherheitsniveau mit der Firewall erreichbar ist. ja tw n

M Grundlage für die Beschaffung MÜSSEN daher die Anforderungen aus der Sicherheitsrichtlinie sein. ja tw n

M Wird IPv6 eingesetzt, MUSS der Paketfilter die IPv6-Erweiterungsheader (Extension Header) überprüfen. ja tw n

M Zudem MUSS sich IPv6 adäquat zu IPv4 konfigurieren lassen. ja tw n

Notizen:

A16 Aufbau einer „P-A-P"-Struktur *Standard*
Zuständig: IT-Betrieb

S Eine „Paketfilter – Application-Level-Gateway – Paketfilter"-(P-A-P)-Struktur SOLLTE eingesetzt werden. ja tw n

M Sie MUSS aus mehreren Komponenten mit jeweils dafür geeigneter Hard- und Software bestehen. ja tw n

S Für die wichtigsten verwendeten Protokolle SOLLTEN Sicherheitsproxies auf Anwendungsschicht vorhanden sein. ja tw n

S Für andere Dienste SOLLTEN zumindest generische Sicherheitsproxies für TCP und UDP genutzt werden. ja tw n

S Die Sicherheitsproxies SOLLTEN zudem innerhalb einer abgesicherten Laufzeitumgebung des Betriebssystems ablaufen. ja tw n

Notizen:

NET: Netze und Kommunikation

A17 Deaktivierung von IPv4 oder IPv6 *Standard*

Zuständig: IT-Betrieb

S Wenn das IPv4- oder IPv6-Protokoll in einem Netzsegment nicht benötigt wird, SOLLTE es am jeweiligen Firewall-Netzzugangspunkt (z.B. am entsprechenden Firewall-Interface) deaktiviert werden.   ja   tw   n

S Falls das IPv4- oder IPv6-Protokoll nicht benötigt bzw. eingesetzt wird, SOLLTE es auf der Firewall komplett deaktiviert werden.   ja   tw   n

Notizen:

A18 Administration über ein gesondertes Managementnetz *Standard*

Zuständig: IT-Betrieb

S Firewalls SOLLTEN ausschließlich über ein separates Managementnetz (Out-of-Band-Management) administriert werden.   ja   tw   n

S Eine eventuell vorhandene Administrationsschnittstelle über das eigentliche Datennetz (In-Band) SOLLTE deaktiviert werden.   ja   tw   n

S Die Kommunikation im Managementnetz SOLLTE über Management-Firewalls (siehe NET.1.1 *Netz-Architektur und -design*) auf wenige Managementprotokolle mit genau festgelegten Ursprüngen und Zielen beschränkt werden.   ja   tw   n

S Die verfügbaren Sicherheitsmechanismen der eingesetzten Managementprotokolle zur Authentisierung, Integritätssicherung und Verschlüsselung SOLLTEN aktiviert sein.   ja   tw   n

S Alle unsicheren Managementprotokolle SOLLTEN deaktiviert werden (siehe NET.1.2 *Netz-Management*).   ja   tw   n

Notizen:

A19 Schutz vor TCP SYN Flooding, UDP Paket Storm und Sequence Number Guessing am Paketfilter *Standard*

Zuständig: IT-Betrieb

S Am Paketfilter, der Server-Dienste schützt, die aus nicht vertrauenswürdigen Netzen erreichbar sind, SOLLTE ein geeignetes Limit für halboffene und offene Verbindungen gesetzt werden.   ja   tw   n

S Am Paketfilter, der Server-Dienste schützt, die aus weniger oder nicht vertrauenswürdigen Netzen erreichbar sind, SOLLTEN die sogenannten Rate Limits für UDP-Datenströme gesetzt werden.   ja   tw   n

S Am äußeren Paketfilter SOLLTE bei ausgehenden Verbindungen für TCP eine zufällige Generierung von Initial Sequence Numbers (ISN) aktiviert werden, sofern dieses nicht bereits durch Sicherheitsproxies realisiert wird.   ja   tw   n

Notizen:

A20 Absicherung von grundlegenden Internetprotokollen *Standard*

Zuständig: IT-Betrieb

S Die Protokolle HTTP, SMTP und DNS inklusive ihrer verschlüsselten Versionen SOLLTEN über protokollspezifische Sicherheitsproxies geleitet werden.   ja   tw   n

Notizen:

A21 Temporäre Entschlüsselung des Datenverkehrs *Standard*

Zuständig: IT-Betrieb

S	Verschlüsselte Verbindungen in nicht vertrauenswürdige Netze SOLLTEN temporär entschlüsselt werden, um das Protokoll zu verifizieren und die Daten auf Schadsoftware zu prüfen.	ja	tw	n
S	Hierbei SOLLTEN die rechtlichen Rahmenbedingungen beachtet werden.	ja	tw	n
S	Die Komponente, die den Datenverkehr temporär entschlüsselt, SOLLTE unterbinden, dass veraltete Verschlüsselungsoptionen und kryptografische Algorithmenbenutzt werden.	ja	tw	n
S	Der eingesetzte TLS-Proxy SOLLTE prüfen können, ob Zertifikate vertrauenswürdig sind.	ja	tw	n
S	Ist ein Zertifikat nicht vertrauenswürdig, SOLLTE es möglich sein, die Verbindung abzuweisen.	ja	tw	n
S	Eigene Zertifikate SOLLTEN nachrüstbar sein, um auch „interne" Root-Zertifikate konfigurieren und prüfen zu können.	ja	tw	n
S	Vorkonfigurierte Zertifikate SOLLTEN überprüft und entfernt werden, wenn sie nicht benötigt werden.	ja	tw	n

Notizen:

A22 Sichere Zeitsynchronisation *Standard*

Zuständig: IT-Betrieb

S	Die Uhrzeit der Firewall SOLLTE mit einem Network-Time-Protocol (NTP)-Server synchronisiert werden.	ja	tw	n
S	Die Firewall SOLLTE keine externe Zeitsynchronisation zulassen.	ja	tw	n

Notizen:

A23 Systemüberwachung und -Auswertung *Standard*

Zuständig: IT-Betrieb

S	Firewalls SOLLTEN in ein geeignetes Systemüberwachungs- bzw. Monitoringkonzept eingebunden werden.	ja	tw	n
S	Es SOLLTE ständig überwacht werden, ob die Firewall selbst sowie die darauf betriebenen Dienste korrekt funktionieren.	ja	tw	n
S	Bei Fehlern oder wenn Grenzwerte überschritten werden, SOLLTE das Betriebspersonal alarmiert werden.	ja	tw	n
S	Zudem SOLLTEN automatische Alarmmeldungen generiert werden, die bei festgelegten Ereignissen ausgelöst werden.	ja	tw	n
S	Protokolldaten oder Statusmeldungen SOLLTEN NUR über sichere Kommunikationswege übertragen werden.	ja	tw	n

Notizen:

NET: Netze und Kommunikation

A24 Revision und Penetrationstests *Standard*
Zuständig: IT-Betrieb

- S Die Firewall-Struktur SOLLTE regelmäßig auf bekannte Sicherheitsprobleme hin überprüft werden. — ja / tw / n
- S Es SOLLTEN regelmäßige Penetrationstests und Revisionen durchgeführt werden. — ja / tw / n

Notizen:

A32 Notfallvorsorge für die Firewall *Standard*
Zuständig: IT-Betrieb

- S Diagnose und Fehlerbehebungen SOLLTEN bereits im Vorfeld geplant und vorbereitet werden. — ja / tw / n
- S Für typische Ausfallszenarien SOLLTEN entsprechende Handlungsanweisungen definiert und in regelmäßigen Abständen aktualisiert werden. — ja / tw / n
- S Die Notfallplanungen für die Firewall SOLLTEN mit der übergreifenden Störungs- und Notfallvorsorge abgestimmt sein. — ja / tw / n
- S Sie SOLLTEN sich am allgemeinen Notfallvorsorgekonzept orientieren (siehe DER.4 *Notfallmanagement*). — ja / tw / n
- S Es SOLLTE sichergestellt sein, dass die Dokumentationen zur Notfallvorsorge und die darin enthaltenen Handlungsanweisungen in Papierform vorliegen. — ja / tw / n
- S Das im Rahmen der Notfallvorsorge beschriebene Vorgehen SOLLTE regelmäßig geprobt werden. — ja / tw / n

Notizen:

A25 Erweiterter Integritätsschutz für die Konfigurationsdateien *Hoch*
Verantwortliche Rolle: IT-Betrieb — I

- S Um eine abgestürzte Firewall wieder herzustellen, SOLLTE sichergestellt werden, dass keine alten oder fehlerhaften Konfigurationen (unter anderem Access-Listen) benutzt werden. — ja / tw / n
- S Dies SOLLTE auch gelten, wenn es einem Angreifer gelingt, die Firewall neu zu starten. — ja / tw / n

Notizen:

A26 Auslagerung von funktionalen Erweiterungen auf dedizierte Hardware *Hoch*
Verantwortliche Rolle: IT-Betrieb — C I A

- S Funktionale Erweiterungen der Firewall SOLLTEN auf dedizierte Hard- und Software ausgelagert werden. — ja / tw / n

Notizen:

A27 Einsatz verschiedener Firewall-Betriebssysteme und -Produkte in einer mehrstufigen Firewall-Architektur
Verantwortliche Rolle: IT-Betrieb

Hoch
C I

- S In einer mehrstufigen Firewall-Architektur SOLLTEN unterschiedliche Betriebssysteme und -Produkte für die äußeren und inneren Firewalls eingesetzt werden. — ja tw n

Notizen:

A28 Zentrale Filterung von aktiven Inhalten
Verantwortliche Rolle: IT-Betrieb

Hoch
C I

- S Aktive Inhalte SOLLTEN gemäß den Sicherheitszielen der Institution zentral gefiltert werden. — ja tw n
- S Dafür SOLLTE auch der verschlüsselte Datenverkehr entschlüsselt werden. — ja tw n
- S Die erforderlichen Sicherheitsproxies SOLLTEN es unterstützen, aktive Inhalte zu filtern. — ja tw n

Notizen:

A29 Einsatz von Hochverfügbarkeitslösungen
Verantwortliche Rolle: IT-Betrieb

Hoch
A

- S Paketfilter und Application-Level-Gateway SOLLTEN hochverfügbar ausgelegt werden. — ja tw n
- S Zudem SOLLTEN zwei voneinander unabhängige Zugangsmöglichkeiten zum externen Netz bestehen, z.B. zwei Internetzugänge von unterschiedlichen Providern. — ja tw n
- S Interne und externe Router sowie alle weiteren beteiligten aktiven Komponenten (z.B. Switches) SOLLTEN ebenfalls hochverfügbar ausgelegt sein. — ja tw n
- S Auch nach einem automatischen Failover SOLLTE die Firewall-Struktur die Anforderungen der Sicherheitsrichtlinie erfüllen (Fail safe bzw. Fail secure). — ja tw n
- S Die Funktion SOLLTE anhand von zahlreichen Parametern überwacht werden. — ja tw n
- S Die Funktionsüberwachung SOLLTE sich nicht auf ein einzelnes Kriterium stützen. — ja tw n
- S Protokolldateien und Warnmeldungen der Hochverfügbarkeitslösung SOLLTEN regelmäßig kontrolliert werden. — ja tw n

Notizen:

A30 Bandbreitenmanagement für kritische Anwendungen und Dienste
Verantwortliche Rolle: IT-Betrieb

Hoch
A

- S Um Bandbreitenmanagement für kritische Anwendungen und Dienste zu gewährleisten, SOLLTEN Paketfilter mit entsprechender Bandbreitenmanagementfunktion an Netzübergängen und am Übergang zwischen verschiedenen Sicherheitszonen eingesetzt werden. — ja tw n

Notizen:

NET: Netze und Kommunikation

A31 Einsatz von zertifizierten Produkten *Hoch*
Verantwortliche Rolle: IT-Betrieb **C I**

S Firewalls mit einer Sicherheitsevaluierung nach Common Criteria SOLLTEN eingesetzt werden, mindestens mit der Stufe EAL4.   ja tw n

Notizen:

NET.3.3 VPN

A1 Planung des VPN-Einsatzes *Basis*
Zuständig: IT-Betrieb

M Die Einführung eines VPN MUSS sorgfältig geplant werden.   ja tw n
M Dabei MÜSSEN die Verantwortlichkeiten für den VPN-Betrieb festgelegt werden.   ja tw n
M Es MÜSSEN für das VPN zudem Benutzergruppen und deren Berechtigungen geplant werden.   ja tw n
M Ebenso MUSS definiert werden, wie erteilte, geänderte oder entzogene Zugriffsberechtigungen zu dokumentieren sind.   ja tw n

Notizen:

A2 Auswahl eines VPN-Dienstleisters *Basis*
Zuständig: IT-Betrieb

M Falls ein VPN-Dienstleister eingesetzt wird, MÜSSEN mit diesem Service Level Agreements (SLAs) ausgehandelt und schriftlich dokumentiert werden.   ja tw n
M Es MUSS regelmäßig kontrolliert werden, ob der VPN-Dienstleister die vereinbarten SLAs einhält.   ja tw n

Notizen:

A3 Sichere Installation von VPN-Endgeräten *Basis*
Zuständig: IT-Betrieb

M Wird eine Appliance eingesetzt, die eine Wartung benötigt, MUSS es dafür einen gültigen Wartungsvertrag geben.   ja tw n
M Es MUSS sichergestellt werden, dass nur qualifiziertes Personal VPN-Komponenten installiert.   ja tw n
S Die Installation der VPN-Komponenten sowie eventuelle Abweichungen von den Planungsvorgaben SOLLTEN dokumentiert werden.   ja tw n
M Die Funktionalität und die gewählten Sicherheitsmechanismen des VPN MÜSSEN vor Inbetriebnahme geprüft werden.   ja tw n

Notizen:

A4 Sichere Konfiguration eines VPN *Basis*
Zuständig: IT-Betrieb

M	Für alle VPN-Komponenten MUSS eine sichere Konfiguration festgelegt werden.	ja tw n
S	Diese SOLLTE geeignet dokumentiert werden.	ja tw n
M	Auch MUSS der zuständige Administrator regelmäßig kontrollieren, ob die Konfiguration noch sicher ist und sie eventuell für alle IT-Systeme anpassen.	ja tw n

Notizen:

A5 Sperrung nicht mehr benötigter VPN-Zugänge *Basis*
Zuständig: IT-Betrieb

M	Es MUSS regelmäßig geprüft werden, ob ausschließlich berechtigte IT-Systeme und Benutzer auf das VPN zugreifen können.	ja tw n
M	Nicht mehr benötigte VPN-Zugänge MÜSSEN zeitnah deaktiviert werden.	ja tw n
M	Der VPN-Zugriff MUSS auf die benötigten Benutzungszeiten beschränkt werden.	ja tw n

Notizen:

A6 Durchführung einer VPN-Anforderungsanalyse *Standard*
Zuständig: IT-Betrieb

S	Eine Anforderungsanalyse SOLLTE durchgeführt werden, um für das jeweilige VPN die Einsatzszenarien zu bestimmen und daraus Anforderungen an die benötigten Hard- und Software-Komponenten ableiten zu können.	ja tw n
S	In der Anforderungsanalyse SOLLTEN folgende Punkte betrachtet werden: • Geschäftsprozesse beziehungsweise Fachaufgaben, • Zugriffswege, • Identifikations- und Authentisierungsverfahren, • Benutzer und Benutzerberechtigungen, • Zuständigkeiten sowie • Meldewege.	ja tw n

Notizen:

A7 Planung der technischen VPN-Realisierung *Standard*
Zuständig: IT-Betrieb

S	Neben der allgemeinen Planung (siehe NET.3.3.A1 *Planung des VPN-Einsatzes*) SOLLTEN die technischen Aspekte eines VPN sorgfältig geplant werden.	ja tw n
S	So SOLLTEN für das VPN die Verschlüsselungsverfahren, VPN-Endpunkte, erlaubten Zugangsprotokolle, Dienste und Ressourcen festgelegt werden.	ja tw n
S	Zudem SOLLTEN die Teilnetze definiert werden, die über das VPN erreichbar sind.	ja tw n

Notizen:

NET: Netze und Kommunikation

A8 Erstellung einer Sicherheitsrichtlinie zur VPN-Nutzung *Standard*
Zuständig: IT-Betrieb

S	Eine Sicherheitsrichtlinie zur VPN-Nutzung SOLLTE erstellt werden.	ja tw n
S	Diese SOLLTE allen Mitarbeitern bekannt gegeben werden.	ja tw n
S	Die in der Sicherheitsrichtlinie beschriebenen Sicherheitsmaßnahmen SOLLTEN im Rahmen von Schulungen erläutert werden.	ja tw n
S	Wird einem Mitarbeiter ein VPN-Zugang eingerichtet, SOLLTE ihm ein Merkblatt mit den wichtigsten VPN-Sicherheitsmechanismen ausgehändigt werden.	ja tw n
S	Alle VPN-Benutzer SOLLTEN verpflichtet werden, die Sicherheitsrichtlinien einzuhalten.	ja tw n

Notizen:

A9 Geeignete Auswahl von VPN-Produkten *Standard*
Zuständig: IT-Betrieb

S	Bei der Auswahl von VPN-Produkten SOLLTEN die Anforderungen der Institutionen an die Vernetzung unterschiedlicher Standorte und die Anbindung mobiler Mitarbeiter oder Telearbeiter berücksichtigt werden.	ja tw n

Notizen:

A10 Sicherer Betrieb eines VPN *Standard*
Zuständig: IT-Betrieb

S	Für VPNs SOLLTE ein Betriebskonzept erstellt werden.	ja tw n
S	Darin SOLLTEN die Aspekte Qualitätsmanagement, Überwachung, Wartung, Schulung und Autorisierung beachtet werden.	ja tw n

Notizen:

A11 Sichere Anbindung eines externen Netzes *Standard*
Zuständig: IT-Betrieb

S	Es SOLLTE sichergestellt werden, dass VPN-Verbindungen NUR zwischen den dafür vorgesehenen IT-Systemen und Diensten aufgebaut werden.	ja tw n
S	Die dabei eingesetzten Tunnel-Protokolle SOLLTEN für den Einsatz geeignet sein.	ja tw n

Notizen:

A12 Benutzer- und Zugriffsverwaltung bei Fernzugriff-VPNs *Standard*
Zuständig: IT-Betrieb

S	Für Fernzugriff-VPNs SOLLTE eine zentrale und konsistente Benutzer- und Zugriffsverwaltung gewährleistet werden.	ja tw n

Notizen:

A13 Integration von VPN-Komponenten in eine Firewall *Standard*
Zuständig: IT-Betrieb

S	Die VPN-Komponenten SOLLTEN in die Firewall integriert werden.	ja	tw	n
S	Dies SOLLTE dokumentiert werden.	ja	tw	n

Notizen:

NET.4 Telekommunikation

NET.4.1 TK-Anlagen

A1 Anforderungsanalyse und Planung für TK-Anlagen *Basis*
Zuständig: IT-Betrieb

M	Vor der Beschaffung oder Erweiterung einer TK-Anlage MUSS eine Anforderungsanalyse durchgeführt werden.	ja	tw	n
M	Im Rahmen dieser Analyse MUSS festgelegt werden, welche Funktionen die TK-Anlage bieten soll.	ja	tw	n
M	Hierbei MÜSSEN neben der Ausprägung der TK-Anlage auch die Anzahl der benötigten Verbindungen und Anschlüsse festgelegt werden.	ja	tw	n
M	Auch eine mögliche Erweiterbarkeit und grundlegenden Sicherheitsfunktionen MÜSSEN bei der Planung betrachtet werden.	ja	tw	n
M	Darüber hinaus MÜSSEN je nach Bedarf Support- und Wartungsverträge für die TK-Anlage berücksichtigt werden.	ja	tw	n
M	Basierend auf den ermittelten Anforderungen MUSS anschließend der Einsatz der TK-Anlage geplant und dokumentiert werden.	ja	tw	n
M	Die zuvor ermittelten Anforderungen und die Planung MÜSSEN mit den entsprechenden IT-Zuständigen abgestimmt werden.	ja	tw	n

Notizen:

A2 Auswahl von TK-Diensteanbietern *Basis*
Zuständig: IT-Betrieb

M	Um mit Personen telefonieren zu können, deren Telefone nicht an die institutionseigene TK-Anlage angeschlossen sind, MUSS ein TK-Diensteanbieter beauftragt werden.	ja	tw	n
M	Dabei MÜSSEN die Anforderungen an die TK-Anlage, die Sicherheitsrichtlinie sowie vertragliche und finanzielle Aspekte berücksichtigt werden.	ja	tw	n
M	Alle vereinbarten Leistungen MÜSSEN eindeutig schriftlich festgehalten werden.	ja	tw	n

Notizen:

A3 ENTFALLEN *Basis*

A4 ENTFALLEN *Basis*

NET: Netze und Kommunikation

A5   Protokollierung bei TK-Anlagen *Basis*

Zuständig: Fachverantwortliche

M	Bei TK-Anlagen MÜSSEN geeignete Daten erfasst und bei Bedarf ausgewertet werden.	ja tw n
M	Protokolliert werden MÜSSEN zusätzlich alle systemtechnischen Eingriffe, die Programmveränderungen beinhalten, sowie Auswertungsläufe, Datenübermittlungen und Datenzugriffe.	ja tw n
M	Alle Administrationsarbeiten an der TK-Anlage MÜSSEN ebenfalls protokolliert werden.	ja tw n
S	Die protokollierten Informationen SOLLTEN regelmäßig kontrolliert werden.	ja tw n

Notizen:

A6   Erstellung einer Sicherheitsrichtlinie für TK-Anlagen *Standard*

Zuständig: IT-Betrieb

S	Basierend auf der institutionsweiten Sicherheitsrichtlinie SOLLTE eine eigene Sicherheitsrichtlinie für die TK-Anlage erstellt werden.	ja tw n
S	Diese Sicherheitsrichtlinie für die TK-Anlage SOLLTE grundlegende Aussagen zur Vertraulichkeit, Verfügbarkeit und Integrität beinhalten.	ja tw n
S	Sie SOLLTE allen Personen, die an der Beschaffung, dem Aufbau, der Umsetzung und dem Betrieb der TK-Anlage beteiligt sind, bekannt sein und die Grundlage für deren Arbeit darstellen.	ja tw n
S	Die zentralen sicherheitstechnischen Anforderungen an die TK-Anlage sowie das zu erreichende Sicherheitsniveau SOLLTEN in der institutionsweite Sicherheitsrichtlinie aufgenommen werden.	ja tw n

Notizen:

A7   Geeignete Aufstellung der TK-Anlage *Standard*

Zuständig: Fachverantwortliche

S	Die TK-Anlage SOLLTE in einem geeigneten Raum untergebracht sein.	ja tw n
S	Die Schnittstellen an der TK-Anlage, besonders nicht genutzte Schnittstellen, SOLLTEN geeignet geschützt werden.	ja tw n

Notizen:

A8   Einschränkung und Sperrung nicht benötigter oder sicherheitskritischer Leistungsmerkmale *Standard*

Zuständig: Fachverantwortliche

S	Der Umfang der verfügbaren Leistungsmerkmale SOLLTE auf das notwendige Minimum beschränkt werden.	ja tw n
S	Nur die benötigten Leistungsmerkmale SOLLTEN freigeschaltet werden.	ja tw n
S	Die nicht benötigten oder wegen ihres Missbrauchspotenzials als kritisch eingestuften Leistungsmerkmale SOLLTEN so weit wie möglich an der zentralen Anlage abgeschaltet werden.	ja tw n
S	Zusätzliche Schutzmaßnahmen SOLLTEN für die auf den Endgeräten gespeicherten und abrufbaren vertraulichen Daten ergriffen werden.	ja tw n

Notizen:

NET.4.1 TK-Anlagen

A9 Schulung zur sicheren Nutzung von TK-Anlagen *Standard*
Zuständig: Vorgesetzte

S	Die Benutzer der TK-Anlage SOLLTEN in die korrekte Verwendung von Diensten und Geräten eingewiesen werden.	ja	tw	n
S	Den Benutzern der TK-Anlage SOLLTEN alle notwendigen Unterlagen zur Bedienung der entsprechenden Endgeräte zur Verfügung gestellt werden.	ja	tw	n
S	Sämtliche Auffälligkeiten und Unregelmäßigkeiten der TK-Anlage SOLLTEN den entsprechenden Verantwortlichen gemeldet werden.	ja	tw	n

Notizen:

A10 Dokumentation und Revision der TK-Anlagenkonfiguration *Standard*
Zuständig: IT-Betrieb

S	Die TK-Anlagenkonfiguration SOLLTE geeignet dokumentiert und fortgeschrieben werden.	ja	tw	n
S	Die TK-Anlagenkonfiguration SOLLTE in regelmäßigen Abständen überprüft werden.	ja	tw	n
S	Das Ergebnis der Prüfung SOLLTE zumindest dem Informationssicherheitsbeauftragten, dem Fachverantwortlichen und anderen verantwortlichen Mitarbeiter vorgelegt werden.	ja	tw	n

Notizen:

A11 Außerbetriebnahme von TK-Anlagen und -geräten *Standard*
Zuständig: IT-Betrieb

S	Die Aussonderung von TK-Anlagen und angeschlossenen TK-Geräten SOLLTE in der Sicherheitsrichtlinie berücksichtigt werden.	ja	tw	n
S	Alle Daten, die auf TK-Anlagen oder Endgeräten gespeichert sind, SOLLTEN vor der Aussonderung sicher gelöscht werden.	ja	tw	n

Notizen:

A12 Datensicherung der Konfigurationsdateien *Standard*
Zuständig: Fachverantwortliche

S	Die Konfigurations- und Anwendungsdaten der eingesetzten TK-Anlage SOLLTEN bei der Ersteinrichtung und anschließend regelmäßig gesichert werden, insbesondere nachdem sich diese geändert haben.	ja	tw	n
S	Es SOLLTE regelmäßig geprüft und dokumentiert werden, ob die Sicherungen der TK-Anlagen auch tatsächlich als Basis für eine Systemwiederherstellung genutzt werden können.	ja	tw	n
S	Es SOLLTE ein Datensicherungskonzept für TK-Anlagen erstellt und mit den allgemeinen Konzepten der Datensicherung für Server und Netzkomponenten abgestimmt werden.	ja	tw	n

Notizen:

NET: Netze und Kommunikation

A13 Beschaffung von TK-Anlagen *Standard*

Zuständig: Fachverantwortliche

- S Bei der Beschaffung von TK-Anlagen SOLLTEN die Ergebnisse der Anforderungsanalyse und der Planung miteinbezogen werden. ☐ ja ☐ tw ☐ n
- S Bei der Beschaffung einer TK-Anlage SOLLTE beachtet werden, dass sie neben digitalen auch analoge Teilnehmeranschlüsse anbieten sollte. ☐ ja ☐ tw ☐ n
- S Darüber hinaus SOLLTEN vorhandene Kommunikationssysteme und -komponenten bei der Beschaffung berücksichtigt werden. ☐ ja ☐ tw ☐ n

Notizen:

A14 Notfallvorsorge für TK-Anlagen *Standard*

Zuständig: Fachverantwortliche

- S Es SOLLTE ein Notfallplan für die TK-Anlage erstellt werden. ☐ ja ☐ tw ☐ n
- S Dieser SOLLTE in das Notfallkonzept der Institution integriert werden. ☐ ja ☐ tw ☐ n
- S Es SOLLTEN regelmäßig Notfallübungen bezüglich der TK-Anlagen durchgeführt werden. ☐ ja ☐ tw ☐ n

Notizen:

A15 Notrufe bei einem Ausfall der TK-Anlage *Standard*

Zuständig: Fachverantwortliche

- S Es SOLLTE sichergestellt werden, dass auch bei einem Ausfall der TK-Anlage Notrufe aus der Institution abgesetzt werden können. ☐ ja ☐ tw ☐ n
- S Die Notrufmöglichkeiten SOLLTEN von allen Räumen aus auf ausreichend kurzen Wegen erreichbar sein. ☐ ja ☐ tw ☐ n

Notizen:

A16 Sicherung von Endgeräten in frei zugänglichen Räumen *Standard*

Zuständig: Fachverantwortliche

- S Der Funktionsumfang der Endgeräte, die in frei zugänglichen Räumen aufgestellt werden sollen, SOLLTE eingeschränkt werden. ☐ ja ☐ tw ☐ n
- S Ist dies nicht möglich, SOLLTE das Endgerät in geeigneter Weise vor unbefugtem Zugriff geschützt werden. ☐ ja ☐ tw ☐ n

Notizen:

A17 Wartung von TK-Anlagen *Standard*

Zuständig: Fachverantwortliche

- S Die Geräte zur Wartung und Konfiguration der TK-Anlage SOLLTEN mit Passwörtern bzw. PINs abgesichert sein. ☐ ja ☐ tw ☐ n

Notizen:

A18	**Erhöhter Zugangsschutz**			*Hoch*

Verantwortliche Rolle: Fachverantwortliche — **C I**

S	Die TK-Anlage SOLLTE in einem separaten sowie geeignet gesicherten Raum untergebracht sein.	ja	tw	n
S	Der Zutritt und Zugang zur TK-Anlage SOLLTE nur einem eingeschränkten Personenkreis möglich sein.	ja	tw	n
S	Externe SOLLTEN NUR beaufsichtigt Zugang zur Anlage erhalten.	ja	tw	n

Notizen:

A19   Redundanter Anschluss   *Hoch*

Verantwortliche Rolle: Fachverantwortliche — **A**

S	Der Anschluss der TK-Anlage SOLLTE redundant ausgelegt sein.	ja	tw	n
S	Bei IP-basierten TK-Anlagen SOLLTE ein zusätzlicher PSTN-Anschluss vorhanden sein.	ja	tw	n

Notizen:

NET.4.2 VoIP

A1   Planung des VoIP-Einsatzes   *Basis*

Zuständig: IT-Betrieb

M	Die Bedingungen, unter denen VoIP eingesetzt werden soll, MÜSSEN festgelegt werden.	ja	tw	n
M	Es MUSS unter anderem entschieden werden, ob vollständig oder partiell auf VoIP umgestiegen werden soll.	ja	tw	n
S	Besondere Anforderungen an die Verfügbarkeit von VoIP oder an die Vertraulichkeit und Integrität der Telefonate bzw. der Signalisierungsinformationen SOLLTEN vorab ermittelt werden.	ja	tw	n
M	Geeignete Signalisierungs- und Medientransportprotokolle MÜSSEN vor dem Einsatz ausgewählt werden.	ja	tw	n
S	Es SOLLTE entschieden werden, ob und wie die VoIP-Infrastruktur an öffentliche (Daten-)Netze angebunden werden soll.	ja	tw	n
S	Die Kapazitäten und das Design von vorhandenen Datennetzen SOLLTEN bei der Planung berücksichtigt werden.	ja	tw	n

Notizen:

A2   ENTFALLEN   *Basis*

NET: Netze und Kommunikation

A3 Sichere Administration und Konfiguration von VoIP-Endgeräten *Basis*
Zuständig: IT-Betrieb

- M Nicht benötigte Funktionen der Endgeräte MÜSSEN deaktiviert werden. ☐ ja ☐ tw ☐ n
- M Die Konfigurationseinstellungen DÜRFEN NICHT unberechtigt geändert werden. ☐ ja ☐ tw ☐ n
- S Alle Sicherheitsfunktionen der Endgeräte SOLLTEN vor dem produktiven Einsatz getestet werden. ☐ ja ☐ tw ☐ n
- S Die eingesetzten Sicherheitsmechanismen und die verwendeten Parameter SOLLTEN dokumentiert werden. ☐ ja ☐ tw ☐ n

Notizen:

A4 Einschränkung der Erreichbarkeit über VoIP *Basis*
Zuständig: IT-Betrieb

- M Es MUSS entschieden werden, wie externe Gesprächspartner auf die VoIP-Architektur zugreifen können. ☐ ja ☐ tw ☐ n
- M Es MUSS verhindert werden, dass IT-Systeme aus unsicheren Netzen direkte Datenverbindungen auf die VoIP-Komponenten der Institution aufbauen können. ☐ ja ☐ tw ☐ n
- S Wenn alle ein- und ausgehenden Verbindungen über ein zentrales IT-System abgewickelt werden sollen, SOLLTE sichergestellt werden, dass alle Signalisierungs- und Sprachinformationen zwischen dem öffentlichen und dem privaten Datennetz nur über dieses autorisierte IT-System ausgetauscht werden. ☐ ja ☐ tw ☐ n

Notizen:

A5 Sichere Konfiguration der VoIP-Middleware *Basis*
Zuständig: IT-Betrieb

- M Die VoIP-Komponenten MÜSSEN so konfiguriert sein, dass sie den Schutzbedarf angemessen erfüllen. ☐ ja ☐ tw ☐ n
- M Die Default-Konfigurationen der VoIP-Middleware MÜSSEN vor der produktiven Inbetriebnahme angepasst werden. ☐ ja ☐ tw ☐ n
- S Alle Installations- und Konfigurationsschritte SOLLTEN so dokumentiert werden, dass die Installation und Konfiguration durch einen sachkundigen Dritten anhand der Dokumentation nachvollzogen und wiederholt werden können. ☐ ja ☐ tw ☐ n
- M Alle nicht benötigten Dienste der VoIP-Middleware MÜSSEN deaktiviert werden. ☐ ja ☐ tw ☐ n

Notizen:

A6 ENTFALLEN *Basis*

NET.4.2 VoIP

A7 Erstellung einer Sicherheitsrichtlinie für VoIP *Standard*

Zuständig: IT-Betrieb

		ja	tw	n
S	Die zentralen sicherheitstechnischen Anforderungen an VoIP sowie das zu erreichende Sicherheitsniveau SOLLTEN in der institutionsweiten Sicherheitsrichtlinie aufgenommen werden.	ja	tw	n
S	In dieser Sicherheitsrichtlinie SOLLTEN alle allgemeinen sicherheitstechnischen Vorgaben konkretisiert werden.	ja	tw	n
S	Außerdem SOLLTEN in der Richtlinie die Vorgaben für den Betrieb und die Nutzung der VoIP-Komponenten geregelt sein.	ja	tw	n
S	Hierbei SOLLTEN auch die verschiedenen VoIP-Funktionen, wie zum Beispiel Voicemails, betrachtet werden.	ja	tw	n
S	Die VoIP-Sicherheitsrichtlinie SOLLTE allen beteiligten Personen und Gruppen zugänglich und bekannt sein.	ja	tw	n

Notizen:

A8 Verschlüsselung von VoIP *Standard*

Zuständig: IT-Betrieb

S	Es SOLLTE entschieden werden, ob und welche Sprach- und Signalisierungsinformationen verschlüsselt werden sollen.	ja	tw	n
S	Generell SOLLTEN alle VoIP-Datenpakete, die das gesicherte LAN verlassen, durch geeignete Sicherheitsmechanismen geschützt werden.	ja	tw	n
S	Die Benutzer SOLLTEN über die Nutzung der VoIP-Verschlüsselung informiert werden.	ja	tw	n

Notizen:

A9 Geeignete Auswahl von VoIP-Komponenten *Standard*

Zuständig: IT-Betrieb

S	Bevor VoIP-Komponenten beschafft werden, SOLLTE eine Anforderungsliste erstellt werden.	ja	tw	n
S	Anhand der Anforderungsliste SOLLTEN die am Markt erhältlichen Produkte bewertet werden.	ja	tw	n
S	Diese Anforderungsliste SOLLTE alle Merkmale zur Erreichung des angestrebten Sicherheitsniveaus umfassen.	ja	tw	n
S	Es SOLLTE geregelt werden, wie die am Markt erhältlichen Produkte gemäß der Anforderungsliste bewertet werden können.	ja	tw	n

Notizen:

A10 ENTFALLEN *Standard*

A11 Sicherer Umgang mit VoIP-Endgeräten *Standard*

Zuständig: Benutzer

S	Benutzer, die VoIP-Endgeräte einsetzen, SOLLTEN über die grundlegenden VoIP-Gefährdungen und Sicherheitsmaßnahmen informiert sein.	ja	tw	n
S	Außerdem SOLLTEN sie geeignete Passwörter zur Absicherung von Voicemails auswählen.	ja	tw	n

Notizen:

NET: Netze und Kommunikation

A12 Sichere Außerbetriebnahme von VoIP-Komponenten *Standard*
Zuständig: IT-Betrieb

- S Wenn VoIP-Komponenten außer Betrieb genommen oder ersetzt werden, SOLLTEN alle sicherheitsrelevanten Informationen von den Geräten gelöscht werden.   ja tw n
- S Nach dem Löschvorgang SOLLTE überprüft werden, ob die Daten auch tatsächlich erfolgreich entfernt wurden.   ja tw n
- S Vertrauliche Informationen SOLLTEN auch von Backup-Medien gelöscht werden.   ja tw n
- S Alle Beschriftungen, insbesondere der Endgeräte, SOLLTEN vor der Entsorgung entfernt werden.   ja tw n
- S Es SOLLTE frühzeitig mit Herstellern, Händlern beziehungsweise Service-Unternehmen geklärt werden, welche Maßnahmen zur Löschung sicherheitsrelevanter Informationen mit den Vertrags- und Garantiebedingungen vereinbar sind.   ja tw n

Notizen:

A13 Anforderungen an eine Firewall für den Einsatz von VoIP *Standard*
Zuständig: IT-Betrieb

- S Es SOLLTE überprüft werden, ob die bestehende Firewall für den Einsatz von VoIP angepasst werden kann.   ja tw n
- S Ist dies nicht der Fall, SOLLTE eine zusätzliche Firewall hierfür beschafft und installiert werden.   ja tw n

Notizen:

A14 Verschlüsselung der Signalisierung *Hoch*
Verantwortliche Rolle: IT-Betrieb **C I**

- S Die Integrität und Vertraulichkeit der Signalisierungsinformationen SOLLTE durch geeignete kryptogarische Verfahren gewährleistet werden.   ja tw n
- S Nicht nur die Nutzdaten, sondern auch die Authentisierungsdaten SOLLTEN durchgängig verschlüsselt werden.   ja tw n
- S Der Zugriff auf das VoIP-Gateway SOLLTE durch VoIP-Adressen und H.323-Identitäten so weit wie möglich eingeschränkt werden.   ja tw n
- S Es SOLLTEN zusätzlich Ende-zu-Ende-Sicherheitsmechanismen für den Medientransport und die Signalisierung benutzt werden.   ja tw n
- S Es SOLLTE dokumentiert werden, wie die Signalisierung geschützt wird.   ja tw n

Notizen:

A15 Sicherer Medientransport mit SRTP *Hoch*
Verantwortliche Rolle: IT-Betrieb **C I**

S Mediendaten und Informationen zur Steuerung dieser Daten, die über das Real-Time Transport Protocol (RTP) übertragen werden, SOLLTEN in geeigneter Weise geschützt werden. ja tw n

S Die Nutzdaten SOLLTEN durch den Einsatz von Secure Real-Time Transport Protocol (SRTP) beziehungsweise Secure Real-Time Control Protocol (SRTCP) geschützt werden. ja tw n

S Die sicherheitsrelevanten Optionen der Implementierung des Protokolls SOLLTEN dokumentiert werden. ja tw n

Notizen:

A16 Trennung des Daten- und VoIP-Netzes *Hoch*
Verantwortliche Rolle: IT-Betrieb **C I A**

S Das VoIP-Netz SOLLTE in geeigneter Weise vom Datennetz getrennt werden. ja tw n

S Es SOLLTE geregelt werden, wie mit Geräten umzugehen ist, die auf das VoIP- und Datennetz zugreifen müssen. ja tw n

S VoIP-Endgeräte in einem VoIP-Netz SOLLTEN NUR die vorgesehenen VoIP-Verbindungen zu anderen IT-Systemen aufbauen können. ja tw n

Notizen:

NET.4.3 Faxgeräte und Faxserver

A1 Geeignete Aufstellung eines Faxgerätes *Basis*
Zuständig: Haustechnik

M Faxgeräte MÜSSEN so aufgestellt werden, dass eingegangene Faxsendungen nicht von Unberechtigten eingesehen oder entnommen werden können. ja tw n

S Der Aufstellungsort SOLLTE zudem danach ausgewählt werden, dass ausreichend dimensionierte Telekommunikationsleitungen bzw. -kanäle vorhanden sind. ja tw n

M Der Aufstellungsort MUSS über einen geeigneten Netzanschluss für das Faxgerät verfügen. ja tw n

Notizen:

A2 Informationen für Mitarbeiter über die Faxnutzung *Basis*
Zuständig: Fachverantwortliche

M Alle Mitarbeiter MÜSSEN auf die Besonderheiten der Informationsübermittlung per Fax hingewiesen werden. ja tw n

M Sie MÜSSEN auch darüber informiert sein, dass die Rechtsverbindlichkeit einer Faxsendung stark eingeschränkt ist. ja tw n

M Eine verständliche Bedienungsanleitung MUSS am Faxgerät ausliegen. ja tw n

S Die Benutzer SOLLTEN mindestens eine Kurzanleitung zur eingesetzten Faxclient-Software des Faxservers erhalten. ja tw n

M Außerdem MUSS eine Anweisung zur korrekten Faxnutzung ausliegen. ja tw n

Notizen:

NET: Netze und Kommunikation

A3 Sicherer Betrieb eines Faxservers *Basis*

Zuständig: IT-Betrieb

S	Bevor ein Faxserver in Betrieb genommen wird, SOLLTE eine Testphase erfolgen.	ja tw n
S	Konfigurationsparameter sowie alle Änderungen an der Konfiguration eines Faxservers SOLLTEN dokumentiert werden.	ja tw n
S	Die Archivierung und Löschung von Faxdaten SOLLTEN geregelt sein.	ja tw n
M	Außerdem MUSS regelmäßig die Verbindung vom Faxserver zur TK-Anlage beziehungsweise zum öffentlichen Telefonnetz auf ihre Funktion geprüft werden.	ja tw n
M	Es MUSS außerdem sichergestellt werden, dass der Faxserver ausschließlich Fax-Dienste anbietet und nicht für weitere Dienste genutzt wird.	ja tw n
M	Alle nicht benötigten Leistungsmerkmale und Zugänge der eingesetzten Kommunikationsschnittstellen MÜSSEN deaktiviert werden.	ja tw n

Notizen:

A4 Erstellung einer Sicherheitsrichtlinie für die Faxnutzung *Standard*

Zuständig: Fachverantwortliche

S	Vor der Freigabe eines Gerätes SOLLTE eine Sicherheitsrichtlinie für die Faxnutzung erstellt werden.	ja tw n
S	Dort SOLLTE die Einsatzart festgelegt sein.	ja tw n
S	Außerdem SOLLTE geregelt werden, wie mit Faxeingängen und -ausgängen umzugehen ist.	ja tw n
S	Zudem SOLLTE eine Regelung zur Behandlung von nicht zustellbaren Faxsendungen erstellt werden.	ja tw n
S	Außerdem SOLLTE die Richtlinie Informationen und Anweisungen zur Notfallvorsorge und Ausfallsicherheit des Faxbetriebes enthalten.	ja tw n

Notizen:

A5 ENTFALLEN *Standard*

A6 Beschaffung geeigneter Faxgeräte und Faxserver *Standard*

Zuständig: Beschaffungsstelle

S	Bevor Faxgeräte oder Faxserver beschafft werden, SOLLTE eine Anforderungsliste erstellt werden.	ja tw n
S	Anhand dieser Liste SOLLTEN die infrage kommenden Systeme oder Komponenten bewertet werden.	ja tw n
S	Die Anforderungsliste für Faxgeräte SOLLTE auch sicherheitsrelevante Aspekte umfassen, wie den Austausch einer Teilnehmererkennung, die Ausgabe von Sendeberichten sowie eine Fehlerprotokollierung und Journalführung.	ja tw n
S	Zudem SOLLTEN angemessene zusätzliche Sicherheitsfunktionen anhand des Schutzbedarfs berücksichtigt werden.	ja tw n
S	Bei einem Faxserver SOLLTEN alle Anforderungen an das IT-System einschließlich Betriebssystem, Kommunikationskomponenten und Applikationssoftware erhoben und berücksichtigt werden.	ja tw n
S	Die Möglichkeit, dass ein Faxserver in ein bestehendes Datennetz und in ein Groupware-System integriert werden kann, SOLLTE bei Bedarf berücksichtigt werden.	ja tw n

Notizen:

A7 Geeignete Kennzeichnung ausgehender Faxsendungen *Standard*

Zuständig: Benutzer

S	Der Absender und der gewünschte Empfänger SOLLTEN auf allen ausgehenden Faxsendungen ersichtlich sein.	ja tw n
S	Wenn diese Informationen nicht aus dem versendeten Dokument ermittelt werden können, SOLLTE ein standardisiertes Faxdeckblatt benutzt werden.	ja tw n
S	Generell SOLLTE das Faxdeckblatt mindestens den Namen der Institution des Absenders, den Namen des Ansprechpartners, das Datum, die Seitenanzahl sowie einen Dringlichkeitsvermerk auflisten.	ja tw n
S	Außerdem SOLLTE es den Namen und die Institution des Empfängers enthalten.	ja tw n
S	Wenn notwendig, SOLLTE das Faxdeckblatt für jedes ausgehende Fax angepasst werden.	ja tw n

Notizen:

A8 Geeignete Entsorgung von Fax-Verbrauchsgütern und -Ersatzteilen *Standard*

Zuständig: Fachverantwortliche

S	Alle Fax-Verbrauchsgüter, aus denen Informationen über die versendeten und empfangenen Fax-Dokumente gewonnen werden können, SOLLTEN vor der Entsorgung unkenntlich gemacht werden oder durch eine zuverlässige Fachfirma entsorgt werden.	ja tw n
S	Die gleiche Vorgehensweise SOLLTE auch bei ausgetauschten informationstragenden Ersatzteilen erfolgen.	ja tw n
S	Wartungsfirmen, die Faxgeräte überprüfen oder reparieren, SOLLTEN zu einer entsprechenden Handhabung verpflichtet werden.	ja tw n
S	Es SOLLTE regelmäßig kontrolliert werden, ob diese Handhabung eingehalten wird.	ja tw n

Notizen:

A9 Nutzung von Sende- und Empfangsprotokollen *Standard*

Zuständig: Fachverantwortliche

S	Die Übertragungsvorgänge ein- und ausgehender Faxsendungen SOLLTEN protokolliert werden.	ja tw n
S	Dazu SOLLTEN die Kommunikationsjournale marktüblicher Faxgeräte genutzt werden.	ja tw n
S	Verfügen die Faxgeräte über Protokollierungsfunktionen, SOLLTEN diese aktiviert werden.	ja tw n
S	Bei einem Faxserver SOLLTE die Protokollierung ebenso aktiviert werden.	ja tw n
S	Auch SOLLTE entschieden werden, welche Informationen protokolliert werden sollen.	ja tw n
S	Die Kommunikationsjournale der Faxgeräte und die Protokollierungsdateien SOLLTEN regelmäßig ausgewertet und archiviert werden.	ja tw n
S	Sie SOLLTEN stichprobenartig auf Unregelmäßigkeiten geprüft werden.	ja tw n
S	Unbefugte SOLLTEN nicht auf die Kommunikationsjournale sowie die protokollierten Informationen zugreifen können.	ja tw n

Notizen:

NET: Netze und Kommunikation

A10 Kontrolle programmierbarer Zieladressen, Protokolle und Verteilerlisten *Standard*
Zuständig: Fachverantwortliche

- S Programmierbare Kurzwahltasten oder gespeicherte Zieladressen SOLLTEN regelmäßig daraufhin überprüft werden, ob die gewünschte Faxnummer mit der einprogrammierten Nummer übereinstimmt. ja tw n
- S Nicht mehr benötige Faxnummern SOLLTEN gelöscht werden. ja tw n
- S Es SOLLTE in geeigneter Weise dokumentiert werden, wenn ein neuer Eintrag aufgenommen oder eine Zielnummer geändert wird. ja tw n

Notizen:

A11 Schutz vor Überlastung des Faxgerätes *Hoch* **A**
Verantwortliche Rolle: IT-Betrieb

- S Es SOLLTEN ausreichend Kommunikationsleitungen bzw. -kanäle verfügbar sein. ja tw n
- S Bei einem Faxserver SOLLTE das voraussichtliche Faxvolumen abgeschätzt werden. ja tw n
- S Es SOLLTEN entsprechend leistungsfähige Komponenten ausgewählt werden. ja tw n
- S Die Protokolle von Faxservern SOLLTEN regelmäßig kontrolliert werden, um Engpässen durch Überlastungen rechtzeitig entgegenzuwirken. ja tw n
- S Nicht mehr benötigte Faxdaten SOLLTEN zeitnah vom Faxserver gelöscht werden. ja tw n

Notizen:

A12 Sperren bestimmter Empfänger- und Absender-Faxnummern *Hoch* **C I A**
Verantwortliche Rolle: Fachverantwortliche

- S Unerwünschte Faxadressen, SOLLTEN blockiert werden. ja tw n
- S Alternativ SOLLTEN nur bestimmte Rufnummern zugelassen werden. ja tw n
- S Es SOLLTE geprüft werden, welcher Ansatz in welcher Situation geeignet ist. ja tw n

Notizen:

A13 Festlegung berechtigter Faxbediener *Hoch* **C I A**
Verantwortliche Rolle: Benutzer

- S Es SOLLTEN nur wenige Mitarbeiter ausgewählt werden, die auf das Faxgerät zugreifen dürfen. ja tw n
- S Diese Mitarbeiter SOLLTEN ankommende Faxsendungen an die Empfänger verteilen. ja tw n
- S Den Mitarbeitern SOLLTE vermittelt werden, wie sie mit dem Gerät umgehen und wie sie die erforderlichen Sicherheitsmaßnahmen umsetzen können. ja tw n
- S Jeder berechtigte Benutzer SOLLTE darüber unterrichtet werden, wer das Faxgerät bedienen darf und wer für das Gerät verantwortlich ist. ja tw n

Notizen:

A14 Fertigung von Kopien eingehender Faxsendungen *Hoch*
Verantwortliche Rolle: Benutzer **A**

S   Auf Thermopapier gedruckte Faxsendungen, die länger benötigt werden, SOLLTEN auf Normalpapier kopiert oder eingescannt werden.   ja   tw   n

S   Es SOLLTE berücksichtigt werden, dass auf Thermopapier die Farbe schneller verblasst und somit unkenntlich wird.   ja   tw   n

S   Die Kopien oder eingescannten Faxsendungen SOLLTEN in geeigneter Weise archiviert werden.   ja   tw   n

Notizen:

A15 Ankündigung und Rückversicherung im Umgang mit Faxsendungen *Hoch*
Verantwortliche Rolle: Benutzer **C I A**

S   Wichtige Faxsendungen SOLLTEN dem Empfänger angekündigt werden, bevor sie versendet werden.   ja   tw   n

S   Dazu SOLLTE festgelegt werden, welche Dokumente vorab angemeldet werden sollen.   ja   tw   n

S   Mitarbeiter, die vertrauliche Fax-Dokumente versenden möchten, SOLLTEN angewiesen werden, sich den vollständigen Erhalt vom Empfänger bestätigen zu lassen.   ja   tw   n

S   Bei wichtigen oder ungewöhnlichen Faxsendungen SOLLTE sich wiederum der Empfänger vom Absender bestätigen lassen, dass das Fax-Dokument von ihm stammt und nicht gefälscht wurde.   ja   tw   n

S   Es SOLLTE eine geeignete Kommunikationsform ausgewählt werden, mit dem die Fax-Dokumente angekündigt oder bestätigt werden, beispielsweise per Telefon.   ja   tw   n

Notizen:

INF: Infrastruktur

INF.1 Allgemeines Gebäude

A1 Planung der Gebäudeabsicherung *Basis*

Zuständig: Planer

- M Je nach der (geplanten) Nutzung eines Gebäudes und dem Schutzbedarf der dort betriebenen Geschäftsprozesse MUSS festgelegt werden, wie das Gebäude abzusichern ist. — ja / tw / n
- M Bei einem Gebäude MÜSSEN insbesondere Sicherheitsaspekte zum Schutz von Personen im Gebäude, dem Schutz der Wirtschaftsgüter und der IT beachtet werden, von Brandschutz über Elektrik bis hin zur Zutrittskontrolle. — ja / tw / n
- M Die Sicherheitsanforderungen aus den verschiedenen Bereichen MÜSSEN aufeinander abgestimmt werden. — ja / tw / n

Notizen:

A2 Angepasste Aufteilung der Stromkreise *Basis*

Zuständig: Haustechnik

- M Es MUSS regelmäßig überprüft werden, ob die Absicherung und Auslegung der Stromkreise noch den tatsächlichen Bedürfnissen genügen. — ja / tw / n

Notizen:

A3 Einhaltung von Brandschutzvorschriften *Basis*

Zuständig: Haustechnik

- M Die bestehenden Brandschutzvorschriften sowie die Auflagen der Bauaufsicht MÜSSEN eingehalten werden. — ja / tw / n
- M Die Fluchtwege MÜSSEN vorschriftsmäßig ausgeschildert und freigehalten werden. — ja / tw / n
- M Es MUSS regelmäßig kontrolliert werden, dass die Fluchtwege benutzbar und frei von Hindernissen sind, damit das Gebäude in einer Gefahrensituation schnell geräumt werden kann. — ja / tw / n
- S Bei der Brandschutzplanung SOLLTE die örtliche Feuerwehr hinzugezogen werden. — ja / tw / n
- M Es MUSS ein IT-bezogenes Brandschutzkonzept erstellt und umgesetzt werden. — ja / tw / n
- M Unnötige Brandlasten MÜSSEN vermieden werden. — ja / tw / n
- M Es MUSS einen Brandschutzbeauftragten oder eine mit dem Aufgabengebiet betraute Person geben. — ja / tw / n
- M Diese Person MUSS geeignet geschult sein. — ja / tw / n

Notizen:

410

A4 Branderkennung in Gebäuden *Basis*
Zuständig: Planer

M	Gebäude MÜSSEN entsprechend der Auflagen in der Baugenehmigung und dem Brandschutzkonzept folgend mit einer ausreichenden Anzahl von Rauchmeldern ausgestattet sein.	ja	tw	n
M	Ist eine lokale Alarmierung am Ort des Melders nicht ausreichend, MÜSSEN alle Melder auf eine Brandmeldezentrale (BMZ) aufgeschaltet werden.	ja	tw	n
M	Bei Rauchdetektion MUSS eine Alarmierung im Gebäude ausgelöst werden.	ja	tw	n
M	Es MUSS sichergestellt sein, dass alle im Gebäude anwesenden Personen diese wahrnehmen können.	ja	tw	n
M	Die Funktionsfähigkeit aller Rauchmelder sowie aller sonstigen Komponenten einer Brandmeldeanlage (BMA) MUSS regelmäßig überprüft werden.	ja	tw	n

Notizen:

A5 Handfeuerlöscher *Basis*
Zuständig: Haustechnik

M	Zur Sofortbekämpfung von Bränden MÜSSEN Handfeuerlöscher in der jeweils geeigneten Brandklasse (DIN EN 3 Tragbare Feuerlöscher) in ausreichender Zahl und Größe im Gebäude zur Verfügung stehen.	ja	tw	n
M	Die Handfeuerlöscher MÜSSEN regelmäßig geprüft und gewartet werden.	ja	tw	n
S	Die Mitarbeiter SOLLTEN in die Benutzung der Handfeuerlöscher eingewiesen werden.	ja	tw	n
S	Die Einweisungen SOLLTEN in zweckmäßigen Zeitabständen wiederholt werden.	ja	tw	n

Notizen:

A6 Geschlossene Fenster und Türen *Basis*
Zuständig: Mitarbeiter

M	Fenster und von außen zugängliche Türen, etwa von Balkonen oder Terrassen, MÜSSEN zu Zeiten, in denen ein Raum nicht besetzt ist, geschlossen werden.	ja	tw	n
M	Räume MÜSSEN verschlossen werden, falls dort vertrauliche Informationen zurückgelassen werden.	ja	tw	n
M	Dafür MUSS es eine entsprechende Anweisung geben.	ja	tw	n
S	Alle Mitarbeiter SOLLTEN dazu verpflichtet werden, der Anweisung nachzukommen.	ja	tw	n
M	Es MUSS regelmäßig überprüft werden, ob die Fenster und Innen- sowie Außentüren nach Verlassen des Gebäudes verschlossen sind.	ja	tw	n
M	Brand- und Rauchschutztüren DÜRFEN NUR dann dauerhaft offen gehalten werden, wenn dies durch zugelassene Feststellanlagen erfolgt.	ja	tw	n

Notizen:

INF: Infrastruktur

A7 Zutrittsregelung und -kontrolle *Basis*

Zuständig: Zentrale Verwaltung

M	Der Zutritt zu schutzbedürftigen Gebäudeteilen und Räumen MUSS geregelt und kontrolliert werden.	ja	tw	n
S	Es SOLLTE ein Konzept für die Zutrittskontrolle existieren.	ja	tw	n
S	Die Zahl der zutrittsberechtigten Personen SOLLTE für jeden Bereich auf ein Mindestmaß reduziert werden.	ja	tw	n
M	Weitere Personen DÜRFEN erst Zutritt erhalten, nachdem geprüft wurde, ob dies notwendig ist.	ja	tw	n
S	Alle erteilten Zutrittsberechtigungen SOLLTEN dokumentiert werden.	ja	tw	n
M	Die Zutrittskontrollmaßnahmen MÜSSEN regelmäßig auf ihre Wirksamkeit überprüft werden.	ja	tw	n
S	Zutrittskontrollen SOLLTEN auch während Umzügen soweit wie möglich vorhanden sein.	ja	tw	n

Notizen:

A8 Rauchverbot *Basis*

Zuständig: Haustechnik

M	Für Räume mit IT oder Datenträgern, in denen Brände oder Verschmutzungen zu hohen Schäden führen können, wie Serverräume, Datenträger- oder Belegarchive, MUSS ein Rauchverbot erlassen werden.	ja	tw	n
M	Es MUSS regelmäßig kontrolliert werden, dass bei der Einrichtung oder Duldung von Raucherzonen der Zutrittsschutz nicht umgangen wird.	ja	tw	n

Notizen:

A10 Einhaltung einschlägiger Normen und Vorschriften *Basis*

Zuständig: Errichterfirma, Bauleiter

M	Bei der Planung, der Errichtung und dem Umbau von Gebäuden sowie beim Einbau von technischen Einrichtungen MÜSSEN alle relevanten Normen und Vorschriften berücksichtigt werden.	ja	tw	n

Notizen:

A9 Sicherheitskonzept für die Gebäudenutzung *Standard*

Zuständig: Planer

S	Es SOLLTE ein Sicherheitskonzept für die Gebäudenutzung geben.	ja	tw	n
S	Das Sicherheitskonzept für das Gebäude SOLLTE mit dem Gesamt-Sicherheitskonzept der Institution abgestimmt sein.	ja	tw	n
S	Es SOLLTE dokumentiert und regelmäßig aktualisiert werden.	ja	tw	n
S	Schützenswerte Räume oder Gebäudeteile SOLLTEN nicht in exponierten oder besonders gefährdeten Bereichen untergebracht sein.	ja	tw	n

Notizen:

A11 ENTFALLEN *Standard*

A12   Schlüsselverwaltung *Standard*

Zuständig: Haustechnik

S	Für alle Schlüssel des Gebäudes SOLLTE ein Schließplan vorliegen.	ja	tw	n
S	Die Herstellung, Aufbewahrung, Verwaltung und Ausgabe von Schlüsseln SOLLTE zentral geregelt sein.	ja	tw	n
S	Reserveschlüssel SOLLTEN vorgehalten und gesichert, aber für Notfälle griffbereit aufbewahrt werden.	ja	tw	n
S	Nicht ausgegebene Schlüssel SOLLTEN sicher aufbewahrt werden.	ja	tw	n
S	Jede Schlüsselausgabe SOLLTE dokumentiert werden.	ja	tw	n

Notizen:

A13   Regelungen für Zutritt zu Verteilern *Standard*

Zuständig: Haustechnik

S	Der Zutritt zu den Verteilern aller Versorgungseinrichtungen in einem Gebäude SOLLTE im Bedarfsfall schnell möglich sein.	ja	tw	n
S	Der Zutritt zu Verteilern SOLLTE auf einen engen Kreis von Berechtigten beschränkt sein.	ja	tw	n

Notizen:

A14   Blitzschutzeinrichtungen *Standard*

Zuständig: Haustechnik

S	Es SOLLTE eine Blitzschutzanlage nach geltender Norm installiert sein.	ja	tw	n
S	Es SOLLTE ein umfassendes Blitz- und Überspannungsschutzkonzept vorhanden sein.	ja	tw	n
S	Die Fangeinrichtungen bei Gebäuden mit umfangreicher IT-Ausstattung SOLLTEN mindestens der Schutzklasse II gemäß DIN EN 62305 Blitzschutz entsprechen.	ja	tw	n
S	Die Blitzschutzanlage SOLLTE regelmäßig geprüft und gewartet werden.	ja	tw	n

Notizen:

A15   Lagepläne der Versorgungsleitungen *Standard*

Zuständig: Haustechnik

S	Es SOLLTEN aktuelle Lagepläne aller Versorgungsleitungen existieren.	ja	tw	n
S	Es SOLLTE geregelt sein, wer die Lagepläne aller Versorgungsleitungen führt und aktualisiert.	ja	tw	n
S	Die Pläne SOLLTEN so aufbewahrt werden, dass ausschließlich berechtigte Personen darauf zugreifen können, sie aber im Bedarfsfall schnell verfügbar sind.	ja	tw	n

Notizen:

INF: Infrastruktur

A16 Vermeidung von Lagehinweisen auf schützenswerte Gebäudeteile *Standard*

Zuständig: Haustechnik

S	Lagehinweise auf schutzwürdige Bereiche SOLLTEN vermieden werden.	ja tw n
S	Schutzwürdige Gebäudebereiche SOLLTEN von außen nicht leicht einsehbar sein.	ja tw n

Notizen:

A17 Baulicher Rauchschutz *Standard*

Zuständig: Planer

S	Der bauliche Rauchschutz SOLLTE nach Installations- und Umbauarbeiten überprüft werden.	ja tw n
S	Es SOLLTE regelmäßig überprüft werden, ob die Rauchschutz-Komponenten noch funktionieren.	ja tw n

Notizen:

A18 Brandschutzbegehungen *Standard*

Zuständig: Haustechnik

S	Brandschutzbegehungen SOLLTEN regelmäßig, d.h. mindestens ein- bis zweimal im Jahr, stattfinden.	ja tw n
S	Bei Brandschutzbegehungen festgestellte Mängel SOLLTEN unverzüglich behoben werden.	ja tw n

Notizen:

A19 Information des Brandschutzbeauftragten *Standard*

Zuständig: Haustechnik

S	Der Brandschutzbeauftragte SOLLTE über Arbeiten an Leitungstrassen, Fluren, Flucht- und Rettungswegen informiert werden.	ja tw n
S	Er SOLLTE die ordnungsgemäße Ausführung von Brandschutzmaßnahmen kontrollieren.	ja tw n

Notizen:

A20 Alarmierungsplan und Brandschutzübungen *Standard*

Zuständig: Haustechnik

S	Es SOLLTE ein Alarmierungsplan für die im Brandfall zu ergreifenden Maßnahmen erstellt werden.	ja tw n
S	Der Alarmierungsplan SOLLTE in regelmäßigen Abständen überprüft und aktualisiert werden.	ja tw n
S	Brandschutzübungen SOLLTEN regelmäßig durchgeführt werden.	ja tw n

Notizen:

INF.1 Allgemeines Gebäude

A27 Einbruchschutz — *Standard*

Zuständig: Haustechnik

S Es SOLLTEN ausreichende und den örtlichen Gegebenheiten angepasste Maßnahmen zum Einbruchschutz umgesetzt werden. — ja tw n

S Bei der Planung, der Umsetzung und im Betrieb SOLLTE beim Einbruchschutz darauf geachtet werden, dass er gleichwertig und durchgängig ist. — ja tw n

S Er SOLLTE regelmäßig durch eine fachkundige Person begutachtet werden. — ja tw n

S Die Regelungen zum Einbruchschutz SOLLTEN den Mitarbeitern bekannt sein. — ja tw n

Notizen:

A36 Regelmäßige Aktualisierungen der Dokumentation — *Standard*

Zuständig: Haustechnik

S Die Dokumentation eines Gebäudes, z.B. Baupläne, Trassenpläne, Strangschemata, Fluchtwegpläne und Feuerwehrlaufkarten, SOLLTE immer auf dem aktuellen Stand gehalten werden. — ja tw n

S Es SOLLTE mindestens einmal innerhalb von drei Jahren überprüft werden, ob alle relevanten Pläne noch aktuell und korrekt sind. — ja tw n

S Über Änderungen SOLLTEN die Mitarbeiter informiert werden. — ja tw n

Notizen:

A21 ENTFALLEN — *Hoch*

A22 Sichere Türen und Fenster — *Hoch*
Verantwortliche Rolle: Haustechnik — C I A

S Türen und Fenster SOLLTEN anhand der Schutzziele des zu sichernden Bereichs und des Schutzbedarfs der Institution in der passenden Klassifizierung nach den einschlägigen Normen ausgewählt werden. — ja tw n

S Alle raumumschließenden Sicherungsmaßnahmen durch Fenster, Türen und Wände SOLLTEN in Bezug auf Einbruch, Brand und Rauch gleichwertig und angemessen sein. — ja tw n

S Es SOLLTE regelmäßig überprüft werden, dass die Sicherheitstüren und -fenster funktionstüchtig sind. — ja tw n

Notizen:

A23 Bildung von Sicherheitszonen — *Hoch*
Verantwortliche Rolle: Planer — C

S Räume ähnlichen Schutzbedarfs SOLLTEN in Zonen zusammengefasst werden, um vergleichbare Risiken einheitlich behandeln und Kosten für erforderliche Sicherheitsmaßnahmen reduzieren zu können. — ja tw n

Notizen:

415

INF: Infrastruktur

A24 Selbsttätige Entwässerung
Verantwortliche Rolle: Haustechnik

Hoch
A

- S Alle von Wasser gefährdeten Bereiche SOLLTEN mit einer selbsttätigen Entwässerung ausgestattet sein. — ja / tw / n
- S Es SOLLTE regelmäßig geprüft werden, ob die aktiven und passiven Entwässerungseinrichtungen noch funktionieren. — ja / tw / n

Notizen:

A25 Geeignete Standortauswahl
Verantwortliche Rolle: Institutionsleitung

Hoch
A

- S Bei Planung und Auswahl des Gebäudestandortes SOLLTE geprüft werden, welche Umfeldbedingungen Einfluss auf die Informationssicherheit haben könnten. — ja / tw / n
- S Es SOLLTE eine Übersicht über standortbedingte Gefährdungen geben. — ja / tw / n
- S Diesen Gefährdungen SOLLTE mit zusätzlichen kompensierenden Maßnahmen entgegengewirkt werden. — ja / tw / n

Notizen:

A26 Pförtner- oder Sicherheitsdienst
Verantwortliche Rolle: Haustechnik

Hoch
C I A

- S Die Aufgaben des Pförtner- oder Sicherheitsdienstes SOLLTEN klar dokumentiert sein. — ja / tw / n
- S Die Pförtner SOLLTEN alle Personenbewegungen an der Pforte und an allen anderen Eingängen beobachten und, je nach Sicherheitskonzept, kontrollieren. — ja / tw / n
- S Alle Mitarbeiter und Besucher SOLLTEN sich bei den Pförtnern ausweisen können. — ja / tw / n
- S Besucher SOLLTEN zu den Besuchten begleitet oder an der Pforte abgeholt werden. — ja / tw / n
- S Die Pförtner SOLLTEN rechtzeitig darüber informiert werden, wenn sich Zutrittsberechtigungen ändern. — ja / tw / n

Notizen:

A28 ENTFALLEN
Hoch

A29 ENTFALLEN
Hoch

A30 Auswahl eines geeigneten Gebäudes
Verantwortliche Rolle: Haustechnik

Hoch
C I A

- S Bei der Auswahl eines geeigneten Gebäudes SOLLTE geprüft werden, ob alle für die spätere Nutzung relevanten Sicherheitsanforderungen umgesetzt werden können. — ja / tw / n
- S Für jedes Gebäude SOLLTEN im Vorfeld die vorhandenen Gefährdungen und die erforderlichen Schaden vorbeugenden oder reduzierenden Maßnahmen dokumentiert werden. — ja / tw / n

Notizen:

A31 Auszug aus Gebäuden *Hoch*
Verantwortliche Rolle: Zentrale Verwaltung C

S Im Vorfeld des Auszugs SOLLTE ein Bestandsverzeichnis aller für die Informationssicherheit für den Umzug relevanten Objekte wie Hardware, Software, Datenträger, Ordner oder Schriftstücke erstellt werden. ja tw n
S Nach dem Auszug SOLLTEN alle Räume nach zurückgelassenen Dingen durchsucht werden. ja tw n

Notizen:

A32 Brandschott-Kataster *Hoch*
Verantwortliche Rolle: Haustechnik A

S Es SOLLTE ein Brandschott-Kataster geführt werden. ja tw n
S In diesem SOLLTEN alle Arten von Schotten individuell aufgenommen werden. ja tw n
S Nach Arbeiten an Brandschotten SOLLTEN die Änderungen im Kataster spätestens nach vier Wochen eingetragen werden. ja tw n

Notizen:

A33 ENTFALLEN *Hoch*

A34 Gefahrenmeldeanlage *Hoch*
Verantwortliche Rolle: Haustechnik A

S Es SOLLTE eine den Räumlichkeiten und den Risiken angemessene Gefahrenmeldeanlage geben. ja tw n
S Die Gefahrenmeldeanlage SOLLTE regelmäßig geprüft und gewartet werden. ja tw n
M Es MUSS sichergestellt werden, dass die Empfänger von Gefahrenmeldungen in der Lage sind, technisch und personell angemessen auf den Alarm zu reagieren. ja tw n

Notizen:

INF: Infrastruktur

A35 Perimeterschutz *Hoch*
Verantwortliche Rolle: Planer C A

S Abhängig vom Schutzbedarf des Gebäudes und abhängig vom Gelände SOLLTE dieses über einen Perimeterschutz verfügen. ja tw n

S Hierbei SOLLTEN mindestens folgende Komponenten auf ihren Nutzen und ihre Umsetzbarkeit hin betrachtet werden: ja tw n
  - äußere Umschließung oder Umfriedung,
  - Sicherungsmaßnahmen gegen unbeabsichtigtes Überschreiten einer Grundstücksgrenze,
  - Sicherungsmaßnahmen gegen beabsichtigtes gewaltloses Überwinden der Grundstücksgrenze,
  - Maßnahmen zur Erschwerung des beabsichtigten gewaltsamen Überwindens der Grundstücksgrenze,
  - Freigelände-Sicherungsmaßnahmen,
  - Personen- und Fahrzeugdetektion,
  - Maßnahmen zur Beweissicherung (bspw
  - Videoaufzeichnung) sowie
  - automatische Alarmierung.

Notizen:

INF.2 Rechenzentrum sowie Serverraum

A1 Festlegung von Anforderungen *Basis*
Zuständig: Haustechnik, Planer

M Für ein Rechenzentrum MÜSSEN angemessene technische und organisatorische Vorgaben definiert und umgesetzt werden. ja tw n

M Wenn ein Rechenzentrum geplant wird oder geeignete Räumlichkeiten ausgewählt werden, MÜSSEN auch geeignete Sicherheitsmaßnahmen unter Berücksichtigung des Schutzbedarfs der IT-Komponenten (insbesondere der Verfügbarkeit) mit geplant werden. ja tw n

M Ein Rechenzentrum MUSS insgesamt als geschlossener Sicherheitsbereich konzipiert werden. ja tw n

M Es MUSS zudem unterschiedliche Sicherheitszonen aufweisen. ja tw n

M Dafür MÜSSEN z.B. Verwaltungs-, Logistik-, IT-Betriebs- und Support-Bereiche klar voneinander getrennt werden. ja tw n

S Im Falle eines Serverraums SOLLTE geprüft werden, ob unterschiedliche Sicherheitszonen eingerichtet werden können. ja tw n

Notizen:

A2 Bildung von Brandabschnitten *Basis*
Zuständig: Planer

M	Es MÜSSEN geeignete Brand- und Rauchabschnitte für die Räumlichkeiten eines Rechenzentrums festgelegt werden.	ja	tw	n
M	Die Brand- und Rauchabschnitte MÜSSEN über den baurechtlich vorgeschriebenen Rahmen hinaus auch Schutz für die darin befindlichen technischen Einrichtungen und deren Verfügbarkeit bieten.	ja	tw	n
M	Es MUSS verhindert werden, dass sich Brand und Rauch ausbreitet.	ja	tw	n
S	Im Falle eines Serverraums SOLLTE geprüft werden, ob geeignete Brand- und Rauchabschnitte für die Räumlichkeiten umsetzbar sind.	ja	tw	n

Notizen:

A3 Einsatz einer unterbrechungsfreien Stromversorgung *Basis*
Zuständig: Haustechnik

M	Für alle betriebsrelevanten Komponenten des Rechenzentrums MUSS eine unterbrechungsfreie Stromversorgung (USV) installiert werden.	ja	tw	n
M	Da der Leistungsbedarf von Klimaanlagen oft zu hoch für eine USV ist, MUSS mindestens die Steuerung der Anlagen an die unterbrechungsfreie Stromversorgung angeschlossen werden.	ja	tw	n
S	Im Falle eines Serverraums SOLLTE je nach Verfügbarkeitsanforderungen der IT-Systeme geprüft werden, ob der Betrieb einer USV notwendig ist.	ja	tw	n
M	Die USV MUSS ausreichend dimensioniert sein.	ja	tw	n
M	Bei relevanten Änderungen an den Verbrauchern MUSS überprüft werden, ob die vorhandenen USV-Systeme noch ausreichend dimensioniert sind.	ja	tw	n
M	Bei USV-Systemen mit Batterie als Energiespeicher MUSS die Batterie im erforderlichen Temperaturbereich gehalten werden.	ja	tw	n
S	Sie SOLLTE dazu vorzugsweise räumlich getrennt von der Leistungselektronik der USV platziert werden.	ja	tw	n
M	Die USV MUSS regelmäßig gewartet und auf Funktionsfähigkeit getestet werden.	ja	tw	n
M	Dafür MÜSSEN die vom Hersteller vorgesehenen Wartungsintervalle eingehalten werden.	ja	tw	n

Notizen:

A4 Notabschaltung der Stromversorgung *Basis*
Zuständig: Haustechnik

M	Es MUSS geeignete Möglichkeiten geben, elektrische Verbraucher im Rechenzentrum spannungsfrei zu schalten.	ja	tw	n
M	Dabei MUSS darauf geachtet werden, ob und wie eine vorhandene USV räumlich und funktional in die Stromversorgung eingebunden ist.	ja	tw	n
M	Werden klassische Not-Aus-Schalter eingesetzt, MUSS darauf geachtet werden, dass darüber nicht das komplette Rechenzentrum abgeschaltet wird.	ja	tw	n
M	Die Notabschaltung MUSS sinnvoll parzelliert und zielgerichtet erfolgen.	ja	tw	n
M	Alle Not-Aus-Schalter MÜSSEN so geschützt sein, dass sie nicht unbeabsichtigt oder unbefugt betätigt werden können.	ja	tw	n

Notizen:

INF: Infrastruktur

A5 Einhaltung der Lufttemperatur und -feuchtigkeit *Basis*

Zuständig: Haustechnik

- M Es MUSS sichergestellt werden, dass die Lufttemperatur und Luftfeuchtigkeit im IT-Betriebsbereich innerhalb der vorgeschriebenen Grenzwerte liegen. — ja / tw / n
- M Die tatsächliche Wärmelast in den gekühlten Bereichen MUSS in regelmäßigen Abständen und nach größeren Umbauten überprüft werden. — ja / tw / n
- M Eine vorhandene Klimatisierung MUSS regelmäßig gewartet werden. — ja / tw / n
- M Die Parameter Temperatur und Feuchtigkeit MÜSSEN mindestens so aufgezeichnet werden, dass sich rückwirkend erkennen lässt, ob Grenzwerte überschritten wurden, und dass sie bei der Lokalisierung der Ursache der Abweichung sowie bei der Beseitigung der Ursache unterstützend genutzt werden können. — ja / tw / n

Notizen:

A6 Zutrittskontrolle *Basis*

Zuständig: Haustechnik

- M Der Zutritt zum Rechenzentrum MUSS kontrolliert werden. — ja / tw / n
- M Zutrittsrechte MÜSSEN gemäß der Vorgaben des Bausteins ORP.4 *Identitäts- und Berechtigungsmanagement* vergeben werden. — ja / tw / n
- M Für im Rechenzentrum tätige Personen MUSS sichergestellt werden, dass diese keinen Zutritt zu IT-Systemen außerhalb ihres Tätigkeitsbereiches erhalten. — ja / tw / n
- M Alle Zutrittsmöglichkeiten zum Rechenzentrum MÜSSEN mit Zutrittskontrolleinrichtungen ausgestattet sein. — ja / tw / n
- M Jeder Zutritt zum Rechenzentrum MUSS von der Zutrittskontrolle individuell erfasst werden. — ja / tw / n
- S Im Falle eines Serverraums SOLLTE geprüft werden, ob eine Überwachung aller Zutrittsmöglichkeiten sinnvoll ist. — ja / tw / n
- M Es MUSS regelmäßig kontrolliert werden, ob die Regelungen zum Einsatz einer Zutrittskontrolle eingehalten werden. — ja / tw / n
- M Die Anforderungen der Institution an ein Zutrittskontrollsystem MÜSSEN in einem Konzept ausreichend detailliert dokumentiert werden. — ja / tw / n

Notizen:

A7 Verschließen und Sichern *Basis*

Zuständig: Mitarbeiter, Haustechnik

- M Alle Türen des Rechenzentrums MÜSSEN stets verschlossen gehalten werden. — ja / tw / n
- M Fenster MÜSSEN möglichst schon bei der Planung vermieden werden. — ja / tw / n
- M Falls sie doch vorhanden sind, MÜSSEN sie ebenso wie die Türen stets verschlossen gehalten werden. — ja / tw / n
- M Türen und Fenster MÜSSEN einen dem Sicherheitsniveau angemessenen Schutz gegen Angriffe und Umgebungseinflüsse bieten. — ja / tw / n
- M Sie MÜSSEN mit einem Sichtschutz versehen sein. — ja / tw / n
- M Dabei MUSS beachtet werden, dass die bauliche Ausführung aller raumbildenden Elemente in Bezug auf die erforderliche Schutzwirkung gleichwertig sein muss. — ja / tw / n

Notizen:

A8 Einsatz einer Brandmeldeanlage *Basis*

Zuständig: Planer

M In einem Rechenzentrum MUSS eine Brandmeldeanlage installiert sein.   ja   tw   n
M Diese MUSS alle Flächen überwachen.   ja   tw   n
M Alle Meldungen der Brandmeldeanlage MÜSSEN geeignet weitergeleitet werden (siehe dazu auch INF.2.A13 *Planung und Installation von Gefahrenmeldeanlagen*).   ja   tw   n
M Die Brandmeldeanlage MUSS regelmäßig gewartet werden.   ja   tw   n
M Es MUSS sichergestellt werden, dass in Räumen des Rechenzentrums keine besonderen Brandlasten vorhanden sind.   ja   tw   n

Notizen:

A9 Einsatz einer Lösch- oder Brandvermeidungsanlage *Basis*

Zuständig: Haustechnik

M In einem Rechenzentrum MUSS eine Lösch- oder Brandvermeidungsanlage nach aktuellem Stand der Technik installiert sein.   ja   tw   n
M Ist dies nicht möglich, MUSS durch technische (insbesondere durch eine flächendeckende Brandfrüherkennung, siehe INF.2.A17 *Brandfrüherkennung*) und organisatorische Maßnahmen (geschultes Personal und Reaktionspläne für Meldungen der Brandfrüherkennung) sichergestellt sein, dass unmittelbar, innerhalb von maximal 3 Minuten auf Meldungen der Brandfrüherkennung reagiert wird.   ja   tw   n
M In Serverräumen ohne Lösch- oder Brandvermeidungsanlage MÜSSEN Handfeuerlöscher mit geeigneten Löschmitteln in ausreichender Zahl und Größe vorhanden sein.   ja   tw   n
M Es MUSS beachtet werden, dass darüber hinausgehende baurechtliche Anforderungen hinsichtlich der Ausstattung mit Handfeuerlöschern davon unberührt bleiben.   ja   tw   n
M Die Feuerlöscher MÜSSEN so angebracht werden, dass sie im Brandfall leicht zu erreichen sind.   ja   tw   n
M Jeder Feuerlöscher MUSS regelmäßig geprüft und gewartet werden.   ja   tw   n
M Alle Mitarbeiter, die ein Rechenzentrum oder einen Serverraum betreten dürfen, MÜSSEN in die Benutzung der Handfeuerlöscher eingewiesen werden.   ja   tw   n

Notizen:

A10 Inspektion und Wartung der Infrastruktur *Basis*

Zuständig: Wartungspersonal, Haustechnik

M Für alle Komponenten der baulich-technischen Infrastruktur MÜSSEN mindestens die vom Hersteller empfohlenen oder durch Normen festgelegten Intervalle und Vorschriften für Inspektion und Wartung eingehalten werden.   ja   tw   n
M Inspektionen und Wartungsarbeiten MÜSSEN protokolliert werden.   ja   tw   n
M Brandschotten MÜSSEN daraufhin geprüft werden, ob sie unversehrt sind.   ja   tw   n
M Die Ergebnisse MÜSSEN dokumentiert werden.   ja   tw   n

Notizen:

INF: Infrastruktur

A11 Automatische Überwachung der Infrastruktur *Basis*

Zuständig: Haustechnik

- M Alle Einrichtungen der Infrastruktur, wie z.B. Leckageüberwachung, Klima-, Strom- und USV-Anlagen, MÜSSEN automatisch überwacht werden. — ja / tw / n
- M Erkannte Störungen MÜSSEN schnellstmöglich in geeigneter Weise weitergeleitet und bearbeitet werden. — ja / tw / n
- S Im Falle eines Serverraums SOLLTEN IT- und Supportgeräte, die nicht oder nur selten von einer Person bedient werden müssen, mit einer Fernanzeige für Störungen ausgestattet werden. — ja / tw / n
- M Die verantwortlichen Mitarbeiter MÜSSEN zeitnah alarmiert werden. — ja / tw / n

Notizen:

A17 Einsatz einer Brandfrüherkennung *Basis*

Zuständig: Planer, Haustechnik

- M Ein Rechenzentrum MUSS mit einer Brandfrüherkennungsanlage ausgestattet werden. — ja / tw / n
- S Ein Serverraum SOLLTE mit einer Brandfrüherkennungsanlage ausgestattet werden. — ja / tw / n
- M Die Meldungen der Brandfrüherkennung MÜSSEN an eine ständig besetzte Stelle geleitet werden, die eine Kontrolle und Schutzreaktion innerhalb von maximal 3 Minuten veranlassen kann. — ja / tw / n
- M Alternativ MUSS eine automatische Schutzreaktion erfolgen. — ja / tw / n
- M Um ein ausgewogenes Verhältnis zwischen Brandschutz und Verfügbarkeit zu erreichen, MUSS sichergestellt werden, dass sich einander Redundanz gebende Einrichtungen nicht gemeinsam im Wirkungsbereich der gleichen Spannungsfreischaltung befinden. — ja / tw / n

Notizen:

A29 Vermeidung und Überwachung nicht erforderlicher Leitungen *Basis*

Zuständig: Haustechnik, Planer

- M In einem Rechenzentrum DÜRFEN NUR Leitungen verlegt werden, die der unmittelbaren Versorgung der im Rechenzentrum aufgebauten Technik (in der Regel IT- und gegebenenfalls Kühltechnik) dienen. — ja / tw / n
- M Ist es aus baulichen Gründen unabwendbar, Leitungen durch das Rechenzentrum zu führen, um andere Bereiche als die des Rechenzentrums zu versorgen, MUSS dies einschließlich Begründung dokumentiert werden. — ja / tw / n
- M Die Risiken, die von solchen Leitungen ausgehen, MÜSSEN durch geeignete Maßnahmen minimiert werden, z.B. durch Einhausung und Überwachung. — ja / tw / n
- M Durch Serverräume dürfen vorgenannte Leitungen geführt werden, ohne zu begründen, warum dies unabwendbar ist, diese MÜSSEN aber genauso behandelt werden, wie für das Rechenzentrum beschrieben. — ja / tw / n
- M Meldungen aus der Überwachung der Leitungen MÜSSEN unverzüglich hinsichtlich der Gefährdungsrelevanz geprüft und bewertet werden. — ja / tw / n
- M Gegenmaßnahmen MÜSSEN entsprechend der erkannten Gefährdungsrelevanz zeitgerecht umgesetzt werden (siehe auch INF.2.A13 *Planung und Installation von Gefahrenmeldeanlagen*). — ja / tw / n

Notizen:

INF.2 Rechenzentrum sowie Serverraum

A12 Perimeterschutz für das Rechenzentrum *Standard*

Zuständig: Planer, Haustechnik

S	Für Rechenzentren SOLLTE ein Perimeterschutz existieren.	ja	tw	n
S	Je nach festgelegtem Schutzbedarf für das Rechenzentrum und abhängig vom Gelände SOLLTE der Perimeterschutz aus folgenden Komponenten bestehen: • äußere Umschließung oder Umfriedung, • Sicherungsmaßnahmen gegen unbeabsichtigtes Überschreiten einer Grundstücksgrenze, • Sicherungsmaßnahmen gegen beabsichtigtes gewaltloses Überwinden der Grundstücksgrenze, • Sicherungsmaßnahmen gegen beabsichtigtes gewaltsames Überwinden der Grundstücksgrenze, • Freiland-Sicherungsmaßnahmen, • äußere Personen- und Fahrzeugdetektion, • Maßnahmen zur Beweissicherung (bspw • Videoaufzeichnung) sowie • automatische Alarmierung.	ja	tw	n

Notizen:

A13 Planung und Installation von Gefahrenmeldeanlagen *Standard*

Zuständig: Haustechnik

S	Basierend auf dem Sicherheitskonzept des Gebäudes SOLLTE geplant werden, welche Gefahrenmeldeanlagen für welche Bereiche des Rechenzentrums benötigt und installiert werden.	ja	tw	n
S	Hierüber hinaus SOLLTE festgelegt werden, wie mit Alarmmeldungen umzugehen ist.	ja	tw	n
S	Das Konzept SOLLTE immer angepasst werden, wenn sich die Nutzung der Gebäudebereiche verändert.	ja	tw	n
S	Es SOLLTE eine zum jeweiligen Einsatzzweck passende Gefahrenmeldeanlage (GMA) installiert werden.	ja	tw	n
S	Die Meldungen der GMA SOLLTEN unter Beachtung der dafür geltenden Technischen Anschlussbedingungen (TAB) auf eine Alarmempfangsstelle aufgeschaltet werden.	ja	tw	n
M	Die ausgewählte Alarmempfangsstelle MUSS jederzeit erreichbar sein.	ja	tw	n
M	Sie MUSS technisch sowie personell in der Lage sein, geeignet auf die gemeldete Gefährdung zu reagieren.	ja	tw	n
S	Der Übertragungsweg zwischen eingesetzter GMA und Alarmempfangsstelle SOLLTE entsprechend den TAB und nach Möglichkeit redundant ausgelegt werden.	ja	tw	n
M	Alle vorhandenen Übertragungswege MÜSSEN regelmäßig getestet werden.	ja	tw	n

Notizen:

INF: Infrastruktur

A14 Einsatz einer Netzersatzanlage *Standard*

Zuständig: Planer, Haustechnik

S	Die Energieversorgung eines Rechenzentrums aus dem Netz eines Energieversorgungsunternehmens SOLLTE um eine Netzersatzanlage (NEA) ergänzt werden.	ja tw n
M	Wird eine NEA verwendet, MUSS sie regelmäßig gewartet werden.	ja tw n
M	Bei diesen Wartungen MÜSSEN auch Belastungs- und Funktionstests sowie Testläufe unter Last durchgeführt werden.	ja tw n
M	Der Betriebsmittelvorrat einer NEA MUSS regelmäßig daraufhin überprüft werden, ob er ausreichend ist.	ja tw n
M	Außerdem MUSS regelmäßig kontrolliert werden, ob die Vorräte noch verwendbar sind, vor allem um die sogenannte Dieselpest zu vermeiden.	ja tw n
S	Nach Möglichkeit SOLLTE statt Diesel-Kraftstoff schwefelarmes Heizöl verwendet werden.	ja tw n
M	Die Tankvorgänge von Brennstoffen MÜSSEN protokolliert werden.	ja tw n
M	Aus dem Protokoll MUSS die Art des Brennstoffs, die genutzten Additive, das Tankdatum und die getankte Menge hervorgehen.	ja tw n
S	Wenn für einen Serverraum auf den Einsatz einer NEA verzichtet wird, SOLLTE alternativ zur NEA eine USV mit einer dem Schutzbedarf angemessenen Autonomiezeit realisiert werden.	ja tw n

Notizen:

A15 Überspannungsschutzeinrichtung *Standard*

Zuständig: Planer, Haustechnik

S	Es SOLLTE auf Basis der aktuell gültigen Norm (DIN EN 62305 Teil 1 bis 4) ein Blitz- und Überspannungsschutzkonzept erstellt werden.	ja tw n
S	Dabei sind die für den ordnungsgemäßen Betrieb des RZ erforderlichen Blitzschutzzonen (LPZ) festzulegen. Für alle für den ordnungsgemäßen Betrieb des RZ und dessen Dienstleistungsbereitstellung erforderlichen Einrichtungen SOLLTE das mindestens die LPZ 2 sein.	ja tw n
S	Alle Einrichtungen des Überspannungsschutzes SOLLTEN gemäß DIN EN 62305-3, Tabelle E.2 ein Mal im Jahr einer Umfassenden Prüfung unterzogen werden.	ja tw n

Notizen:

A16 Klimatisierung im Rechenzentrum *Standard*

Zuständig: Planer

S	Es SOLLTE sichergestellt werden, dass im Rechenzentrum geeignete klimatische Bedingungen geschaffen und aufrechterhalten werden.	ja tw n
S	Die Klimatisierung SOLLTE für das Rechenzentrum ausreichend dimensioniert sein.	ja tw n
S	Alle relevanten Werte SOLLTEN ständig überwacht werden.	ja tw n
S	Weicht ein Wert von der Norm ab, SOLLTE automatisch alarmiert werden.	ja tw n
S	Die Klimaanlagen SOLLTEN in IT-Betriebsbereichen möglichst ausfallsicher sein.	ja tw n

Notizen:

A18 ENTFALLEN *Standard*

A19 Durchführung von Funktionstests der technischen Infrastruktur *Standard*

Zuständig: Haustechnik

S	Die technische Infrastruktur eines Rechenzentrums SOLLTE regelmäßig (zumindest ein- bis zweimal jährlich) sowie nach Systemumbauten und umfangreichen Reparaturen getestet werden.	ja	tw	n
S	Die Ergebnisse SOLLTEN dokumentiert werden.	ja	tw	n
S	Besonders ganze Reaktionsketten SOLLTEN einem echten Funktionstest unterzogen werden.	ja	tw	n

Notizen:

A20 ENTFALLEN *Standard*

A30 Anlagen zur, Löschung oder Vermeidung von Bränden *Standard*

Zuständig: Haustechnik, Planer

S	Ein Rechenzentrum SOLLTE mit einer automatischen Lösch- oder Brandvermeidungsanlage ausgestattet werden.	ja	tw	n

Notizen:

A21 Ausweichrechenzentrum *Hoch*

Verantwortliche Rolle: IT-Betrieb — **A**

S	Es SOLLTE ein geografisch separiertes Ausweichrechenzentrum aufgebaut werden.	ja	tw	n
S	Das Ausweichrechenzentrum SOLLTE so dimensioniert sein, dass alle Prozesse der Institution aufrechterhalten werden können.	ja	tw	n
S	Auch SOLLTE es ständig einsatzbereit sein.	ja	tw	n
S	Alle Daten der Institution SOLLTEN regelmäßig ins Ausweichrechenzentrum gespiegelt werden.	ja	tw	n
S	Der Schwenk auf das Notfallrechenzentrum SOLLTE regelmäßig getestet und geübt werden.	ja	tw	n
S	Die Übertragungswege in das Ausweichrechenzentrum SOLLTEN geeignet abgesichert und entsprechend redundant ausgelegt sein.	ja	tw	n

Notizen:

A22 Durchführung von Staubschutzmaßnahmen *Hoch*

Verantwortliche Rolle: Haustechnik — **I A**

S	Bei Baumaßnahmen in einem Rechenzentrum SOLLTEN geeignete Staubschutzmaßnahmen definiert, geplant und umgesetzt werden.	ja	tw	n
S	Personen, die selbst nicht an den Baumaßnahmen beteiligt sind, SOLLTEN in ausreichend engen Zeitabständen kontrollieren, ob die Staubschutzmaßnahmen ordnungsgemäß funktionieren und die Regelungen zum Staubschutz eingehalten werden.	ja	tw	n

Notizen:

INF: Infrastruktur

A23 Zweckmäßiger Aufbau der Verkabelung im Rechenzentrum *Hoch*
Verantwortliche Rolle: Haustechnik A

S Kabeltrassen in Rechenzentren SOLLTEN sorgfältig geplant und ausgeführt werden. ja tw n
S Trassen SOLLTEN hinsichtlich Anordnung und Dimensionierung so ausgelegt sein, dass eine Trennung der Spannungsebenen sowie eine sinnvolle Verteilung von Kabeln auf den Trassen möglich ist und dass auch für zukünftige Bedarfsmehrung ausreichend Platz zur Verfügung steht. ja tw n
S Zur optimalen Versorgung von IT-Hardware, die über zwei Netzteile verfügt, SOLLTE ab der Niederspannungshauptverteilung für die IT-Betriebsbereiche eine zweizügige sogenannte A-B-Versorgung aufgebaut werden. ja tw n
S Einander Redundanz gebende Leitungen SOLLTEN über getrennte Trassen verlegt werden. ja tw n

Notizen:

A24 Einsatz von Videoüberwachungsanlagen *Hoch*
Verantwortliche Rolle: Datenschutzbeauftragter, Haustechnik, Planer I A

S Die Zutrittskontrolle und die Einbruchmeldung SOLLTEN durch Videoüberwachungsanlagen ergänzt werden. ja tw n
S Eine Videoüberwachung SOLLTE in das gesamte Sicherheitskonzept eingebettet werden. ja tw n
M Bei der Planung, Konzeption und eventuellen Auswertung von Videoaufzeichnungen MUSS der Datenschutzbeauftragte immer mit einbezogen werden. ja tw n
S Die für eine Videoüberwachung benötigten zentralen Technikkomponenten SOLLTEN in einer geeigneten Umgebung geschützt aufgestellt werden. ja tw n
S Es SOLLTE regelmäßig überprüft werden, ob die Videoüberwachungsanlage korrekt funktioniert und ob die mit dem Datenschutzbeauftragten abgestimmten Blickwinkel eingehalten werden. ja tw n

Notizen:

A25 Redundante Auslegung von unterbrechungsfreien Stromversorgungen *Hoch*
Verantwortliche Rolle: Planer A

S USV-Systeme SOLLTEN modular und so aufgebaut sein, dass der Ausfall durch ein redundantes Modul unterbrechungsfrei kompensiert wird. ja tw n
S Sofern für die IT-Betriebsbereiche eine zweizügige sogenannte A-B-Versorgung aufgebaut ist, SOLLTE jeder den beiden Strompfade mit einem eigenständigen USV-System ausgestattet sein. ja tw n

Notizen:

A26 Redundante Auslegung von Netzersatzanlagen *Hoch*
Verantwortliche Rolle: Planer A

S Netzersatzanlagen SOLLTEN redundant ausgelegt werden. ja tw n
M Hinsichtlich der Wartung MÜSSEN auch redundante NEAs entsprechend INF.2.A14 *Einsatz einer Netzersatzanlage* behandelt werden. ja tw n

Notizen:

A27   ENTFALLEN   *Hoch*

A28   **Einsatz von höherwertigen Gefahrenmeldeanlagen**   *Hoch*
      Verantwortliche Rolle: Planer   **I A**

  S   Für Rechenzentrumsbereiche mit erhöhtem Schutzbedarf SOLLTEN ausschließlich Gefahren-   ja   tw   n
      meldeanlagen der VdS-Klasse C (gemäß VDS-Richtlinie 2311) eingesetzt werden.

Notizen:

INF.3 ENTFALLEN, siehe INF.12

INF.4 ENTFALLEN, siehe INF.12

INF.5 Raum sowie Schrank für technische Infrastruktur

A1   **Planung der Raumabsicherung**   *Basis*
     Zuständig: Planer

  M   Für einen Raum für technische Infrastruktur MÜSSEN angemessene technische und organi-   ja   tw   n
      satorische Vorgaben definiert und umgesetzt werden.
  M   Dabei MUSS das für den Raum zu erreichende Schutzniveau berücksichtigt werden.   ja   tw   n
  M   Bei der Planung MÜSSEN sowohl gesetzliche Regelungen und Vorschriften als auch potenzi-   ja   tw   n
      elle Gefährdungen durch Umwelteinflüsse, Einbruch und Sabotage beachtet werden.

Notizen:

A2   **Lage und Größe des Raumes für technische Infrastruktur**   *Basis*
     Zuständig: Planer

  M   Der Raum für technische Infrastruktur DARF KEIN Durchgangsraum sein.   ja   tw   n
  M   Es MUSS sichergestellt sein, dass ausreichend Fläche für Fluchtwege und Arbeitsfläche vor- ja   tw   n
      handen ist.

Notizen:

A3   **Zutrittsregelung und -kontrolle**   *Basis*
     Zuständig: Haustechnik, IT-Betrieb

  M   Der Raum für technische Infrastruktur MUSS gegen unberechtigten Zutritt geschützt wer-   ja   tw   n
      den.
  M   Es MUSS geregelt werden, welche Personen für welchen Zeitraum, für welche Bereiche und   ja   tw   n
      zu welchem Zweck den Raum betreten dürfen.
  M   Dabei MUSS sichergestellt sein, dass keine unnötigen oder zu weitreichenden Zutrittsrechte ja   tw   n
      vergeben werden.
  S   Alle Zutritte zum Raum für technische Infrastruktur SOLLTEN von der Zutrittskontrolle indi- ja   tw   n
      duell erfasst werden.

Notizen:

INF: Infrastruktur

A4 Schutz vor Einbruch *Basis*

Zuständig: Planer, Haustechnik

M Der Raum MUSS vor Einbruch geschützt werden. — ja tw n

S Je nach erforderlichem Sicherheitsniveau des Raumes für technische Infrastruktur SOLLTEN geeignete raumbildende Teile wie Wände, Decken und Böden sowie Fenster und Türen mit entsprechenden Widerstandsklassen nach DIN EN 1627 ausgewählt werden. — ja tw n

Notizen:

A5 Vermeidung sowie Schutz vor elektromagnetischen Störfeldern *Basis*

Zuständig: Planer

M Elektromagnetische Felder MÜSSEN in unmittelbarer Nähe zum Raum für technische Infrastruktur vermieden werden. — ja tw n

M Ein ausreichender Abstand zu großen Maschinen wie z.B. Aufzugsmotoren MUSS eingehalten werden. — ja tw n

Notizen:

A6 Minimierung von Brandlasten *Basis*

Zuständig: Mitarbeiter, Planer

M Brandlasten innerhalb und in der direkten Umgebung des Raumes für technische Infrastruktur MÜSSEN auf ein Minimum reduziert werden. — ja tw n

M Auf brennbare Materialien für raumbildende Teile MUSS verzichtet werden. — ja tw n

Notizen:

A7 Verhinderung von Zweckentfremdung *Basis*

Zuständig: Mitarbeiter, Planer

M Der Raum für technische Infrastruktur DARF NICHT zweckentfremdet werden, z.B. als Abstellraum oder Putzmittellager. — ja tw n

Notizen:

A9 Stromversorgung *Basis*

Zuständig: Haustechnik

M Das Stromversorgungsnetz, über das der Raum für technische Infrastruktur und die daran angeschlossenen Endgeräte versorgt werden, MUSS als TN-S-System errichtet sein. — ja tw n

Notizen:

INF.5 Raum sowie Schrank für technische Infrastruktur

A8 Vermeidung von unkontrollierter elektrostatischer Entladung *Standard*
Zuständig: Planer

S Im Raum für technische Infrastruktur SOLLTE ein ableitfähiger Fußbodenbelag nach DIN EN 14041 verlegt werden. ja tw n

Notizen:

A10 Einhaltung der Lufttemperatur und -feuchtigkeit *Standard*
Zuständig: Haustechnik

S Es SOLLTE sichergestellt werden, dass die Lufttemperatur und Luftfeuchtigkeit im Raum für technische Infrastruktur innerhalb der Grenzen liegen, die in den Datenblättern der darin betriebenen Geräte genannt sind. ja tw n

S Dafür SOLLTE eine geeignete raumlufttechnische Anlage eingesetzt werden. ja tw n
S Diese SOLLTE ausreichend dimensioniert sein. ja tw n

Notizen:

A11 Vermeidung von Leitungen mit gefährdenden Flüssigkeiten und Gasen *Standard*
Zuständig: Planer, Haustechnik

S Im Raum für technische Infrastruktur SOLLTE es nur Leitungen geben, die für den Betrieb der Technik im Raum unbedingt erforderlich sind. ja tw n

S Leitungen wie Abwasserleitungen, Frischwasserleitungen, Gas- und Heizungsrohre sowie Leitungen für Treibstoff oder Ferndampf SOLLTEN NICHT durch den Raum geführt werden. ja tw n

Notizen:

A12 Schutz vor versehentlicher Beschädigung von Zuleitungen *Standard*
Zuständig: Planer

S Zuleitungen außerhalb des Raumes für technische Infrastruktur SOLLTEN gegen versehentliche Beschädigung geschützt werden. ja tw n

Notizen:

A13 Schutz vor Schädigung durch Brand und Rauchgase *Standard*
Zuständig: Planer, Haustechnik

S Unabhängig von den für den Raum geltenden baurechtlichen Brandschutz-Vorgaben SOLLTEN alle raumbildenden Teile sowie Türen und Fenster gleichwertig rauchdicht sein. ja tw n

S Sie SOLLTEN Feuer und Rauch für mindestens 30 Minuten standhalten. ja tw n
S Brandlasten im Bereich der Leitungstrassen SOLLTEN vermieden werden. ja tw n

Notizen:

INF: Infrastruktur

A14 Minimierung von Brandgefahren aus Nachbarbereichen *Standard*

Zuständig: Planer, Haustechnik

S   Der Raum SOLLTE NICHT in unmittelbarer Nähe zu anderen Räumlichkeiten mit brennbaren Materialien liegen, deren Menge über eine bürotypische Nutzung hinaus geht.   ja   tw   n

Notizen:

A15 Blitz- und Überspannungsschutz *Standard*

Zuständig: Planer, Haustechnik

S   Es SOLLTE ein Blitz- und Überspannungsschutzkonzept nach dem Prinzip der energetischen Koordination (siehe DIN EN 62305) erstellt und umgesetzt werden.   ja   tw   n

S   Der Raum für technische Infrastruktur SOLLTE mindestens der Blitzschutzzone 2 (LPZ 2) zugeordnet werden.   ja   tw   n

S   Die Blitz- und Überspannungsschutzeinrichtungen SOLLTEN regelmäßig und anlassbezogen auf ihre Funktion überprüft und, falls erforderlich, ersetzt werden.   ja   tw   n

Notizen:

A16 Einsatz einer unterbrechungsfreien Stromversorgung *Standard*

Zuständig: Haustechnik

S   Es SOLLTE geprüft werden, welche Geräte an eine USV angeschlossen werden sollen.   ja   tw   n

S   Falls eine USV erforderlich ist, SOLLTE die Stützzeit der USV so ausgelegt sein, dass alle versorgten Komponenten sicher herunterfahren können.   ja   tw   n

S   Es SOLLTE berücksichtigt werden, dass die Batterien von USV-Anlagen altern.   ja   tw   n

S   Bei relevanten Änderungen SOLLTE überprüft werden, ob die vorhandenen USV-Anlagen noch ausreichend dimensioniert sind.   ja   tw   n

S   Die Batterie der USV SOLLTE im erforderlichen Temperaturbereich gehalten werden.   ja   tw   n

S   Die USV SOLLTE regelmäßig gewartet und auf Funktionsfähigkeit getestet werden.   ja   tw   n

S   Dafür SOLLTEN die vom Hersteller vorgesehenen Wartungsintervalle eingehalten werden.   ja   tw   n

Notizen:

A17 Inspektion und Wartung der Infrastruktur *Standard*

Zuständig: Haustechnik, IT-Betrieb, Wartungspersonal

S   Für alle Komponenten der baulich-technischen Infrastruktur SOLLTEN mindestens die vom Systemhersteller empfohlenen oder durch Normen festgelegten Intervalle und Vorschriften für Inspektion und Wartung eingehalten werden.   ja   tw   n

S   Kabel- und Rohrdurchführungen durch brand- und rauchabschnittbegrenzende Wände SOLLTEN daraufhin geprüft werden, ob die Schotten die für den jeweiligen Einsatzzweck erforderliche Zulassung haben und unversehrt sind.   ja   tw   n

M   Inspektionen und Wartungsarbeiten MÜSSEN geeignet protokolliert werden.   ja   tw   n

Notizen:

INF.5 Raum sowie Schrank für technische Infrastruktur

A18 Lage des Raumes für technische Infrastruktur   *Hoch*
Verantwortliche Rolle: Planer   **C A**

S   Der Raum für technische Infrastruktur SOLLTE so im Gebäude angeordnet werden, dass er weder internen noch externen Gefährdungen wie z.B. Regen, Wasser oder Abwasser ausgesetzt ist.   ja   tw   n

S   In oberirdischen Geschossen SOLLTE darauf geachtet werden, dass der Raum nicht durch Sonneneinstrahlung erwärmt wird.   ja   tw   n

S   Wird der Raum im obersten Geschoss des Gebäudes untergebracht, SOLLTE sichergestellt werden, dass kein Wasser über das Dach eindringen kann.   ja   tw   n

Notizen:

A19 Redundanz des Raumes für technische Infrastruktur   *Hoch*
Verantwortliche Rolle: Planer   **A**

S   Der Raum SOLLTE redundant ausgelegt werden.   ja   tw   n

S   Beide Räume SOLLTEN eine eigene Elektrounterverteilung erhalten, die direkt von der Niederspannungshauptverteilung (NSHV) versorgt wird.   ja   tw   n

S   Beide Räume SOLLTEN unterschiedlichen Brandabschnitten zugeordnet sein und, sofern erforderlich, jeweils über eine eigene raumlufttechnische Anlage verfügen.   ja   tw   n

Notizen:

A20 Erweiterter Schutz vor Einbruch und Sabotage   *Hoch*
Verantwortliche Rolle: Planer   **C I A**

S   Der Raum SOLLTE fensterlos sein.   ja   tw   n

S   Sind dennoch Fenster vorhanden, SOLLTEN sie je nach Geschosshöhe gegen Eindringen von außen angemessen gesichert sein.   ja   tw   n

S   Gibt es neben Fenstern und Türen weitere betriebsnotwendige Öffnungen, wie z.B. Lüftungskanäle, SOLLTEN diese gleichwertig zur Raumhülle geschützt werden.   ja   tw   n

S   Es SOLLTEN Einbruchmeldeanlagen nach VdS Klasse C (gemäß VdS-Richtlinie 2311) eingesetzt werden.   ja   tw   n

S   Alle erforderlichen Türen, Fenster und sonstige geschützte Öffnungen SOLLTEN über die Einbruchmeldeanlage auf Verschluss, Verriegelung und Durchbruch überwacht werden.   ja   tw   n

S   Vorhandene Fenster SOLLTEN stets geschlossen sein.   ja   tw   n

S   Die Widerstandsklasse von raumbildenden Teilen, Fenstern und Türen SOLLTE dem Sicherheitsbedarf des Raumes angepasst werden.   ja   tw   n

S   Die Qualität der Schlösser, Schließzylinder und Schutzbeschläge SOLLTE der Widerstandsklasse der Tür entsprechen.   ja   tw   n

Notizen:

A21 ENTFALLEN   *Hoch*

INF: Infrastruktur

A22 Redundante Auslegung der Stromversorgung — Hoch A

Verantwortliche Rolle: Planer

S	Die Stromversorgung SOLLTE durchgängig vom Niederspannungshauptverteiler (NSHV) bis zum Verbraucher im Raum für technische Infrastruktur zweizügig sein.	ja	tw	n
S	Diese Stromversorgungen SOLLTEN sich in getrennten Brandabschnitten befinden.	ja	tw	n
S	Der NSHV SOLLTE betriebsredundant ausgelegt sein.	ja	tw	n

Notizen:

A23 Netzersatzanlage — Hoch A

Verantwortliche Rolle: Planer, Haustechnik, Wartungspersonal

S	Die Energieversorgung der Institution SOLLTE um eine Netzersatzanlage (NEA) ergänzt werden.	ja	tw	n
S	Der Betriebsmittelvorrat einer NEA SOLLTE regelmäßig kontrolliert werden.	ja	tw	n
S	Die NEA SOLLTE außerdem regelmäßig gewartet werden.	ja	tw	n
S	Bei diesen Wartungen SOLLTEN auch Belastungs- und Funktionstests sowie Testläufe unter Last durchgeführt werden.	ja	tw	n

Notizen:

A24 Lüftung und Kühlung — Hoch A

Verantwortliche Rolle: Planer, Haustechnik, Wartungspersonal

S	Die Lüftungs- und Kühltechnik SOLLTE betriebsredundant ausgelegt werden.	ja	tw	n
S	Es SOLLTE sichergestellt werden, dass diese Anlagen regelmäßig gewartet werden.	ja	tw	n
S	Bei sehr hohem Schutzbedarf SOLLTE auch eine Wartungsredundanz vorhanden sein.	ja	tw	n

Notizen:

A25 Erhöhter Schutz vor Schädigung durch Brand und Rauchgase — Hoch A

Verantwortliche Rolle: Planer

S	Raumbildende Teile sowie Türen, Fenster und Lüftungsklappen SOLLTEN Feuer und Rauch für mindestens 90 Minuten standhalten.	ja	tw	n
S	Die Zuleitungen SOLLTEN einen Funktionserhalt von mindestens 90 Minuten gewährleisten.	ja	tw	n
S	Bei sehr hohem Schutzbedarf SOLLTE die Raumhülle wie ein eigener Brandabschnitt ausgebildet sein.	ja	tw	n
S	In vorhandenen Lüftungskanälen SOLLTEN Brandschutzklappen eingebaut werden, die über Rauchmelder angesteuert werden.	ja	tw	n
S	Trassen SOLLTEN bis zum Eintritt in den Raum in getrennten Brandabschnitten geführt werden.	ja	tw	n
S	Bei sehr hohem Schutzbedarf SOLLTE ein Brandfrüherkennungssystem und eine automatische Löschanlage vorhanden sein.	ja	tw	n
S	Brand- und Rauchmelder SOLLTEN an die Brandmelderzentrale angeschlossen sein.	ja	tw	n
S	Das Brandfrüherkennungssystem und die automatische Löschanlage SOLLTEN an die zweizügige Stromversorgung mit USV und NEA angebunden sein.	ja	tw	n

Notizen:

A26 Überwachung der Energieversorgung *Hoch*

Verantwortliche Rolle: Planer, Haustechnik **A**

S Es SOLLTEN geeignete Überwachungseinrichtungen eingebaut und betrieben werden, die   ja tw n
unzulässig hohe Ströme auf dem Schutzleitersystem und damit auf Leitungsschirmen sowie
potenziell störende Oberschwingungen erfassen und an geeigneter Stelle zur Nachverfolgung und Behebung anzeigen können.

Notizen:

INF.6 Datenträgerarchiv

A1 Handfeuerlöscher *Basis*

Zuständig: Brandschutzbeauftragter

M Im Brandfall MÜSSEN im Datenträgerarchiv geeignete Handfeuerlöscher leicht erreichbar sein.   ja tw n
M Diese Handfeuerlöscher MÜSSEN regelmäßig inspiziert und gewartet werden.   ja tw n
M Mitarbeiter, die in der Nähe eines Datenträgerarchivs tätig sind, MÜSSEN in die Benutzung der Handfeuerlöscher eingewiesen werden.   ja tw n

Notizen:

A2 Zutrittsregelung und -kontrolle *Basis*

Zuständig: Haustechnik

M Der Zutritt zum Datenträgerarchiv DARF NUR für befugte Personen möglich sein.   ja tw n
M Der Zutritt MUSS auf ein Mindestmaß an Mitarbeitern reduziert sein.   ja tw n
M Daher MUSS der Zutritt geregelt und kontrolliert werden.   ja tw n
M Für die Zutrittskontrolle MUSS ein Konzept entwickelt werden.   ja tw n
S Die darin festgelegten Maßnahmen für die Zutrittskontrolle SOLLTEN regelmäßig daraufhin überprüft werden, ob sie noch wirksam sind.   ja tw n
M Um es zu erschweren bzw. zu verhindern, dass eine Zutrittskontrolle umgangen wird, MUSS der komplette Raum einen dem Schutzbedarf genügenden mechanischen Widerstand aufweisen, der keinesfalls unter RC2 (gemäß DIN EN 1627) liegen darf.   ja tw n

Notizen:

A3 Schutz vor Staub und anderer Verschmutzung *Basis*

Zuständig: Informationssicherheitsbeauftragter (ISB)

M Es MUSS sichergestellt werden, dass die Datenträger im Datenträgerarchiv ausreichend vor Staub und Verschmutzung geschützt sind.   ja tw n
M Die Anforderungen dafür MÜSSEN bereits in der Planungsphase analysiert werden.   ja tw n
M Es MUSS in Datenträgerarchiven ein striktes Rauchverbot eingehalten werden.   ja tw n

Notizen:

INF: Infrastruktur

A4 Geschlossene Fenster und abgeschlossene Türen *Basis*

Zuständig: Mitarbeiter

		ja	tw	n
S	In einem Datenträgerarchiv SOLLTEN, wenn möglich, keine Fenster vorhanden sein.	ja	tw	n
M	Gibt es dennoch Fenster, MÜSSEN diese beim Verlassen des Datenträgerarchivs geschlossen werden.	ja	tw	n
M	Ebenso MUSS beim Verlassen die Tür verschlossen werden.	ja	tw	n
M	Auch Brand- und Rauchschutztüren MÜSSEN geschlossen werden.	ja	tw	n

Notizen:

A5 Verwendung von Schutzschränken *Standard*

Zuständig: Mitarbeiter

		ja	tw	n
S	Die Datenträger und Medien in Datenträgerarchiven SOLLTEN in geeigneten Schutzschränken gelagert werden.	ja	tw	n

Notizen:

A6 Vermeidung von wasserführenden Leitungen *Standard*

Zuständig: Haustechnik

		ja	tw	n
S	In Datenträgerarchiven SOLLTEN unnötige wasserführende Leitungen generell vermieden werden.	ja	tw	n
S	Sind dennoch Wasserleitungen durch das Datenträgerarchiv hinweg verlegt, SOLLTEN diese regelmäßig daraufhin überprüft werden, ob sie noch dicht sind.	ja	tw	n
S	Zudem SOLLTEN Vorkehrungen getroffen werden, um frühzeitig erkennen zu können, ob dort Wasser austritt.	ja	tw	n
S	Für ein Datenträgerarchiv mit Hochverfügbarkeitsanforderungen SOLLTE es Reaktionspläne geben, die genau vorgeben, wer im Fall eines Lecks informiert werden muss und wie grundsätzlich vorzugehen ist.	ja	tw	n

Notizen:

A7 Einhaltung von klimatischen Bedingungen *Standard*

Zuständig: Haustechnik

		ja	tw	n
S	Es SOLLTE sichergestellt werden, dass die zulässigen Höchst- und Tiefstwerte für Temperatur und Luftfeuchtigkeit sowie der Schwebstoffanteil in der Raumluft im Datenträgerarchiv eingehalten werden.	ja	tw	n
S	Die Werte von Lufttemperatur und -feuchte SOLLTEN mehrmals im Jahr für die Dauer von einer Woche aufgezeichnet und dokumentiert werden.	ja	tw	n
S	Dabei festgestellte Abweichungen vom Sollwert SOLLTEN zeitnah behoben werden.	ja	tw	n
S	Die eingesetzten Klimageräte SOLLTEN regelmäßig gewartet werden.	ja	tw	n

Notizen:

A8 Sichere Türen und Fenster *Standard*

Zuständig: Planer

S	Sicherungsmaßnahmen wie Fenster, Türen und Wände SOLLTEN bezüglich Einbruch, Brand und Rauch gleichwertig und angemessen sein.	ja	tw	n
S	Abhängig vom Schutzbedarf SOLLTE eine geeignete Widerstandsklasse gemäß der DIN EN 1627 erfüllt werden.	ja	tw	n
S	Alle Sicherheitstüren und -fenster SOLLTEN regelmäßig daraufhin überprüft werden, ob sie noch entsprechend funktionieren.	ja	tw	n
S	Der komplette Raum SOLLTE einen dem Schutzbedarf genügenden mechanischen Widerstand aufweisen, der keinesfalls unter RC3 (gemäß DIN EN 1627) liegt.	ja	tw	n

Notizen:

A9 Gefahrenmeldeanlage *Hoch*

Verantwortliche Rolle: Haustechnik **C I A**

S	Es SOLLTE in Datenträgerarchiven eine angemessene Gefahrenmeldeanlage eingerichtet werden.	ja	tw	n
S	Diese Gefahrenmeldeanlage SOLLTE regelmäßig geprüft und gewartet werden.	ja	tw	n
S	Es SOLLTE sichergestellt sein, dass Empfänger von Gefahrenmeldungen in der Lage sind, auf Alarmmeldungen angemessen zu reagieren.	ja	tw	n

Notizen:

INF.7 Büroarbeitsplatz

A1 Geeignete Auswahl und Nutzung eines Büroraumes *Basis*

Zuständig: Vorgesetzte

M	Es DÜRFEN NUR geeignete Räume als Büroräume genutzt werden.	ja	tw	n
M	Die Büroräume MÜSSEN für den Schutzbedarf bzw. das Schutzniveau der dort verarbeiteten Informationen angemessen ausgewählt und ausgestattet sein.	ja	tw	n
M	Büroräume mit Publikumsverkehr DÜRFEN NICHT in sicherheitsrelevanten Bereichen liegen.	ja	tw	n
M	Für den Arbeitsplatz und für die Einrichtung eines Büroraumes MUSS die Arbeitsstättenverordnung umgesetzt werden.	ja	tw	n

Notizen:

INF: Infrastruktur

A2 Geschlossene Fenster und abgeschlossene Türen *Basis*

Zuständig: Mitarbeiter, Haustechnik

S	Wenn Mitarbeiter ihre Büroräume verlassen, SOLLTEN alle Fenster geschlossen werden.	ja	tw	n
M	Befinden sich vertrauliche Informationen in dem Büroraum, MÜSSEN beim Verlassen die Türen abgeschlossen werden.	ja	tw	n
S	Dies SOLLTE insbesondere in Bereichen mit Publikumsverkehr beachtet werden.	ja	tw	n
S	Die entsprechenden Vorgaben SOLLTEN in einer geeigneten Anweisung festgehalten werden.	ja	tw	n
S	Alle Mitarbeiter SOLLTEN dazu verpflichtet werden, der Anweisung nachzukommen.	ja	tw	n
M	Zusätzlich MUSS regelmäßig geprüft werden, ob beim Verlassen des Büroraums die Fenster geschlossen und, wenn notwendig, die Türen abgeschlossen werden.	ja	tw	n
M	Ebenso MUSS darauf geachtet werden, dass Brand- und Rauchschutztüren tatsächlich geschlossen werden.	ja	tw	n

Notizen:

A3 Fliegende Verkabelung *Standard*

Zuständig: Informationssicherheitsbeauftragter (ISB)

S	Die Stromanschlüsse und Zugänge zum Datennetz im Büroraum SOLLTEN sich dort befinden, wo die IT-Geräte aufgestellt sind.	ja	tw	n
S	Verkabelungen, die über den Boden verlaufen, SOLLTEN geeignet abgedeckt werden.	ja	tw	n

Notizen:

A4 ENTFALLEN *Standard*

A5 Ergonomischer Arbeitsplatz *Standard*

Zuständig: Zentrale Verwaltung, Vorgesetzte

S	Die Arbeitsplätze aller Mitarbeiter SOLLTEN ergonomisch eingerichtet sein.	ja	tw	n
S	Vor allem die Bildschirme SOLLTEN so aufgestellt werden, dass ein ergonomisches und ungestörtes Arbeiten möglich ist.	ja	tw	n
S	Dabei SOLLTE beachtet werden, dass Bildschirme nicht durch Unbefugte eingesehen werden können.	ja	tw	n
S	Die Bildschirmarbeitsschutzverordnung (BildscharbV) SOLLTE umgesetzt werden.	ja	tw	n
S	Alle Arbeitsplätze SOLLTEN für eine möglichst fehlerfreie Bedienung der IT individuell verstellbar sein.	ja	tw	n

Notizen:

A6 Aufgeräumter Arbeitsplatz *Standard*

Zuständig: Mitarbeiter, Vorgesetzte

S Jeder Mitarbeiter SOLLTE dazu angehalten werden, seinen Arbeitsplatz aufgeräumt zu hinterlassen. ja tw n

S Die Mitarbeiter SOLLTEN dafür sorgen, dass Unbefugte keine vertraulichen Informationen einsehen können. ja tw n

S Alle Mitarbeiter SOLLTEN ihre Arbeitsplätze sorgfältig überprüfen und sicherstellen, dass keine vertraulichen Informationen frei zugänglich sind. ja tw n

S Vorgesetzte SOLLTEN Arbeitsplätze sporadisch daraufhin überprüfen, ob dort schutzbedürftige Informationen offen zugreifbar sind. ja tw n

Notizen:

A7 Geeignete Aufbewahrung dienstlicher Unterlagen und Datenträger *Standard*

Zuständig: Mitarbeiter, Haustechnik

S Die Mitarbeiter SOLLTEN angewiesen werden, vertrauliche Dokumente und Datenträger verschlossen aufzubewahren, wenn sie nicht verwendet werden. ja tw n

S Dafür SOLLTEN geeignete Behältnisse in den Büroräumen oder in deren Umfeld aufgestellt werden. ja tw n

Notizen:

A8 Einsatz von Diebstahlsicherungen *Hoch*

Verantwortliche Rolle: Mitarbeiter **C I A**

S Wenn der Zutritt zu den Räumen nicht geeignet beschränkt werden kann, SOLLTEN für alle IT-Systeme Diebstahlsicherungen eingesetzt werden. ja tw n

S In Bereichen mit Publikumsverkehr SOLLTEN Diebstahlsicherungen benutzt werden. ja tw n

Notizen:

INF.8 Häuslicher Arbeitsplatz

A1 Sichern von dienstlichen Unterlagen am häuslichen Arbeitsplatz *Basis*

Zuständig: Mitarbeiter

M Dienstliche Unterlagen und Datenträger MÜSSEN am häuslichen Arbeitsplatz so aufbewahrt werden, dass kein Unbefugter darauf zugreifen kann. ja tw n

M Daher MÜSSEN ausreichend verschließbare Behältnisse (z.B. abschließbare Rollcontainer oder Schränke) vorhanden sein. ja tw n

M Jeder Mitarbeiter MUSS seinen häuslichen Arbeitsplatz aufgeräumt hinterlassen und sicherstellen, dass keine sensitiven Informationen frei zugänglich sind. ja tw n

Notizen:

INF: Infrastruktur

A2 Transport von Arbeitsmaterial zum häuslichen Arbeitsplatz *Basis*
Zuständig: Mitarbeiter

- M Es MUSS geregelt werden, welche Datenträger und Unterlagen am häuslichen Arbeitsplatz bearbeitet und zwischen der Institution und dem häuslichen Arbeitsplatz hin und her transportiert werden dürfen. ja tw n
- M Generell MÜSSEN Datenträger und andere Unterlagen sicher transportiert werden. ja tw n
- M Diese Regelungen MÜSSEN den Mitarbeitern in geeigneter Weise bekanntgegeben werden. ja tw n

Notizen:

A3 Schutz vor unbefugtem Zutritt am häuslichen Arbeitsplatz *Basis*
Zuständig: Mitarbeiter

- M Den Mitarbeitern MUSS mitgeteilt werden, welche Regelungen und Maßnahmen zum Einbruchs- und Zutrittsschutz zu beachten sind. ja tw n
- M So MUSS darauf hingewiesen werden, Fenster zu schließen und Türen abzuschließen, wenn der häusliche Arbeitsplatz nicht besetzt ist. ja tw n
- M Es MUSS sichergestellt werden, dass Unbefugte zu keiner Zeit den häuslichen Arbeitsplatz betreten und auf dienstliche IT und Unterlagen zugreifen können. ja tw n
- M Diese Maßnahmen MÜSSEN in sinnvollen zeitlichen Abständen überprüft werden, mindestens aber, wenn sich die häuslichen Verhältnisse ändern. ja tw n

Notizen:

A4 Geeignete Einrichtung des häuslichen Arbeitsplatzes *Standard*
Zuständig: Mitarbeiter

- S Der häusliche Arbeitsplatz SOLLTE durch eine geeignete Raumaufteilung von den privaten Bereichen der Wohnung getrennt sein. ja tw n
- S Der häusliche Arbeitsplatz SOLLTE mit Büromöbeln eingerichtet sein, die ergonomischen Anforderungen entsprechen. ja tw n
- S Ebenso SOLLTE der häusliche Arbeitsplatz durch geeignete technische Sicherungsmaßnahmen vor Einbrüchen geschützt werden. ja tw n
- S Die Schutzmaßnahmen SOLLTEN an die örtlichen Gegebenheiten und den vorliegenden Schutzbedarf angepasst sein. ja tw n

Notizen:

A5 Entsorgung von vertraulichen Informationen am häuslichen Arbeitsplatz *Standard*
Zuständig: Mitarbeiter

- S Vertrauliche Informationen SOLLTEN sicher entsorgt werden. ja tw n
- S In einer speziellen Sicherheitsrichtlinie SOLLTE daher geregelt werden, wie schutzbedürftiges Material zu beseitigen ist. ja tw n
- S Es SOLLTEN die dafür benötigten Entsorgungsmöglichkeiten verfügbar sein. ja tw n

Notizen:

A6	**Umgang mit dienstlichen Unterlagen bei erhöhtem Schutzbedarf am häuslichen Arbeitsplatz**	Hoch		
	Verantwortliche Rolle: Mitarbeiter	**C**	**I**	**A**
S	Wenn Mitarbeiter dienstliche Unterlagen oder Informationen mit erhöhtem Schutzbedarf bearbeiten müssen, SOLLTE überlegt werden, von einem häuslichen Arbeitsplatz ganz abzusehen.	ja	tw	n
S	Anderenfalls SOLLTE der häusliche Arbeitsplatz durch erweiterte, hochwertige technische Sicherungsmaßnahmen geschützt werden.	ja	tw	n

Notizen:

INF.9 Mobiler Arbeitsplatz

A1	**Geeignete Auswahl und Nutzung eines mobilen Arbeitsplatzes**	Basis		
	Zuständig: IT-Betrieb			
M	Die Institution MUSS ihren Mitarbeitern vorschreiben, wie mobile Arbeitsplätze in geeigneter Weise ausgewählt und benutzt werden sollen.	ja	tw	n
M	Es MÜSSEN Eigenschaften definiert werden, die für einen mobilen Arbeitsplatz wünschenswert sind.	ja	tw	n
M	Es MÜSSEN aber auch Ausschlusskriterien definiert werden, die gegen einen mobilen Arbeitsplatz sprechen.	ja	tw	n
M	Mindestens MUSS geregelt werden: • unter welchen Arbeitsplatzbedingungen schützenswerte Informationen bearbeitet werden dürfen, • wie sich Mitarbeiter am mobilen Arbeitsplatz vor ungewollter Einsichtnahme Dritter schützen, • ob eine permanente Netz- und Stromversorgung gegeben sein muss sowie • welche Arbeitsplatzumgebungen komplett verboten sind.	ja	tw	n

Notizen:

INF: Infrastruktur

A2 Regelungen für mobile Arbeitsplätze *Basis*

Zuständig: Personalabteilung

M	Für alle Arbeiten unterwegs MUSS geregelt werden, welche Informationen außerhalb der Institution transportiert und bearbeitet werden dürfen.	ja	tw	n
M	Es MUSS zudem geregelt werden, welche Schutzvorkehrungen dabei zu treffen sind.	ja	tw	n
M	Dabei MUSS auch geklärt werden, unter welchen Rahmenbedingungen Mitarbeiter mit mobilen IT-Systemen auf interne Informationen ihrer Institution zugreifen dürfen.	ja	tw	n
M	Die Mitnahme von IT-Komponenten und Datenträgern MUSS klar geregelt werden.	ja	tw	n
M	So MUSS festgelegt werden, welche IT-Systeme und Datenträger mitgenommen werden dürfen, wer diese mitnehmen darf und welche grundlegenden Sicherheitsanforderungen dabei beachtet werden müssen.	ja	tw	n
M	Es MUSS zudem protokolliert werden, wann und von wem welche mobilen Endgeräte außer Haus eingesetzt wurden.	ja	tw	n
M	Die Benutzer von mobilen Endgeräten MÜSSEN für den Wert mobiler IT-Systeme und den Wert der darauf gespeicherten Informationen sensibilisiert werden.	ja	tw	n
M	Sie MÜSSEN über die spezifischen Gefährdungen und Maßnahmen der von ihnen benutzten IT-Systeme aufgeklärt werden.	ja	tw	n
M	Außerdem MÜSSEN sie darüber informiert werden, welche Art von Informationen auf mobilen IT-Systemen verarbeitet werden darf.	ja	tw	n
M	Alle Benutzer MÜSSEN auf die geltenden Regelungen hingewiesen werden, die von ihnen einzuhalten sind.	ja	tw	n
M	Sie MÜSSEN entsprechend geschult werden.	ja	tw	n

Notizen:

A3 Zutritts- und Zugriffsschutz *Basis*

Zuständig: Zentrale Verwaltung, Mitarbeiter

M	Den Mitarbeitern MUSS bekannt gegeben werden, welche Regelungen und Maßnahmen zum Einbruch- und Zutrittsschutz am mobilen Arbeitsplatz zu beachten sind.	ja	tw	n
M	Wenn der mobile Arbeitsplatz nicht besetzt ist, MÜSSEN Fenster und Türen abgeschlossen werden.	ja	tw	n
M	Ist dies nicht möglich, z.B. im Zug, MÜSSEN die Mitarbeiter alle Unterlagen und IT-Systeme an sicherer Stelle verwahren oder mitführen, wenn sie abwesend sind.	ja	tw	n
M	Es MUSS sichergestellt werden, dass Unbefugte zu keiner Zeit auf dienstliche IT und Unterlagen zugreifen können.	ja	tw	n
M	Wird der Arbeitsplatz nur kurz verlassen, MÜSSEN die eingesetzten IT-Systeme gesperrt werden, sodass sie nur nach erfolgreicher Authentisierung wieder benutzt werden können.	ja	tw	n

Notizen:

A4 Arbeiten mit fremden IT-Systemen *Basis*

Zuständig: IT-Betrieb, Mitarbeiter

M	Die Institution MUSS regeln, wie Mitarbeiter mit institutionsfremden IT-Systemen arbeiten dürfen.	ja	tw	n
M	Jeder mobile Mitarbeiter muss über die Gefahren fremder IT-Systeme aufgeklärt werden. Die Regelungen MÜSSEN vorgeben, ob und wie schützenswerte Informationen an fremden IT-Systemen bearbeitet werden dürfen.	ja	tw	n
M	Sie MÜSSEN zudem festlegen, wie verhindert wird, dass nicht autorisierte Personen die Informationen einsehen können.	ja	tw	n
M	Wenn Mitarbeiter mit fremden IT-Systemen arbeiten, MUSS grundsätzlich sichergestellt sein, dass alle währenddessen entstandenen temporären Daten gelöscht werden.	ja	tw	n

Notizen:

A5 Zeitnahe Verlustmeldung *Standard*

Zuständig: Mitarbeiter

S	Mitarbeiter SOLLTEN ihrer Institution umgehend melden, wenn Informationen, IT-Systeme oder Datenträger verlorengegangen sind oder gestohlen wurden.	ja	tw	n
S	Dafür SOLLTE es klare Meldewege und Ansprechpartner innerhalb der Institution geben.	ja	tw	n

Notizen:

A6 Entsorgung von vertraulichen Informationen *Standard*

Zuständig: Mitarbeiter

S	Vertrauliche Informationen SOLLTEN auch unterwegs sicher entsorgt werden.	ja	tw	n
M	Bevor ausgediente oder defekte Datenträger und Dokumente vernichtet werden, MUSS überprüft werden, ob sie sensible Informationen enthalten.	ja	tw	n
M	Ist dies der Fall, MÜSSEN die Datenträger und Dokumente wieder mit zurücktransportiert werden und auf institutseigenem Wege entsorgt oder vernichtet werden.	ja	tw	n

Notizen:

A7 Rechtliche Rahmenbedingungen für das mobile Arbeiten *Standard*

Zuständig: Personalabteilung

S	Für das mobile Arbeiten SOLLTEN arbeitsrechtliche und arbeitsschutzrechtliche Rahmenbedingungen beachtet und geregelt werden.	ja	tw	n
S	Alle relevanten Punkte SOLLTEN entweder durch Betriebsvereinbarungen oder durch zusätzlich zum Arbeitsvertrag getroffene individuelle Vereinbarungen zwischen dem mobilen Mitarbeiter und Arbeitgeber geregelt werden.	ja	tw	n

Notizen:

INF: Infrastruktur

A8 Sicherheitsrichtlinie für mobile Arbeitsplätze *Standard*

Zuständig: IT-Betrieb

S	Alle relevanten Sicherheitsanforderungen für mobile Arbeitsplätze SOLLTEN in einer für die mobilen Mitarbeiter verpflichtenden Sicherheitsrichtlinie dokumentiert werden.	ja tw n
S	Sie SOLLTE zudem mit den bereits vorhandenen Sicherheitsrichtlinien der Institution sowie mit allen relevanten Fachabteilungen abgestimmt werden.	ja tw n
S	Die Sicherheitsrichtlinie für mobile Arbeitsplätze SOLLTE regelmäßig aktualisiert werden.	ja tw n
S	Die Mitarbeiter der Institution SOLLTEN hinsichtlich der aktuellen Sicherheitsrichtlinie sensibilisiert und geschult sein.	ja tw n

Notizen:

A9 Verschlüsselung tragbarer IT-Systeme und Datenträger *Standard*

Zuständig: IT-Betrieb

S	Bei tragbaren IT-Systemen und Datenträgern SOLLTE sichergestellt werden, dass diese entsprechend den internen Richtlinien abgesichert sind.	ja tw n
S	Mobile IT-Systeme und Datenträger SOLLTEN dabei verschlüsselt werden.	ja tw n
S	Die kryptografischen Schlüssel SOLLTEN getrennt vom verschlüsselten Gerät aufbewahrt werden.	ja tw n

Notizen:

A12 Nutzung eines Bildschirmschutzes *Standard*

Zuständig: Mitarbeiter

S	Wenn IT-Systeme an mobilen Arbeitsplätzen genutzt werden, SOLLTEN die Mitarbeiter einen Sichtschutz für die Bildschirme der IT-Systeme verwenden.	ja tw n

Notizen:

A10 Einsatz von Diebstahlsicherungen *Hoch*
Verantwortliche Rolle: Mitarbeiter   **C I A**

S	Bietet das verwendete IT-System eine Diebstahlsicherung, SOLLTE sie benutzt werden.	ja tw n
S	Die Diebstahlsicherungen SOLLTEN stets dort eingesetzt werden, wo ein erhöhter Publikumsverkehr herrscht oder die Fluktuation von Benutzern sehr hoch ist.	ja tw n
S	Dabei SOLLTEN die Mitarbeiter immer beachten, dass der Schutz der auf den IT-Systemen gespeicherten Informationen meist einen höheren Wert besitzt als die Wiederanschaffungskosten des IT-Systems betragen.	ja tw n
S	Die Beschaffungs- und Einsatzkriterien für Diebstahlsicherungen SOLLTEN an die Prozesse der Institution angepasst und dokumentiert werden.	ja tw n

Notizen:

A11	**Verbot der Nutzung unsicherer Umgebungen**			*Hoch*
	Verantwortliche Rolle: IT-Betrieb			**C I A**
S	Es SOLLTEN Kriterien für die Arbeitsumgebung festgelegt werden, die mindestens erfüllt sein müssen, damit Informationen mit erhöhtem Schutzbedarf mobil bearbeitet werden dürfen.	ja	tw	n
S	Die Kriterien SOLLTEN mindestens folgende Themenbereiche abdecken: • Einsicht und Zugriff durch Dritte, • geschlossene und, falls nötig, abschließbare oder bewachte Räume, • gesicherte Kommunikationsmöglichkeiten sowie • eine ausreichende Stromversorgung.	ja	tw	n

Notizen:

INF.10 Besprechungs-, Veranstaltungs- und Schulungsräume

A1	**Sichere Nutzung von Besprechungs-, Veranstaltungs- und Schulungsräumen**			*Basis*
	Zuständig: Haustechnik, IT-Betrieb			
M	In den Räumen vorhandene Gerätschaften MÜSSEN angemessen gegen Diebstahl gesichert werden.	ja	tw	n
M	Zudem MUSS festgelegt werden, wer die in den Räumen dauerhaft vorhandenen IT- und sonstigen Systeme administriert.	ja	tw	n
M	Es MUSS auch festgelegt werden, ob und unter welchen Bedingungen Besucher mitgebrachte IT-Systeme verwenden dürfen.	ja	tw	n
M	Weiterhin MUSS festgelegt werden, ob und auf welche Netzzugänge und TK-Schnittstellen Besucher zugreifen dürfen.	ja	tw	n

Notizen:

A2	**ENTFALLEN**			*Basis*
A3	**Geschlossene Fenster und Türen**			*Basis*
	Zuständig: Mitarbeiter			
M	Die Fenster der Besprechungs-, Veranstaltungs- und Schulungsräume MÜSSEN beim Verlassen verschlossen werden.	ja	tw	n
M	Bei Räumlichkeiten, in denen sich IT-Systeme oder schützenswerte Informationen befinden, MÜSSEN die Türen beim Verlassen abgeschlossen werden.	ja	tw	n
M	Zusätzlich MUSS regelmäßig geprüft werden, ob die Fenster und Türen nach Verlassen der Räume verschlossen wurden.	ja	tw	n
M	Ebenso MUSS darauf geachtet werden, dass Brand- und Rauchschutztüren tatsächlich geschlossen werden.	ja	tw	n

Notizen:

INF: Infrastruktur

A4 Planung von Besprechungs-, Veranstaltungs- und Schulungsräumen *Standard*

Zuständig: Zentrale Verwaltung

S	Bei der Planung von Besprechungs-, Veranstaltungs- und Schulungsräumen SOLLTE besonders die Lage der Räume berücksichtigt werden.	ja	tw	n
S	Insbesondere Räumlichkeiten, die oft zusammen mit oder ausschließlich von Besuchern genutzt werden, SOLLTEN NICHT in Gebäudeteilen liegen, in deren Nähe regelmäßig vertrauliche Informationen bearbeitet werden.	ja	tw	n
S	Es SOLLTE für jeden Raum festgelegt werden, wie vertraulich die Informationen sein dürfen, die dort besprochen oder verarbeitet werden.	ja	tw	n

Notizen:

A5 Fliegende Verkabelung *Standard*

Zuständig: Zentrale Verwaltung

S	Die Stromanschlüsse SOLLTEN sich dort befinden, wo Beamer, Laptops oder andere Verbraucher aufgestellt werden.	ja	tw	n
S	Verkabelungen, die über den Boden verlaufen, SOLLTEN geeignet abgedeckt werden.	ja	tw	n

Notizen:

A6 Einrichtung sicherer Netzzugänge *Standard*

Zuständig: IT-Betrieb

S	Es SOLLTE sichergestellt werden, dass mitgebrachte IT-Systeme nicht über das Datennetz mit internen IT-Systemen der Institution verbunden werden können.	ja	tw	n
S	Auf das LAN der Institution SOLLTEN ausschließlich dafür vorgesehene IT-Systeme zugreifen können.	ja	tw	n
S	Ein Datennetz für Besucher SOLLTE vom LAN der Institution getrennt werden.	ja	tw	n
S	Netzzugänge SOLLTEN so eingerichtet sein, dass verhindert wird, dass Dritte den internen Datenaustausch mitlesen können.	ja	tw	n
S	Netzanschlüsse in Besprechungs-, Veranstaltungs- oder Schulungsräumen SOLLTEN abgesichert werden.	ja	tw	n
S	Es SOLLTE verhindert werden, dass IT-Systeme in Besprechungs-, Veranstaltungs- und Schulungsräumen gleichzeitig eine Verbindung zum Intranet und zum Internet aufbauen können.	ja	tw	n
S	Außerdem SOLLTE die Stromversorgung aus einer Unterverteilung heraus getrennt von anderen Räumen aufgebaut werden.	ja	tw	n

Notizen:

A7 Sichere Konfiguration von Schulungs- und Präsentationsrechnern *Standard*

Zuständig: IT-Betrieb

S	Dedizierte Schulungs- und Präsentationsrechner SOLLTEN mit einer Minimalkonfiguration versehen werden.	ja	tw	n
S	Es SOLLTE festgelegt sein, welche Anwendungen auf Schulungs- und Präsentationsrechnern in der jeweiligen Veranstaltung genutzt werden können.	ja	tw	n
S	Die Schulungs- und Präsentationsrechner SOLLTEN nur an ein separates, vom LAN der Institution getrenntes Datennetz angeschlossen werden.	ja	tw	n

Notizen:

A8 Erstellung eines Nutzungsnachweises für Räume *Standard*

Zuständig: Zentrale Verwaltung

S	Je nach Nutzungsart der Besprechungs-, Veranstaltungs- und Schulungsräume SOLLTE ersichtlich sein, wer die Räume zu welchem Zeitpunkt genutzt hat.	ja	tw	n
S	Für Räumlichkeiten, in denen Schulungen an IT-Systemen oder besonders vertrauliche Besprechungen durchgeführt werden, SOLLTEN ebenfalls Nutzungsnachweise erbracht werden.	ja	tw	n
S	Es SOLLTE überlegt werden, für Räumlichkeiten, die für jeden Mitarbeiter zugänglich sind, ebenfalls entsprechende Nutzungsnachweise einzuführen.	ja	tw	n

Notizen:

A9 Zurücksetzen von Schulungs- und Präsentationsrechnern *Hoch*

Verantwortliche Rolle: IT-Betrieb

C A

S	Es SOLLTE ein Verfahren festgelegt werden, um Schulungs- und Präsentationsrechner nach der Nutzung auf einen vorher definierten Zustand zurückzusetzen.	ja	tw	n
S	Durch Benutzer vorgenommene Änderungen SOLLTEN dabei vollständig entfernt werden.	ja	tw	n

Notizen:

A10 Mitführverbot von Mobiltelefonen *Hoch*

Verantwortliche Rolle: Zentrale Verwaltung

C

S	Mobiltelefone SOLLTEN NICHT zu vertraulichen Besprechungen und Gesprächen mitgeführt werden.	ja	tw	n
S	Falls erforderlich, SOLLTE dies durch Mobilfunk-Detektoren überprüft werden.	ja	tw	n

Notizen:

INF: Infrastruktur

INF.11 Allgemeines Fahrzeug

	A1	**Planung und Beschaffung**				*Basis*
		Zuständig: Fachverantwortliche, Beschaffungsstelle, Datenschutzbeauftragter				
	M	Bevor Fahrzeuge beschafft werden, MUSS der Einsatzzweck geplant werden.	ja	tw	n	
	M	Die funktionalen Anforderungen an die Fahrzeuge und insbesondere die Anforderungen an die Informationssicherheit, sowie den Datenschutz der verbauten IT-Komponenten MÜSSEN erhoben werden.	ja	tw	n	
	M	Hierbei MÜSSEN folgende Aspekte berücksichtigt werden: • Einsatzszenarien der Fahrzeuge, • nähere Einsatzumgebung der Fahrzeuge sowie • der gesamte Lebenszyklus der Fahrzeuge.	ja	tw	n	
	M	Die Fahrzeuge MÜSSEN außerdem über angemessene Schließsysteme verfügen, sofern die Fahrzeuge nicht durchgehend durch andere Maßnahmen oder Regelungen gesichert werden können.	ja	tw	n	
	S	Während der Planung SOLLTE berücksichtigt werden, dass viele Fahrzeuge Daten an den Fahrzeughersteller und weitere Dritte übermitteln können.	ja	tw	n	

Notizen:

	A2	**Wartung, Inspektion und Updates**				*Basis*
		Zuständig: Fachverantwortliche, IT-Betrieb				
	M	Die Fahrzeuge und die dazugehörenden IT-Komponenten MÜSSEN nach den Vorgaben des Herstellers gewartet werden.	ja	tw	n	
	M	Hierbei MUSS beachtet werden, dass die Intervalle der herkömmlichen Wartung und von Updates der integrierten IT-Komponenten voneinander abweichen können.	ja	tw	n	
	M	Es MUSS klar geregelt werden, wer in welcher Umgebung die Updates installieren darf.	ja	tw	n	
	M	Auch „Over-the-Air" (OTA) Updates MÜSSEN geregelt eingespielt werden.	ja	tw	n	
	M	Wartungs- und Reparaturarbeiten MÜSSEN von befugtem und qualifiziertem Personal in einer sicheren Umgebung durchgeführt werden.	ja	tw	n	
	S	Dabei SOLLTE schon vor der Wartung geklärt werden, wie mit Fremdfirmen umgegangen wird.	ja	tw	n	
	S	Werden Fahrzeuge in fremden Institutionen gewartet, SOLLTE geprüft werden, ob alle nicht benötigten, zum Fahrzeug dazugehörigen portablen IT-Systeme entfernt werden.	ja	tw	n	
	M	Werden die Fahrzeuge wieder in den Einsatzbetrieb integriert, MUSS mittels Checkliste geprüft werden, ob alle Beanstandungen und Mängel auch behoben wurden.	ja	tw	n	
	M	Es MUSS auch geprüft werden, ob die vorhandenen IT-Komponenten einsatzfähig sind.	ja	tw	n	

Notizen:

A3 Regelungen für die Fahrzeugbenutzung *Basis*

Zuständig: IT-Betrieb, Fachverantwortliche, Benutzer, Datenschutzbeauftragter

M	Für alle Tätigkeiten, die sich auf die Sicherheit der in den Fahrzeugen verarbeiteten Informationen auswirken können, MUSS vorher geregelt werden, ob sie in den Fahrzeugen durchgeführt werden dürfen.	ja	tw	n
M	Hierbei MUSS klar geregelt werden, welche Informationen dabei transportiert und bearbeitet werden dürfen.	ja	tw	n
M	Ergänzend MUSS festgelegt werden, welche Schutzvorkehrungen dabei zu treffen sind.	ja	tw	n
M	Dies MUSS für jede Art von Information gelten, auch für Gespräche in den Fahrzeugen.	ja	tw	n
M	Es MUSS geklärt werden, unter welchen Rahmenbedingungen Mitarbeiter auf welche Art von Informationen ihrer Institution zugreifen dürfen.	ja	tw	n
M	Außerdem MUSS geregelt werden, in welchem Umfang Infotainmentsysteme, Anwendungen und sonstige Services der Fahrzeuge genutzt werden dürfen.	ja	tw	n
M	Des Weiteren MUSS festgelegt werden, wie Schnittstellen abzusichern sind.	ja	tw	n
M	In bestehende Geschäfts- bzw. Dienstanweisungen MUSS beschrieben werden, wie mitgeführte IT in den Fahrzeugen verwendet und aufbewahrt werden darf.	ja	tw	n

Notizen:

A4 Erstellung einer Sicherheitsrichtlinie *Standard*

Zuständig: Fachverantwortliche, IT-Betrieb

S	Alle relevanten Sicherheitsanforderungen für die IT innerhalb der Fahrzeuge SOLLTEN in einer für Mitarbeiter verpflichtenden Sicherheitsrichtlinie dokumentiert werden.	ja	tw	n
S	Die Richtlinie SOLLTE allen relevanten Mitarbeitern der Institution bekannt sein und die Grundlage für ihren Umgang mit Fahrzeugen darstellen.	ja	tw	n
S	In der Richtlinie SOLLTEN die Zuständigkeiten für einzelne Aufgaben klar geregelt sein.	ja	tw	n
S	Die Sicherheitsrichtlinie SOLLTE regelmäßig überprüft und anlassbezogen aktualisiert werden.	ja	tw	n

Notizen:

A5 Erstellung einer Inventarliste *Standard*

Zuständig: Informationssicherheitsbeauftragter (ISB)

S	Für jedes Fahrzeug SOLLTE eine Inventarliste über • die im Fahrzeug fest verbauten oder zugehörigen IT-Komponenten (z.B. Handfunkgeräte bei Einsatzfahrzeugen), • die Fachverfahren, die auf den integrierten IT-Komponenten ausgeführt werden, • Handlungsanweisungen und Betriebsdokumentationen sowie • die mit dem Infotainmentsystem gekoppelten Mobilgeräte. geführt werden.	ja	tw	n
S	Die Inventarliste SOLLTE regelmäßig und anlassbezogen aktualisiert werden.	ja	tw	n
S	Dabei SOLLTE überprüft werden, ob noch alle inventarisierten zum Fahrzeug gehörenden IT-Komponenten vorhanden sind.	ja	tw	n
S	Zusätzlich SOLLTE anhand der Inventarliste überprüft werden, ob keine mobilen Endgeräte unerlaubt mit dem Infotainmentsystem gekoppelt worden sind.	ja	tw	n

Notizen:

INF: Infrastruktur

A6 Festlegung von Handlungsanweisungen *Standard*

Zuständig: Fachverantwortliche, Benutzer

S	Für alle wesentlichen Situationen, die die Informationssicherheit von Fahrzeugen betreffen, SOLLTEN Handlungsanweisungen in Form von Checklisten vorliegen.	ja	tw	n
S	Die Handlungsanweisungen SOLLTEN dabei in die Sicherheitsrichtlinie integriert werden und in geeigneter Form als Checklisten verfügbar sein, während das Fahrzeug benutzt wird.	ja	tw	n
S	Hierbei SOLLTE auch der Fall berücksichtigt werden, dass das Fahrzeug selbst gestohlen wird.	ja	tw	n
S	Die Handlungsanweisungen SOLLTEN insbesondere nachfolgende Szenarien behandeln: • Ausfall von IT-Komponenten der Fahrzeuge, • Notfallsituationen wie Unfälle, • unerlaubtes Betreten der Fahrzeuge sowie • Diebstahl der Fahrzeuge oder darin abgelegter Gegenstände mit Relevanz für die Informationssicherheit.	ja	tw	n
S	Die Zuständigkeiten für die einzeln Aufgaben SOLLTEN in der Checkliste dokumentiert sein.	ja	tw	n
S	Die Anweisungen SOLLTEN von den Fahrzeugnutzern in den entsprechenden Situationen angewendet werden.	ja	tw	n
S	Anhand der Checkliste SOLLTE dokumentiert werden, wie sie in diesen Situation vorgegangen sind.	ja	tw	n

Notizen:

A7 Sachgerechter Umgang mit Fahrzeugen und schützenswerten Informationen *Standard*

Zuständig: Fachverantwortliche, Benutzer

S	Die Institution SOLLTE die Handlungsanweisungen zur Fahrzeugbenutzung um Aspekte ergänzen, wann, wie und wo Fahrzeuge sachgerecht abgestellt bzw. angedockt werden dürfen.	ja	tw	n
S	Hierbei SOLLTE primär die Frage beantwortet werden, welche Umgebungen die Fahrzeuge angemessenen vor unerlaubten Zutritt oder Sachbeschädigung schützen.	ja	tw	n
S	Des Weiteren SOLLTE hierbei berücksichtigt werden, welche Informationen und IT-Systeme in den Fahrzeugen aufbewahrt werden dürfen.	ja	tw	n
S	Ausreichende Maßnahmen zum Zutrittsschutz SOLLTEN ergriffen werden.	ja	tw	n
S	Die Ladung der Fahrzeuge SOLLTE sicher verstaut werden.	ja	tw	n
S	Es SOLLTE sichergestellt werden, dass schützenswerte Informationen nicht von außerhalb der Fahrzeuge von Unbefugten eingesehen, mitgehört oder entwendet werden können.	ja	tw	n
S	Die Mitarbeiter SOLLTEN mit der grundlegenden Funktionsweise der Fahrzeuge und den betreffenden IT-Komponenten vertraut gemacht werden.	ja	tw	n
S	Die Mitarbeiter SOLLTEN auch über die bestehenden Sicherheitsrisiken informiert werden.	ja	tw	n

Notizen:

A8 Schutz vor witterungsbedingten Einflüssen *Standard*

Zuständig: Benutzer, Fachverantwortliche

S	Fahrzeuge und die darin verbauten IT-Komponenten SOLLTEN vor witterungsbedingten Einflüssen ausreichend geschützt werden.	ja	tw	n
S	Je nach Fahrzeugart, Einsatzort und Einsatzumgebung SOLLTEN zusätzliche Schutzmaßnahmen ergriffen werden.	ja	tw	n
S	Für kurzfristig auftretende extreme Wettererscheinungen SOLLTEN entsprechende Schutzmaßnahmen getroffen werden.	ja	tw	n
S	Diese Schutzmaßnahmen SOLLTEN in den Handlungsanweisungen zur Fahrzeugbenutzung in Form von Checklisten dokumentiert werden.	ja	tw	n

Notizen:

A9 Sicherstellung der Versorgung *Standard*

Zuständig: Fachverantwortliche

S	Bevor Fahrzeuge eingesetzt werden, SOLLTE geplant werden, wie diese mit Betriebsstoffen während des Einsatzes versorgt werden.	ja	tw	n
S	Die Fahrzeuge SOLLTEN dabei während des Einsatzes immer ausreichend mit Betriebsstoffen versorgt werden.	ja	tw	n

Notizen:

A10 Aussonderung *Standard*

Zuständig: IT-Betrieb, Fachverantwortliche

S	Werden Fahrzeuge ausgesondert, SOLLTEN keine schützenswerten Informationen in den Fahrzeugen verbleiben.	ja	tw	n
S	Bevor Fahrzeuge endgültig ausgesondert werden, SOLLTE anhand der Inventarliste geprüft werden, ob keine inventarisierte Gegenstände und darüber hinaus relevante Gegenstände zurückgelassen worden sind.	ja	tw	n

Notizen:

A11 Ersatzvorkehrungen bei Ausfällen *Hoch A*

Verantwortliche Rolle: Fachverantwortliche

S	Für den Fall, dass Fahrzeuge oder Fahrzeugführer ausfallen, SOLLTEN innerhalb der Institution vorbereitende Maßnahmen getroffen werden.	ja	tw	n
S	Abhängig von der Bedeutung der Fahrzeuge SOLLTEN Ersatzfahrzeuge bereitstehen oder alternativ ein Rahmenvertrag mit einer geeigneten Fremdinstitution geschlossen werden.	ja	tw	n
S	Zusätzlich dazu SOLLTEN Ersatzfahrzeugführer verfügbar sein.	ja	tw	n

Notizen:

INF: Infrastruktur

A12 Diebstahlsicherung bzw. Bewachung *Hoch*
Verantwortliche Rolle: Fachverantwortliche, Mitarbeiter **C A**

- S Eine Alarmanlage SOLLTE vorhanden sein. — ja / tw / n
- S Bei Bodenfahrzeugen SOLLTE darüber hinaus eine Wegfahrsperre vorhanden sein. — ja / tw / n
- S Wird das Fahrzeug verlassen, SOLLTEN die Alarmanlage und Wegfahrsperre aktiviert werden. — ja / tw / n
- S Alternativ SOLLTEN die Fahrzeuge bewacht werden. — ja / tw / n

Notizen:

A13 Schädigende Fremdeinwirkung *Hoch*
Verantwortliche Rolle: Fachverantwortliche **A**

- S Je nach Art der Fahrzeuge SOLLTEN geeignete Maßnahmen ergriffen werden, um die Fahrzeuge vor potentieller Fremdeinwirkung in der geplanten Einsatzumgebung zu schützen, wie z.B. störenden Funkstrahlen. — ja / tw / n

Notizen:

A14 Schutz sensibler Informationen vor unbefugtem Zugriff und Kenntnisnahme *Hoch*
Verantwortliche Rolle: IT-Betrieb, Fachverantwortliche **C I A**

- S Fahrzeuge und die dazugehörigen IT-Komponenten SOLLTEN so abgesichert werden, dass sensible Informationen durch Unbefugte nicht ausgelesen bzw. manipuliert oder gelöscht werden können. — ja / tw / n
- S Hierbei SOLLTEN die vorhandenen Schutzvorkehrungen der Hersteller überprüft und bei Bedarf angepasst werden. — ja / tw / n

Notizen:

A15 Physische Absicherung der Schnittstellen *Hoch*
Verantwortliche Rolle: IT-Betrieb, Fachverantwortliche **C I A**

- S Alle physischen internen und externen Schnittstellen der Fahrzeuge SOLLTEN physisch gegen unbefugte Benutzung und äußere Einflüsse abgesichert werden. — ja / tw / n

Notizen:

A16 Brandlöschanlage *Hoch*
Verantwortliche Rolle: Fachverantwortliche **A**

- S Die Fahrzeuge SOLLTEN über eine Brandlöschanlage verfügen, die einen Brand von außen und innen löschen kann. — ja / tw / n
- S Alternativ SOLLTEN geeignete Mittel zur Brandbekämpfung mitgeführt werden. — ja / tw / n

Notizen:

A17	**Netztrennung des In-Vehicle-Network mit einem Sonderfahrzeugnetz über Gateways**		*Hoch*	
	Verantwortliche Rolle: Informationssicherheitsbeauftragter (ISB)		**C**	
S	Generell SOLLTE die Institution sicherstellen, dass keine Informationen unerlaubt und undefiniert zwischen • dem In-Vehicle-Network (IVN), das wiederum an die Netze der Fahrzeughersteller angebunden ist und • den einsatzspezifischen IT-Komponenten. ausgetauscht werden.	ja	tw	n
S	Hierzu SOLLTEN Gateways mit standardisierten Protokollen (z.B. nach Standard CiA 447) eingesetzt werden.	ja	tw	n
S	Die Gateways SOLLTEN dabei vom Fahrzeughersteller freigegeben sein.	ja	tw	n

Notizen:

INF.12 Verkabelung

A1	**Auswahl geeigneter Kabeltypen**		*Basis*	
	Zuständig: IT-Betrieb, Haustechnik			
M	Bei der Auswahl von Kabeltypen MUSS geprüft werden, welche übertragungstechnischen Eigenschaften notwendig sind.	ja	tw	n
M	Die einschlägigen Normen und Vorschriften MÜSSEN beachtet werden.	ja	tw	n
M	Auch die Umgebungsbedingungen im Betrieb und bei der Verlegung MÜSSEN berücksichtigt werden.	ja	tw	n
M	Hinsichtlich der Umgebungsbedingungen MÜSSEN die folgende Faktoren beachtet werden: • Temperaturen, • Kabelwege, • Zugkräfte bei der Verlegung, • die Art der Verlegung sowie • die Entfernung zwischen den Endpunkten und möglichen Störquellen.	ja	tw	n

Notizen:

A2	**Planung der Kabelführung**		*Basis*	
	Zuständig: IT-Betrieb, Haustechnik			
M	Kabel, Kabelwege und Kabeltrassen MÜSSEN aus funktionaler und aus physikalischer Sicht ausreichend dimensioniert werden.	ja	tw	n
M	Dabei MÜSSEN künftige Notwendigkeiten eingerechnet werden, z.B. genügend Platz für mögliche technische Erweiterungen in Kabelkanälen und -trassen.	ja	tw	n
M	Bei der gemeinsamen Führung von IT- und Stromverkabelung in einer Trasse MUSS das Übersprechen zwischen den einzelnen Kabeln verhindert werden.	ja	tw	n
M	Es MUSS darauf geachtet werden, dass die IT-Verkabelung und die elektrotechnische Verkabelung mit dem normgerechten Trennungsabstand geführt werden.	ja	tw	n
M	Erkennbare Gefahrenquellen MÜSSEN umgangen werden.	ja	tw	n

Notizen:

INF: Infrastruktur

A3 Fachgerechte Installation *Basis*

Zuständig: IT-Betrieb, Haustechnik

		ja	tw	n
M	Die Installationsarbeiten der Verkabelung MÜSSEN fachkundig und sorgfältig erfolgen.	ja	tw	n
M	Bei der Installation MÜSSEN alle relevanten Normen beachtet werden.	ja	tw	n
M	Die fachgerechte Ausführung der Verkabelung MUSS durch eine fachkundige Person in allen Phasen überprüft werden.	ja	tw	n
M	Bei Anlieferung des Materials MUSS geprüft werden, ob die richtigen Kabel und Anschlusskomponenten geliefert wurden.	ja	tw	n
M	Es MUSS darauf geachtet werden, das die Montage keine Beschädigungen verursacht.	ja	tw	n
M	Außerdem MÜSSEN die Kabelwege so gewählt werden, dass eine Beschädigung der verlegten Kabel durch die normale Nutzung des Gebäudes ausgeschlossen ist.	ja	tw	n

Notizen:

A4 EMV-taugliche Stromversorgung *Basis*

Zuständig: Haustechnik

M	Die Stromversorgung MUSS EMV (Elektromagnetische Verträglichkeit) -tauglich sein.	ja	tw	n
M	Dafür MUSS das Stromverteilnetz als TN-S-System aufgebaut sein.	ja	tw	n
M	Bei Aufbau und Betrieb des Stromverteilnetzes MÜSSEN die in den entsprechenden Normen empfohlenen Trennungsabstände soweit wie möglich eingehalten werden.	ja	tw	n
M	Vorkehrungen gegen Einstrahlungen von außen, Abstrahlung durch die Stromleitung sowie zur Erkennung von Ausgleichsströmen MÜSSEN getroffen werden.	ja	tw	n

Notizen:

A5 Anforderungsanalyse für die Verkabelung *Standard*

Zuständig: IT-Betrieb, Haustechnik

S	Grundsätzlich SOLLTEN die Anforderungen analysiert werden, die Einfluss auf eine zukunftssichere, bedarfsgerechte und wirtschaftliche Ausführung der Verkabelung haben.	ja	tw	n
S	In dieser Anforderungsanalyse SOLLTE zunächst abgeschätzt werden, wie die kurzfristige Nutzung der Verkabelung innerhalb der Institution aussieht.	ja	tw	n
S	Darauf aufbauend SOLLTE die längerfristige Entwicklung der Nutzung abgeschätzt werden.	ja	tw	n
M	Darüber hinaus MÜSSEN die Schutzziele der Verfügbarkeit, Integrität und Vertraulichkeit bei der Anforderungsanalyse für die Verkabelung mit betrachtet werden.	ja	tw	n

Notizen:

A6 Abnahme der Verkabelung *Standard*

Zuständig: IT-Betrieb, Haustechnik

S	Für die Verkabelung SOLLTE es einen Abnahmeprozess geben.	ja	tw	n
S	Verkabelungen SOLLTEN immer dann abgenommen werden, wenn alle (ggf. im Rahmen eines Meilensteins) durchzuführenden Aufgaben abgeschlossen sind.	ja	tw	n
S	Der Ausführende SOLLTE hierfür die Aufgaben als abgeschlossen und zur Abnahme bereit gemeldet haben.	ja	tw	n
S	Außerdem SOLLTEN sich bei den Kontrollen durch den Auftraggeber keine inakzeptablen Mängel gezeigt haben.	ja	tw	n
S	Der Abnahmetermin SOLLTE so gewählt werden, dass die Kontrollen zur Abnahme in ausreichender Zeit vorbereitet werden können.	ja	tw	n
M	Der Auftragnehmer MUSS spätestens zum Abnahmetermin schriftlich belegen, dass sämtliche Normen und Vorschriften eingehalten wurden, die für das Gewerk gelten.	ja	tw	n
M	Bei der Abnahme MUSS der tatsächliche Umfang der Leistungen überprüft werden.	ja	tw	n
S	Für das Abnahmeprotokoll SOLLTE eine Checkliste vorbereitet werden.	ja	tw	n
M	Das Abnahmeprotokoll MUSS von den Teilnehmern und Verantwortlichen rechtsverbindlich unterzeichnet werden.	ja	tw	n
M	Das Protokoll MUSS Bestandteil der internen Dokumentation der Verkabelung sein.	ja	tw	n

Notizen:

A7 Überspannungsschutz *Standard*

Zuständig: Haustechnik

S	Jedes elektrisch leitende Netz SOLLTE gegen Überspannungen geschützt werden.	ja	tw	n
M	Hierfür MUSS ein entsprechendes Überspannungsschutzkonzept erstellt werden, das den gültigen Normen entspricht.	ja	tw	n
M	Netzersatzanlagen (NEA) und unterbrechungsfreie Stromversorgungen (USV) MÜSSEN in das Überspannungsschutzkonzept aufgenommen werden.	ja	tw	n

Notizen:

A8 Entfernen und Deaktivieren nicht mehr benötigter Kabel *Standard*

Zuständig: IT-Betrieb, Haustechnik

S	Wenn Kabel nicht mehr benötigt werden, SOLLTEN sie fachgerecht und vollständig entfernt werden.	ja	tw	n
M	Nachdem Kabel entfernt wurden, MÜSSEN die Brandschottungen fachgerecht verschlossen werden.	ja	tw	n
S	Kabel, die aktuell nicht mehr benötigt werden, aber mit der vorhandenen Technik sinnvoll als Reserve an Ort und Stelle verbleiben können, SOLLTEN in einem betriebsfähigen Zustand erhalten werden.	ja	tw	n
M	Solche Kabel MÜSSEN mindestens an den Endpunkten entsprechend gekennzeichnet werden.	ja	tw	n
S	Grundsätzlich SOLLTE eine Übersicht über nicht mehr benötigte Kabel aufgestellt werden.	ja	tw	n
S	Aus der Dokumentation SOLLTE hervorgehen, welche Kabel entfernt oder deaktiviert wurden.	ja	tw	n

Notizen:

INF: Infrastruktur

A9 Brandschutz in Trassen *Standard*

Zuständig: Haustechnik

S	Trassen SOLLTEN ausreichend dimensioniert werden.	ja tw n
S	Trassen SOLLTEN über eine ausreichende Be- und Entlüftung verfügen.	ja tw n

Notizen:

A10 Dokumentation und Kennzeichnung der Verkabelung *Standard*

Zuständig: IT-Betrieb, Haustechnik

S	Eine Institution SOLLTE sicherstellen, dass sie für ihre Verkabelung sowohl über eine interne als auch eine externe Dokumentation verfügt.	ja tw n
M	Die interne Dokumentation MUSS alle Aufzeichnungen zur Installation und zum Betrieb der Verkabelung enthalten.	ja tw n
S	Die interne Dokumentation SOLLTE so umfangreich angefertigt und gepflegt werden, dass der Betrieb und dessen Weiterentwicklung bestmöglich unterstützt werden.	ja tw n
S	Die externe Dokumentation (Beschriftung von Anschlüssen zur Unterstützung des Betriebs) der Verkabelung SOLLTE möglichst neutral gehalten werden.	ja tw n
S	Jede Veränderung im Netz SOLLTE dokumentiert werden.	ja tw n
S	Eine Interims- oder Arbeitsversion der Dokumentation SOLLTE unmittelbar, d.h. am Tag selbst angepasst werden.	ja tw n
M	Die Stamm-Dokumentation MUSS spätestens 4 Wochen nach Abschluss der jeweiligen Arbeiten aktualisiert sein.	ja tw n
S	Es SOLLTE geprüft werden, ob ein Dokumentenmanagement für die Dokumentation eingesetzt werden kann.	ja tw n
S	Die Dokumentation SOLLTE regelmäßig überprüft und aktualisiert werden.	ja tw n
M	Sämtliche technischen Einrichtungen, die im Rahmen der Verkabelung dokumentiert sind, MÜSSEN hinsichtlich der Dokumentationstreue spätestens nach 4 Jahren geprüft werden.	ja tw n

Notizen:

A11 Neutrale Dokumentation in den Verteilern *Standard*

Zuständig: IT-Betrieb, Haustechnik

S	In jedem Verteiler SOLLTE es eine Dokumentation geben, die den derzeitigen Stand von Rangierungen und Leitungsbelegungen wiedergibt.	ja tw n
M	Die Dokumentation im Verteiler MUSS ein sicheres Schalten ermöglichen.	ja tw n
S	Die Dokumentation im Verteiler SOLLTE möglichst neutral gehalten werden.	ja tw n
S	In der Dokumentation im Verteiler SOLLTEN nur bestehende und genutzte Verbindungen sowie auflaufende Reservekabel aufgeführt sein.	ja tw n
S	Falls möglich, SOLLTEN keine Hinweise auf die Art gegeben werden, wie Kabel genutzt werden.	ja tw n
S	Es SOLLTEN nur solche Hinweise gegeben werden, die ausdrücklich vorgeschrieben sind.	ja tw n
S	Alle weitergehenden Informationen SOLLTEN in einer Revisionsdokumentation aufgeführt werden.	ja tw n

Notizen:

A12 Kontrolle elektrotechnischer Anlagen und bestehender Verbindungen *Standard*

Zuständig: IT-Betrieb, Haustechnik

S	Alle elektrischen Anlagen und Betriebsmittel SOLLTEN gemäß DGUV Vorschrift 3, entsprechend den in § 5 Prüfung genannten Durchführungsanweisungen, regelmäßig geprüft werden.	ja tw n
M	Alle Unregelmäßigkeiten, die festgestellt werden, MÜSSEN unverzüglich dokumentiert werden.	ja tw n
M	Festgestellte Unregelmäßigkeiten MÜSSEN unverzüglich den zuständigen Organisationseinheiten gemeldet werden.	ja tw n
M	Die zuständigen Organisationseinheiten MÜSSEN die festgestellten Unregelmäßigkeiten so zeitnah beheben, dass eine Gefährdung von Personen ausgeschlossen werden kann.	ja tw n
M	Die Verfügbarkeit der elektrischen Anlagen und Betriebsmittel MUSS hierbei im erforderlichen Maß sichergestellt sein.	ja tw n

Notizen:

A13 Vermeidung elektrischer Zündquellen *Standard*

Zuständig: Haustechnik

S	Die Nutzung privater Elektrogeräte innerhalb einer Institution SOLLTE klar geregelt werden.	ja tw n
M	Alle Elektrogeräte MÜSSEN durch eine Elektrofachkraft geprüft und für sicher befunden werden, bevor sie eingesetzt werden.	ja tw n
S	Die Verwendung von Steckdosenleisten SOLLTE soweit wie möglich vermieden werden.	ja tw n
S	Fehlende Steckdosen SOLLTEN durch eine Elektrofachkraft fachgerecht nachgerüstet werden.	ja tw n

Notizen:

A14 A-B-Versorgung *Hoch* **A**

Verantwortliche Rolle: Haustechnik

S	Es SOLLTE geprüft werden, ob anstelle einer einzügigen Stromversorgung eine zweizügige sogenannte A-B-Versorgung geschaffen werden soll, die wichtige IT-Komponenten und andere Verbraucher versorgt.	ja tw n
S	Dabei SOLLTE die Funktionsfähigkeit der Stromversorgung permanent durch geeignete technische Einrichtungen überwacht werden.	ja tw n

Notizen:

A15 Materielle Sicherung der Verkabelung *Hoch* **I A**

Verantwortliche Rolle: IT-Betrieb, Haustechnik

S	Für alle Räume eines Gebäudes, insbesondere in Räumen mit Publikumsverkehr sowie in unübersichtlichen Bereichen SOLLTE überlegt werden, Kabel und Verteiler gegen unbefugte Zugriffe zu sichern.	ja tw n
S	In jedem Fall SOLLTEN die Zahl und der Umfang derjenigen Stellen möglichst gering gehalten werden, an denen Einrichtungen der Energieversorgung und Zugangspunkte des Datennetzes für Unbefugte zugänglich sind.	ja tw n

Notizen:

INF: Infrastruktur

A16 Nutzung von Schranksystemen Haustechnik] *Hoch*
Verantwortliche Rolle: Fachverantwortliche **I A**

S Elektrotechnische Anschlüsse und -verteiler SOLLTEN in Schranksystemen aufgestellt oder in diese eingebaut werden.   ja   tw   n

S Bei der Dimensionierung der Schranksysteme SOLLTE das erwartete Wachstum für den geplanten Einsatzzeitraum berücksichtigt werden.   ja   tw   n

Notizen:

A17 Redundanzen für die IT-Verkabelung *Hoch*
Verantwortliche Rolle: IT-Betrieb   **A**

S Es SOLLTE geprüft werden, ob eine redundante primäre IT-Verkabelung geschaffen werden soll, die über unabhängige Trassen geführt wird.   ja   tw   n

S Ebenso SOLLTE geprüft werden, ob die Anschlüsse an IT- oder TK-Provider redundant ausgelegt werden sollen.   ja   tw   n

S Bei hohen oder sehr hohen Verfügbarkeitsanforderungen SOLLTE überlegt werden, in den relevanten Gebäuden die Sekundär- und Tertiärverkabelung redundant auszulegen.   ja   tw   n

S Dabei SOLLTEN redundant ausgelegte Teile der Sekundärverkabelung in unterschiedlichen Brandabschnitten geführt werden.   ja   tw   n

S Wird eine redundante Verkabelung verwendet, SOLLTE deren Funktionsfähigkeit regelmäßig geprüft werden.   ja   tw   n

Notizen:

Teil III. Elementare Gefährdungen

G 0.1 Feuer

Feuer können schwere Schäden an Menschen, Gebäuden und deren Einrichtung verursachen. Neben direkten durch Feuer verursachten Schäden lassen sich Folgeschäden aufzeigen, die insbesondere für die Informationstechnik in ihrer Schadenswirkung ein katastrophales Ausmaß erreichen können. Löschwasserschäden treten beispielsweise nicht nur an der Brandstelle auf. Sie können auch in tiefer liegenden Gebäudeteilen entstehen. Bei der Verbrennung von PVC entstehen Chlorgase, die zusammen mit der Luftfeuchtigkeit und dem Löschwasser Salzsäure bilden. Werden die Salzsäuredämpfe über die Klimaanlage verteilt, können auf diese Weise Schäden an empfindlichen elektronischen Geräten entstehen, die in einem vom Brandort weit entfernten Teil des Gebäudes stehen. Aber auch „normaler" Brandrauch kann auf diesem Weg beschädigend auf die IT-Einrichtung einwirken.

Ein Brand entsteht nicht nur durch den fahrlässigen Umgang mit Feuer (z. B. durch unbeaufsichtigte offene Flammen, Schweiß- und Lötarbeiten), sondern auch durch unsachgemäße Benutzung elektrischer Einrichtungen (z. B. unbeaufsichtigte Kaffeemaschine, Überlastung von Mehrfachsteckdosen). Technische Defekte an elektrischen Geräten können ebenfalls zu einem Brand führen.

Die Ausbreitung eines Brandes kann unter anderem begünstigt werden durch:

- Aufhalten von Brandabschnittstüren durch Keile,
- unsachgemäße Lagerung brennbarer Materialien (z. B. Altpapier),
- Nichtbeachtung der einschlägigen Normen und Vorschriften zur Brandvermeidung,
- fehlende Brandmeldeeinrichtungen (z. B. Rauchmelder),
- fehlende oder nicht einsatzbereite Handfeuerlöscher oder automatische Löscheinrichtungen (z. B. Gaslöschanlagen),
- mangelhaften vorbeugenden Brandschutz (z. B. Fehlen von Brandabschottungen auf Kabeltrassen oder Verwendung ungeeigneter Dämmmaterialien zur Wärme- und Schallisolierung).

Beispiele:

- Anfang der 90er Jahre erlitt im Frankfurter Raum ein Großrechenzentrum einen katastrophalen Brandschaden, der zu einem kompletten Ausfall führte.
- Immer wieder kommt es vor, dass elektrische Kleingeräte, wie z. B. Kaffeemaschinen oder Tischleuchten, unsachgemäß installiert oder aufgestellt sind und dadurch Brände verursachen.

Referenzierungen

In der folgenden Tabelle sind alle 47 Anforderungen aufgeführt, in welchen auf die Gefährdung Bezug genommen wird:

Baustein	Basic	Standard	erhöhter Schutzbedarf
CON.3		A12	
INF.1	A1, A3, A4, A5, A8	A12, A14, A17, A18, A19, A20, A36	A22, A34
INF.11			A16
INF.12	A2, A3	A5, A13	A17
INF.2	A2, A4, A8, A9, A10, A17	A13, A15, A30	A28
INF.5	A2, A6, A7, A9	A11, A13, A14	A18, A25
INF.6	A1, A3, A4	A8	A9
INF.8		A4	A6

G 0.2 Ungünstige klimatische Bedingungen

Ungünstige klimatische Bedingungen wie Hitze, Frost oder hohe Luftfeuchtigkeit können zu Schäden verschiedenster Art führen, beispielsweise zu Fehlfunktionen in technischen Komponenten oder zur Beschädigung von Speichermedien. Häufige Schwankungen der klimatischen Bedingungen verstärken diesen Effekt. Ungünstige klimatische Bedingungen können auch dazu führen, dass Menschen nicht mehr arbeiten können oder sogar verletzt oder getötet werden.

Jeder Mensch und jedes technische Gerät hat einen Temperaturbereich, innerhalb dessen seine normale Arbeitsweise bzw. ordnungsgemäße Funktion gewährleistet ist. Überschreitet die Umgebungstemperatur die Grenzen dieses Bereiches nach oben oder unten, kann es zu Arbeitsausfällen, Betriebsstörungen oder zu Geräteausfällen kommen.

Elementare Gefährdungen

Zu Lüftungszwecken werden oft unerlaubt Fenster von Serverräumen geöffnet. In der Übergangszeit (Frühjahr, Herbst) kann das bei großen Temperaturschwankungen dazu führen, dass durch starke Abkühlung die zulässige Luftfeuchte überschritten wird.

Beispiele:

- Bei hochsommerlichen Temperaturen und unzureichender Kühlung kann es bei IT-Geräten zu temperaturbedingten Ausfällen kommen.
- Zu viel Staub in IT-Systemen kann zu einem Hitzestau führen.
- Durch zu hohe Temperaturen können magnetische Datenträger entmagnetisiert werden.

Referenzierungen

In der folgenden Tabelle sind alle 35 Anforderungen aufgeführt, in welchen auf die Gefährdung Bezug genommen wird:

Baustein	Basic	Standard	erhöhter Schutzbedarf
CON.3		A12	
IND.2.1		A7	
INF.1	A1	A9	A25, A30
INF.11	A3	A8	A15
INF.12	A2	A6	
INF.2	A5	A16	A22, A28
INF.5	A2	A10	A18, A24
INF.6		A7	
INF.7	A1		
INF.8	A1	A4	A6
NET.4.3	A1, A2		
OPS.1.2.2	A3		
SYS.1.8	A1		
SYS.4.4		A6, A7, A9	A21
SYS.4.5	A1	A6	A14

G 0.3 Wasser

Durch Wasser kann die Integrität und Verfügbarkeit von Informationen beeinträchtigt werden, die auf analogen und digitalen Datenträgern gespeichert sind. Auch Informationen im Arbeitsspeicher von IT-Systemen sind gefährdet. Der unkontrollierte Eintritt von Wasser in Gebäude oder Räume kann beispielsweise bedingt sein durch:

- Störungen in der Wasser-Versorgung oder Abwasser-Entsorgung,
- Defekte der Heizungsanlage,
- Defekte an Klimaanlagen mit Wasseranschluss,
- Defekte in Sprinkleranlagen,
- Löschwasser bei der Brandbekämpfung und
- Wassersabotage z. B. durch Öffnen der Wasserhähne und Verstopfen der Abflüsse.

Unabhängig davon, auf welche Weise Wasser in Gebäude oder Räume gelangt, besteht die Gefahr, dass Versorgungseinrichtungen oder IT-Komponenten beschädigt oder außer Betrieb gesetzt werden (Kurzschluss, mechanische Beschädigung, Rost etc.). Besonders wenn zentrale Einrichtungen der Gebäudeversorgung (Hauptverteiler für Strom, Telefon, Daten) in Kellerräumen ohne selbsttätige Entwässerung untergebracht sind, kann eindringendes Wasser sehr hohe Schäden verursachen.

Probleme können außerdem durch Frost entstehen. Beispielsweise können Rohre in frostgefährdeten Bereichen undicht werden, wenn darin Wasser bei anhaltendem Frost stillsteht. Auch eine vorhandene Wärmedämmung wird mit der Zeit vom Frost überwunden.

Beispiel:

- In einem Serverraum verlief eine Wasserleitung unterhalb der Decke, die mit Gipskartonelementen verkleidet war. Als eine Verbindung der Wasserleitung undicht wurde, wurde dies nicht rechtzeitig erkannt. Das austretende Wasser sammelte sich zunächst an der tiefsten Stelle der Verkleidung, bevor es dort austrat und im darunter angebrachten

Stromverteiler einen Kurzschluss verursachte. Dies führte dazu, dass bis zur endgültigen Reparatur sowohl die Wasser- als auch die Stromversorgung des betroffenen Gebäudeteils komplett abgeschaltet werden musste.

Referenzierungen

In der folgenden Tabelle sind alle 20 Anforderungen aufgeführt, in welchen auf die Gefährdung Bezug genommen wird:

Baustein	Basic	Standard	erhöhter Schutzbedarf
INF.1	A1, A6	A12	A24, A25, A30
INF.2	A29	A13	A22
INF.5	A2, A7	A11, A12	A18
INF.6	A4	A6, A8	A9
INF.8		A4	A6

G 0.4 Verschmutzung, Staub, Korrosion

Viele IT-Geräte enthalten neben der Elektronik auch mechanisch arbeitende Komponenten, wie z. B. bei Fest- und Wechselplatten, DVD-Laufwerken, Druckern, Scannern etc., aber auch Lüftern von Prozessoren und Netzteilen. Mit steigenden Anforderungen an die Qualität und die Schnelligkeit müssen diese Geräte immer präziser arbeiten. Bereits geringfügige Verunreinigungen können zu einer Störung eines Gerätes führen. Staub und Verschmutzungen können beispielsweise durch folgende Tätigkeiten in größerem Maße entstehen:

- Arbeiten an Wänden, Doppelböden oder anderen Gebäudeteilen,
- Umrüstungsarbeiten an der Hardware bzw.
- Entpackungsaktionen von Geräten (z. B. aufwirbelndes Styropor).

Vorhandene Sicherheitsschaltungen in den Geräten führen meist zu einem rechtzeitigen Abschalten. Das hält zwar den direkten Schaden am Gerät, die Instandsetzungskosten und die Ausfallzeiten klein, führt aber dazu, dass das betroffene Gerät nicht verfügbar ist.

Die Geräte und die Infrastruktur können außerdem durch Korrosion angegriffen werden. Dies kann sich nicht nur auf die IT, sondern sogar auf die Sicherheit von Gebäuden negativ auswirken.

Durch Korrosion können auch indirekt weitere Gefährdungen entstehen. So kann beispielsweise Wasser aus korrodierten Stellen austreten (siehe G 0.3 Wasser).

Insgesamt können Verschmutzung, Staub oder Korrosion somit zu Ausfällen oder Beschädigungen von IT-Komponenten und Versorgungseinrichtungen führen. Als Folge kann die ordnungsgemäße Informationsverarbeitung beeinträchtigt werden.

- Bei der Aufstellung eines Servers in einem Medienraum, zusammen mit einem Kopierer und einem Faxgerät, traten nacheinander die Lähmung des Prozessor-Lüfters und des Netzteil-Lüfters aufgrund der hohen Staubbelastung des Raumes auf. Der Ausfall des Prozessor-Lüfters führte zu sporadischen Server-Abstürzen. Der Ausfall des Netzteil-Lüfters führte schließlich zu einer Überhitzung des Netzteils mit der Folge eines Kurzschlusses, was schließlich einen Totalausfall des Servers nach sich zog.
- Um eine Wandtafel in einem Büro aufzuhängen, wurden von der Haustechnik Löcher in die Wand gebohrt. Der Mitarbeiter hatte hierzu sein Büro für kurze Zeit verlassen. Nach Rückkehr an seinen Arbeitsplatz stellte er fest, dass sein PC nicht mehr funktionierte. Ursache hierfür war Bohrstaub, der durch die Lüftungsschlitze in das PC-Netzteil eingedrungen war.

Referenzierungen

In der folgenden Tabelle sind alle 38 Anforderungen aufgeführt, in welchen auf die Gefährdung Bezug genommen wird:

Baustein	Basic	Standard	erhöhter Schutzbedarf
IND.2.1		A7	
INF.1	A1, A3, A8	A18	
INF.2		A13	A28
INF.5	A2, A6, A7	A10, A11, A12, A13, A14	A18, A24, A25
INF.6	A3, A4		
INF.8	A1	A4	A6
NET.4.3	A1		

Elementare Gefährdungen

Baustein	Basic	Standard	erhöhter Schutzbedarf
OPS.1.2.2	A3		
SYS.3.1	A1	A6, A14	A17
SYS.4.3		A5	A12
SYS.4.4		A6, A7, A9	A21
SYS.4.5	A1	A6	A14

G 0.5 Naturkatastrophen

Unter Naturkatastrophen werden natürliche Veränderungen verstanden, die verheerende Auswirkungen auf Menschen und Infrastrukturen haben. Ursachen für eine Naturkatastrophe können seismische, klimatische oder vulkanische Phänomene sein, wie beispielsweise Erdbeben, Hochwasser, Erdrutsche, Tsunamis, Lawinen und Vulkanausbrüche. Beispiele für extreme meteorologische Phänomene sind Unwetter, Orkane oder Zyklone. Je nach Standort der Institution ist diese den Risiken durch die verschiedenen Arten von Naturkatastrophen unterschiedlich stark ausgesetzt.

Beispiele:

- Für Rechenzentren in Hochwasser-gefährdeten Gebieten besteht oft in besonderem Maße die Gefahr, dass unkontrolliert Wasser in das Gebäude eindringt (Überschwemmungen oder Anstieg des Grundwasserspiegels).
- Die Häufigkeit von Erdbeben und somit auch das damit verbundene Risiko hängen stark von der geografischen Lage ab.

Unabhängig von der Art der Naturkatastrophe besteht auch in nicht unmittelbar betroffenen Gebieten die Gefahr, dass Versorgungseinrichtungen, Kommunikationsverbindungen oder IT-Komponenten beschädigt oder außer Betrieb gesetzt werden. Besonders der Ausfall zentraler Einrichtungen der Gebäudeversorgung (Hauptverteiler für Strom, Telefon, Daten) kann sehr hohe Schäden nach sich ziehen. Betriebs- und Service-Personal kann aufgrund von großflächig eingerichteten Sperrbereichen der Zutritt zur Infrastruktur verwehrt werden.

Beispiele:

- Viele Gewerbebetriebe, auch große Unternehmen, tragen der Hochwassergefährdung nicht hinreichend Rechnung. So wurde ein Unternehmen bereits mehrere Male durch Hochwasserschäden am Rechenzentrum „überrascht". Das Rechenzentrum schwamm im wahrsten Sinne des Wortes innerhalb von 14 Monaten zum zweiten Mal davon. Der entstandene Schaden belief sich auf mehrere hunderttausend Euro und ist von keiner Versicherung gedeckt.
- Ein IT-System wird an einem Standort untergebracht, dessen geografische Lage für vulkanische Aktivität bekannt ist (zeitweilig aussetzendes Phänomen, bei dem die Emissionsphasen mit zum Teil langen Ruhephasen abwechseln).

Referenzierungen

In der folgenden Tabelle sind alle 15 Anforderungen aufgeführt, in welchen auf die Gefährdung Bezug genommen wird:

Baustein	Basic	Standard	erhöhter Schutzbedarf
IND.1			A13
IND.2.7		A4, A5, A6	
INF.1	A1, A3	A14, A20	A24, A25, A30
INF.5	A2	A15, A17	A18

G 0.6 Katastrophen im Umfeld

Eine Behörde bzw. ein Unternehmen kann Schaden nehmen, wenn sich im Umfeld ein schwerer Unglücksfall ereignet, zum Beispiel ein Brand, eine Explosion, die Freisetzung giftiger Substanzen oder das Austreten gefährlicher Strahlung. Gefahr besteht dabei nicht nur durch das Ereignis selbst, sondern auch durch die häufig daraus resultierenden Aktivitäten, beispielsweise Sperrungen oder Rettungsmaßnahmen.

Die Liegenschaften einer Institution können verschiedenen Gefährdungen aus dem Umfeld ausgesetzt sein, unter anderem durch Verkehr (Straßen, Schiene, Luft, Wasser), Nachbarbetriebe oder Wohngebiete.

Vorbeugungs- oder Rettungsmaßnahmen können die Liegenschaften dabei direkt betreffen. Solche Maßnahmen können auch dazu führen, dass Mitarbeiter ihre Arbeitsplätze nicht erreichen können oder Personal evakuiert werden muss. Durch die Komplexität der Haustechnik und der IT-Einrichtungen kann es aber auch zu indirekten Problemen kommen.

Beispiel:

- Bei einem Brand in einem chemischen Betrieb in unmittelbarer Nähe eines Rechenzentrums (ca. 1000 m Luftlinie) entstand eine mächtige Rauchwolke. Das Rechenzentrum besaß eine Klima- und Lüftungsanlage, die über keine

Außenluftüberwachung verfügte. Nur durch die Aufmerksamkeit eines Mitarbeiters (der Unfall geschah während der Arbeitszeit), der die Entstehung und Ausbreitung verfolgte, konnte die Außenluftzufuhr rechtzeitig manuell abgeschaltet werden.

Referenzierungen

In der folgenden Tabelle sind alle 15 Anforderungen aufgeführt, in welchen auf die Gefährdung Bezug genommen wird:

Baustein	Basic	Standard	erhöhter Schutzbedarf
IND.1			A13
IND.2.7		A4, A5, A6, A7, A11	
INF.1	A1, A3	A20	A25, A30
INF.2	A1	A13	A21, A28

G 0.7 Großereignisse im Umfeld

Großveranstaltungen aller Art können zu Behinderungen des ordnungsgemäßen Betriebs einer Behörde bzw. eines Unternehmens führen. Hierzu gehören unter anderem Straßenfeste, Konzerte, Sportveranstaltungen, Arbeitskämpfe oder Demonstrationen. Ausschreitungen im Zusammenhang mit solchen Veranstaltungen können zusätzliche Auswirkungen, wie die Einschüchterung von Mitarbeitern bis hin zur Gewaltanwendung gegen das Personal oder das Gebäude, nach sich ziehen.

Beispiele:

- Während der heißen Sommermonate fand eine Demonstration in der Nähe eines Rechenzentrums statt. Die Situation eskalierte und es kam zu Gewalttätigkeiten. In einer Nebenstraße stand noch ein Fenster des Rechenzentrumsbereiches auf, durch das ein Demonstrant eindrang und die Gelegenheit nutzte, Hardware mit wichtigen Daten zu entwenden.

- Beim Aufbau einer Großkirmes wurde aus Versehen eine Stromleitung gekappt. Dies führte in einem hierdurch versorgten Rechenzentrum zu einem Ausfall, der jedoch durch die vorhandene Netzersatzanlage abgefangen werden konnte.

Referenzierungen

In der folgenden Tabelle sind alle 12 Anforderungen aufgeführt, in welchen auf die Gefährdung Bezug genommen wird:

Baustein	Basic	Standard	erhöhter Schutzbedarf
INF.1	A1, A6, A7	A9	A22, A23, A35
INF.2	A1	A12, A13	A21, A28

G 0.8 Ausfall oder Störung der Stromversorgung

Trotz hoher Versorgungssicherheit kommt es immer wieder zu Unterbrechungen der Stromversorgung seitens der Verteilungsnetzbetreiber (VNB) bzw. Energieversorgungsunternehmen (EVU). Die größte Zahl dieser Störungen ist mit Zeiten unter einer Sekunde so kurz, dass der Mensch sie nicht bemerkt. Aber schon Unterbrechungen von mehr als 10 ms sind geeignet, den IT-Betrieb zu stören. Neben Störungen im Versorgungsnetz können jedoch auch Abschaltungen bei nicht angekündigten Arbeiten oder Kabelbeschädigungen bei Tiefbauarbeiten dazu führen, dass die Stromversorgung ausfällt.

Von der Stromversorgung sind nicht nur die offensichtlichen, direkten Stromverbraucher (PC, Beleuchtung usw.) abhängig. Viele Infrastruktur-Einrichtungen sind heute vom Strom abhängig, z. B. Aufzüge, Klimatechnik, Gefahrenmeldeanlagen, Sicherheitsschleusen, automatische Türschließanlagen und Sprinkleranlagen. Selbst die Wasserversorgung in Hochhäusern ist wegen der zur Druck-Erzeugung in den oberen Etagen erforderlichen Pumpen stromabhängig. Bei längeren Stromausfällen kann der Ausfall der Infrastruktur-Einrichtungen dazu führen, dass keinerlei Tätigkeiten mehr in den betroffenen Räumlichkeiten durchgeführt werden können.

Neben Ausfällen können auch andere Störungen der Stromversorgung den Betrieb beeinträchtigen. Überspannung kann beispielsweise zu Fehlfunktionen oder sogar zu Beschädigungen von elektrischen Geräten führen.

Zu beachten ist außerdem, dass durch Ausfälle oder Störungen der Stromversorgung in der Nachbarschaft unter Umständen auch die eigenen Geschäftsprozesse betroffen sein können, beispielsweise wenn Zufahrtswege blockiert werden.

Elementare Gefährdungen

Beispiele:

- Durch einen Fehler in der USV eines Rechenzentrums schaltete diese nach einem kurzen Stromausfall nicht auf Normalbetrieb zurück. Nach Entladung der Batterien (nach etwa 40 Minuten) fielen alle Rechner im betroffenen Server-Saal aus.
- Anfang 2001 gab es über 40 Tage einen Strom-Notstand in Kalifornien. Die Stromversorgungslage war dort so angespannt, dass die Kalifornische Netzüberwachungsbehörde rotierende Stromabschaltungen anordnete. Von diesen Stromabschaltungen, die bis zu 90 Minuten andauerten, waren nicht nur Haushalte, sondern auch die High-Tech-Industrie betroffen. Weil mit dem Stromausfall auch Alarmanlagen und Überwachungskameras ausgeschaltet wurden, hielten die Energieversorger ihre Abschaltpläne geheim.
- Im November 2005 waren nach heftigen Schneefällen in Niedersachsen und Nordrhein-Westfalen viele Gemeinden tagelang ohne Stromversorgung, weil viele Hochspannungsmasten unter der Schnee- und Eislast umgestürzt waren. Die Wiederherstellung der Stromversorgung dauerte einige Tage.

Referenzierungen

In der folgenden Tabelle sind alle 75 Anforderungen aufgeführt, in welchen auf die Gefährdung Bezug genommen wird:

Baustein	Basic	Standard	erhöhter Schutzbedarf
IND.2.1		A7	A19
INF.1	A1, A2	A13, A14, A15, A36	A25, A30
INF.12	A1, A2, A3, A4	A5, A6, A7, A8, A9, A10, A11, A12, A13	A14, A15, A16, A17
INF.2	A2, A3, A4, A8, A9, A10, A17	A13, A14, A19, A30	A21, A23, A25, A26, A28
INF.5	A4, A6, A9	A8, A11, A12, A14, A15, A16, A17	A19, A20, A22, A23, A24, A25, A26
NET.3.2		A23	A29
NET.4.3			A12, A13
SYS.1.1	A1	A11, A12, A15, A21	A28
SYS.1.8	A1		
SYS.4.4		A6, A7, A9	A21

G 0.9 Ausfall oder Störung von Kommunikationsnetzen

Für viele Geschäftsprozesse werden heutzutage zumindest zeitweise intakte Kommunikationsverbindungen benötigt, sei es über Telefon, Fax, E-Mail oder andere Dienste über Nah- oder Weitverkehrsnetze. Fallen einige oder mehrere dieser Kommunikationsverbindungen über einen längeren Zeitraum aus, kann dies beispielsweise dazu führen, dass

- Geschäftsprozesse nicht mehr weiterbearbeitet werden können, weil benötigte Informationen nicht abgerufen werden können,
- Kunden die Institution nicht mehr für Rückfragen erreichen können,
- Aufträge nicht abgegeben oder beendet werden können.

Werden auf IT-Systemen, die über Weitverkehrsnetze verbunden sind, zeitkritische Anwendungen betrieben, sind die durch einen Netzausfall möglichen Schäden und Folgeschäden entsprechend hoch, wenn keine Ausweichmöglichkeiten (z. B. Anbindung an ein zweites Kommunikationsnetz) vorhanden sind.

Zu ähnlichen Problemen kann es kommen, wenn die benötigten Kommunikationsnetze gestört sind, ohne jedoch vollständig auszufallen. Kommunikationsverbindungen können beispielsweise eine erhöhte Fehlerrate oder andere Qualitätsmängel aufweisen. Falsche Betriebsparameter können ebenfalls zu Beeinträchtigungen führen.

Beispiele:

- Das Internet ist heute für viele Institutionen zu einem unverzichtbaren Kommunikationsmedium geworden, unter anderem zum Abruf wichtiger Informationen, zur Außendarstellung sowie zur Kommunikation mit Kunden und Partnern. Unternehmen, die sich auf Internet-basierte Dienstleistungen spezialisiert haben, sind natürlich in besonderem Maße von einer funktionierenden Internet-Anbindung abhängig.
- Im Zuge der Konvergenz der Netze werden Sprach- und Datendienste häufig über die gleichen technischen Komponenten transportiert (z. B. VoIP). Dadurch steigt jedoch die Gefahr, dass bei einer Störung der Kommunikationstechnik die Sprachdienste und die Datendienste gleichzeitig ausfallen.

Referenzierungen

In der folgenden Tabelle sind alle 82 Anforderungen aufgeführt, in welchen auf die Gefährdung Bezug genommen wird:

Baustein	Basic	Standard	erhöhter Schutzbedarf
APP.1.4	A1		
APP.3.6			A22
IND.1		A4, A5, A6, A21	A13, A24
IND.2.1		A7	A18, A19
IND.2.7		A4, A5, A6, A7, A9	
INF.12	A1, A2, A3	A5, A12	A15, A17
NET.1.1	A14	A22, A25	A29, A30
NET.2.1	A2, A4		
NET.3.1	A1, A4, A5, A9	A11, A12, A13, A14, A15, A16, A17, A18, A19, A23	A24, A28
NET.3.2	A4, A6, A7	A18, A23	A29, A30
NET.3.3	A3	A9, A11	
NET.4.1	A2	A13, A14, A15	A19
NET.4.2	A1, A4	A9, A12	A15, A16
OPS.1.1.5			A13
OPS.2.2		A11	
OPS.3.1		A8, A14	
SYS.1.1	A1	A11, A12, A21, A25	A28
SYS.3.2.3		A14	
SYS.4.4		A6, A7, A9, A17	

G 0.10 Ausfall oder Störung von Versorgungsnetzen

Es gibt in einem Gebäude eine Vielzahl von Netzen, die der grundlegenden Ver- und Entsorgung und somit als Basis für alle Geschäftsprozesse einer Institution einschließlich der IT dienen. Beispiele für solche Versorgungsnetze sind:

- Strom,
- Telefon,
- Kühlung,
- Heizung bzw. Lüftung,
- Wasser und Abwasser,
- Löschwasserspeisungen,
- Gas,
- Melde- und Steueranlagen (z. B. für Einbruch, Brand, Hausleittechnik) und
- Sprechanlagen.

Der Ausfall oder die Störung eines Versorgungsnetzes kann unter anderem dazu führen, dass Menschen nicht mehr im Gebäude arbeiten können oder dass der IT-Betrieb und somit die Informationsverarbeitung beeinträchtigt wird.

Die Netze sind in unterschiedlich starker Weise voneinander abhängig, so dass sich Betriebsstörungen in jedem einzelnen Netz auch auf andere auswirken können.

- Ein Ausfall von Heizung oder Lüftung kann zur Folge haben, dass alle Mitarbeiter die betroffenen Gebäude verlassen müssen. Dies kann unter Umständen hohe Schäden nach sich ziehen.

- Der Ausfall der Stromversorgung wirkt nicht nur auf die IT direkt, sondern auch auf alle anderen Netze, die mit elektrisch betriebener Steuer- und Regeltechnik ausgestattet sind. Selbst in Abwasserleitungen sind unter Umständen elektrische Hebepumpen vorhanden.

- Der Ausfall der Wasserversorgung beeinträchtigt eventuell die Funktion von Klimaanlagen.

Elementare Gefährdungen

Referenzierungen

In der folgenden Tabelle sind alle 35 Anforderungen aufgeführt, in welchen auf die Gefährdung Bezug genommen wird:

Baustein	Basic	Standard	erhöhter Schutzbedarf
IND.2.1		A7	
INF.1	A1	A13, A14, A15, A36	A25, A30
INF.2	A2, A8, A9, A10, A11, A17	A13, A19, A30	A21, A23, A28
INF.5	A4, A6	A11, A12, A14, A15, A16, A17	A19, A20, A22, A23, A24, A25, A26

G 0.11 Ausfall oder Störung von Dienstleistern

Kaum eine Institution arbeitet heute noch ohne Dienstleister wie Zulieferer oder Outsourcing-Anbieter. Wenn Organisationseinheiten von Dienstleistern abhängig sind, kann durch Ausfälle externer Dienstleistungen die Aufgabenbewältigung beeinträchtigt werden. Der teilweise oder vollständige Ausfall eines Outsourcing-Dienstleisters oder eines Zulieferers kann sich erheblich auf die betriebliche Kontinuität auswirken, insbesondere bei kritischen Geschäftsprozessen. Es gibt verschiedene Ursachen für solche Ausfälle, beispielsweise Insolvenz, einseitige Kündigung des Vertrags durch den Dienstleister oder Zulieferer, betriebliche Probleme beispielsweise durch Naturgewalten oder Personalausfall. Probleme können auch entstehen, wenn die vom Dienstleister erbrachten Leistungen nicht den Qualitätsanforderungen des Auftraggebers entsprechen.

Zu beachten ist außerdem, dass Dienstleister ebenfalls häufig auf Unterauftragnehmer zurückgreifen, um ihre Leistungen gegenüber dem Auftraggeber zu erbringen. Störungen, Qualitätsmängel und Ausfälle seitens der Unterauftragnehmer können dadurch indirekt zu Beeinträchtigungen beim Auftraggeber führen.

Auch durch Ausfälle von IT-Systemen beim Dienstleister oder der Kommunikationsanbindungen zu diesem können Geschäftsprozesse beim Auftraggeber beeinträchtigt werden.

Eine gegebenenfalls notwendige Rückholung ausgelagerter Prozesse kann stark erschwert sein, beispielsweise weil die ausgelagerten Verfahren nicht hinreichend dokumentiert sind oder weil der bisherige Dienstleister die Rückholung nicht unterstützt.

Beispiele:

- Ein Unternehmen hat seine Server in einem Rechenzentrum eines externen Dienstleisters installiert. Nach einem Brand in diesem Rechenzentrum war die Finanzabteilung des Unternehmens nicht mehr handlungsfähig. Es entstanden erhebliche finanzielle Verluste für das Unternehmen.
- Die Just-in-Time-Produktion eines Unternehmens war von der Zulieferung von Betriebsmitteln externer Dienstleister abhängig. Nachdem ein LKW durch einen Defekt beim Dienstleister ausfiel, verzögerte sich die Lieferung dringend benötigter Teile drastisch. Eine Reihe von Kunden konnte dadurch nicht fristgerecht beliefert werden.
- Ein Bankinstitut wickelte alle Geldtransporte mit einem Werttransportunternehmen ab. Das Werttransportunternehmen meldete überraschend Konkurs an. Die Vereinbarung und Tourenplanung mit einem neuen Werttransporter dauerte mehrere Tage. Als Folge kam es zu erheblichen Problemen und Zeitverzögerungen bei der Geldversorgung und -entsorgung der Bankfilialen.

Referenzierungen

In der folgenden Tabelle sind alle 60 Anforderungen aufgeführt, in welchen auf die Gefährdung Bezug genommen wird:

Baustein	Basic	Standard	erhöhter Schutzbedarf
APP.2.1	A2, A3, A5, A6	A8	A16
APP.2.2	A1, A2, A7		
APP.2.3	A4		
APP.3.2		A10	
DER.4			A16
IND.1		A5, A6, A8	A13
IND.2.4	A1		
IND.2.7		A4, A5, A6	
INF.2			A21
INF.5			A23, A24

Baustein	Basic	Standard	erhöhter Schutzbedarf
NET.1.1	A14	A25	A29, A30
NET.3.1	A4, A7, A8, A9	A11, A12, A14, A22, A23	
NET.3.3	A2	A9, A11	
NET.4.1	A1, A2	A15	A19
OPS.2.1		A3, A5, A9, A14, A15	
OPS.2.2		A8, A9, A11	A15, A16
SYS.1.8		A9	
SYS.3.2.2	A3		
SYS.3.2.3	A2	A14, A15	A23, A26

G 0.12 Elektromagnetische Störstrahlung

Informationstechnik setzt sich heute zu einem großen Teil aus elektronischen Komponenten zusammen. Zwar wird zunehmend auch optische Übertragungstechnik eingesetzt, dennoch enthalten beispielsweise Computer, Netzkoppelelemente und Speichersysteme in der Regel sehr viele elektronische Bauteile. Durch elektromagnetische Störstrahlung, die auf solche Bauteile einwirkt, können elektronische Geräte in ihrer Funktion beeinträchtigt oder sogar beschädigt werden. Als Folge kann es unter anderem zu Ausfällen, Störungen, falschen Verarbeitungsergebnissen oder Kommunikationsfehlern kommen.

Auch drahtlose Kommunikation kann durch elektromagnetische Störstrahlung beeinträchtigt werden. Hierzu reicht unter Umständen eine ausreichend starke Störung der verwendeten Frequenzbänder.

Weiterhin können Informationen, die auf bestimmten Arten von Datenträgern gespeichert sind, durch elektromagnetische Störstrahlung gelöscht oder verfälscht werden. Dies betrifft insbesondere magnetisierbare Datenträger (Festplatten, Magnetbänder etc.) und Halbleiter-Speicher. Auch eine Beschädigung solcher Datenträger durch elektromagnetische Störstrahlung ist möglich.

Es gibt viele unterschiedliche Quellen elektromagnetischer Felder oder Strahlung, zum Beispiel Funknetze wie WLAN, Bluetooth, GSM, UMTS etc., Dauermagnete und kosmische Strahlung. Außerdem strahlt jedes elektrische Gerät mehr oder weniger starke elektromagnetische Wellen ab, die sich unter anderem durch die Luft und entlang metallischer Leiter (z. B. Kabel, Klimakanäle, Heizungsrohre etc.) ausbreiten können.

In Deutschland enthält das Gesetz über die elektromagnetische Verträglichkeit von Betriebsmitteln (EMVG) Regelungen zu diesem Thema.

Referenzierungen

In der folgenden Tabelle sind alle 8 Anforderungen aufgeführt, in welchen auf die Gefährdung Bezug genommen wird:

Baustein	Basic	Standard	erhöhter Schutzbedarf
IND.2.1		A7, A13	
INF.12	A1, A2	A7, A12, A13	A14

G 0.13 Abfangen kompromittierender Strahlung

Elektrische Geräte strahlen elektromagnetische Wellen ab. Bei Geräten, die Informationen verarbeiten (z. B. Computer, Bildschirme, Netzkoppelelemente, Drucker), kann diese Strahlung auch die gerade verarbeiteten Informationen mit sich führen. Derartige informationstragende Abstrahlung wird bloßstellende oder kompromittierende Abstrahlung genannt. Ein Angreifer, der sich beispielsweise in einem Nachbarhaus oder in einem in der Nähe abgestellten Fahrzeug befindet, kann versuchen, diese Abstrahlung zu empfangen und daraus die verarbeiteten Informationen zu rekonstruieren. Die Vertraulichkeit der Informationen ist damit in Frage gestellt. Eine mögliche Zielsetzung eines solchen Angriffes ist Industriespionage.

Die Grenzwerte des Gesetzes über die elektromagnetische Verträglichkeit von Betriebsmitteln (EMVG) reichen im Allgemeinen nicht aus, um das Abfangen der bloßstellenden Abstrahlung zu verhindern. Falls dieses Risiko nicht akzeptiert werden kann, müssen deshalb in aller Regel zusätzliche Schutzmaßnahmen getroffen werden.

Bloßstellende Abstrahlung ist nicht auf elektromagnetische Wellen beschränkt. Auch aus Schallwellen, zum Beispiel bei Druckern oder Tastaturen, können unter Umständen nützliche Informationen gewonnen werden.

Zu beachten ist außerdem, dass bloßstellende Abstrahlung in bestimmten Fällen auch durch äußere Manipulation von Geräten verursacht oder verstärkt werden kann. Wird zum Beispiel ein Gerät mit elektromagnetischen Wellen bestrahlt, kann es passieren, dass die reflektierten Wellen vertrauliche Informationen mit sich führen.

Elementare Gefährdungen

Referenzierungen

In der folgenden Tabelle sind alle 5 Anforderungen aufgeführt, in welchen auf die Gefährdung Bezug genommen wird:

Baustein	Basic	Standard	erhöhter Schutzbedarf
CON.1			A17
INF.8		A4	A6
SYS.3.2.2	A4, A5		

G 0.14 Ausspähen von Informationen (Spionage)

Mit Spionage werden Angriffe bezeichnet, die das Ziel haben, Informationen über Unternehmen, Personen, Produkte oder andere Zielobjekte zu sammeln, auszuwerten und aufzubereiten. Die aufbereiteten Informationen können dann beispielsweise eingesetzt werden, um einem anderem Unternehmen bestimmte Wettbewerbsvorteile zu verschaffen, Personen zu erpressen oder ein Produkt nachbauen zu können.

Neben einer Vielzahl technisch komplexer Angriffe gibt es oft auch viel einfachere Methoden, um an wertvolle Informationen zu kommen, beispielsweise indem Informationen aus mehreren öffentlich zugänglichen Quellen zusammengeführt werden, die einzeln unverfänglich aussehen, aber in anderen Zusammenhängen kompromittierend sein können. Da vertrauliche Daten häufig nicht ausreichend geschützt werden, können diese oft auf optischem, akustischem oder elektronischem Weg ausgespäht werden.

Beispiele:

- Viele IT-Systeme sind durch Identifikations- und Authentisierungsmechanismen gegen eine unberechtigte Nutzung geschützt, z. B. in Form von Benutzerkennung- und Passwort-Prüfung. Wenn das Passwort allerdings unverschlüsselt über die Leitung geschickt wird, ist es einem Angreifer unter Umständen möglich, dieses auszulesen.

- Um Geld an einem Geldausgabeautomaten abheben zu können, muss die korrekte PIN für die verwendete ec- oder Kreditkarte eingegeben werden. Leider ist der Sichtschutz an diesen Geräten häufig unzureichend, so dass ein Angreifer einem Kunden bei der Eingabe der PIN ohne Mühe über die Schulter schauen kann. Wenn der Angreifer hinterher die Karte stiehlt, kann er damit das Konto plündern.

- Um Zugriffsrechte auf einem PC zu erhalten oder diesen anderweitig zu manipulieren, kann ein Angreifer dem Benutzer ein Trojanisches Pferd schicken, das er als vorgeblich nützliches Programm einer E-Mail beigefügt hat. Neben unmittelbaren Schäden können über Trojanische Pferde vielfältige Informationen nicht nur über den einzelnen Rechner, sondern auch über das lokale Netz ausgespäht werden. Insbesondere verfolgen viele Trojanische Pferde das Ziel, Passwörter oder andere Zugangsdaten auszuspähen.

- In vielen Büros sind die Arbeitsplätze akustisch nicht gut gegeneinander abgeschirmt. Dadurch können Kollegen, aber auch Besucher eventuell Gespräche mithören und dabei Kenntnis von Informationen erlangen, die nicht für sie bestimmt oder sogar vertraulich sind.

Referenzierungen

In der folgenden Tabelle sind alle 353 Anforderungen aufgeführt, in welchen auf die Gefährdung Bezug genommen wird:

Baustein	Basic	Standard	erhöhter Schutzbedarf
APP.1.2	A2, A3	A7	A10
APP.1.4	A1, A5, A7, A8	A3, A12	A14
APP.2.1	A2, A3, A6	A13	
APP.2.2	A1, A2, A3, A5, A6, A7	A8, A9	A14, A15
APP.3.3	A3		A12
APP.4.2	A1, A2, A3, A4, A5, A6, A7, A8	A11, A12, A15, A16, A17, A18, A22, A23, A26, A27, A30	A32
APP.4.3	A3, A4	A12, A13	A24
APP.4.6	A1, A2, A3, A4	A8, A9, A10, A11, A12, A13, A14, A15, A16, A17, A18, A19, A21	
CON.1		A3	A13
CON.7	A1, A2, A7	A14	A17
CON.8	A5, A6		

Baustein	Basic	Standard	erhöhter Schutzbedarf
CON.9		A8	
IND.1	A3	A4, A6, A8	
IND.2.1	A1, A2, A4, A6	A8, A11, A13, A16, A17	A19, A20
IND.2.3	A1	A2	A3
IND.2.4	A1		
IND.2.7	A1, A2	A4, A5, A6, A7, A9, A11	
INF.10		A4, A6, A7	A9, A10
INF.7	A1, A2	A6, A7	
INF.8	A1, A2	A4, A5	A6
INF.9	A1, A2, A3	A5, A6, A8, A9, A12	A11
NET.3.1	A4, A5, A6, A9	A11, A12, A13, A14, A22, A23	A24, A25, A26, A27
NET.3.2	A2, A3, A4	A16, A20, A32	A27, A31
NET.3.3	A4	A7, A10, A13	
NET.4.1		A7, A8, A10	
NET.4.3	A1	A4, A6, A8, A9, A10	A11, A13
OPS.1.1.2	A3, A4, A5, A6	A7, A12, A20	A14, A16, A17, A18
OPS.1.1.4	A1, A2, A3, A5, A6, A7	A9	A10, A11, A12, A13, A14
OPS.1.1.5			A12
OPS.1.1.6		A7	A16
OPS.1.2.2	A8		A21
OPS.1.2.4	A1, A2, A5	A7	
OPS.1.2.5	A3	A8, A17	
OPS.2.1		A7, A10	
OPS.2.2			A17, A19
OPS.3.1		A4, A8, A9	
ORP.1	A1, A2, A3, A15	A8, A13, A16	
ORP.2	A1, A5, A15		A13
ORP.3	A1, A3	A7	A9
ORP.4	A9	A10, A12, A13, A18	A24
SYS.1.1	A2, A5, A6	A19, A21, A22	A33, A34
SYS.1.2.2	A2, A3	A4, A5, A6	A11, A14
SYS.1.3	A2	A8	A14, A16, A17
SYS.1.7	A1, A2, A5, A6, A7, A8, A9, A11	A14, A16, A19, A22, A23, A24, A29, A30	A33, A34, A35, A36, A38
SYS.2.1	A1	A21, A24, A27	A28, A35, A36, A37
SYS.2.4	A2	A4, A5, A7, A8, A9, A11	A12
SYS.3.1	A1, A3, A9	A6, A7, A8, A12, A13, A14	
SYS.3.2.1	A2, A3, A5, A6, A7	A9, A11, A12, A13, A19, A22, A28, A31, A34	A25, A26, A27
SYS.3.2.2	A4, A5	A7, A21, A22	A14, A19
SYS.3.2.3	A1, A2	A12, A13, A14, A17, A21	A26
SYS.3.2.4		A2	
SYS.3.3	A1, A3, A4	A5, A8, A10	A13, A14, A15
SYS.4.4	A1, A2, A5	A6, A8, A9, A10, A11, A13, A15, A17, A18, A19	A23, A24
SYS.4.5	A10		

Elementare Gefährdungen

G 0.15 Abhören

Mit Abhören werden gezielte Angriffe auf Kommunikationsverbindungen, Gespräche, Geräuschquellen aller Art oder IT-Systeme zur Informationssammlung bezeichnet. Dies beginnt beim unbemerkten, heimlichen Belauschen eines Gesprächs und reicht bis zu hoch technisierten komplexen Angriffen, um über Funk oder Leitungen gesendete Signale abzufangen, z. B. mit Hilfe von Antennen oder Sensoren.

Nicht nur wegen des geringen Entdeckungsrisikos ist das Abhören von Leitungen oder Funkverbindungen eine nicht zu vernachlässigende Gefährdung der Informationssicherheit. Grundsätzlich gibt es keine abhörsicheren Kabel. Lediglich der erforderliche Aufwand zum Abhören unterscheidet die Kabel. Ob eine Leitung tatsächlich abgehört wird, ist nur mit hohem messtechnischen Aufwand feststellbar.

Besonders kritisch ist die ungeschützte Übertragung von Authentisierungsdaten bei Klartextprotokollen wie HTTP, FTP oder Telnet, da diese durch die klare Strukturierung der Daten leicht automatisch zu analysieren sind.

Der Entschluss, irgendwo Informationen abzuhören, wird im Wesentlichen durch die Frage bestimmt, ob die Informationen den technischen bzw. den finanziellen Aufwand und das Risiko der Entdeckung wert sind. Die Beantwortung dieser Frage ist sehr von den individuellen Möglichkeiten und Interessen des Angreifers abhängig.

Beispiele:

- Bei Telefonaten kann für einen Angreifer nicht nur das Abhören von Gesprächen interessant sein. Auch die Informationen, die bei der Signalisierung übertragen werden, können von einem Angreifer missbraucht werden, z. B. falls durch eine fehlerhafte Einstellung im Endgerät das Passwort bei der Anmeldung im Klartext übertragen wird.
- Bei ungeschützter oder unzureichend geschützter Funkübertragung (z. B. wenn ein WLAN nur mit WEP abgesichert wird), kann ein Angreifer leicht die gesamte Kommunikation abhören.
- E-Mails können während ihres gesamten Weges durch das Netz gelesen werden, wenn sie nicht verschlüsselt sind. Unverschlüsselte E-Mails sollten daher nicht mit klassischen Briefen, sondern mit Postkarten verglichen werden.

Referenzierungen

In der folgenden Tabelle sind alle 191 Anforderungen aufgeführt, in welchen auf die Gefährdung Bezug genommen wird:

Baustein	Basic	Standard	erhöhter Schutzbedarf
APP.1.2	A13		
APP.1.4	A1, A5, A8		
APP.2.1	A2, A3, A6	A13	
APP.2.2	A1, A2, A3, A5, A6, A7	A8, A9	A14, A15
APP.2.3	A1, A3, A5, A6	A9, A10, A11	
APP.3.1		A11, A21	
APP.3.2	A5, A11		
APP.3.4	A2		A15
APP.4.3	A3, A4	A12, A16	A24, A25
APP.5.2		A11	
APP.5.3	A1, A2		
CON.1		A3	
CON.7	A7, A8	A14	
CON.8	A5, A6	A16	A17
DER.2.1	A5	A9	
DER.2.3	A4	A7, A8	
IND.1		A5	
IND.2.1	A4, A6	A13	
IND.2.7	A1, A2	A4, A6, A7, A9, A11	
INF.10		A4, A6	A9, A10
INF.11			A15
INF.12	A3	A9, A10, A11	A15, A16
INF.2			A23

Baustein	Basic	Standard	erhöhter Schutzbedarf
INF.7	A1	A7	
INF.8	A3	A4	A6
NET.1.1	A7		A34
NET.1.2	A9, A10	A14, A21	A31
NET.2.1	A2, A3, A5, A6, A7, A8	A9, A10	A15, A16, A17
NET.2.2	A1, A2, A3		
NET.3.1	A4, A5, A6, A9	A11, A12, A13, A14, A22, A23	A24, A25, A26, A27
NET.4.1	A5	A7, A8, A17	
NET.4.2	A1	A7, A8, A9, A13	A14
OPS.1.1.5			A12
OPS.2.1		A9, A10	
OPS.2.2		A7, A13	A17
ORP.3	A1, A3	A7	A9
ORP.4	A9	A18	
SYS.1.2.2	A2, A3	A4, A5, A6	
SYS.1.5	A5	A11, A16	A23, A26, A27, A28
SYS.1.8	A2		A23
SYS.2.1		A18, A20, A21	A28, A35
SYS.2.2.3	A1, A4, A6	A14, A18, A19	A25
SYS.3.2.1	A1, A3, A5, A6, A7	A9, A11, A16, A22	A25, A26, A27
SYS.3.2.2		A21, A22	
SYS.3.3	A1, A3, A4	A8, A10	A15
SYS.4.1		A7, A11	
SYS.4.3		A8, A9, A11	A13, A18

G 0.16 Diebstahl von Geräten, Datenträgern oder Dokumenten

Durch den Diebstahl von Datenträgern, IT-Systemen, Zubehör, Software oder Daten entstehen einerseits Kosten für die Wiederbeschaffung sowie für die Wiederherstellung eines arbeitsfähigen Zustands, andererseits Verluste aufgrund mangelnder Verfügbarkeit. Wenn durch den Diebstahl vertrauliche Informationen offengelegt werden, kann dies weitere Schäden nach sich ziehen. Neben Servern und anderen teuren IT-Systemen werden auch mobile IT-Systeme, die unauffällig und leicht zu transportieren sind, häufig gestohlen. Es gibt aber auch Fälle, in denen gezielt Datenträger, wie Dokumente oder USB-Sticks, entwendet wurden, um an die darauf gespeicherten vertraulichen Informationen zu gelangen.

Beispiele:

- Im Frühjahr 2000 verschwand ein Notebook aus dem amerikanischen Außenministerium. In einer offiziellen Stellungnahme wurde nicht ausgeschlossen, dass das Gerät vertrauliche Informationen enthalten könnte. Ebenso wenig war bekannt, ob das Gerät kryptographisch oder durch andere Maßnahmen gegen unbefugten Zugriff gesichert war.
- In einem deutschen Bundesamt wurde mehrfach durch die gleichen ungesicherten Fenster eingebrochen. Neben anderen Wertsachen verschwanden auch mobile IT-Systeme. Ob Akten kopiert oder manipuliert wurden, konnte nicht zweifelsfrei ausgeschlossen werden.
- In Großbritannien gab es eine Reihe von Datenpannen, bei denen vertrauliche Unterlagen offengelegt wurden, weil Datenträger gestohlen wurden. In einem Fall wurden bei der britischen Luftwaffe mehrere Computer-Festplatten gestohlen, die sehr persönliche Informationen enthielten, die zur Sicherheitsüberprüfung von Mitarbeitern erfasst worden waren.
- Ein Mitarbeiter eines Call-Centers erstellte, kurz bevor er das Unternehmen verlassen musste, Kopien einer großen Menge von vertraulichen Kundendaten. Nach seinem Ausscheiden aus dem Unternehmen hat er diese Daten dann an Wettbewerber verkauft. Da anschließend Details über den Vorfall an die Presse gelangten, verlor das Call-Center viele wichtige Kunden.

Elementare Gefährdungen

Referenzierungen

In der folgenden Tabelle sind alle 127 Anforderungen aufgeführt, in welchen auf die Gefährdung Bezug genommen wird:

Baustein	Basic	Standard	erhöhter Schutzbedarf
APP.1.4	A1, A7		A14
APP.4.6		A8, A10, A14, A15, A16, A17, A18, A19, A20, A21	
CON.6	A2		
CON.7	A1, A4, A5, A9, A12	A11, A13	
INF.1	A6, A7	A9, A12, A27	A22, A23, A26, A31, A35
INF.10	A1		
INF.11			A12
INF.2	A6, A7	A12, A13	A24, A28
INF.6	A2, A3, A4	A5, A8	
INF.7	A1, A2	A7	A8
INF.8	A1, A2, A3	A4	A6
INF.9	A1, A2, A3	A9	A10
NET.2.1	A4	A12	
NET.4.3	A1	A4	A15
OPS.1.1.2	A3	A12, A20	A14
ORP.1	A2, A3	A8, A13	
ORP.2	A2, A5	A7	
ORP.4	A5		
SYS.1.1	A1	A11, A12, A21	A28
SYS.1.8	A1		
SYS.2.2.2	A2	A10, A11	A19
SYS.2.2.3		A17	A21
SYS.2.4		A4	A12
SYS.3.1	A1	A6, A14	A18
SYS.3.2.1	A3, A4, A5, A7	A10, A18, A19, A22	A25, A26, A27
SYS.3.2.2		A7, A22	A14, A23
SYS.3.2.3	A1	A12, A13, A14, A17	A23, A25, A26
SYS.3.3	A3, A4		
SYS.4.1	A1, A2		
SYS.4.4		A6, A7, A9	A21
SYS.4.5	A1, A2	A5	

G 0.17 Verlust von Geräten, Datenträgern oder Dokumenten

Es gibt eine Vielzahl von Ursachen, die zu einem Verlust von Geräten, Datenträgern und Dokumenten führen können. Hierdurch ist unmittelbar die Verfügbarkeit betroffen, es können aber auch vertrauliche Informationen in fremde Hände gelangen, wenn die Datenträger nicht komplett verschlüsselt sind. Durch die Wiederbeschaffung von Geräten oder Datenträgern entstehen Kosten, aber auch, wenn diese wieder auftauchen, können Informationen offengelegt oder unerwünschte Programme aufgespielt worden sein.

Besonders mobile Endgeräte und mobile Datenträger können leicht verloren gehen. Auf kleinen Speicherkarten können heute riesige Datenmengen gespeichert werden. Es kommt aber auch immer wieder vor, dass Dokumente in Papierform versehentlich liegen gelassen werden, beispielsweise in Gaststätten oder Verkehrsmitteln.

Beispiele:

- Eine Mitarbeiterin nutzt in der Straßenbahn die Fahrt zum Arbeitsplatz, um einige Unterlagen zu sichten. Als sie hektisch an der Zielhaltestelle aussteigt, lässt sie die Papiere versehentlich auf ihrem Nachbarplatz liegen. Zwar sind die Unterlagen nicht vertraulich, in der Folge müssen jedoch mehrere Unterschriften hochrangiger Führungskräfte erneut eingeholt werden.
- Auf einer Großveranstaltung fällt einem Mitarbeiter beim Suchen in seiner Aktentasche versehentlich und unbemerkt eine Speicherkarte mit vertraulichen Kalkulationen auf den Boden. Der Finder sichtet den Inhalt auf seinem Laptop und verkauft die Informationen an die Konkurrenz.
- Ein Hersteller sendet CDs mit Software-Updates zur Fehlerbehebung per Post an seine Kunden. Einige dieser CDs gehen auf dem Versandweg verloren, ohne dass Absender oder Empfänger darüber informiert werden. In der Folge kommt es bei den betroffenen Kunden zu Fehlfunktionen der Software.

Referenzierungen

In der folgenden Tabelle sind alle 56 Anforderungen aufgeführt, in welchen auf die Gefährdung Bezug genommen wird:

Baustein	Basic	Standard	erhöhter Schutzbedarf
APP.1.4	A1, A7		A14
CON.7	A1, A3	A11, A13	
DER.2.2	A2	A5, A8, A9, A10, A11, A12	A14, A15
IND.1	A19	A20, A21	
INF.8	A1, A2, A3	A5	A6
INF.9		A9	
OPS.2.1		A6, A10	
OPS.3.1		A9	
ORP.2	A3, A4, A5		
SYS.2.2.3		A17	A21
SYS.2.4		A4	A12
SYS.3.1	A1	A6, A14	A17
SYS.3.2.1	A3, A4, A5, A7	A18, A19, A22	A25, A26, A27
SYS.3.2.2		A22	
SYS.3.3	A4		
SYS.4.5	A1	A5, A6, A13	A14

G 0.18 Fehlplanung oder fehlende Anpassung

Wenn organisatorische Abläufe, die direkt oder indirekt der Informationsverarbeitung dienen, nicht sachgerecht gestaltet sind, kann dies zu Sicherheitsproblemen führen. Obwohl jeder einzelne Prozessschritt korrekt durchgeführt wird, kommt es oft zu Schäden, weil Prozesse insgesamt fehlerhaft definiert sind.

Eine weitere mögliche Ursache für Sicherheitsprobleme sind Abhängigkeiten mit anderen Prozessen, die selbst keinen offensichtlichen Bezug zur Informationsverarbeitung haben. Solche Abhängigkeiten können bei der Planung leicht übersehen werden und dadurch Beeinträchtigungen während des Betriebes auslösen.

Sicherheitsprobleme können außerdem dadurch entstehen, dass Aufgaben, Rollen oder Verantwortung nicht eindeutig zugewiesen sind. Unter anderem kann es dadurch passieren, dass Abläufe verzögert, Sicherheitsmaßnahmen vernachlässigt oder Regelungen missachtet werden.

Gefahr besteht auch, wenn Geräte, Produkte, Verfahren oder andere Mittel zur Realisierung der Informationsverarbeitung nicht sachgerecht eingesetzt werden. Die Auswahl eines ungeeigneten Produktes oder Schwachstellen beispielsweise in der Anwendungsarchitektur oder im Netzdesign können zu Sicherheitsproblemen führen.

Beispiele:

- Wenn Wartungs- oder Reparaturprozesse nicht auf die fachlichen Anforderungen abgestimmt sind, kann es dadurch zu inakzeptablen Ausfallzeiten kommen.
- Es kann ein erhöhtes Risiko durch Angriffe auf die eigenen IT-Systeme entstehen, wenn sicherheitstechnische Anforderungen bei der Beschaffung von Informationstechnik nicht berücksichtigt werden.

Elementare Gefährdungen

- Wenn benötigtes Verbrauchsmaterial nicht zeitgerecht zur Verfügung gestellt wird, können die davon abhängigen IT-Verfahren ins Stocken geraten.
- Es können Schwachstellen entstehen, wenn bei der Planung eines IT-Verfahrens ungeeignete Übertragungsprotokolle ausgewählt werden.

Die Informationstechnik und das gesamte Umfeld einer Behörde bzw. eines Unternehmens ändern sich ständig. Sei es, dass Mitarbeiter ausscheiden oder hinzukommen, neue Hard- oder Software beschafft wird oder ein Zulieferbetrieb Konkurs anmeldet. Werden die dadurch notwendigen organisatorischen und technischen Anpassungen nicht oder nur ungenügend berücksichtigt, können sich Gefährdungen ergeben.

Beispiele:

- Durch bauliche Änderungen im Gebäude werden bestehende Fluchtwege verändert. Da die Mitarbeiter nicht ausreichend unterrichtet wurden, kann das Gebäude nicht in der erforderlichen Zeit geräumt werden.
- Bei der Übermittlung elektronischer Dokumente wird nicht darauf geachtet, ein für die Empfängerseite lesbares Datenformat zu benutzen.

Referenzierungen

In der folgenden Tabelle sind alle 489 Anforderungen aufgeführt, in welchen auf die Gefährdung Bezug genommen wird:

Baustein	Basic	Standard	erhöhter Schutzbedarf
APP.1.1		A6, A10, A12	
APP.1.2	A6, A13		
APP.1.4	A1	A3, A12	A14, A16
APP.2.1	A1, A2, A3, A5	A7, A8, A9, A11, A12, A14, A15	A16
APP.2.2	A1, A2, A3, A7	A11	
APP.3.1	A1	A8, A9, A11, A22	
APP.3.2		A8, A9, A10	
APP.3.3	A15	A6	
APP.3.4	A1	A7, A8	
APP.3.6	A1		
APP.4.3	A1		A25
APP.5.2	A1, A2	A7	
APP.5.3	A2, A4	A6	A13
APP.6	A1, A2, A4	A6, A7, A8, A9, A10, A11, A12, A13	A14
APP.7	A1, A2, A3, A4	A5, A6, A7, A8	A10
CON.1	A1, A2	A4, A6	A7, A8, A9, A10, A12, A13, A15
CON.10	A10		
CON.2	A1		
CON.3	A1, A2, A4, A5	A6, A7, A9, A10, A11	A13
CON.6	A1, A11	A4, A8	
CON.7	A1, A2, A3, A8, A10, A12	A13	A17, A18
CON.8	A2, A3, A5	A1, A16, A21, A22	
CON.9	A1	A4	
DER.1		A6	A16
DER.2.1		A8, A10, A14, A17, A18	
DER.2.3	A2		
DER.3.1	A1, A2, A3, A4	A5, A6, A7, A8, A9, A10, A11, A12, A13, A14, A15, A16, A17, A18, A19, A20, A21, A22, A23, A24, A25, A26, A27	

Baustein	Basic	Standard	erhöhter Schutzbedarf
DER.3.2	A1, A2, A3, A4, A5, A6, A7, A8	A9, A10, A11, A12, A13, A14, A15, A16, A17, A18, A19, A20, A21, A22	
DER.4		A1, A2	A3, A4, A5, A6, A7, A8, A9, A10, A12, A13, A14, A15, A16
IND.1	A1	A5, A11, A21	
IND.2.3	A1		A3
IND.2.4	A1		
IND.2.7		A6	
INF.1	A1, A3, A4, A5, A10	A9, A12, A14, A17, A18, A19	A25, A30, A31, A32
INF.10		A5, A7	
INF.11	A1, A2, A3	A4, A5, A6, A7, A9	
INF.12	A1, A2	A6, A7, A8, A10	
INF.5	A1	A12	
INF.7	A1	A3	
INF.9	A1, A2	A6, A8	
ISMS.1	A1, A2, A3, A4, A5, A6, A7, A8, A9	A10, A11, A13, A15	A16, A17
NET.1.1	A3, A11, A13, A14	A16, A20, A21, A25, A26	
NET.1.2	A1, A2	A13, A14, A15	A35, A36, A38
NET.2.1	A1, A2, A3, A4, A7	A9, A10, A11	
NET.2.2	A1, A2		
NET.3.1	A1	A13, A22	
NET.3.2	A1, A14, A15	A32	A26
NET.3.3	A1, A3	A6, A8	
NET.4.1	A1, A2	A6, A13	
NET.4.2	A1	A9	A15, A16
NET.4.3	A1, A2	A4, A6, A7	
OPS.1.1.3	A1, A2, A15	A5, A6, A7, A11	A12, A13, A14
OPS.1.1.5		A6	
OPS.1.1.6	A1, A4	A6, A7, A10, A12, A13, A15	A14, A16
OPS.1.2.2	A1, A2, A4, A5	A10, A13, A14, A15, A16, A18, A19	
OPS.1.2.4	A1, A5	A6, A7, A8, A9, A10	
OPS.1.2.5	A1, A3	A6, A7, A9, A10, A20, A21	A22
OPS.2.1	A1	A5, A6, A9, A12, A13	
OPS.2.2	A1, A2, A3, A4	A5, A6, A8, A9, A10, A12, A13, A14	
OPS.3.1	A1	A11, A12	
ORP.1	A1, A2	A8, A13, A16	
ORP.4	A1, A2, A3, A5, A6, A7, A8, A9, A22, A23	A11, A14, A15, A16, A17, A18	
SYS.1.1		A11, A12, A13, A24, A35	
SYS.1.2.2	A1		
SYS.1.5		A9, A12, A13	
SYS.1.7	A4, A8, A9	A14, A16, A17, A18, A20, A21, A22, A23, A24, A25, A27, A28, A31	A32, A34, A37

Elementare Gefährdungen

Baustein	Basic	Standard	erhöhter Schutzbedarf
SYS.1.8		A7, A8, A9	
SYS.2.2.2		A4, A10, A11, A12	A18
SYS.2.2.3	A1, A2, A4	A9, A11, A12, A13, A14, A15, A16, A17, A18, A19, A20	A21, A22, A23, A24, A25
SYS.2.4	A1, A3	A6, A7, A8, A10, A11	
SYS.3.1	A1	A6, A7, A15	A16
SYS.3.2.1	A1, A2, A7	A18, A32, A33	A29, A30
SYS.3.2.2	A1, A2, A3, A20	A21, A22	
SYS.4.1	A1	A4, A18	A21
SYS.4.3	A1	A4	A12
SYS.4.4	A1	A6, A7, A8, A9, A10, A20	A21, A23

G 0.19 Offenlegung schützenswerter Informationen

Vertrauliche Daten und Informationen dürfen nur den zur Kenntnisnahme berechtigten Personen zugänglich sein. Neben der Integrität und der Verfügbarkeit gehört die Vertraulichkeit zu den Grundwerten der Informationssicherheit. Für vertrauliche Informationen (wie Passwörter, personenbezogene Daten, Firmen- oder Amtsgeheimnisse, Entwicklungsdaten) besteht die inhärente Gefahr, dass diese durch technisches Versagen, Unachtsamkeit oder auch durch vorsätzliche Handlungen offengelegt werden.

Dabei kann auf diese vertraulichen Informationen an unterschiedlichen Stellen zugegriffen werden, beispielsweise

- auf Speichermedien innerhalb von Rechnern (Festplatten),
- auf austauschbaren Speichermedien (USB-Sticks, CDs oder DVDs),
- in gedruckter Form auf Papier (Ausdrucke, Akten) und
- auf Übertragungswegen während der Datenübertragung.

Auch die Art und Weise, wie Informationen offengelegt werden, kann sehr unterschiedlich sein, zum Beispiel:

- unbefugtes Auslesen von Dateien,
- unbedachte Weitergabe, z. B. im Zuge von Reparaturaufträgen,
- unzureichende Löschung oder Vernichtung von Datenträgern,
- Diebstahl des Datenträgers und anschließendes Auswerten,
- Abhören von Übertragungsleitungen,
- Infektion von IT-Systemen mit Schadprogrammen,
- Mitlesen am Bildschirm oder Abhören von Gesprächen.

Werden schützenswerte Informationen offengelegt, kann dies schwerwiegende Folgen für eine Institution haben. Unter anderem kann der Verlust der Vertraulichkeit zu folgenden negativen Auswirkungen für eine Institution führen:

- Verstoß gegen Gesetze, zum Beispiel Datenschutz, Bankgeheimnis,
- Negative Innenwirkung, zum Beispiel Demoralisierung der Mitarbeiter,
- Negative Außenwirkung, zum Beispiel Beeinträchtigung der Beziehungen zu Geschäftspartnern, verlorenes Vertrauen von Kunden,
- Finanzielle Auswirkungen, zum Beispiel Schadensersatzansprüche, Bußgelder, Prozesskosten,
- Beeinträchtigung des informationellen Selbstbestimmungsrechtes.

Ein Verlust der Vertraulichkeit wird nicht immer sofort bemerkt. Oft stellt sich erst später heraus, z. B. durch Presseanfragen, dass Unbefugte sich Zugang zu vertraulichen Informationen verschafft haben.

Beispiel:

- Käufer von gebrauchten Rechnern, Festplatten, Mobiltelefonen oder ähnlichen Geräten finden darauf immer wieder höchst vertrauliche Informationen wie Patientendaten oder Kontonummern.

Referenzierungen

In der folgenden Tabelle sind alle 487 Anforderungen aufgeführt, in welchen auf die Gefährdung Bezug genommen wird:

Baustein	Basic	Standard	erhöhter Schutzbedarf
APP.1.1	A2, A17	A12, A14	A15
APP.1.2	A2, A3, A6, A13	A7	A10
APP.1.4	A1, A5, A7, A8	A3, A12	A14
APP.2.1	A2, A3, A6		
APP.2.2	A1, A2, A3, A5, A6, A7	A8, A9	A14, A15
APP.3.1	A4, A14	A11, A21	A20
APP.3.2	A1, A2, A3	A12	
APP.3.3	A15		A12
APP.3.4		A9, A10	A15
APP.3.6	A4	A13, A14, A16, A19	A21
APP.4.3	A3, A4	A12, A19, A20	A21, A24, A25
APP.4.6	A1, A2, A3, A4	A8, A9, A10, A11, A12, A13, A14, A15, A16, A17, A18, A19, A20, A21	
APP.5.2		A9, A11, A12	A17
APP.5.3	A1	A5, A8	A10
APP.6	A2		
APP.7	A2	A7	
CON.1	A2	A3, A4, A5, A6	A7, A11, A13
CON.3	A5	A9, A12	A13
CON.6	A1, A2, A11, A12	A4, A8, A13	A14
CON.7	A1, A3, A4, A5, A6, A8, A9, A10, A12	A13, A14	
CON.8	A5, A8, A20	A14	A17, A18
CON.9	A1, A2, A3	A4, A5	A9
DER.2.1		A16	A20
DER.2.3	A6	A8	
DER.3.1		A5, A11, A12, A17, A18, A24	
DER.3.2		A10	
DER.4			A12
IND.1	A1	A8, A9, A23	
IND.2.1	A1, A2, A4	A8, A11, A16, A17	
IND.2.7	A1, A2	A4, A6, A7, A9, A11	
INF.11	A1, A2, A3	A7, A10	A14, A17
INF.6	A2, A3, A4	A8	
INF.8	A1, A2, A3	A4, A5	A6
INF.9	A1, A2, A3, A4	A5, A6, A8, A9, A12	A11
NET.1.1	A4, A5, A6, A10, A11, A12, A14	A18, A19, A22, A23, A24, A25	A31, A32, A33, A35
NET.1.2		A14, A21, A28, A29	A32, A33, A35, A36
NET.3.1	A1, A5		A25, A27
NET.3.2	A2, A3, A4, A6, A10	A16, A20	A25, A27
NET.3.3	A4	A7, A10, A13	
NET.4.1		A6, A7, A8, A11, A12, A17	

Elementare Gefährdungen

Baustein	Basic	Standard	erhöhter Schutzbedarf
NET.4.2		A7, A8, A11	A15, A16
NET.4.3		A4, A6, A8, A10	A11
OPS.1.1.3	A3, A16	A8	
OPS.1.1.4	A1, A2, A3, A5, A6, A7	A9	A10, A11, A12, A13, A14
OPS.1.1.5			A12
OPS.1.1.6	A11	A13	
OPS.1.2.2			A21
OPS.1.2.4	A1, A2, A5	A7	
OPS.1.2.5		A5, A7, A8, A19	A22
OPS.2.1		A6, A7, A8, A10, A11, A13	
OPS.2.2		A7, A10, A13	A19
OPS.3.1		A3, A4, A7, A9, A10, A11, A12, A13, A15	
ORP.1	A1, A2, A3, A4, A15	A8, A13, A16	
ORP.2	A5, A14, A15		
ORP.3	A1, A3	A7	A9
SYS.1.1	A2, A5, A6	A19, A22, A35	A33, A34
SYS.1.2.2	A2, A3	A4, A5, A6	A11, A14
SYS.1.5		A10, A11, A14, A15, A16	A22, A24
SYS.1.7	A1, A2, A4, A5, A6, A7, A8, A9, A11	A14, A16, A19, A20, A22, A23, A24, A26, A29, A30	A33, A34, A35, A36, A38
SYS.1.8	A2	A14, A15, A16, A19, A20	A21, A25, A26
SYS.2.1	A1, A42	A9, A16, A18, A21, A27	A28, A32, A35, A36, A37
SYS.2.2.2	A2, A3	A5, A8, A9, A10, A11, A12, A13	A14, A15, A20
SYS.2.2.3	A1, A4, A6	A12, A13, A14, A15, A16, A19, A20	A21, A23
SYS.2.3		A7, A8, A12	A19
SYS.2.4	A2	A4, A5, A7, A8, A9, A10, A11	A12
SYS.3.1	A1, A3, A9	A6, A7, A8, A12, A13, A14	
SYS.3.2.1	A1, A2, A3, A4, A5, A6	A9, A16, A18, A19, A22, A28, A34	A25, A26, A27
SYS.3.2.2	A20	A7, A21, A22	A14
SYS.3.2.3	A1, A2, A7	A12, A13, A14, A15, A17, A21	A25, A26
SYS.3.3	A1, A2, A3, A4	A5	A13, A14
SYS.4.1	A2, A22	A15, A17, A18	A14, A20
SYS.4.3		A11	
SYS.4.4	A1, A2, A5	A6, A7, A9, A10, A13, A15, A18, A19, A20	A23, A24
SYS.4.5	A10	A4, A5, A7, A13	

G 0.20 Informationen oder Produkte aus unzuverlässiger Quelle

Wenn Informationen, Software oder Geräte verwendet werden, die aus unzuverlässigen Quellen stammen oder deren Herkunft und Korrektheit nicht ausreichend geprüft wurden, kann der Einsatz hohe Gefahren mit sich bringen. Dies kann unter anderem dazu führen, dass geschäftsrelevante Informationen auf einer falschen Datenbasis beruhen, dass Berechnungen falsche Ergebnisse liefern oder dass falsche Entscheidungen getroffen werden. Ebenso können aber auch Integrität und Verfügbarkeit von IT-Systemen beeinträchtigt werden.

G 0.20 Informationen oder Produkte aus unzuverlässiger Quelle

Beispiele:

- Ein Empfänger kann durch E-Mails, deren Herkunft er nicht geprüft hat, dazu verleitet werden, bestimmte Aktionen durchzuführen, die sich für ihn oder andere nachteilig auswirken. Beispielsweise kann die E-Mail interessante Anhänge oder Links enthalten, die beim Anklicken dazu führen, dass Schadsoftware beim Empfänger installiert wird. Der Absender der E-Mail kann dabei gefälscht oder dem eines bekannten Kommunikationspartners nachgeahmt sein.
- Die Annahme, dass eine Angabe wahr ist, weil es „in der Zeitung steht" oder „im TV ausgestrahlt wurde", ist nicht immer gerechtfertigt. Dadurch können falsche Aussagen in geschäftskritische Berichte eingearbeitet werden.
- Die Zuverlässigkeit von Informationen, die über das Internet verbreitet werden, ist sehr unterschiedlich. Wenn Ausführungen ohne weitere Quellenprüfungen aus dem Internet übernommen werden, können daraus Fehlentscheidungen resultieren.
- Wenn Updates oder Patches aus nicht vertrauenswürdigen Quellen eingespielt werden, kann dies zu unerwünschten Nebenwirkungen führen. Wenn die Herkunft von Software nicht überprüft wird, besteht ein erhöhtes Risiko, dass IT-Systeme mit schädlichem Code infiziert werden.

Referenzierungen

In der folgenden Tabelle sind alle 82 Anforderungen aufgeführt, in welchen auf die Gefährdung Bezug genommen wird:

Baustein	Basic	Standard	erhöhter Schutzbedarf
APP.1.1	A17	A6, A11, A13	A15, A16
APP.1.4		A3	
APP.3.4		A10	
APP.3.6		A10	
APP.6	A3		
CON.1		A4	A9, A11, A13
CON.7	A2, A7, A8, A9	A14	A16
CON.8	A3, A5, A6	A14, A16	A17
DER.2.2	A2	A5, A6	
IND.1	A1	A11	
IND.2.7		A4, A6, A8, A11	A12
NET.3.1	A5	A13	
NET.3.2	A14, A15		A31
NET.4.2	A3		
OPS.1.1.3	A3	A8, A10	
OPS.1.2.5		A9, A10, A24	
SYS.1.1		A11, A16, A35	A31
SYS.1.2.2	A2, A3	A4	
SYS.1.3	A5		
SYS.1.5			A27
SYS.1.7	A3, A6	A23	A33
SYS.2.1	A3		A36
SYS.2.3	A2, A4, A5	A12	
SYS.3.2.1	A5	A28, A33	A30
SYS.4.3		A4, A8	A12, A13
SYS.4.4	A1, A5	A6, A8, A9	A23
SYS.4.5			A15

G 0.21 Manipulation von Hard- oder Software

Als Manipulation wird jede Form von gezielten, aber heimlichen Eingriffen bezeichnet, um Zielobjekte aller Art unbemerkt zu verändern. Manipulationen an Hard- oder Software können unter anderem aus Rachegefühlen, um einen Schaden mutwillig zu erzeugen, zur Verschaffung persönlicher Vorteile oder zur Bereicherung vorgenommen werden. Im Fokus können dabei Geräte aller Art, Zubehör, Datenträger (z. B. DVDs, USB-Sticks), Applikationen, Datenbanken oder ähnliches stehen.

Manipulationen an Hard- und Software führen nicht immer zu einem unmittelbaren Schaden. Wenn jedoch die damit verarbeiteten Informationen beeinträchtigt werden, kann dies alle Arten von Sicherheitsauswirkungen nach sich ziehen (Verlust von Vertraulichkeit, Integrität oder Verfügbarkeit). Die Manipulationen können dabei umso wirkungsvoller sein, je später sie entdeckt werden, je umfassender die Kenntnisse der Täter sind und je tiefgreifender die Auswirkungen auf einen Arbeitsvorgang sind. Die Auswirkungen reichen von der unerlaubten Einsichtnahme in schützenswerte Daten bis hin zur Zerstörung von Datenträgern oder IT-Systemen. Manipulationen können dadurch auch erhebliche Ausfallzeiten nach sich ziehen.

Beispiele:

- In einem Schweizer Finanzunternehmen hatte ein Mitarbeiter die Einsatzsoftware für bestimmte Finanzdienstleistungen manipuliert. Dadurch war es ihm möglich, sich illegal größere Geldbeträge zu verschaffen.
- Durch Manipulationen an Geldausgabeautomaten ist es Angreifern mehrfach gelungen, die auf Zahlungskarten gespeicherten Daten unerlaubt auszulesen. In Verbindung mit ausgespähten PINs wurden diese Daten dann später missbraucht, um Geld zulasten der Karteninhaber abzuheben.

Referenzierungen

In der folgenden Tabelle sind alle 239 Anforderungen aufgeführt, in welchen auf die Gefährdung Bezug genommen wird:

Baustein	Basic	Standard	erhöhter Schutzbedarf
APP.1.1		A6, A11	
APP.1.4	A5	A3	A15
APP.2.1	A2, A3, A6		
APP.2.2	A1, A2, A3, A5, A6, A7	A8, A9	A14, A15
APP.3.1		A8	
APP.3.2	A1, A2		
APP.4.2		A26, A30	A32
APP.4.3	A3, A4, A9	A12, A17, A19	A21, A23, A25
CON.1			A13, A16
DER.1			A16
DER.2.3		A7	A9
IND.1	A18	A4, A8, A22	
IND.2.1	A1, A2, A4, A6	A8, A11, A13, A16, A17	A19, A20
IND.2.2		A1, A3	
IND.2.3		A2	A3
IND.2.4	A1, A2		
IND.2.7	A1, A2, A3	A4, A6, A7, A8, A9, A11	A12
INF.10	A1, A3	A7	
INF.12	A2, A3	A6, A9, A12	A15, A16
INF.6	A2, A3, A4	A8	
INF.7		A7	
INF.9	A1, A2, A3	A8	
NET.3.1	A1, A5		A25, A27
NET.3.2	A4, A6, A9	A22, A24	A25, A27
NET.4.1		A7, A16, A17	A18
NET.4.2	A3, A5		

Baustein	Basic	Standard	erhöhter Schutzbedarf
OPS.1.1.2	A3, A4, A5, A6	A7, A12	A14, A15, A16, A17, A18
OPS.1.2.4	A1, A2, A5	A7	
OPS.1.2.5		A17, A19	A14
SYS.1.1	A5, A9	A21, A23	A27, A31, A34
SYS.1.2.2	A2, A3	A4, A5, A6, A8	A11, A14
SYS.1.3	A3	A6	
SYS.1.5			A27
SYS.1.7	A1, A2, A3, A5, A6, A7, A8, A9	A14, A16, A19, A22, A23, A24, A26, A29	A33, A34, A35
SYS.2.1	A6, A8	A13, A14, A15, A20, A23, A26	A29, A30, A32, A33, A34, A36, A40
SYS.2.2.3	A5		
SYS.2.3	A2, A4, A5	A6, A7, A8, A9, A12	A14, A15, A17, A18
SYS.2.4	A2	A5, A9	A12
SYS.3.2.1	A3, A5	A11, A33	A25, A27, A35
SYS.3.2.2	A4, A5, A20	A7	A23
SYS.3.2.3	A1, A7	A13, A17, A21	A26
SYS.3.2.4		A2	
SYS.4.1	A2		A21
SYS.4.3	A3	A7, A8, A9	A12, A13, A14, A15, A16, A17, A18
SYS.4.4	A2, A5	A6, A7, A9, A10, A13, A15, A17, A18, A19	A22, A23
SYS.4.5	A1, A2		

G 0.22 Manipulation von Informationen

Informationen können auf vielfältige Weise manipuliert werden, z. B. durch fehlerhaftes oder vorsätzlich falsches Erfassen von Daten, inhaltliche Änderung von Datenbank-Feldern oder von Schriftverkehr. Grundsätzlich betrifft dies nicht nur digitale Informationen, sondern beispielsweise auch Dokumente in Papierform. Ein Täter kann allerdings nur die Informationen manipulieren, auf die er Zugriff hat. Je mehr Zugriffsrechte eine Person auf Dateien und Verzeichnisse von IT-Systemen besitzt bzw. je mehr Zugriffsmöglichkeiten auf Informationen sie hat, desto schwerwiegendere Manipulationen kann sie vornehmen. Falls die Manipulationen nicht frühzeitig erkannt werden, kann der reibungslose Ablauf von Geschäftsprozessen und Fachaufgaben dadurch empfindlich gestört werden.

Archivierte Dokumente stellen meist schützenswerte Informationen dar. Die Manipulation solcher Dokumente ist besonders schwerwiegend, da sie unter Umständen erst nach Jahren bemerkt wird und eine Überprüfung dann oft nicht mehr möglich ist.

Beispiel:

- Eine Mitarbeiterin hat sich über die Beförderung ihrer Zimmergenossin in der Buchhaltung dermaßen geärgert, dass sie sich während einer kurzen Abwesenheit der Kollegin unerlaubt Zugang zu deren Rechner verschafft hat. Hier hat sie durch einige Zahlenänderungen in der Monatsbilanz enormen negativen Einfluss auf das veröffentlichte Jahresergebnis des Unternehmens genommen.

Referenzierungen

In der folgenden Tabelle sind alle 331 Anforderungen aufgeführt, in welchen auf die Gefährdung Bezug genommen wird:

Baustein	Basic	Standard	erhöhter Schutzbedarf
APP.1.1	A2	A14	A15, A16
APP.1.2	A2, A3, A13		
APP.2.1	A3, A6		

Elementare Gefährdungen

Baustein	Basic	Standard	erhöhter Schutzbedarf
APP.2.2	A2, A5, A6, A7	A8, A9	A14, A15
APP.2.3	A4, A5		
APP.3.2	A1, A2, A5	A16	
APP.3.6	A3, A4, A6	A14, A15, A16, A17, A18	A21
APP.4.2	A4, A5, A6, A7, A8	A12, A14, A22, A23, A26, A27, A30	A32
APP.4.3	A3, A4, A9	A12, A13, A17, A19, A20	A23, A24, A25
APP.4.6	A1, A2, A4	A8, A10, A11, A12, A13, A14, A16, A17, A18, A19, A20, A21	
APP.5.2		A11, A12	
APP.6	A2		
APP.7	A2		
CON.1		A3	A13, A16
CON.3			A13
CON.8	A6		A18
CON.9		A8	
DER.1		A6	
DER.2.1	A6		
DER.2.2	A2	A5, A8, A9, A10, A11, A12	A14, A15
DER.2.3	A4	A7	
IND.1	A18	A22	
IND.2.1	A4, A6	A8, A16, A17	
IND.2.2		A1, A3	
IND.2.4	A1		
INF.11			A14
INF.7	A2	A5, A6, A7	
INF.8	A1, A2	A4	A6
INF.9	A1, A2, A3, A4	A8, A9, A12	
NET.1.1	A4, A5, A6, A10, A11, A14	A18, A19, A21, A22, A23, A24, A25	A31, A32, A33
NET.1.2		A28, A29	A31, A32, A33, A35, A36
NET.3.1	A1, A5		A25, A27
NET.3.2	A4, A6, A8, A9	A16, A21, A22, A24	A25
NET.3.3	A4	A7, A10, A13	
NET.4.3		A4, A6, A10	A11
OPS.1.1.2	A3, A4, A5, A6	A7, A11, A12, A20	A14, A15, A16, A17, A18
OPS.1.1.5			A12
OPS.1.2.2	A8		
OPS.1.2.4	A1, A2, A5	A7	
OPS.1.2.5		A8	A14, A22
OPS.2.1		A6, A10	
OPS.3.1		A9	
ORP.1	A1, A2, A3, A4	A13	
ORP.2	A5, A14		
ORP.4	A4, A9		A24
SYS.1.1	A2, A5, A9	A23	A27, A31, A34

Baustein	Basic	Standard	erhöhter Schutzbedarf
SYS.1.2.2	A2, A3	A4, A5, A6, A8	A11, A14
SYS.1.3	A2, A4		A16, A17
SYS.1.5	A5	A15, A16	A22, A23, A24, A26, A27
SYS.1.7	A1, A2, A3, A5, A6, A7, A8, A9	A14, A16, A19, A22, A23, A24, A26, A29	A33, A34, A35, A36, A38
SYS.1.8		A14, A15	A21, A26
SYS.2.1	A1, A6, A8, A42	A10, A15, A23	A32
SYS.2.2.2	A1, A2	A5, A7, A9, A10, A11, A13	A14, A16, A18, A21
SYS.2.2.3	A5	A12	A22, A23
SYS.2.3		A6, A7, A8, A9, A12	A14, A15, A18, A19
SYS.3.1	A1	A6, A13, A14	
SYS.3.2.1	A2, A3, A5, A6, A7	A9, A22, A34	A25, A26, A27
SYS.3.2.2	A4, A5	A7, A21	A14, A23
SYS.3.2.3	A1, A7	A13, A17	A26
SYS.3.3	A1, A2	A5, A8, A10	
SYS.4.1		A15, A18	
SYS.4.3	A3	A7, A8, A9	A12, A13, A14, A15, A16, A17
SYS.4.5	A1	A4	A11

G 0.23 Unbefugtes Eindringen in IT-Systeme

Grundsätzlich beinhaltet jede Schnittstelle an einem IT-System nicht nur die Möglichkeit, darüber bestimmte Dienste des IT-Systems berechtigt zu nutzen, sondern auch das Risiko, dass darüber unbefugt auf das IT-System zugegriffen wird.

Beispiele:

- Wenn eine Benutzerkennung und das zugehörige Passwort ausgespäht werden, ist eine unberechtigte Nutzung der damit geschützten Anwendungen oder IT-Systeme denkbar.
- Über unzureichend gesicherte Fernwartungszugänge könnten Hacker unerlaubt auf IT-Systeme zugreifen.
- Bei unzureichend gesicherten Schnittstellen von aktiven Netzkomponenten ist es denkbar, dass Angreifer einen unberechtigten Zugang zur Netzkomponente erlangen. Wenn es ihnen außerdem gelingt, die lokalen Sicherheitsmechanismen zu überwinden, also z. B. an administrative Berechtigungen gelangt sind, könnten sie alle Administrationstätigkeiten ausüben.
- Viele IT-Systeme haben Schnittstellen für den Einsatz austauschbarer Datenspeicher, wie z. B. Zusatzspeicherkarten oder USB-Speichermedien. Bei einem unbeaufsichtigten IT-System mit der entsprechenden Hard- und Software besteht die Gefahr, dass hierüber große Datenmengen unbefugt ausgelesen oder Schadprogramme eingeschleust werden können.

Referenzierungen

In der folgenden Tabelle sind alle 340 Anforderungen aufgeführt, in welchen auf die Gefährdung Bezug genommen wird:

Baustein	Basic	Standard	erhöhter Schutzbedarf
APP.1.2	A1		A9
APP.1.4		A3	A14, A15
APP.2.1	A1, A2, A3, A4, A6	A12, A13	
APP.2.2	A1, A2, A3, A5, A6, A7	A8, A9, A10, A11	A14, A15
APP.2.3	A1		
APP.3.1	A4, A7	A9, A12	A20
APP.3.2	A1, A2, A5	A16, A20	
APP.3.4	A2	A3	

Elementare Gefährdungen

Baustein	Basic	Standard	erhöhter Schutzbedarf
APP.4.2	A1, A2, A4, A5, A6, A7, A8	A11, A13, A15, A16, A17, A18, A19, A20, A24, A25, A26, A27, A30, A31	A32
APP.4.3	A3, A4	A12, A13, A19, A20	A21, A24, A25
CON.8	A5	A16	
DER.1		A10	A16
DER.2.1	A6		
DER.2.3	A3, A4, A5	A7	A10
IND.1		A4, A8, A11, A12	A16
IND.2.1	A1, A2, A4, A6	A8, A11, A13, A16	A19, A20
IND.2.2		A1	
IND.2.3			A3
IND.2.7	A1, A2	A4, A6, A7, A8, A9, A10, A11	A12
INF.7	A2	A7	
INF.8		A4	A6
INF.9	A2	A8	A10
NET.1.1	A8, A9, A11, A12, A14	A21, A25	
NET.1.2		A14, A16, A21, A22	A35, A36
NET.2.1	A2, A3, A5, A6, A7	A9, A12, A13, A14	A15, A16, A17, A18
NET.2.2	A1, A2, A3	A4	
NET.3.1	A4, A5	A10, A11, A12, A13, A14, A21, A22, A23	A24, A25, A27, A28
NET.3.2	A2, A3, A4, A6	A16, A17, A18, A23, A24, A32	A25, A27
NET.3.3	A4	A6, A7	
NET.4.2	A4	A11	
OPS.1.1.3	A3, A15, A16	A8, A10	
OPS.1.1.4	A1, A2, A3, A5, A6, A7	A9	A10, A11, A12, A13, A14
OPS.1.2.4	A1, A2, A5	A7	
ORP.4	A6, A7, A8, A9, A22, A23	A11	A21
SYS.1.1	A5, A6, A10	A13, A19, A23	A27, A30, A31
SYS.1.2.2	A2, A3	A4, A5, A6, A8	A11
SYS.1.3	A3, A4	A8	
SYS.1.5	A3, A4, A5	A11, A14, A15, A16	A22, A27
SYS.1.7	A1, A2, A3, A5, A6, A7, A8, A11	A16, A19, A20, A22, A23, A24, A26, A29, A30	A33, A34, A35, A36, A38
SYS.1.8	A2, A4		A24
SYS.2.1	A1	A10, A15, A16, A26, A43, A44	A31, A32, A36, A37
SYS.2.2.2	A2		
SYS.2.2.3	A5	A9, A17, A18, A19	A25
SYS.2.3		A6, A9, A12	A15, A18, A19
SYS.2.4	A2, A3	A5, A9, A10	A12
SYS.3.2.1	A2, A3, A4, A5, A6	A9, A16, A18, A33	A25, A26, A27
SYS.3.2.2	A4, A5, A20	A7, A12, A21	A14
SYS.3.2.3	A1, A7	A13, A14, A17	A26
SYS.3.3	A2	A8, A10	
SYS.4.1		A7, A11	

Baustein	Basic	Standard	erhöhter Schutzbedarf
SYS.4.3	A2, A3	A6, A7, A8, A9	A13
SYS.4.4	A1, A2, A5	A6, A7, A8, A9, A10, A11, A13, A15, A17, A18, A19	A22, A23, A24
SYS.4.5	A1		

G 0.24 Zerstörung von Geräten oder Datenträgern

Durch Fahrlässigkeit, unsachgemäße Verwendung aber auch durch ungeschulten Umgang kann es zu Zerstörungen an Geräten und Datenträgern kommen, die den Betrieb des IT-Systems empfindlich stören können.

Es besteht außerdem die Gefahr, dass durch die Zerstörung wichtige Informationen verloren gehen, die nicht oder nur mit großem Aufwand rekonstruiert werden können.

Beispiele:

- In einem Unternehmen nutzte ein Innentäter seine Kenntnis darüber, dass ein wichtiger Server empfindlich auf zu hohe Betriebstemperaturen reagiert, und blockierte die Lüftungsschlitze für den Netzteillüfter mit einem hinter dem Server versteckt aufgestellten Gegenstand. Zwei Tage später erlitt die Festplatte im Server einen temperaturbedingten Defekt, und der Server fiel für mehrere Tage aus.
- Ein Mitarbeiter hatte sich über das wiederholte Abstürzen des Systems so stark geärgert, dass er seine Wut an seinem Arbeitsplatzrechner ausließ. Hierbei wurde die Festplatte durch Fußtritte gegen den Rechner so stark beschädigt, dass sie unbrauchbar wurde. Die hier gespeicherten Daten konnten nur teilweise wieder durch ein Backup vom Vortag rekonstruiert werden.
- Durch umgestoßene Kaffeetassen oder beim Blumengießen eindringende Feuchtigkeit können in einem IT-System Kurzschlüsse hervorrufen.

Referenzierungen

In der folgenden Tabelle sind alle 66 Anforderungen aufgeführt, in welchen auf die Gefährdung Bezug genommen wird:

Baustein	Basic	Standard	erhöhter Schutzbedarf
CON.6	A1	A4	
INF.10	A1, A3		
INF.11			A13
INF.2	A2, A4, A8, A9, A11, A17, A29	A13, A30	A28
INF.5	A3, A4, A6, A7, A9	A10, A11, A13, A14, A15, A16, A17	A19, A20, A22, A23, A24, A25
INF.6	A2, A3, A4	A8	
INF.7	A1, A2		
INF.8	A3	A4	A6
INF.9	A2, A3		
NET.2.1	A4		
OPS.1.2.4		A6	
ORP.3	A1, A3	A7	A9
SYS.3.2.1	A2, A3, A4, A5, A6	A9	A25, A26, A27
SYS.3.2.2		A7, A22	
SYS.4.3		A7	A16
SYS.4.4		A6, A9	A21

Elementare Gefährdungen

G 0.25 Ausfall von Geräten oder Systemen

Werden auf einem IT-System zeitkritische Anwendungen betrieben, sind die Folgeschäden nach einem Systemausfall entsprechend hoch, wenn es keine Ausweichmöglichkeiten gibt.

Beispiele:

- Es wird eine Firmware in ein IT-System eingespielt, die nicht für diesen Systemtyp vorgesehen ist. Das IT-System startet daraufhin nicht mehr fehlerfrei und muss vom Hersteller wieder betriebsbereit gemacht werden.
- Bei einem Internet Service Provider (ISP) führte ein Stromversorgungsfehler in einem Speichersystem dazu, dass dieses abgeschaltet wurde. Obwohl der eigentliche Fehler schnell behoben werden konnte, ließen sich die betroffenen IT-Systeme anschließend nicht wieder hochfahren, da Inkonsistenzen im Dateisystem auftraten. Als Folge waren mehrere vom ISP betriebene Webserver tagelang nicht erreichbar.

Referenzierungen

In der folgenden Tabelle sind alle 262 Anforderungen aufgeführt, in welchen auf die Gefährdung Bezug genommen wird:

Baustein	Basic	Standard	erhöhter Schutzbedarf
APP.1.4	A1		A15
APP.2.1	A5, A6	A8, A11, A12, A14, A15	
APP.2.2		A11, A12	
APP.2.3	A1		
APP.3.2		A12	A15, A18
APP.3.3	A2	A6, A7, A9	A13
APP.3.6	A2, A7, A9	A11, A15	A20
APP.4.2	A1, A2, A4, A5, A6, A7, A8, A9	A11, A26, A28, A29, A30	A32
APP.4.3		A11, A18	A22
APP.5.2		A7, A9	
APP.5.3			A11, A12
APP.6		A7	
CON.1			A18
CON.8	A5	A14, A16	A17
CON.9		A6	
DER.1		A6	
DER.2.2	A2	A4, A5, A11	A14, A15
IND.1			A24
IND.2.1		A7, A8, A13	
INF.11	A2, A3		
INF.12	A1, A2, A3	A5, A6, A12	A15, A16, A17
INF.2	A2, A8, A9, A10, A17, A29	A13, A15, A30	A28
INF.5	A5, A6, A7, A9	A8, A10, A11, A13, A14, A15, A16, A17	A19, A20, A22, A23, A24, A25, A26
INF.9	A1, A2		A11
NET.1.1			A28, A29
NET.1.2		A14, A16, A24, A25, A27	A30, A36, A38
NET.2.1	A4	A12	
NET.3.1	A5	A13, A15, A16, A17, A18, A19, A23	A28
NET.3.2	A4, A6, A7, A8		A26, A29
NET.4.1		A7	A19
OPS.1.1.3	A3, A15, A16	A5, A6, A7, A8, A9	A12

Baustein	Basic	Standard	erhöhter Schutzbedarf
OPS.1.1.5			A13
OPS.1.1.6	A1, A2, A4	A12, A13, A15	
OPS.1.2.2	A4, A6	A11, A12, A14, A15, A17, A19	A20
OPS.1.2.4		A6, A9	
OPS.1.2.5	A3	A5, A17, A20, A24	A14
OPS.2.1		A6, A14	
OPS.2.2		A5, A6, A7, A10, A11, A13	
OPS.3.1		A2, A14	
ORP.1	A2	A13	
ORP.4			A20
SYS.1.1	A1, A10	A11, A12, A15, A16, A19, A21, A23, A24, A35	A27, A28, A30, A36
SYS.1.2.2	A2, A3	A4, A5, A8	
SYS.1.3		A10	
SYS.1.5	A6, A7	A17	A20
SYS.1.7	A3	A16, A17, A21, A22, A25, A26, A27, A28, A29, A31	A33, A34, A35, A37
SYS.1.8		A11, A13, A20	A22
SYS.2.1	A3	A11, A23	A29, A38, A39, A40, A41
SYS.2.2.2		A10, A11	
SYS.2.3	A4	A6, A11, A12	A14, A20
SYS.3.2.1	A1, A5		
SYS.3.2.2		A7	
SYS.3.2.3	A1	A21	
SYS.3.3		A11	A9
SYS.4.1			A16
SYS.4.3	A3	A5, A10	A17
SYS.4.4	A5	A6, A9, A10, A17	A21, A22

G 0.26 Fehlfunktion von Geräten oder Systemen

Geräte und Systeme, die der Informationsverarbeitung dienen, haben heute häufig viele Funktionen und sind deshalb entsprechend komplex aufgebaut. Grundsätzlich betrifft dies sowohl Hardware- als auch Software-Komponenten. Durch die Komplexität gibt es in solchen Komponenten viele unterschiedliche Fehlerquellen. Als Folge kommt es immer wieder dazu, dass Geräte und Systeme nicht wie vorgesehen funktionieren und dadurch Sicherheitsprobleme entstehen.

Ursachen für Fehlfunktionen gibt es viele, zum Beispiel Materialermüdung, Fertigungstoleranzen, konzeptionelle Schwächen, Überschreitung von Grenzwerten, nicht vorgesehene Einsatzbedingungen oder fehlende Wartung. Da es keine perfekten Geräte und Systeme gibt, muss eine gewisse Restwahrscheinlichkeit für Fehlfunktionen ohnehin immer akzeptiert werden.

Durch Fehlfunktionen von Geräten oder Systemen können alle Grundwerte der Informationssicherheit (Vertraulichkeit, Integrität, Verfügbarkeit) beeinträchtigt werden. Hinzu kommt, dass Fehlfunktionen unter Umständen auch über einen längeren Zeitraum unbemerkt bleiben können. Dadurch kann es beispielsweise passieren, dass Berechnungsergebnisse verfälscht und nicht rechtzeitig korrigiert werden.

Beispiele:

- Aufgrund eines verstopften Lüftungsgitters kommt es zur Überhitzung eines Speichersystems, das daraufhin nicht komplett ausfällt, sondern nur sporadische Fehlfunktionen aufweist. Erst einige Wochen später wird bemerkt, dass die gespeicherten Informationen unvollständig sind.
- Eine wissenschaftliche Standard-Anwendung wird genutzt, um eine statistische Analyse für einen vorab erhobenen Datenbestand durchzuführen, der in einer Datenbank gespeichert ist. Laut Dokumentation ist die Anwendung jedoch für das eingesetzte Datenbank-Produkt nicht freigegeben. Die Analyse scheint zwar zu funktionieren, durch

Elementare Gefährdungen

Stichproben stellt sich allerdings heraus, dass die berechneten Ergebnisse falsch sind. Als Ursache wurden Kompatibilitätsprobleme zwischen der Anwendung und der Datenbank identifiziert.

Referenzierungen

In der folgenden Tabelle sind alle 170 Anforderungen aufgeführt, in welchen auf die Gefährdung Bezug genommen wird:

Baustein	Basic	Standard	erhöhter Schutzbedarf
APP.1.2			A9
APP.1.4	A1		A15
APP.2.1	A2, A5, A6	A12	A16
APP.2.2	A1	A11	
APP.2.3		A9	
APP.3.2	A4	A12	A18
APP.3.3		A9, A14	
APP.3.6	A7		A20
APP.4.3		A11, A17, A18, A20	A25
APP.5.2		A7	
CON.1			A9
DER.1		A6	
INF.12	A1, A2, A3	A5, A6, A12	A17
INF.2	A4, A11	A13, A19	A23, A28
INF.5	A3, A4, A5, A6, A7	A10, A11, A13, A14, A15, A17	A19, A23, A24, A25, A26
NET.1.2		A18, A25	
NET.3.1	A1, A5	A13	
NET.3.2	A4	A23	A27
NET.4.1		A10, A14	
NET.4.2	A1		
OPS.1.1.3	A3, A15	A5, A6, A7, A8, A9	A12, A13
OPS.1.1.5		A6	
OPS.1.1.6	A1, A2, A3, A4	A12, A13, A15	
OPS.1.2.2	A4, A6	A11, A12, A14, A15, A17, A19	A20
OPS.2.2		A5, A6, A7, A10, A11, A13	
ORP.1	A2	A13	
SYS.1.1	A1, A10	A13, A15, A16, A23, A24, A35	A27
SYS.1.2.2	A2, A3	A4, A5, A8	
SYS.1.5	A2, A6, A7	A8, A9, A13, A15, A17	A21, A24, A25
SYS.1.7	A3	A16, A17, A20, A21, A22, A24, A25, A26, A27, A28, A29, A31	A33, A34, A35, A37
SYS.1.8		A11, A13, A19	
SYS.2.1	A3, A6	A14, A43	A29, A30, A38, A39
SYS.3.2.1	A1	A9, A13	
SYS.3.2.3		A13, A18, A21	
SYS.4.3	A3		A17
SYS.4.4	A1, A5	A6, A8, A9, A13, A17	A22, A23

G 0.27 Ressourcenmangel

Wenn die vorhandenen Ressourcen in einem Bereich unzureichend sind, kann es zu Engpässen in der Versorgung mit diesen Ressourcen bis hin zu Überlastungen und Ausfällen kommen. Je nach Art der betroffenen Ressourcen können durch ein kleines Ereignis, dessen Eintritt zudem vorhersehbar war, im Endeffekt eine Vielzahl von Geschäftsprozessen beeinträchtigt werden. Ressourcenmangel kann im IT-Betrieb und bei Kommunikationsverbindungen auftreten, aber auch in anderen Bereichen einer Institution. Werden für bestimmte Aufgaben nur unzureichende personelle, zeitliche und finanzielle Ressourcen zur Verfügung gestellt, kann das vielfältige negative Auswirkungen haben. Es kann beispielsweise passieren, dass die in Projekten notwendigen Rollen nicht mit geeigneten Personen besetzt werden. Wenn Betriebsmittel wie Hard- oder Software nicht mehr ausreichen, um den Anforderungen gerecht zu werden, können Fachaufgaben unter Umständen nicht erfolgreich bearbeitet werden.

Häufig können personelle, zeitliche, finanzielle, technische und sonstige Mängel im Regelbetrieb für einen begrenzten Zeitraum noch ausgeglichen werden. Unter hohem Zeitdruck werden sie jedoch, beispielsweise in Notfall-Situationen, umso deutlicher.

Ressourcen können auch absichtlich überlastet werden, wenn jemand einen intensiven Bedarf an einem Betriebsmittel vorsätzlich generiert und dadurch eine intensive und dauerhafte Störung des Betriebsmittels provoziert, siehe auch G 0.40 Verhinderung von Diensten (Denial of Service).

Beispiele:

- Überlastete Elektroleitungen erhitzen sich, dies kann bei ungünstiger Verlegung zu einem Schwelbrand führen.
- Werden neue Anwendungen mit einem höheren als zum Planungszeitpunkt berücksichtigten Bandbreitenbedarf auf dem Netz betrieben, kann dies zu einem Verlust der Verfügbarkeit des gesamten Netzes führen, wenn die Netzinfrastruktur nicht ausreichend skaliert werden kann.
- Wenn die Administratoren wegen Überlastung die Protokoll-Dateien der von ihnen betreuten IT nur sporadisch kontrollieren, werden eventuell Angriffe nicht zeitnah erkannt.
- Webserver können durch eine hohe Menge zeitgleich eintreffender Anfragen so überlastet werden, dass ein geregelter Zugriff auf Daten fast unmöglich wird.
- Wenn sich ein Unternehmen in einem Insolvenzverfahren befindet, kann es passieren, dass kein Geld für dringend benötigte Ersatzteile vorhanden ist oder dass wichtige Dienstleister nicht bezahlt werden können.

Referenzierungen

In der folgenden Tabelle sind alle 129 Anforderungen aufgeführt, in welchen auf die Gefährdung Bezug genommen wird:

Baustein	Basic	Standard	erhöhter Schutzbedarf
APP.2.1	A2	A7, A8, A9, A12	
APP.2.2	A1	A11	
APP.2.3	A1	A11	
APP.3.2		A8, A9, A20	
APP.3.3	A15	A6, A7, A9, A11	
APP.3.4	A2	A3	
APP.3.6	A7	A11, A15	A20
APP.4.3	A1	A11, A18	
APP.5.2		A9	
APP.6	A2		
APP.7	A1, A3	A5	
CON.1			A7, A18
DER.1		A6, A7, A13	A14
DER.2.1		A12	A21
DER.2.2	A3		A13
DER.3.1	A1	A9, A26	
DER.3.2	A1, A5		
DER.4		A1	A5, A6, A7, A10
INF.11			A11

Elementare Gefährdungen

Baustein	Basic	Standard	erhöhter Schutzbedarf
INF.12	A1	A6	A17
ISMS.1	A1, A4		A16
NET.1.1	A14	A20, A25	
NET.1.2		A14, A25	
NET.3.1	A5, A6	A13, A20, A22	A28
NET.3.2	A1	A23, A24, A32	A25, A26
NET.4.2	A1	A12	
NET.4.3	A2, A3		A14
OPS.1.1.2		A9	A17, A19
OPS.1.1.3		A8	A12
OPS.1.1.5		A6	
OPS.1.1.6	A5		
ORP.1	A2	A8	
ORP.2	A5		
SYS.1.1		A11, A12, A23, A24	A27
SYS.1.2.2	A1, A3	A5, A6	A12
SYS.1.5	A2, A6, A7	A9, A15, A17	A21, A24, A25
SYS.1.7		A16, A18, A24, A25, A26, A28, A29	A34, A36, A37
SYS.1.8		A11, A13, A14, A15	
SYS.3.2.3			A23
SYS.3.3	A1, A3	A7, A12	A9

G 0.28 Software-Schwachstellen oder -Fehler

Für jede Software gilt: je komplexer sie ist, desto häufiger treten Fehler auf. Auch bei intensiven Tests werden meist nicht alle Fehler vor der Auslieferung an die Kunden entdeckt. Werden Software-Fehler nicht rechtzeitig erkannt, können die bei der Anwendung entstehenden Abstürze oder Fehler zu weitreichenden Folgen führen. Beispiele hierfür sind falsche Berechnungsergebnisse, Fehlentscheidungen der Leitungsebene und Verzögerungen beim Ablauf der Geschäftsprozesse.

Durch Software-Schwachstellen oder -Fehler kann es zu schwerwiegenden Sicherheitslücken in einer Anwendung, einem IT-System oder allen damit vernetzten IT-Systemen kommen. Solche Sicherheitslücken können unter Umständen von Angreifern ausgenutzt werden, um Schadsoftware einzuschleusen, unerlaubt Daten auszulesen oder Manipulationen vorzunehmen.

Beispiele:

- Die meisten Warnmeldungen der Computer Emergency Response Teams (CERTs) in den letzten Jahren bezogen sich auf sicherheitsrelevante Programmierfehler. Dies sind Fehler, die bei der Erstellung von Software entstehen und dazu führen, dass diese Software von Angreifern missbraucht werden kann. Ein großer Teil dieser Fehler wurde durch Speicherüberläufe (Buffer Overflow) hervorgerufen.

- Internet-Browser sind heute eine wichtige Software-Komponente auf Clients. Browser werden häufig nicht nur zum Zugriff auf das Internet, sondern auch für interne Web-Anwendungen in Unternehmen und Behörden genutzt. Software-Schwachstellen oder -Fehler in Browsern können deshalb die Informationssicherheit insgesamt besonders stark beeinträchtigen.

Referenzierungen

In der folgenden Tabelle sind alle 160 Anforderungen aufgeführt, in welchen auf die Gefährdung Bezug genommen wird:

Baustein	Basic	Standard	erhöhter Schutzbedarf
APP.1.1		A6, A10, A11, A13	
APP.1.2	A1		A9, A11, A12

G 0.28 Software-Schwachstellen oder -Fehler

Baustein	Basic	Standard	erhöhter Schutzbedarf
APP.1.4			A15
APP.2.1	A4		
APP.2.2	A5, A6		
APP.3.1		A8, A9	
APP.3.4	A2	A10	
APP.4.2	A1, A2, A4, A5, A6, A7, A8	A11, A26, A30	A32
APP.4.6	A1, A2, A3, A4	A5, A6, A7, A8, A9, A10, A11, A12, A13, A14, A15, A18, A19, A20	A22
APP.6	A4	A10, A12	A14
APP.7		A8	
CON.1			A9
CON.10	A1, A2, A3, A4, A5, A6, A7, A8, A9, A10	A11, A12, A13, A14, A15, A16	A17, A18
CON.8	A7, A8, A20	A22	A18
DER.2.1	A6		
DER.2.3	A5		
IND.1		A11, A12	
IND.2.1		A8, A11, A13	A19, A20
IND.2.3		A2	A3
IND.2.7		A4	A12
NET.3.3	A5		
NET.4.2	A3		
OPS.1.1.3	A3, A15, A16	A8, A9, A10	
OPS.1.1.6	A5	A12	A14
OPS.1.2.2	A6	A14, A15, A18	A20
SYS.1.1		A11, A12, A13, A16	A30, A36
SYS.1.2.2	A2, A3	A4	A11
SYS.1.3	A4, A5	A10	
SYS.1.7	A3	A23, A27	A33
SYS.1.8	A2		
SYS.2.1	A3	A14, A16, A26	A32
SYS.2.2.2	A1		
SYS.2.2.3	A5	A11, A16, A20	
SYS.2.3	A2, A4, A5	A12	
SYS.2.4		A5, A6	
SYS.3.2.1	A5		
SYS.3.2.2			A14
SYS.3.2.3	A1	A13, A18, A21	A26
SYS.4.3		A8	A13
SYS.4.4	A1, A5	A6, A8, A9, A10, A11, A13, A15, A17, A19	A23, A24

Elementare Gefährdungen

G 0.29 Verstoß gegen Gesetze oder Regelungen

Wenn Informationen, Geschäftsprozesse und IT-Systeme einer Institution unzureichend abgesichert sind (beispielsweise durch ein unzureichendes Sicherheitsmanagement), kann dies zu Verstößen gegen Rechtsvorschriften mit Bezug zur Informationsverarbeitung oder gegen bestehende Verträge mit Geschäftspartnern führen. Welche Gesetze jeweils zu beachten sind, hängt von der Art der Institution bzw. ihrer Geschäftsprozesse und Dienstleistungen ab. Je nachdem, wo sich die Standorte einer Institution befinden, können auch verschiedene nationale Vorschriften zu beachten sein. Folgende Beispiele verdeutlichen dies:

- Der Umgang mit personenbezogenen Daten ist in Deutschland über eine Vielzahl von Vorschriften geregelt. Dazu gehören das Bundesdatenschutzgesetz und die Landesdatenschutzgesetze, aber auch eine Vielzahl bereichsspezifischer Regelungen.

- Die Geschäftsführung eines Unternehmens ist dazu verpflichtet, bei allen Geschäftsprozessen eine angemessene Sorgfalt anzuwenden. Hierzu gehört auch die Beachtung anerkannter Sicherheitsmaßnahmen. In Deutschland gelten verschiedene Rechtsvorschriften wie KonTraG (Gesetz zur Kontrolle und Transparenz im Unternehmensbereich), GmbHG (Gesetz betreffend die Gesellschaften mit beschränkter Haftung) oder AktG (Aktiengesetz), aus denen sich zu Risikomanagement und Informationssicherheit entsprechende Handlungs- und Haftungsverpflichtungen der Geschäftsführung bzw. des Vorstands eines Unternehmens ableiten lassen.

- Die ordnungsmäßige Verarbeitung von buchungsrelevanten Daten ist in verschiedenen Gesetzen und Vorschriften geregelt. In Deutschland sind dies unter anderem das Handelsgesetzbuch (z. B. HGB 238 ff.) und die Abgabenordnung (AO). Die ordnungsmäßige Verarbeitung von Informationen umfasst natürlich deren sichere Verarbeitung. Beides muss in vielen Ländern regelmäßig nachgewiesen werden, beispielsweise durch Wirtschaftsprüfer im Rahmen der Prüfung des Jahresabschlusses. Falls hierbei gravierende Sicherheitsmängel festgestellt werden, kann kein positiver Prüfungsbericht erstellt werden.

- In vielen Branchen (z. B. der Automobil-Industrie) ist es üblich, dass Hersteller ihre Zulieferer zur Einhaltung bestimmter Qualitäts- und Sicherheitsstandards verpflichten. In diesem Zusammenhang werden zunehmend auch Anforderungen an die Informationssicherheit gestellt. Verstößt ein Vertragspartner gegen vertraglich geregelte Sicherheitsanforderungen, kann dies Vertragsstrafen, aber auch Vertragsauflösungen bis hin zum Verlust von Geschäftsbeziehungen nach sich ziehen.

Nur wenige Sicherheitsanforderungen ergeben sich unmittelbar aus Gesetzen. Die Gesetzgebung orientiert sich jedoch im Allgemeinen am Stand der Technik als allgemeine Bewertungsgrundlage für den Grad der erreichbaren Sicherheit. Stehen bei einer Institution die vorhandenen Sicherheitsmaßnahmen in keinem gesunden Verhältnis zu den zu schützenden Werten und dem Stand der Technik, kann dies gravierende Folgen haben.

Referenzierungen

In der folgenden Tabelle sind alle 271 Anforderungen aufgeführt, in welchen auf die Gefährdung Bezug genommen wird:

Baustein	Basic	Standard	erhöhter Schutzbedarf
APP.1.1	A3	A11, A12	
APP.2.1		A11	
APP.2.2	A5, A6		
APP.2.3	A3, A4, A5, A6		
APP.3.2	A7	A10	
APP.3.6	A8	A10	
APP.5.3	A4	A5	
APP.6	A2		
APP.7	A2		
CON.1	A1		A8, A9
CON.3	A1	A9	
CON.7	A1, A2, A3, A5, A8, A10, A12	A14	
CON.8	A2, A7, A8	A1, A11, A12	A18
CON.9	A1, A3		
DER.1	A1, A2, A3, A4, A5	A6, A9, A10, A11, A12, A13	A15, A16, A17, A18
DER.2.1	A1, A2, A3, A4	A7, A8, A9, A10, A11, A12, A13, A14, A16, A17, A18	A19, A20, A21, A22

Baustein	Basic	Standard	erhöhter Schutzbedarf
DER.2.2	A1		
DER.2.3	A1, A2, A6		
DER.3.1	A2	A7, A8, A14, A19, A22, A23, A24, A25, A26	
DER.3.2	A4, A8	A14, A19, A21	
DER.4		A1	
IND.1	A1		A17
IND.2.7		A4	
INF.1	A1, A3, A4, A5, A10	A17, A18, A36	
INF.11		A10	
INF.12	A2, A3	A6	
INF.2	A1	A19	A24
INF.5		A13	
INF.9	A2	A7, A8	A11
ISMS.1	A8	A11, A12, A15	
NET.1.1	A1, A2, A3, A11, A14, A15	A16, A17, A25, A26, A27	A36
NET.1.2	A2, A7, A8	A12, A13, A14, A15, A16, A17, A18, A26	A35, A36, A37
NET.3.1	A5	A13	
NET.3.2	A9	A22	
OPS.1.1.2	A3	A7, A12	
OPS.1.1.5	A1, A3, A4, A5	A6, A8, A9	A11
OPS.1.2.2	A1, A5, A8	A10, A13, A18	A21
OPS.2.1	A1	A2, A4, A5, A6, A8	A16
OPS.2.2	A1, A2	A8, A9, A13	
ORP.1	A1, A2, A4, A15	A16	
ORP.2	A1, A3, A5, A14, A15	A7	A13
ORP.3	A1, A3	A4, A6, A7, A8	A9
ORP.4	A4, A5, A6, A7, A8, A22, A23	A14	
ORP.5	A1, A2	A4, A5, A8	
SYS.1.2.2	A1, A3	A4	
SYS.1.5	A3, A4, A6	A14, A19	
SYS.1.8		A6, A10, A17, A18	
SYS.2.2.2	A1, A2, A3	A5, A10, A11	
SYS.2.2.3	A1, A2, A4	A13, A14, A15, A16	A24, A25
SYS.2.4	A1	A8, A11	
SYS.3.2.1		A11, A16, A33	A27
SYS.3.2.2	A1, A20	A7, A21, A22	A17, A23
SYS.3.2.3	A1, A2	A13, A14, A15	A25, A26
SYS.3.3	A2, A3, A4		A13, A14
SYS.4.3	A1		
SYS.4.4	A5	A6	A21
SYS.4.5	A1		

G 0.30 Unberechtigte Nutzung oder Administration von Geräten und Systemen

Ohne geeignete Mechanismen zur Zutritts-, Zugriffs- und Zugangskontrolle kann eine unberechtigte Nutzung von Geräten und Systemen praktisch nicht verhindert oder erkannt werden. Bei IT-Systemen ist der grundlegende Mechanismus die Identifikation und Authentisierung von Benutzern. Aber selbst bei IT-Systemen mit einer starken Identifikations- und Authentisierungsfunktion ist eine unberechtigte Nutzung denkbar, wenn die entsprechenden Sicherheitsmerkmale (Passwörter, Chipkarten, Token etc.) in falsche Hände gelangen. Auch bei der Vergabe und Pflege von Berechtigungen können viele Fehler gemacht werden, beispielsweise wenn Berechtigungen zu weitreichend oder an unautorisierte Personen vergeben oder nicht zeitnah aktualisiert werden.

Unbefugte können durch die unberechtigte Nutzung von Geräten und Systemen an vertrauliche Informationen gelangen, Manipulationen vornehmen oder Störungen verursachen.

Ein besonders wichtiger Spezialfall der unberechtigten Nutzung ist die unberechtigte Administration. Wenn Unbefugte die Konfiguration oder die Betriebsparameter von Hardware- oder Software-Komponenten ändern, können daraus schwere Schäden resultieren.

Beispiel:

- Bei der Kontrolle von Protokollierungsdaten stieß ein Netzadministrator auf zunächst unerklärliche Ereignisse, die an verschiedenen Tagen, aber häufig am frühen Morgen und am Nachmittag aufgetreten sind. Bei näherer Untersuchung stellte sich heraus, dass ein WLAN-Router unsicher konfiguriert war. Wartende Personen an der Bushaltestelle vor dem Firmengebäude haben diesen Zugang genutzt, um während der Wartezeit mit ihren mobilen Endgeräten im Internet zu surfen.

Referenzierungen

In der folgenden Tabelle sind alle 375 Anforderungen aufgeführt, in welchen auf die Gefährdung Bezug genommen wird:

Baustein	Basic	Standard	erhöhter Schutzbedarf
APP.1.2	A3		
APP.2.1	A1, A3, A5, A6	A11, A12, A13, A15	
APP.2.2	A2, A5, A6, A7	A8, A9, A10, A11	A14, A15
APP.2.3	A3	A10	
APP.3.1	A1, A4, A7	A8, A12	
APP.3.2	A4, A5	A13	
APP.3.4		A3	
APP.3.6	A4, A6	A14, A15, A16, A17, A18	A21
APP.4.2	A1, A2, A4, A5, A6, A7, A8	A11, A14, A15, A16, A17, A26, A27, A30	A32
APP.4.3	A1, A3, A4	A12, A13, A20	A21, A25
APP.5.2	A3	A10, A11	
APP.5.3	A1		
CON.1			A7, A12, A13
CON.7	A1, A3, A4, A5, A6, A7	A11, A13	A15, A17
CON.8	A6, A10	A1	
DER.1		A7, A10	
DER.2.3	A3, A4, A5	A7	A10
IND.1	A1, A18	A8, A22	A14, A15, A17
IND.2.1	A1, A4, A6	A8, A11, A16, A17	A19
IND.2.3	A1	A2	A3
IND.2.4	A1		
IND.2.7	A1, A2	A4	
INF.11			A15
INF.2	A6, A7	A12, A13	A23, A24, A28
INF.7	A2		

Baustein	Basic	Standard	erhöhter Schutzbedarf
INF.8		A4	A6
INF.9	A2, A3, A4	A8, A12	A10
NET.1.1	A4, A5, A6, A8, A9, A10, A11, A12, A14	A18, A19, A21, A22, A23, A24, A25	A31, A32, A33
NET.1.2	A9, A10	A11, A14, A16, A21, A22, A28, A29	A31, A32, A33, A35, A36
NET.2.1	A2, A3, A5, A6	A12, A13, A14	A15, A16, A18
NET.3.1	A4, A5	A11, A12, A13, A23	A24
NET.3.2	A4, A6, A9	A18, A22	
NET.4.1		A7, A16, A17	A18
NET.4.2	A3, A5	A7, A11	A15, A16
OPS.1.1.2	A3, A4, A5, A6	A7, A8, A11, A12	A14, A16, A17, A18
OPS.1.2.2	A2	A11	
OPS.1.2.4	A1, A2	A7	
OPS.1.2.5		A21, A25	A22
OPS.2.2		A7, A13	A18
OPS.3.1		A2, A5, A6, A11, A12	
ORP.3	A1, A3	A7	A9
ORP.4	A9	A17	A21, A24
SYS.1.1	A2, A5, A6, A10	A11, A12, A16	
SYS.1.2.2	A2, A3	A4, A5, A6	A11
SYS.1.3	A2, A3	A6	A14
SYS.1.5	A2, A3, A4, A5	A11, A12, A14, A15	A22, A23, A24
SYS.1.7	A1, A2, A3, A5, A6, A7, A8, A9, A11	A14, A16, A19, A20, A22, A23, A24, A26, A29, A30	A33, A34, A35, A36, A38
SYS.1.8	A2, A4	A14, A15	A21, A26
SYS.2.1	A8	A13, A15, A16, A20, A43, A44	A31, A32, A36, A37, A45
SYS.2.2.2	A1, A2	A5, A8, A10, A11	A16, A20
SYS.2.2.3		A9, A12, A17, A18, A19, A20	
SYS.2.3	A1	A7, A8, A9, A12	A14, A17, A18
SYS.2.4	A1, A3	A4	A12
SYS.3.2.1	A1, A2, A3, A4	A10, A16, A18, A19, A32	A27, A29, A30
SYS.3.2.2	A4, A5, A20	A6, A7, A12, A21, A22	A14, A17
SYS.3.2.3	A1, A7	A13	A23, A26
SYS.3.2.4		A3, A5	
SYS.4.1		A4, A7, A11	A14
SYS.4.3	A2, A3	A6	A12, A14
SYS.4.4	A2, A5	A6, A7, A10, A11, A13, A15, A17, A18, A19	A24

G 0.31 Fehlerhafte Nutzung oder Administration von Geräten und Systemen

Eine fehlerhafte oder nicht ordnungsgemäße Nutzung von Geräten, Systemen und Anwendungen kann deren Sicherheit beeinträchtigen, vor allem, wenn vorhandene Sicherheitsmaßnahmen missachtet oder umgangen werden. Dies führt häufig zu Störungen oder Ausfällen. Je nachdem, welche Arten von Geräten oder Systemen falsch genutzt werden, können aber auch Vertraulichkeit und Integrität von Informationen verletzt werden.

Ein besonders wichtiger Spezialfall der fehlerhaften Nutzung ist die fehlerhafte Administration. Fehler bei der Installation, Konfiguration, Wartung und Pflege von Hardware- oder Software-Komponenten können schwere Schäden nach sich ziehen.

Elementare Gefährdungen

Beispielsweise können zu großzügig vergebene Rechte, leicht zu erratende Passwörter, nicht ausreichend geschützte Datenträger mit Sicherungskopien oder bei vorübergehender Abwesenheit nicht gesperrte Terminals zu Sicherheitsvorfällen führen.

Gleichermaßen können durch die fehlerhafte Bedienung von IT-Systemen oder Anwendungen auch Daten versehentlich gelöscht oder verändert werden. Dadurch könnten aber auch vertrauliche Informationen an die Öffentlichkeit gelangen, beispielsweise wenn Zugriffsrechte falsch gesetzt werden.

Wenn Strom- oder Netzkabel ungeschützt verlegt werden, können sie unbeabsichtigt beschädigt werden, wodurch Verbindungen ausfallen können. Geräteanschlussleitungen können herausgerissen werden, wenn Mitarbeiter oder Besucher darüber stolpern.

Referenzierungen

In der folgenden Tabelle sind alle 215 Anforderungen aufgeführt, in welchen auf die Gefährdung Bezug genommen wird:

Baustein	Basic	Standard	erhöhter Schutzbedarf
APP.1.4			A16
APP.2.1	A1, A3, A5, A6	A12, A13, A14, A15	
APP.2.2	A2, A7	A11	A14, A15
APP.3.1	A1	A12, A21	
APP.3.2		A8, A9	
APP.3.4		A12	
APP.3.6	A4		
APP.4.2	A1, A2, A4, A5, A6, A7, A8	A11, A27, A30	A32
APP.4.3		A19	
APP.5.2		A10	
APP.6	A4, A5	A9	
CON.1			A7, A9, A11, A14
CON.7	A1, A2, A8, A12	A11	A16, A18
CON.8	A10	A1, A11, A16	A19
DER.1	A4	A7	A14
DER.2.1		A15	A20, A21
DER.2.2	A2, A3	A5, A6, A7, A8, A9, A10, A11	A13, A14, A15
DER.2.3	A5		
IND.2.1	A6	A11	
INF.2	A11	A13	A28
INF.9	A2, A4	A8, A12	A10
NET.1.2		A18, A24	
NET.2.1	A5, A6	A9, A12	A15
NET.2.2	A1, A2		
NET.3.1	A4, A5	A11, A12, A13, A23	A24
NET.3.2	A9	A22	
NET.4.1	A5	A6, A8, A9	
NET.4.2	A5	A7	
NET.4.3	A2, A3	A4	A11, A14
OPS.1.1.2		A8, A9, A10	A17
OPS.1.2.2		A10, A11	
OPS.1.2.4	A1, A2	A7	
OPS.1.2.5	A2, A3	A24	
OPS.2.2		A5, A6, A7, A13	

Baustein	Basic	Standard	erhöhter Schutzbedarf
ORP.3	A1, A3	A7	A9
ORP.4		A17, A19	A24
SYS.1.1		A11	
SYS.1.2.2	A2, A3	A4, A6	
SYS.1.3	A2	A6	
SYS.1.7	A4, A9	A14, A16, A17, A18, A21, A22, A23, A25, A27, A31	A32, A33
SYS.2.1	A8	A9, A10, A11, A23, A24, A43, A44	A30, A33, A34, A39, A41, A45
SYS.2.2.2	A1	A5, A7, A10, A11	A16, A17, A19, A20, A21
SYS.2.2.3		A9, A18, A19, A20	
SYS.2.3	A1	A7, A8, A9, A12	A17, A18, A20
SYS.2.4	A1, A3		A12
SYS.3.1		A7	A16
SYS.3.2.1	A1, A2, A3, A4	A19	
SYS.3.2.2	A4, A5, A20	A6, A7, A21	A17
SYS.3.3	A1, A3	A6	
SYS.4.1		A5	
SYS.4.3	A1	A10	A16

G 0.32 Missbrauch von Berechtigungen

Abhängig von ihren Rollen und Aufgaben erhalten Personen entsprechende Zutritts-, Zugangs- und Zugriffsberechtigungen. Auf diese Weise soll einerseits der Zugang zu Informationen gesteuert und kontrolliert werden, und andererseits soll es den Personen ermöglicht werden, bestimmte Aufgaben zu erledigen. Beispielsweise benötigen Personen oder Gruppen bestimmte Berechtigungen, um Anwendungen ausführen zu können oder Informationen bearbeiten zu können.

Eine missbräuchliche Nutzung von Berechtigungen liegt vor, wenn vorsätzlich recht- oder unrechtmäßig erworbene Möglichkeiten außerhalb des vorgesehenen Rahmens genutzt werden. Ziel dabei ist häufig, sich persönliche Vorteile zu verschaffen oder einer Institution oder bestimmten Personen zu schaden.

In nicht wenigen Fällen verfügen Personen aus historischen, systemtechnischen oder anderen Gründen über höhere oder umfangreichere Zutritts-, Zugangs- oder Zugriffsrechte, als sie für ihre Tätigkeit benötigen. Diese Rechte können unter Umständen für Angriffe missbraucht werden.

Beispiele:

- Je feingranularer die Zugriffsrechte auf Informationen gestaltet werden, desto größer ist oft auch der Pflegeaufwand, um diese Berechtigungen auf dem aktuellen Stand zu halten. Es besteht deshalb die Gefahr, dass bei der Vergabe der Zugriffsrechte zu wenig zwischen den unterschiedlichen Rollen differenziert wird und dadurch der Missbrauch der Berechtigungen erleichtert wird.
- Bei verschiedenen Anwendungen werden Zugriffsberechtigungen oder Passwörter in Systembereichen gespeichert, auf die auch andere Benutzer zugreifen können. Dadurch könnten Angreifer die Berechtigungen ändern oder Passwörter auslesen.
- Personen mit zu großzügig vergebenen Berechtigungen könnten versucht sein, auf fremde Dateien zuzugreifen, beispielsweise eine fremde E-Mail einzusehen, weil bestimmte Informationen dringend benötigt werden.

Referenzierungen

In der folgenden Tabelle sind alle 185 Anforderungen aufgeführt, in welchen auf die Gefährdung Bezug genommen wird:

Baustein	Basic	Standard	erhöhter Schutzbedarf
APP.1.4	A5	A3	A14
APP.2.1	A2, A3, A6	A12	
APP.2.2	A1, A2, A3, A5, A6, A7	A11	A14, A15

Elementare Gefährdungen

Baustein	Basic	Standard	erhöhter Schutzbedarf
APP.3.4	A2	A5, A6, A8	
APP.4.2	A1, A2, A4, A5, A6, A7, A8	A12, A14, A30	A32
CON.8	A8	A1, A14, A16	
DER.1			A18
DER.2.1		A12	
IND.1		A4, A7, A10	A14, A15, A16, A17
IND.2.1	A1, A6	A11	
IND.2.7		A4	
INF.2	A6, A7		
INF.6	A2, A4	A8	
INF.8	A3	A4	A6
NET.1.2	A10		
NET.3.1	A4, A5	A11, A12, A13, A23	A24
NET.3.3	A1, A4	A6, A12	
NET.4.2	A3, A4	A7, A9	
OPS.1.1.2	A3, A4	A7, A8, A11	A14, A15, A17, A18
OPS.1.1.4	A1, A2, A3, A5, A6, A7	A9	A10, A11, A12, A13, A14
OPS.1.1.5		A10	
OPS.1.1.6		A13	
OPS.1.2.4	A1	A7	
OPS.2.2		A7, A13	A18
ORP.2	A5, A15		
ORP.3	A1, A3	A7	A9
ORP.4	A4, A9	A10, A12, A13	A21, A24
SYS.1.1	A5	A13, A23	A27, A30
SYS.1.2.2	A2, A3	A4, A5, A6	A11
SYS.1.3	A2		A16, A17
SYS.1.5	A2	A12	
SYS.1.7	A1, A2, A7, A8, A9, A11	A14, A16, A19, A22, A23, A24, A26, A29, A30	A33, A34, A35
SYS.2.2.2	A2, A3	A9, A13	A14, A18, A20
SYS.2.2.3		A12, A20	
SYS.2.3	A1	A7, A8, A9, A12	A17, A18, A20
SYS.2.4	A3	A10	
SYS.3.2.1	A2, A4	A19, A32	
SYS.3.2.2	A20	A6, A7, A12, A21	A17
SYS.3.2.3	A1, A7	A12, A13, A17, A21	A26
SYS.3.2.4		A2, A3	

G 0.33 Personalausfall

Der Ausfall von Personal kann erhebliche Auswirkungen auf eine Institution und deren Geschäftsprozesse haben. Personal kann beispielsweise durch Krankheit, Unfall, Tod oder Streik unvorhergesehen ausfallen. Des weiteren ist auch der vorhersagbare Personalausfall bei Urlaub, Fortbildung oder einer regulären Beendigung des Arbeitsverhältnisses zu berücksichtigen, insbesondere wenn die Restarbeitszeit z. B. durch einen Urlaubsanspruch verkürzt wird. Ein Personalausfall kann auch durch einen internen Wechsel des Arbeitsplatzes verursacht werden.

Beispiele:

- Aufgrund längerer Krankheit blieb der Netzadministrator einer Firma vom Dienst fern. In der betroffenen Firma lief das Netz zunächst fehlerfrei weiter. Nach zwei Wochen jedoch war nach einem Systemabsturz niemand in der Lage, den Fehler zu beheben, da es nur diesen in den Netzbetrieb eingearbeiteten Administrator gab. Dies führte zu einem Ausfall des Netzes über mehrere Tage.
- Während des Urlaubs eines Administrators musste in einer Institution auf die Backup-Medien im Datensicherungstresor zurückgegriffen werden. Der Zugangscode zum Tresor wurde erst kurz zuvor geändert und war nur diesem Administrator bekannt. Erst nach mehreren Tagen konnte die Datenrestaurierung durchgeführt werden, da der Administrator nicht eher im Urlaub erreichbar war.
- Im Falle eine Pandemie fällt nach und nach längerfristig immer mehr Personal aus, sei es durch die Krankheit selbst, durch die notwendige Pflege von Angehörigen oder durch die Betreuung von Kindern. Auch aus Angst vor Ansteckung in öffentlichen Verkehrsmitteln oder in der Institution bleiben einige Mitarbeiter vom Dienst fern. Als Folge können nur noch die notwendigsten Arbeiten erledigt werden. Die erforderliche Wartung der Systeme, sei es der zentrale Server oder die Klimaanlage im Rechenzentrum, ist nicht mehr zu leisten. Nach und nach fallen dadurch immer mehr Systeme aus.

Referenzierungen

In der folgenden Tabelle sind alle 19 Anforderungen aufgeführt, in welchen auf die Gefährdung Bezug genommen wird:

Baustein	Basic	Standard	erhöhter Schutzbedarf
APP.5.3		A5	
DER.1	A3		A14
OPS.1.1.2	A2	A9	A17, A19
OPS.1.2.4	A1	A6, A8	
OPS.3.1		A2, A5, A6, A14	
ORP.2	A5		
SYS.1.2.2	A3		
SYS.1.7		A18, A21, A31	

G 0.34 Anschlag

Durch einen Anschlag kann eine Institution, bestimmte Bereiche der Institution oder einzelne Personen bedroht werden. Die technischen Möglichkeiten, einen Anschlag zu verüben, sind vielfältig: geworfene Ziegelsteine, Explosion durch Sprengstoff, Schusswaffengebrauch, Brandstiftung. Ob und in welchem Umfang eine Institution der Gefahr eines Anschlages ausgesetzt ist, hängt neben der Lage und dem Umfeld des Gebäudes stark von ihren Aufgaben und vom politisch-sozialen Klima ab. Unternehmen und Behörden, die in politisch kontrovers diskutierten Bereichen agieren, sind stärker bedroht als andere. Institutionen in der Nähe üblicher Demonstrationsaufmarschgebiete sind stärker gefährdet als solche in abgelegenen Orten. Für die Einschätzung der Gefährdung oder bei Verdacht auf Bedrohungen durch politisch motivierte Anschläge können in Deutschland die Landeskriminalämter oder das Bundeskriminalamt beratend hinzugezogen werden.

Beispiele:

- In den 1980er-Jahren wurde ein Sprengstoffanschlag auf das Rechenzentrum einer großen Bundesbehörde in Köln verübt. Durch die große Durchschlagskraft des Sprengkörpers wurden nicht nur Fenster und Wände, sondern auch viele IT-Systeme im Rechenzentrum zerstört.
- Bei dem Anschlag auf das World-Trade-Center in New York am 11. September 2001 wurden nicht nur viele Menschen getötet, sondern es wurden auch zahlreiche IT-Einrichtungen zerstört. Als Folge hatten mehrere Unternehmen erhebliche Schwierigkeiten, ihre Geschäftstätigkeiten fortzusetzen.

Referenzierungen

In der folgenden Tabelle sind alle 9 Anforderungen aufgeführt, in welchen auf die Gefährdung Bezug genommen wird:

Baustein	Basic	Standard	erhöhter Schutzbedarf
INF.1	A1	A9, A16, A20	A22, A23
INF.2		A13	A21, A28

G 0.35 Nötigung, Erpressung oder Korruption

Nötigung, Erpressung oder Korruption können dazu führen, dass die Sicherheit von Informationen oder Geschäftsprozessen beeinträchtigt wird. Durch Androhung von Gewalt oder anderen Nachteilen kann ein Angreifer beispielsweise versuchen, das Opfer zur Missachtung von Sicherheitsrichtlinien oder zur Umgehung von Sicherheitsmaßnahmen zu bringen (Nötigung).

Anstatt zu drohen, können Angreifer auch gezielt Geld oder andere Vorteile anbieten, um Mitarbeiter oder andere Personen zum Instrument für Sicherheitsverletzungen zu machen (Korruption). Beispielsweise besteht die Gefahr, dass ein bestechlicher Mitarbeiter vertrauliche Dokumente an Unbefugte weiterleitet.

Durch Nötigung oder Korruption können grundsätzlich alle Grundwerte der Informationssicherheit beeinträchtigt werden. Angriffe können unter anderem darauf abzielen, vertrauliche Informationen an Unbefugte zu leiten, geschäftskritische Informationen zu manipulieren oder den reibungslosen Ablauf von Geschäftsprozessen zu stören.

Besondere Gefahr besteht, wenn sich solche Angriffe gegen hochrangige Führungskräfte oder Personen in besonderen Vertrauensstellungen richten.

Referenzierungen

In der folgenden Tabelle sind alle 12 Anforderungen aufgeführt, in welchen auf die Gefährdung Bezug genommen wird:

Baustein	Basic	Standard	erhöhter Schutzbedarf
CON.7		A13	A17
OPS.1.1.2	A3, A4		A15, A17
OPS.2.1			A16
OPS.2.2			A19
SYS.3.2.3	A7	A12	A25, A26

G 0.36 Identitätsdiebstahl

Beim Identitätsdiebstahl täuscht ein Angreifer eine falsche Identität vor, er benutzt also Informationen über eine andere Person, um in deren Namen aufzutreten. Hierfür werden Daten wie beispielsweise Geburtsdatum, Anschrift, Kreditkarten- oder Kontonummern benutzt, um sich beispielsweise auf fremde Kosten bei einem Internet-Dienstleister anzumelden oder sich auf andere Weise zu bereichern. Identitätsdiebstahl führt häufig auch direkt oder indirekt zur Rufschädigung, aber verursacht auch einen hohen Zeitaufwand, um die Ursachen aufzuklären und negative Folgen für die Betroffenen abzuwenden. Einige Formen des Identitätsbetrugs werden auch als Maskerade bezeichnet.

Identitätsdiebstahl tritt besonders dort häufig auf, wo die Identitätsprüfung zu nachlässig gehandhabt wird, vor allem, wenn hierauf teure Dienstleistungen basieren.

Eine Person, die über die Identität seines Kommunikationspartners getäuscht wurde, kann leicht dazu gebracht werden, schutzbedürftige Informationen zu offenbaren.

Beispiele:

- Bei verschiedenen E-Mail-Providern und Auktionsplattformen im Internet reichte es zur Anmeldung anfangs, sich einen Phantasienamen auszudenken und diesen mit einer passenden Adresse aus dem Telefonbuch zu unterlegen. Zunächst konnten sich Angreifer auch unter erkennbar ausgedachten Namen anmelden, beispielsweise von Comicfiguren. Als dann schärfere Plausibilitätstests eingeführt wurden, sind hierfür auch Namen, Adressen und Kontonummern von echten Personen verwendet worden. Die Betroffenen haben hiervon erst erfahren, als die ersten Zahlungsaufforderungen bei ihnen eintrafen.
- Die Absender-Adressen von E-Mails lassen sich leicht fälschen. Es passiert immer wieder, dass Anwendern auf diese Weise vorgetäuscht wird, dass eine E-Mail von einem vertrauenswürdigen Kommunikationspartner stammt. Ähnliche Angriffe sind durch die Manipulation der Rufnummernanzeige bei Sprachverbindungen oder durch die Manipulation der Absenderkennung bei Faxverbindungen möglich.
- Ein Angreifer kann durch eine Maskerade versuchen, sich in eine bereits bestehende Verbindung einzuhängen, ohne sich selber authentisieren zu müssen, da dieser Schritt bereits von den originären Kommunikationsteilnehmern durchlaufen wurde.

Referenzierungen

In der folgenden Tabelle sind alle 107 Anforderungen aufgeführt, in welchen auf die Gefährdung Bezug genommen wird:

Baustein	Basic	Standard	erhöhter Schutzbedarf
APP.1.4			A14
APP.2.1	A2, A3, A6	A13	
APP.2.2	A1, A2, A3, A5, A6, A7	A8, A9	
APP.3.1	A1		
APP.5.2		A12	
APP.5.3		A7, A9	
CON.7	A10	A14	A15
IND.1		A7	A14, A15
IND.2.7		A4	
NET.3.1	A4, A5	A11, A12, A13, A23	A24
OPS.1.1.4	A1, A2, A3, A5, A6	A9	A10, A11, A12, A13, A14
OPS.2.2		A5	
ORP.2	A2		A13
ORP.3	A1, A3	A7	A9
ORP.4	A9	A10, A11, A12, A13, A18	A21
SYS.1.2.2	A2, A3	A4, A5, A6	A14
SYS.1.7	A1, A2, A6, A7, A8, A9, A11	A14, A16, A19, A20, A22, A23, A24, A26, A29, A30	A33, A34, A35, A36
SYS.2.1	A1		A37
SYS.2.2.2		A9, A13	A14
SYS.2.2.3	A1, A4, A6		A25
SYS.3.2.1	A2, A4	A18, A19	
SYS.3.2.2	A4, A5	A7, A21, A22	A14
SYS.3.2.3	A2	A12, A13, A17	A26

G 0.37 Abstreiten von Handlungen

Personen können aus verschiedenen Gründen abstreiten, bestimmte Handlungen begangen zu haben, beispielsweise weil diese Handlungen gegen Anweisungen, Sicherheitsvorgaben oder sogar Gesetze verstoßen. Sie könnten aber auch leugnen, eine Benachrichtigung erhalten zu haben, zum Beispiel weil sie einen Termin vergessen haben. Im Bereich der Informationssicherheit wird daher häufig die Verbindlichkeit hervorgehoben, eine Eigenschaft, über die sichergestellt werden soll, dass erfolgte Handlungen nicht unberechtigt abgestritten werden können. Im englischen Sprachraum wird dafür der Begriff Non-Repudiation (Nichtabstreitbarkeit) verwendet.

Bei Kommunikation wird zusätzlich unterschieden, ob ein Kommunikationsteilnehmer den Nachrichtenempfang ableugnet (Repudiation of Receipt) oder den Versand (Repudiation of Origin). Den Nachrichtenempfang abzuleugnen kann unter anderem bei finanziellen Transaktionen von Bedeutung sein, z. B. wenn jemand bestreitet, eine Rechnung fristgemäß erhalten zu haben. Ebenso kann es passieren, dass ein Kommunikationsteilnehmer den Nachrichtenversand ableugnet, z. B. also eine getätigte Bestellung abstreitet. Nachrichtenversand oder -empfang kann beim Postversand ebenso abgeleugnet werden wie bei Fax- oder E-Mail-Nutzung.

Beispiel:

- Ein dringend benötigtes Ersatzteil wird elektronisch bestellt. Nach einer Woche wird das Fehlen reklamiert, inzwischen sind durch den Produktionsausfall hohe Kosten entstanden. Der Lieferant leugnet, je eine Bestellung erhalten zu haben.

Referenzierungen

In der folgenden Tabelle sind alle 96 Anforderungen aufgeführt, in welchen auf die Gefährdung Bezug genommen wird:

Baustein	Basic	Standard	erhöhter Schutzbedarf
APP.1.1		A14	A15
APP.2.1		A12	
APP.2.2	A5, A6	A11, A12	A14, A15
DER.1			A15
DER.2.2		A8, A9, A10, A11, A12	A14, A15
IND.1	A18, A19	A6, A7, A10, A20, A22	
IND.2.1		A17	
IND.2.7		A4	
INF.12	A3	A8, A10	
NET.1.2	A7, A8	A26	
NET.3.1	A6, A8	A12	A26
OPS.1.1.2	A4, A5, A6	A11	A17, A18
OPS.1.1.5	A3, A4	A6	
OPS.1.2.2	A1		A21
OPS.1.2.5		A10	A22
ORP.2	A5		
ORP.3	A1, A3	A7	A9
ORP.4	A4, A9	A14	A24
SYS.1.2.2	A2, A3	A4, A5, A6, A8	A14
SYS.1.5	A6, A7		
SYS.1.7	A1, A2, A7, A8, A9, A11	A14, A16, A19, A22, A23, A24, A26, A29, A30	A33, A34, A35, A36
SYS.3.2.1	A2, A4	A19	
SYS.3.2.2		A6	A17
SYS.3.2.3	A1, A7	A12, A13	
SYS.4.3	A3		

G 0.38 Missbrauch personenbezogener Daten

Personenbezogene Daten sind fast immer besonders schützenswerte Informationen. Typische Beispiele sind Angaben über persönliche oder sachliche Verhältnisse einer bestimmten oder bestimmbaren natürlichen Person. Wenn der Schutz personenbezogener Daten nicht ausreichend gewährleistet ist, besteht die Gefahr, dass der Betroffene in seiner gesellschaftlichen Stellung oder in seinen wirtschaftlichen Verhältnissen beeinträchtigt wird.

Ein Missbrauch personenbezogener Daten kann beispielsweise vorliegen, wenn eine Institution zu viele personenbezogene Daten sammelt, sie ohne Rechtsgrundlage oder Einwilligung erhoben hat, sie zu einem anderen als dem bei der Erhebung zulässigen Zweck nutzt, personenbezogene Daten zu spät löscht oder unberechtigt weitergibt.

Beispiele:

- Personenbezogene Daten dürfen nur für den Zweck verarbeitet werden, für den sie erhoben oder erstmals gespeichert worden sind. Es ist daher unzulässig, Protokolldateien, in denen die An- und Abmeldung von Benutzern an IT-Systemen ausschließlich für die Zugriffskontrolle festgehalten werden, zur Anwesenheits- und Verhaltenskontrolle zu nutzen.
- Personen, die Zugriff auf personenbezogene Daten haben, könnten diese unbefugt weitergeben. Beispielsweise könnte ein Mitarbeiter am Empfang eines Hotels die Anmeldedaten von Gästen an Werbefirmen verkaufen.

Referenzierungen

In der folgenden Tabelle sind alle 67 Anforderungen aufgeführt, in welchen auf die Gefährdung Bezug genommen wird:

Baustein	Basic	Standard	erhöhter Schutzbedarf
APP.1.4	A1, A5, A8	A12	
APP.2.1	A3, A5	A11, A13	
APP.2.2	A2, A5, A6, A7		
APP.2.3		A11	
DER.1	A2		
NET.3.1	A4, A5	A11, A12, A13, A23	A24
OPS.1.1.5	A5		
OPS.1.1.6	A11	A13	
OPS.3.1		A9	
ORP.1	A1, A2, A4, A15	A13, A16	
ORP.2	A1, A3, A5, A15		A13
ORP.3	A1, A3	A7	A9
SYS.1.2.2	A2, A3	A4, A5, A6	A14
SYS.3.2.1	A2, A4	A19	
SYS.3.2.2		A12, A21, A22	
SYS.3.2.3	A1, A2, A7	A13	A26
SYS.3.2.4		A3	
SYS.4.4	A2, A5	A6, A7, A10, A11, A13, A15, A19	

G 0.39 Schadprogramme

Ein Schadprogramm ist eine Software, die mit dem Ziel entwickelt wurde, unerwünschte und meistens schädliche Funktionen auszuführen. Zu den typischen Arten von Schadprogrammen gehören unter anderem Viren, Würmer und Trojanische Pferde. Schadprogramme werden meist heimlich, ohne Wissen und Einwilligung des Benutzers aktiv.

Schadprogramme bieten heutzutage einem Angreifer umfangreiche Kommunikations- und Steuerungsmöglichkeiten und besitzen eine Vielzahl von Funktionen. Unter anderem können Schadprogramme gezielt Passwörter ausforschen, Systeme fernsteuern, Schutzsoftware deaktivieren und Daten ausspionieren.

Als Schaden ist hier insbesondere der Verlust oder die Verfälschung von Informationen oder Anwendungen von größter Tragweite. Aber auch der Imageverlust und der finanzielle Schaden, der durch Schadprogramme entstehen kann, sind von großer Bedeutung.

Beispiele:

- In der Vergangenheit verbreitete sich das Schadprogramm W32/Bugbear auf zwei Wegen: Es suchte in lokalen Netzen nach Computern mit Freigaben, auf die schreibender Zugriff möglich war, und kopierte sich darauf. Zudem schickte es sich selbst als HTML-E-Mail an Empfänger im E-Mail-Adressbuch von befallenen Computern. Durch einen Fehler in der HTML-Routine bestimmter E-Mail-Programme wurde das Schadprogramm dort beim Öffnen der Nachricht ohne weiteres Zutun des Empfängers ausgeführt.

- Das Schadprogramm W32/Klez verbreitete sich in verschiedenen Varianten. Befallene Computer schickten den Virus an alle Empfänger im E-Mail-Adressbuch des Computers. Hatte dieser Virus einen Computer befallen, verhinderte er durch fortlaufende Manipulationen am Betriebssystem die Installation von Viren-Schutzprogrammen verbreiteter Hersteller und erschwerte so die Desinfektion der befallenen Computer erheblich.

Referenzierungen

In der folgenden Tabelle sind alle 160 Anforderungen aufgeführt, in welchen auf die Gefährdung Bezug genommen wird:

Baustein	Basic	Standard	erhöhter Schutzbedarf
APP.1.1	A2, A3	A11, A13	A16
APP.1.2	A1		A9, A11

Elementare Gefährdungen

Baustein	Basic	Standard	erhöhter Schutzbedarf
APP.1.4	A5	A3	
APP.2.1		A12	
APP.2.2	A5, A6	A11, A12	
APP.3.2	A3	A14	A15
APP.3.3	A3		A12
APP.4.2	A1, A2, A4, A5, A6, A7, A8	A26	A32
APP.4.3	A3	A12, A19	A24, A25
APP.4.6		A10, A11, A19, A21	
APP.5.3	A1, A4	A7, A8	
APP.6	A3		
CON.7	A4, A5		
CON.8		A16	
DER.1	A5	A9, A10, A11, A13	A15
IND.1	A3	A9, A10, A12	
IND.2.1	A2, A6	A7, A8, A11, A13, A16, A17	A19, A20
IND.2.4	A2		
IND.2.7		A4	
NET.3.2	A2, A3	A16	
OPS.1.1.3	A3, A16	A10	
OPS.1.1.4	A1, A2, A3, A5, A6, A7	A9	A10, A12, A13, A14
OPS.1.2.5		A19, A20	
SYS.1.1	A9	A12	A31
SYS.1.2.2	A2, A3	A4, A5, A6, A8	A11
SYS.1.3	A4	A10	
SYS.1.7	A8, A9	A14, A16, A24	A33, A36
SYS.2.1	A6	A24	A32, A33, A34, A37
SYS.2.2.2	A3	A5, A9, A13	A14
SYS.2.2.3	A5		
SYS.2.3	A4, A5	A12	A18
SYS.2.4	A2	A9, A10	
SYS.3.1	A1, A3, A9	A6, A8	
SYS.3.2.1	A3, A5, A6, A8	A33	A25, A26, A27, A35
SYS.3.2.2	A4, A5	A7	A14
SYS.3.2.3		A21	A26
SYS.4.3			A14, A15
SYS.4.4	A2, A5	A6, A7, A10, A11, A13, A15, A16, A19	
SYS.4.5	A12	A4	A16

G 0.40 Verhinderung von Diensten (Denial of Service)

Es gibt eine Vielzahl verschiedener Angriffsformen, die darauf abzielen, die vorgesehene Nutzung bestimmter Dienstleistungen, Funktionen oder Geräte zu verhindern. Der Oberbegriff für solche Angriffe ist „Verhinderung von Diensten" (englisch: „Denial of Service"). Häufig wird auch die Bezeichnung „DoS-Angriff" verwendet.

Solche Angriffe können unter anderem von verärgerten Mitarbeitern oder Kunden, aber auch von Mitbewerbern, Erpressern oder politisch motivierten Tätern ausgehen. Das Ziel der Angriffe können geschäftsrelevante Werte aller Art sein. Typische Ausprägungen von DoS-Angriffen sind

- Störungen von Geschäftsprozessen, z. B. durch Überflutung der Auftragsannahme mit fehlerhaften Bestellungen,
- Beeinträchtigungen der Infrastruktur, z. B. durch Blockieren der Türen der Institution,
- Herbeiführen von IT-Ausfällen, indem z. B. Dienste eines Servers im Netz gezielt überlastet werden.

Diese Art von Angriffen steht häufig im Zusammenhang mit verteilten Ressourcen, indem ein Angreifer diese Ressourcen so stark in Anspruch nimmt, dass sie den eigentlichen Nutzern nicht mehr zur Verfügung stehen. Bei IT-basierten Angriffen können z. B. die folgenden Ressourcen künstlich verknappt werden: Prozesse, CPU-Zeit, Arbeitsspeicher, Plattenplatz, Übertragungskapazität.

Beispiel:

- Im Frühjahr 2007 fanden über einen längeren Zeitraum starke DoS-Angriffe auf zahlreiche Internet-Angebote in Estland statt. Dadurch kam es in Estland zu erheblichen Beeinträchtigungen bei der Nutzung von Informationsangeboten und Dienstleistungen im Internet.

Referenzierungen

In der folgenden Tabelle sind alle 107 Anforderungen aufgeführt, in welchen auf die Gefährdung Bezug genommen wird:

Baustein	Basic	Standard	erhöhter Schutzbedarf
APP.2.1	A2	A12, A14, A15	
APP.2.2	A1, A5, A6	A10, A11, A12	
APP.3.2	A3		A18
APP.3.6	A2, A9	A11	A20
APP.4.3		A11, A18	A22
APP.5.3	A2		
CON.8	A5, A6	A11, A16	
DER.1			A16
IND.2.1	A6	A7	A19
NET.1.1	A11, A14	A23, A25	A29, A30
NET.1.2			A30, A35, A36, A38
NET.2.1	A4	A12, A13, A14	A18
NET.3.1	A5	A15, A16, A17, A18, A19	A28
NET.3.2	A2, A3	A16, A19	A30
NET.3.3		A9, A11	
NET.4.2	A4	A12	A15, A16
OPS.1.1.5			A13
OPS.1.2.4	A2		
OPS.1.2.5		A20	
SYS.1.1	A9	A19, A23	A27, A30, A31, A33
SYS.1.2.2	A2, A3	A4, A5, A6	A11
SYS.1.5			A25
SYS.1.7	A1, A2, A3	A14, A16, A23, A31	A36, A37, A38
SYS.2.1	A6	A15, A16, A23	A29, A31, A32, A35
SYS.4.4	A2, A5	A6, A7, A10, A11, A13, A15, A17, A19	A22

G 0.41 Sabotage

Sabotage bezeichnet die mutwillige Manipulation oder Beschädigung von Sachen oder Prozessen mit dem Ziel, dem Opfer dadurch Schaden zuzufügen. Besonders attraktive Ziele können Rechenzentren oder Kommunikationsanbindungen von Behörden bzw. Unternehmen sein, da hier mit relativ geringen Mitteln eine große Wirkung erzielt werden kann.

Die komplexe Infrastruktur eines Rechenzentrums kann durch gezielte Beeinflussung wichtiger Komponenten, gegebenenfalls durch Täter von außen, vor allem aber durch Innentäter, punktuell manipuliert werden, um Betriebsstörungen

Elementare Gefährdungen

hervorzurufen. Besonders bedroht sind hierbei nicht ausreichend geschützte gebäudetechnische oder kommunikationstechnische Infrastruktur sowie zentrale Versorgungspunkte, die organisatorisch oder technisch gegebenenfalls auch nicht überwacht werden und für Externe leicht und unbeobachtet zugänglich sind.

- In einem großen Rechenzentrum führte die Manipulation an der USV zu einem vorübergehenden Totalausfall. Der Täter hatte wiederholt die USV von Hand auf Bypass geschaltet und dann die Hauptstromversorgung des Gebäudes manipuliert. Insgesamt fanden in drei Jahren vier Ausfälle statt. Teilweise kam es sogar zu Hardware-Schäden. Die Betriebsunterbrechungen dauerten zwischen 40 und 130 Minuten.
- Innerhalb eines Rechenzentrums waren auch sanitäre Einrichtungen untergebracht. Durch Verstopfen der Abflüsse und gleichzeitiges Öffnen der Wasserzufuhr drang Wasser in zentrale Technikkomponenten ein. Die auf diese Weise verursachten Schäden führten zu Betriebsunterbrechungen des Produktivsystems.
- Für elektronische Archive stellt Sabotage ein besonderes Risiko dar, da hier meist auf kleinem Raum viele schützenswerte Dokumente verwahrt werden. Dadurch kann unter Umständen durch gezielte, wenig aufwendige Manipulationen ein großer Schaden verursacht werden.

Referenzierungen

In der folgenden Tabelle sind alle 86 Anforderungen aufgeführt, in welchen auf die Gefährdung Bezug genommen wird:

Baustein	Basic	Standard	erhöhter Schutzbedarf
CON.8	A5	A11, A16	
IND.1	A3	A9, A10, A12	A13, A16
IND.2.1	A1, A2, A4, A6	A7, A11, A13, A16, A17	A19
IND.2.2		A1	
IND.2.7	A1, A2, A3	A4, A5, A6, A7, A8, A9, A10, A11	A12
INF.10	A3	A4, A6, A7, A8	A9
INF.12	A2, A3	A5, A6	A15, A16, A17
INF.2		A12, A13	A23, A24, A28
INF.5	A3, A4	A12, A17	A20
INF.8	A1, A3	A4	A6
NET.3.2	A2, A3, A4, A6, A8, A9, A10	A19, A21, A22, A23, A24	A28
OPS.1.1.6		A7	
OPS.2.2			A19
OPS.3.1			A16
ORP.2	A14		
SYS.1.2.2	A3	A6	A11
SYS.3.2.3	A1, A7	A12, A13, A21	A26
SYS.3.2.4		A2	

G 0.42 Social Engineering

Social Engineering ist eine Methode, um unberechtigten Zugang zu Informationen oder IT-Systemen durch soziale Handlungen zu erlangen. Beim Social Engineering werden menschliche Eigenschaften wie z. B. Hilfsbereitschaft, Vertrauen, Angst oder Respekt vor Autorität ausgenutzt. Dadurch können Mitarbeiter so manipuliert werden, dass sie unzulässig handeln. Ein typischer Fall von Angriffen mit Hilfe von Social Engineering ist das Manipulieren von Mitarbeitern per Telefonanruf, bei dem sich der Angreifer z. B. ausgibt als:

- Vorzimmerkraft, deren Vorgesetzter schnell noch etwas erledigen will, aber sein Passwort vergessen hat und es jetzt dringend braucht,
- Administrator, der wegen eines Systemfehlers anruft, da er zur Fehlerbehebung noch das Passwort des Benutzers benötigt.

Wenn kritische Rückfragen kommen, ist der Neugierige angeblich „nur eine Aushilfe" oder eine „wichtige" Persönlichkeit.

Eine weitere Strategie beim systematischen Social Engineering ist der Aufbau einer längeren Beziehung zum Opfer. Durch viele unwichtige Telefonate im Vorfeld kann der Angreifer Wissen sammeln und Vertrauen aufbauen, das er später ausnutzen kann.

Solche Angriffe können auch mehrstufig sein, indem in weiteren Schritten auf Wissen und Techniken aufgebaut wird, die in vorhergehenden Stufen erworben wurden.

Viele Anwender wissen, dass sie Passwörter an niemanden weitergeben dürfen. Social Engineers wissen dies und müssen daher über andere Wege an das gewünschte Ziel gelangen. Beispiele hierfür sind:

- Ein Angreifer kann das Opfer bitten, ihm unbekannte Befehle oder Applikationen auszuführen, z. B. weil dies bei einem IT-Problem helfen soll. Dies kann eine versteckte Anweisung für eine Änderung von Zugriffsrechten sein. So kann der Angreifer an sensible Informationen gelangen.
- Viele Benutzer verwenden zwar starke Passwörter, aber dafür werden diese für mehrere Konten genutzt. Wenn ein Angreifer einen nützlichen Netzdienst (wie ein E-Mail-Adressensystem) betreibt, an dem die Anwender sich authentisieren müssen, kann er an die gewünschten Passwörter und Logins gelangen. Viele Benutzer werden die Anmeldedaten, die sie für diesen Dienst benutzen, auch bei anderen Diensten verwenden.

Wenn sich Angreifer unerlaubt Passwörter oder andere Authentisierungsmerkmale verschaffen, beispielsweise mit Hilfe von Social Engineering, wird dies häufig auch als „Phishing" (Kunstwort aus „Password" und „Fishing") bezeichnet.

Beim Social Engineering tritt der Angreifer nicht immer sichtbar auf. Oft erfährt das Opfer niemals, dass es ausgenutzt wurde. Ist dies erfolgreich, muss der Angreifer nicht mit einer Strafverfolgung rechnen und besitzt außerdem eine Quelle, um später an weitere Informationen zu gelangen.

Referenzierungen

In der folgenden Tabelle sind alle 46 Anforderungen aufgeführt, in welchen auf die Gefährdung Bezug genommen wird:

Baustein	Basic	Standard	erhöhter Schutzbedarf
APP.1.4	A5		
APP.2.1		A12	
APP.2.2		A10, A11	
APP.5.3		A7, A9	
CON.7	A2		
IND.2.7	A1, A2, A3	A4, A7, A10, A11	
NET.4.1		A8, A9	
OPS.1.1.2	A3	A12	A15, A17
OPS.1.1.4	A1, A5, A6		A11
OPS.2.1		A7	
ORP.2	A1, A2, A15	A7	
ORP.3	A1, A3	A7	A9
SYS.1.2.2	A2, A3	A4, A5, A6	A11
SYS.3.2.1	A2, A3, A4, A6		
SYS.3.2.3		A12, A13	A26

G 0.43 Einspielen von Nachrichten

Angreifer senden bei dieser Angriffsform speziell vorbereitete Nachrichten an Systeme oder Personen mit dem Ziel, für sich selbst einen Vorteil oder einen Schaden für das Opfer zu erreichen. Um die Nachrichten geeignet zu konstruieren, nutzen die Angreifer beispielsweise Schnittstellenbeschreibungen, Protokollspezifikationen oder Aufzeichnungen über das Kommunikationsverhalten in der Vergangenheit.

Es gibt zwei in der Praxis wichtige Spezialfälle des Einspielens von Nachrichten:

- Bei einer „Replay-Attacke" (Wiedereinspielen von Nachrichten) zeichnen Angreifer gültige Nachrichten auf und spielen diese Information zu einem späteren Zeitpunkt (nahezu) unverändert wieder ein. Es kann auch ausreichen, nur Teile einer Nachricht, wie beispielsweise ein Passwort, zu benutzen, um unbefugt in ein IT-System einzudringen.
- Bei einer „Man-in-the-Middle-Attacke" nimmt der Angreifer unbemerkt eine Vermittlungsposition in der Kommunikation zwischen verschiedenen Teilnehmern ein. In der Regel täuscht er hierzu dem Absender einer Nachricht vor, der eigentliche Empfänger zu sein, und er täuscht dem Empfänger vor, der eigentliche Absender zu sein. Wenn dies gelingt, kann der Angreifer dadurch Nachrichten, die nicht für ihn bestimmt sind, entgegennehmen und vor der Weiterleitung an den eigentlichen Empfänger auswerten und gezielt manipulieren.

Eine Verschlüsselung der Kommunikation bietet keinen Schutz vor Man-in-the-Middle-Attacken, wenn keine sichere Authentisierung der Kommunikationspartner stattfindet.

Elementare Gefährdungen

Beispiele:
- Ein Angreifer zeichnet die Authentisierungsdaten (z. B. Benutzerkennung und Passwort) während des Anmeldevorgangs eines Benutzers auf und verwendet diese Informationen, um sich Zugang zu einem System zu verschaffen. Bei rein statischen Authentisierungsprotokollen kann damit auch ein verschlüsselt übertragenes Passwort benutzt werden, um unbefugt auf ein fremdes System zuzugreifen.
- Um finanziellen Schaden beim Arbeitgeber (Unternehmen oder Behörde) zu verursachen, gibt ein Mitarbeiter eine genehmigte Bestellung mehrmals auf.

Referenzierungen

In der folgenden Tabelle sind alle 95 Anforderungen aufgeführt, in welchen auf die Gefährdung Bezug genommen wird:

Baustein	Basic	Standard	erhöhter Schutzbedarf
APP.2.1	A3		
APP.2.2	A2, A3, A5, A6, A7	A8, A9, A10	
APP.2.3	A1, A4	A9	
APP.3.1	A4	A11	
APP.3.6	A4	A16, A17	
APP.4.2	A1, A2, A3, A4, A5, A6, A7, A8	A26, A30	A32
APP.4.3		A16	
IND.2.1	A1		
NET.1.1	A7, A11		A34
NET.1.2	A9		
NET.2.1	A2, A3, A5, A6	A12, A13, A14	A15, A18
NET.2.2	A1, A2, A3		
NET.3.1	A5	A15, A16, A17, A18, A19	A28
NET.3.2	A2, A3, A8, A9, A10	A20, A21, A22, A23	
NET.3.3		A7, A10, A13	
SYS.1.1		A19	
SYS.1.2.2	A2, A3	A4, A5, A6	A11
SYS.1.3		A8	
SYS.1.5			A26
SYS.1.7	A3, A5, A6, A9, A11	A14, A16, A30	A33, A36, A38
SYS.2.1		A9, A10, A23	A32, A37, A41
SYS.3.2.1	A7		A25, A26, A27

G 0.44 Unbefugtes Eindringen in Räumlichkeiten

Wenn Unbefugte in ein Gebäude oder einzelne Räumlichkeiten eindringen, kann dies verschiedene andere Gefahren nach sich ziehen. Dazu gehören beispielsweise Diebstahl oder Manipulation von Informationen oder IT-Systemen. Bei qualifizierten Angriffen ist die Zeitdauer entscheidend, in der die Täter ungestört ihr Ziel verfolgen können.

Häufig wollen die Täter wertvolle IT-Komponenten oder andere Waren, die leicht veräußert werden können, stehlen. Ziel eines Einbruchs kann es jedoch unter anderem auch sein, an vertrauliche Informationen zu gelangen, Manipulationen vorzunehmen oder Geschäftsprozesse zu stören.

Durch das unbefugte Eindringen in Räumlichkeiten können somit mehrere Arten von Schäden entstehen:

- Schon durch das unbefugte Eindringen können Sachschäden entstehen. Fenster und/oder Türen werden gewaltsam geöffnet und dabei beschädigt, sie müssen repariert oder ersetzt werden.
- Entwendete, beschädigte oder zerstörte Geräte oder Komponenten müssen repariert oder ersetzt werden.
- Es können Schäden durch die Verletzung der Vertraulichkeit, Integrität oder Verfügbarkeit von Informationen oder Anwendungen entstehen.

Beispiele:
- Vandalismus
- Bei einem Einbruch in ein Unternehmen an einem Wochenende wurde nur Bagatellschaden durch Aufhebeln eines Fensters angerichtet, lediglich eine Kaffeekasse und kleinere Einrichtungsgegenstände wurden entwendet. Bei einer Routinekontrolle wurde jedoch später festgestellt, dass ein zentraler Server genau zum Zeitpunkt des Einbruchs geschickt manipuliert wurde.

Referenzierungen

In der folgenden Tabelle sind alle 45 Anforderungen aufgeführt, in welchen auf die Gefährdung Bezug genommen wird:

Baustein	Basic	Standard	erhöhter Schutzbedarf
INF.1	A1, A6, A7	A9, A12, A13, A27	A22, A23, A26, A30, A31, A35
INF.10	A1, A3	A8	
INF.2	A6, A7	A12, A13	A28
INF.5	A3, A7		A20
INF.6	A1, A2, A3	A8	A9
INF.7	A1, A2		
INF.8	A3	A4	A6
INF.9	A2, A3		
NET.2.1	A4		
ORP.2	A2, A4, A5		
ORP.4	A5		
SYS.1.1	A1	A11, A12	
SYS.1.8	A1		

G 0.45 Datenverlust

Ein Datenverlust ist ein Ereignis, das dazu führt, dass ein Datenbestand nicht mehr wie erforderlich genutzt werden kann (Verlust der Verfügbarkeit). Eine häufige Form des Datenverlustes ist, dass Daten unbeabsichtigt oder unerlaubt gelöscht werden, zum Beispiel durch Fehlbedienung, Fehlfunktionen, Stromausfälle, Verschmutzung oder Schadsoftware.

Ein Datenverlust kann jedoch auch durch Beschädigung, Verlust oder Diebstahl von Geräten oder Datenträgern entstehen. Dieses Risiko ist bei mobilen Endgeräten und mobilen Datenträgern häufig besonders hoch.

Weiterhin ist zu beachten, dass viele mobile IT-Systeme nicht immer online sind. Die auf diesen Systemen gespeicherten Daten befinden sich daher nicht immer auf dem aktuellsten Stand. Wenn Datenbestände zwischen mobilen IT-Systemen und stationären IT-Systemen synchronisiert werden, kann es durch Unachtsamkeit oder Fehlfunktion zu Datenverlusten kommen.

Beispiele:

- Der PDA fällt aus der Hemdtasche und zerschellt auf den Fliesen, ein Mobiltelefon wird statt der Zeitung vom Hund apportiert, leider mit Folgen. Solche und ähnliche Ereignisse sind die Ursachen von vielen Totalverlusten der Daten mobiler Endgeräte.
- Es gibt Schadprogramme, die gezielt Daten auf infizierten IT-Systemen löschen. Bei einigen Schädlingen wird die Löschfunktion nicht sofort bei der Infektion ausgeführt, sondern erst, wenn ein definiertes Ereignis eintritt, zum Beispiel wenn die Systemuhr ein bestimmtes Datum erreicht.
- Viele Internet-Dienste können genutzt werden, um online Informationen zu speichern. Wenn das Passwort vergessen wird und nicht hinterlegt ist, kann es passieren, dass auf die gespeicherten Informationen nicht mehr zugegriffen werden kann, sofern der Dienstleister kein geeignetes Verfahren zum Zurücksetzen des Passwortes anbietet.
- Festplatten und andere Massenspeichermedien haben nur eine begrenzte Lebensdauer. Wenn keine geeigneten Redundanzmaßnahmen getroffen sind, kann es durch technische Defekte zu Datenverlusten kommen.

Elementare Gefährdungen

Referenzierungen

In der folgenden Tabelle sind alle 219 Anforderungen aufgeführt, in welchen auf die Gefährdung Bezug genommen wird:

Baustein	Basic	Standard	erhöhter Schutzbedarf
APP.1.1		A6, A11	
APP.2.1	A2, A3, A6	A11, A13, A14, A15	
APP.2.2	A1, A5, A6	A10, A12	
APP.2.3	A4	A8	
APP.3.3		A7, A8, A9	A13
APP.3.4		A4, A13	
APP.3.6	A9		A20
APP.4.2	A1, A2, A4, A5, A6, A7, A8	A11, A26, A29, A30	A32
APP.4.3	A9		A22, A23
APP.4.6	A1, A2, A4	A8, A10, A11, A12, A13, A14, A15, A16, A17, A18, A19, A20, A21	
APP.5.2	A5		
APP.5.3	A3		
APP.6		A7	
APP.7			A9
CON.1	A2	A4	A12
CON.3	A5	A10, A11, A12	
CON.7	A3	A11, A13	A16, A17
CON.9		A7	
DER.2.1	A6		
DER.2.2	A1, A2, A3	A4, A5, A6, A7, A8, A9, A10, A11, A12	A13, A14, A15
DER.2.3		A8	
IND.2.1	A1	A7, A16	A18
INF.10		A7	
INF.9	A2	A12	A10
NET.1.2	A6		A35, A36, A38
NET.3.1	A5	A15, A16, A17, A18, A19	A28
NET.3.2	A4, A6, A9	A22	A25
NET.4.2		A7	
OPS.1.1.6		A13	
OPS.1.2.2	A7, A9	A12	A20
OPS.1.2.4	A1, A2	A6	
OPS.2.2		A7, A11	A15, A16
OPS.3.1		A3, A8, A13, A14, A15	
ORP.1	A15	A16	
ORP.2	A1, A2, A4, A5	A7	
ORP.3	A1, A3	A7	A9
SYS.1.1		A11	
SYS.1.2.2	A2, A3	A4, A5	A11, A12
SYS.1.3	A2		A16, A17

Baustein	Basic	Standard	erhöhter Schutzbedarf
SYS.1.7	A1, A2, A3, A4, A5, A6, A7, A8, A9	A14, A16, A17, A19, A22, A23, A24, A25, A26, A27, A29, A31	A33, A34, A35, A37, A38
SYS.1.8		A20	
SYS.2.1	A8, A42	A15, A16, A18	A28, A32, A33, A34, A37
SYS.2.2.2	A3	A8, A10, A11	
SYS.2.2.3	A1		
SYS.2.3		A6, A9, A11, A12	A18
SYS.2.4	A1	A8, A11	
SYS.3.1	A1	A6, A10, A11	
SYS.3.2.1	A1, A2, A3, A4, A5, A6, A7	A9, A22	A25, A26, A27
SYS.3.2.2	A3		

G 0.46 Integritätsverlust schützenswerter Informationen

Die Integrität von Informationen kann durch verschiedene Ursachen beeinträchtigt werden, z. B. durch Manipulationen, Fehlverhalten von Personen, Fehlbedienung von Anwendungen, Fehlfunktionen von Software oder Übermittlungsfehler.

- Durch die Alterung von Datenträgern kann es zu Informationsverlusten kommen.
- Übertragungsfehler: Bei der Datenübertragung kann es zu Übertragungsfehlern kommen.
- Schadprogramme: Durch Schadprogramme können ganze Datenbestände verändert oder zerstört werden.
- Fehleingaben: Durch Fehleingaben kann es zu so nicht gewünschten Transaktionen kommen, die häufig lange Zeit nicht bemerkt werden.
- Angreifer können versuchen, Daten für ihre Zwecke zu manipulieren, z. B. um Zugriff auf weitere IT-Systeme oder Datenbestände zu erlangen.
- Durch Manipulation der Index-Datenbank können elektronische Archive veranlasst werden, gefälschte Dokumente zu archivieren oder wiederzugeben.

Wenn Informationen nicht mehr integer sind, kann es zu einer Vielzahl von Problemen kommen:

- Informationen können im einfachsten Fall nicht mehr gelesen, also weiterverarbeitet werden.
- Daten können versehentlich oder vorsätzlich so verfälscht werden, dass dadurch falsche Informationen weitergegeben werden. Hierdurch können beispielsweise Überweisungen in falscher Höhe oder an den falschen Empfänger ausgelöst werden, die Absenderangaben von E-Mails könnten manipuliert werden oder vieles mehr.
- Wenn verschlüsselte oder komprimierte Datensätze ihre Integrität verlieren (hier reicht die Änderung eines Bits), können sie unter Umständen nicht mehr entschlüsselt bzw. entpackt werden.
- Dasselbe gilt auch für kryptographische Schlüssel, auch hier reicht die Änderung eines Bits, damit die Schlüssel unbrauchbar werden. Dies führt dann ebenfalls dazu, dass Daten nicht mehr entschlüsselt oder auf ihre Authentizität überprüft werden können.
- Dokumente, die in elektronischen Archiven gespeichert sind, verlieren an Beweiskraft, wenn ihre Integrität nicht nachgewiesen werden kann.

Referenzierungen

In der folgenden Tabelle sind alle 329 Anforderungen aufgeführt, in welchen auf die Gefährdung Bezug genommen wird:

Baustein	Basic	Standard	erhöhter Schutzbedarf
APP.1.1	A17	A6, A12, A14	A15, A16
APP.1.2	A2, A3		
APP.2.1	A2, A3, A6	A8, A11, A13	
APP.2.2	A1, A2, A3, A5, A6, A7	A8, A9, A10	
APP.3.1		A11	
APP.3.2	A1, A2	A14	
APP.3.3	A2	A7, A14	

Elementare Gefährdungen

Baustein	Basic	Standard	erhöhter Schutzbedarf
APP.3.4		A4, A5	A15
APP.3.6	A4	A17, A18	
APP.4.2	A1, A2, A4, A5, A6, A7, A8	A11, A12, A22, A23, A26, A29, A30	A32
APP.4.3	A3, A4, A9	A12, A19, A20	A21, A23, A24, A25
APP.4.6	A1, A2, A4	A6, A7, A8, A10, A11, A12, A13, A14, A16, A17, A18, A19, A20, A21	
APP.5.2		A9	
APP.6	A2		
CON.1	A2	A6	A13
CON.3		A12	A13
CON.7	A3, A10	A13, A14	A16
CON.8	A5	A11, A16	A17
DER.1			A15, A16, A18
DER.2.1	A6		
DER.2.2	A2	A4, A5, A6, A7, A8, A9, A10, A11, A12	A14, A15
DER.2.3	A4	A8	
DER.3.1	A1	A5, A7, A8, A9, A22, A23, A24, A26, A27	
DER.3.2	A8	A10, A17, A21	
IND.1		A9	
IND.2.1	A1, A2	A17	A19
IND.2.7	A1, A2, A3	A7, A8, A9, A11	
INF.7	A2	A5, A6, A7	
INF.9	A3, A4	A6, A8, A12	
NET.1.1	A7, A9		
NET.1.2	A9		A31, A35, A36
NET.3.1	A5	A15, A16, A17, A18, A19	A28
NET.3.2	A2, A3, A4, A6, A9	A22	A25, A28
NET.3.3		A7, A10, A13	
NET.4.2	A1	A7, A8, A13	A14
OPS.1.1.3		A10	
OPS.1.1.4	A1, A2, A3, A5, A6, A7	A9	A10, A11, A12, A13, A14
OPS.1.1.5		A9	A12
OPS.1.1.6		A13	
OPS.1.2.2	A6, A7, A9	A12, A15, A16	A20
OPS.1.2.4	A1, A2, A5	A7, A8, A9	
OPS.3.1		A3, A4, A7, A9, A10, A13, A15	
ORP.1	A1, A2, A15	A13, A16	
ORP.2	A1, A2, A4, A5, A14, A15	A7	
ORP.3	A1, A3		A9
ORP.4	A9		
SYS.1.1	A5	A16	A34
SYS.1.2.2	A2, A3	A4, A5, A6, A8	A11, A14
SYS.1.3	A2		A14

Baustein	Basic	Standard	erhöhter Schutzbedarf
SYS.1.5	A5	A11	A26
SYS.1.7	A1, A2, A3, A4, A5, A6, A7, A8, A9	A14, A16, A19, A22, A23, A24, A26, A27, A29	A33, A34, A35, A36, A38
SYS.1.8			A23, A24
SYS.2.1	A42	A18	
SYS.2.2.2	A2, A3	A5, A7, A9, A12, A13	A14, A15, A20, A21
SYS.2.2.3	A1, A4	A12, A13, A14, A15	
SYS.2.3		A9, A11, A12	A18, A19
SYS.2.4	A1		A12
SYS.3.2.1	A1, A2, A3, A4, A5, A6, A7	A9, A11, A12, A13, A18, A19, A22	A25, A26, A27
SYS.3.2.3	A1, A2, A7	A12, A13, A15, A17, A21	A25, A26
SYS.3.2.4		A2	
SYS.4.3		A8, A9	A13, A17, A18
SYS.4.5			A11

G 0.47 Schädliche Seiteneffekte IT-gestützter Angriffe

IT-gestützte Angriffe können Auswirkungen haben, die

- von den Tätern nicht beabsichtigt sind oder
- nicht die unmittelbar angegriffenen Zielobjekte betreffen oder
- unbeteiligte Dritte schädigen.

Ursächlich hierfür sind die hohe Komplexität und Vernetzung moderner Informationstechnik sowie die Tatsache, dass die Abhängigkeiten der angegriffenen Zielobjekte und der zugehörigen Prozesse in der Regel nicht offenkundig sind.

Dadurch kann es unter anderem dazu kommen, dass der tatsächliche Schutzbedarf von Zielobjekten falsch eingeschätzt wird oder dass die Verantwortlichen für die Zielobjekte kein Eigeninteresse an der Behebung von Mängeln dieser Zielobjekte haben.

- Auf IT-Systemen installierte Bots, mit denen die Täter verteilte Denial-of-Service-Angriffe (DDoS-Angriffe) durchführen können, stellen für die infizierten IT-Systeme selbst oft keine direkte Gefahr dar, weil sich die DDoS-Angriffe in der Regel gegen IT-Systeme Dritter richten.
- Schwachstellen von IoT-Geräten in WLANs können von Tätern als Einfallstor genutzt werden, um andere wichtigere Geräte im gleichen WLAN anzugreifen. Deshalb müssen solche IoT-Geräte auch dann geschützt werden, wenn sie selbst nur einen geringen Schutzbedarf haben.
- Ransomware-Angriffe auf IT-Systeme können unter Umständen Kettenreaktionen auslösen und damit auch Kritische Infrastrukturen treffen. Dies wiederum könnte zu Versorgungsengpässen der Bevölkerung führen, auch wenn die Täter dies möglicherweise gar nicht beabsichtigt haben.